Pediatria

Instituto da Criança
Hospital das Clínicas

Editores da coleção
Benita G. Soares Schvartsman
Paulo Taufi Maluf Jr.

Oftalmologia

Rosa Maria Graziano
Mariza Polati
Ana Beatriz S. Ungaro Crestana

Editores da coleção
Benita G. Soares Schvartsman
Doutora em Pediatria pela FMUSP. Médica Assistente da Unidade de Nefrologia do Instituto da Criança do HC-FMUSP.

Paulo Taufi Maluf Jr.
Professor Livre-Docente em Pediatria pela FMUSP. Médico Assistente da Unidade de Onco-Hematologia do Instituto da Criança do HC-FMUSP. Responsável pelo Serviço de Pediatria do Hospital Nove de Julho, São Paulo, SP.

Oftalmologia

Coordenadoras

Rosa Maria Graziano
Doutora em Oftalmologia pela FMUSP. Médica Assistente Chefe do Setor de Oftalmologia Pediátrica da Clínica Oftalmológica do HC-FMUSP. Presidente da Sociedade Brasileira de Oftalmologia Pediátrica (2011-2013). Vice-presidente do Departamento de Oftalmologia da Sociedade de Pediatria de São Paulo (2013-2016).

Mariza Polati
Doutora em Ciências pela FMUSP. Médica Assistente e Diretora da Clínica Oftalmológica do HC-FMUSP. Médica Chefe do Setor de Estrabismo da Clínica Oftalmológica do HC-FMUSP.

Ana Beatriz S. Ungaro Crestana
Médica Oftalmologista formada pela FMUSP, com residência médica na mesma instituição. Especialista em Estrabismo e Retina. Responsável pelo Ambulatório de Catarata Congênita do HC-FMUSP.

Copyright © Editora Manole Ltda., 2013, por meio de contrato com a Fundação Faculdade de Medicina da Universidade de São Paulo (HC-FMUSP).

Logotipos: *Copyright* © Hospital das Clínicas – FMUSP.
Copyright © Faculdade de Medicina da Universidade de São Paulo.
Copyright © Instituto da Criança – FMUSP.

Este livro contempla as regras do Acordo Ortográfico da Língua Portuguesa de 1990, que entrou em vigor no Brasil.

Capa: Hélio de Almeida
Projeto gráfico: Departamento Editorial da Editora Manole
Editoração eletrônica: Francisco Lavorini
Ilustrações: Mary Yamazaki Yorado

Dados Internacionais de Catalogação na Publicação (CIP)
(Câmara Brasileira do Livro, SP, Brasil)

Oftalmologia/coordenadores Rosa Maria Graziano,
Mariza Polati, Ana Beatriz S. Ungaro Crestana. –
Barueri, SP: Manole, 2013. – (Coleção Pediatria
do Instituto da Criança do Hospital da FMUSP;
v. 24/editores Benita G. Soares Schvartsman,
Paulo Taufi Maluf Jr.)

Vários colaboradores.
ISBN 978-85-204-3577-9

1. Oftalmologia pediátrica 2. Pediatria
I. Graziano, Rosa Maria. II. Polati, Mariza.
III. Crestana, Ana Beatriz S. Ungaro. IV. Schvartsman,
VI. Benita G. Soares. V. Maluf Jr., Paulo Taufi.
Série.

	CDD-618.920977
13-02376	NLM-WW 100

Índices para catálogo sistemático:
1. Oftalmologia pediátrica: Medicina
618.920977

Todos os direitos reservados.
Nenhuma parte deste livro poderá ser reproduzida, por qualquer processo, sem a permissão expressa dos editores.
É proibida a reprodução por xerox.

A Editora Manole é filiada à ABDR – Associação Brasileira de Direitos Reprográficos.

1ª edição – 2013

Direitos adquiridos pela:
Editora Manole Ltda.
Avenida Ceci, 672 – Tamboré
06460-120 – Barueri – SP – Brasil
Tel.: (11) 4196-6000 – Fax: (11) 4196-6021
www.manole.com.br
info@manole.com.br

Impresso no Brasil
Printed in Brazil

Autores

Alberto Carlo Cigna
Especialista em Córnea e Superfície Ocular pelo Departamento de Oftalmologia do HC-FMUSP. Médico Assistente do Setor de Cirurgia Refrativa do HC-FMUSP.

Alberto Jorge Betinjane
Professor Associado da FMUSP.

Ana Beatriz S. Ungaro Crestana
Médica Oftalmologista formada pela FMUSP, com residência médica na mesma instituição. Especialista em Estrabismo e Retina. Responsável pelo Ambulatório de Catarata Congênita do HC-FMUSP.

André Carvalho Kreuz
Pós-graduando em Oftalmologia pela FMUSP. Médico Assistente do Setor de Retina e Vítreo do HC-FMUSP.

André Vieira Gomes
Doutor em Oftalmologia pela FMUSP. Vice-presidente da Sociedade Brasileira de Retina e Vítreo.

Andrea Greco Müller
Médica Colaboradora do Setor de Motilidade Ocular Extrínseca do HC-FMUSP.

Antonio Francisco Pimenta Motta
Especialista em Oftalmologia CBO/CNRM-MEC. Diretor da Clínica Oftalmológica Dra. Rita Lavínia.

vi   Oftalmologia

Aron B. C. Guimarães

Especialista em Oftalmologia pelo HC-FMUSP. Médico do Setor de Retina do HC--FMUSP.

Beatriz Sayuri Takahashi

Médica Assistente do HC-FMUSP.

Carlos Eduardo Hirata

Doutor em Oftalmologia pela FMUSP. Médico Supervisor do Serviço de Uveítes do HC-FMUSP.

Celso Takashi Nakano

Médico Pesquisador do HC-FMUSP. Diretor do Santa Cruz Eye Institute.

Cleide Harue Maluvayshi

Farmacêutica Bioquímica pela Faculdade de Ciências Farmacêuticas da USP. Especialista em Farmácia Hospitalar pela Sociedade Brasileira de Farmácia Hospitalar.

Cleide Guimarães Machado

Doutora em Oftalmologia pela FMUSP. Médica Assistente do Serviço de Retina e Vítreo do HC-FMUSP.

Cristiane de Almeida Leite

Membro do Serviço de Motilidade Ocular Extrínseca da Disciplina de Oftalmologia do HC-FMUSP. Médica Assistente do Hospital Universitário da USP.

Daniel Kamlot

Médico Estagiário do Setor de Retina e Colaborador da Seção de Genética Ocular do HC-FMUSP.

Deborah Salerno Costa de Sousa e Castro

Médica Colaboradora do Setor de Plástica Ocular do HC-FMUSP.

Emerson Fernandes de Sousa e Castro

Médico Assistente do Departamento de Oftalmologia do HC-FMUSP. Médico Preceptor do Hospital do Servidor Público Estadual (HSPE).

Ernst Werner Oltrogge

Médico Assistente do HC-FMUSP. Chefe do Setor de Glaucoma Congênito do HC--FMUSP.

Fabiana Tambasco Blasbalg
Ex-residente da Clínica Oftalmológica do HC-FMUSP. Ex-*fellow* do Serviço de Córnea do Wills Eye Hospital, na Filadélfia.

Fernando Betty Cresta
Doutor em Oftalmologia pela FMUSP. Médico Assistente do HC-FMUSP e do Hospital Universitário da USP.

Flávio Fernandes Villela
Médico Assistente da Clínica Oftalmológica do HC-FMUSP. Chefe do Setor de Lentes de Contato da Clínica Oftalmológica do HC-FMUSP.

Francisco Penteado Crestana
Médico Assistente Setor de Cirurgia Refrativa do HC-FMUSP.

Hisashi Suzuki
Professor Livre-docente e Associado da Clínica Oftalmológica da FMUSP.

Hsu Yun Min Chou
Pedagoga Especializada no Ensino de Deficientes Visuais pela Faculdade de Educação da USP. Pedagoga do Setor de Visão Subnormal da Clínica Oftalmológica do HC-FMUSP.

Iara Debert
Doutora em Oftalmologia pela FMUSP. Médica Assistente do Departamento de Oftalmologia do HC-FMUSP.

Irene Maumenee
Research Professor of Ophthalmology. Pediatric and Adult Strabismus Service. Director, Ocular Genetics Laboratory of University of Illinois College of Medicine at Chicago (UIC).

Jeane Chiang
Médica do Setor de Motilidade Ocular Extrínseca do HC-FMUSP.

John Helal Júnior
Doutor em Medicina pela FMUSP.

José Américo Bonatti
Doutor em Oftalmologia pela FMUSP. Médico da Clínica Oftalmológica do HC--FMUSP.

viii Oftalmologia

José Antonio de A. Milani
Doutor em Medicina (Oftalmologia) pela FMUSP. Médico Assistente da Clínica Oftalmológica do HC-FMUSP.

José Byron Vicente Dias Fernandes
Professor Chefe da Disciplina de Oftalmologia da Unitau. Assistente Doutor do HC-FMUSP.

José Carlos Eudes Carani
Assistente-Doutor da Clínica Oftalmológica do HC-FMUSP.

Joyce Hisae Yamamoto Takiuti
Professora Colaboradora da FMUSP. Responsável pelo Serviço de Uveítes do HC-FMUSP.

Leandro Cabral Zacharias
Médico Assistente do Serviço de Oftalmologia do HC-FMUSP.

Lísia Aoki
Médica Assistente do Setor de Cirurgia Plástica Ocular da Clínica Oftalmológica do HC-FMUSP.

Luciana Duarte Rodrigues
Doutora em Medicina pela FMUSP. Chefe do Setor de Ultrassonografia Ocular do Hospital do Servidor Público Estadual de São Paulo.

Luís Carlos F. de Sá
Doutor em Oftalmologia pela FMUSP. Médico Oftalmologista do Instituto da Criança do HC-FMUSP.

Marcelo Cavalcante Costa
Oftalmologista Retinólogo pela Santa Casa de São Paulo. Chefe do Departamento de Retina Infantil da Santa Casa de São Paulo. Médico voluntário do Setor de Oftalmologia Pediátrica da Clínica Oftalmológica do HC-FMUSP.

Marcio Henrique Mendes
Pós-graduando nível Doutorado pela FMUSP. Médico Assistente do HC-FMUSP.

Marcos Wilson Sampaio
Doutor em Medicina na área de Oftalmologia pela FMUSP. Conselheiro e ex-presidente da Sociedade Brasileira de Visão Subnormal filiada ao Conselho Brasileiro de

Oftalmologia. Coordenador do Serviço de Visão Subnormal da Clínica Oftamológica do HC-FMUSP de 1998 a 2011.

Maria Antonieta Ginguerra Nascimento
Médica Colaboradora do Setor de Cirurgia Plástica Ocular da Clínica Oftalmológica do HC-FMUSP. Responsável pelo Setor de Plástica Ocular do Hospital Cruzeiro do Sul.

Maria Aparecida Onuki Haddad
Doutora em Oftalmologia pela FMUSP. Professora Colaboradora do Departamento de Oftalmologia da FMUSP. Chefe do Serviço de Visão Subnormal da Clínica Oftalmológica do HC-FMUSP.

Maria Fernanda Abalem
Mestre em Oftalmologia pela UFRJ. *Fellow* em Retina e Vítreo pela USP.

Maria Kiyoko Oyamada
Doutora em Oftalmologia pela FMUSP. Médica Assistente da Neuroftalmologia e Chefe do Setor de Eletrofisiologia da Clínica de Oftalmologia do HC-FMUSP.

Maria Teresa Brizzi Chizzotti Bonanomi
Doutora em Medicina pela FMUSP. Médica Assistente do Setor de Retina e Vítreo do Departamento de Oftalmologia do HC-FMUSP.

Mário Luiz Ribeiro Monteiro
Professor Associado, Livre-docente da Disciplina de Oftalmologia da FMUSP. Coordenador do Programa de Pós-graduação em Oftalmologia da FMUSP. Responsável pelos Serviços de Neuroftalmologia e Doenças da Órbita do HC-FMUSP.

Mariza Polati
Doutora em Ciências pelo Departamento de Oftalmologia da FMUSP. Médica Assistente Doutora do Departamento de Oftalmologia da FMUSP. Médica Chefe do Setor de Estrabismo da Clínica Oftalmológica do HC-FMUSP.

Milton Ruiz Alves
Doutor e Professor Livre-docente de Oftalmologia pela FMUSP. Chefe do Setor de Córnea e Doenças Externas da Clínica Oftalmológica do HC-FMUSP.

Paulo Zantut
Fellow do Setor de Retina e Vítreo do HC-FMUSP.

Pedro C. Carricondo
Doutor em Ciências da Saúde pela FMUSP. Médico Assistente da Clínica Oftalmológica do HC-FMUSP. Diretor do Pronto-Socorro de Oftalmologia do HC-FMUSP.

Pedro Durães Serracarbassa
Doutor em Medicina pela FMUSP. Chefe do Departamento de Oftalmologia do Hospital do Servidor Público Estadual de São Paulo.

Roberta Melissa Benetti Zagui
Médica Especialista em Oftalmologia e Estrabismo. Colaboradora do Setor de Motilidade Ocular Extrínseca da Clínica Oftalmológica do HC-FMUSP.

Rony Carlos Preti
Doutor em Oftalmologia pela FMUSP.

Rosa Maria Graziano
Doutora em Oftalmologia pela FMUSP. Médica Assistente Chefe do Setor de Oftalmologia Pediátrica da Clínica Oftalmológica do HC-FMUSP. Presidente da Sociedade Brasileira de Oftalmologia Pediátrica (2011-2013). Vice-presidente do Departamento de Oftalmologia da Sociedade de Pediatria de São Paulo (2013-2016).

Ruth Miyuki Santo
Doutora em Medicina pela Juntendo University de Tóquio e pela FMUSP. Coordenadora do Grupo de Estudos em Superfície Ocular do Departamento de Oftalmologia do HC-FMUSP. Professora Colaboradora da FMUSP.

Samir Jacob Bechara
Professor Livre-docente. Diretor do Serviço de Cirurgia Refrativa da Clínica Oftalmológica do HC-FMUSP.

Sandra Francischini
Médica pela FMUSP. Oftalmologista pela Faculdade de Medicina da Unicamp. Médica responsável pela orientação dos residentes no Ambulatório de Retina e Vítreo da Unisa. Médica Colaboradora do Setor de Oftalmologia Pediátrica da Clínica Oftalmológica do HC-FMUSP.

Sérgio Pimentel
Doutor em Oftalmologia pela FMUSP.

Simone Finzi
Chefe do Setor de Genética Ocular da Disciplina de Oftalmologia do HC-FMUSP.

Suzana Matayoshi
Professora Associada do Departamento de Oftalmologia da FMUSP. Chefe do Setor de Cirurgia Plástica Ocular da Clínica Oftalmológica do HC-FMUSP.

Tatiana Tanaka
Médica Oftalmologista. *Fellow* em Retina Cirúrgica pelo HC-FMUSP.

Valdenise Martins Laurindo Tuma Calil
Doutora em Pediatria pela FMUSP. Médica Pediatra e Neonatologista. Diretora Técnica de Serviço de Saúde do Berçário Anexo à Maternidade do HC-FMUSP. Assessora da Presidência da SBP.

Vera Regina Cardoso Castanheira
Doutora em Oftalmologia. Médica Assistente do Ambulatório de Tumores Oculares e Ultrassonografia Ocular do HC-FMUSP.

Vinícius Paganini Nascimento
Médico Colaborador do Setor de Retina e Vítreo da Clínica Oftalmológica do HC--FMUSP. Médico Responsável pelo Setor de Oftalmologia do Hospital Cruzeiro do Sul.

Vivian Onoda Tomikawa
Médica Oftalmologista do HC-FMUSP. Formada em Medicina pela mesma instituição em 2001, concluiu a Residência em 2004. Especialista em Estrabismo e Retina, com foco em Retinopatia da Prematuridade. Responsável pelo atendimento do Ambulatório de Estrabismo e Oftalmopediatria no Hospital Nipo-Brasileiro, no Hospital SBC, no Hospital Cruzeiro do Sul e no Hospital Geral de Itapecerica da Serra. Realiza exames para detecção de retinopatia da prematuridade na UTI neonatal do Hospital Santa Catarina, do Hospital Nipo-Brasileiro e do Hospital Geral de Itapecerica da Serra.

Walter Y. Takahashi
Professor Associado do Departamento de Oftalmologia da FMUSP. Chefe do Serviço de Retina e Vítreo do Departamento de Oftalmologia da FMUSP. Presidente da Sociedade Brasileira de Retina e Vítreo.

Yoshitaka Nakashima
Doutor em Oftalmologia pela FMUSP. Médico Assistente do Setor de Retina e Vítreo do HC-FMUSP.

Sumário

Prefácio xix
Introdução xxi

Seção I – Conceitos básicos

1   Desenvolvimento do olho e da visão 3
    Luís Carlos F. de Sá

2   Genética das doenças oculares 12
    Simone Finzi
    Daniel Kamlot
    Irene Maumenee

3   Epidemiologia das doenças oculares 19
    Rosa Maria Graziano

4   Exame oftalmológico da criança 24
    Rosa Maria Graziano

5   Doenças do desenvolvimento do olho 30
    Deborah Salerno Costa de Sousa e Castro

xiv   Oftalmologia

Seção II – Distúrbios da motilidade ocular extrínseca: estrabismo, erros refracionais e cefaleia

6 Distúrbios da motilidade ocular extrínseca 37
Mariza Polati
Cristiane de Almeida Leite

7 Erros refracionais na criança 50
Roberta Melissa Benetti Zagui
Flávio Fernandes Villela
Samir Jacob Bechara
Mariza Polati

8 Cefaleia 58
Mariza Polati
Iara Debert

Seção III – Afecções palpebrais e via lacrimal

9 Afecções palpebrais 67
Suzana Matayoshi
Lísia Aoki
José Byron Vicente Dias Fernandes
Maria Antonieta Ginguerra Nascimento
Ruth Miyuki Santo

10 Afecções das vias lacrimais 81
Sandra Francischini
Suzana Matayoshi

Seção IV – Doenças da órbita

11 Doenças da órbita 89
Mário Luiz Ribeiro Monteiro

12 Proptose na infância 99
Mário Luiz Ribeiro Monteiro

Seção V – Afecções neuroftalmológicas

13 Afecções neuroftalmológicas 111
Mário Luiz Ribeiro Monteiro

Sumário   XV

Seção VI – Doenças do segmento anterior

14 Afecções da conjuntiva 125
Milton Ruiz Alves
Ruth Miyuki Santo
Francisco Penteado Crestana
Fabiana Tambasco Blasbalg

15 Afecções corneanas 158
José Antonio de A. Milani
Fernando Betty Cresta
Alberto Carlo Cigna

16 Anormalidades do cristalino 175
Ana Beatriz S. Ungaro Crestana
Celso Takashi Nakano
Antonio Francisco Pimenta Motta

17 Glaucomas pediátricos 189
Alberto Jorge Betinjane
Marcio Henrique Mendes
Ernst Werner Oltrogge

Seção VII – Doenças da úvea

18 Doenças da úvea em crianças e adolescentes 217
Joyce Hisae Yamamoto Takiuti

19 Uveítes posteriores na infância e na adolescência:
diagnóstico e tratamento 228
Carlos Eduardo Hirata

20 Uveítes de causa não infecciosa 242
Marcelo Cavalcante Costa

Seção VIII – Doenças da retina

21 Retinopatia da prematuridade 251
Rosa Maria Graziano

xvi Oftalmologia

22 Doença de Coats e permanência de vítreo primário hiperplásico 259
Beatriz Sayuri Takahashi

23 Hemoglobinopatias, anemias e leucemias 264
Pedro Durães Serracarbassa
Maria Teresa Brizzi Chizzotti Bonanomi
Luciana Duarte Rodrigues

24 Retinopatia diabética 272
Walter Y. Takahashi

25 Descolamento da retina na criança 279
Hisashi Suzuki

26 Principais doenças hereditárias da retina e vítreo 283
Cleide Guimarães Machado
André Vieira Gomes
Paulo Zantut
André Carvalho Kreuz
John Helal Júnior
Tatiana Tanaka
Yoshitaka Nakashima

27 Tumores oculares na infância 307
Maria Teresa Brizzi Chizzotti Bonanomi
Sérgio Pimentel
Vera Regina Cardoso Castanheira

28 Ultrassonografia nas doenças oculares pediátricas... 319
José Carlos Eudes Carani

29 Eletrofisiologia básica nas doenças da retina e da via visual 326
Maria Kiyoko Oyamada

Seção IX – Emergência ocular

30 Trauma ocular 337
Sandra Francischini

31 Traumas contusos... 341
Vinícius Paganini Nascimento

32 Ferimentos perfurantes oculares 348
Emerson Fernandes de Sousa e Castro

33 Queimaduras químicas, térmicas e elétricas 354
José Américo Bonatti
Aron B. C. Guimarães

34 Maus-tratos e síndrome da criança sacudida 361
Leandro Cabral Zacharias

35 Trauma orbitário e ao nervo óptico 366
Mário Luiz Ribeiro Monteiro

36 A criança com olho doloroso 374
Pedro C. Carricondo
Maria Fernanda Abalem

Seção X – A criança com baixa acuidade visual

37 Causas de deficiência visual na infância 385
Maria Aparecida Onuki Haddad
Marcos Wilson Sampaio

38 Orientação aos pais de crianças com baixa visão 393
Hsu Yun Min Chou

39 Escola especial ou escola regular? Da exclusão à inclusão 396
Hsu Yun Min Chou

40 Atenção à criança com deficiência visual e auxílios ópticos disponíveis
para baixa visão 400
Maria Aparecida Onuki Haddad
Marcos Wilson Sampaio

Seção XI – Quadros de diagnóstico diferencial

41 Diagnóstico diferencial do olho vermelho 411
Ruth Miyuki Santo

42 Lacrimejamento em recém-nascidos 414
Sandra Francischini
Suzana Matayoshi

xviii Oftalmologia

43 Conjuntivite neonatal 420
Francisco Penteado Crestana

44 Diagnóstico diferencial de leucocoria ou área pupilar branca........................ 423
Maria Teresa Brizzi Chizzotti Bonanomi

45 Diagnóstico diferencial de edema de papila na infância 432
Mário Luiz Ribeiro Monteiro

46 Deficiência nutricional e suas manifestações oculares.................................... 441
Andrea Greco Müller

47 Doenças sistêmicas com comprometimento ocular 449
Vivian Onoda Tomikawa
Iara Debert

48 Efeitos sistêmicos e adversos das medicações tópicas oculares........................ 480
Jeane Chiang
Mariza Polati

49 Drogas de uso sistêmico com comprometimento ocular 489
Rony Carlos Preti
Valdenise Martins Laurindo Tuma Calil
Cleide Harue Maluvayshi

50 Dislexia 507
Cristiane de Almeida Leite
Mariza Polati

51 Atrofia óptica na infância 514
Mário Luiz Ribeiro Monteiro

Índice remissivo 525

Prefácio

Inicialmente, gostaria de parabenizar a Dra. Rosa Maria Graziano, a Dra. Mariza Polati e a Dra. Ana Beatriz S. Ungaro Crestana, pela coordenação do livro *Oftalmologia*, e os autores dos diversos capítulos, pela obra que realizaram, a qual vem preencher uma grande lacuna na Oftalmologia nacional e, em especial, na Oftalmologia Pediátrica.

O presente livro é uma obra cuidadosamente produzida, fruto de diversos anos de trabalho dos autores e corresponde a uma compilação aprimorada de seus conhecimentos e do que de mais recente existe no campo da Oftalmopediatria. Ele reflete as experiências e os conhecimentos adquiridos durante décadas na Clínica Oftalmológica do HC-FMUSP.

O prefácio é provavelmente a primeira página que o leitor lê, mas é a última página que é escrita, após cuidadosa análise do conteúdo de um livro.

O livro *Oftalmologia* abrange todas as facetas da Oftalmologia Pediátrica, não se preocupando apenas com os aspectos teóricos, mas sobretudo com os aspectos práticos relacionados ao dia a dia do consultório oftalmológico. Ele foi escrito para oftalmologistas gerais e em especial para os colegas interessados na Oftalmopediatria, especialidade esta tão abrangente e tão importante, por se preocupar com a saúde ocular das crianças, para as quais a visão desempenha papel fundamental na sua formação, tanto em relação ao mundo exterior como na formação de seu mundo interior.

Nos últimos anos, a Oftalmologia Pediátrica teve grande avanço, acompanhando os avanços das outras subespecialidades da oftalmologia.

Condensar os avanços em um livro foi uma obra-prima de seus autores.

É um livro fácil de ser lido e deve ser utilizado por todos que exercem a oftalmologia, quer sejam médicos ou agentes de saúde ocular.

Remo Susanna Jr.
Professor Titular do Departamento de Oftalmologia do HC-FMUSP

Introdução

Foi com grande prazer que recebemos o convite para participar da Coleção Pediatria do Instituto da Criança do Hospital das Clínicas da Faculdade de Medicina da Universidade de São Paulo (HC-FMUSP).

Com a colaboração preciosa de vários colegas da Clínica Oftalmológica do HC-FMUSP, preparamos cuidadosamente este texto com informações precisas e atualizadas, pensado para uma fácil leitura e subdividido entre os temas mais prevalentes na Oftalmologia Pediátrica. A Seção XI, "Quadros de diagnóstico diferencial", foi a forma que encontramos para facilitar o manuseio da informação pelo pediatra. Pode-se dizer que é o índice do pediatra.

Nossa intenção é envolver o pediatra na saúde ocular da criança, para que cada consulta de rotina inclua também o exame externo dos olhos, o teste simples do reflexo vermelho e a avaliação da acuidade visual nas diferentes faixas etárias. Afinal, temos uma grande responsabilidade: a visão é o sentido que responde por 70% da nossa percepção do mundo, e sua formação e seu desenvolvimento são contínuos durante os primeiros anos de vida. É nesse período crítico que o pediatra é essencial como elo entre a criança e o oftalmologista.

O texto é esclarecedor e deve ajudar o pediatra, que muitas vezes se depara com um quadro oftalmológico, a julgar acertadamente a potencial gravidade de cada caso, podendo orientar os pais ou encaminhar a criança para atendimento especializado. Será útil também para o oftalmologista geral e aos demais especialistas envolvidos com a população infantil, pois a Oftalmologia Pediátrica é uma especialidade de múltiplas facetas e pela constante presença de sintomas oculares em variados quadros sistêmicos.

Vale salientar que as crianças cegas e com deficiência visual podem e devem ser encaminhadas para estimulação visual, o que permitirá melhor qualidade de vida, profissionalização e integração na sociedade.

Nossa intenção é, por fim, contribuir com o trabalho dos pediatras e demais colegas na luta por melhorar a saúde de nossas crianças, preparando-as para suas atividades futuras, com muitos anos de boa visão pela frente.

Rosa Maria Graziano
Mariza Polati
Ana Beatriz S. Ungaro Crestana

Seção I

Conceitos básicos

Coordenadora: Rosa Maria Graziano

Desenvolvimento do olho e da visão 1

Luís Carlos F. de Sá

Após ler este capítulo, você estará apto a:

1. Descrever os aspectos básicos da embriologia do olho.
2. Relatar os aspectos básicos da anatomia e da fisiologia do olho.
3. Expor os aspectos básicos do desenvolvimento visual normal.
4. Descrever os aspectos básicos do atraso da maturação visual.
5. Reconhecer os efeitos da hidrocefalia no sistema visual.

INTRODUÇÃO

O desenvolvimento visual depende do correto desenvolvimento de uma série de estruturas, incluindo o olho propriamente dito, as vias ópticas (nervo óptico, quiasma, radiações ópticas) e córtex visual. Para o correto desenvolvimento da visão, todas essas estruturas devem estar funcionando e se relacionando harmonicamente.

Alguns aspectos do desenvolvimento visual seguem uma ordem inata, predeterminada, enquanto outra parte desse processo dependerá da estimulação visual adequada durante uma certa época da vida, denominada período crítico ou sensitivo. Nesse período, uma experiência visual anormal, seja por opacidade dos meios (p.ex., catarata congênita) ou por interação anormal entre os dois olhos (estrabismo

Oftalmologia

e/ou diferença significativa de erro refrativo entre os dois olhos) faz com que o sistema visual sofra alterações estruturais e se desenvolva de maneira anormal.

EMBRIOLOGIA DO OLHO

O olho se diferencia precocemente da placa neural, no embrião de 22 dias, nas laterais do prosencéfalo, formando uma evaginação e dando origem à vesícula óptica[1]. Esta, em contato com o ectoderma superficial, induz alterações que darão origem ao placoide do cristalino e, posteriormente, ao cristalino. A vesícula óptica sofre uma invaginação, formando o cálice óptico, que é aderido ao prosencéfalo por um pedículo que se tornará o nervo óptico. Forma-se um sulco na parte inferior da vesícula óptica, a fissura coroide, por onde penetra a artéria hialóidea e, posteriormente, a artéria central da retina. A córnea é formada por uma camada de ectoderma superficial; a retina, o epitélio pigmentar e o nervo óptico, pelo neuroectoderma, e a esclera e os vasos, pelo mesoderma paraxial.

A retina é formada por sete tipos diferentes de células que estão organizadas em diferentes camadas. Na retina, existe uma área central formada pela mácula/fóvea, onde existe a maior densidade de fotorreceptores que são responsáveis pela visão de detalhes e visão de cores e uma área periférica que é responsável pela visão periférica. Durante o desenvolvimento da retina, a fóvea se desenvolve antes da retina periférica e se encontra imatura ao nascimento. Existe uma migração para a periferia das células ganglionares e da camada nuclear interna da retina, originando a depressão foveal por volta dos 15 meses. Ao nascimento, a densidade de fotorreceptores na fóvea é reduzida e desde antes do nascimento existe uma migração na direção da fóvea dos fotorreceptores até pelo menos 45 meses. A fóvea ainda permanece relativamente imatura até 6 a 8 meses após o nascimento. A morfologia e a densidade das células levam aproximadamente 15 meses para atingir a maturidade e podem levar até quatro anos para atingir o aspecto da retina do adulto, o que se relaciona com o processo de desenvolvimento visual. O PAX 6 é o principal gene relacionado com o desenvolvimento do olho.

Ao nascimento, o olho tem 17 mm de comprimento axial (74% do comprimento do olho adulto) e apresenta crescimento contínuo assimétrico, principalmente em função do segmento posterior, atingindo o tamanho adulto (23 mm) por volta de 13 anos de idade.

ANATOMIA E DESENVOLVIMENTO VISUAL

O olho é uma estrutura esférica (Figura 1.1) formada pela córnea e pela esclera, sendo a esclera revestida externamente por uma membrana chamada conjuntiva.

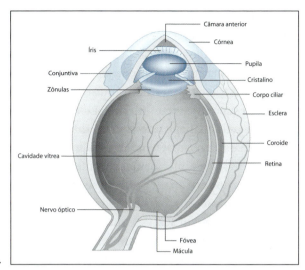

Figura 1.1 Anatomia do olho.

O globo ocular está localizado dentro da órbita, que é uma cavidade formada por paredes ósseas do crânio e está protegido por uma camada de gordura (gordura orbitária). Na órbita estão localizadas também a glândula lacrimal, as vias lacrimais, as pálpebras e os músculos extraoculares, responsáveis pela movimentação dos olhos.

Na porção anterior do olho está a córnea, uma estrutura transparente que, junto com o cristalino, a pupila e o músculo ciliar, é um dos principais elementos refrativos do olho, uma vez que é responsável pela focalização da imagem na retina. A córnea apresenta um diâmetro horizontal de aproximadamente 10 mm ao nascimento, podendo chegar a 12 mm na idade adulta. Variações no diâmetro da córnea, seja quando é maior que o normal (megalocórnea) ou quando é menor (microcórnea), estão geralmente associadas a doenças como glaucoma congênito, catarata congênita ou outras malformações. A câmara anterior é um espaço localizado entre a face posterior da córnea e a íris. A íris separa a câmara anterior da câmara posterior, apresentando no seu centro um orifício (pupila) que regula a entrada de luz para a câmara posterior. Atrás da íris encontra-se o cristalino, que é a lente interna do olho. O cristalino se fixa pela zônula ao corpo ciliar, um músculo que controla o poder de focalização do cristalino (acomodação).

A câmara posterior é preenchida por um gel transparente chamado de humor vítreo. Revestindo a parede interna do globo ocular, na câmara posterior, encontram-se a retina e a coroide. A coroide é uma trama vascular localizada entre a retina e a esclera cuja função é nutrir parte da retina. Na retina estão os fotorreceptores (cones e bastonetes), que são células especializadas em captar a luz e transformar o estímulo visual em atividade neuronal, que posteriormente será decodificada nas diferentes áreas do córtex visual em visão propriamente dita. A coroide, a íris e o corpo ciliar formam a úvea.

Externamente ao globo ocular estão os músculos extraoculares, responsáveis pela movimentação do globo ocular. A movimentação de cada olho depende de seis músculos extraoculares, quatro músculos retos e dois músculos oblíquos. Os músculos reto superior e reto inferior são os responsáveis pela elevação e depressão; os músculos reto medial e reto lateral são os responsáveis pela adução e pela abdução. Os músculos retos apresentam ação secundária de adução. Os músculos oblíquo superior e oblíquo inferior são considerados músculos cicloverticais, pois apresentam uma ação torsional principal, sendo o músculo oblíquo superior responsável pela intorção e o músculo oblíquo inferior responsável pela extorção. Os músculos oblíquos apresentam ação secundária vertical, tendo o oblíquo superior função secundária de abaixamento e o músculo oblíquo inferior ação secundária de elevação. Os músculos oblíquos apresentam também uma ação terciária, contribuindo para a abdução (Figura 1.2).

Na porção superotemporal da órbita localiza-se a glândula lacrimal, que é a estrutura responsável pela produção aquosa da lágrima. A lágrima é drenada para os canalículos inferior e superior, que se fundem formando o canalículo comum antes de penetrar no saco lacrimal, na região nasal da órbita. Do saco lacrimal sai o duto nasolacrimal que vai desembocar embaixo do corneto inferior no nariz, levando a lágrima ao destino final. Obstruções nesse trajeto irão causar lacrimejamento.

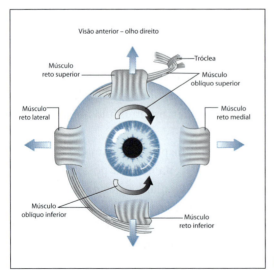

Figura 1.2 Músculos extraoculares.

DESENVOLVIMENTO VISUAL

A percepção de luz já está presente desde a fase intrauterina, mas a visão da criança ao nascimento é relativamente baixa (Figura 1.3) em função da imaturidade da retina, das vias ópticas e das estruturas cerebrais relacionadas com a visão. A retina passa por modificações estruturais importantes, como migração dos cones para a região macular, atingindo a densidade normal por volta dos 10 meses. Enquanto os bastonetes apresentam aspecto semelhante aos do adulto no nascimento, os cones passam por um processo de maturação, uma vez que ao nascimento apresentam segmentos externos curtos e largos. Existe um aumento das sinapses no córtex cerebral, em parte resultado da experiência visual, e a mielinização das vias ópticas aumenta até os dois anos.

Do ponto de vista funcional, o desenvolvimento visual[2] tem sido estudado nas últimas décadas por diversos métodos, como potencial evocado visual, olhar preferencial/cartões de Teller e eletrorretinograma. Do ponto de vista prático, pode-se dizer que o reflexo de fixação está mais desenvolvido por volta da sexta semana. Nos primeiros 3 a 4 meses de idade existe um grande desenvolvimento visual e é quando a criança passa a fixar e acompanhar objetos de interesse. Entre 18 e 24 meses de idade, a criança atinge a visão potencial de um adulto, embora durante a primeira década o sistema visual esteja vulnerável e possam ocorrer alterações do desenvolvimento visual, como acontece na ambliopia. A visão de cores se desenvolve a partir de 4 semanas e varia de acordo com o comprimento de onda. Entre 3 e 4 meses de idade já ocorre a discriminação de cores, principalmente para o verde e o vermelho. A cor azul é a última a se desenvolver. A sensibilidade aos contrastes também é limitada ao nascimento e apresenta rápido desenvolvimento no primeiro ano de

Figura 1.3 Desenvolvimento visual.

vida. A visão binocular pode ser observada a partir de 2 meses de idade e a estereopsia, o grau mais elevado da visão binocular, atinge os níveis do adulto por volta dos 2 anos de idade. Em relação à movimentação dos olhos, é comum observar que nas primeiras semanas, antes do desenvolvimento do reflexo de fixação, o recém-nascido apresenta momentos de estrabismo, inicialmente mais do tipo divergente, sendo considerado um estrabismo fisiológico. Progressivamente, os olhos evoluem para uma posição de paralelismo e, depois de seis meses, qualquer estrabismo deve ser considerado patológico e precisa ser investigado (Figura 1.4).

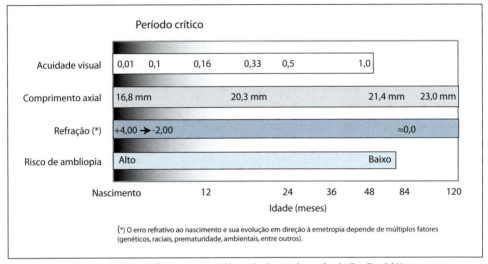

Figura 1.4 Esquema de desenvolvimento visual/anatômico. Adaptado de Dr. David Yorston.

ATRASO DA MATURAÇÃO VISUAL

Normalmente, em uma criança com suspeita de baixa visual, o oftalmologista não tem grandes dificuldades em diagnosticar a origem da baixa visual, que geralmente é atribuída a causas oculares e/ou cerebrais. Quando uma criança apresenta baixa visual para a idade, como no caso das crianças que até os 4 meses ainda não apresentam fixação, se não existe nenhuma causa aparente (ocular ou cerebral) e se posteriormente ocorre melhora espontânea, pode-se fazer um diagnóstico retrospectivo de atraso da maturação visual[3]. O termo atraso da maturação visual foi descrito inicialmente por Illingworth[4] e, posteriormente, Uemera et al.[5] classificaram o atraso da maturação visual em três categorias:

- Grupo 1: atraso da maturação visual isolada – formada por crianças com aparente baixa visual isolada inicial e que posteriormente melhoram, alcançando níveis de acuidade visual normal. Nesse grupo há maior incidência de crianças que apresentam alguns atrasos no desenvolvimento global, como atraso no desenvolvimento da linguagem, hipotonia, espasmos e convulsões.

- Grupo 2: atraso da maturação visual associado com doença sistêmica ou atraso mental – formado por crianças com múltiplos problemas, como prematuros extremos, crianças com crises convulsivas, asfixia, hidrocefalia e malformações/síndromes genéticas. Muitas dessas crianças apresentam uma evolução no desenvolvimento visual, porém não alcançam o padrão de acuidade visual normal, que geralmente é limitado pelas alterações anatômicas/doença de base existentes.
- Grupo 3: atraso da maturação visual associado com alterações oculares – esse grupo é formado por crianças que apresentam alterações estruturais oculares, como catarata congênita, hipoplasia do nervo óptico, albinismo e nistagmo. Nesse grupo, as crianças apresentam melhora do comportamento visual mais rápida que as do grupo 2, porém não desenvolvem níveis de visão normal como as crianças do grupo 1.

O diagnóstico diferencial da criança com baixa visual e que não apresenta nistagmo ou outra alteração mais evidente no exame ocular fica entre atraso da maturação visual e comprometimento visual cortical. Embora a história clínica possa fornecer informações úteis para o diagnóstico, como antecedente de hipóxia e alterações metabólicas, frequentemente exames de imagem como ressonância magnética são fundamentais para o diagnóstico correto.

HIDROCEFALIA

Hidrocefalia não é um problema raro, estando presente em 1 a 1,5 para 1.000 nascimentos e a maior parte dos casos é diagnosticada nos primeiros 5 meses de vida e é considerada congênita[6]. A hidrocefalia se caracteriza por uma distensão dos ventrículos resultante da incapacidade de passagem do líquido cefalorraquidiano (LCR) para a circulação (Figura 1.5).

A hidrocefalia pode comprometer as vias ópticas anteriores e posteriores. A lesão da via óptica anterior pode comprometer os nervos ópticos, o quiasma e as radiações ópticas. Os nervos ópticos na hidrocefalia podem apresentar papiledema crônico que, se persistir, pode evoluir para atrofia do nervo óptico, mesmo com o fechamento incompleto das suturas cranianas, que oferecem um "efeito protetor" para o desenvolvimento de papiledema. A via óptica anterior também pode ser comprometida por uma distorção/compressão pelo III ventrículo dilatado, por distorção de artérias/veias e ossos adjacentes ou pós-herniação inferior do giro hipocampo.

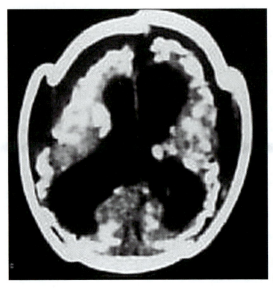

Figura 1.5 Hidrocefalia associada com toxoplasmose congênita (calcificações cerebrais).

As vias ópticas posteriores podem ser acometidas por alteração da circulação das artérias cerebrais posteriores, por danos das radiações ópticas associados com perda de substância branca à medida que os ventrículos laterais dilatam e comprometem o córtex occipital. Edema associado com hipóxia, meningite, septicemia, convulsões e trauma cirúrgico também são outras causas de comprometimento das vias ópticas posteriores associadas com hidrocefalia. Frequentemente existe uma combinação de comprometimento das vias ópticas anteriores e posteriores. Vários defeitos de campo visual podem ser observados e, mesmo quando não existe perda de acuidade visual, essas crianças podem apresentar alterações de percepção visual e problemas cognitivos relacionados com a visão.

CONCLUSÕES

O desenvolvimento visual está diretamente relacionado com a embriologia e o desenvolvimento anatômico do aparelho visual, desenvolvimento este que se inicia nas primeiras semanas de vida e se completa entre 7 e 9 anos de idade. Neste período, denominado de período sensitivo, o desenvolvimento visual pode ser afetado por diversas causas, incluindo alterações anatômicas congênitas (p.ex., catarata congenital) ou adquiridas (estrabismo, hidrocefalia, trauma, etc.).

REFERÊNCIAS BIBLIOGRÁFICAS

1. Sadler TW. Langman's medical embryology. 12th ed. Philadelphia: Lippincott Williams & Wilkins; 2012. p.329-38: Eye.

2. Adams TL. Normal and abnormal visual development. In: Taylor D, Hoyt CS. Pediatric ophthalmology and strabismus. 3rd ed. Philadelphia: Elsevier Saunders; 2005. p.9-22.
3. Hoyt CS. Costembader lecture. Delay visual maturation: the apparently blind infant. JAAPOS. 2004;8(3):215-9.
4. Illingworth RS. Delayed visual maturation. Arch Dis Child. 1961;36(188):407-9.
5. Uemera Y, Agucci Y, Katsumi O. Visual development delay. Ophthal Paediatr Genet 1981;1:4-11.
6. Brodsky MC. Pediatric neuro-opthalmology. 2nd ed. Nova York: Springer; 2010. p.539-41: Neuro--ophthalmologic manifestations of systemic and intracranial disease – hydrocephalus.

2 Genética das doenças oculares

Simone Finzi
Daniel Kamlot
Irene Maumenee

Após ler este capítulo, você estará apto a:
1. Reconhecer doenças oculares de transmissão genética.
2. Realizar aconselhamento genético em Oftalmologia.
3. Descrever as novidades em terapia genética para as doenças oculares.

INTRODUÇÃO

Muitas doenças hereditárias têm manifestações oculares. Aproximadamente 90% dos genes humanos são expressos em tecidos oculares. Existem ainda diversas síndromes que acometem apenas o olho. No OMIM[1], base de dados que contém o catálogo de doenças genéticas, com *links* para referências bibliográficas, existem 1.175 síndromes que acometem o olho e 112 síndromes craniofaciais que também acometem o olho. Por outro lado, existem aproximadamente 183 genes identificados para as doenças monogênicas do olho (Figura 2.1). Mais de 60% dos casos de cegueira entre as crianças são causados por doenças oculares hereditárias, como a catarata congênita, o glaucoma congênito, as distrofias da retina e a atrofia óptica. Até 40% dos pacientes com certos tipos de estrabismo têm história familiar. Em alguns casos, o exame oftalmológico é crítico para o diagnóstico correto do paciente com uma síndrome genética e por isso é grande a importância do conhecimento da genética ocular por parte do pediatra. Como o campo da genética ocular é grande, abrangendo centenas de doenças, este capítulo refere-se a algumas doenças que afetam diferentes partes do olho e que também ilustram conceitos de herança genética.

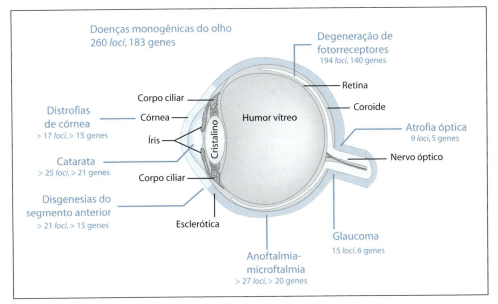

Figura 2.1 Esquema representativo dos genes relacionados com as principais doenças monogênicas do olho.

GENÉTICA

Na avaliação do paciente com doença genética ocular, deve-se sempre realizar uma anamnese detalhada e a construção do heredograma (Figura 2.2) para definir o padrão de herança e o exame oftalmológico do paciente, dos pais e dos familiares afetados pela doença[2].

ETIOLOGIA E MANIFESTAÇÕES CLÍNICAS

Doenças hereditárias oculares podem ser isoladas (afetando apenas o olho) ou parte de uma síndrome, quando associadas com outros achados sistêmicos. Manifestações oculares isoladas ou não sindrômicas podem ser herdadas de formas

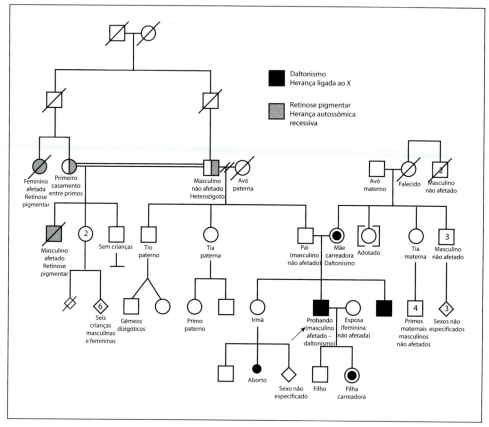

Figura 2.2 Heredograma ilustrando herança autossômica recessiva e ligada ao X.

diferentes. Exemplos de doenças oculares hereditárias não sindrômicas incluem microftalmia, anoftalmia, estrabismo e glaucoma congênito primário. Síndromes que envolvem o olho incluem albinismo oculocutâneo, síndrome de Marfan, síndrome de Stickler e neurofibromatose[3] (Figuras 2.3 e 2.4). Um maior conhecimento das características clínicas e moleculares dessas doenças é importante para o diagnóstico preciso, o aconselhamento genético adequado e a orientação do tratamento.

As doenças genéticas oculares podem ter herança multifatorial, cromossômica ou, ainda, gênica. A miopia é um exemplo de doença multifatorial e também é a doença genética ocular humana mais comum no mundo. A miopia é causada por uma combinação de fatores genéticos e ambientais. O comprimento axial é o maior determinante do erro refrativo e a heritabilidade varia de 40 a 94% (Figura 2.5). Recentes estudos epidemiológicos evidenciaram que o tempo permanecido fora de casa e a exposição solar foram correlacionados com menor erro refrativo, independentemente da atividade realizada, seja ela esporte ou leitura[4].

Genética das doenças oculares 15

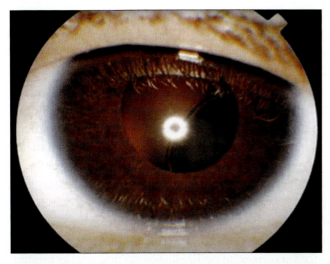

Figura 2.3 Biomicroscopia de paciente com síndrome de Marfan com subluxação de cristalino. Cortesia da Dra. Irene Maumenee.

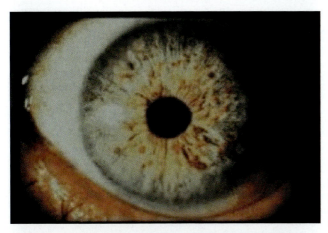

Figura 2.4 Biomicroscopia de paciente com neurofibromatose com nódulos de Lisch. Cortesia da Dra. Irene Maumenee.

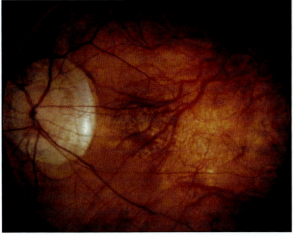

Figura 2.5 Retinografia de paciente com alta miopia. Cortesia da Dra. Irene Maumenee.

As malformações cromossômicas mais frequentemente associadas com alterações oculares identificadas ao nascimento são a trissomia do cromossomo 13 e do 21. Aproximadamente 60% dos pacientes com síndrome de Down têm manifestações oftalmológicas. As alterações oculares em pacientes com trissomia do 21 incluem erros de refração, ambliopia e estrabismo, nistagmo, ceratocone, manchas Brushfield, catarata congênita, glaucoma congênito e anomalias retinianas[5].

As doenças gênicas com herança mendeliana transmitem-se com herança autossômica dominante, recessiva, ligada ao X ou mitocondrial. A síndrome de Rieger é uma doença autossômica dominante caracterizada por disgenesia do segmento anterior, glaucoma, hérnia umbilical, anomalias nos dentes e fácies característica (Figura 2.6). Mutações em dois fatores de transcrição diferentes, FOXC1 e PITX2, têm sido descritas em pacientes com essa síndrome. O glaucoma congênito tem herança autossômica recessiva, e as mutações no gene CYP1B1 estão relacionadas em 40 a 50% dos casos de glaucoma congênito no Brasil. Foram descritas as mesmas mutações no gene CYP1B1 em populações étnicas distintas, provavelmente mutações fundadoras decorrentes de um ancestral comum[6].

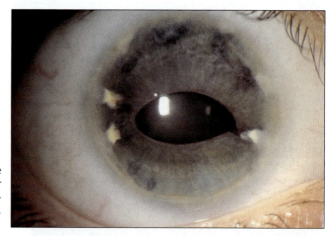

Figura 2.6 Biomicroscopia de paciente com síndrome de Rieger com hipoplasia iriana e embriotoxon posterior. Cortesia da Dra. Irene Maumenee.

Retinose pigmentar é um grupo de doenças caracterizadas por degeneração primária dos fotorreceptores bastonetes da retina, com a degeneração secundária dos fotorreceptores cones vizinhos. A retinose pigmentar é geneticamente heterogênea. Existe uma variedade de padrões de herança, incluindo autossômica recessiva, autossômica dominante, ligada ao cromossomo X, dialélica, digênica mitocondrial e trialélica digênica. Também foi descrita a dissomia uniparental como um mecanismo de doença que consiste na presença de um par de cromossomos homólogos de um mesmo progenitor[7].

A neuropatia óptica hereditária de Leber é uma doença causada por mutações em genes do complexo I do genoma mitocondrial (Figura 2.7). Clinicamente, essa doença é mais comum em homens e é caracterizada por perda indolor e súbita de visão. Uma porcentagem significativa de pessoas com uma mutação que provoca neuropatia óptica hereditária de Leber não desenvolve todas as características da doença. Mais de 50% dos homens e 85% das mulheres com mutação também não desenvolvem perda de visão. Destaca-se a importância de fatores ambientais, como tabagismo e álcool, que estariam envolvidos nessa doença. A identificação das causas genéticas e ambientais é importante para a compreensão da fisiopatologia da doença, especialmente quando a penetrância dos genes causadores da doença pode ser modificada pelo ambiente ou estilo de vida[8].

TRATAMENTO

A terapia genética é a modificação genética das células para produzir efeito terapêutico. Em sua forma mais simples, a terapia gênica consiste na inserção de genes funcionais em células com genes defeituosos, para substituir ou complementar esses genes causadores de doença.

Em Oftalmologia, a terapia gênica é pesquisada com grande sucesso para diversas doenças.

A amaurose congênita de Leber é uma distrofia retiniana congênita em que a baixa acuidade visual é detectada nos primeiros anos de vida. Existem diversos genes relacionados com a doença, e a terapia genética já está em fase de pesquisa em pacientes afetados pela doença com mutações no gene RPE65. O tratamento consiste em realizar uma vitrectomia e injetar via sub-retiniana vetores adenovírus-associados (AAV) carregando o gene RPE65. Nos pacientes tratados, houve melho-

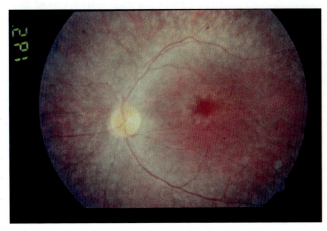

Figura 2.7 Retinografia de paciente com amaurose congênita de Leber com mutação no gene RPE65. Cortesia da Dra. Irene Maumenee.

ra da função retiniana em menos de quatro semanas, persistindo até nove meses. Os pacientes tratados também apresentaram melhora da acuidade visual, redução do nistagmo e aumento do reflexo pupilar à luz. Até recentemente não houve evidência de toxicidade, inflamação e efeitos adversos ao tratamento. Os autores sugerem que o tratamento poderia ser mais eficiente se realizado em crianças com menor degeneração da retina, podendo melhorar a função visual[9].

Perspectivas de terapia gênica têm avançado para uma variedade de doenças da retina, incluindo retinose pigmentar, retinosquise, retinoblastoma, doença de Stargardt e degeneração macular relacionada à idade. Avanços também foram feitos utilizando-se modelos experimentais para outras doenças, como uveíte e glaucoma, embora não estejam ainda disponíveis. Essas novas pesquisas são muito importantes para novas opções de tratamento baseadas em genes humanos no futuro próximo[10].

CONCLUSÕES

Os pacientes com doenças hereditárias devem ser avaliados por uma equipe multidisciplinar com o intercâmbio de informações entre o pediatra e o oftalmologista para realizar um diagnóstico mais rápido e instituir a terapia apropriada para o paciente, levando assim ao melhor prognóstico.

REFERÊNCIAS BIBLIOGRÁFICAS

1. Online Mendelian Inheritance in Man. Disponível em: http://www.ncbi.nlm.nih.gov/omim.
2. Stroh E. Taking the family history in genetic disease: a guide for ophthalmologists. Curr Opin Ophthalmol. 2011;22(5):340-6.
3. Slavotinek AM. Eye development genes and known syndromes. Mol Genet Metab. 2011;104(4):448-56.
4. Baird PN, Schäche M, Dirani M. The Genes in Myopia (GEM) study in understanding the aetiology of refractive errors. Prog Retin Eye Res. 2010;29(6):520-42.
5. Howard RO. Classification of chromosomal eye syndromes. Int Ophthalmol. 1981;4(1-2):77-91.
6. Sena DF, Finzi S, Rodgers K, Del Bono E, Haines JL, Wiggs JL. Founder mutations of CYP1B1 gene in patients with congenital glaucoma from the United States and Brazil. J Med Genet. 2004;41(1):e6.
7. Estrada-Cuzcano A, Roepman R, Cremers FP, den Hollander AI, Mans DA. Non-syndromic retinal ciliopathies: translating gene discovery into therapy. Hum Mol Genet. 2012;21(121):R111-24.
8. Fraser JA, Biousse V, Newman NJ. The neuro-ophthalmology of mitochondrial disease. Surv Ophthalmol. 2010;55(4):299-334.
9. Stein L, Roy K, Lei L, Kaushal S. Clinical gene therapy for the treatment of RPE65-associated Leber congenital amaurosis. Expert Opin Biol Ther. 2011;11(3):429-39.
10. Cao H, Molday RS, Hu J. Gene therapy: light is finally in the tunnel. Protein cell. 2011;2(12):973-89.

Epidemiologia das doenças oculares   3

Rosa Maria Graziano

> **Após ler este capítulo, você estará apto a:**
> 1. Identificar as principais causas de cegueira infantil.
> 2. Reconhecer como o pediatra pode ser o principal parceiro na prevenção da cegueira infantil.

INTRODUÇÃO

A visão é um dos mais importantes sentidos no desenvolvimento físico e cognitivo normal da criança. A criança aprende gestos e condutas com as pessoas ao seu redor e, por meio da visão, percepções externas são recebidas e processadas e irão interferir nos valores adquiridos pela observação do mundo exterior.

Uma criança que nasce cega ou fica cega viverá muitos anos nessa condição e isso trará uma série de problemas para sua vida pessoal, familiar e para a comunidade. A sua qualidade de vida, os seus aspectos psicológicos e a sua possibilidade de crescimento profissional futuro estarão afetados de uma maneira geral. Para a comunidade, a menor produtividade futura, o valor de seu tratamento, a sua reabilitação e a sua educação especial têm um alto custo que justifica projetos sociais de prevenção e tratamento precoce da cegueira infantil. Deve-se lembrar também que muitas das doenças que podem levar à cegueira infantil (prematuridade, sarampo, rubéola congênita, entre outras) são também causas de mortalidade infantil e sua prevenção terá duplo benefício.

A Unicef define criança como indivíduo com menos de 16 anos, e a Organização Mundial da Saúde (OMS) define cegueira quando a acuidade visual corrigida do melhor olho for menor que 3/60 ou 20/400 e baixa acuidade visual severa quando a visão corrigida for menor que 6/60 ou 20/200[3]. No Brasil, segundo o IBGE, 24% da população é representada pelas crianças de até 14 anos[13].

PREVENÇÃO À CEGUEIRA INFANTIL

A prevenção à cegueira e à baixa acuidade visual infantil é uma das cinco prioridades do projeto da OMS "VISION 2020 – Right to Sight", que tem a finalidade de eliminar a cegueira que pode ser prevenida ou tratada[1-7].

Mais da metade das crianças cegas do mundo estão nessa condição em decorrência de causas evitáveis, ou seja, causas que podem ser totalmente prevenidas ou tratadas para preservar a visão[1-7].

Existem evidências de que a prevalência da cegueira varia com a condição socioeconômica, sendo menor nos países desenvolvidos. Em países de baixa renda, a prevalência pode ser em torno de 1,2/1.000 crianças, enquanto em países em desenvolvimento a prevalência estimada é de 0,6/1.000 e nos desenvolvidos aproximadamente 0,3/1.000. O Brasil é um país de dimensões continentais com grande variabilidade regional nos níveis de desenvolvimento socioeconômico, de modo que a prevalência de cegueira é maior nas áreas mais pobres[1-7].

Nas regiões pobres, as principais causas de cegueira são as infecções, os fatores nutricionais e as lesões de córnea. Nas regiões em desenvolvimento, a retinopatia do prematuro ganha destaque porque a neonatologia teve grande desenvolvimento, permitindo que sobrevivam recém-nascidos muito prematuros, mas faltam oftalmologistas nas unidades neonatais para prevenir que essas crianças fiquem cegas em consequência da retinopatia da prematuridade. Nas regiões desenvolvidas, o acometimento do sistema nervoso central e do nervo óptico são as maiores causas de déficit visual. A Tabela 3.1 resume a magnitude e as principais causas de cegueira em relação ao desenvolvimento econômico da população[1-7]. As causas de cegueira infantil podem ser classificadas de acordo com a localização anatômica e a etiologia (Quadros 3.1 e 3.2). No Brasil cerca de 50% das causas de cegueira infantil podem ser prevenidas ou tratadas[8-10].

Epidemiologia das doenças oculares 21

Tabela 3.1 – Magnitude e principais causas de cegueira infantil por população de 10 milhões[11]

	% e nº de população infantil	Prevalência	Cicatriz	Glaucoma/ catarata	ROP	Outras
Países ricos	20% – 2 milhões	0,3/1.000 600 cegos	0%	10%	10%	80%
Países em desenvolvimento	30% – 3 milhões	0,6/1.000 1.800 cegos	0%	20%	25%	55%
Países pobres	40% – 4 milhões	0,9/1.000 3.600 cegos	20%	20%	0%	60%
Países muito pobres	50% – 5 milhões	1,2/1.000 6.000 cegos	50%	15%	0%	35%

ROP: retinopatia da prematuridade.

Quadro 3.1 – Principais causas de cegueira infantil por localização anatômica[11]

Localização anatômica	Principais causas de cegueira
Retina	Distrofia retiniana hereditária, ROP, toxoplasmose
Córnea	Hipovitaminose A, sarampo, oftalmia neonatal
Globo ocular	Desconhecida, fatores hereditários
Cristalino	Hereditário, rubéola congênita, desconhecida
Nervo óptico	Trauma, infecção, isquemia, tumores
Glaucoma	Desconhecida, familiar
Outros	Erros refrativos, cegueira cortical, desconhecida
Úvea	Inflamação, fatores hereditários

ROP: retinopatia da prematuridade.

Quadro 3.2 – Principais causas de cegueira infantil por etiologia[11]

Etiologia	Principais causas de cegueira
Hereditária	Distrofia retiniana, catarata, aniridia, albinismo
Infância	Hipovitaminose A, sarampo, meningite, trauma
Perinatal	ROP, oftalmia neonatal, cortical
Intrauterina	Rubéola, álcool, toxoplasmose
Desconhecida	Anomalias, início desconhecido

ROP: retinopatia da prematuridade.

PRINCIPAIS CAUSAS DE DEFICIÊNCIA VISUAL

Levantamento realizado pelo Setor de Baixa Visão do Departamento de Oftalmologia da Universidade de São Paulo (USP) e pela Associação Brasileira de Assistência ao Deficiente Visual (SP) avaliou 3.210 pacientes com deficiência visual. Esse estudo dividiu os pacientes em um grupo apenas com deficiência visual e outro com

22 Oftalmologia

deficiência visual associada a múltiplas deficiências. No primeiro grupo, as principais causas foram cicatriz macular de toxoplasmose (20,7%), distrofias retinianas (12,2%), retinopatia da prematuridade (11,8%), malformação ocular (11,6%), glaucoma congênito (10,8%), atrofia óptica (9,7%) e catarata congênita (7,1%). No segundo grupo, as principais causas foram atrofia óptica (37,7%), comprometimento visual central (19,7%), cicatriz macular por toxoplasmose (8,6%), retinopatia da prematuridade (7,6%), malformação ocular (6,8%) e catarata congênita (6,1%)[8].

PARTICIPAÇÃO DO PEDIATRA NA PREVENÇÃO À CEGUEIRA INFANTIL

A retinopatia da prematuridade (ROP), a catarata congênita e o glaucoma congênito são importantes causas de baixa visão em que o pediatra tem importante participação na sua prevenção. O teste do reflexo vermelho é uma estratégia eficaz de detecção precoce da catarata e do glaucoma infantil. Contudo, apenas a identificação não é suficiente, são necessários acesso rápido ao tratamento cirúrgico e seguimento oftalmológico. Segundo Haddad et al.[10], mais de 75% das crianças e dos adolescentes com baixa visão por catarata infantil atendidos no serviço de baixa visão do HC-FMUSP não tiveram acesso ao tratamento cirúrgico precoce e sabe-se que se a catarata é operada nos primeiros meses de vida, isto é, antes do término do período crítico do desenvolvimento visual, o paciente terá uma melhor visão do que se operado posteriormente.

Em relação à retinopatia da prematuridade, de acordo com estimativas do Grupo ROP Brasil, em 2002 menos de 50% dos prematuros com peso muito baixo no Brasil tinham acesso a diagnóstico e tratamento. Cerca de 1.400 prematuros necessitam de tratamento todos os anos. Programas de diagnóstico e tratamento estão sendo progressivamente implementados nas unidades neonatais públicas do país, com o apoio da Sociedade Brasileira de Pediatria e do Conselho Brasileiro de Oftalmologia[12].

O olho enxerga, mas o cérebro interpreta as imagens. Se imagens diferentes vindas de cada olho são recebidas pelo cérebro, este escolherá a de melhor nitidez e o olho de pior visão será o olho preguiçoso ou amblíope. Entre as causas de cegueira evitável está a ambliopia relacionada ao erro refrativo não corrigido, à privação da imagem na retina por alteração de meios (como a catarata) e ao estrabismo.

O erro refrativo nem sempre é percebido pelos pais, principalmente se for monocular. Crianças ou adolescentes com erros refrativos de alto grau não corrigidos têm o seu mundo nítido limitado, seu rendimento escolar prejudicado e, muitas vezes, queixam-se de cefaleia, dispersão e, nos míopes, personalidades introvertidas. Hipermetropia e astigmatismo levam a cefaleia, dispersão e pouca disposição para leitura.

O pediatra, por estar em contato com a criança e com a família desde os primeiros anos de vida, pode ser um grande colaborador na prevenção à cegueira infantil porque qualquer intervenção no processo de ambliopia deve ser feita antes da idade de 7 a 9 anos, pois a partir disso o SNC já estará totalmente desenvolvido e a visão estará prejudicada pelo resto da vida. Sugere-se que o pediatra faça uma avaliação da acuidade visual e um exame externo em suas consultas de rotina e que, se necessário, encaminhe para o oftalmologista.

CONCLUSÕES

No Brasil, cerca de 50% das causas de cegueira infantil podem ser prevenidas ou tratadas. O olho enxerga, mas o cérebro interpreta as imagens e, para que o desenvolvimento visual se estabeleça, imagens nítidas devem ser recebidas. Quanto mais cedo a doença é diagnosticada e tratada, melhor será a recuperação visual, pois após a idade de 7 a 9 anos o desenvolvimento visual estará completo. Catarata e glaucoma congênitos diagnosticados pelo reflexo vermelho podem ser tratados precocemente. Erro refrativo, infecções congênitas e ROP necessitam da participação do pediatra na sua prevenção.

REFERÊNCIAS BIBLIOGRÁFICAS

1. Parikshit G, Clare G. Blindness in children: a worldwide perspective. Community Eye Health. 2007;20(62):32-3.
2. World Health Organization. Preventing blindness in children. WHO/PBL/00.77. Geneva: WHO; 1997.
3. Gilbert C, Foster A. Childhood blindness in the context of Vision 2020 – The Right to Sight. Bull World Health Organ. 2001;79(3):227-32.
4. Gilbert C, Foster A. Blindness in children: control priorities and research opportunities. Br J Ophthalmol. 2001;85(9):1025-7.
5. World Health Organization. Preventing blindness in children. Report of a WHO/IAPB scientific meeting. India; 1999.
6. Frick KD, Foster A. The magnitude and cost of global blindness: an increasing problem that can be alleviated. Am J Ophthalmol. 2003;135(4):471-6.
7. Gilbert C. Gresham Lecture. Blindness in children: the global perspective. Disponível em: http://www.gresham.ac.uk/lectures-and-events/blindness-in-children-the-global-perspective (acesso 19 jun 2012).
8. Carvalho KM, Minguini N, Moreira Filho DC, Kara-José N. Characteristics of a pediatric low--vision population. J Pediatr Ophthalmol Strabismus. 1998;35(3):162-5.
9. Temporini ER, Kara-José N. A perda da visão – estratégias de prevenção. Arq Bras Oftalmol. 2004;67(4):597-601.
10. Haddad MA, Sei M, Sampaio MW, Kara-José N. Causes of visual impairment in children: a study of 3,210 cases. J Pediatr Ophthalmol Strabismus. 2007;44(4):232-40.
11. Gilbert C. Blindness in children – global perspectives. Disponível em: http://www.gresham.ac.uk/sites/default/files/gilbert_gresham_only_12jan2011.pdf.
12. Zin A, Florêncio T, Fortes Filho JB, Nakanami CR, Gianini N, Graziano RM, et al. Proposta de diretrizes brasileiras do exame e tratamento de retinopatia da prematuridade (ROP). Arq Bras Oftalmol. 2007;70(5):875-83.
13. Brasil. Instituto Brasileiro de Geografia e Estatística. Séries estatísticas e séries históricas. Disponível em: http://Ibge.gov.br/seriesestatisticas&serieshistoricas.

4 Exame oftalmológico da criança

Rosa Maria Graziano

Após ler este capítulo, você estará apto a:
1. Ter noções do processo de desenvolvimento visual.
2. Indicar o exame oftalmológico.
3. Realizar um exame oftalmológico de triagem.
4. Identificar quais são as crianças que necessitam de exame de rotina e emergencial com o oftalmologista.

INTRODUÇÃO

Todos os sentidos integrados proporcionam o desenvolvimento físico e cognitivo normal da criança e a visão é um dos sentidos mais importantes, pois permite um melhor entendimento da situação vivenciada. O olho enxerga, mas quem interpreta o que o olho enxerga é o cérebro; portanto, para que haja desenvolvimento normal da visão, são necessárias boas condições anatômicas e fisiológicas do olho e do sistema nervoso central.

A criança necessita "ver nitidamente" com os dois olhos para desenvolver a sua visão de forma adequada. Os dois olhos integrados permitem a visão em profundidade e, para que isso aconteça, imagens semelhantes, de igual nitidez e tamanho, são necessárias. Em três condições isso pode não ocorrer e quando o olho é bem forma-

Exame oftalmológico da criança **25**

do anatomicamente, mas por alguma razão não participa da visão em profundidade e é "esquecido" pelo cérebro, ocorre o que se chama de ambliopia. Essas condições estão descritas nos itens a seguir.

1. Se a criança for estrábica, imagens diferentes serão informadas e, por não poderem ser superpostas, uma delas será suprimida, levando à ambliopia.
2. Se a diferença dos erros refrativos dos dois olhos é maior que três dioptrias, imagens de diferentes tamanhos se formarão e, do mesmo modo, as imagens dos dois olhos não poderão ser integradas para a obtenção da visão em profundidade, e um dos olhos será suprimido.
3. O olho de maior erro refrativo (mesmo quando a diferença for menor que 3 dioptrias) informará para o cérebro imagens menos nítidas e isso fará com que o cérebro aceite apenas a imagem do olho de maior nitidez, suprimindo a outra.

Existem condições em que o olho pode apresentar uma doença e não ter boa visão. Se o tratamento for possível, ele deve ser feito o mais breve possível para que não traga prejuízo ao desenvolvimento visual. Por exemplo, a melhor visão ocorre se for realizada a cirurgia precoce da catarata congênita total, antes dos 3 a 6 meses de vida, do que se a doença for operada aos 3 a 4 anos, pois o desenvolvimento visual ficará muito mais prejudicado no último caso.

Os primeiros 3 a 6 meses de vida são o período crítico do desenvolvimento visual. Até os 3 a 4 anos a visão se aprimora e a criança atinge a visão do adulto. Após os 7 a 8 anos de vida há muita dificuldade de combater a ambliopia, pois o desenvolvimento visual estará completo e a criança conviverá com a visão nessa condição pelo resto da vida.

QUANDO REALIZAR O EXAME OFTALMOLÓGICO?

As crianças devem ter sua função visual avaliada periodicamente e, baseando-se no desenvolvimento visual, sugere-se que as avaliações oftalmológicas sejam realizadas inicialmente pelo pediatra no berçário (exame externo e pesquisa do reflexo vermelho), com 12 meses de vida e, a seguir, a cada 1 a 2 anos com o oftalmologista, para acompanhamento de seu desenvolvimento visual, cálculo do erro refrativo e verificação da presença de estrabismo e de alterações funcional e morfológica do olho.

Em casos de emergências ou quando existem sinais ou sintomas preocupantes, o exame oftalmológico deve ser realizado imediatamente (Quadro 4.1).

Infelizmente, a rede pública tem dificuldade para realizar os exames preventivos em todas as idades sugeridas. Os projetos "Olho no Olho" e "Visão do Futuro" só avaliam a criança nos primeiros anos da escola pública, isto é, em torno dos 7 a 8 anos, quando o desenvolvimento visual está em sua fase final. O pediatra, que está em contato com a criança e a família desde os primeiros anos de vida, tem a oportunidade de solicitar o exame oftalmológico na idade adequada.

> **Quadro 4.1 – Principais sinais e sintomas oculares**
>
> - Estrabismo
> - Virar a cabeça para fixar o olhar
> - Leucocoria
> - Lacrimejamento
> - Olhos vermelhos
> - Fotofobia
> - Piscar muito
> - Esfregar os olhos com frequência
> - Margens palpebrais vermelhas e com crostas nos cílios
> - Cefaleias relacionadas com esforço visual
> - Embaçamento visual
> - Desinteresse por leitura
> - Aproximar-se muito da TV ou do caderno
> - Baixo rendimento escolar

Sugere-se que o pediatra, em suas consultas de puericultura, avalie anualmente a acuidade visual, faça exame externo da face, procurando assimetrias ou alterações do olho e das pálpebras, o teste do reflexo vermelho, os reflexos fotomotores e o teste de Hirschberg e, quando encontrar algum item alterado, encaminhe para consulta com o especialista[1].

COMO O PEDIATRA PODE REALIZAR UM EXAME OFTALMOLÓGICO DE TRIAGEM?

1. Perguntar aos pais da criança se ela tem dificuldade para enxergar a distância ou se aproxima-se muito da TV, esfrega os olhos com frequência, tem estrabismo ou baixo rendimento escolar.
2. Avaliar a face, os olhos e seus anexos e observar se existem assimetrias. Observar se os olhos ou as margens palpebrais estão vermelhos ou com secreção. Ver se as pupilas estão centradas e negras e se as córneas são transparentes.
3. A acuidade visual (AV) pode ser avaliada de acordo com a idade da criança com optótipos de objetos conhecidos (animais, bola, casa, etc.) ou com a letra E em diferentes posições ou letras/números. Cada olho deve ser avaliado separadamente. Espera-se que a criança responda de acordo com sua idade:
   - Meses a 1 ano – fixa e segue a luz, pega e segue brinquedos coloridos. Observar como a criança brinca e sua reação à oclusão de um dos olhos. Quando um dos olhos tem menor visão, geralmente a criança aceita bem a oclusão do olho de pior visão; mas, ao ter seu melhor olho ocluído, reage chorando, movimen-

tando a cabeça para que o olho ocluído seja liberado da oclusão ou tentando tirar o oclusor com a mão.
- 2 a 3 anos – testar com a letra "E" de tamanho padrão ou teste de Lea Havering (4 figuras: bola, quadrado, casa-pentágono, coração-maçã).
- Crianças com mais de 4 anos – devem ser avaliadas com as tabelas de optótipos E e, quando alfabetizadas, pode-se usar as tabelas de Snellen com letras.

4. A pesquisa dos reflexos fotomotores direto e consensual dá ideia da integridade da via óptica.
5. O reflexo corneano à luz (teste de Hirschberg) é um teste simples, usado no diagnóstico do estrabismo manifesto. Deve-se pedir para a criança olhar a luz da lanterna e observar onde o reflexo luminoso é projetado na córnea. Se a criança não apresentar estrabismo manifesto, os reflexos luminosos da lanterna devem cair no centro da pupila de ambos os olhos (Figura 4.1).
6. O teste do reflexo vermelho (teste de Bruckner – RV) faz a detecção precoce de doenças que comprometem o eixo visual, como catarata congênita, traumas de parto, glaucoma congênito e retinoblastoma. Deve ser realizado em penumbra e com o oftalmoscópio direto a 60 a 70 cm da criança (Figuras 4.2 e 4.3).

QUANDO O OFTALMOLOGISTA DEVE EXAMINAR O RECÉM-NASCIDO NO BERÇÁRIO?

O oftalmologista deve complementar o exame do pediatra no berçário quando:

1. O recém-nascido apresentar RV suspeito ou ausente.

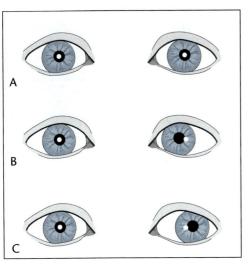

Figura 4.1 Reflexo corneano à luz ou teste de Hirschberg. A: olhos ortofóricos ou normais; B: estrabismo convergente; C: estrabismo divergente.

Teste do reflexo vermelho
Data: ___/___/___
OD   OE
Presente: ☐ ☐
Ausente: ☐ ☐
Suspeito: ☐ ☐
Realizado por: _____
Orientações: _____
_____
_____
_____

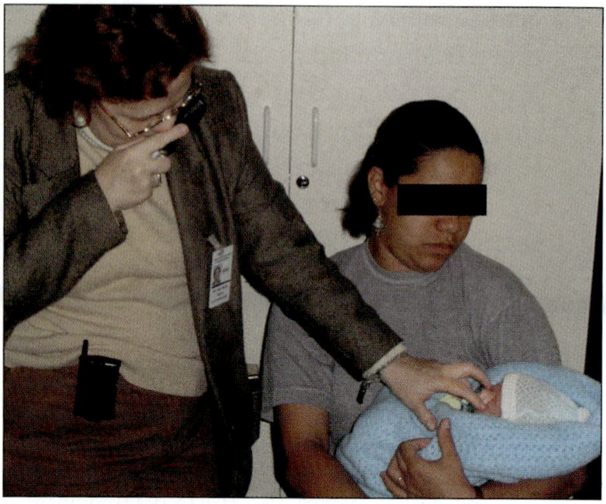

Figura 4.2 Teste do reflexo vermelho ou teste de Bruckner.

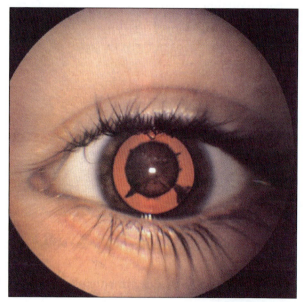

Figura 4.3 Imagem de reflexo vermelho alterado, pela presença de catarata congênita.

2. As crianças forem prematuras com idade gestacional menor que 32 semanas e peso menor que 1.500 g. Crianças maiores, mas com muitas complicações também devem ser avaliadas.
3. Houver suspeita de infecção congênita, sepse ou síndromes genéticas.
4. Conjuntivite neonatal.

QUANDO O OFTALMOLOGISTA DEVE EXAMINAR A CRIANÇA NO CONSULTÓRIO?

1. Se o exame no berçário for normal, sugere-se o exame com 12 meses, principalmente se existem casos de retinoblastoma ou outras doenças na família.
2. Quando restar dúvida se a criança enxerga bem, apresenta estrabismo ou sinais e sintomas oculares (Quadro 4.1).

Crianças com aparente baixa AV podem ter sua visão avaliada pelo teste do olhar preferencial, potencial evocado visual e nistagmo optocinético. A medida do desvio do estrabismo com prisma e da estereopsia ou visão de profundidade são exames que podem ser realizados em alguns casos.

O exame com midríase medicamentosa permite o mapeamento de retina e cálculo da refração da criança. O campo visual, a avaliação da visão de cores, a medida da pressão intraocular e o eletrorretinograma são alguns dos exames que podem ser realizados em casos ou doenças específicas.

CONCLUSÕES

O exame oftalmológico tem importância capital no acompanhamento do desenvolvimento visual e na sua correção, quando apresentar distorções.

O pediatra é o principal parceiro da oftalmologia na prevenção à cegueira infantil, pois ele tem a possibilidade de solicitar os exames preventivos a cada 1 ou 2 anos, antes que o desenvolvimento visual esteja completo, o que acontece entre 8 e 9 anos.

O pediatra pode fazer um exame oftalmológico de triagem em suas consultas e encaminhar ao oftalmologista os casos em que o exame mostrar anormalidades.

REFERÊNCIA BIBLIOGRÁFICA

1. Graziano RM. O exame oftalmológico da criança. In: Graziano RM, Zin A, Nakanami CR, Debert I, Verçosa IC, Sá LC, et al. (eds.). Oftalmologia para o pediatra. São Paulo: Atheneu; 2009. p.19-26.

5 Doenças do desenvolvimento do olho

Deborah Salerno Costa de Sousa e Castro

Após ler este capítulo, você estará apto a:
1. Identificar clinicamente as doenças do desenvolvimento do olho.
2. Encaminhar e orientar corretamente os pacientes.

INTRODUÇÃO

Neste capítulo, serão abordadas doenças em que o desenvolvimento do globo ocular e das pálpebras está comprometido. A presença do olho influencia o crescimento da órbita, que se completa aproximadamente aos 15 anos.

ANOFTALMIA E MICROFTALMIA

Anoftalmia e microftalmia são defeitos congênitos raros do globo ocular relacionados a anomalias no desenvolvimento da vesícula óptica primária na embriogênese[1].

A anoftalmia é definida como a completa ausência de globo ocular identificável por exame clínico ou de imagem, porém com anexos oculares (pálpebras, conjuntiva e aparelho lacrimal) presentes[2] (Figura 5.1 A). Estudos histológicos podem demonstrar presença de resquícios de tecido ocular em alguns casos[3].

A microftalmia é definida como um globo ocular de dimensões reduzidas, comumente associada a malformações oculares, sendo a mais comum o coloboma[2] (defeito de fechamento da fissura coroidea), o que leva ao comprometimento da visão em graus variáveis dependendo das alterações anatômicas existentes (Figura 5.1 B).

A anoftalmia e a microftalmia podem ser consideradas variedades fenotípicas associadas a um mesmo substrato genético[3]. A incidência da anoftalmia é de 0,18 a 0,4/10.000 nascimentos, e a da microftalmia gira em torno de 1,5 a 19/10.000 nascimentos[1]. Podem ocorrer isoladamente ou como parte de uma síndrome com acometimento de outros órgãos e sistemas, como ocorre em um terço dos casos[2]. A etiologia é complexa, envolvendo alterações cromossômicas, gênicas e fatores do meio ambiente. Recentes avanços na genética, com descoberta de diversos genes relacionados ao desenvolvimento ocular, aumentaram a probabilidade de se determinar a causa da anomalia[2].

O tratamento da microftalmia leve a moderada baseia-se na prescrição de óculos caso haja erro refrativo significativo e terapia oclusiva na tentativa de estimulação visual[3]. Nos casos de anoftalmia ou microftalmia severa deve-se fazer expansão orbitária com próteses para que haja crescimento orbitário e facial satisfatório[1].

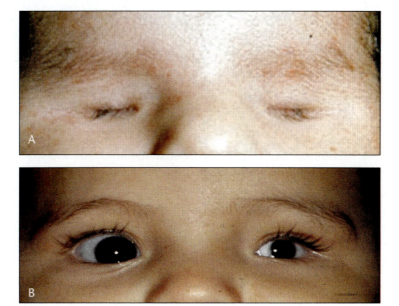

Figura 5.1 A: anoftalmia bilateral; B: microftalmia à esquerda.

NANOFTALMIA

Essa condição, usualmente bilateral, é caracterizada por globo ocular de comprimento axial reduzido, hipermetropia e diâmetro corneal diminuído, porém sem grandes defeitos estruturais. As fissuras palpebrais são estreitas, com aspecto de afundamento ocular[4] (Figura 5.2). Há quem considere a nanoftalmia uma microftalmia simples[5].

A patogênese está associada a um hipodesenvolvimento do globo ocular após o fechamento da fissura embrionária e pode apresentar um padrão de herança autossômica dominante ou recessiva ou ocorrer de forma esporádica[6].

É necessário um acompanhamento oftalmológico mais cuidadoso, pois são pacientes que podem ter alta hipermetropia e grande chance de desenvolver glaucoma de ângulo estreito a partir da quarta década de vida[6]. Apresentam alto risco de complicações quando necessitam ser submetidos a cirurgias intraoculares como a de catarata, por exemplo[4].

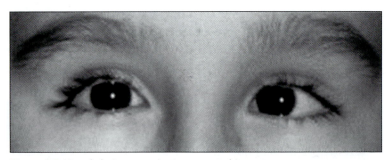

Figura 5.2 Nanoftalmia em paciente com estrabismo.

CRIPTOFTALMIA

É uma anomalia congênita muito rara, frequentemente bilateral, na qual as margens palpebrais estão completamente fundidas. Os cílios podem estar ou não presentes. O globo ocular está presente sob as pálpebras fundidas, sendo geralmente microftálmico e hipofuncionante[7,8] (Figura 5.3). Comumentemente está associada à síndrome de Fraser (criptoftalmia, sindactilia e defeitos urogenitais), cuja incidência é de 0,043/10.000 nascidos vivos e de 1,1/10.000 natimortos, e possui herança autossômica recessiva[9,10].

O tratamento é basicamente cirúrgico e de extrema complexidade, na tentativa de reconstrução das margens palpebrais e de preservação do globo quando possível. Opta-se pela adaptação protética com reconstruções cavitárias caso não haja prognóstico visual[7,8,11].

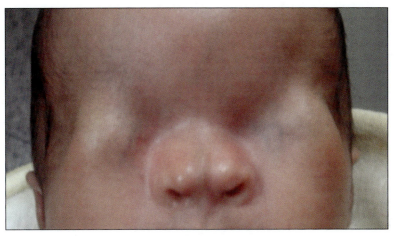

Figura 5.3 Paciente com criptoftalmia e síndrome de Fraser.

CONCLUSÕES

As doenças do desenvolvimento do olho não devem ser consideradas apenas um problema oftalmológico, pois muitas vezes estão associadas a outras malformações ou síndromes mais complexas, que merecem uma abordagem multidisciplinar, inclusive aconselhamento genético[1].

REFERÊNCIAS BIBLIOGRÁFICAS

1. Ragge NK, Subak-Sharpe ID, Collin JR. A practical guide to the management of anophthalmia and microphthalmia. Eye (Lond). 2007;21(10):1290-300.
2. Bardakjian TM, Schneider A. The genetics of anophthalmia and microphthalmia. Curr Opin Ophthalmol. 2011;22(5):309-13.
3. Verma AS, Fitzpatrick DR. Anophthalmia and microphthalmia. Orphanet J Rare Dis. 2007;26(2):47.
4. Moradian S, Kanani A, Esfandiari H. Nanophthalmos. J Ophthalmic Vis Res. 2011;6(2):145-6.
5. Srinivasan S, Batterbury M, Marsh IB, Fisher AC, Willoughby C, Kaye SB. Corneal topographic features in a family with nanophthalmos. Cornea. 2006;25(6):750-6.
6. Burgoyne C, Tello C, Katz LJ. Nanophthalmia and chronic angle-closure glaucoma. J Glaucoma. 2002;11(6):525-8.
7. Morax S, Hurbli T. The management of congenital malpositions of eyelids, eyes and orbits. Eye (Lond). 1988;2(Pt 2):207-19.
8. Katowitz WR, Katowitz JA. Congenital and developmental eyelid abnormalities. Plast Reconstr Surg. 2009;124(1 Suppl):93e-105e.
9. Vogel MJ, van Zon P, Brueton L, Gijzen M, van Tuil MC, Cox P, et al. Mutations in GRIP1 cause Fraser syndrome. J Med Genet. 2012;49(5):303-6.
10. Kalpana Kumari MK, Kamath S, Mysorekar VV, Nandini G. Fraser syndrome. Indian J Pathol Microbiol. 2008;51(2):228-9.
11. Lessa S, Nanci M, Sebastiá R, Flores E. Two-stage reconstruction for eyelid deformities in partial cryptophthalmos. Ophthal Plast Reconstr Surg. 2011;27(4):282-6.

Seção II

Distúrbios da motilidade ocular extrínseca: estrabismo, erros refracionais e cefaleia

Coordenadora: Mariza Polati

Distúrbios da motilidade ocular extrínseca

6

Mariza Polati
Cristiane de Almeida Leite

Após ler este capítulo, você estará apto a:
1. Compreender as alterações decorrentes do desalinhamento dos olhos.
2. Descrever o que é ambliopia.
3. Relatar por que estrabismo pode ser causa de ambliopia.
4. Entender por que o tratamento deve ser iniciado precocemente.

INTRODUÇÃO

O conhecimento de alguns aspectos básicos sobre anatomia e fisiologia da musculatura ocular extrínseca, bem como dos mecanismos que promovem e refinam a percepção visual ou daqueles que impedem o seu correto desenvolvimento, faz-se necessário para a melhor compreensão dos distúrbios da motilidade ocular extrínseca.

DESENVOLVIMENTO VISUAL NORMAL

Ao nascimento, a acuidade visual da criança é muito baixa, em torno de 0,03, pois a área macular ainda não está anatomicamente desenvolvida e ainda não houve nenhuma estimulação luminosa da retina. Nas primeiras semanas de vida passa a ocorrer o desenvolvimento estrutural da área macular, e o resultado desse processo é a condensação de maior número de cones (fotorreceptores responsáveis pela visão nítida) na fovéola em comparação ao restante da retina, onde há predominância de bastonetes (fotorreceptores responsáveis pela adaptação ao escuro e percepção de movimentos). Essa é a base estrutural para que a visão se desenvolva normalmente.

Simultaneamente, ocorre o rápido desenvolvimento das vias visuais, por onde transitam os estímulos recebidos na retina até o córtex visual (occipital), com estabelecimento de sinapses. O uso da função visual é essencial para que esses contatos intercelulares se desenvolvam. Se a sinapse não é utilizada e a quantidade de neurotransmissores permanece pequena, o amadurecimento do sistema não se processa normalmente.

Para fixar um objeto de interesse, os olhos precisam fazer um movimento coordenado em sua direção. Ao nascimento, os movimentos oculares são em ressalto e muito mal controlados. Porém, já existe o reflexo de fixação, presente a partir da 33ª semana de gestação. O recém-nascido consegue fixar objetos e segui-los se o movimento de deslocamento for lento e no plano horizontal. Os movimentos de seguimento vertical surgem a partir da 4ª a 8ª semana de vida. Os movimentos se tornam mais suaves a partir do 2º mês, mas o seguimento de objetos em movimento ainda não é perfeito ao final do primeiro ano.

O alinhamento ocular é mantido pela visão binocular e pelo equilíbrio das forças motoras, representadas pelos músculos extraoculares e por todo o sistema neuromotor. Do nascimento até os 6 meses de vida, desvios esporádicos dos olhos são comuns e não são considerados anormais na maioria das vezes; isso acontece porque o reflexo de fusão ainda não está maduro. Nessa fase, o desvio é considerado anormal quando é constante ou muito frequente. *Após o 6º mês, qualquer tipo de desvio é anormal.*

VISÃO BINOCULAR

Quando se fixa um objeto com os dois olhos apropriadamente alinhados, sua imagem será recebida em áreas correspondentes nas duas retinas. Apesar da presença de duas imagens fisicamente separadas, somente um objeto será percebido pelo observador. A fusão dessas duas imagens em uma única, tridimensional, é realizada pelas células corticais que estão conectadas com as vias visuais dos dois olhos. A informação visual da metade direita da retina dos dois olhos é transmitida para a metade direita do córtex, e a da esquerda, para a metade esquerda (Figura 6.1). Quando há fusão, diz-se que há visão binocular. A fusão desenvolve-se a partir do 1º mês de vida e se completa no final do 6º mês.

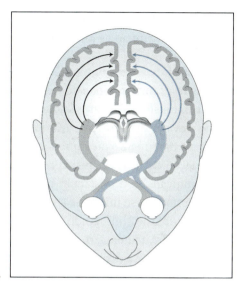

Figura 6.1 Vias visuais.

Perturbações da Visão Binocular

Diplopia

A diplopia é a queixa mais frequente em pacientes com estrabismo de aparecimento recente, em que ocorre duplicação da imagem fixada, em razão do estímulo de pontos retínicos não correspondentes (a fovéola no olho fixador e outra região retínica no olho desviado), impossibilitando a fusão das imagens.

É queixa mais comum nos estrabismos que aparecem na idade adulta, também decorrente da modificação do ângulo do desvio de estrabismos preexistentes.

Confusão

Confusão é o relato menos frequente em pacientes com estrabismo que surge na vida adulta e consiste na percepção de imagens diferentes superpostas. O córtex occipital recebe as imagens que chegam de cada uma das fovéolas, cujas linhas visuais não estão alinhadas por causa do desvio dos olhos.

Supressão

Supressão é o mecanismo neurofisiológico ativo inibitório que ocorre em indivíduos com estrabismo que surge na infância, na fase de imaturidade do sistema visual. O olho que não desvia (olho fixador) recebe a imagem na fovéola, área com o maior número de cones, e o olho que desvia recebe a imagem em ponto extrafoveolar, mais periférico, com número muito menor de cones, e que não pode, portanto, transmitir imagem nítida. As impressões visuais transmitidas ao cérebro pelo olho desviado são ruins, sendo então suprimidas. Por causa da supressão, esses pacientes não relatam diplopia, apesar do desvio relativo das linhas visuais. A supressão prolongada e continuada é o mecanismo que causa a ambliopia.

Ambliopia

As fases mais rápidas do desenvolvimento visual ocorrem no primeiro ano de vida, e os ajustes mais finos se estendem pelo período pré-escolar. Diz-se, então, que existe um período crítico para que todas as funções visuais aconteçam que se estende do nascimento até ao redor de 7 anos de idade. Portanto, qualquer obstáculo à formação de imagem nítida na retina de um ou dos dois olhos pode prejudicar essa evolução. Se o obstáculo já estiver presente desde o nascimento, esse desenvolvimento não se inicia. Se surgir mais tarde, porém, pode haver deterioração do que já havia sido conseguido. Assim, quanto mais cedo se instalar o obstáculo, mais profunda será a alteração, porque mais imaturo será o sistema visual.

A ambliopia é definida como baixa de acuidade visual em um ou nos dois olhos, não havendo alteração anatômica da retina ou das vias ópticas. Ocorre em razão de estimulação visual inadequada durante a fase do desenvolvimento crítico da visão. Sua incidência é estimada em 3 a 4% da população. Suas causas são:

- Estrabísmica: a causa é a supressão da informação visual ruim que chega do olho desviado.
- Anisometrópica: há diferença grande de erro refracional entre um olho e outro, com menor nitidez da imagem que chega na fovéola do olho com o maior grau. Essa diferença da qualidade das imagens que chegam dos dois olhos ao córtex occipital impede que elas sejam fundidas, com consequente supressão da informação do olho que apresenta maior ametropia.
- De privação: a transparência dos meios está alterada, o estímulo visual não chega até a retina (p.ex., opacidades corneanas, catarata congênita).

ANATOMIA E FISIOLOGIA DOS MÚSCULOS EXTRAOCULARES

A musculatura ocular extrínseca é composta por seis músculos extraoculares que não se contraem individualmente. Para executar qualquer movimento dos olhos, desencadeiam-se impulsos inervacionais de contração para os músculos dos dois olhos que vão executá-lo e inibicionais de relaxamento para os músculos antagonistas ao movimento solicitado. Portanto, os músculos trabalham sempre em parceria. A ação de cada músculo depende do ângulo formado entre seu plano (determinado pelo centro de rotação do globo e pelos pontos de origem na órbita e da inserção do músculo no olho) e o eixo visual do olho. Consequentemente, a ação do músculo pode variar de acordo com cada posição que o globo ocular ocupar na órbita. Os músculos extraoculares (Figura 6.2), suas respectivas funções e inervação estão listados na Tabela 6.1.

Distúrbios da motilidade ocular extrínseca   41

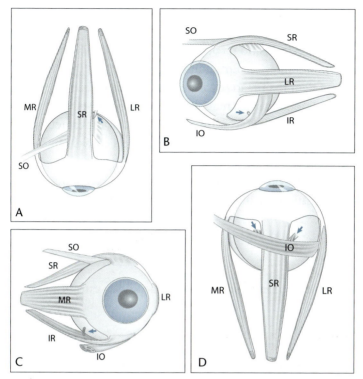

Figura 6.2 Musculatura ocular extrínseca. SR: músculo reto superior; IR: músculo reto inferior; MR: músculo reto medial; LR: músculo reto lateral; SO: músculo oblíquo superior; IO: músculo oblíquo inferior.

Tabela 6.1 – Funções e inervação dos músculos extracelulares

Músculos extraoculares		Ação	Inervação
Retos horizontais	Reto medial	Adução	III nervo craniano (oculomotor)*
	Reto lateral	Abdução	VI nervo craniano (abducente)
Retos verticais	Reto superior	Elevação (ações secundárias: inciclodução e adução)	III nervo craniano (oculomotor)*
	Reto inferior	Abaixamento (ações secundárias: exciclodução e adução)	III nervo craniano (oculomotor)*
Oblíquos	Oblíquo superior	Inciclodução (ações secundárias: abaixamento e abdução)	IV nervo craniano (troclear)
	Oblíquo inferior	Exciclodução (ações secundárias: elevação e abdução)	III nervo craniano (oculomotor)*

* O III nervo ainda inerva o músculo elevador da pálpebra superior e o músculo esfíncter da pupila (por meio de fibras parassimpáticas que acompanham o trajeto do nervo).

DADOS EPIDEMIOLÓGICOS

A incidência de estrabismo na população geral é de 3,7% para as heterotropias, que são os desvios manifestos. Entretanto, a incidência de heteroforias, que são os desvios latentes, é bem maior, ao redor de 16% da população.

Os esodesvios são os desvios mais frequentes, cerca de 60% dos casos. Cinquenta por cento dos esodesvios são acomodativos (40% hipermetrópicos, 10% pelo aumento da relação entre o estímulo acomodativo e a convergência) e 10% são não acomodativos.

As exotropias e desvios verticais compõem os 40% restantes dos estrabismos[1].

Em crianças, estudos demonstram incidência de heterotropias que varia de 2,7 a 4,5%[2-6].

QUADRO CLÍNICO

A nomenclatura utilizada para a classificação dos estrabismos leva em consideração:

- Característica do desvio:
  - Desvio manifesto: tropia (pode ser intermitente).
  - Desvio latente: foria.
- Direção do desvio:
  - Convergente: esotropia/esoforia.
  - Divergente: exotropia/exoforia.
  - Ciclovertical:
    - Hiper/hipotropia/foria.
    - Inciclo/exciclotropia/foria.

Esodesvios

São as formas mais comuns de desvio na infância. Podem ser causados por fatores acomodativos (mais frequentes), inervacionais, mecânicos, refrativos e genéticos[7].

Esotropia congênita/infantil

A esotropia congênita/infantil é um esodesvio que surge do nascimento até os 3 meses de vida (congênita) e dos 3 meses até 1 ano (infantil) (Figura 6.3). Geralmente não tem associação com outras doenças sistêmicas. Ambliopia pode se desenvolver e o tratamento do estrabismo deve se iniciar assim que o diagnóstico for feito. Para os desvios maiores que 15 dioptrias prismáticas, preconiza-se a correção cirúrgica após os 6 meses e antes dos 2 anos de idade, com o objetivo de se obter melhor prognóstico sensório-motor[5].

Esotropia adquirida

A esotropia adquirida é o esodesvio que se desenvolve após 1 ano de idade. Muitos desses casos surgem em decorrência de hipermetropia não corrigida (componente acomodativo), e, portanto, todo erro refracional obtido a partir de refração sob cicloplegia deve ser corrigido (hipermetropia maior que +1,50 DE) (Figura 6.4). Pacientes com alinhamento ocular adequado para longe com óculos, mas ainda com desvio residual para perto e visão binocular presente, podem ser tratados com bifocais[6]. Desvios maiores que 12 dioptrias prismáticas, apesar do uso da correção óptica, são tratados cirurgicamente.

Exodesvios

A maioria dos exodesvios se desenvolve antes dos 4 anos de idade. Ambliopia não é frequente. Nas exotropias intermitentes, a indicação de correção cirúrgica deve ser feita se ocorrer perda gradual da visão estereoscópica ou aumento do tempo ou da frequência da fase de tropia durante o dia (Figura 6.5).

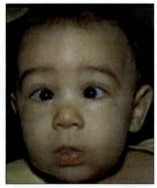

Figura 6.3 Esotropia infantil.

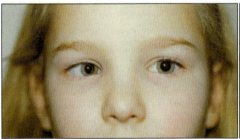 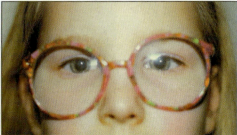

Figura 6.4 Esotropia acomodativa.

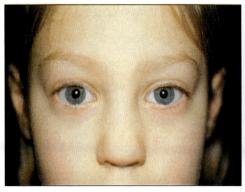
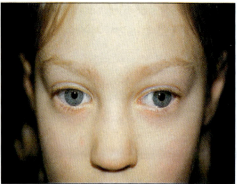

Figura 6.5 Exotropia intermitente.

Desvios Verticais

As causas mais comuns de desvios verticais na infância são hiperfunção primária do músculo oblíquo inferior, desvio vertical dissociado (DVD) e paralisia congênita do músculo oblíquo superior (Figura 6.6). Frequentemente os desvios verticais estão associados aos desvios horizontais. Posição viciosa de cabeça (torcicolo – Figura 6.7) e assimetria facial são possíveis achados clínicos em pacientes com desvios verticais. A causa mais comum de torcicolo na infância é de origem ocular.

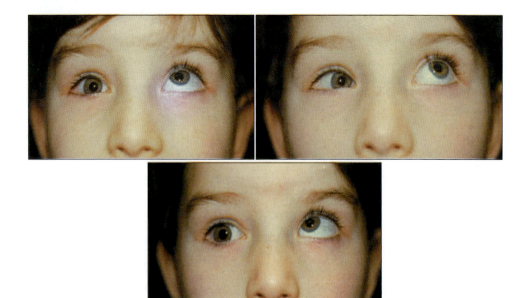

Figura 6.6 Desvio vertical.

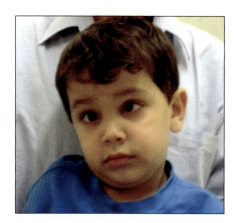

Figura 6.7 Torcicolo.

Paresias/Paralisias de Nervos Cranianos

III nervo

O quadro clínico caracteriza-se por exotropia, ausência de adução, elevação e abaixamento do olho, ptose e, se houver acometimento conjunto das fibras parassimpáticas que acompanham o III nervo, midríase. A causa mais frequente é a congênita, em geral causada por processo isquêmico em algum ponto do trajeto do nervo a partir do seu núcleo, que ocorre ao nascimento e tem manifestações variáveis de paresia/paralisia, dependendo do local onde ocorreu a lesão. Causas menos frequentes são lesões vasculares (p.ex., aneurismas), neoplasias intracranianas e traumatismos cranioencefálicos.

IV nervo

Clinicamente, observam-se desvio vertical e posições compensatórias de cabeça (inclinação da cabeça para o lado oposto do músculo acometido, rotação da cabeça, abaixamento do mento). As causas mais frequentes são os quadros congênitos e os traumatismos cranioencefálicos. A paralisia/paresia do IV nervo craniano é a causa mais comum de torcicolo congênito (Figura 6.7).

VI nervo

Apresenta-se com esotropia e ausência de abdução. As etiologias mais frequentes são infecciosa (viral), a causa mais comum na infância, traumatismo na base do crânio, doenças vasculares (diabetes melito, vasculites), hipertensão intracraniana e doenças desmielinizantes. Muito raramente o quadro é congênito.

Formas Não Usuais de Estrabismo

Síndrome de Brown

Nessa síndrome ocorre restrição da elevação do olho em adução por alteração no tendão do músculo oblíquo superior, nem sempre havendo desvio na posição primária do olhar ou desvio vertical.

Síndrome de Duane

A síndrome de Duane pode estar associada a defeitos sistêmicos, como déficits auditivos, malformação das orelhas e deformidades espinhais. Existem três tipos clínicos identificados, caracterizados por dificuldade de abdução (tipo 1), o mais frequente e mais comum em mulheres, dificuldade de adução (tipo 2) ou dificuldade tanto da abdução quanto da adução (tipo 3). A alteração encontrada parece ser decorrente de agenesia do núcleo do VI nervo craniano (abducente). O músculo reto lateral passa a receber a inervação de ramos do III nervo craniano (oculomotor), com consequente cocontração dos dois músculos retos horizontais na tentativa de movimentação ocular, o que explica as limitações ora da adução, ora da abdução, ou de ambas.

Síndrome de Möbius

A síndrome de Möbius caracteriza-se por paralisia congênita do VI e VII nervos cranianos, associada a microglossia, deformidade da orelha, sindactilia, agenesia do músculo peitoral, nanismo, anomalias do tronco encefálico, hipogonadismo e pé torto congênito.

Nistagmos
Síndrome do nistagmo infantil

A causa mais comum é sensorial, mais frequentemente relacionada ao albinismo e às doenças do nervo óptico. Em 10% dos casos não há causa identificável. Esse nistagmo é do tipo pendular ou *jerk* (em ressalto), podendo ser misto. Muitas vezes ocorre o bloqueio do nistagmo em alguma posição do olhar, em geral nas posições laterais (direita ou esquerda), quando então o paciente assume posição compensatória da cabeça, buscando a posição de bloqueio. Para prevenir alterações musculoesqueléticas da região cervical quando há torcicolo, existem proposições cirúrgicas de alteração da posição dos dois olhos, tentando-se atingir o ponto de bloqueio, para que se corrija a posição viciosa da cabeça.

Pseudoestrabismo

Os pacientes com epicanto ou distância interpupilar pequena podem dar a falsa impressão de possuírem esodesvios. Por outro lado, distâncias interpupilares grandes são confundidas com exotropias, e assimetrias faciais podem simular desvios verticais (Figura 6.8).

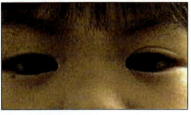 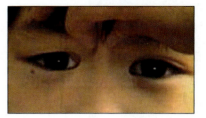

Figura 6.8 Epicanto.

DIAGNÓSTICO/EXAMES COMPLEMENTARES

O diagnóstico do estrabismo é feito por meio de dados obtidos no exame oftalmológico geral, que deve ser completo, nas medidas do desvio realizadas no consultório (avaliação motora)[8], análise dos movimentos binoculares e avaliação da condição sensorial do paciente (presença de visão binocular ou suas perturbações).

Exames de imagem são complementares no diagnóstico dos distúrbios da motilidade ocular extrínseca, principalmente nas paresias/paralisias musculares, nos traumatismos cranioencefálicos ou orbitários, na miopatia por doença tireoidiana e pacientes com alta miopia. Os exames de tomografia computadorizada e ressonância magnética de crânio e órbitas são muito úteis nesses casos porque permitem análise detalhada da topografia e forma de cada um dos músculos extraoculares, facilitando melhor programação cirúrgica para a correção do desvio.

TRATAMENTO

Correção do Erro Refracional

O objetivo da correção do erro refracional é a obtenção da melhor acuidade visual possível em cada um dos olhos, pois esse é um fator essencial na manutenção do alinhamento ocular. Nos pacientes com estrabismo acomodativo e hipermetropia, a prescrição do defeito de refração bloqueia o esforço da acomodação para compensá-lo, o que resulta na diminuição da convergência excessiva dos olhos.

Oclusão

Visa tratar ambliopia: a oclusão do olho com melhor visão permite melhor estímulo visual do olho amblíope, combatendo a supressão do olho que desvia (Figura 6.9).

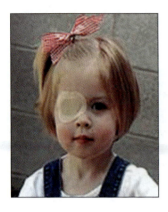

Figura 6.9 Tratamento oclusivo.

Prismas

São indicados com o objetivo de tratar e compensar a diplopia, incorporados aos óculos, em pacientes com desvios pequenos, quando não há indicação de tratamento cirúrgico.

Tratamento Farmacológico

O uso de neurotoxina botulínica A é outra opção de tratamento, injetando-se a droga diretamente no corpo do músculo extraocular, o que bloqueia a transmissão neuromuscular[9]. O uso mais eficaz dessa substância tem sido nas paresias/paralisias agudas do VI nervo craniano, realizando-se a injeção no músculo antagonista – reto medial –, o que previne a sua contratura secundária à paralisia. Nas esotropias congênitas também se pode lançar mão desse procedimento para o tratamento precoce do desvio, enquanto se aguarda a idade mais propícia da criança para o tratamento cirúrgico, buscando-se evitar a perda da binocularidade.

Tratamento Cirúrgico

Os objetivos do tratamento cirúrgico dos estrabismos são restaurar a visão binocular e eliminar a diplopia[1], expandir o campo visual binocular de pacientes com esotropia[2], melhorar o desempenho visual e fatores psicossociais[3].

A cirurgia pode ser realizada com anestesia tópica, retrobulbar (mais raramente) ou sob anestesia geral.

Para a correção cirúrgica dos estrabismos são utilizados procedimentos que visam fortalecer (ressecções, avançamentos, transposições) ou enfraquecer (retrocessos, tenectomias, tenotomias) a ação de determinado músculo[10].

Potenciais complicações associadas à cirurgia de estrabismo são listadas na Tabela 6.2[10].

Tabela 6.2 – Complicações cirúrgicas

Mais frequentes	Alinhamento insatisfatório
	Granuloma de corpo estranho
Incomuns	Infecção pós-operatória
	Cisto de inclusão conjuntival
	Fibrose da conjuntiva
	Síndrome de aderência
	Úlcera marginal
	Diplopia
	Modificação da posição da pálpebra
	Alterações do erro refracional
Raras	Perfuração escleral
	Perda ou "escorregamento" de músculos
	Isquemia de segmento anterior
	Miotoxicidade pelo anestésico local
	Hipertermia maligna

CONCLUSÕES

Para o diagnóstico e tratamento dos estrabismos é necessário o perfeito entendimento da fisiopatogenia dos desvios. As crianças com mais de 6 meses com estrabismo intermitente ou constante devem ser encaminhadas para tratamento, pois aos 6 meses a fusão já se desenvolveu e qualquer desvio é anormal.

O tratamento deve se iniciar assim que o diagnóstico for feito, pois quanto mais cedo ocorre o estrabismo maior é a probabilidade da criança desenvolver ambliopia, se não for tratada adequadamente.

REFERÊNCIAS BIBLIOGRÁFICAS

1. Scott WE, Kutschke PJ, Lee WR. 20th annual Frank Costenbader Leccture: adult strabismus. J Pediatr Ophthalmol Strabismus. 1995;32(6):348-52.
2. Wortham EV, Greenwald MJ. Expanded binocular peripheral visual fields following surgery for esotropia. J Pediatr Ophthalmol Strabismus. 1989;26:109-12.
3. Satterfield D, Keltner JL, Morrison TL. Psychosocial aspects of strabismus study. Arch Ophthalmol. 1993;111(8):1100-5.
4. Kaus SJ, Rockoff MA. Malignant hyperthermia. Pediatr Clin North Am. 1994;41(1):221-37.
5. Ing MR. Early surgical alignment of congenital esotropia. J Pediatr Ophthalmol Strabismus. 1983;20(1):11-8.
6. Ludwig IH, Parks MM, Getson PR. Long-term results of bifocal therapy for accommodative esotropia. J Pediatr Ophthalmol Strabismus. 1989;26(6):264-70.
7. von Noorden GK. Binocular vision and ocular motility. 5th ed. St. Louis: Mosby; 1996.
8. Efficacy of prism adaptation in the surgical management of acquired esotropia. Prism Adaptation Study Research Group. Arch Ophthalmol. 1990;108(9):1248-56.
9. Committee on Ophthalmic Procedures Assessment: botulinum toxin therapy of eye muscle disorders: safety and effectiveness (ophthalmic procedures assessment). Am Acad Ophthalmol. 1989.
10. von Noorden GK. Atlas of strabismus. 4th ed. St. Louis: Mosby; 1983.

7 Erros refracionais na criança

Roberta Melissa Benetti Zagui
Flávio Fernandes Villela
Samir Jacob Bechara
Mariza Polati

> **Após ler este capítulo, você estará apto a:**
> 1. Suspeitar e identificar sinais e sintomas das ametropias na infância.
> 2. Conhecer os principais problemas refracionais da infância.
> 3. Orientar os pais quanto a presença das ametropias e saber quando encaminhar ao especialista.

INTRODUÇÃO

Para a obtenção de imagem nítida de um objeto, é necessário que a imagem se forme exatamente sobre a retina, assim, quando algum componente do olho não permite essa condição, o que se vê é uma imagem borrada. Erros refracionais ou ametropias são as anomalias da visão por alterações dos meios de refração do olho que não permitem a formação da imagem nítida sobre a retina[1,2].

Os erros refracionais são miopia, hipermetropia e astigmatismo, e constituem a principal alteração ocular na infância, facilmente tratáveis e, quando não são bem conduzidos, podem comprometer o desenvolvimento visual final da criança[3].

A hipermetropia (Figura 7.1) é a alteração visual em que o olho tem poder refrativo insuficiente para o seu comprimento axial, e a imagem recebida por ele se forma atrás da retina. A visão é pior para perto.

Erros refracionais na criança 51

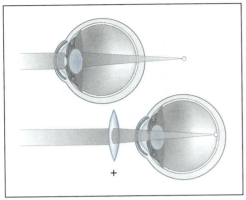

Figura 7.1 Hipermetropia e sua correção com uso de lentes positivas[2].

A miopia se dá quando o olho tem poder refrativo excessivo para o comprimento axial e a imagem se forma antes da retina. A visão é pior para longe (Figura 7.2).

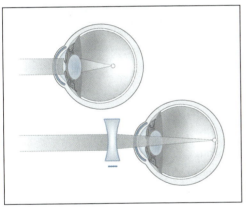

Figura 7.2 Miopia e sua correção com uso de lentes negativas[2].

O astigmatismo ocorre quando, nos meridianos ortogonais do olho, o poder refrativo é diferente, levando à formação de imagens em pontos distintos em relação à retina. Há alteração da visão em todas as distâncias (Figura 7.3).

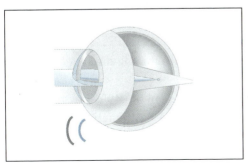

Figura 7.3 Astigmatismo[2].

Figura 7.4 Simulação da alteração na visão na hipermetropia (A), miopia (B) e astigmatismo (C)[2].

PATOGÊNESE

No caso da criança, é preciso considerar que o olho está em desenvolvimento, e as estruturas oculares sofrerão mudanças com o crescimento.

O recém-nascido (RN) tem um olho pequeno, com diâmetro axial de aproximadamente 16,5 mm, que deverá alcançar 24,5 mm na idade adulta, e estruturas lenticulares (córnea e cristalino) que são moldadas nos primeiros anos de vida, o que levará à alteração da sua influência na refração.

Como os RN apresentam olhos pequenos, a maioria das crianças nasce hipermétrope (90%). Com o crescimento da criança e das estruturas oculares e o desenvolvimento de mecanismos ópticos compensatórios, tem-se a normalização desse grau, o que é descrito como mecanismo de emetropização. Esse grau de hipermetropia característico dos primeiros anos de vida, em geral, não deve ser corrigido, pois faz parte do processo de desenvolvimento da visão normal[4-6].

Uma pequena porcentagem de crianças nasce com miopia discreta (5 a 25%), que pode desaparecer espontaneamente[7].

Astigmatismos também discretos estão presentes em até 19% dos neonatos[8]. Nas crianças prematuras, porém, a incidência de miopia e astigmatismo é maior[9].

Quando o processo de emetropização/normalização do grau não acontece adequadamente, tem-se a ametropia.

Deve-se lembrar que, além das estruturas oculares, as conexões sinápticas das vias ópticas também estão em franco desenvolvimento nos primeiros anos de vida. A presença de erros refracionais fora do padrão nessa fase impede a formação de imagens nítidas na retina. Isso gera estímulo inadequado na formação das ligações sinápticas entre a retina, o corpo geniculado lateral e o córtex occipital, consequentemente a acuidade visual é diminuída – chamada ambliopia –, o que pode ser irreversível[10]. Dessa forma, são de grande importância o diagnóstico precoce das ametropias anormais e seu tratamento imediato na infância[11,12].

MANIFESTAÇÕES CLÍNICAS

Nos RN, o "exame do olhinho" feito pelo pediatra, ainda na maternidade, é imprescindível, pois, diante de qualquer dúvida quanto à sua normalidade, a criança deverá ser avaliada pelo oftalmologista[12-14].

Nas crianças pré-verbais, o pediatra e os pais devem estar atentos ao comportamento ocular, já que não haverá queixas específicas da criança. Atentar para a alteração dos reflexos de fixação e interesse esperados para cada faixa etária, presença de desvios oculares, ou de qualquer desvio, constantes até os 6 meses mesmo que intermitente após essa idade, lacrimejamento, alterações do reflexo pupilar, presença de antecedentes patológicos ou familiares de alterações oculares. Exames oculares de rotina com 1 e 3 anos de idade são recomendados.

Na criança maior, além do exame objetivo, há também dados do comportamento como grandes aliados na suspeição de erros refracionais a serem corrigidos.

A criança com hipermetropia pode apresentar desinteresse pela leitura e lacrimejamento às atividades de perto, evitar atividades como colorir e recortar e também entortar os olhos em direção ao nariz durante essas atividades. A hipermetropia é frequentemente associada a desvios convergentes dos olhos e ambliopia, que podem ser corrigidos ou minimizados com a correção desse erro refrativo[15].

Crianças com miopia costumam aproximar-se de livros e cadernos para ler e escrever, posicionar-se muito perto para assistir TV, franzir a testa para olhar a distância, apresentar dor de cabeça secundária a esforço muscular frontal e evitar atividades que requerem boa visão para longe, como ler a lousa ou praticar esportes com bola. A miopia pode estar presente desde o nascimento ou ser adquirida, aparecendo preferencialmente entre 7 e 13 anos e com tendência a progredir[16,17].

A criança com astigmatismo pode ter todos os sintomas citados anteriormente, já que há prejuízo da visão para todas as distâncias[1].

Alterações de grau unilaterais ou assimétricas são chamadas anisometropias. Essa condição é muito associada a ambliopia, haja visto que a diferença de qualidade de imagens fornecida pelos dois olhos leva o córtex a preferir o olho que fornece a

TRATAMENTO

melhor imagem. Como a visão de um dos olhos é normal, a condição é percebida tardiamente por pais e pacientes, sendo por isso tão importante realizar exames de rotina com o oftalmologista mesmo sem queixas evidentes[18-20].

TRATAMENTO

As ametropias são tratadas com a correção do grau pelo uso de óculos, lentes de contato e, menos comumente, com cirurgia refrativa.

A forma mais comum de correção é o uso de óculos. Os óculos infantis devem ser confortáveis e de tamanho adequado para o rosto da criança, a fim de permitir a centralização dos olhos no centro da lente. A lente orgânica (acrílica) é a melhor escolha, pois é mais leve e resistente aos impactos, sendo mais segura e proporcionando proteção mais adequada. Nas crianças menores, é indicado o uso de armações específicas e de suporte de velcro ou elástico, para melhor posicionamento e sustentação dos óculos durante as atividades da criança.

Quando prescritos, em geral, são muito bem tolerados pelas crianças, que rapidamente os aceitam e aderem à sua utilização, pois há melhora da qualidade de visão e conforto nas atividades que exigem maior esforço visual. No caso de resistência inicial ao seu uso, é importante que pais e médicos incentivem o uso adequado da correção.

Uma alternativa aos óculos é o uso de lentes de contato, em geral indicado para crianças maiores, ametropias específicas ou doenças oculares mais complexas, já que seu uso frequentemente gera apreensão nos pais e responsáveis. Porém a adaptação de lentes nesses pacientes é tão segura quanto em adultos, desde que respeitadas as particularidades anatômicas do olho da criança. Pacientes pediátricos são treinados para o uso das lentes, sempre que possível, mas necessitam de um responsável para a supervisão dos processos de limpeza, desinfecção e descarte, para a orientação de colocação e retirada das lentes e para rápida identificação de possíveis complicações. Essa responsabilidade partilhada é transferida progressivamente ao usuário na adolescência[21-23].

Indica-se o uso de lentes de contato na correção das ametropias principalmente em casos de altas ametropias (> 4 dioptrias) e na assimetria de refração entre os olhos maior que 2 dioptrias (anisometropia). Nesse caso, há formação da imagem de tamanhos diferentes na retina (aniseiconia), quadro que opticamente é melhor resolvido com lentes de contato do que com óculos comuns. A afacia (ausência do cristalino, congênita ou após cirurgia para catarata congênita) é um exemplo extremo de anisometropia, que pode ser corrigida preferencialmente com lentes de contato[1,21,24].

Lentes de contato também podem ser usadas na infância para tratamento de fotofobia induzida por alterações oculares adquiridas ou congênitas (aniridia, coloboma, albinismo, acromatopsia, distúrbios da visão de cores)[24,25], assim como de forma terapêutica nas doenças da superfície ocular de forma a proteger a córnea de traumas externos (entrópio e triquíase, queimaduras térmicas ou químicas, traumas, cirurgias)[26,27].

As complicações mais graves do uso de lentes de contato na infância são as ceratites infecciosas, que apresentam risco potencial de perda visual permanente[28-32].

A cirurgia refrativa para a correção das ametropias em crianças ainda é assunto controverso. Geralmente é indicada em casos de anisometropia, altas ametropias e desvios relacionados com a hipermetropia. Porém a maior taxa de complicações e poucas informações quanto a resultados a longo prazo restringem a aplicação a casos selecionados e crianças maiores[33-43].

CONCLUSÕES

Os erros refracionais são a principal afecção ocular na infância, portanto cabe ao pediatra e ao oftalmologista suspeitar e diagnosticar precocemente esse tipo de alteração para seu tratamento oportuno, que garantirá boa qualidade visual e desenvolvimento visual normal para os pacientes.

REFERÊNCIAS BIBLIOGRÁFICAS

1. Alves MR, Polati M, Sousa SJF. Refratometria ocular e a arte da prescrição médica. 2ª ed. Rio de Janeiro: Cultura Médica – Guanabara Koogan; 2010.
2. Shor P, Uras R, Veitzman S (eds.). Óptica, refração e visão subnormal. 2ª ed. São Paulo: CBO. Rio de Janeiro: Cultura Médica – Guanabara Koogan; 2011. (Série Oftalmologia Brasileira.)
3. Borish IM. Borish's clinical refraction. St. Louis: Butterworth-Heinemann Elsevier; 2006.
4. Ribeiro GBR, Gonçalves RM, Diniz CM, Paula ST, Almeida HC. Evolution of hyperopia in childhood. Arq Bras Oftalmol. 2004;67(1)83-6.
5. Marsh-Tootle WL, Frazier MG. Infants, toddlers and children. In: Benjamin WJ (ed.). Borish's clinical refraction. St. Louis: Butterworth-Heinemann Elsevier; 2006. p.1395-460.
6. Duke-Elder S. Hypermetropia. Duke-Elder's practice of refraction. Revised by Abrams D. London: Churchill Livingstone; 1978. p.37-43.
7. Ingram RM, Barr A. Changes in refraction between the ages of 1 and 31/2 years. Br J Ophthalmol. 1979;63(5):339-42.
8. Atkinson J, Braddick O, French J. Infant astigmatism: its disappearence with age. Visin Res. 1980;20(11):891-3.
9. Saunders KJ, McCulloch DL, Shepherd AJ, Wilkinson AG. Emmetropisation following preterm birth. Br J Ophthalmol. 2002;86(9):1035-40.
10. Powell C, Hatt SR. Vision screening for amblyopia in childhood. Cochrane Database Syst Rev. 2009;(3):CD0005020.
11. Alves MR, Kara JN. Campanha "Veja Bem Brasil". Manual de Orientação. Conselho Brasileiro de Oftalmologia; 1998.
12. Eye Examinations in Infants, Children, and Young Adults by Pediatricians. Committee on Practice and Ambulatory Medicine of American of Pediatrics, section on Ophthalmology. Pediatrics. 1996;98(1):153-7.

13. Sociedade Brasileira de Pediatria. Disponível em: http://www.sbp.com.br/show_item2.cfm?id_categoria=52&id_detalhe=3738&tipo_detalhe=s.
14. Barros CR. Contribuição do teste do reflexo vermelho na triagem de problemas oftálmicos em recém-nascidos, crianças em idade pré-escolar e escolar. Tese de mestrado apresentada ao Centro de Extensão Universitária – CEU. 2008. Departamento de Medicina, São Paulo.
15. Carlson NB. Hyperopia. In: Brookman KE (ed.). Refractive management of ametropia. Boston: Butterworth-Heinemann; 1996. p.45-72.
16. Goss DA. Myopia. In: Brookman KE (ed.). Refractive management of ametropia. Boston: Butterworth-Heinemann; 1996. p.13-40.
17. Working Group on Myopia Prevalence and Progression. Washington, DC: National Academy Press; 1998. p.8-22, 45-61.
18. Penisten DK. Anisometropia. In: Brookman KE (ed.). Refractive management of ametropia. Boston: Butterworth-Heinemann; 1996. p.99-121.
19. Abrahamsson M, Sjostrand J. Natural history of infantile anisometropia. Br J Ophthalmol. 1996;80(10):860-3.
20. Flom MC, Neumaier RW. Prevalence of ambliopia. Public Health Rep. 1966;81(4):329-41.
21. Benett ES. Clinical manual of contact lenses. 3rd ed. Philadelphia: Lippincott Williams & Wilkins; 2009.
22. Moreira SB. Lentes de contato. 3ª ed. Rio de Janeiro: Cultura Médica; 2007.
23. Mannis M. Contact lenses in ophthalmic practice. New York: Springer; 2004.
24. Jurkus JM. Contact lenses for children. Optom Clin. 1996;5(2):91-104.
25. Schornack MM, Brown WL, Siemsen DW. The use of tinted contact lenses in the management of achromatopsia. Optometry. 2007;78(1):17-22.
26. Foulks GN, Harvey T, Raj CV. Therapeutic contact lenses: the role of high-Dk lenses. Ophthalmol Clin North Am. 2003;16(3):455-61.
27. Coral-Ghanem C. Therapeutic contact lenses and the advantages of high DK materials. Arq Bras Oftalmol. 2008;71(6 Suppl):19-22.
28. Wong VW, Lai TY, Chi SC, Lam DS. Pediatric ocular surface infections: a 5-year review of demographics, clinical features, risk factors, microbiological results, and treatment. Cornea. 2011;30(9):995-1002.
29. Stapleton F. Contact lens-related microbial keratitis: what can epidemiologic studies tell us? Eye Contact Lens. 2003;29(1 Suppl):S85-9.
30. Hsiao CH, Yeung L, Ma DH, Chen YF, Lin HC, Tan HY, et al. Pediatric microbial keratitis in Taiwanese children: a review of hospital cases. Arch Ophthalmol. 2007;125(5):603-9.
31. Elhers WH, Donshik PC. Giant papillary conjunctivitis. Curr Opin Allergy Clin Immunol. 2008;8(5):445-9.
32. Donshik PC, Ehlers WH, Ballow M. Giant papillary conjunctivitis. Immunol Allergy Clin North Am. 2008;28(1):83-103, vi.
33. Song j, Al-Ghamdi I, Awad A. Pediatric refractive surgery in evolution. Middle East Afr J Ophthalmol. 2012;19(1):22-3.
34. Singh D. Photorefractive keratectomy in pediatric patients. J Cataract Refract Surg. 1995;21(6):630-2.
35. Rashad KM. Laser in situ keratomileusis for myopic anisometropia in children. J Refract Surg. 1999;15(4):429-35.
36. Nano Jr HD, Muzzin S, Irigaray F. Excimer laser photorefractive keratectomy in pediatric patients. J Cataract Refract Surg. 1997;23(5):736-9.
37. Agarwal A, Agarwal A, Agarwal T, Siraj AA, Narang P, Narang S. Results of pediatric laser in situ keratomileusis. J Cataract Refract Surg. 2000;26(5):684-9.
38. Astle WF, Huang PT, Ells AL, Cox RG, Deschenes MC, Vibert HM. Photorefractive keratectomy in children. J Cataract Refract Surg. 2002;28(6):932-41.
39. Nucci P, Serafino M, Hutchinson AK. Photorefractive keratectomy for treatment of purely refractive accommodative esotropia. J Cataract Refract Surg. 2003;29(5):889-94.

40. Stidham DB, Borissova O, Borrisov V, Prager TC. Effect of hyperopic laser in situ keratomileusis on ocular alignment and stereopsis in patients with accommodative esotropia. Ophthalmology. 2002;109(6):1148-53.

41. Paysee EA, Coats DK, Hussein M, Hamill B, Koch DD. Long-term outcomes of photorefractive keratectomy for anisometropic amblyopia in children. Ophthalmology. 2006;113(6):169-76.

42. Tychsen L, Packwood E, Berdy G. Correction of large amblyopiogenic refractive errors in children using the excimer laser. J AAPOS. 2005;9(3):224-33.

43. Paysse EA, Hamill MB, Koch DD, Hussein MA, Brady McCreery KM, Coats DK. Epithelial healing and ocular discomfort after photorefractive keratectomy in children. J Cataract Refract Surg. 2003;29(3):478-81.

8 Cefaleia

Mariza Polati
Iara Debert

Após ler este capítulo, você estará apto a:
1. Diferenciar as causas mais comuns de cefaleia na infância.
2. Identificar os principais sintomas relacionados à cefaleia de origem ocular.

INTRODUÇÃO

Cefaleia é sintoma frequente em crianças e adolescentes. Estudos epidemiológicos mostram incidência de mais de 50%, embora esse valor seja variável nos diferentes trabalhos. Apesar da primeira causa que se atribui à ocorrência de cefaleia na criança ser a ocular, essa não é a etiologia mais provável, sendo, pelo contrário, uma das menos frequentes.

A classificação diagnóstica inclui 176 formas diferentes de cefaleia, definidas pela Sociedade Internacional de Cefaleias. Quando se realiza anamnese cuidadosa, pode-se reduzir a um número de tipos mais apropriado para a abordagem do diagnóstico. A história clínica e o exame físico podem, na maior parte dos casos, diferenciar as causas graves das benignas. Quando isso não é possível, torna-se necessária a investigação laboratorial e radiológica.

Noventa por cento de todas as cefaleias primárias são atribuídas às duas formas mais comuns: cefaleia tensional e enxaqueca. Serão discutidos a seguir os elementos mais importantes da história clínica: frequência, localização, duração dos episódios, intensidade da dor, fatores desencadeantes e história familiar.

FREQUÊNCIA

Cefaleias latejantes que ocorrem algumas vezes ao ano acompanhadas de sinais ou sintomas autonômicos são, em geral, atribuídas a enxaqueca. As cefaleias episódicas da síndrome *cluster* são restritas a períodos específicos e frequentemente se apresentam com mais de um episódio no mesmo dia. Ataques mais frequentes de cefaleia e dor facial (até 20 episódios por dia) são atribuídos a hemicrânia paroxística crônica. A cefaleia tensional apresenta-se, na maior parte das vezes, como cefaleia crônica diária[6].

LOCALIZAÇÃO

As cefaleias são unilaterais e retrobulbares na síndrome *cluster*, predominantemente unilaterais na enxaqueca, cervicais com irradiação da dor para a região occipitoparietal na neuralgia cervical e holocranianas na cefaleia tensional.

DURAÇÃO DOS EPISÓDIOS

A dor da síndrome da cefaleia unilateral com injeção conjuntival e lacrimejamento é episódica e com duração de segundos. A hemicrânia paroxística dura de 5 a 30 minutos. A cefaleia da síndrome *cluster* dura de 20 minutos a 2 horas. Ataques típicos de enxaqueca têm episódios de 4 a 72 horas. Cefaleia crônica persistente pode ser atribuída a cefaleia tensional e pseudotumor cerebral[6].

INTENSIDADE

A cefaleia é um sintoma muito subjetivo e pode variar individualmente, mas dor de forte intensidade é frequentemente encontrada em síndrome *cluster*, enxaqueca e hemicrânia paroxística. A cefaleia tensional em geral tem intensidade leve a moderada. A trombose de seio venoso frequentemente leva a fases alternadas de dor leve e moderada.

FATORES DESENCADEANTES E HISTÓRIA FAMILIAR

Álcool, alterações hormonais, privação de sono, estresse e mudanças climáticas abruptas são fatores desencadeantes para enxaqueca. Síndrome *cluster* pode ser desencadeada por álcool ou medicações vasodilatadoras. Não há fatores desencadeantes específicos para hemicrânia paroxística crônica ou cefaleia tensional. Frequentemente há história familiar presente nos casos de enxaqueca.

ETIOLOGIA E QUADRO CLÍNICO

As principais causas de cefaleia na criança são a cefaleia tensional, que é a causa mais comum, e a enxaqueca[1,2].

A **cefaleia tensional** acomete em geral crianças com mais de 6 anos de idade com sintomas que não se associam àqueles que caracterizam a cefaleia da enxaqueca. É importante averiguar a história familiar, pois é frequente a ocorrência desse tipo de cefaleia em outros membros da família, em particular a mãe.

A frequência da cefaleia é variável, podendo ser diária ou de várias vezes por semana e não ter relação com alguma causa específica, como, por exemplo, atividade de leitura, exercícios físicos ou atividade escolar. Mas algumas vezes existem situações evidentes que podem sugerir uma causa, como incidir somente na escola, no relacionamento com determinadas pessoas, etc. Em muitos casos fica difícil identificar a etiologia. Nessas situações os pais são orientados a buscar fatos – como situações de aborrecimento na escola, com amigos e professores, desempenho escolar ruim, problemas na própria família – e, a partir deles, tentar fazer modificações na vida da criança.

Sugere-se que a dor aparece em razão do aumento da tensão muscular consequente a contração sustentada de grupos musculares periorbitários. Esse tipo de cefaleia é geralmente bitemporal ou bifrontal, sendo mais rara na região occipital.

A segunda causa mais frequente de cefaleia na infância é a **enxaqueca**. Caracteriza-se por seu quadro paroxístico, que ocorre em crises que podem durar horas ou dias, em intervalos de semanas ou meses, não havendo sintomas entre as crises.

Os sinais prodrômicos de náusea, excitabilidade e depressão antecedem as crises por algumas horas e podem passar despercebidos para a criança, a não ser que ela seja questionada a respeito. Os sintomas visuais ou oculares não são tão típicos como os da enxaqueca do adulto, embora a percepção de escotomas cintilantes, hemianopsia, escotoma central e altitudinal e diplopia sejam frequentes e transitórios. Na maioria das vezes, a cefaleia que se segue, aproximadamente uma hora após a ocorrência dos fenômenos oculares, é intensa, unilateral, algumas vezes acompanhada por sintomas motores e/ou sensoriais na cabeça e nos membros e por disfasia. A criança pode preferir ficar em ambiente quieto e escuro durante a crise por causa da fotofobia às vezes intensa. Também pode ocorrer midríase episódica, que é um sinal que aparece na enxaqueca da infância.

Alguns autores fazem a distinção entre enxaqueca clássica e a comum: a forma clássica seria precedida pelos sintomas oculares premonitórios. Porém, muitos casos têm crises parciais e os fenômenos oculares e visuais podem ocorrer sem cefaleia e o diagnóstico se baseia apenas na história clínica. Quando o quadro clínico é típico e existe história familiar de enxaqueca, a investigação de outras causas para a cefaleia muitas vezes não é necessária.

Apesar da cefaleia ocular não ser a causa mais comum de cefaleia na infância, doenças oculares podem levar a dor localizada no olho, na região orbitária ou na cabeça. Especialmente em crianças, a dor ocular é referida como cefaleia. Os possíveis diagnósticos são:

- Uveíte: caracteriza-se por inflamação da íris ou do corpo ciliar. O quadro é de dor de moderada a forte intensidade associada inicialmente a injeção ciliar, com progressão para hiperemia conjuntival difusa.
- Glaucoma por fechamento angular agudo: o aumento súbito da pressão intraocular leva a dor de forte intensidade na região orbitária associada a cefaleia, náuseas e vômitos (muito raro na criança).
- Miosite orbitária: caracteriza-se pela inflamação de um ou mais músculos extraoculares. A intensidade da dor aumenta quando o olho se move para o campo de ação do músculo comprometido.
- Neurite óptica: caracteriza-se por inflamação do nervo óptico, causando dor retrobulbar, que aumenta de intensidade com a movimentação ocular e está associada a diminuição acentuada da acuidade visual.

Doenças corneanas, esclerite, endoftalmite, pseudotumor orbitário e celulite orbitária também levam a quadros dolorosos. São quadros clínicos com sinais característicos que facilitam a elucidação diagnóstica.

As **causas oculares** mais comuns de cefaleia são os estrabismos latentes, insuficiência de convergência e erros refrativos.

- **Estrabismos latentes:** provocam cefaleia ou astenopia, que se caracteriza por um conjunto de sintomas como sensação de olho pesado e de sono, borramento da visão e olhos vermelhos. Assim como nos estrabismos intermitentes, os sintomas acontecem apenas quando são mal controlados pelo paciente, que precisa fazer esforço para manter os olhos paralelos, isto é, não desviados[5]. As crianças com estrabismo latente associado a amplitudes de convergência, divergência ou verticais insuficientes apresentam sintomas de astenopia, incluindo a cefaleia frontal. O início da cefaleia ocorre tipicamente após a leitura. O alívio da dor acontece, caracteristicamente, após a oclusão monocular por um período prolongado. Por outro lado, se a origem da dor é o esforço acomodativo, e não fusional, a oclusão de um dos olhos não alivia a cefaleia. O tratamento inclui exercícios ortópticos ou cirurgia do estrabismo, principalmente nos desvios divergentes.

- **Insuficiência de convergência:** caracteriza-se pelo ponto próximo de convergência remoto em relação ao dorso do nariz, e que varia de acordo com cada faixa etária. Além da cefaleia frontal, podem estar presentes diplopia cruzada e borramento da visão. As crianças referem que a leitura se torna mais confortável quando ocluem um dos olhos. Os sintomas iniciam-se, em geral, na adolescência, quando a demanda visual para leitura na escola é maior. O tratamento é feito com exercícios ortópticos e, muito menos frequentemente, com cirurgia de estrabismo.
- **Alta hipermetropia:** o erro refrativo hipermetrópico não corrigido leva a grande esforço acomodativo para atingir acuidade visual satisfatória, podendo causar cefaleia[4,8]. Porém muitas crianças com alta hipermetropia apresentam esotropia – desvio convergente – como sinal inicial.
- **Outras ametropias:** crianças com erros refrativos não corrigidos frequentemente contraem a musculatura facial com o objetivo de diminuir a rima palpebral e, assim, melhorar a acuidade visual pelo efeito *pinhole*. Quando essa contração muscular é prolongada, desencadeia cefaleia periorbitária[4].

Outras causas menos frequentes são:

- **Espasmo de acomodação:** caracteriza-se por cefaleia frontal, diplopia e borramento transitório da acuidade visual para longe. Pode estar relacionado a causas psicogênicas ou anormalidades da fossa posterior, além de esforço acomodativo prolongado, como o uso exagerado do computador ou outra atividade realizada de perto.
- Centros ópticos dos óculos desalinhados: em correções ópticas de altas ametropias, pode ocorrer efeito prismático com indução de estrabismo latente, o que também causa cefaleia.

DIAGNÓSTICO

A história clínica é fundamental para o diagnóstico. Quadros agudos e crianças pequenas são fatores mais preocupantes. Informações importantes da história podem ser omitidas pelos pais ou responsáveis, por exemplo, a ocorrência de trauma prévio. Toda cefaleia que interfere com a atividade ordinária da criança deve ser encarada com seriedade, a não ser que siga o padrão aceitável de enxaqueca ou cefaleia tensional. Problemas dentários e da articulação temporomandibular, assim como alterações psiquiátricas ou psicológicas, são diagnósticos diferenciais importantes.

De acordo com a classificação de Lance[7], as cefaleias são divididas em quatro grupos:

1. Cefaleias de episódios agudos (minutos ou horas):
   - Doença intracraniana: meningite, encefalite, hemorragia subaracnóidea, trauma.
   - Hipertensão arterial.
   - Infecção sistêmica com febre.
   - Sinusite e mastoidite.
   - Uveíte e glaucoma.
2. Cefaleias de episódios recorrentes agudos:
   - Enxaqueca.
   - Aumento da pressão intracraniana – hidrocefalia intermitente.
   - Hemorragia subaracnóidea.
3. Cefaleias subagudas (dias ou semanas):
   - Tumor intracraniano, abscesso ou hematoma subdural.
   - Hipertensão intracraniana benigna.
4. Cefaleias crônicas:
   - Cefaleia tensional (estresse).
   - Cefaleias de causa ocular por astenopia ("esforço visual").

Não se deve esquecer, porém, que existem alguns casos que não se encaixam nessa classificação, por exemplo, um tumor intracraniano que se apresenta com cefaleia crônica ou cefaleia tensional com história aguda. O diagnóstico, portanto, é feito principalmente pela história clínica e os exames clínico e oftalmológico podem confirmar ou excluir qualquer anormalidade, como sinais de comprometimento do sistema nervoso central, por exemplo. Apenas um pequeno número de crianças requerem investigação radiológica, com tomografia computadorizada ou ressonância magnética, especialmente aqueles com suspeita de hipertensão intracraniana por tumor ou nos pacientes com sinusite[3].

CONCLUSÕES

Na abordagem da cefaleia na infância o pediatra deve considerar outras causas mais prováveis de cefaleia que acometem a criança, visto ser rara a causa ocular,

Oftalmologia

a não ser que a queixa apareça relacionada a esforços visuais e especialmente à leitura.

REFERÊNCIAS BIBLIOGRÁFICAS

1. Taylor D. Pediatric Ophthalmology. London: Blackwell Sci Publ. 1990.
2. Wright KW, Spiegel PH, Hengst TC. Pediatric Ophthalmology and Strabismus. St. Louis: Mosby; 1995.
3. Tomsak RL. Pediatric neuro-ophthalmology. Newton: Butterworth-Heinemann; 1995.
4. Alves MR, Polati M, Sousa SJ. Refratometria ocular e a arte da prescrição médica. São Paulo: Cultura Médica; 2005.
5. Prieto Diaz J, Souza Dias C. Estrabismo. São Paulo: Livraria Santos Editora; 2002.
6. Schiefer U, Wilhelm H, Hart W. Clinical neuro-ophthalmology: a practical guide. London: Springer; 2007. p.215-22.
7. Lance JW. Outpatient problems headache. Br J Hosp Med. 1978;19(4):377-9.
8. Marsh-Tootle WL, Frazier MG. Infants, toddlers, and children. In: Benjamin WJ (ed.). Borish's clinical refraction. St. Louis: Butterworth-Heinemann Elsevier; 2006. p.1395-460.

Seção III

Afecções palpebrais e via lacrimal
Coordenadora: Rosa Maria Graziano

Afecções palpebrais 9

Suzana Matayoshi
Lísia Aoki
José Byron Vicente Dias Fernandes
Maria Antonieta Ginguerra Nascimento
Ruth Miyuki Santo

Após ler este capítulo, você estará apto a:
1. Reconhecer as principais afecções congênitas das pálpebras e sua abordagem.
2. Identificar quais são os tumores palpebrais mais frequentes na criança.
3. Tratar um hemangioma palpebral no momento adequado.
4. Reconhecer e tratar inflamação e infecção palpebral.

INTRODUÇÃO

As pálpebras são estruturas especializadas de pele modificada que recobrem a órbita e o olho. Sua principal função é proteger o olho contra traumas mecânicos, bem como manter a hidratação e a lubrificação da superfície anterior do olho[1].

São formadas por pele, músculo, tarso, glândulas diversas (secreções sebácea, sudorípara e mucípara) e conjuntiva. A pele palpebral é fina e bastante elástica; essa característica, associada ao tecido subcutâneo frouxo e pouco aderido à camada muscular, permite a distensão dos tecidos palpebrais em processos inflamatórios ou hemorrágicos. Os músculos palpebrais, estriados (orbicular e levantador da pálpebra) e liso (Muller) promovem a abertura e fechamento palpebral. O tarso é uma estrutura de tecido conjuntivo denso que tem função de sustentação da pálpebra, e a conjuntiva é a membrana mucosa que reveste a face interna das pálpebras e parte da superfície anterior do olho.

Este capítulo aborda as doenças palpebrais mais frequentes, além de outros problemas, que, embora não sejam tão comuns, são importantes para o pediatra detectar e encaminhar corretamente para o tratamento. Em termos de frequência de doenças palpebrais, as condições inflamatórias e infecciosas são mais observadas na prática diária do pediatra.

PRINCIPAIS AFECÇÕES PALPEBRAIS CONGÊNITAS

A seguir serão destacadas algumas afecções palpebrais, que são fáceis de diagnosticar clinicamente e cujo tratamento precoce pode melhorar ou não piorar a função visual.

Ptose Palpebral

Conforme mencionado anteriormente, as pálpebras devem funcionar com abertura e fechamento adequados para permitir a visão e a proteção do olho. A afecção palpebral congênita mais frequente é a blefaroptose, que pode ser definida em situação na qual a margem palpebral cobre mais de 2 mm do limbo corneano em posição primária do olhar. Pode variar de intensidade, desde uma ptose leve (com problema estético somente) a uma ptose grave, com ausência de abertura palpebral total.

É importante o diagnóstico e a avaliação de uma criança com ptose principalmente pelo risco de ambliopia, isto é, o não desenvolvimento da visão por falta de estímulo visual em decorrência de a pálpebra cobrir o eixo visual (Figura 9.1). Além disso, a blefaroptose pode causar erro refracional (principalmente astigmatismo), que também contribui para um déficit no desenvolvimento visual[3,4].

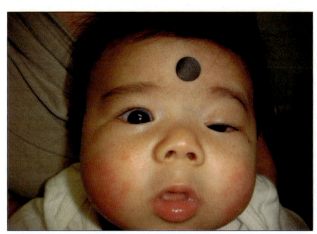

Figura 9.1 Criança apresentando ptose palpebral esquerda obscurecendo eixo visual, além de epibléfaro associado inferiormente.

A forma congênita da ptose mais comum ocorre por uma fraqueza do músculo levantador da pálpebra. Pode ser unilateral ou bilateral. Pode, também, estar associada a outras alterações de motilidade ocular extrínseca, bem como ser parte de síndromes como a blefarofimose (epicanto inverso, telecanto e blefaroptose severa) e a síndrome de Marcus Gunn (sincinesia entre o músculo levantador da pálpebra e o músculo pterigoide, responsável pela movimentação da mandíbula, levando à variação da altura palpebral com os movimentos da mandíbula)[1,2].

O tratamento da ptose palpebral é cirúrgico, a partir dos 3 anos de idade, entretanto, nos casos de suspeita de ambliopia, a cirurgia é realizada precocemente.

Epibléfaro, Entrópio, Distiquíase e Triquíase

Essas entidades causam lesão da superfície ocular pelo trauma mecânico dos cílios. Para o pediatra, muitas vezes, torna-se difícil a diferenciação entre uma ou outra afecção. Todas elas se caracterizam por provocar lacrimejamento, fotofobia e hiperemia conjuntival. O epibléfaro é uma prega cutânea que pode melhorar ou desaparecer com o crescimento facial, sendo mais frequente em crianças orientais (Figura 9.1). Já a triquíase (inversão do crescimento dos cílios direcionado para o olho), a distiquíase (fileira anômala de cílios) e o entrópio (inversão da margem palpebral) são tratados cirurgicamente. O uso de colírios lubrificantes como metilcelulose atenua temporariamente os sintomas irritativos.

Afecções que Causam Exposição da Superfície Ocular

Coloboma

Afecção rara, o coloboma de pálpebra é um defeito da formação da pálpebra, na maior parte das vezes com ausência da borda palpebral, podendo acometer todas as pálpebras. Sua manifestação varia desde forma leve, como uma chanfradura, até ausência quase completa da pálpebra. Pode estar associado à dermoide de córnea[1,2].

Quando não tratado, pode levar à formação de opacificações corneanas que comprometem a visão.

Ectrópio

Como o entrópio, o ectrópio congênito raramente ocorre de forma isolada. Trata-se da alteração na orientação da borda palpebral com seu afastamento do globo ocular. Na forma congênita, é mais pronunciado na região temporal[1,2]. Causa lacrimejamento e hiperemia conjuntival. Associa-se geralmente a síndromes, por exemplo, na síndrome de Down.

TUMORES PALPEBRAIS

Tumores palpebrais na criança englobam entidades benignas em sua maior frequência.

Nevos

Nevos derivam de melanócitos incompletamente diferenciados encontrados em tufos na epiderme, na derme e na zona de junção entre essas duas camadas. A pigmentação dos nevos geralmente aumenta durante a puberdade.

Classificação

Nevo comum

Pode ocorrer em, virtualmente, qualquer parte do corpo e mostra graus diferentes de pigmentação. Na pálpebra, frequentemente, envolve a margem, sem perda dos cílios. Um nevo típico pode ser achatado, elevado ou polipoide. Ele é bem demarcado, pigmentado homogeneamente e não ulcerado[5-8].

Nevo palpebral dividido

Também conhecido como *kissing nevus*, é um nevo raro que se desenvolve durante o crescimento fetal, entre o segundo e o quinto mês de gestação, quando as pálpebras se encontram fusionadas. Pode ser desfigurante e causar ambliopia por deprivação, epífora, ectrópio, epicanto ou ptose. Até o presente, não foi reportada malignização dessas lesões[9].

Nevo de Sptiz

É uma lesão benigna que histopatologicamente pode ser confundida com um melanoma. Ocorre geralmente em crianças pequenas. Na pálpebra, ele pode se apresentar como um nódulo vermelho de crescimento rápido e ser confundido clinicamente com um hemangioma.

Nevo de Ota

É caracterizado pela pigmentação anormal do olho e da pele ao redor do olho, região do primeiro e segundo ramos do nervo trigêmeo. É uma condição congênita, que afeta principalmente descendentes asiáticos e africanos. A lesão é estável. Alguns estudos a associam com uma leve predisposição para glaucoma e melanoma, sendo recomendado que esses pacientes sejam avaliados anualmente.

Tratamento

Nevos assintomáticos benignos não necessitam de tratamento. Os nevos podem se tornar sintomáticos por causa do atrito com a superfície ocular ou por obstrução da visão em decorrência de seu aumento. Eles são tratados por meio de excisão com lâmina ou ressecção em cunha da margem palpebral.

Xantogranuloma Juvenil

É uma histiocitose benigna das células não Langerhans, autolimitada, caracterizada pelo acúmulo de macrófagos carregados de lipídios. Em 80% dos casos, aparece nos 6 a 9 meses de vida como um solitário ou múltiplo nódulo cutâneo vermelho para alaranjado, com consistência firme, cupuliforme. As lesões geralmente medem entre 1 e 10 mm de diâmetro, localizando-se em geral na cabeça, no pescoço e na parte superior do tronco. A patogênese é incerta. Está associada com outras doenças, incluindo neurofibromatose tipo 1 e leucemia mieloide crônica juvenil[5-7]. O comprometimento ocular é geralmente unilateral e apresenta-se comumente como um tumor assintomático na íris, um olho vermelho com sinais de uveíte, glaucoma unilateral, hifema espontâneo ou íris com heterocromia. Outras áreas do olho envolvidas em ordem decrescente são pálpebras, coroide, nervo óptico, retina, conjuntiva, limbo e córnea. O xantogranuloma juvenil (XGJ) deve fazer parte do diagnóstico diferencial das crianças que apresentam hifema, glaucoma ou exoftalmo unilateral. Em geral, ele é uma doença autolimitada em que as lesões regridem espontaneamente; muitas vezes, pode-se resolver completamente ou pode deixar uma cicatriz residual atrófica ou hiperpigmentada. O tratamento conservador desses tumores tem sido defendido. Apesar da probabilidade de regressão espontânea, muitas vezes decide-se pela excisão da lesão por motivo estético ou razões de diagnóstico[10-12].

Molusco Contagioso

É uma desordem da pele e das membranas mucosas causadas por um DNA vírus da família poxvírus. Apresenta lesões de pele características de 2 a 5 mm. O contágio é por contato direto. Pode estar presente em qualquer idade, porém é típica entre 3 e 16 anos, com um período de encubação estimado de 14 dias a 6 meses. Apresenta-se como lesão nodular única ou múltipla, pequena, pálida, brilhosa e umbilicada na margem palpebral[5-7]. A lesão pode não ser percebida se tiver características atípicas ou se estiver localizada distante da margem palpebral. A secreção é geralmente pouco volumosa e mucoide, com reação folicular na conjuntiva ipsilateral à lesão da margem palpebral. Casos crônicos podem desenvolver ceratite, que, sem tratamento, pode resultar na formação de *pannus*[13]. O tratamento ocorre por

Oftalmologia

destruição da lesão palpebral, seja por expressão, excisão por lâmina, crioterapia ou cauterização[10,11].

HEMANGIOMA INFANTIL

É o tumor benigno mais comum na infância. Está presente em cerca de 10% das crianças com cerca de 1 ano. São mais frequentemente vistos no sexo feminino e em prematuros. Cerca de 50% dos recém-nascidos têm uma marca premonitória ao nascimento.

O hemangioma possui três fases bem estabelecidas, a saber:

a. Fase nascente: período em que o hemangioma aparece; a partir da segunda semana até os 2 meses de vida.
b. Fase proliferativa: período de crescimento do hemangioma; compreende o primeiro ano de vida.
c. Fase involucional: período no qual o crescimento do hemangioma já está estabilizado e passa a regredir gradualmente; compreende um período de 5 a 12 anos[14].

Os hemangiomas infantis têm predileção pela região da cabeça e do pescoço, sendo que 80% das lesões podem ser encontradas nessas áreas[15].

A lesão clássica superficial, ou *strawberry lesion*, é de aparência avermelhada e envolve a derme superficial, sendo bastante visível. As lesões ditas intermediárias são mais escurecidas e violáceas e correspondem a uma localização um pouco mais profunda, subcutânea. As lesões profundas são pouco visíveis através da pele e representam lesões localizadas na órbita, causando, muitas vezes, alterações oculares, como deslocamento do globo ocular.

É importante salientar que é possível encontrar mais de uma lesão hemangiomatosa numa mesma criança.

Existem também os hemangiomas segmentados, que são placas eritematosas que acometem superfícies corpóreas extensas e que podem estar associados a síndromes como a PHACE(S) síndrome – caracterizada pela presença de hemangioma extenso facial, malformação de fossa posterior, lesões arteriais, anomalias cardíacas ou coarctação de aorta e alterações oculares (nem todas as manifestações têm de estar presentes).

O hemangioma infantil é um tumor vascular que tem uma história típica caracterizada por uma fase proliferativa e outra involucional. Deve ser diferenciado de outras lesões com história de aparecimento e crescimento agudo ou crônico na infância[11], como os linfangiomas, os neurofibromas e os rabdomiossarcomas.

Para diagnóstico do hemangioma infantil, além da história da lesão, são importantes exames de imagem: ultrassonografia (USG) Doppler ou ressonância magnética (RM) para lesões orbitárias e mais profundas[16].

Nos casos de evolução atípica, dificuldade diagnóstica ou de necessidade de se excluir lesões potencialmente letais, a biópsia pode ser necessária.

Embora a história natural do hemangioma infantil seja de espontânea regressão durante a primeira década de vida, existe uma grande proporção de crianças que irão precisar de tratamento[15].

O tratamento envolve elementos-chave como a extensão da lesão, sua posição e seu tamanho, bem como a fase e o padrão de desenvolvimento.

Lesões perioculares podem causar significante deformidade cosmética e perda funcional, com incidência de 43 a 60% de ambliopia, resultante do astigmatismo ou da ptose mecânica que levam à deprivação visual.

Lesões palpebrais planas, pequenas e superficiais podem ser, a princípio, somente observadas durante a fase proliferativa, sendo necessária uma monitoração cuidadosa oftalmológica com medidas repetidas do tamanho e da posição da lesão, do estado visual, da refração sob cicloplegia e alinhamento ocular.

Uma indicação relativa ao tratamento dessas lesões é sua aparência clínica (estética).

Algumas lesões planas podem se estender, desde pálpebras, fronte, couro cabeludo, alcançando uma área grande da face e levando a uma deformidade estética que incomoda os pais da criança. Nesses casos em que a indicação do tratamento é puramente estética, deve-se esclarecer muito bem aos pais quais os benefícios e riscos da intervenção e sobre a evolução natural da doença.

Nas lesões perioculares maiores, a avaliação oftalmológica é mandatória, pois há necessidade de intervir imediatamente se existir o risco de ambliopia.

Quando a ambliopia é detectada, o regime de oclusão do olho "normal" deve ser iniciado. Os resultados são melhores quando o tratamento é iniciado precocemente. Caso exista anisometropia por astigmatismo, lentes corretivas devem ser prescritas.

No caso dos hemangiomas infantis em fase proliferativa, com envolvimento orbitário, o tratamento é, em geral, indicado, pois há risco potencial de desenvolvimento de estrabismo, proptose (com ceratopatia de exposição) e neuropatia óptica compressiva, com sequelas visuais importantes[15].

A decisão de se optar por um tratamento específico deve envolver uma equipe multidisciplinar, que inclui o pediatra, o oftalmologista, o radiologista e o cardiologista.

Várias modalidades de tratamento têm sido usadas no manejo do hemangioma infantil. Classicamente, os corticosteroides sistêmicos ou a infiltração intralesional têm sido usados como primeira linha de tratamento, porém levam, com frequência, a efeitos colaterais indesejáveis para essa faixa etária. Também fazem parte do arsenal terapêutico: embolização, radiação, *laser*, uso de imunomoduladores (interferon alfa, vincristina) e cirurgia excisional, todos com eficácia e segurança variável[15].

O tratamento com propranolol, via oral, recentemente tem se mostrado bastante eficaz, sendo possível perceber o efeito da medicação a partir do segundo dia de uso, e é bem tolerado, raramente acarretando efeitos colaterais importantes[16]. Ele age interrompendo o desenvolvimento e o crescimento da lesão hemangiomatosa e induzindo sua involução precoce[17-20].

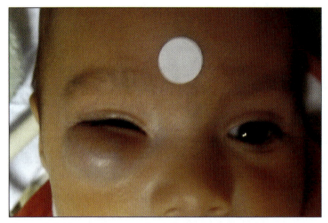

Figura 9.2 Hemangioma capilar infantil.

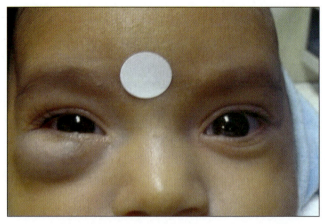

Figura 9.3 Hemangioma capilar infantil em pré-tratamento, com 7 dias de tratamento com propranolol.

AFECÇÕES PALPEBRAIS INFLAMATÓRIAS/INFECCIOSAS

Blefarites

As blefarites compreendem as inflamações palpebrais, muitas vezes denominadas blefaroceratoconjuntivites, em razão do acometimento simultâneo da conjuntiva e da córnea[21], e são causa importante de olho vermelho crônico. Porém, na faixa pediátrica, muitas vezes é pouco identificada e definida[22]. Podem ser didaticamente classificadas em anterior, quando envolve os cílios e suas glândulas sebáceas associadas (Zeiss), e posterior, quando a alteração predominante é a meibomite (disfunção das glândulas sebáceas de Meibomius que formam o tarso palpebral). Mais comumente observa-se a associação das duas formas.

As causas são diversas, incluem agentes infecciosos, sobretudo bactérias (*Staphylococcus* e *Propionibacterium acnes*)[23,24] e parasitas (*Demodex folliculorum*)[25,26]. Além das infecções, condições dermatológicas como a dermatite atópica e de contato, a acne rosácea[27,28], o eritema multiforme (síndrome de Stevens-Johnson), a necrólise epidermal tóxica (doença de Lyell) e a ictiose podem envolver as pálpebras, causando inflamação.

Nas blefarites, as bordas palpebrais apresentam-se inflamadas, com teleangiectasias, e os cílios mostram crostas (Figura 9.4). Pode-se ter complicações, como o surgimento de calázios e hordéolos e a ceratite flictenular. A ceratite flictenular é caracterizada pela presença de nódulos inflamatórios vascularizados sobre a córnea, representa uma manifestação de hipersensibilidade às proteínas estranhas dos *Staphylococcus*[29] que colonizam as margens palpebrais e é semelhante àquela que pode aparecer na infecção pelo *Mycobacterium tuberculosis*[30]. A ceratite flictenular

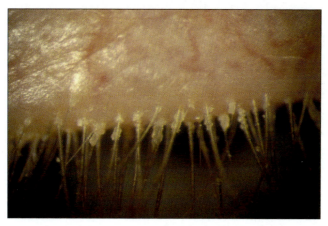

Figura 9.4 Blefarite: borda palpebral com teleangiectasias e cílios com crostas.

associada à blefarite é mais observada nas crianças e nos adultos jovens e pode levar a sequelas graves, como formação de opacidades e vascularização da córnea (Figura 9.5), com prejuízo permanente da acuidade visual. Alguns estudos sugerem a possibilidade de predisposição genética para essa condição[31].

O tratamento envolve a higiene palpebral, uso de antibióticos tópicos e sistêmicos[22,32,33], algumas vezes o uso de corticosteroides e suplementos alimentares (ômegas), e o tratamento das condições associadas.

A higiene palpebral, com objetivo de remover debris e crostas, é feita com xampu neutro diluído em água morna, durante o banho, com olhos fechados e fricção dos cílios e margens palpebrais com as pontas dos dedos, duas vezes ao dia e deve ser realizada por tempo indefinido, em virtude do caráter crônico da blefarite. Após a higiene, pode-se aplicar pomada oftálmica de antibiótico (tobramicina) nas margens palpebrais. Nos casos de muita inflamação ou de ceratite flictenular, o uso de uma pomada com combinação de antibiótico e corticosteroide pode ser útil, porém deve ser empregada por tempo limitado, em razão dos efeitos colaterais do uso crônico de corticosteroide (catarata e glaucoma), e deve ser orientada pelo oftalmologista.

Nos casos mais graves, como quando há ceratite flictenular, os antibióticos sistêmicos têm como função a modulação da secreção das glândulas de Meibomius e compreendem as tetraciclinas e macrolídeos. Nas crianças com menos de 12 anos, o uso das tetraciclinas não é recomendável, utiliza-se a eritromicina 30 a 40 mg/kg. Embora a azitromicina oral também possa ser utilizada com a mesma finalidade[34], não há estudo na população pediátrica, assim como não há estudos controlados sobre o uso de suplementos alimentares, como os ácidos graxos essenciais (ômegas), para a modulação das glândulas de Meibomius nas crianças.

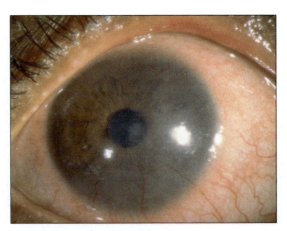

Figura 9.5 Sequela da ceratite associada à blefaroconjuntivite: vascularização e opacidade da córnea.

Calázio

O calázio constitui um foco de inflamação granulomatosa na pálpebra e ocorre como consequência da retenção de secreção das glândulas de Meibomius[35]. A secreção lipídica nas glândulas obstruídas pode extravasar e suscitar uma reação inflamatória específica do tipo granulomatosa. Pode surgir em qualquer grupo etário e acometer tanto a pálpebra superior como a inferior. Algumas condições dermatológicas, como a acne rosácea, predispõem a formação do calázio. Pacientes com blefarites, de um modo geral, são propensos ao desenvolvimento de calázio.

As lesões nodulares na pálpebra (Figura 9.6) são indolores, benignas e, geralmente, autolimitadas. Calázios muito grandes podem causar queixas estéticas ou mesmo induzir astigmatismo ou ptose mecânica (restrição do campo visual), e, nas crianças menores, isso pode ser causa de ambliopia.

Figura 9.6 Calázio.

Ao exame ocular, procura-se identificar sinais de uma doença associada (dermatite) e/ou blefarite. A lesão provoca uma elevação da pálpebra de consistência firme (calázio de longa data) ou mais amolecida (calázio recente), mas normalmente indolor. É possível identificar mais de uma lesão, acometendo pálpebras superior e inferior de um mesmo olho ou de ambos os olhos.

A maioria das lesões, principalmente as mais recentes, responde a tratamento conservador com aplicação de compressas mornas seguida de massagem com as pontas dos dedos por 5 a 10 minutos, pelo menos duas vezes ao dia. O uso da pomada de antibiótico, combinado ou não com corticosteroide, é questionável durante a massagem. A abordagem cirúrgica envolve incisão, curetagem e remoção da glândula obstruída e deve ser realizada pelo oftalmologista. Alguns casos podem ser tratados com injeção intralesional de acetonido de triancinolona[36].

A prevenção está associada ao controle da blefarite, que envolve a higiene palpebral e outras medidas (ver blefarites).

Hordéolo

O hordéolo, popularmente conhecido como terçol, representa um processo supurativo agudo da glândula sebácea palpebral. O hordéolo externo ocorre na glândula associada aos cílios (Zeiss) (Figura 9.7), enquanto o interno, nas glândulas de Meibomius (tarso), produz uma tumefação na borda palpebral – dolorosa e com sinais flogísticos. O tratamento consiste em calor local, na forma de compressas, massagem e uso de pomada oftálmica de antibiótico, não havendo necessidade de antibiótico sistêmico, a menos que haja a possibilidade de celulite palpebral. Eventualmente, no decorrer da evolução, o hordéolo pode suscitar uma reação inflamatória granulomatosa, resultando no calázio.

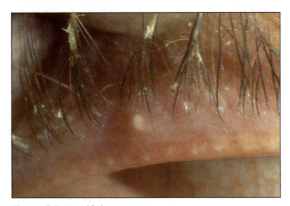

Figura 9.7 Hordéolo externo.

CONCLUSÕES

As afecções congênitas palpebrais são raras. A ptose palpebral merece destaque em razão do risco de ambliopia. O pediatra deve identificar as alterações ao exame externo e encaminhar para o oftalmologista para tratamento. Nevos são os tumores benignos mais comuns, que aumentam com a idade. O hemangioma palpebral deve ser tratado na região palpebral quando há risco de levar à ambliopia. Entre os tratamentos atuais, destaque para o propranolol oral. As inflamações/infeccções mais frequentes são as blefarites, os calázios e os hordéolos, cujo tratamento engloba medidas locais e uso de antibióticos quando há infecção prolongada e de difícil resolução.

REFERÊNCIAS BIBLIOGRÁFICAS

1. Lima Filho AAS et al. (eds.). Bases morfofuncionais do aparelho da visão. In: Bases da oftalmologia. 2ª ed. Rio de Janeiro: Cultura Médica, Guanabara Koogan; 2011. v.I. p.3-85.
2. Lima Filho AAS et al., editors. Malformações congênitas das paredes ósseas, do olho e dos anexos. In: Bases da oftalmologia. 2ª ed. Rio de Janeiro: Cultura Médica, Guanabara Koogan; 2011. v.II p.1031-228.
3. Kara-José N (ed.). Blefaroptose. In: Matayoshi S, Forno EA, Moura EM. Manual de cirurgia plástica ocular. v. VII. São Paulo: Roca; 2004. p.87-107.
4. Srinagesh V, Simon JW, Meyer DR, Zobal-Ratner J. The association of refractive error, strabismus, and amblyopia with congenital ptosis. JAAPOS. 2011;15(6):541-4.
5. Singh AD. Oncologia oftalmológica clínica. Rio de Janeiro: Cultura Médica; 2009.
6. Chen WP. Cirurgia plástica oftalmológica. Princípios e prática. Rio de Janeiro: Revinter; 2005.
7. Lasudry J. Management of eyelid tumors: general considerations. J Fr Ophtalmol. 2011;34(10):741-54.
8. Desjardins L. Lésions pigmentées bénignes des paupières. J Fr Ophtalmol. 2005;28(8):889-95.
9. Papadopoulos O, Chrisostoidis C, Konofaos P, Georgiou P, Frangoulis M, Betsi E, et al. Divided naevus of the eyelid, seven cases. J Plast Reconstr Aesthet Surg. 2007;60(3):260-5.
10. Katowitz JA. Pediatric oculoplastic surgery. New York: Springer-Verlag; 2002.
11. Skuta GL, Cantor LB, Weiss JS. Basic and clinical science course (orbit, eyelids and lacrimal system). Academia Americana de Oftalmologia; 2010-2011.
12. Vick VL, Wilson MW, Fleming JC, Haik BG. Orbital and eyelid manifestations of xanthogranulomatous diseases. Orbit. 2006;25(3):221-5.
13. Coloe J, Burkhart CLN, Morrel DS. Molluscum contagiosum. Pediatr Ann. 2009;38(6):321-5.
14. Codére F, Powell J. Current concepts in the management of infantile hemangiomas: steroids, beta-blockers or surgery. In: Guthoff RF, Katowitz JA. Oculoplastics and orbit: aesthetic and functional oculofacial plastic problem-solving in the 21st century. Essentials in ophthalmology. Berlin: Springer-Verlag Heidelberg; 2010. p.161-71.
15. Cornish KS, Reddy AR. The use of propranolol in the management of periocular capillary haemangioma – a systematic review. Eye. 2011;25(10):1277-83.
16. Spierer O, Neudorfer M, Leibovitch I, Stolovitch C, Kessler A. Colour Doppler ultrasound imaging findings in paediatric periocular and orbital haemangiomas. Acta Ophthalmol. 2012;90(8):727-32.
17. Léaute-Labrèze C, Dumas de La Roque E, Hubiche T, Boralevi F, Thambo JB, Taïeb A. Propranolol for severe hemangiomas of infancy. N Engl J Med. 2008;358(24):2649-51.
18. Ni N, Guo S, Langer P. Current concepts in the management of periocular infantile (capillary) hemangioma. Curr Opin Ophthalmol. 2011;22(5):419-25.
19. Eivazi B, Wiegand S, Negm H, Teymoortash A, Schulze S, Bien S, et al. Orbital and periorbital vascular anomalies – an approach to diagnosis and therapeutic concepts. Acta Oto-Laryngologica. 2010;130(8):942-51.
20. Dhaybi R, Superstein R, Milet A, Powell J, Dubois J, McCuaig C, et al. Treatment of periocular infantile hemangiomas with propranolol: case series of 18 children. Ophthalmology. 2011;118(6):1184-8.
21. McCulley JP, Dougherty JM, Deneau DG. Classification of chronic blepharitis. Ophthalmology. 1982;89(10):1173-80.
22. Farpour B, McClellan KA. Diagnosis and management of chronic blepharoconjunctivits in children. J Pediatr Ophthalmol Strabismus. 2001;38(4):207-12.
23. Groden LR, Murphy B, Rodnite J, Genvert GI. Lid flora in blepharitis. Cornea. 1991;10(1):50-3.
24. Suzuki T, Sano Y, Sasaki O, Kinoshita S. Ocular surface inflammation induced by Propionibacterium acnes. Cornea. 2002; 21(8):812-17.
25. Rodríguez AE, Ferrer C, Alió JL. Chronic blepharitis and demodex. Arch Soc Esp Oftalmol. 2005;80(11):635-42.

26. Holzchuh FG, Hida RY, Moscovici BK, Albers MBV, Santo RM, Kara-José N, et al. Clinical treatment of ocular demodex folliculorum by systemic ivermectin. Am J Ophthalmol. 2011;151(6):1030-4.
27. McCulley JP, Dougherty JM. Blepharitis associated with acne rosacea and seborrheic dermatitis. Int Ophthalmol Clin. 1985;25(1):159-72.
28. Nazir SA, Murphy S, Siatkowski RM, Chodosh J, Saitkowski RL. Ocular rosacea in childhood. Am J Ophthalmol. 2004;137(1):138-44.
29. Smolin G, Okamoto M. Staphyloccocal blepharitis. Arch Ophthalmol. 1977;95(5):812-6.
30. Thygeson P. The etiology and treatment of phlyctenular keratoconjunctivitis. The Estelle l. Doheny Lecture. Am J Ophthalmol. 1969;68(3):446-9.
31. Suzuki T, Mitsuishi Y, Sano Y, Yokoi N, Kinoshita S. Phlyctenular keratitis associated with meibomitis in young patients. Am J Ophthalmol. 2005;140(1):77-82.
32. Hammersmith KM, Cohen EJ, Blake TD, Laibson PR, Rapuano CJ. Blepharokeroconjunctivitis in children. Arch Ophthalmol. 2005;123(12):667-70.
33. Viswalingam M, Rauz S, Marlet N, Dart JKG. Blepharokeratoconjunctivitis in children: diagnosis and treatment. Br J Ophthalmol. 2005;89(4):400-3.
34. Igami TZ, Holzchuh R, Osaki TH, Santo RM, Kara-José N, Hida RY. Oral azithromycin for treatment of posterior blepharitis. Cornea. 2011;30(10):1145-9.
35. Arbabi EM, Kelly RJ, Carrim ZI. Chalazion. BMJ. 2010;341:c4044.
36. Goawalla A, Lee V. A prospective randomized treatment study comparing three treatment options for chalazia: triamcinolone acetonide injections, incision and curettage and treatment with hot compresses. Clin Experiment Ophthalmol. 2007;35(8):706-12.

Afecções das vias lacrimais 10

Sandra Francischini
Suzana Matayoshi

Após ler este capítulo, você estará apto a:
1. Identificar as principais anomalias das vias lacrimais.
2. Reconhecer os sinais de complicações.
3. Identificar os casos que necessitam de tratamento específico.

INTRODUÇÃO

O desenvolvimento da via lacrimal excretora ocorre por volta da décima segunda semana de gestação. A canalização em direção ao canto medial está completa por volta do sexto mês de gestação, mas uma membrana persiste até após o nascimento em muitas crianças, sendo a causa da obstrução congênita da via lacrimal. Agenesia, separação incompleta ou canalização parcial podem resultar em outras anomalias da via lacrimal excretora[5]. A Figura 10.1 mostra esquema da via lacrimal normal.

ANOMALIAS DO DESENVOLVIMENTO

Agenesia e Atresia do Ponto e Canalículo Lacrimal

Nessas condições, ocorre uma falha durante o desenvolvimento da permeabilização da porção superior da via de drenagem lacrimal. O quadro clínico é de

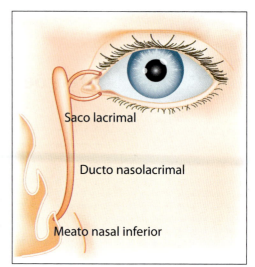

Figura 10.1 Sistema de drenagem lacrimal que se inicia nos pontos lacrimais e estende-se até o meato inferior do nariz. A membrana de Hasner situa-se na extremidade distal do ducto nasolacrimal.

epífora. Não há secreção mucopurulenta ou é mínima. Frequentemente existe uma membrana fina que oclui o ponto lacrimal, cujo tratamento consiste na abertura e dilatação dos pontos. Casos mais complexos podem necessitar de procedimentos mais invasivos, como a conjuntivodacriocistorrinostomia com colocação de prótese lacrimal.

Fístula Lacrimal Congênita

Há um conduto coberto de epitélio que se estende do canalículo comum ou saco lacrimal à superfície cutânea da pálpebra inferior. Pode apresentar secreção mucosa associada à obstrução do ducto nasolacrimal. É uma condição rara. Pode ter remissão espontânea. Em casos de persistência, pode ser necessária a ressecção cirúrgica[2].

Pontos Lacrimais Extranumerários

Não há sintomas. Não há necessidade de realizar tratamento.

OBSTRUÇÃO DE VIA LACRIMAL

Etiologia

A causa mais comum de lacrimejamento no recém-nascido é a obstrução da via lacrimal. A obstrução do ducto nasolacrimal pode estar presente em 4 a 6% dos recém-nascidos. Relaciona-se à persistência da membrana de Hasner, na abertura do ducto nasolacrimal no meato inferior da cavidade nasal. A canalização do ducto nasolacrimal ocorre craniocaudalmente, continuando após o nascimento[1,3].

Observa-se uma incidência maior de obstrução lacrimal congênita em portadores de distúrbio craniofacial e de síndrome de Down[4,5] (Figura 10.2).

Raramente, a causa da obstrução é a compressão da via lacrimal excretora por massa tumoral (hemangioma, glioma, linfangioma, meningoencefalocele, rabdomiossarcoma). Exames de imagem são indicados para esclarecimento diagnóstico.

Casos de epífora que se instalam após os primeiros meses de vida raramente estão relacionados à persistência da membrana de Hasner. Deve-se atentar para processos obstrutivos na cavidade nasal, inclusive processos alérgicos que levam ao edema de mucosas e consequente estreitamento da via de drenagem lacrimal associado ao aumento de produção da lágrima.

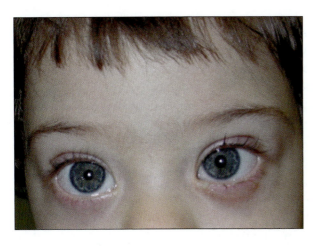

Figura 10.2. Epífora bilateral em criança portadora de síndrome de Down: ver o aumento do menisco lacrimal particularmente à direita causando a impressão de "olhos brilhantes".

Quadro Clínico

Manifesta-se com epífora e secreção, que pode ser aquosa ou mucopurulenta. Os cílios apresentam-se úmidos e agrupados (Figura 10.3). Há aumento do filme lacrimal, que confere um brilho ao olhar. Pode haver refluxo de secreção pelos pontos lacrimais à compressão do canto medial das pálpebras (região do saco lacrimal). Geralmente, há pouca hiperemia de pálpebras ou conjuntiva, exceto em casos de conjuntivite ou dacriocistite associada.

O diagnóstico diferencial deve ser feito com agenesia/atresia de ponto lacrimal, glaucoma congênito, conjuntivite e blefarite. Descartar triquíase (cílios tocando conjuntiva), corpo estranho ou abrasão corneana. Um teste simples realizado pelo oftalmologista consiste na instilação de fluoresceína a 2% no fórnice inferior. Após 5 minutos, observa-se a retenção de fluoresceína em maior quantidade no olho aco-

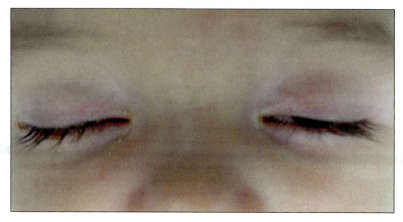

Figura 10.3. Olho com secreção unilateral. Notar os cílios grudados (*messy eye*).

metido. Em alguns casos, observa-se coloração amarelada na fossa nasal demonstrando permeabilidade da via. A dacriocistografia, a tomografia computadorizada e a dacriocintilografia são exames complementares que indicam local e condições anatômico-funcionais da obstrução[1,2].

A estase lacrimal provocada pode complicar com conjuntivites bacterianas de repetição, dacriocistite aguda e crônica e celulite palpebral (Figura 10.4).

Tratamento

Orienta-se massagem do canto medial (compressão do saco lacrimal) com finalidade de esvaziar seu conteúdo, evitando-se a dilatação progressiva do saco lacri-

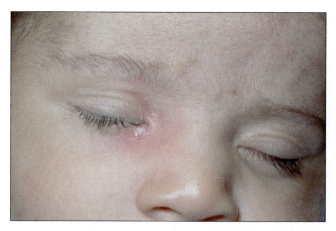

Figura 10.4. Quadro de dacriocistite: hiperemia localizada em região de canto medial, com secreção e dor à palpação.

mal e diminuindo o risco de infecções repetidas. A massagem consiste em compressão da região do saco lacrimal direcionado inferiormente, deslocando o conteúdo lacrimal para a região da válvula de Hasner na tentativa de aumentar a pressão e romper a membrana.

A obstrução é frequentemente resolvida de forma espontânea em até 90% dos casos durante os primeiros 6 meses de vida. Aos 6 meses, a chance de remissão espontânea chega a 70%. Após 1 ano de idade, a chance de resolução é menor. Antibiótico tópico deve ser utilizado judiciosamente apenas em caso de infecção; não se justifica seu uso profilático[3-5].

A intervenção médica no processo se faz com o procedimento conhecido como sondagem lacrimal, no qual é inserida uma sonda metálica pelo ponto lacrimal, direcionada para o ducto nasolacrimal, com rompimento da membrana inferiormente.

A decisão do momento de sondagem é discutível. Consideram-se a evolução, a história de conjuntivite de repetição, a dacriocistite, além da ansiedade familiar ao longo dos meses de espera para a resolução espontânea. A maioria dos oftalmologistas realiza a sondagem no período entre 9 e 14 meses. Quanto mais precoce, maior a facilidade da sondagem e melhores resultados, no entanto deve-se considerar que muitos deles poderiam ter uma resolução espontânea[4,5].

É aconselhável que a sondagem seja realizada em ambiente cirúrgico sob anestesia geral. A entubação orotraqueal minimiza o risco de eventual aspiração pulmonar de líquidos utilizados para a irrigação da via lacrimal. Além disso, evitam-se manipulação forçada e criação de uma falsa via durante a passagem da sonda lacrimal no ducto nasolacrimal[1].

A melhora do quadro após a sondagem é rápida. Em casos de insucesso, pode-se tentar outra sondagem em algumas semanas. Se a clínica persistir após duas sondagens, indica-se a entubação da via lacrimal com modelador (tubo de silicone), que pode ser deixado por aproximadamente 2 a 6 meses. A dacriocistorrinostomia deve ser considerada quando a entubação não for possível ou persistirem os sintomas após a retirada da sonda.

DACRIOCISTOCELE

Etiologia

É uma dilatação cística do saco com acúmulo de lágrima, muco e restos celulares. É pouco frequente e raramente bilateral. Ocorre compressão no canalículo comum e na porção inferior do saco lacrimal, sendo difícil o esvaziamento manual do conteúdo lacrimal[2].

Quadro Clínico

Apresenta-se como um abaulamento róseo ou azulado no canto medial inferior. O diagnóstico diferencial deve ser feito com hemangioma, cisto dermoide e encefalocele. A infecção pode causar sinais flogísticos acentuados.

Tratamento

Pode haver remissão espontânea. A massagem digital pode ajudar o processo de canalização da membrana. Em casos persistentes, a sondagem deve ser realizada precocemente pelo risco de infecção. Como nos casos de obstrução da membrana de Hasner, a sondagem pode ser repetida com entubação com silicone ou optar-se posteriormente pela dacriocistorrinostomia se houver insucesso. Se houver evolução para dacriocistite, deve-se administrar antibióticos sistêmicos e programar drenagem cirúrgica. Evitar abordagem cutânea para drenagem, pois há risco de desenvolvimento de fístula permanente.

CONCLUSÕES

As anomalias de vias lacrimais são condições que predispõem a epífora, secreção e infecção da via lacrimal.

A obstrução do ducto nasolacrimal é a causa mais comum e tem resolução espontânea na maioria dos casos. A persistência dos sintomas após os 6 meses de idade alerta para uma eventual necessidade de sondagem lacrimal. Raros casos necessitarão de tratamentos cirúrgicos mais complexos.

REFERÊNCIAS BIBLIOGRÁFICAS

1. Silva JAF, Lucci LMD. Obstrução congênita da via lacrimal excretora. In: Nakanami CR, Zin A, Belfort Jr R. Oftalmopediatria. São Paulo: Roca; 2010. p.347-52.
2. Holds JB, Chang WJ, Durairaj VD, Foster JA, Gausas RE, Harrison AR, et al. Orbit, eyelids and lacrimal system. American Academy of Ophthalmology. 2011-2012. p.249-73.
3. Barberan ST, Sprekelsen MB. La via lagrimal de los niños. Sih T, Chenski A, Eavey R, Godenho R. VI Manual de Otorrinolaringologia Pediatrica da IAPO. São Paulo: IAPO; 2007. p.177-82.
4. Mukherjee PK. Disorders of lacrimal system in children. In: Pediatric Ophthalmology. New Delhi: New Age International; 2005. p.99-110.
5. Sa LCF, Plut M. Doenças das vias lacrimais. In: Dantas AM, Moreira ATR (eds.). Oftalmologia Pediátrica. 2ª ed. Rio de Janeiro: Cultura Médica; 2006. p.163-8.

Seção IV

Doenças da órbita

Coordenadora: Mariza Polati

Doenças da órbita 11

Mário Luiz Ribeiro Monteiro

Após ler este capítulo, você estará apto a:
1. Suspeitar da presença de doenças da órbita.
2. Orientar o diagnóstico diferencial das principais afecções da órbita, que incluem as deformidades congênitas, as doenças inflamatórias, os processos infecciosos e os tumores orbitários.

INTRODUÇÃO

As afecções da órbita são importantes em virtude da dificuldade diagnóstica que apresentam e da sua gravidade potencial, podendo ocasionar inúmeras complicações funcionais e cosméticas. O principal sinal de uma lesão orbitária é o deslocamento do bulbo ocular para a frente (proptose)[1]. Sintomas importantes incluem a dor, presente nos processos inflamatórios ou nos tumores de evolução rápida, a diplopia e a perda visual.

Neste capítulo serão apresentadas as principais afecções da órbita na infância, incluindo anomalias congênitas, lesões inflamatórias, a celulite orbitária e os tumores orbitários. Os traumatismos orbitais serão abordados no Capítulo 35 – Trauma orbitário e ao nervo óptico.

ANOMALIAS CONGÊNITAS

A Tabela 11.1 enumera as anomalias congênitas da órbita[2,3]. O microftalmo pode se associar a um cisto orbitário que é resultado da falha do fechamento da fissura fetal. Esse cisto microftálmico geralmente é unilateral, mas pode ser bilateral e levar à confusão diagnóstica, pois simula um tumor orbitário (Figura 11.1). A órbita se mostra anômala em deformidades craniofaciais (Tabela 11.1). Cefalocele é o termo usado para designar anomalias raras que representam herniação para a órbita de meninges (meningocele), tecido cerebral (encefalocele) ou a combinação de ambos para a órbita (Figura 11.2). O diagnóstico deve ser suspeitado quando existe tumoração próxima ao canto interno, ao dorso do nariz ou à porção medial dos supercílios. Os teratomas orbitários são neoplasias congênitas de células germinativas que contêm tecidos representantes das três camadas germinativas, incluindo estruturas derivadas do ectoderma, endoderma e mesênquima, representando coristomas do desenvolvimento. O diagnóstico deve ser suspeitado pela presença de massa orbitária unilateral, grande, presente ao nascimento com proptose e estiramento palpebral. Em geral, o tumor cresce rapidamente após o nascimento, embora possa ter um curso lentamente progressivo, com expansão ao longo de vários anos. A tomografia computadorizada (TC) e imagem por ressonância magnética (RM) revelam alargamento da órbita, que pode chegar a 2 ou 3 vezes o tamanho normal[2,3].

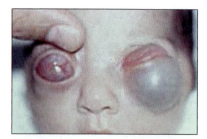

Figura 11.1 Cisto microftálmico bilateral.

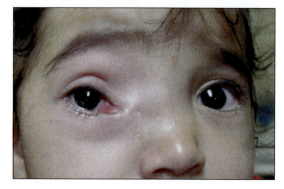

Figura 11.2 Meningoencefalocele orbital.

Doenças da órbita 91

Tabela 11.1 – Anomalias congênitas da órbita[2,3]

Anomalia	Achados clínicos
Anoftalmo e microftalmo	Órbita hipodesenvolvida, sem o globo ocular ou com olho microftálmico. Geralmente unilateral. Pode se associar a anomalias sistêmicas (fendas faciais, encefalocele, anomalias cardíacas, polidactilia etc.). Pode haver cisto orbitário associado à microftalmia, o que leva à proptose e simulação de tumor orbitário
Craniossinostoses (síndrome de Crouzon, Apert e Pfeiffer)	Fechamento prematuro de uma ou mais suturas do crânio. Exoftalmia decorrente da órbita ser rasa. Exotropia e nistagmo são frequentes
Disostose mandibulofacial	Desenvolvimento anormal das estruturas derivadas do primeiro e segundo arcos branquiais. Obliquidade antimongoloide da fissura palpebral, pseudocolobomas palpebrais, hipoplasia dos cílios e agenesia do ponto lacrimal inferior
Displasia oculoauriculoverte-bral (síndrome de Goldenhar)	Dermoides corneoesclerais, dermoides ou lipodermoides subconjuntivais ou na órbita anterior, colobomas da pálpebra superior, apêndices cutâneos pré-auriculares. Decorrente de alteração no desenvolvimento de estruturas do primeiro e segundo arcos branquiais
Hipertelorismo orbital	Distância muito grande entre as órbitas. Acompanha várias anomalias craniofaciais
Meningocele e encefalocele	Tumoração próxima ao canto interno, ao dorso do nariz ou à porção medial dos supercílios. Associação com hipertelorismo e base nasal alargada
Teratoma orbitário	Tumor congênito. Massa orbitária unilateral, grande, presente ao nascimento com proptose e estiramento palpebral

INFLAMAÇÕES ORBITÁRIAS

A inflamação orbitária inespecífica, também denominada pseudotumor inflamatório da órbita, caracteriza-se por dor, hiperemia, edema e disfunção local que evolui de dias a semanas (Figura 11.3)[4,5]. A inflamação orbitária inespecífica pode ser difusa ou se manifestar como miosite, dacrioadenite, esclerite ou perineurite. Seu tratamento é feito com corticosteroide e, classicamente, responde de forma satisfatória, com melhora dos sintomas e diminuição importante da dor (Figura 11.3). A TC e RM revelam massa intraorbitária de limites pouco definidos, não respeitando, muitas vezes, os limites com estruturas anexas, e espessamento muscular. O tratamento é iniciado com prednisona via oral na dose de 1 mg/kg/dia e gradualmente reduzido[6]. A órbita também pode ser local de inflamações orbitárias associadas a vasculites sistêmicas e doenças granulomatosas como a sarcoidose e a granulomatose de Wegener[4,5].

A orbitopatia distireoidiana ou orbitopatia de Graves é uma afecção autoimune que pode estar acompanhada ou não do quadro clássico de hipertireoidismo. Acomete preferencialmente as mulheres entre 25 e 50 anos, sendo pouco comum na infância. As manifestações mais importantes são a retração palpebral, a proptose, as alterações da motilidade ocular extrínseca e a neuropatia óptica[7]. Normalmente se manifesta por espessamento dos músculos extraoculares, que causa restrição da

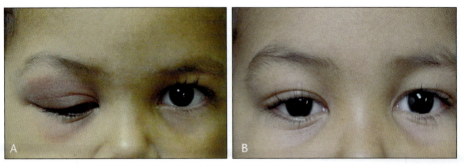

Figura 11.3 A: pseudotumor orbitário com sinais inflamatórios; B: mesmo paciente após tratamento com corticosteroide.

motilidade. Outra alteração importante é o aumento do tecido adiposo da órbita. O tratamento clínico durante a fase ativa é feito com corticosteroide ou radioterapia em doses anti-inflamatórias. Embora o tratamento cirúrgico possa ser necessário em casos de urgências, como naqueles com neuropatia óptica e ceratopatia por exposição, na maioria dos casos é realizado na fase sequelar da doença[8].

CELULITE ORBITÁRIA

A celulite orbitária é afecção extremamente importante por causa da sua gravidade e caracteriza-se por dor na região periocular, febre e mal-estar com sinais de toxemia. A dor é habitualmente intensa e piora com a movimentação ocular, mas nem sempre está presente. Pode haver antecedentes de quadro infeccioso de vias aéreas superiores. Ao exame externo, observam-se edema e hiperemia palpebrais, quemose e hiperemia conjuntivais, proptose, deslocamento do globo ocular e limitação da motilidade ocular extrínseca (Figura 11.4).

A infecção orbitária pode ocorrer por três mecanismos. O primeiro é a disseminação para a gordura orbitária a partir da infecção de tecidos vizinhos, especialmente dos seios paranasais, mas também do saco lacrimal, das pálpebras e dos focos infecciosos dentários. Em torno de 80% dos casos a infecção se origina de uma sinusite, principalmente do seio etmoidal[4]. O segundo mecanismo, pouco frequente, é o da disseminação hematogênica. O terceiro mecanismo é o da infecção decorrente de contaminação da órbita por corpos estranhos. Quanto aos agentes etiológicos, os principais são germes gram-positivos, e os mais comuns são: *Stafilococcus aureus*, *Streptococcus penumoniae* e, em crianças menores de 4 anos, *Hemophilus influenzae*. Deve ser lembrada a possibilidade de germes anaeróbicos, especialmente em indivíduos com sinusite crônica ou naqueles em que a celulite é decorrente de abscessos dentários[4].

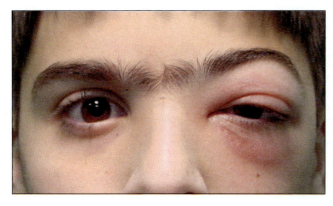

Figura 11.4 Proptose e hiperemia palpebral em paciente com celulite orbitária.

Além dos dados clínicos anteriormente mencionados, o hemograma é útil, pois mostra evidências de processo infeccioso, com leucocitose e desvio à esquerda. Hemoculturas podem ser úteis, e a radiografia (RX) simples pode evidenciar sinusite, o que ajuda muito na hipótese diagnóstica. A TC de órbitas também evidencia o processo infeccioso na órbita e nos seios paranasais, bem como auxilia no diagnóstico diferencial com outras afecções orbitárias e na identificação de complicações como os abscessos orbitários. Quando o processo infeccioso não está bem delimitado numa coleção, o tratamento específico deve ser feito, incluindo ampla cobertura para bactérias dos tipos gram-negativo e gram-positivo. Quando o abscesso orbitário é definido em exame tomográfico, a drenagem cirúrgica também deve ser feita.

TUMORES DA ÓRBITA

Os tumores primários da órbita mais frequentes na infância são o cisto dermoide, o hemangioma capilar da infância, o linfangioma, o rabdomiossarcoma e o glioma do nervo óptico. A Tabela 11.2 resume os principais tumores e seus achados clínicos e exames complementares[9].

O cisto dermoide apresenta-se como uma massa firme, sem mobilidade e não aderente à pele, no quadrante temporal superior, próximo à glândula lacrimal, embora possa ocorrer também no quadrante nasal superior. É um coristoma do desenvolvimento, contém apêndices dérmicos na sua parede e, ao exame anatomopatológico, é constituído por uma cobertura epidérmica que contém queratina e cristais de colesterol. À TC observa-se a natureza cística da lesão, hipodensa, sendo, por vezes, possível a observação de nível líquido em seu interior. À ressonância magnética, o tumor apresenta tempo de relaxamento T1 curto e T2 longo, semelhante às características de tecido gorduroso. O tratamento ideal é a remoção cirúrgica completa[9].

Tabela 11.2 – Principais tumores orbitais na infância[9]

Tumor	Achados clínicos	Exames complementares
Cisto dermoide	Massa firme no quadrante temporal superior ou nasal superior. Proptose lentamente progressiva	Tumor cístico à TC, limites bem delimitados, pode acometer o osso. Lesão bem delimitada à RM
Hemangioma capilar	Tumor mais comum da infância. *Nevus* em morango quando na pele. Proptose. Aumento no primeiro ano de vida e regressão a seguir	À TC e RM, lesão homogênea com expansões posteriores digitiformes
Linfangioma	Acomete pálpebras, conjuntiva, órbita e se estende para outras estruturas da face. Presente ao nascimento, mas com períodos de crescimento rápido por sangramentos. Pode levar à proptose intensa e aguda	Massa multilobulada infiltrando as estruturas orbitárias, com captação de contraste nas margens dando um aspecto de estruturas císticas, hipodensas no seu interior
Rabdomiossarcoma	Proptose de evolução rápida, em dias ou semanas. Proptose pode ser intensa e associada à perda visual	Massa de limites imprecisos ocupando, na maioria das vezes, a porção superior da órbita
Glioma óptico	Proptose e perda visual de evolução insidiosa, geralmente na primeira década de vida. Pode haver edema de disco óptico. Associação com neurofibromatose tipo I	Aumento globoso ou fusiforme do nervo óptico à TC ou à RM

TC: tomografia computadorizada; RM: ressonância magnética.

O hemangioma capilar é a lesão orbitária mais comum na infância. Frequentemente se torna aparente no primeiro mês de vida como uma massa azulada de limites mal definidos, com localização predominante no quadrante nasal superior da órbita. Quando o hemangioma envolve a pele, é denominado *nevus* em morango, pela cor avermelhada e superfície irregular que possui. Durante os primeiros seis meses de vida, o hemangioma capilar pode crescer rapidamente, até que passe a regredir espontaneamente nos 4 a 5 anos subsequentes. À TC, mostra lesão homogênea na órbita anterior, apresentando expansões posteriores digitiformes. À RM, apresenta intensidade intermediária em sequências enfatizando T1, sendo isointensa aos músculos orbitários e hipointensa em relação à gordura. O tumor se mostra hiperintenso em sequências enfatizando T2, em razão do fluxo sanguíneo lento. Em um grande número de casos, não é necessário tratamento, pois a lesão pode desaparecer ou reduzir bastante de tamanho; no entanto, em alguns pacientes, esta evolução favorável não ocorre. As principais indicações oftalmológicas para tratamento são a oclusão do eixo visual pelo tumor que infiltra a pálpebra e periórbita, a ocorrência de desvio importante do olho, a compressão do nervo óptico ou a exposição corneana em decorrência da proptose severa (Figura 11.5). Vários tratamentos utilizados incluem a injeção de agentes esclerosantes, a radioterapia, a administração sistêmica de corticosteroides, a embolização intra-arterial, a remo-

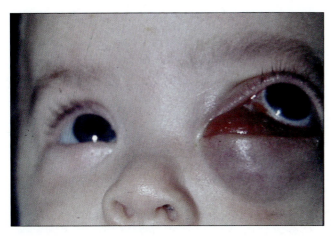

Figura 11.5 Hemangioma capilar da órbita.

ção cirúrgica e, mais recentemente, o uso de betabloqueadores sistêmicos que se associam com regressão importante da malformação[9].

Linfangioma é um tumor histologicamente benigno, mas potencialmente "agressivo", que usualmente ocorre em jovens. Está presente ao nascimento e não mostra tendência à regressão espontânea. Pode acometer as pálpebras, a conjuntiva, a órbita e se estender para outras estruturas da face, como as áreas mandibular, maxilar e a região do palato. O tumor apresenta períodos de crescimento rápido, que estão relacionados a sangramentos, às vezes com a formação de cistos hemorrágicos, geralmente precipitados por infecções de vias aéreas superiores. Os cistos hemorrágicos podem reabsorver espontaneamente ou necessitar de drenagem cirúrgica. As lesões superficiais são observadas inicialmente como vesículas transparentes que infiltram a pálpebra ou conjuntiva, que se mostram de tamanho e espessura aumentada. As lesões profundas podem se manifestar agudamente com proptose intensa (Figura 11.6). Esse crescimento agudo pode estar relacionado com o desenvolvimento de um cisto hemorrágico ou uma hiperplasia linfoide reacional dentro do tumor, em resposta a uma infecção de vias aéreas superiores. Frequentemente o linfangioma estabiliza, em tamanho, ao redor da terceira década de vida. À TC e RM, observa-se uma massa multilobulada infiltrando as estruturas orbitárias, com captação de contraste nas margens, dando um aspecto de estruturas císticas, hipodensas no seu interior (Figura 11.7). Em contraste com o hemangioma capilar, o tratamento é essencialmente cirúrgico. No entanto, existe grande tendência de essas lesões sangrarem, seja no ato cirúrgico, seja no pós-operatório. A cirurgia é efetiva na drenagem de cistos hemorrágicos[9].

O rabdomiossarcoma é o tumor maligno primário da órbita mais importante na criança, capaz de um grande crescimento em poucos dias ou semanas e um alto poder de invasão. A grande maioria é do tipo embrionário e ocorre em crianças;

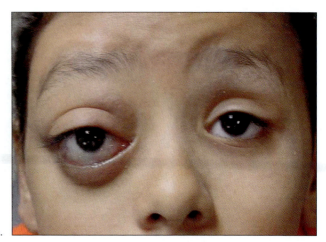

Figura 11.6 Linfangioma orbitário.

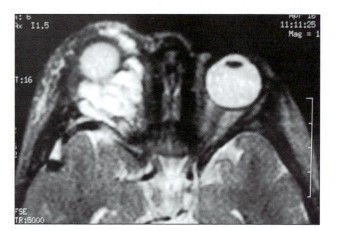

Figura 11.7 Imagem por ressonância magnética de linfangioma orbitário.

75% ocorrem até os 10 anos de idade, e a idade média de aparecimento é de 7,8 anos de idade. A apresentação clínica mais frequente é a de uma proptose de evolução rápida, embora possa ocorrer como uma massa na pálpebra ou conjuntiva (Figura 11.8). Essa evolução rápida leva, algumas vezes, à confusão diagnóstica com outras afecções da órbita. A TC e a RM também dão informações valiosas revelando uma massa de limites indefinidos, frequentemente envolvendo os músculos extraoculares. Trata-se de um tumor no qual a biópsia deve ser feita em caráter de urgência, de tal forma a se estabelecer precocemente o diagnóstico e iniciar o tratamento quimioterápico e radioterápico adequados. Tanto a TC quanto a RM podem demonstrar uma massa de limites imprecisos, ocupando, na maioria das vezes, a porção superior da órbita. O tratamento baseia-se na combinação da radioterapia com a quimioterapia. Quando o tratamento é instituído precocemente, o prognóstico é favorável, podendo atingir o controle da doença em até 90% dos casos[9,10].

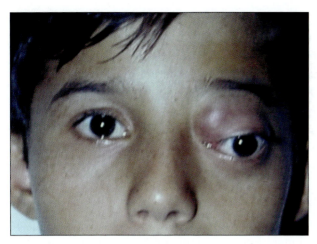

Figura 11.8 Rabdomiossarcoma orbitário.

Gliomas ópticos envolvem a via visual anterior e são tumores benignos compostos primariamente por astrócitos pilocíticos e estrelados em proporções variáveis[9]. Ocorrem preponderantemente na infância, com cerca de 70% dos casos incidindo até os 10 anos de idade, e 90% nas duas primeiras décadas de vida. Há uma associação clara com a neurofibromatose tipo I. Os tumores ocorrem em, aproximadamente, 15% dos pacientes com neurofibromatose tipo I e podem ser assintomáticos[9]. O principal achado clínico é a perda visual, presente em cerca de 90% dos pacientes. Nos tumores que envolvem a órbita, podem-se observar proptose axial, edema de papila, dobras de coroide, palidez papilar e estrabismo. Pode haver também restrição mecânica da motilidade ocular. A perda visual e a proptose geralmente são lentamente progressivas, mas podem ser de evolução rápida quando há hemorragia espontânea dentro do tumor (Figura 11.9). Os achados histopatológicos mostram uma lesão benigna. Observa-se a proliferação de astrócitos pilocíticos e estrelados, com quadro, na maioria das vezes, do tipo astrocitoma pilocítico juvenil.

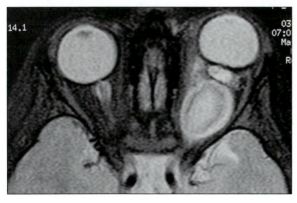

Figura 11.9 Imagem por ressonância magnética de glioma orbitário.

Na maioria dos tumores, encontram-se espaços microcísticos com ácido mucopolissacáride, que já foram atribuídos à degeneração mucinoide de astrócitos e elementos neuronais. O diagnóstico do glioma do nervo óptico pode ser confirmado à TC e à RM. Observa-se um aumento fusiforme do nervo óptico cuja extensão é melhor delimitada pela RM. O tratamento dos gliomas do nervo óptico é bastante controverso, podendo ser cirúrgico nas lesões isoladas da órbita, ou quimioterápico no caso do acometimento quiasmático[9].

CONCLUSÕES

As doenças da órbita são condições graves que devem ser reconhecidas prontamente pelo pediatra no sentido de orientar precocemente o tratamento e minimizar deformidades cosméticas e funcionais. Embora sejam condições pouco frequentes, devem ser lembradas por causa da importância clínica que possuem.

REFERÊNCIAS BIBLIOGRÁFICAS

1. Dantas AM. Semiologia da órbita. In: Dantas AM, Monteiro MLR (eds.). Doenças da órbita. Rio de Janeiro: Cultura Médica; 2002. p.117-37.
2. Dantas AM. Anomalias craniofaciais. In: Dantas AM, Monteiro MLR (eds.). Doenças da órbita. Rio de Janeiro: Cultura Médica; 2002. p.139-51.
3. Dollfus H, Verloes A. Dysmorphology and the orbital region: a practical clinical approach. Surv Ophthalmol. 2004;49(6):547-61.
4. Dantas AM. Inflamações da órbita. In: Dantas AM, Monteiro MLR (eds.). Doenças da órbita. Rio de Janeiro: Cultura Médica; 2002. p.153-8.
5. Montoya FJ, Moreiras JVP. Epidemiology and classification of orbital diseases. In: Moreiras JVP, Prada MC (eds.). Panama: Highlights of Ophthalmology; 2004.
6. Jacobs D, Galetta S. Diagnosis and management of orbital pseudotumor. Curr Opin Ophthalmol. 2002;13(6):347-51.
7. Bartley GB, Gorman CA. Diagnostic criteria for Graves' ophthalmopathy. Am J Ophthalmol. 1995;119(6):792-5.
8. Monteiro MLR. Oftalmopatia de Graves. In: Dantas AM, Monteiro MLR (eds.). Doenças da órbita. Rio de Janeiro: Cultura Médica; 2002. p.179-99.
9. Monteiro MLR. Tumores orbitais. In: Dantas AM, Monteiro MLR (eds.). Doenças da órbita. Rio de Janeiro: Cultura Médica; 2002. p.201-72.
10. Char DH. Pediatric orbital tumors. In: Char DH (ed.). Hamilton: BC Decker; 2001.

Proptose na infância 12

Mário Luiz Ribeiro Monteiro

Após ler este capítulo, você estará apto a:

1. Identificar as principais causas de proptose, especialmente a proptose aguda, sinal alarmante que pode ser indicativo de doença maligna.
2. Diagnosticar a proptose.

INTRODUÇÃO

Proptose ou exoftalmia é o deslocamento anterior do globo ocular. Trata-se de um importante sinal das afecções da órbita. Pode ser uni ou bilateral, simétrica ou não e pode ser acompanhada por outros sinais e sintomas, como perda visual, diplopia, dor, hiperemia e edema conjuntival e palpebral. A proptose pode ser de evolução aguda ou crônica. A seguir será discutido o diagnóstico diferencial da proptose na infância, com especial atenção à proptose de evolução aguda, cujo diagnóstico diferencial deve ser realizado rapidamente pelas graves implicações que possui.

SEMIOLOGIA CLÍNICA

A proptose pode ser identificada pela observação cuidadosa da posição do globo ocular em relação à reborda orbitária. É mais bem avaliada pedindo-se à criança para olhar para baixo, posicionando-se atrás do paciente quando este está sentado e observando a posição dos olhos após levantar as pálpebras. A identificação é mais fácil nos casos unilaterais ou assimétricos. O achado é melhor caracterizado pela exoftalmometria, medida da distância entre o ápice da córnea e a reborda anterior da parede lateral da órbita. O exoftalmômetro, aparelho que permite essa medida, pode ser muito simples, como o exoftalmômetro de Luedde, uma régua transparente milimetrada, que se coloca no ângulo externo da órbita e permite a leitura direta da distância entre o rebordo lateral da órbita e a córnea, porém a medida é mais precisa quando realizada por aparelhos mais elaborados, como o exoftalmômetro de Hertel[1].

Embora a proptose seja caracterizada pelo deslocamento anterior do globo, pode haver também o deslocamento do globo ocular para diferentes direções no plano coronal. Proptose axial ocorre em lesões difusas ou naquelas situadas no cone muscular da órbita (Figura 12.1). Proptose com deslocamento inferior do globo ocular ocorre em lesões situadas na parte superior da órbita (Figura 12.2), com deslocamento lateral nas lesões mediais (Figura 12.3), com deslocamento medial nas lesões laterais (Figura 12.4) e com deslocamento superior no caso de lesões inferiores na órbita (Figura 12.5)[1].

DIAGNÓSTICO DIFERENCIAL

O diagnóstico diferencial da proptose na infância é extenso e pode ser visto no Quadro 12.1.

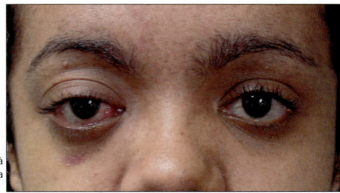

Figura 12.1 Proptose axial à direita decorrente de glioma do nervo óptico.

Proptose na infância 101

Quadro 12.1 – Diagnóstico diferencial da proptose na infância

Afecção	Proptose unilateral	Proptose bilateral
Anomalia congênita	Microftalmo com cisto	Microftalmo com cisto bilateral
	Teratoma orbitário	Disostoses craniofaciais
	Meningocele orbitária	
Coristomas do desenvolvimento	Cisto dermoide ou epidermoide, teratoma	
Malformações vasculares	Hemangioma capilar, linfangioma, variz orbitária, malformação arteriovenosa	
Inflamações e infecções orbitárias	Celulite orbitária, orbitopatia de Graves com acometimento unilateral, pseudotumor orbitário	Orbitopatia de Graves, pseudotumor inflamatório bilateral da órbita
Tumores primários da órbita	Glioma, schwannoma, rabdomiossarcoma, displasia fibrosa, tumores da glândula lacrimal	Glioma óptico bilateral (raro)
Tumores secundários	Retinoblastoma, tumores dos seios paranasais	
Tumores metastáticos	Neuroblastoma, sarcoma de Ewing, tumor de Wilms	
Tumores linfoides	Leucemia linfoblástica e mielocítica, linfoma	Leucemia linfoblástica e mielocítica
Histiocitoses e xantogranulomatoses	Granuloma eosinofílico, xantogranulomatose juvenil	Doença de Erdheim-Chester

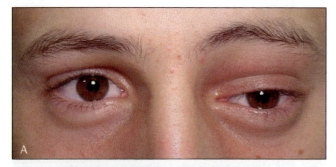

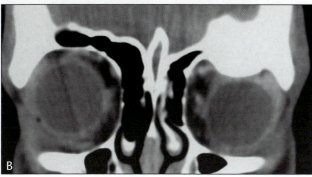

Figura 12.2 Proptose e deslocamento inferior do globo ocular (A) decorrente de lesão (displasia fibrosa), acometendo a parede orbitária superior (B).

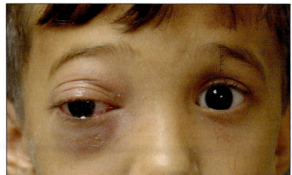

Figura 12.3 Proptose com desvio lateral do globo ocular associado à hiperemia palpebral decorrente de abscesso orbitário na porção medial da órbita.

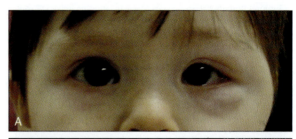

Figura 12.4 Proptose e desvio medial do olho esquerdo (A) decorrente de linfoma linfoblástico acometendo a parede lateral da órbita à tomografia computadorizada (B).

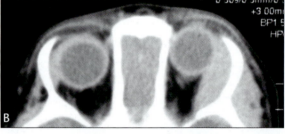

Figura 12.5 Proptose com desvio superior do globo ocular decorrente de hemangioma capilar com crescimento rápido na região inferomedial da órbita.

As anomalias congênitas e os coristomas do desenvolvimento podem ser a causa de proptose de evolução lenta ou podem estar presentes já ao nascimento. Entre essas anomalias há o microftalmo associado a cisto orbitário, uni ou bilateral, que é decorrente de uma falha do fechamento da fissura fetal. Proptose pode também ocorrer em anomalias como meningocele ou encefalocele orbitária. Outras causas são os coristomas do desenvolvimento (cistos dermoide e epidermoide e uma condição mais rara, o teratoma orbitário), neoplasias congênitas de células germinativas que contêm tecidos derivados das três camadas germinativas e que podem ocasionar uma massa orbitária unilateral, grande, presente desde o nascimento. As disostoses craniofaciais, como a síndrome de Crouzon e Apert, podem se associar à proptose, uma vez que a órbita é rasa, levando à protrusão do globo ocular[2].

Tumores vasculares da órbita, como o hemangioma e o linfangioma, podem se apresentar como proptose de evolução lenta ou rápida[3]. Outros tumores primários e secundários da órbita geralmente também se manifestam com proptose de evolução lenta, a não ser no caso do rabdomiossarcoma, que é o diagnóstico diferencial mais importante de proptose de evolução rápida. Da mesma maneira, tumores metastáticos ou linfoproliferativos, quando acometem a órbita, geralmente se manifestam por proptose de evolução rápida. As inflamações orbitárias decorrentes de celulite orbitária ou de processo inflamatório inespecífico causam proptose de evolução muito rápida. Por outro lado, a orbitopatia de Graves pode ocasionalmente ocorrer na primeira e na segunda décadas de vida, levando à proptose de evolução lenta ou subaguda. Caracteristicamente, nessa condição a proptose é bilateral e se associa à retração palpebral e às alterações na motilidade ocular extrínseca (Figura 12.6)[4].

PROPTOSE AGUDA NA INFÂNCIA

Proptose de início abrupto na infância é um sinal alarmante que pode ser indicativo de uma doença maligna como o rabdomiossarcoma ou outras condições menos graves, mas que podem levar a importantes complicações visuais e cosméticas[5]. Enquanto o diagnóstico diferencial de proptose, no sentido amplo, é muito grande, o de proptose aguda é significativamente menor (Quadro 12.2).

Quadro 12.2 – Causas de proptose aguda na infância

- Rabdomiossarcoma
- Infiltração orbitária por leucemias e linfomas
- Histiocitoses
- Neuroblastoma
- Hemangioma capilar com evolução rápida
- Linfangioma com sangramento
- Hematoma e enfisema orbitário
- Pseudotumor inflamatório
- Celulite e abscesso orbitário

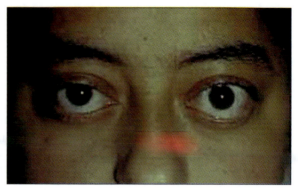

Figura 12.6 Proptose e retração palpebral em paciente com orbitopatia de Graves.

O rabdomiossarcoma é o tumor maligno primário da órbita mais significativo no caso da criança, uma vez que é capaz de apresentar grande crescimento em poucos dias ou semanas e possui alto poder de invasão. Manifesta-se na infância, com proptose de evolução rápida (Figura 12.7), o que pode simular uma afecção inflamatória ou infecciosa da órbita. A tomografia computadorizada (TC) e a ressonância magnética (RM) revelam uma massa de limites indefinidos, frequentemente envolvendo os músculos extraoculares. O diagnóstico e o tratamento devem ser feitos em caráter de urgência, por meio de biópsia, que deve ser realizada o mais rápido possível, seguida do tratamento quimioterápico e radioterápico. Quando o tratamento é instituído precocemente, o prognóstico é favorável, podendo atingir o controle da doença em até 90% dos casos[3,5,6].

Proptose aguda pode também ser um importante sinal de infiltração orbitária decorrente de doença linfoproliferativa acometendo a órbita, como o linfoma linfoblástico (Figura 12.4), a leucemia linfoide ou mieloblástica e a histiocitose (Figura 12.8). O neuroblastoma é o tumor metastático mais comum na infância, que tipicamente afeta crianças entre 18 meses e 3 anos de idade. A alteração orbitária pode ser o sinal de apresentação do tumor, sendo os achados mais comuns a proptose e

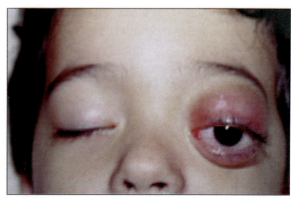

Figura 12.7 Proptose de evolução rápida em paciente com rabdomiossarcoma orbitário.

a equimose periorbital, que decorre de hemorragia associada a necrose tumoral em razão do crescimento muito acelerado da lesão. O diagnóstico pode ser auxiliado pela presença de metabólitos das catecolaminas na urina. À TC e à RM, o tumor se apresenta como lesão na parede orbitária que pode também se associar a acometimento das partes moles da órbita.

Hemangioma capilar é a lesão orbitária mais comum na infância. Frequentemente torna-se aparente no primeiro mês de vida como uma massa azulada de limites mal definidos. Durante os primeiros seis meses de vida, a lesão pode crescer de maneira rápida (Figura 12.5), até que passa a regredir espontaneamente nos quatro a cinco anos subsequentes. Em um grande número de casos, não é necessário tratamento, dada a evolução favorável que acontece de maneira geral; no entanto, em alguns pacientes essa evolução favorável não ocorre. As principais indicações oftalmológicas para tratamento são: oclusão do eixo visual pelo tumor que infiltra a pálpebra e a periórbita, ocorrência de desvio significativo do olho, compressão do nervo óptico ou exposição corneana decorrente de proptose grave. Vários tratamentos utilizados incluem a injeção de agentes esclerosantes, a radioterapia, a administração sistêmica de corticosteroides, a embolização intra-arterial, a remoção cirúrgica e, mais recentemente, o uso de betabloqueadores sistêmicos que se associam com regressão importante da malformação.

Linfangioma é um tumor histologicamente benigno, mas potencialmente "agressivo", que usualmente ocorre em jovens (Figura 12.9). Está presente ao nascimento e não mostra tendência à regressão espontânea. Pode acometer a órbita e se estender para outras estruturas da face, como as áreas mandibular, maxilar e

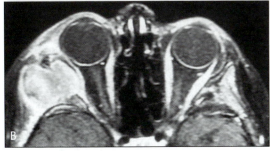

Figura 12.8 Proptose e desvio medial do olho direito (A) decorrente de histiocitose de células de Langerhans (B).

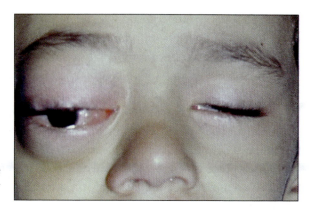

Figura 12.9 Proptose acentuada e de evolução rápida decorrente de linfangioma orbitário.

a região do palato. O tumor apresenta períodos de crescimento rápido, que estão relacionados a sangramentos, às vezes com a formação de cistos hemorrágicos, geralmente precipitados por infecções de vias aéreas superiores, que ou evoluem para reabsorção espontânea ou apresentam necessidade de drenagem cirúrgica. O tumor pode se manifestar agudamente com proptose intensa; esse crescimento agudo está relacionado com o desenvolvimento de um cisto hemorrágico ou uma hiperplasia linfoide reacional dentro do tumor em resposta à infecção das vias aéreas superiores. À TC e à RM, observa-se uma massa multilobulada que infiltra as estruturas orbitárias, com captação de contraste nas margens dando um aspecto de estruturas císticas, hipodensas no seu interior. O tratamento é essencialmente cirúrgico, feito com drenagem de cistos hemorrágicos no interior da lesão[3].

Traumatismos orbitários também podem levar à proptose aguda, seja pelo desenvolvimento de hematoma subperiostal, seja pela ocorrência de enfisema orbitário, quando existe comunicação entre os seios paranasais e a órbita[5]. A inflamação orbitária idiopática, também denominada pseudotumor inflamatório da órbita, caracteriza-se por dor, hiperemia, edema e alteração local que evolui de dias a semanas. A inflamação pode ser difusa ou se manifestar como miosite, dacrioadenite, esclerite e perineurite, entre outras[7]. Seu tratamento é feito com corticosteroide e a doença costuma responder de modo satisfatório, com redução da proptose e diminuição significativa da dor e dos sinais inflamatórios. A TC e a RM revelam massa orbitária de limites pouco definidos, não respeitando muitas vezes os limites das estruturas anexas, e espessamento muscular. O tratamento é feito com corticosteroide por via oral na dose de 1 mg/kg/dia, dose que deve ser reduzida gradualmente.

A celulite orbitária é uma afecção extremamente significativa pela sua gravidade e caracteriza-se por dor na região periocular, febre e mal-estar com sinais de toxemia. Manifesta-se por proptose associada a edema e hiperemia palpebrais, quemose e hiperemia conjuntivais e limitação da motilidade ocular extrínseca. A causa mais comum é a disseminação para a gordura orbitária a partir da infecção de tecidos vizinhos, especialmente os seios paranasais. Os principais agentes etiológicos são germes gram-positivos, incluindo *Staphylococcus aureus*, *Streptococcus pneumoniae* e *Hemophilus influenzae*. A celulite pode também se associar a abscessos orbitários (Figura 12.3) que devem ser definidos pelos exames de imagem e necessitam de drenagem cirúrgica.

CONCLUSÕES

Proptose é um sinal extremamente significativo na criança, particularmente quando a evolução é rápida. O pediatra deve estar atento a reconhecer prontamente tal achado e orientar a investigação semiológica, visando a estabelecer o diagnóstico precoce e aumentar a chance de sucesso terapêutico de afecções potencialmente graves como as discutidas neste capítulo.

REFERÊNCIAS BIBLIOGRÁFICAS

1. Dantas AM. Semiologia da órbita. Rio de Janeiro: Cultura Médica; 2002. p.117-37.
2. Dantas AM. Anomalias craniofaciais. Rio de Janeiro: Cultura Médica; 2002. p.139-51.
3. Monteiro MLR. Tumores orbitais. In: Dantas AM, Monteiro MLR (eds.). Doenças da órbita. Rio de Janeiro: Cultura Médica; 2002. v.1.
4. Monteiro MLR. Oftalmopatia de Graves. In: Dantas AM, Monteiro MLR (eds.). Doenças da órbita. Rio de Janeiro: Cultura Médica; 2002. v.1.
5. Harris GJ, Massaro BM. Acute proptosis in childhood. In: Tasman W, Jaeger EA (eds.). Duane's Clinical Ophthalmology. Philadelphia: Lippincott Williams & Wikins; 1991. v.2.
6. Char DH. Pediatric orbital tumors. Hamilton: BC Decker; 2001. p.300-37.
7. Jacobs D, Galetta S. Diagnosis and management of orbital pseudotumor. Curr Opin Ophthalmol. 2002;13(6):347-51.

Seção V

Afecções neuroftalmológicas
Coordenadora: Mariza Polati

Afecções neuroftalmológicas 13

Mário Luiz Ribeiro Monteiro

Após ler este capítulo, você estará apto a:
1. Distinguir as diferentes etiologias das afecções do nervo óptico (congênitas, adquiridas e secundárias a doenças sistêmicas).
2. Realizar o diagnóstico diferencial das afecções.
3. Indicar o tratamento de cada uma das entidades.

INTRODUÇÃO

As afecções neuroftalmológicas podem se manifestar por quadros sindrômicos que têm grande importância pela sua gravidade potencial. Neste capítulo, o leitor terá noções fundamentais acerca das principais condições neuroftalmológicas na infância que são as anomalias congênitas, a atrofia óptica, as neurites ópticas e o edema de papila. Outras alterações neuroftalmológicas relevantes – as anomalias pupilares e os distúrbios da motilidade ocular – serão abordadas em outros capítulos.

ANOMALIAS CONGÊNITAS DO NERVO ÓPTICO

A hipoplasia da papila é uma anomalia na qual há número reduzido de fibras nervosas em nervo óptico de tamanho menor que o normal[1]. Oftalmoscopicamente, o disco óptico varia desde quase aplasia do nervo até formas muito sutis ou até segmentares de hipoplasia. O disco é frequentemente circundado por um halo peripapilar amarelado, o chamado sinal do "duplo anel" (Figura 13.1). Um grande espectro de déficits visuais pode ocorrer na hipoplasia do nervo óptico (HNO), variando desde acuidade visual normal (mas com defeito de campo visual) até ausência de percepção luminosa. Algumas vezes há associação com outras malformações, sendo as principais associações a agenesia do septo pelúcido, a displasia septo óptica ou a síndrome de Morsier[2], nas quais há alteração da função hipofisária em alguns casos, incluindo o nanismo[3].

A papila inclinada é a condição bilateral em que o disco óptico é ovalado, com o seu eixo mais longo situado obliquamente, tendo a porção superotemporal elevada, e a porção inferonasal situada mais posteriormente. Observa-se saída nasal dos vasos retinianos, presença de defeito congênito da coroide no setor inferonasal e afilamento do epitélio pigmentário retiniano e da coroide nessa região, cujo aspecto é denominado coloboma de Fuchs (Figura 13.2)[3]. A anomalia pode se apresentar com defeito bitemporal de campo visual, simulando compressão quiasmática.

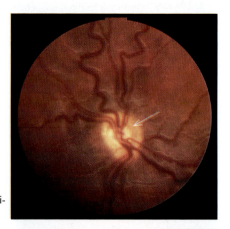

Figura 13.1 Hipoplasia do nervo óptico. Observar o sinal do duplo anel (seta).

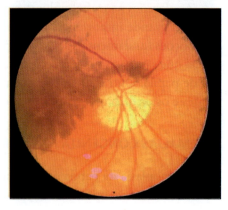

Figura 13.2 Papila inclinada.

Drusas do disco óptico são concreções de material amorfo, laminado, extracelular, de causa desconhecida, na região pré-laminar do nervo óptico que podem levar à confusão diagnóstica com papiledema[3]. Ao exame do fundo de olho podem ser superficiais ou internas. As drusas superficiais se apresentam como excrescências refrativas arredondadas, irregulares, branco-amareladas, na superfície do disco ou em sua periferia. Às vezes podem ocupar toda a superfície da papila, mas são mais frequentes na periferia do disco, principalmente em sua borda nasal (Figura 13.3). Colobomas do disco óptico são anomalias que resultam de fechamento incompleto da fissura embrionária. Observa-se uma escavação branca, bem delimitada, que se situa inferiormente no disco óptico, refletindo a posição da fissura embrionária em relação à papila óptica primitiva (Figura 13.4). Os colobomas do nervo óptico podem ser tanto unilaterais como bilaterais e ocorrer esporadicamente ou por herança autossômica dominante. Podem também ocorrer acompanhando outras

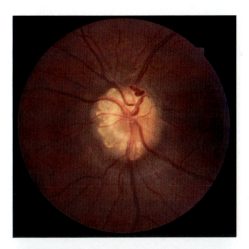

Figura 13.3 Drusas de papila.

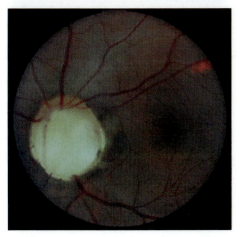

Figura 13.4 Coloboma de papila.

anomalias sistêmicas, como a síndrome de Walker-Warburg, síndrome de Aicardi, síndrome de Goldenhar e a síndrome do *nevus* linear[3]. A persistência de fibras de mielina é outra anomalia possível[4]. A oftalmoscopia demonstra prontamente a presença de fibras nervosas mielinizadas, como manchas irregulares ou em chama de vela, brancacentas, densas e brilhantes, estendendo-se a partir do disco para a retina peripapilar (Figura 13.5).

ATROFIA ÓPTICA

O termo atrofia óptica se refere à perda de axônios das células ganglionares da retina e se manifesta por palidez do disco óptico (Figura 13.6). Pode ser decorrente de lesões das células ganglionares da retina, o que provoca a atrofia ascendente do nervo óptico, ou ainda da via óptica anterior (nervo óptico, quiasma e trato óptico),

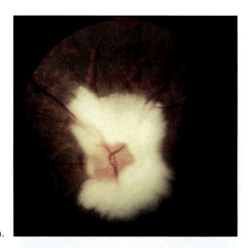

Figura 13.5 Persistência de fibras de mielina.

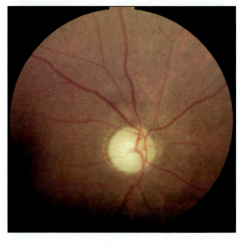

Figura 13.6 Atrofia óptica.

que leva à atrofia descendente do nervo. A Tabela 13.1 mostra os principais diagnósticos diferenciais das atrofias ópticas na infância, que serão também abordados no Capítulo 45 – Diagnóstico diferencial do edema de papila na infância. Entre as causas mais importantes estão a atrofia óptica dominante e a neuropatia óptica de Leber[5,6].

Tabela 13.1 – Causas de atrofia óptica na infância

Congênita	Secundária a doença intrauterina (anoxia, hemorragia, malformações) Autossômica recessiva
Neonatal	Anoxia perinatal, trauma de parto, hemorragia intracraniana
Adquirida hereditária	Atrofia óptica dominante, doença de Leber, síndrome de Wolfram Associada a ataxias hereditárias: Friedrich, Charcot-Marie-Tooth, síndrome de Behr
Origem traumática	Traumatismos do nervo óptico e da via óptica anterior
Processos inflamatórios	Secundária a neurite óptica, doenças desmielinizantes, meningoencefalites, doença de Devic, doença de Schilder
Neurodegenerativas	Lipofuscinose ceroide, gangliosidose generalizada, doença de Krabbe, doença de Leigh
Secundária a hipertensão intracraniana	Atrofia pós-papiledema agudo ou crônico (hidrocefalia, pseudotumor cerebral, tumores levando a hipertensão etc.)
Por lesões compressivas	Tumores orbitários, tumores do nervo óptico (glioma), tumores quiasmáticos (adenoma, craniofaringioma), malformações vasculares acometendo a via óptica

A atrofia óptica dominante causa perda visual progressiva, indolor, relativamente simétrica e de evolução muito lenta[5]. O quadro clínico se caracteriza por início insidioso, ocorrendo, na maioria dos casos, antes dos 10 anos de idade. A doença é bilateral, caracterizada por redução da acuidade visual, leve a moderada, de forma semelhante nos dois olhos, sendo que a grande maioria permanece com acuidade visual melhor que 0.1. Existe, no entanto, grande variabilidade no grau de perda visual entre famílias diferentes e até mesmo entre os membros de uma mesma família. O exame clínico característico inclui ainda a redução na visão de cores, a presença de escotomas no campo visual e a palidez temporal ou difusa do nervo óptico. O campo visual mostra escotomas centrais, paracentrais ou cecocentrais que, geralmente, são pequenos. Ao fundo de olho, observa-se palidez de papila, que pode ser discreta no setor temporal ou ser mais difusa e acentuada. Análises genéticas identificaram uma mutação no cromossomo 3 como causadora da doença[6,7].

A neuropatia óptica de Leber geralmente acomete homens com idade entre 11 e 30 anos, levando à perda visual indolor e com acometimento sequencial dos dois olhos[8]. Ocasionalmente, pode ser bilateral e simultâneo. A acuidade visual varia bastante, desde discretamente afetada até conta dedos, embora a maior parte dos pacientes tenha acuidade visual pior que 0.1. A visão de cores também é afetada. As reações pupilares mostram defeito pupilar aferente, embora possam estar relativamente preservadas, quando comparadas ao acometimento em outras neuropatias. Os defeitos de campo visual geralmente são do tipo escotoma central ou cecocentral. Na fase aguda, pode haver edema da camada de fibras nervosas da retina na região peripapilar. Na fase crônica, o disco óptico se torna atrófico e pálido. A afecção é de herança materna, causada por mutações no DNA mitocontrial, sendo as mais frequentes localizadas nas posições 11778, 3460 e 14484. Homens, mesmo que afetados, não transmitem a doença, já que a herança é exclusivamente materna. Não há ainda tratamento eficaz, mas alguns pacientes apresentam melhora visual espontânea, o que ocorre com mais frequência nos casos acometidos pela mutação 14484[5].

NEUROPATIAS ÓPTICAS INFLAMATÓRIAS

Neurite óptica (NO) é a inflamação, infecção ou desmielinização do nervo óptico e suas bainhas[9]. Ocorre perda da visão que progride rapidamente em horas ou dias, geralmente unilateral e quase sempre acompanhada de dor no globo ocular ou na região periocular, especialmente com a movimentação ocular. Há diminuição da acuidade, do senso cromático e da sensibilidade ao contraste, além de alterações de campo visual que incluem escotomas centrais, cecocentrais, além de defeitos em feixe de fibras e constrições generalizadas. De acordo com os achados oftalmoscópicos, as NO podem ser divididas em papilite, neurorretinite e neurite retrobulbar. O fundo de olho é normal na forma retrobulbar, enquanto, na papilite, observa-se edema do disco óptico na fase aguda. A neurorretinite, por sua vez, caracteriza-se por edema de papila e exsudatos peripapilares geralmente envolvendo a região macular (Figura 13.7).

A NO pode estar associada a uma variedade de afecções autoimunes, mas a forma mais comum é a associação com a esclerose múltipla (EM) e é também denominada neurite óptica idiopática ou desmielinizante. A idade média de apresentação situa-se ao redor dos 32 anos, sendo que a maioria dos afetados está entre 20 e 50 anos[10]. Contudo, a NO pode ocorrer em qualquer idade, sendo bem descrita em crianças na primeira e segunda décadas de vida. Em geral, nas crianças a NO associa-se a processos pós-infecciosos ou parainfecciosos, sendo mais frequentemente bilateral e com edema de papila[10]. A acuidade visual varia desde o normal (1.0) até a perda completa da visão, e geralmente começa a melhorar em 15 dias a 1 mês[10]. A IRM exibe alargamento do nervo óptico e hiperintensidade nas sequências enfatizando T2[11]. A NO pode ser idiopática, associada a EM, infecções virais, inflamações contíguas da órbita, das meninges e dos seios paranasais, doenças infecciosas e doenças autoimunes. O tratamento da NO de forma ideal pressupõe a determinação de sua etiologia. O tratamento das NO infecciosas requer o uso de agentes antibióticos ou quimioterápicos específicos para a etiologia determinada[9].

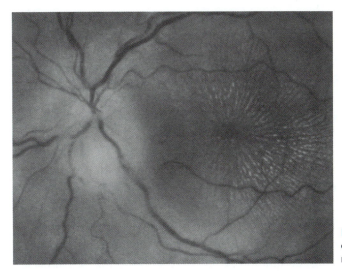

Figura 13.7 Neurorretinite com edema de papila e exsudatos maculares.

O tratamento das formas idiopáticas ou associada à doença desmielinizante geralmente é feito com corticosteroides endovenosos em altas doses (metilprednisolona, 250 mg, 4 vezes/dia) por 3 a 5 dias, seguido de corticoterapia oral (prednisona 1 a 2 mg/kg/dia) por mais 11 dias[12]. Mesmo sem tratamento existe tendência à melhora espontânea e, em casos leves, pode ser questionado o tratamento endovenoso.

A neurorretinite é uma forma especial de neuropatia inflamatória em que a maioria dos pacientes apresenta boa recuperação da visão, embora esta possa ser incompleta[9,13,14]. O tratamento específico depende da identificação ou não de um agente etiológico que necessite de tratamento. Embora não haja prova conclusiva de que a evolução seja alterada com esse tipo de tratamento, a maioria dos autores utiliza corticosteroides sistêmicos, geralmente a prednisona por via oral, na dose de 1 mg/kg/dia, mantida geralmente até que haja melhora da função visual e/ou desaparecimento dos sinais inflamatórios no fundo do olho. A "doença da arranhadura do gato" é considerada a etiologia mais importante de neurorretinite, causada pela bactéria *Bartonella henselae*. O agente é sensível a diversos antibióticos, incluindo eritromicina, tetraciclina, doxiciclina, rifampicina e ciprofloxacina. Quando se identificam outros agentes, como toxoplasmose, sífilis ou doença de Lyme, o tratamento deve ser específico para cada etiologia[9].

A neuromielite óptica (NMO), também conhecida como doença de Devic, é uma doença desmielinizante grave reconhecida principalmente por sua propensão de afetar seletivamente os nervos ópticos e a medula espinhal, causando ataques recorrentes de cegueira e paralisia[9,15,16]. Em 2004 identificou-se um marcador biológico para a doença, o autoanticorpo IgG antineuromielite óptica[17]. Esse anticorpo se liga a uma proteína, a aquaporina-4, que existe em concentração elevada no astrócito relacionado à barreira hematoencefálica. Deve ser diagnosticada precocemente, uma vez que exige tratamento adequado diferente do usado na EM, usualmente necessitando de imunossupressores de manutenção após o tratamento da fase aguda.

EDEMA E PSEUDOEDEMA DE PAPILA

Edema de papila é o termo utilizado para designar alteração oftalmoscópica caracterizada pelo velamento e elevação das margens da papila ou disco do nervo óptico. Trata-se de quadro sindrômico que ocorre em uma série de afecções do nervo óptico, sendo o seu diagnóstico diferencial extremamente importante. Várias condições podem simular edema de papila. Portanto, é preciso verificar se se está diante de um edema de papila verdadeiro ou um pseudoedema de papila. A principal condição lembrada quando se fala de pseudoedema de papila são as drusas de papila, as quais são concreções hialinas, acelulares, de etiologia desconhecida que podem ser calcificadas, unilaterais ou bilaterais. As drusas podem ser ocultas, ou seja, estar situadas abaixo das fibras nervosas retinianas, quando a confusão com edema de papila é muito frequente. Posteriormente, as drusas se tornam expostas e podem ser visíveis à oftalmoscopia, o que facilita o seu diagnóstico (Figura 13.3)[18]. Algumas características clínicas permitem a diferenciação entre drusas ocultas e edema de papila. Os discos ópticos com drusas apresentam as margens indefinidas e as bordas elevadas, mas os vasos retinianos se mostram bem definidos nas margens da papila, visíveis em todo o seu trajeto e sem velamento. Em grande número de casos observa-se distribuição anômala dos vasos na saída da papila, e, muitas vezes, a papila apresenta bordas com aspecto bocelado, com maior elevação em um determinado setor[18]. Ocasionalmente, as drusas podem ser parcialmente visíveis em um determinado setor, facilitando seu diagnóstico. O diagnóstico das drusas pode ser auxiliado também por exames complementares, em especial a angiofluresceinografia, a ultrassonografia, a tomografia computadorizada e, mais recentemente, a tomografia de coerência óptica[19,20]. Embora as drusas sejam as causas mais conhecidas de pseudoedema de papila, existem outras anomalias mais frequentes que também podem simular edema de papila. As principais são o disco congenitamente cheio, a hipoplasia de papila, a papila inclinada e as fibras de mielina.

Excluídos os pseudoedemas de papila, diversas causas de edema verdadeiro devem ser consideradas no diferencial. A Tabela 13.2 enumera o diagnóstico diferencial dos edemas de papila na infância.

Afecções neuroftalmológicas **119**

Tabela 13.2 – Diagnóstico diferencial de edema de papila na infância

Afecção	Quadro clínico	Exames complementares
Pseudoedema de papila	Anomalias variáveis, incluindo drusas, hipoplasia do nervo, papila inclinada, disco óptico congenitamente cheio, remanescentes gliais na papila, fibras de mielina	Ausência de edema verdadeiro à oftalmoscopia. Angiofluoresceinografia, ultrassonografia, tomografia computadorizada e tomografia de coerência óptica podem auxiliar o diagnóstico
Neurite óptica	Edema de disco geralmente discreto e sem hemorragias. Perda visual de evolução rápida. Dor ocular. Geralmente unilateral, mas pode ser bilateral. Defeito pupilar aferente	Escotoma central no campo visual. Imagem por ressonância magnética evidencia aumento do sinal
Papiledema	Edema bilateral e pode ser acentuado. Obscurecimentos transitórios da visão. Pode haver paralisia abducente associada	Aumento da mancha cega e constrição do campo visual. Defeitos de campo nasais inferiores. Exames de imagem evidenciando sinais ou causas de hipertensão intracraniana. Liquor mostra elevação da pressão intracraniana
Neuropatias compressivas ou infiltrativas	Perda visual lentamente progressiva. Proptose. Geralmente unilateral. Pode haver dobras de coroide	Aos métodos de imagem, lesão compressiva na órbita nos pacientes com edema de papila. Defeitos de campo variáveis
Neuropatias tóxicas	Perda visual bilateral indolor e progressiva. Pode ser aguda dependendo do agente tóxico	Escotoma central ou cecocentral bilateral. Edema de disco pode ocorrer, mas o mais comum é atrofia óptica
Causas oculares de edema de papila	Achado de hipotonia, oclusão de veia ou processo inflamatório ocular. Células na câmara anterior nos casos inflamatórios	Angiofluoresceinografia demonstra oclusão venosa, vasculite retiniana e coroidite

Uma das principais causas de edema de papila é a hipertensão intracraniana, que, nesse caso, é denominada papiledema (Figura 13.8). Clinicamente, o papiledema pode ser inicial, bem desenvolvido, crônico ou atrófico. Diferencia-se de outras formas de edema de papila pelo fato de ser bilateral e preservar a visão quando comparado com outras afecções do nervo óptico causadoras de edema de papila. Raramente o papiledema pode ser unilateral ou muito assimétrico[21].

Numa fase inicial, a função visual está preservada, observando-se apenas aumento da mancha cega. Muitos pacientes referem obscurecimentos transitórios da visão com duração de alguns segundos. Quando o papiledema persiste por tempo prolongado, pode haver perda importante da função visual. Isso ocorre especialmente na síndrome do pseudotumor cerebral (SPC). Nesses casos, o exame campimétrico é extremamente importante. Observa-se contração difusa das isópteras e retração nasal inferior, além de escotomas arqueados. A perda da acuidade visual é uma alteração tardia[22,23]. A hipertensão intracraniana pode ser causada por lesões

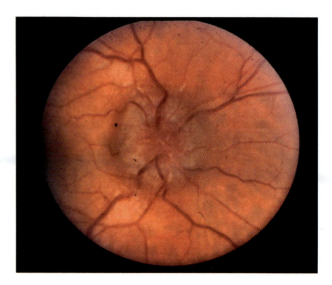

Figura 13.8 Edema de papila da hipertensão intracraniana (papiledema).

tumorais, inflamatórias, infecciosas, hidrocefalia, etc. Uma das condições mais importantes é a síndrome da hipertensão intracraniana idiopática (HII). É afecção de causa geralmente desconhecida, que se caracteriza por elevação da pressão intracraniana com os seus sinais e sintomas associados, em paciente sem alteração do nível de consciência e sem sinais neurológicos localizatórios. Pode ser idiopática, desencadeada por inúmeros agentes farmacológicos ou ainda causada por condições que levam à hipertensão no sistema venoso de drenagem cerebral, como oclusão do seio venoso cerebral, fístulas arteriovenosas, etc. Embora seja mais comum na idade adulta, a condição pode ocorrer em crianças e deve ser reconhecida.

O tratamento do papiledema é dirigido à causa da hipertensão intracraniana, particularmente nos pacientes com processos expansivos e hidrocefalia. Nos pacientes com HII é necessário o tratamento clínico no sentido de reduzir a hipertensão intracraniana com acetazolamida e redução de peso (no caso de pacientes obesos). Quando existe perda visual a despeito do tratamento clínico, pode ser feito o tratamento cirúrgico com a fenestração da bainha do nervo óptico ou a derivação lomboperitoneal[22].

CONCLUSÕES

As afecções neuroftalmológicas aqui representadas pelas principais afecções do nervo óptico na infância representam condições importantes que frequentemente têm implicações neurológicas e sistêmicas. Devem, portanto, ser do conhecimento do pediatra, o qual poderá suspeitar da afecção e orientar a investigação diagnóstica visando facilitar o diagnóstico e minimizar complicações.

REFERÊNCIAS BIBLIOGRÁFICAS

1. Lambert SR, Hoyt CS, Narahara MH. Optic nerve hypoplasia. Surv Ophthalmol. 1987;32(1):1-9.
2. Hoyt WF, Kaplan SL, Grumbach MM, Glaser JS. Septo-optic dysplasia and pituitary dwarfism. Lancet. 1970;1(7679):893-4.
3. Brodsky MC. Congenital optic disk anomalies. Surv Ophthalmol. 1994;39(2):89-112.
4. Kodama T, Hayasaka S, Setogawa T. Myelinated retinal nerve fibers: prevalence, location and effect on visual acuity. Ophthalmologica. 1990;200(7):77-83.
5. Newman NJ. Hereditary optic neuropathies: from the mitochondria to the optic nerve. Am J Ophthalmol. 2005;140(3):517-23.
6. Cohn AC, Toomes C, Potter C, Towns KV, Hewitt AW, Inglehearn CF, et al. Autosomal dominant optic atrophy: penetrance and expressivity in patients with OPA1 mutations. Am J Ophthalmol. 2007;143(4):656-62.
7. Johnston RL, Seller MJ, Behnam JT, Burdon MA, Spalton DJ. Dominant optic atrophy. Refining the clinical diagnostic criteria in light of genetic linkage studies. Ophthalmology. 1999;106(1):123-8.
8. Nikoskelainen EK, Huoponen K, Juvonen V, Lamminen T, Nummelin K, Savontaus ML. Ophthalmologic findings in Leber hereditary optic neuropathy, with special reference to mtDNA mutations. Ophthalmology. 1996;103(3):504-14.
9. Dantas AM, Monteiro ML. Neurite óptica. In: Dantas AM, Monteiro ML (eds.). Neuro-oftalmologia. Rio de Janeiro: Cultura Médica; 2010. p.237-88.
10. The clinical profile of optic neuritis. Experience of the optic neuritis treatment trial. Optic Neuritis Study Group. Arch Ophthalmol. 1991;109(12):1673-8.
11. Guy J, Mao J, Bidgood WD Jr., Mancuso A, Quisling RG. Enhancement and demyelination of the intraorbital optic nerve. Fat suppression magnetic resonance imaging. Ophthalmology. 1992;99(5):713-9.
12. Beck RW. The optic neuritis treatment trial. Arch Ophthalmol. 1988;106(8):1051-3.
13. Maitland CG, Miller NR. Neuroretinitis. Arch Ophthalmol. 1984;102(8):1146-50.
14. Dreyer RF, Hopen G, Gass JD, Smith JL. Leber's idiopathic stellate neuroretinitis. Arch Ophthalmol. 1984;102(8):1140-5.
15. Wingerchuk DM, Hogancamp WF, O'Brien PC, Weinshenker BG. The clinical course of neuromyelitis optica (Devic's syndrome). Neurology. 1999;53(5):1107-14.
16. Wingerchuk DM, Lennon VA, Pittock SJ, Lucchinetti CF, Weinshenker BG. Revised diagnostic criteria for neuromyelitis optica. Neurology. 2006;66(10):1485-9.
17. Lennon VA, Wingerchuk DM, Kryzer TJ, Pittock SJ, Lucchinetti CF, Fujihara K, et al. A serum autoantibody marker of neuromyelitis optica: distinction from multiple sclerosis. Lancet. 2004;364(9451):2106-12.
18. Brodsky M. Congenital optic disc anomalies. In: Taylor D, Hoyt C (eds.). Pediatric ophthalmology and strabismus. 3rd ed. Baltimore: Elsevier-Saunders; 2005. p.637-8.
19. Kurz-Levin MM, Landau K. A comparison of imaging techniques for diagnosing drusen of the optic nerve head. Arch Ophthalmol. 1999;117(8):1045-9.
20. Lee KM, Woo SJ, Hwang JM. Differentiation of optic nerve head drusen and optic disc edema with spectral-domain optical coherence tomography. Ophthalmology. 2011;118(5):971-7.
21. Monteiro ML, Hoyt WF, Imes RK, Narahara M. Unilateral papilledema in pseudotumor cerebri. Arq Neuropsiquiatr. 1985;43(2):154-9.
22. Monteiro MLR. Síndrome do pseudotumor cerebral. In: Rodrigues-Alves CA (ed.). Neuroftalmologia. São Paulo: Roca; 2000. p.91-106.
23. Monteiro MLR. Perda visual na síndrome do pseudotumor cerebral. Arq Bras Oftalmol. 1994;57(2):122-5.

Seção VI

Doenças do segmento anterior
Coordenadora: Ana Beatriz S. Ungaro Crestana

Afecções da conjuntiva 14

Milton Ruiz Alves
Ruth Miyuki Santo
Francisco Penteado Crestana
Fabiana Tambasco Blasbalg

Após ler este capítulo, você estará apto a:
1. Distinguir as lesões conjuntivais de maior gravidade.
2. Diagnosticar e conduzir um caso de conjuntivite neonatal.
3. Descrever como evoluem as diferentes conjuntivites alérgicas e os tratamentos existentes.
4. Reconhecer as conjuntivites que se apresentam como manifestação local de uma doença que envolve o organismo de modo mais amplo.

INTRODUÇÃO

A conjuntiva é a membrana mucosa que reveste o globo ocular ao redor da córnea e forma a dobra do "fundo de saco" nos fórnices superior e inferior e a porção interna das pálbebras. É formada por epitélio, repleto de células caliciformes, e estroma, com tecido linfoide, vasos e nervos. As células de defesa se encontram mais concentradas na região conjuntival inferior[1].

Por ter importante papel na defesa da superfície ocular, as reações inflamatórias e alérgicas nessa região são muito comuns, além de bastante similares, levando à confusão diagnóstica. As lesões benignas ou neoplásicas que acometem essa região são, muitas vezes, negligenciadas pelo pouco conhecimento dos médicos generalistas sobre esse tecido.

Em um breve resumo, serão apontadas as alterações mais comuns da conjuntiva da criança, suas consequências e tratamentos, a fim de alertar o pediatra sobre algumas situações de maior gravidade e orientá-lo em condutas corriqueiras.

LESÕES CONJUNTIVAIS EM CRIANÇAS

Neoplasias verdadeiras ou lesões simulando tumores podem se desenvolver a partir dos vários elementos que compõem a conjuntiva e o tecido subconjuntival. Assim, dos melanócitos podem se desenvolver o nevo, a melanose primária adquirida e o melanoma; dos vasos sanguíneos, as telangectasias e os hemangiomas; e do epitélio, os cistos epiteliais, o papiloma escamoso e o carcinoma. Também, a partir de elementos normalmente não encontrados na região acometida, conhecidos por coristomas, podem se desenvolver lesões como o dermoide límbico e dermolipoma[1].

Para Shields e Shields[2], as lesões conjuntivais mais comuns nas crianças são o nevo (64%), o dermolipoma (5%), o linfangioma (3%) e o hemangioma capilar (3%). Para os autores, as lesões conjuntivais malignas mais comuns nas crianças são o linfoma e o melanoma.

Lesões Pigmentadas

As lesões conjuntivais derivadas dos melanócitos mais importantes são o nevo, a melanose racial, a melanose primária adquirida e o melanoma maligno. A melanocitose ocular é uma condição congênita, na qual os melanócitos falham na sua migração para o epitélio e ficam sequestrados nos tecidos moles da órbita, meninges do nervo óptico, derme palpebral (nevo de Ota), úvea, esclera e episclera (Figuras 14.1 e 14.2). As crianças que apresentam melanocitose ocular devem ser acompa-

Figura 14.1 Melanocitose ocular congênita.

Afecções da conjuntiva 127

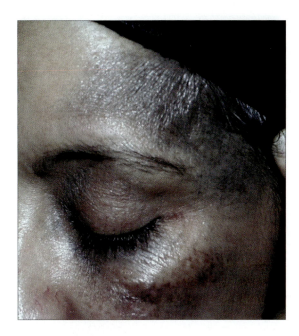

Figura 14.2 Nevo de Ota.

nhadas com frequência de duas vezes por ano em virtude do risco de desenvolverem melanoma meníngeo, orbitário ou uveal[2].

O nevo é a mais comum das lesões pigmentadas da conjuntiva (Figura 14.3). Em 65% dos casos são observados cistos intraepiteliais transparentes. A maioria dos nevos é altamente pigmentada (65%). No entanto, 19% das lesões são levemente pigmentadas, e 16% não apresentam qualquer pigmento[3]. Os nevos localizam-se mais comumente na conjuntiva bulbar interpalpebral, próximos do limbo, permanecendo estacionários durante a vida. O risco de se transformarem em melanoma é inferior a 1%[4]. Inicialmente, as células névicas formam ninhos na interface entre o epitélio e a região subepitelial (nevo juncional). O nevo puramente juncional é encontrado apenas em crianças e representa um estágio temporário. A seguir, as células névicas proliferam para dentro da substância própria da conjuntiva, formando o nevo composto (juncional e subepitelial), o tipo mais comum, que, geralmente, contém cistos de inclusão epitelial[2] (Figura 14.4). Alguns nevos conjuntivais podem se apresentar sem pigmento (nevo amelanótico)[2]. Lesões conjuntivais pigmentadas em crianças são quase que exclusivamente nevos; a conduta nesses casos inclui a documentação fotográfica do nevo e acompanhamento periódico[1].

A melanose racial é uma pigmentação conjuntival benigna, observada em crianças melanodérmicas, resultante da presença de melanócitos benignos localizados na camada basal do epitélio da conjuntiva e do limbo corneoconjuntival[2] (Figura 14.5).

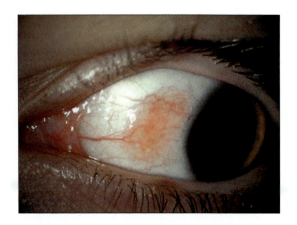

Figura 14.3 Nevo conjuntival.

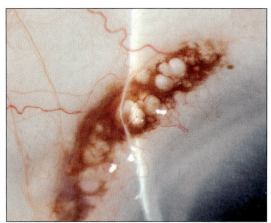

Figura 14.4 Nevo conjuntival com cistos intraepiteliais transparentes.

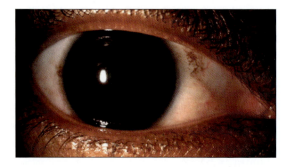

Figura 14.5 Melanose racial.

A melanose primária adquirida (MPA) é uma lesão unilateral pigmentada, plana, difusa e não cística da conjuntiva, raramente observada nas crianças, sendo considerada importante porque pode evoluir para melanoma conjuntival (Figura 14.6). Histopatologicamente, é classificada como manifestando ou não atipia. Enquanto a MPA sem atipia não oferece risco, a MPA com atipia manifesta risco entre 13 e 46% de evoluir para melanoma maligno[5]. Se a MPA ocupar na conjuntiva mais de três horas de relógio ao redor da córnea, deve ser realizada biópsia incisional nos quatro quadrantes da conjuntiva. Se houver lesões nodulares ou lesões com vascularização alterada, deve-se realizar biópsia excisional com margem de segurança e crioterapia das bordas. O uso de mitomicina tópica, nesses casos, pode ser benéfico[6,7].

O melanoma da conjuntiva se desenvolve mais comumente de MPA do que de nevo preexistente ou de novo[2]. Trata-se de lesão variável, pigmentada ou não, podendo se manifestar no limbo, nos fórnices ou na conjuntiva palpebral (Figura 14.7). Segundo Shields e Shields[2], apenas 1% de todos os melanomas conjuntivais ocorre em crianças.

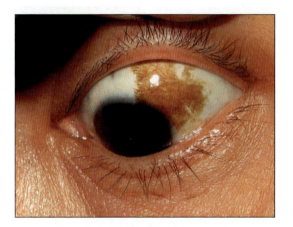

Figura 14.6 Melanose primária adquirida.

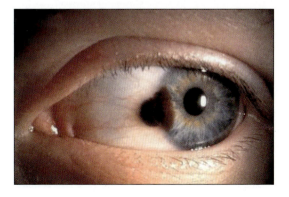

Figura 14.7 Melanoma de conjuntiva.

Lesões Vasculares

As lesões vasculares da conjuntiva mais comumente observadas em crianças incluem o hemangioma capilar, o linfangioma e o granuloma piogênico[2].

O hemangioma capilar da conjuntiva (Figura 14.8), comumente presente na infância, muitas semanas após o nascimento, manifesta-se como uma massa vermelha que pode aumentar durante vários meses e, então, desaparecer espontaneamente[2]. Telangiectasias dos vasos conjuntivais podem surgir em resposta à irritação ocular e à inflamação prolongada ou podem se manifestar como parte de desordens, como a doença de Rendu-Osler-Weber (telangectasia hemorrágica hereditária) ou a síndrome de Louis-Barr (ataxia-telangiectasia).

O linfangioma se apresenta como lesão conjuntival isolada ou como componente superficial de linfangioma orbitário profundo (Figura 14.9). Torna-se aparente na primeira década de vida, quando se manifesta como massa multilobulada contendo canais císticos claros, dilatados e de tamanhos variáveis. Presença de

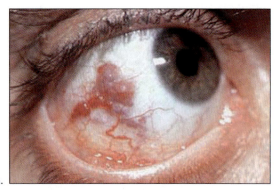

Figura 14.8 Hemangioma capilar da conjuntiva.

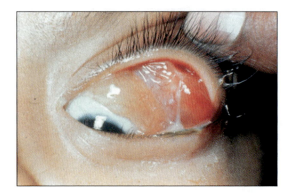

Figura 14.9 Linfangioma de conjuntiva.

sangue pode estar visível em muitos desses espaços císticos, que são denominados cistos chocolate. A ressecção cirúrgica ou a radioterapia podem não erradicar completamente a massa tumoral[2].

O granuloma piogênico corresponde à resposta fibrovascular proliferativa decorrente de inflamação resultante de trauma cirúrgico ou não. Manifesta-se como massa elevada com proeminente suprimento vascular, correspondendo a tecido de granulação com inflamação crônica (Figura 14.10). Quando não responde à corticoterapia tópica, pode ser indicada a ressecção[8].

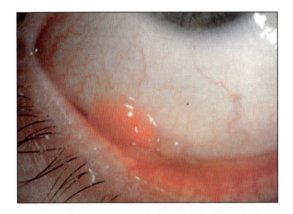

Figura 14.10 Granuloma piogênico.

Lesões Tumorais

Em uma série clínica composta por 262 crianças portadoras de lesões tumorais conjuntivais referidas a um serviço oncológico, Shields et al.[9] encontraram lesões de origem melanocítica (67%), coristomatosa (10%), vascular (9%) e epitelial benigna (2%). Os autores notaram que 10% dos casos correspondiam a lesões conjuntivais não neoplásicas que simulavam tumores (cisto de inclusão epitelial, infecção e/ou inflamação não específica decorrente de episclerite, esclerite ou de corpo estranho conjuntival).

Os tumores conjuntivais de origem coristomatosa incluem uma variedade de lesões que podem estar presentes ao nascimento ou tornarem-se aparente logo após o nascimento. A maioria das lesões é formada por coristomas (tecidos que habitualmente não estão presentes na região envolvida); enquanto um coristoma simples compreende um elemento tecidual, o coristoma complexo constitui uma variante contendo outros elementos, como cartilagem, lâmina óssea, músculo liso, tecido adiposo e glândula lacrimal[1]. Os dermoides límbicos aparecem como lesões elevadas, branco-amareladas, em geral na região inferotemporal do limbo, que comumente apresenta pelos esbranquiçados (Figura 14.11). Podem ocorrer como lesão solitária ou associada à síndrome de Goldenhar, manifestando apêndices auriculares, perda de audição, coloboma palpebral, dermolipoma orbitoconjuntival e anomalias vertebrais. Histologicamente, são lesões recobertas por epitélio estratificado, às vezes ceratinizado. O estroma é composto por tecido colágeno denso contendo folículos pilosos, glândulas sudoríparas e sebáceas[1]. Os dermoides podem provocar perda visual por astigmatismo irregular, nesses casos podem ser ressecados, sendo necessário, em algumas situações, reconstruir a área tratada com transplante lamelar de córnea. Os dermolipomas são tumores congênitos que comumente permanecem assintomáticos por anos. Localizam-se, geralmente, na porção temporal da conjuntiva, próxima ao canto externo, manifestando-se como uma tumoração amarela, de consistência mole e flutuante, com pelos brancos na superfície (Figura 14.12). A maioria dessas lesões não requer tratamento. O coristoma ósseo epibulbar se localiza na conjuntiva bulbar superotemporal e apresenta depósito de osso. Sua excisão pode ser determinada pela sensação permanente de corpo estranho. O coristoma de glândula lacrimal é uma lesão congênita que se manifesta na criança como uma massa cor-de-rosa, localizada tipicamente na porção temporal ou superotemporal da conjuntiva. O coristoma complexo associa-se com o nevo sebáceo

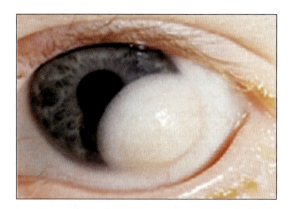

Figura 14.11 Dermoide límbico.

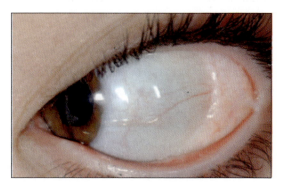

Figura 14.12 Dermolipoma da conjuntiva.

de Jadassohn[10], que está presente na região facial (Figura 14.13), e a criança pode manifestar epilepsia, retardo mental, cisto aracnoide e atrofia cerebral.

Entre os tumores epiteliais da conjuntiva, destacam-se os papilomas, que são lesões benignas que se manifestam como tumores fibrovasculares pedunculados ou sésseis, cor-de-rosa, com finos canais ramificados. Nas crianças, essas lesões costumam ser pequenas, múltiplas e localizadas no fórnice inferior (Figura 14.14). Essas lesões têm sido associadas com infecção da conjuntiva pelo papiloma vírus humano (subtipos 6, 11, 16 e 18)[11]. Especula-se que o vírus é adquirido por meio da transferência da vagina da mãe para a conjuntiva do recém-nascido (RN) quando este passa pelo canal do parto. Muitas lesões são resolvidas sem tratamento; a crioterapia tópica pode ser benéfica em papilomas pequenos; e a excisão de lesões grandes é comumente acompanhada de recidiva. O uso tópico de interferon (IFN) ou mitomicina C e o emprego oral de cimetidina têm sido indicados em casos resistentes ou com múltiplos papilomas conjuntivais recorrentes[12-14].

As neoplasias intraepiteliais cursam com displasia conjuntival decorrente de perturbação do arranjo epitelial e aparecimento de atipia celular. Essas lesões não costumam ser observadas em crianças. Podem, no entanto, ocorrer no xeroderma pigmentoso, uma doença autossômica recessiva em que há um defeito genético no

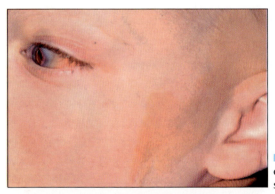

Figura 14.13 Coristoma complexo no limbo e conjuntiva temporal de criança com nevo sebáceo de Jadassohn.

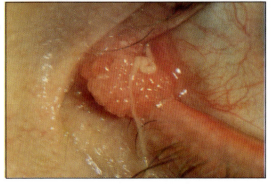

Figura 14.14 Papiloma no fórnice inferior e carúncula.

processo de reparo do DNA. Esses pacientes podem desenvolver lesões da conjuntiva, que variam desde a neoplasia intraepitelial até o carcinoma invasivo (Figura 14.15).

A conjuntiva mantém uma quantidade moderada de tecido linfoide, a partir do qual pode se originar uma lesão benigna ou maligna. Os processos linfoproliferativos da conjuntiva são mais comuns em pessoas na sexta ou sétima décadas de vida, embora linfomas possam ocorrer em crianças[15]. Comumente unilaterais, apresentam-se como uma massa subconjuntival, móvel sobre o bulbo ocular, com coloração róseo-salmão típica (*salmon patch*) (Figura 14.16).

As lesões conjuntivais xantomatosas incluem o xantogranuloma juvenil, encontrado em crianças, e o xantoma e o retículo-histiocitoma, que ocorrem tipicamente em adultos[2]. O xantogranuloma juvenil é uma condição indolor que apresenta pápulas cutâneas róseas com resolução espontânea em crianças com menos de 2 anos de idade. Pode ocorrer envolvimento conjuntival, orbitário e intraocular. Na conjuntiva, manifesta-se como uma massa róseo-amarelada (Figura 14.17). O diagnóstico é confirmado pelo exame histopatológico do material obtido por biópsia, reconhecendo traços histopatológicos típicos dos histiócitos e das células gigantes de Touton[2].

Os cistos epiteliais são o resultado de inclusão do epitélio conjuntival para dentro da substância própria, geralmente em consequência de trauma ou de cirurgia (Figura 14.18).

Figura 14.15 Xeroderma pigmentoso.

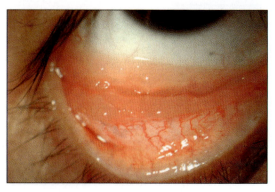

Figura 14.16 Linfoma conjuntival.

Figura 14.17 Xantogranuloma juvenil com envolvimento conjuntival.

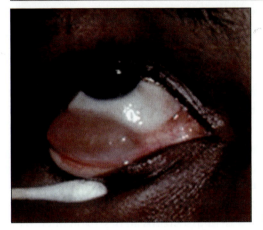

Figura 14.18 Cisto de inclusão epitelial.

CONJUNTIVITES PEDIÁTRICAS

Conjuntivite é a inflamação da conjuntiva, caracterizada por congestão vascular, infiltrado celular e exsudação. É uma doença ocular muito comum que pode ocorrer em qualquer grupo etário, sem predileção por sexo. Considerando-se os agentes causais, pode ser de etiologia infecciosa (bacteriana, viral, micótica, por clamídia), alérgica, tóxica ou irritativa, relacionada a alterações palpebrais (como lagoftalmo) ou associada a doenças sistêmicas. Considerando-se o tempo de início dos sintomas, pode ser hiperaguda (menos de doze horas), aguda (menos de três semanas), crônica (mais de três semanas) ou ainda neonatal (do nascimento até 28 dias de vida). Os principais sinais e sintomas incluem: secreção, que pode ser aquosa (lacrimejamento), mucoide, mucopurulenta ou purulenta; hiperemia conjuntival (olho vermelho) (Figura 14.19); prurido; queimação ou ardor; sensação de corpo estranho; edema da conjuntiva (quemose); edema palpebral; e pseudoptose. Outros sinais incluem: linfadenopatia satélite (síndrome oculoglandular de Parinaud, conjuntivites virais) e hemorragias conjuntivais.

Figura 14.19 Hiperemia conjuntival difusa na conjuntivite.

Conjuntivites Virais

A maioria das conjuntivites virais é causada pelo adenovírus e algumas pelos picornavírus. Os adenovírus receberam esse nome por terem sido isolados das adenoides.

Ocorre infecção das mucosas, particularmente dos tratos respiratório e gastrointestinal, e como a contaminação fecal pode se prolongar por até 14 dias do início dos sintomas, piscinas e balneários se tornam fontes importantes de disseminação dos vírus[16]. Ademais, os adenovírus podem resistir por até 10 dias em algumas superfícies, como metal e plástico[17]. Outros vírus associados ao desenvolvimento de conjuntivite nas crianças são o herpes-vírus e o vírus do molusco contagioso.

Quadro clínico
Febre faringoconjuntival

Caracterizada pela tríade febre, faringite e conjuntivite é uma doença altamente contagiosa. É causada por adenovírus dos tipos 3, 4 e 7. Muitas vezes se acompanha ainda de queda do estado geral, linfadenopatia pré-auricular, otite e infecção das vias aéreas superiores. A faringite é mais um desconforto que dor, a febre pode ser alta e a conjuntivite é bem sintomática, às vezes com hemorragia subconjuntival, reação folicular (Figura 14.20) e secreção aquosa (lacrimejamento). Acomete todas as faixas etárias, mas é mais frequente em crianças com até 10 anos, quando aparece em surtos. Tem duração autolimitada de 7 a 14 dias[16].

Ceratoconjuntivite epidêmica

Tambem é causada por uma variedade de cepas de adenovírus mais frequentemente os tipos 8 e 19. Ocorre principalmente em adultos jovens, acompanhado de linfadenopatia préauricular e ceratite. Em crianças o quadro pode vir acompanhado de manifestações sistêmicas como febre e dor de garganta. O período de incubação varia de 3 a 12 dias, mesmo sem sintomas o paciente pode transmitir a doença. A reação conjuntival é folicular e a característica dessa conjuntivite e a formação de membranas ou pseudomembranas na conjuntiva bulbar e o acometimento da córnea a partir do terceiro dia, representado pelo aparecimento da ceratite superficial. Ao redor de uma semana, o quadro pode evoluir para uma ceratite mais profunda, sendo uma manifestação ativa da infecção viral. Pacientes com ceratite queixam-se muito de fotofobia. Por volta da segunda semana, nas áreas da córnea em que houve a infecção viral ativa aparecem os infiltrados subepiteliais, que representam infiltrados linfocitários em resposta imunológica aos antígenos virais possivelmente retidos no plexo nervoso subepitelial (Figura 14.21). Os pacientes podem ter além da fotofobia redução da acuidade visual. Os infiltrados podem perdurar por semanas, meses ou anos. A reação conjuntival é folicular, podendo cursar com formação de

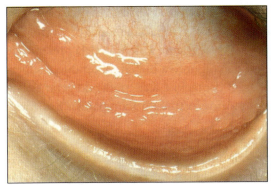

Figura 14.20 Reação conjuntival do tipo folicular.

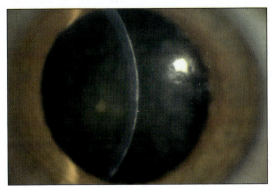

Figura 14.21 Infiltrados corneanos subepiteliais na ceratoconjuntivite viral epidêmica.

membrana ou pseudomembrana (ceratoconjuntivite pseudomembranosa epidêmica) (Figura 14.22). Pode haver linfadenopatia pré-auricular.

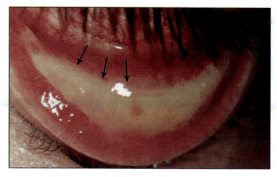

Figura 14.22 Pseudomembrana (setas) sobre a conjuntiva tarsal inferior na ceratoconjuntivite viral epidêmica.

Conjuntivite hemorrágica epidêmica

Os picornavírus, RNA vírus, são responsáveis pelos surtos de conjuntivite hemorrágica epidêmica. Geralmente essa doença é causada pelo enterovírus 70, mas, ocasionalmente, pode ter como agente causador o coxsackievírus A24[18]. É caracterizada por uma conjuntivite folicular aguda, com hipertrofia ganglionar pré-auricular, de curso autolimitado (cerca de 10 dias), mas que chama a atenção pela presença de hemorragia subconjuntival, mais intensa na conjuntiva bulbar. A ceratite é superficial e transitória, não deixando sequelas. O contágio é fácil, podendo gerar surtos epidêmicos. Distúrbios intestinais e respiratórios costumam acompanhar a doença.

Conjuntivite ou ceratoconjuntivite pelo herpes simples

Forma mais rara de conjuntivite viral, unilateral, acompanha a infecção primária pelo herpes simples. Até os seis meses de idade a criança tem proteção dos anticorpos maternos contra o herpes simples. Após esse período, a infecção é geralmente inaparente e o vírus pode ficar latente no gânglio trigeminal. Quando há manifestação da infecção primária em crianças, é comum a conjuntivite aguda unilateral com edema palpebral, hiperemia conjuntival e, eventualmente, ceratite com formação de dendritos. O sinal característico é o encontro de vesícula herpéticas agrupadas na pálpebra e perioculares que evoluem para úlceras e crostas. Linfadenopatia pré-auricular dolorosa está quase sempre presente e, eventualmente, febre e manifestações do trato respiratório[19].

Conjuntivite pelo vírus do molusco contagioso

As partículas virais do molusco contagioso, DNA vírus da família *Poxividae*, podem desencadear uma forma de conjuntivite folicular crônica unilateral. Clinicamente, observa-se a presença da lesão típica, verrucosa, umbilicada, indolor, em geral na borda palpebral (Figura 14.23).

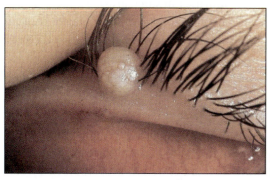

Figura 14.23 Lesão verrucosa na margem palpebral produzida pelo molusco contagioso.

Diagnóstico

O diagnóstico de conjuntivite é eminentemente clínico. Do ponto de vista laboratorial, pode-se realizar os seguintes procedimentos:

1. Detecção do vírus infectante por reação em cadeia da polimerase (PCR) e sorologias.
2. Tipagem dos adenovírus pode ser realizada pela inibição da hemaglutinação e/ou neutralização com antissoro do tipo específico[19].

Nos casos de molusco contagioso, a ressecção da lesão revela a presença das células epiteliais infectadas pelas partículas virais (Figura 14.24).

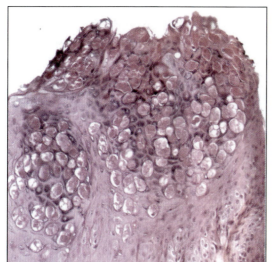

Figura 14.24 Exame anatomopatológico da lesão produzida pelo molusco contagioso: células epiteliais infectadas pelas partículas virais.

Tratamento

Nas infecções por adenovírus ou picornavírus, não há tratamento específico. Estão indicadas medidas de apoio e uso de lubrificantes oculares. Compressas podem ser aplicadas por meio de gaze ou chumaço de algodão umedecido em solução fisiológica, água filtrada ou mineral geladas. Não é recomendado o uso de água boricada (pode ser irritante e alergênica). Também não é recomendado o uso indiscriminado de colírios antibióticos, pois, além de não ter efeito sobre a infecção viral, podem favorecer a seleção bacteriana.

Nos casos de formação de membrana, além da remoção, e nas ceratites com comprometimento visual importante, o uso de corticosteroide tópico é indicado, porém com muita parcimônia, sempre orientado pelo oftalmologista.

É importante lembrar que as conjuntivites adenovirais, sobretudo as ceratoconjuntivites epidêmicas, são altamente transmissíveis, devendo tomar-se todo o cuidado para evitar a disseminação. Os pais devem ser orientados a respeito das medidas preventivas de disseminação, como lavar as mãos antes e após a manipulação dos olhos, separar objetos de uso pessoal da criança, usar toalhas individuais, lenços de papel e evitar contato físico com outras pessoas.

No caso da conjuntivite associada ao herpes-vírus, o tratamento inclui o uso de medicação antiviral tópica (pomada oftálmica de Aciclovir 3%, 3 vezes ao dia). O uso de corticosteroide é contraindicado[19].

Nos casos de molusco contagioso, indica-se a ressecção cirúrgica da lesão ou crioterapia[19].

Conjuntivites Bacterianas

Na população adulta, a maioria dos casos de conjuntivite são por vírus, entretanto, na população pediátrica, as conjuntivites bacterianas são as mais frequentes[19]. As bactérias mais comumente envolvidas são: *Streptococcus pneumoniae*, *Haemophilus influenzae* e *Moraxella catarrhalis*[20]. Merece destaque a conjuntivite causada pela *Neisseria*, tanto a *gonorrheae* quanto a *meningitidis*, particularmente no neonato (ver conjuntivites neonatais); de evolução rápida (hiperaguda) e muito agressiva, podendo, se não tratada a tempo, levar à destruição da córnea[21].

Quadro clínico

O quadro é de conjuntivite aguda, caracterizada por hiperemia conjuntival, secreção purulenta ou mucopurulenta, leve a moderada, visão turva que melhora ao piscar, ardor, sensação de corpo estranho e reação conjuntival papilar ao exame à lâmpada de fenda. As conjuntivites por *Haemophilus influenzae* costumam ser mais

Afecções da conjuntiva **141**

graves que as causadas pelos pneumococos e podem estar associadas a otite média[22] e, eventualmente, celulite palpebral.

Diagnóstico

Na prática, a maioria dos casos não requer exames laboratoriais para o diagnóstico. Porém, os esfregaços e culturas são de extrema importância nas conjuntivites neonatais.

Tratamento

Embora os quadros sejam autolimitados, o tratamento inclui o uso de colírio antibiótico para abreviar a evolução (atualmente, o grupo mais usado é o das quinolonas, em razão do amplo espectro de cobertura e menor chance de resistência bacteriana), além das medidas de apoio, como limpeza da secreção e compressas geladas com solução salina 0,9%, água filtrada ou mineral. Os colírios com corticosteroide devem ser evitados. Nas conjuntivites associadas a otite média e celulite palpebral, há a necessidade de tratamento sistêmico com antibióticos de amplo espectro.

Alergia Ocular

As alergias oculares são frequentes na rotina dos pediatras e oftalmologistas. Sintomas oculares estão presentes em cerca de 40 a 80% dos pacientes com alergia[23]. O mais proeminente é o prurido ocular. Pode-se classificar a alergia ocular em quatro formas: conjuntivites alérgicas (sazonal e perene), ceratoconjuntivite primaveril ou vernal (CCV), ceratoconjuntivite atópica (CCA) e conjuntivite de contato. Mecanismos de hipersensibilidade tipo I (todos os tipos de alergia) e tipo IV (CCV, CCA, de contato) estão envolvidos na fisiopatogênese. Inicialmente, existe a exposição e a sensibilização ao alérgeno, com estímulo da produção de IgE. A IgE produzida adere aos mastócitos, e, quando ocorre nova exposição ao alérgeno, este se liga à IgE, com consequente ativação e degranulação dos mastócitos. Há liberação de mediadores pré-formados, principalmente a histamina, que junto com triptases e quinases são responsáveis pela resposta inflamatória imediata, causando prurido, hiperemia (vasodilatação), secreção mucosa e outros sintomas da fase aguda. Existe a ativação da via da ciclo-oxigenase, com produção de prostaglandinas, citocinas e outros mediadores inflamatórios que são responsáveis pelo recrutamento de células e, consequentemente, pela resposta inflamatória tardia, que ocorre algumas horas após exposição ao antígeno. Nos casos de CCV e CCA, que são as formas mais graves de alergia ocular, ocorre uma resposta inflamatória crônica com recrutamento de células T. Nessas formas graves, os eosinófilos também têm importante participação na resposta inflamatória, com liberação de proteínas catiônicas, potencialmente lesivas ao epitélio da córnea[23].

Os ácaros favorecem o aparecimento das alergias em razão da ação de suas fezes, que contêm enzimas proteolíticas e destroem os processos juncionais das células epiteliais, com quebra da barreira conjuntival, facilitando a passagem dos alérgenos[23]. Da mesma maneira, os agentes poluentes atmosféricos parecem facilitar os fenômenos alérgicos por promoverem o estresse oxidativo das células epiteliais da superfície ocular.

Quadro clínico

As conjuntivites alérgicas são as formas mais frequentes de alergia ocular. Estão associadas a sintomas nasais e são referidas, muitas vezes, como rinoconjuntivites. São frequentes nas crianças com asma. Podem ocorrer de forma sazonal, em períodos predeterminados, quando há maior presença de alérgenos, em regiões de clima temperado onde há estações bem marcadas. Mas, no Brasil, a forma perene, ou seja, constante, é mais comum. O principal sintoma é o prurido ocular, acompanhado de secreção mucoide, hiperemia conjuntival e edema palpebral. Apesar dos quadros, em geral, serem de leves a moderados, a sintomatologia pode ser intensa, causando um impacto significativo na qualidade de vida do paciente. Na maior parte dos casos, não existe progressão do quadro com complicações que possam causar comprometimento da visão. Por outro lado, na CCV e na CCA, como o nome já sugere, há envolvimento da córnea, que pode ser desde uma ceratite superficial até o desenvolvimento de úlceras em escudo, com comprometimento da visão. A CCV é uma forma menos frequente de alergia ocular que afeta crianças, rara antes dos 3 anos de idade e após a adolescência. Tem predileção pelo sexo masculino (2:1). Clinicamente, observam-se papilas gigantes na conjuntiva tarsal superior (forma palpebral) (Figura 14.25) e, algumas vezes, nódulos no limbo (nódulos de Trantas

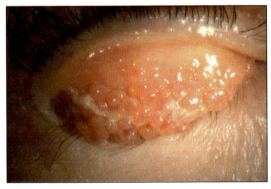

Figura 14.25 Ceratoconjuntivite primaveril: papilas gigantes na conjuntiva tarsal superior.

Afecções da conjuntiva   143

– forma limbar). Nas formas mais graves, há comprometimento da córnea. Existe uma associação com desenvolvimento de ectasia da córnea (ceratocone)[23].

A CCA é a manifestação ocular associada à dermatite atópica e outras atopias. Cerca de 15 a 40% dos pacientes com dermatite atópica têm manifestação ocular, mais frequente nos adultos jovens, rara nas crianças com menos de 10 anos[23].

Diagnóstico

O diagnóstico é clínico e pelo exame oftalmológico, mas testes complementares podem ser utilizados para reforçar o diagnóstico, e as possíveis alterações são a presença de eosinófilos no raspado conjuntival e a elevação dos níveis de IgE lacrimal e sérica.

Tratamento

O controle ambiental é essencial: diminuição da exposição ao alérgeno, minimização do contato com animais, controle da exposição a poeira e ácaros. Abordagem multidisciplinar é recomendável. Compressas geladas aliviam o prurido e a hiperemia. A instilação de lágrimas artificiais, preferencialmente sem conservantes, ajuda na eliminação dos alérgenos da superfície ocular. O uso de medicamentos com ação combinada anti-histamínica e estabilizadora da membrana de mastócitos, de rápido início de ação e efeito prolongado, como a olopatadina (Patanol®, Patanol S®), a epinastina (Relestat®) e, mais recentemente, a alcaftadina (Lastacaft®), que também tem ação sobre os receptores H4 e eosinófilos, controla os sintomas na fase aguda e ajuda na prevenção de novas crises. Nos casos graves de CCP e CCA, o uso de corticosteroide tópico é necessário para controlar a inflamação ocular e evitar complicações. Seu uso deve ser monitorado por oftalmologista e descontinuado assim que possível, em virtude das complicações associadas ao uso crônico, como infecções secundárias, catarata e glaucoma. O emprego de ciclosporina A (1 a 2%) e tacrolimo (0,03%) tópicos tem sido descrito como tratamento alternativo à corticoterapia[23].

Outras opções terapêuticas nos pacientes com formas intensas de conjuntivite e rinoconjuntivite alérgicas incluem a imunoterapia alérgeno-específica (vacinas) e o uso de anticorpo anti-IgE (omalizumabe)[24].

Diagnóstico Diferencial das Conjuntivites

As conjuntivites constituem um grupo de afecções oculares muito comuns na faixa pediátrica. Os pacientes com conjuntivite têm mais desconforto e ardor do que propriamente dor. A dor não é um sintoma frequente; nesses casos é preciso pensar em outras causas de olho vermelho que não a conjuntivite. A anamnese da criança com conjuntivite inclui: a) tempo de início dos sinais e sintomas; b) presença de manifestações sistêmicas [infecção de vias aéreas superiores, alergia, uretrite, artrite (a associação de conjuntivite, uretrite e artrite sugere o diagnóstico de síndrome de Reiter)], doenças reumatológicas, doenças dermatológicas; c) uso de lente de contato; d) uso de medicação tópica ocular (colírios e pomadas). Ao exame, deve-se verificar: a) tipo de secreção; b) tipo de reação conjuntival (melhor avaliada com exame à lâmpada de fenda); c) pálpebras, margens palpebrais e cílios; d) blefarite; e) presença de vesículas; f) dermatite atópica. Geralmente, o processo, quando restrito à conjuntiva, costuma ser autolimitado, e a resolução não implica sequelas. Entretanto, em alguns casos de conjuntivite, pode haver comprometimento da córnea com perda permanente da visão, como na conjuntivite gonocócica, ou pode levar à morbidade ocular prolongada, como nos casos de ceratoconjuntivite adenoviral e nas ceratoconjuntivites atópica e primaveril.

A investigação laboratorial não é necessária na maioria das vezes, exceto se o processo for crônico ou recidivante, ou se for fulminante. A Figura 14.26 apresenta o fluxograma nos casos de conjuntivite, e as principais causas e características clínicas das conjuntivites encontram-se na Quadro 14.1.

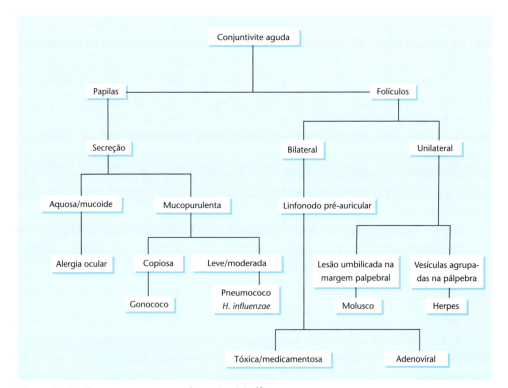

Figura 14.26 Fluxograma nos casos de conjuntivite[19].

Afecções da conjuntiva   145

Quadro 14.1 – Diagnóstico diferencial das conjuntivites[19]

Achados clínicos e citologia	Bacteriana	Viral	Clamídia	Alérgica
Prurido	Mínimo	Mínimo a moderado	Mínimo	Intenso
Hiperemia	Moderada	Intensa	Moderada	Moderada
Secreção	Mucopurulenta ou purulenta	Aquosa	Mucopurulenta	Mucoide ou mucopurulenta
Reação conjuntival	Papilar	Folicular	Folicular e papilar	Papilar
Dor de garganta e febre	Ocasional	Ocasional	Ausente	Ausente
Citologia	Bactérias PMN	Linfócitos, efeitos citopáticos	Corpúsculos de inclusão citoplasmáticos	Eosinófilos

CONJUNTIVITES NEONATAIS

Segundo a Organização Mundial da Saúde (OMS), conjuntivite neonatal (CN) é o quadro de conjuntivite que se instala nas primeiras quatro semanas de vida[25]. Tanto o quadro clínico quanto a etiologia podem ser muito variados, assim como as possíveis complicações ou sequelas.

Histórico

A conjuntivite neonatal ainda é um sério problema de saúde pública. No final do século XIX, sua prevalência superava 10% dos nascidos vivos, levando à cegueira até 3% dos afetados[25]. Nessa época, foi descrita por Credé[25] a primeira técnica para a prevenção da conjuntivite neonatal, que consistia em pingar uma gota de nitrato de prata 2% (que, posteriormente, foi reduzida para 1%) em ambos os olhos do recém-nascido.

O método de Credé reduziu drasticamente a incidência de CN na maternidade em que o estudo foi realizado (Leipzig Maternity Hospital), sendo, portanto, rapidamente difundido por todo o mundo.

Epidemiologia

Com a redução da incidência e o tratamento mais precoce das doenças sexualmente transmissíveis (DST), e também com o maior acesso aos exames de pré-natal e a profilaxia da conjuntivite instituída nas maternidades, os casos de conjuntivite felizmente são bem menos frequentes do que há 100 anos.

Oftalmologia

Da mesma forma que muitas outras doenças infecciosas, a CN é mais comum em locais com acesso precário à saúde. O boletim da OMS de 2001 cita estudos em que a prevalência de CN varia entre 5 e 60 por mil nos Estados Unidos, 40 por mil na Bélgica, podendo chegar a 130 por mil no Quênia[26].

Etiologia e Fisiopatologia

Como a definição de CN engloba todos os casos de conjuntivite no primeiro mês de vida, serão analisados os casos que provavelmente foram adquiridos durante o trabalho de parto, na maternidade, e os casos que podem ter sido adquiridos fora do ambiente hospitalar.

A CN infecciosa geralmente se apresenta após 48 horas de vida, infecções por *Chlamydia trachomatis* e *Neisseria gonorrhoeae* são as causas de transmissão vertical mais comuns nos, primeiros 10 dias de vida, sendo a primeira a mais frequente na atualidade[27]. Outros patógenos, como *Streptococus* do grupo B, *S. aureus*, *E. coli* e *Haemophilus influenzae* também são responsáveis por casos de conjuntivite nessa faixa etária.

Nos casos de *Chlamydia* e *Neisseria*, o contágio ocorre no canal de parto de mães infectadas, apesar de já terem sidos descritos casos após cesárea, principalmente quando o parto ocorre muito tempo depois da rotura da membrana amniótica. Os demais casos podem também ser adquiridos de outras pessoas que estiveram em contato com o RN.

Os quadros virais são mais raros, o *Herpes simplex* vírus (HSV) deve ser considerado principalmente quando a mãe é portadora, e o quadro, unilateral.

A conjuntivite química é a mais precoce de todas, ocorre nas primeiras 24 horas de vida nos RN que receberam a profilaxia com nitrato de prata.

Quadro Clínico, Diagnóstico e Tratamento

Em todos os casos de suspeita de conjuntivite neonatal infecciosa, o exame laboratorial deve ser solicitado (de acordo com o Quadro 14.2). Se houver a menor suspeita de infecção por *Neisseria*, o tratamento com cefotaxima IV e eritromicina tópica deve ser iniciado[28].

A coleta do material para exame laboratorial é de extrema importância para o diagnóstico correto. Quando só a secreção é enviada para análise, o Gram pode mostrar apenas leucócitos, e as culturas podem ser negativas. O material ideal é o raspado conjuntival, que é obtido com a espátula de Kimura ou a lâmina 15, após a limpeza da secreção.

Afecções da conjuntiva 147

Quadro 14.2 – Quadro clínico da conjuntivite neonatal[29]

	Início dos sintomas	Tipo de secreção	Diagnóstico	Complicações	Tratamento
Conjuntivite tóxica	Primeiras 24 horas	Secreção aquosa	História (uso de colírio de nitrato de prata) e exame clínico	Raras	Não indicado
Neisseria gonorrhea	2 a 4 dias	Purulenta, intensa, edema palpebral, bilateral	Gram e cultura: diplococos G-intracelulares	Pode perfurar a córnea e causar endoftalmite e cegueira se não tratada	Pomada de eritromicina no local e cefotaxime ou ceftriaxone IV[28], tratar pais
Chlamydia	4 a 10 dias	Moderada com edema palpebral, pode formar pseudomembrana em conjuntiva tarsal	PCR[30], imunofluorescência indireta e cultura (crescimento muito difícil)	Vascularização corneana, opacidades corneanas, cicatriz conjuntival Pneumonia entre 30 e 90 dias	Eritromicina 50 mg/kg/dia por 14 dias, tratar os pais
Haemophilus	5 a 10 dias	Secreção serossanguinolenta, hemorragias conjuntival, edema palpebral	PCR, Gram e cultura: *coccobacillus* Gram-		Polimixina b trimetropin/ cefotaxime
Outras bactérias	4 dias ou mais	Variável, raramente é tão intenso quanto a conjuntivite gonocócica	Gram e cultura		Colírio de tobramicina 0,3% a cada 4 horas
Herpes simples tipo 2	6 a 12 dias	Secreção serosa, geralmente unilateral. Pode estar associada a encefalite e doença sistêmica	PCR Gram: células gigantes multinucleares (sugestivo do vírus)	Vascularização e opacidades corneanas, ceratite intersticial, ceratouveíte	Aciclovir pomada e IV

Profilaxia

Ainda não foi determinado o agente ideal para a profilaxia da CN. O nitrato de prata é relativamento eficiente contra a *Neisseria*, mas não contra a *Chlamydia*. A eficácia de pomada de eritromicina 0,5% e tetraciclina 1% parece ser muito semelhante, e não é totalmente eficaz contra esses agentes. O colírio de iodopovidona a 2,5% é barato, atua contra um amplo espectro de patógenos (incluindo vírus) e parece ser menos tóxico[26].

Diagnóstico Diferencial

Os principais diagnósticos diferenciais da CN são glaucoma congênito, obstrução do ducto nasolacrimal e dacriocistite, que serão abordados no Capítulo 10 – Afecções das vias lacrimais.

CONJUNTIVITES ASSOCIADAS A DOENÇAS SISTÊMICAS

A história da conjuntivite é vital para seu diagnóstico. Em crianças, conjuntivite aguda sem outras características específicas é resultante de infecções por uma grande variedade de organismos, sendo o mais comum o vírus da influenza. Também acompanham quadros de mononucleose infecciosa e doenças exantemáticas. Se há secreção purulenta, deve-se pensar em bactéria, sendo o *Haemophilus influenzae* o agente mais comum. Nesse caso, a queixa de dor de ouvido deve ser investigada, pois a associação entre otite média e conjuntivite em crianças é bem estabelecida e o tratamento deve ser sistêmico, conforme mencionado no anteriormente neste capítulo. Se a conjuntivite for acompanhada de faringite, o adenovírus é o principal agente[31]. Doenças como febre faringoconjuntival, ceratoconjuntivite epidêmica, conjuntivite hemorrágica, herpes simples e molusco foram tratadas anteriormente. A seguir, são apresentadas outras doenças sistêmicas que podem se associar a conjuntivite.

Infecção por *Chlamydia tracomatis*

Chlamydia tracomatis em humanos pode produzir quadros clínicos distintos, a saber[32]:

- Conjuntivite neonatal (mães infectadas com *Chlamydia* genital).
- Conjuntivite de inclusão (doença oculogenital, sexualmente transmissível).
- Tracoma.

Geralmente são cepas diferentes que causam manifestações diversas, apesar de haver casos de infectividade cruzada.

A conjuntivite de inclusão, quando em crianças, está relacionada com atividade sexual precoce e abuso sexual[33]. Pode durar meses, caso não seja tratada. Os sintomas são de irritação, hiperemia ocular, fotofobia e secreção mucosa uma semana após a exposição sexual, na maioria das vezes unilateral. Uretrite ou cervicite podem ou não estar presentes. Linfadenopatia pré-auricular é comum. Tardiamente pode afetar a córnea. A infecção se dá por contato direto com secreção genital infectada. O diagnóstico laboratorial é feito com raspado conjuntival e pesquisa da *Chlamydia* por imunofluorescência direta. O tratamento é via oral: tetraciclina (acima de 8 anos), eritromicina ou azitromicina[34].

O tracoma é endêmico em regiões de baixo nível socioeconômico e com falta de saneamento básico. As formas de transmissão são a direta, olho a olho, ou a indireta, por meio de objetos contaminados. A mosca doméstica pode atuar como vetor. Em crianças e adultos jovens, quando infectados, ocorre infecção das vias aéreas superiores e adenopatia pré-auricular acompanhando uma ceratoconjuntivite subaguda bilateral. Com a cronicidade, em função das reinfecções repetidas, ocorrem as alterações que tornam o tracoma uma importante causa de cegueira: cicatrização subconjuntival, ceratopatia com opacidade de córnea, vascularização limbar corneana (*pannus*), triquíase (cílios crescem tocando a córnea), entrópio (inversão da borda palpebral, que se volta para dentro do olho) e olho seco. Em áreas hiperendêmicas, a infecção começa da infância e, usualmente, acalma na adolescência, mas as sequelas pós-inflamatórias persistem por toda a vida. O tratamento é realizado com pomada de tetraciclina e eritromicina via oral. Mas, se as condições de saneamento básico não melhoram, a reinfecção é quase regra[35]. O tracoma é responsável por aproximadamente 3% dos casos de cegueira em todo o mundo, há cerca de 8 milhões de pessoas com cegueira irreversível por tracoma, e há uma estimativa de 84 milhões de casos de tracoma necessitando de tratamento[36].

Conjuntivite Lenhosa

É uma conjuntivite membranosa rara de causa desconhecida e tratamento difícil. As membranas (exsudação coagulada que se adere à conjuntiva) que se formam na conjuntiva tarsal são, como o nome diz, de consistência lenhosa e difícil remoção. Geralmente bilateral, tem início na infância[37]. Pode afetar a córnea, levando à opacidade e até à perfuração. Algumas crianças apresentam sintomas sistêmicos como febre, IVAS, infecções urinarias, otite média, sinusite, vulvovaginite e cervicite, que podem preceder ou ocorrer junto com o quadro de conjuntivite. Múltiplos fatores estão associados à sua gênese, como trauma, fatores autoimunes, predisposição genética, infecções bacterianas ou virais. Há períodos de remissões, mas sua característica é a recorrência. O tratamento é bastante difícil, baseia-se em ciclosporina tópica, heparina tópica e corticosteroide tópico associado a enxertos de conjuntiva ou membrana amniótica após a remoção das membranas[38].

Síndrome de Stevens-Johnsons e Necrose Epidérmica Tóxica

A síndrome de Stevens-Johnsons e necrose epidérmica tóxica são reações cutâneas graves que acometem a pele e as mucosas, caracterizada por exantema eritematoso disseminado, com acometimento centrífugo, lesões em alvo, acometendo mucosa oral, ocular e genital. A etiologia exata ainda não é conhecida, está relacionada com uma reação de hipersensibilidade tardia que pode ser a alimentos, medicamentos ou infecções por protozoários, fungos, vírus (em especial o vírus do herpes simples – HSV) ou micoplasma. Em alguns casos, o desencadeante é desconhecido. Autolimitado, o quadro agudo dura de 2 a 6 semanas, mas as manifestações oculares tornam-se crônicas e podem ser devastadoras. Na fase aguda, ocorre uma conjuntivite mucopurulenta bilateral de intensidade variável, que, em casos graves, evoluem para infarto da conjuntiva e formação de membranas e simbléfaro (adesões entre a pálpebra e a conjuntiva bulbar) (Figura 14.27)[39].

Por causa da fibrose e da cicatrização ocorrem alterações graves, geralmente com deformidades palpebrais, oclusão dos ductos das glândulas lacrimais, triquíase, queratinização da conjuntiva seguido de irritação crônica e olho seco severo, que evoluem para infecção corneana, ulceração e cicatrizes, e podem levar à cegueira. O tratamento desses pacientes é difícil. No quadro agudo, os pacientes necessitam de cuidados especiais na parte de controle hídrico, função respiratória, nutrição e manejo com as lesões de pele e mucosas. Com relação à superfície ocular, deve-se usar corticosteroide tópico com muito cuidado, lubrificantes tópicos sem preservativo, colírio de soro autólogo, ocasionalmente antibiótico profilático e a remoção manual das membranas conjuntivais diariamente para prevenir adesões, além de transplante de membrana amniótica sobre a superfície ocular. O tratamento com corticosteroide sistêmico é controverso em razão do aumento da suscetibilidade a infecções e atraso na cicatrização, mas uma pulsoterapia inicial parece ser benéfica[40].

Após a fase aguda, é preciso tratar o olho seco e suas complicações associadas (úlcera corneana e posterior cicatrização com perda da visão). O transplante de córnea tem péssimo prognóstico nesses pacientes, em função do olho seco e de anor-

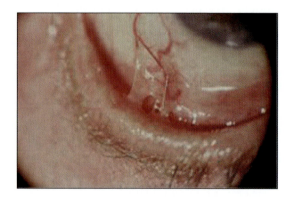

Figura 14.27 Simbléfaro.

malidades palpebrais). São pacientes que devem ser acompanhados de perto pelo oftalmologista. As manifestações oculares são as complicações mais significativas ao longo prazo na vida dos sobreviventes (Figura 14.28).

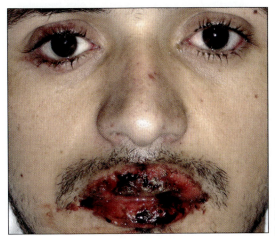

Figura 14.28 Fase aguda da síndrome de Stevens-Johnsons. (Imagem cedida pelo Departamento de Dermatologia do HC-FMUSP.)

Síndrome Oculoglandular de Parinaud

Doença rara caracterizada por conjuntivite unilateral com intensa inflamação e linfadenopatia ipsilateral pré-auricular ou submandibular[41]. Exantema cutâneo, febre e mal-estar geral podem acompanhar o quadro. Várias infecções estão associadas à síndrome oculoglandular, a mais frequente é a doença da arranhadura do gato causada geralmente pela *Bartonella henselae*. Normalmente, o paciente não se lembra que foi arranhado ou lambido pelo gato e vai ao médico com queixa de linfadenopatia dolorosa única ou múltipla. Os sintomas sistêmicos aparecem uma a duas semanas após contato com um gato associados a nódulos subconjuntivais. O curso é benigno, com resolução espontânea em até seis semanas, o gato não precisa ser retirado e tetraciclina sistêmica em crianças de idade apropriada acelera a recuperação (sulfametoxazol e trimetoprim ou ciprofloxacino são alternativas). Menos comuns, outras causas de Parinaud são: tularemia, tuberculose, sífilis, caxumba, mononucleose infecciosa e fungos[42] (Figura 14.29).

Mononucleose Infecciosa

O vírus Epstein-Barr (EBV) pode causar manifestações em todas as partes do olho. A conjuntivite, quando presente, é concomitante à infecção sistêmica e inespecífica. Pode ser também uma causa de síndrome oculoglandular de Parinaud.

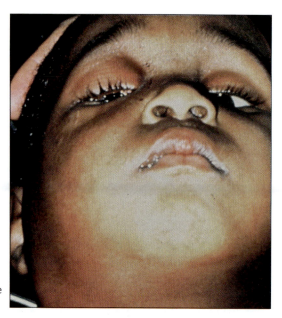

Figura 14.29 Síndrome oculoglandular de Parinaud.

Influenza

Conjuntivite inespecífica pode acompanhar o quadro de vias aéreas superiores, com duração de 4 a 5 dias e regressão espontânea.

Rubéola

A maioria dos pacientes com rubéola desenvolve conjuntivite, geralmente alguns dias após o exantema cutâneo. O acometimento da conjuntiva palpebral é mais comum que da conjuntiva bulbar. Algumas vezes, há hemorragia subconjuntival. Pode também ocorrer ceratite associada. O tratamento geralmente é desnecessário. A manifestação ocular mais comum é a retinopatia em sal em pimenta (alteração pigmentar), consequente à rubéola congênita[43].

Caxumba

A parotidite produz linfedema importante com edema palpebral e quemose (acúmulo de líquido subconjuntival, que se eleva como uma bolha). A conjuntivite pode vir associada com hemorragia subconjuntival. A dacrioadenite, geralmente bilateral, pode provocar um edema característico na porção temporal superior da pálpebra (localização da glândula lacrimal), que se assemelha à letra S. Ceratite ou uveíte associada é pouco frequente. A resolução é espontânea e ocorre em alguns dias, sem sequelas[44].

Catapora ou Varicela

Uma conjuntivite inespecífica é a manifestação ocular mais comum. Podem aparecer vesículas na borda palpebral ou mesmo na conjuntiva. O vírus varicela-zóster pode ficar latente nos gânglios e reativar como herpes-zóster na região ocular (Figura 14.30).

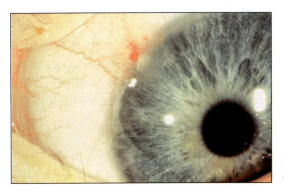

Figura 14.30 Flictênula conjuntival na catapora.

Doença de Kawasaki

É uma vasculite sistêmica que acomete crianças, causando febre, injeção conjuntival bilateral (e não conjuntivite, pois há pouca inflamação, apenas vasodilatação dos vasos conjuntivais), manifestações do trato respiratório superior, alterações de pele e unhas, exantema maculopapular e linfadenopatia cervical. A injeção conjuntival resolve sem causar sequelas. Uveíte anterior também é comum. Em 1 a 2% dos casos pode haver envolvimento das coronárias e pode levar a morte súbita. Ocorre aumento da velocidade de hemossedimentação e das plaquetas. A etiologia é desconhecida, suscetibilidade individual e infecção associada parecem estar envolvidas[45].

Psoríase

As manifestações oculares podem aparecer de diversas formas. Placas arredondadas, descamativas podem acometer a pálpebra e avançar para a conjuntiva. Blefarite crônica e conjuntivite inespecífica são comuns, às vezes associadas com ceratite. Em crianças, o quadro agudo inicial pode ser desencadeado por infecção de vias aéreas superiores, geralmente bacteriana[46].

Síndrome de Reiter

Doença autoimune que pode acometer crianças e caracteriza-se pela tríade: artrite, uretrite e conjuntivite[47]. Associada com HLA-B27. A conjuntivite é leve, bilateral e resolve espontaneamente sem sequelas.

Doença do Enxerto *versus* Hospedeiro

Acontece em pacientes que receberam transplante autólogo de medula óssea. As manifestações oculares são relacionadas à infiltração por linfócitos T nas glândulas lacrimais e conjuntiva, ocasionando conjuntivite e olho seco. Quatro estágios que correlacionam com a gravidade da doença: hiperemia conjuntival, quemose (exsudação), formação de pseudomembranas e defeitos no epitélio corneano. O tratamento ocular baseia-se em corticosteroide, ciclosporina e colírios lubrificantes[48].

Tuberculose

Tuberculose conjuntival primária é geralmente unilateral, afeta a conjuntiva palpebral superior e, hoje em dia, é rara. Tuberculose pulmonar não é necessariamente presente. Pode ocorrer também úlcera de córnea ou conjuntivite flictenular (nódulo róseo-esbranquiçado no limbo, causado por reação de hipersensibilidade tardia). Outra causa de conjuntivite flictenular, a mais comum, é a blefarite por estafilicocos. Corticosteroide tópico alivia rapidamente o quadro, porém pode ser necessário tratamento específico[49].

Leptospirose

Na fase I, de leptospiremia, uma conjuntivite com intenso engurgitamento dos vasos conjuntivais, porém com poucos sintomas, ocorre concomitante aos sintomas sistêmicos. A inflamação conjuntival regride espontaneamente. Na fase imune, pode ocorrer uveíte, com maior risco de complicações[50].

Doença de Lyme

Decorre da infecção por *Borrelia*, cujo vetor é o carrapato. Provoca eritema cutâneo, febre, cefaleia, artralgia e mialgia na fase inicial, que podem ser acompanhados de conjuntivite[44]. Manifestações oculares mais graves podem ocorrer na fase tardia da doença, como ceratite, neurorretinite e edema de papila.

CONCLUSÕES

A conjuntiva ocular pode ser afetada por diversos tipos de lesões, tumores, infecções, reações alérgicas e outras reações em resposta à atividade inflamatória global. Os sinais apresentados em cada caso são, muitas vezes, semelhantes, apresentando-se como hiperemia e irritação locais, com lacrimejamento e secreção em graus variados. A história da doença e alguns sinais mais sutis encontrados em exame específico ajudam a diferenciar os quadros para direcionar o tratamento. A maioria das lesões conjuntivais em crianças são benignas: são nevos pigmentados ou amelanóticos que comumente manifestam cistos intraepiteliais e raramente evoluem para melanoma (< 1%)[2]. A melanocitose deve ser seguida, com pequeno risco de desenvolvimento de melanoma uveal, enquanto os papilomas conjuntivais devem ser tratados[2]. Muitas vezes, na ausência do oftalmologista, o pediatra deverá instituir o tratamento inicial de um quadro grave como a conjuntivite neonatal, a bacteriana ou a alergia ocular de grande impacto. Outras vezes, um quadro ocular característico poderá auxiliar o diagnóstico de uma doença sistêmica em que exista essa associação. Se bem direcionado, o cuidado inicial por parte do pediatra poderá evitar danos permanentes ao olho da criança. Daí a importância de sua familiarização com as doenças conjuntivais e do globo.

REFERÊNCIAS BIBLIOGRÁFICAS

1. Santo RM. Tumores conjuntivais. In: Alves MR. Conjuntiva cirúrgica. São Paulo: Roca; 1999. p.125-50.
2. Shields CL, Shields JA. Conjunctival tumors in children. Curr Opin Ophthalmol. 2007;18(5):351-60.
3. Shields CL, Fasiudden A, Mashayekhi A, Shields JA. Conjunctival nevi: clinical features and natural course in 410 consecutive patients. Arch Ophthalmol. 2004;122(2):167-75.
4. Gerner N, Norregaard JC, Jensen OA, Prause JU. Conjunctival naevi in Denmark 1968–1980: a 21-year follow-up study. Acta Ophthalmol Scand. 1996;74(4):334-7.
5. Folberg R, McLean IW, Zimmerman LE. Primary acquired melanosis of the conjunctiva. Hum Pathol. 1985;16(2):136-43.
6. Shields CL, Demirci H, Shields JA, Spanich C. Dramatic regression of conjunctival and corneal acquired melanosis with topical mitomycin C. Br J Ophthalmol. 2002;86(2):244-5.
7. Shields CL, Shields JA, Armstrong T. Management of conjunctival and corneal melanoma with combined surgical excision, amniotic membrane allograft, and topical chemotherapy. Am J Ophthalmol. 2001;132(4):576-8.
8. Ferry AP. Pyogenic granulomas of the eye and ocular adnexa: a study of 100 cases. Trans Am Ophthalmol Soc. 1989;87:327-47.
9. Shields CL, Karatza EC, Demerci H, Shields JA. Conjunctival tumors and simulating lesions in children and adults [poster]. American Academy of Ophthalmology.2004.
10. Shields JA, Shields CL, Eagle RC Jr, Arevalo JF, DePotter P. Ocular manifestations of the organoid nevus syndrome. Ophthalmology. 1997;104(3):549-57.

11. Scott IU, Karp CL, Nuovo GJ. Human papillomavirus 16 and 18 expression in conjunctival intraepithelial neoplasia. Ophthalmology. 2002;109(3):542-7.
12. Hawkins AS, Yu J, Hamming NA, Rubenstein JB. Treatment of recurrent conjunctival papillomatosis with mitomycin C. Am J Ophthalmol. 1999;128(5):638-40.
13. Karp CL, Moore JK, Rosa RH Jr. Treatment of conjunctival and corneal intraepithelial neoplasia with topical interferon alpha-2b. Ophthalmology. 2001;108(6):1093-8.
14. Shields CL, Lally MR, Singh AD, et al. Oral cimetidine (Tagamet) for recalcitrant, diffuse conjunctival papillomatosis. Am J Ophthalmol. 1999;128(3):362-4.
15. Karadeniz C, Bilgiç S, Ruacan S, Sarialioglu F, Büyükpamukçu M, Akyüz C, et al. Primary subconjunctival lymphoma: an usual presentation of childhood non Hodkin lymphoma. Med Pediatr Oncol. 1991;19(3):204-7.
16. D'Angelo LJ, Hierholzer JC, Keenlyside RA, Anderson LJ, Martone WJ. Pharyngoconjunctival fever cused by adenovirus type 4 report of swimming pool-related outbreak with recovery of virus from the pool water. J Infec Dis. 1979;140(1):42-7.
17. Nauheim RC, Romanowski EG, Araullo-Cruz T, Kowalski RP, Turgeon PW, Stopak SS, et al. Prolonged recoverability of diseccated adenovirus type 19 from various surfaces. Ophthalmology. 1990;97(11):1450-3.
18. Tavares FN, Costa EV, Oliveira SS, Nicolai CCA, Baran M, Silva EE. Acute hemorrhagic conjuntivitis and Coxsackievirus A24v, Rio de Janeiro, Brazil, 2004. Emerg Infect Dis. 2006;12(3):495-7.
19. Weiss A, Brinser JH, Nazar-Stewart V. Acute conjunctivitis in childhood. J Pediatr. 1993;122(1):10-4.
20. Buznach N, Dagan R, Greenberg D. Clinical and bacterial characteristics of acute bacterial conjunctivitis in children in the antibiotic resistance era. Pediatr Infect Dis J. 2005;24(9):823-8.
21. Woods CR. Gonococcal infections in neonates and young children. Semin Pediatr Infect Dis. 2005;16(4):258-70.
22. Bodor FF, Marchant CD, Shurin PA, Barenkamp SJ. Bacterial etiology of conjunctivitis – otitis media syndrome. Pediatrics. 1985;76(1):26-8.
23. Ono SJ, Abelson MB. Allergic conjunctivitis update on pathophysiology and prospects for future treatment. J Allergy Clin Immunol. 2005;115(1):118-22.
24. Kopp MV, Hamelmann E, Zielen S, Kamin W, Bergmann KC, Sieder C, et al. DUAL study group. Combination of omalizumab and specific immunotherapy is superior to immunotherapy in patients with seasonal allergic rhinoconjunctivitis and co-morbid seasonal allergic asthma. Clin Exp Allergy. 2009;39(2):271-9.
25. Crede CSF. Die Verhutung der Augenentzundung der Neugeborenen [Prevention of inflammatory eye disease in the newborn]. Archiv fur Gynaekologie. 1881;17:50-3.
26. Isenberg SJ, Apt L, Wood M. A controlled trial of povidone-iodine as prophylaxis against ophthalmia neonatorum. N Engl J Med. 1995;332(9):562-6.
27. Salpietro CD, Bisignano G, Fulia F, Marino A, Barberi I. Chlamydia trachomatis conjunctivitis in the newborn. Arch Pediatr. 1999;6(3):317-20.
28. Hoosen AA, Kharsany AB, Ison CA. Single low-dose ceftriaxone for the treatment of gonococcal ophthalmia – implications for the national programme for the syndromic management of sexually transmitted diseases. S Afr Med J. 2002;92(3):238-40.
29. Wright KW. Pediatric ophthalmology for primary care. 3rd. ed. American Academy of Pediatrics.
30. Rafiei Tabatabaei S, Afjeiee SA, Fallah F, Tahami Zanjani N, Shiva F, Tavakkoly Fard A, et al. The use of polymerase chain reaction assay versus cell culture in detecting neonatal chlamydial conjunctivitis. Arch Iran Med. 2012;15(3):171-5.
31. Gigliotti F. Acute conjuctivitis of childhood. Pediatr Ann. 1993;22(6):353-6.
32. West SK, Munoz B, Lynch M, et al. Risk fator for constant, severe trachoma among preschool childrenin Kongua. Am J Epidemiol. 1996;143:73.
33. Hammerschlag MR. Clhamydia trachomatisin children. Pediatr Ann. 1994;27(7):349-53.

34. Tabbara KF, El-Asrar AM, Al-Omar O, et al. Single dose azithromycin in the treatment of trachoma: a randomized controlled study. Ophthalmol. 1996;103:842-6.
35. Damasceno RW, Santos RR, Cavalcanti TR, Hida RY, Santos MJ, Santos AM, et al. Tracoma: estudo epidemiológico de escolares em Alagoas – Brasil. Arq Bras Oftalmol. 2009;72(3):355-9.
36. Barros OM. Manual de controle do tracoma. Brasília (DF): Assessoria de Comunicação e Educação em Saúde; 2001.
37. Hidayat AA, Hidle PJ. Ligneus conjunctivitis a clinicopathologic study of 17 cases. Ophthalmology. 1987;94(8):949-59.
38. Holland EJ, Chan CC, Kuwabara T, Palestine AG, Rowsey JJ, Nussenblatt RB. Immunohistologic findings and results of treatment with cyclosporine in ligneous conjunctivitis. Am J Ophthalmol. 1989;107(2):160-6.
39. Bulisani ACP, Sanches GD, Guimarães HP, Lopes RD, Vendrame LS, Lopes AC. Síndrome de Stevens-Johnson e necrólise epidérmica tóxica em medicina intensiva. Rev Bras Ter Intensiva. 2006;18(3).
40. Hynes AY, Kafkala C, Daoud YJ, Foster CS. Controversy in the use of high dose sistemic steroids im the acute care of patients with Stenes-Johnson syndrome. Int Ophthalmol Clin Fall. 2005;45(4)25-48.
41. Meisler DM, Beauchamp GR. Disorders of the conjunctiva. In: Nelson LB. Pediatric Ophthalmology. 4th ed. WB Saunders Company; 1998. p.119-214.
42. Parinaud H. Conjonctivité infectieuse paraissant transmise à homme par lês animaux. Recuel Ophthalmol. 1889;11:176-8.
43. Zimmermen LE. Histopathological basis for ocular manifestation of congenital rubella syndrome. Am Journal Ophthalmol. 1968;65(6):837-62.
44. Gold DH, Weingesist TA. The eye in systemic disease. JB Lippincott, 1990.
45. Ohno S, Miyajima T, Higushi M, et al. Ocular manifestations of Kawasaki disease. Am Journal Ophthalmol. 1982;93:713-7.
46. Stuart JÁ. Ocular psoriasis. AmJ Ophthalmol. 1963;55:615.
47. Singsen BH, Bernstein BH, Koster-King KG, Glovsky MM, Hanson V. Reiter's syndrome in childhood. Arthritis Rheum. 1977;20(2 Suppl):402-7.
48. Jbas DA, Wingard JG, Farmer ER, Vogeisang G, Sara R. The eye in boné marrow transplantation. Arch Ophthalmol. 1989;107:1343-8.
49. Taylor D. Paediatric ophthalmology. 2nd ed. Oxford: Blackwell Science; 1997.
50. Nelson LB. Pediatric ophthalmology. 4th ed. WB Saunders Company; 1998. p.242-3.

15 Afecções corneanas

José Antonio de A. Milani
Fernando Betty Cresta
Alberto Carlo Cigna

Após ler este capítulo, você estará apto a:

1. Identificar os sinais e sintomas de uma lesão corneana infecciosa ou traumática e indicar o procedimento para minimizar suas consequências.
2. Descrever as causas das opacidades corneanas congênitas e adquiridas e orientar os pais sobre possibilidades de tratamento.
3. Auxiliar no diagnóstico da microcórnea e megalocórnea e suas associações.

INTRODUÇÃO

A córnea é a estrutura mais exposta do globo ocular, o que lhe confere maior suscetibilidade a diversos tipos de trauma e infecção. Sua transparência e estrutura possibilitam a refração da luz para a visão nítida. Além de alterações cicatriciais, outras doenças congênitas e adquiridas das estruturas anteriores do globo ocular podem opacificar parcial ou totalmente a córnea, com consequências visuais variadas. A intervenção precoce pode reverter a situação e possibilitar o desenvolvimento da visão em alguns casos. Serão discutidas a seguir algumas lesões e doenças mais comumente encontradas em crianças, suas características, associações e possibilidades de tratamento.

ÚLCERAS CORNEANAS INFECCIOSAS

As úlceras corneanas infecciosas são causadas pela proliferação de micro-organismos (bactérias, fungos, vírus ou parasitas) que levam a uma destruição do tecido corneano (epitélio e estroma), com reação inflamatória, que podem levar à perda de acuidade visual decorrente da cicatriz que causam na córnea e até à perda do globo ocular por causa da perfuração corneana; as ceratites infecciosas são uma emergência ocular e devem ser diagnosticadas e tratadas o mais rápido possível.

Epidemiologia

Não há informação precisa sobre a incidência de ceratite infecciosa, sendo que as principais causas em países em desenvolvimento são trauma ocular e doenças virais (herpes, sarampo e varicela); sabe-se que nos usuários de lente de contato a incidência é de 10 a 30 indivíduos por 100 mil usuários de lentes por ano[17].

Nas ceratites bacterianas, os principais agentes são *Staphylococcus, Streptococcus* e, nos usuários de lentes de contato, *Pseudomonas;* nas fúngicas, os principais agentes são *Fusarium* sp. e *Aspergillus* sp.; nos casos associados a trauma, principalmente com material vegetal e *Candida* sp.*;* e nos casos associados com edema de córnea prévio, diabéticos ou uso de corticosteroides tópico.

Os principais vírus causadores de ceratites são: herpes simples, herpes-zóster, vírus do sarampo (*Paramyxoviridae*), citomegalovírus e o vírus Epstein-Barr.

A ceratite parasitária é causada principalmente pela *Acanthamoeba* sp., sendo fatores de risco o uso de lente de contato e o contato da córnea com água contaminada pela *Acanthamoeba*[23-26].

Patogênese

A úlcera de córnea infecciosa ocorre quando os micro-organismos conseguem vencer as defesas da córnea e aderem à superfície corneana, promovem invasão do estroma corneano, levando à inflamação e à destruição tecidual; a infecção pode ocorrer em qualquer parte da córnea, porém as que envolvem a parte central têm um pior prognóstico, a cicatrização levará a uma opacidade da córnea com redução da acuidade visual, a úlcera de córnea pode progredir e levar à perfuração da córnea com potencial para perda do olho[17].

Manifestações Clínicas

História e exame físico

É importante procurar na história o fator que predispôs à ceratite infecciosa, como trauma, corpo estranho na córnea, trauma com vegetal ou contaminação com terra, uso de lente de contato, uso de corticosteroide tópico, doenças corneanas prévias (edema de córnea, ceratite neurotrófica, ceratite de exposição), dacriocistite crônica, diabetes, estado comatoso ou alcoolismo, pois raramente uma úlcera de córnea infecciosa ocorre em uma córnea sem alteração no epitélio (com exceção da *Neisseria gonorrhoeae*, *Listeria monocytogenes* e *Corynebacterium dyphtheriae*, que penetram o epitélio corneano íntegro) e o fator predisponente pode auxiliar na suspeita do agente etiológico[17].

Geralmente, o paciente relata um início súbito de dor ocular, fotofobia, baixa de acuidade visual, hiperemia da conjuntiva (mais acentuada em torno da córnea, pericerática).

Ao exame ocular, observam-se: hiperemia pericerática, área de ulceração do epitélio, infiltrado inflamatório no estroma corneano com bordas indefinidas, secreção ocular, reação de câmara anterior e hipópio.

Diagnóstico

O diagnóstico de úlcera de córnea é feito pelo exame com a lâmpada de fenda e o diagnóstico etiológico, por meio do exame bacterioscópico com coloração pelo gram e material para cultura microbiológica.

Tratamento

O tratamento é realizado com antimicrobiano tópico e eventualmente sistêmico, guiado inicialmente pela suspeita do agente etiológico e posteriormente pode ser modificado com o resultado dos exames microbiológicos realizados e resposta à terapêutica introduzida.

Como as úlceras de córnea infecciosas podem progredir rapidamente, elas são uma ameaça à integridade do olho e à sua função visual. O tratamento deve ser instituído o mais rápido possível por oftalmologista com experiência nessa situação.

LESÕES EROSIVAS E TRAUMÁTICAS

A córnea e a conjuntiva, por serem as estruturas mais expostas do globo ocular, frequentemente são afetadas por traumas mecânicos, físicos ou químicos, que

Afecções corneanas **161**

podem acarretar perda de acuidade visual, pois a córnea é responsável pelo maior poder refracional do olho e pequenas alterações na sua superfície podem causar acentuada perda de acuidade visual.

Epidemiologia

As abrasões corneanas (perda de parte ou de todo o epitélio corneano) são uma das lesões mais frequentes do olho e os agentes causais mais frequentes são: lesão por unha, papel, vegetais como folhas ou galhos, partículas carregadas pelo vento, queimaduras químicas (álcalis, ácidos, solventes orgânicos), radiação e calor[1,2].

Patogênese

O epitélio da córnea está apoiado sobre a membrana basal, que está ancorada à membrana de Bowman (porção mais anterior do estroma da córnea). Quando a lesão epitelial não atinge a membrana de Bowman, essa lesão irá se recuperar sem deixar cicatriz, porém, quando a lesão afeta a membrana de Bowman ou, mais profundamente, no estroma da córnea, esta irá cicatrizar deixando algum grau de opacidade corneal, o que poderá afetar a acuidade visual.

A radiação ultravioleta produz queimadura do epitélio corneal, induzindo danos aos componentes celulares do epitélio corneal, as células epiteliais edemaciam e eventualmente se desprendem no filme lacrimal; essa alteração ocorre com o tempo, sendo que 50% das células epiteliais mostram sinais de lesão em 24 horas e 100% dessas células, em 48 horas[1]. Essas alterações ocorrem principalmente na área central da córnea. Essas queimaduras podem ser causadas por solda elétrica, exposição solar na praia ou na neve, lâmpadas de bronzeamento ou lâmpadas germicidas.

As queimaduras químicas causam lesões oculares por produção de calor, desidratação, degeneração corneana, necrose de vasos e produção de enzimas tóxicas. Podem ser causadas por álcalis, ácidos, gás mostarda, formaldeído, anilina e sais. Esses agentes rapidamente induzem alterações na córnea: esfoliação do epitélio corneoconjuntival, opacificação e desintegração de células do estroma corneano, lesão das células endoteliais e irite.

A gravidade das lesões relaciona-se com a concentração do agente agressor, com a duração da exposição do globo ocular a esse agente, com o pH da solução e com a velocidade de penetração da droga na córnea.

As lesões por trauma térmico podem produzir turvação acinzentada do epitélio corneal e perda desse epitélio, lesões muito graves podem levar à opacidade do estroma da córnea (a queimadura térmica mais frequente é a causada por cigarro aceso que toca a córnea de uma criança)[3].

Manifestações Clínicas

História e exame físico

A obtenção de uma história detalhada do trauma corneano auxilia o médico a estimar o risco dos vários tipos de comprometimento ocular, se há a possibilidade de haver ferimento penetrante do globo ocular, se o material é inerte ou altamente inflamatório e o risco da contaminação microbiana.

O exame do paciente deve começar com a inspeção geral para avaliar se há alguma condição que ponha em risco a vida do paciente, principalmente no caso de queimadura química; inspeção da face para avaliar lacerações ou abrasões das pálpebras e inspeção da córnea e conjuntiva que pode começar com uma lanterna e uma lente de aumento, a avaliação com a lâmpada de fenda deve ser realizada sempre que possível, pois permite uma avaliação mais detalhada da situação.

Se houver disponibilidade, pode-se instilar um corante para diagnóstico (fluoresceína sódica), para avaliar se há lesão do epitélio corneano.

No caso de corpo estranho, deve-se fazer a eversão da pálpebra superior e inferior para exame da conjuntiva tarsal e, se houver algum corpo estranho alojado, assim como nos casos de queimadura química, deve-se avaliar se não há resíduo de material no fundo de saco conjuntival[2,3].

Diagnóstico – Exames Complementares

Nos casos de corpo estranho corneano, deve-se avaliar se é central (se afeta o eixo visual) ou periférico e se é superficial ou profundo e, se possível, sua natureza (metal, vegetal, pedra, inseto). Nas abrasões e lacerações de córnea, deve-se avaliar a extensão, a profundidade e o agente agressor; nas queimaduras químicas, se a lesão foi por álcali ou ácido, qual o agente e o tempo de exposição da substância no olho; nos casos de lesão corneana por radiação ultravioleta, há quanto tempo foi a exposição (pois a sintomatologia aparece cerca de 8 horas após a exposição); e, nos casos de queimadura térmica, se há lesões das pálpebras e de face e a profundidade da lesão na córnea (geralmente apenas o epitélio corneano ou conjuntival está afetado)[3].

Tratamento

Corpo estranho de córnea

Após avaliação de sua localização (central ou periférica), profundidade (superficial ou profunda no estroma corneano) e de outras lesões associadas, procede-se a sua remoção (preferencialmente na lâmpada de fenda ou microscópio cirúrgico), tendo o cuidado para não aumentar a área de lesão e consequente cicatriz, princi-

Afecções corneanas **163**

palmente nos casos de localização central. Após a remoção do corpo, deve-se prescrever colírio de antibiótico de amplo espectro ou colocar pomada oftálmica com antibiótico de amplo espectro no fundo de saco, pois há o risco de se desenvolver ceratite infecciosa (úlcera de córnea). Para aliviar a dor e a fotofobia, pode-se prescrever um colírio cicloplégico com o intuito de reduzir o espasmo do músculo ciliar que ocorre secundariamente a qualquer processo inflamatório intraocular; para alívio da dor também pode-se ocluir o olho afetado[1].

Lesão erosiva ou laceração de córnea

Após avaliação da lesão, para aliviar a dor ou a fotofobia, prescreve-se colírio cicloplégico e também pode-se ocluir o olho afetado ou utilizar-se de lente de contato terapêutica, principalmente nos casos de laceração corneana (pois facilitam a cicatrização), porém com o inconveniente de poder aumentar o risco de infecção; por causa do risco de ceratite infecciosa por quebra da proteção do epitélio corneano, deve-se utilizar colírio de antibiótico de amplo espectro[1].

Lesão por radiação ultravioleta

Para alívio da dor e fotofobia, prescreve-se colírio cicloplégico e pode-se ocluir o olho afetado; nesses casos, frequentemente os dois olhos estão afetados, se for feita oclusão, é prudente o uso de pomada oftálmica de antibiótico de amplo espectro por causa do curativo oclusivo que potencialmente aumenta a temperatura da córnea e facilita a proliferação de micro-organismos no filme lacrimal, potencializando o risco de ceratite infecciosa[12].

Lesão térmica da córnea

Após a avaliação da existência do dano, e se for verificado que apenas o epitélio corneano foi afetado, procede-se de modo semelhante ao da conduta de lesão por radiação ultravioleta; caso a lesão tenha afetado o estroma corneano, deve-se controlar a inflamação e prevenir infecção e eventualmente controlar complicações como afilamento ou perfuração corneana ou formação de simbléfaro[12].

Lesão química

O tempo de exposição do olho ao agente químico é um fator importante para agravar as lesões; em razão desse fato, a irrigação imediata com soro fisiológico ou, na falta deste, com água (destilada ou de torneira) é o tratamento que pode salvar o olho traumatizado. Deve-se instilar um anestésico tópico, colocar um blefarostato e irrigar imediatamente o olho com soro fisiológico ou água por 20 minutos, irrigar bem os fundos dos sacos superior e inferior e procurar remover partículas de material químico que podem conter resíduos de material cáustico, após esse proce-

OPACIDADES CORNEANAS EM CRIANÇAS

dimento, deve-se encaminhar o paciente o mais rápido possível para atendimento especializado[2,3].

OPACIDADES CORNEANAS EM CRIANÇAS

As opacidades corneanas em crianças podem ser de origem hereditária ou adquirida. Ocorrem por causa de diversos fatores, que podem ser infecciosos, inflamatórios, mecânicos, genéticos, metabólicos, entre outros.

Essas opacidades podem variar de intensidade: desde discretas ou leves, permitindo o desenvolvimento visual, até densas, levando a pronunciada baixa visual. São de aparecimento isolado ou associado a outras alterações oculares ou sistêmicas.

Histologicamente, a córnea pode ser dividida nas seguintes camadas a partir da sua superfície anterior: epitélio, camada de Bowman, estroma, membrana de Descemet e endotélio. As opacidades corneanas mais frequentes em crianças podem acometer toda a espessura corneana ou apenas algumas camadas da córnea[4].

O oftalmologista, juntamente com o pediatra, deve fazer o diagnóstico acurado para avaliar a associação com outras alterações sistêmicas ou oculares, prover aconselhamento genético e iniciar tratamento médico e cirúrgico apropriado. A indicação do tratamento cirúrgico depende da idade do paciente, associação com outras alterações oculares (como catarata e glaucoma) e do desenvolvimento visual. A indicação cirúrgica é rara nos casos unilaterais, ao contrário dos casos bilaterais, no quais o transplante de córnea é uma tentativa de melhorar a acuidade visual[5,6].

A seguir serão apresentados os principais diagnósticos diferenciais e achados das opacidades corneanas em crianças (Quadro 15.1).

Quadro 15.1 – Opacidades corneanas em crianças[13]

Esclerocórnea

Rupturas da membrana de Descemet
Glaucoma congênito
Trauma de parto

Úlceras de córnea
Vírus herpes simples
Bactérias
Fungos

Metabólica
Mucopolissacaridoses

Alterações na camada corneana profunda
Anomalia de Peters
Ceratocone posterior
Estafiloma corneano

Dermoides corneanos

Esclerocórnea

A esclerocórnea é uma condição congênita, geralmente bilateral. A córnea pode assumir o aspecto da esclera (parte branca do globo ocular) na periferia ou em toda a sua extensão. É uma das principais causas de opacidades congênitas juntamente com a síndrome de Peters e os dermoides corneanos[7]. A maioria dos casos é esporádica, mas já foram descritos casos de herança autossômica dominante e recessiva. Pode estar associada a outras anomalias do desenvolvimento ocular, incluindo anomalia de Peters, microftalmia, aniridia e córnea plana[8].

A etiologia da esclerocórnea é desconhecida. A mutação do gene PAX6, raramente encontrada na anomalia de Peters, parece ocorrer em alguns casos de esclerocórnea[9]. Na esclerocórnea periférica, as alterações não são progressivas, sugerindo a presença de células germinativas, que mantêm a transparência da região central da córnea[10]. Estudos histopatológicos demonstraram que o tecido corneal é muito similar ao tecido escleral. A desorganização das fibras de colágeno é tão importante que, somadas à presença de vasos, levam à perda da transparência da córnea, tornando-a opaca e vascularizada. O epitélio, a membrana basal e a camada de Bowman, quando presentes, estão alterados. A membrana de Descemet e o endotélio podem estar normais, alterados ou mesmo ausentes. Alterações no seio camerular podem levar ao desenvolvimento de glaucoma[8,11].

Pacientes com esclerocórnea podem apresentar outras alterações, como retardo mental, alterações na pele, na face, na orelha, no cerebelo e nas gônadas. O tratamento é necessário nos casos com envolvimento da área central da córnea. A realização de transplante penetrante de córnea pode melhorar a visão, mas com taxas de sucesso 50% menores em relação às outras opacidades congênitas.[1,2] Tsai e Tseng relataram a realização de transplante límbico em caso de esclerocórnea periférica com regressão dos vasos corneais e melhora da visão[12].

Opacidades Corneanas Relacionadas a Rupturas no Endotélio e Membrana de Descemet

Glaucoma congênito

O glaucoma congênito é o diagnóstico diferencial mais importante nas opacidades corneanas da criança, porque um diagnóstico precoce permite um tratamento adequado e a preservação da visão. Toda criança que apresentar opacidade corneana uni ou bilateral deve ser avaliada cuidadosamente para descartar glaucoma. Ele é usualmente esporádico, mas pode ser adquirido como um traço recessivo[13].

Oftalmologia

Os primeiros sintomas de glaucoma congênito são epífora (lacrimejamento), fotofobia e blefaroespasmo, e os primeiros sinais são aumento da pressão intraocular, edema corneano e aumento da escavação do nervo óptico.

O edema corneano é causado pelo aumento da pressão intraocular. A córnea e a esclera de crianças são mais elásticas e distensíveis, de modo que o aumento de pressão intraocular acaba levando ao aumento da córnea (megalocórnea) e do globo ocular (buftalmo). Com o aumento do olho, a membrana de Descemet sofre rupturas, aumentando mais o edema e a opacificação corneana. Essas rupturas são normalmente horizontais ou concêntricas ao limbo corneano.

O tratamento do glaucoma congênito é cirúrgico, iniciando-se com goniotomias e trabeculotomias, dependendo do grau de opacificação corneana[14].

Trauma de parto

A lesão da córnea ocorre com a colocação da lâmina do fórceps próxima ao olho e à órbita, levando a trauma contuso e rupturas na membrana de Descemet. A distensão do globo ocular excede a elasticidade da membrana de Descemet e produz rupturas, com embebição do estroma e epitélio pelo humor aquoso, levando ao edema de córnea.

Essas rupturas da membrana de Descemet são normalmente unilaterais, centrais e, ao contrário do glaucoma congênito, são verticais e oblíquas. Com o tempo, há regressão do edema corneano, mas permanência das rupturas da Descemet, deixando uma leve cicatriz na porção posterior da córnea. A lesão corneana pode levar ao aparecimento de elevado astigmatismo, que deve ser corrigido para evitar o aparecimento da ambliopia[13,14].

Úlceras e Inflamações da Córnea

Opacidades corneanas em crianças podem ser decorrentes de infecções virais (herpes simples e rubéola), bacterianas e fúngicas.

O herpes simples pode ser contraído durante a passagem pelo canal de parto. Aproximadamente 80% dos casos são relacionados ao herpes vírus tipo 2 e 20% ao herpes vírus tipo 1[13]. Após a primoinfecção, o vírus pode reativar, apesar da presença de anticorpos neutralizantes. As várias recorrências podem levar ao aparecimento de opacidades corneanas. Os quadros neonatais por herpes podem se disseminar e causar acometimento do sistema nervoso central. O diagnóstico do quadro ocular é importante porque pode ser a primeira manifestação da doença sistêmica[13,14].

A rubéola congênita é decorrente da infeção no primeiro trimestre da gestação e pode levar ao aparecimento de edema de córnea, catarata, retinite e microftalmia.

Apesar desses achados, o aparecimento de opacificação permanente da córnea é muito raro[15].

Os quadros de conjuntivite bacteriana no recém-nascido podem levar a úlceras de córnea, perfuração e cegueira, como no caso da *Neisseria gonorrhoeae*. A profilaxia com nitrato de prata a 1%, porém, reduziu drasticamente esses achados. O quadro completo será abordado no capítulo de conjuntivites neonatais.

O aparecimento de opacidades corneanas na sífilis congênita não ocorre no período neonatal. Os quadros são bilaterais com edema, vascularização e opacificação corneana (ceratite intersticial) com aparecimento na primeira ou segunda década de vida[15].

Doenças Metabólicas

As mucopolissacaridoses e mucolipidoses podem levar ao aparecimento de opacidades corneanas. Essas opacidades não estão presentes ao nascimento, mas aparecem no primeiro ano de vida. Algumas vezes, o quadro ocular pode ser a primeira manifestação de um quadro sistêmico.

Sua fisiopatologia inclui deficiência das enzimas lisossomais que permitem a acumulação de glicosaminoglicanos e mucolipídios no estroma corneano, levando ao aparecimento das opacidades corneanas[13].

As mucopolissacaridoses mais frequentemente envolvidas são a doença de Hurler, Maratoeaux-Lamy, Morquio, Hunter e Sanfilippo[13].

Anomalia de Peters

Entre as opacidades congênitas da córnea, a anomalia de Peters é a mais frequente, seguida em frequência pela esclerocórnea, dermoides corneanos, glaucoma congênito, microftalmia, trauma de parto e doenças metabólicas[7].

Esse distúrbio congênito é caracterizado por uma opacidade corneana central com defeito no estroma posterior, membrana de Descemet e endotélio. Normalmente, a periferia da córnea não é acometida[7,15].

A maioria dos casos é esporádica, mas pode apresentar padrão recessivo e dominante[13]. A patogênese é uma alteração na migração da crista neural. Apresenta dois subtipos: o tipo 1 consiste em uma opacidade corneana central ou paracentral com aderências irianas na periferia da opacidade. Inicialmente, há defeito no endotélio e Descemet com importante edema de córnea. Com o tempo, o endotélio ao redor migra e cobre o defeito, com regressão do edema, mas deixando uma opacidade corneana.

No tipo 2, há envolvimento do cristalino, com aderência da córnea. O tipo 1 é, usualmente, unilateral e o tipo 2, bilateral. Está associada ao glaucoma e a outras alterações oculares, como coloboma coriorretiniano, iriano, persistência do vítreo primário, microftalmia e hipoplasia do nervo óptico[7].

O pediatra que acompanha esses pacientes deve realizar um *screening* de outras malformações, especialmente da linha média como o coração e a glândula pituitária. O aconselhamento genético também deve ser levado em consideração pela presença de casos com transmissão recessiva.

Ceratocone Posterior

O ceratocone posterior não apresenta nenhuma relação com o ceratocone anterior. É uma condição geralmente unilateral, não progressiva, na qual há aumento da curvatura da superfície posterior da córnea. Pode apresentar-se de forma generalizada ou circunscrita. Essa primeira forma, mais rara, existe quando toda a superfície corneana posterior apresenta curvatura aumentada[15].

Pode haver o aparecimento de leve opacidade corneana, principalmente na forma circunscrita. Existem alguns casos com transmissão familiar, mas a maioria é esporádica.

A membrana de Descemet e o endotélio, apesar de alterados, estão presentes em todos os casos de ceratocone posterior. Pode haver a necessidade de correção de astigmatismo ou mesmo de um transplante penetrante para os casos com opacidade corneana significativa.

As seguintes alterações oculares podem estar associadas com ceratocone posterior circunscrito: aniridia, atrofia de íris, catarata polar anterior, coloboma retiniano, disgenesias do segmento anterior, distrofia polimorfa posterior, *ectopia lentis*, ectrópio de úvea, glaucoma, hipoplasia do nervo óptico, lenticone anterior, linhas de ferro no epitélio e ptose[16].

As seguintes alterações sistêmicas podem estar associadas com ceratocone posterior circunscrito: anomalias geniturinárias, malformações nasais, braquidactilia, fenda labiopalatina, hipertelorismo, pescoço alado, retardo de crescimento e retardo mental[7,16].

Estafiloma Anterior Congênito

O estafiloma anterior congênito é uma forma de ectasia corneana na qual se encontra a córnea opaca e protrusa, com tecido uveal aderido à sua face posterior. A maioria dos casos relatados é unilateral. O cristalino pode estar aderido à face posterior da córnea, como o que ocorre na anomalia de Peters. A membrana de Descemet e o endotélio estão, caracteristicamente, ausentes. O prognóstico é ruim, apesar de alguns pacientes submetidos à ceratoplastia penetrante terem apresentado graus variáveis de sucesso[13].

Ceratectasia

A ceratectasia é idêntica ao estafiloma anterior congênito, com a diferença de não apresentar tecido uveal sobre a face posterior da córnea.

Dermoides

São tumores congênitos e benignos que normalmente se originam na junção corneoescleral inferior. Apresentam-se como elevações sólidas amarelo-esbranquiçadas na região central ou periférica da córnea. São classificados como coristomas, porque apresentam tecidos normalmente ausentes nessa região, como pelos, glândulas sebáceas, etc. O tratamento, quando indicado, inclui a exérese cirúrgica, com ou sem transplante de córnea[7].

MEGALOCÓRNEA E MICROCÓRNEA

Na classificação de anomalias congênitas da córnea, a megalocórnea e a microcórnea estão no grupo de anomalias de "tamanho". Anomalias congênitas são, por definição, aquelas que se manifestam desde o momento do nascimento e podem ter como etiologia causas genéticas ou não genéticas (ambientais). Rotineiramente, o exame inicial dessas afecções corneanas é insuficiente para definir a natureza etiológica da anomalia, sendo necessário realizar uma investigação mais completa, envolvendo testes genéticos do recém-nascido e familiares e levantamento das histórias familiar e gestacional[17].

Considerando a cronologia dos eventos intrauterinos que levam a anomalias oculares, sabe-se que, quanto mais precoce na gestação, maior a probabilidade de afetar o olho como um todo. Portanto, as anomalias exclusivamente da córnea e do segmento anterior estariam relacionadas a eventos nocivos entre a sexta semana e o quinto mês de gestação. Essa noção de cronologia pode ajudar o médico envolvido a ter uma ideia do período gestacional em que ocorreu o estímulo nocivo[17,18].

Megalocórnea

Como o próprio nome sugere, trata-se de uma anomalia com aumento significativo e não progressivo do diâmetro corneano e das dimensões das estruturas do segmento anterior do olho de forma desproporcional com relação ao restante do olho. A córnea tem sua histologia e espessura preservadas, mas tende a ser uma córnea mais curva, o que explica a miopia associada. É uma afecção rara, geralmente bilateral, não progressiva e com transparência corneana preservada (exceto nos pontos em que há quebras da membrana de Descemet). Na forma mais frequente, a hereditariedade respeita um padrão de transmissão recessivo ligado ao cromossomo X. A região do cromossomo X em que se localiza o *locus* do gene da megalocórnea é a Xq12-q26, próxima ao *locus* do gene da síndrome de Aarskog (síndrome facial-digital-genital), Xq12-13. A transmissão autossômica tem sido identificada em famílias que apresentam também glaucoma congênito.

A etiologia não está totalmente esclarecida, apesar de se saber que ocorre uma falha no desenvolvimento embriológico durante a formação do segmento anterior do olho. O frequente achado de córneas com discreto aumento do diâmetro na síndrome de Marfan e de casos de megalocórnea em pacientes com doenças do tecido conjuntivo sugere a possibilidade de que uma alteração do colágeno esteja envolvida em sua patogênese.

Uma córnea normal de recém-nascido tem no seu diâmetro horizontal (que é o maior) entre 10 e 12,5 mm. Nas megalocórneas esse diâmetro é excedido geralmente de maneira considerável, variando de 13 a 16,5 mm.

Complicações/afecções associadas à megalocórnea

- Miopia e astigmatismo.
- Catarata – geralmente em adultos.
- Deslocamento do cristalino (*ectopia lentis*) – presumidamente pelo alongamento zonular e alargamento do anel ciliar.
- Instabilidade zonular manifestada como iridodonese e/ou facodonese (aumento da mobilidade da íris e/ou cristalino diante de pequenos estímulos mecânicos ou movimentos oculares).
- Anomalias de íris e pupila – microcoria, transluscência iriana (atrofia estromal iriana).
- Glaucoma.

A forma familiar mais comum de megalocórnea é a megaloftalmia anterior, que inclui, além da megalocórnea bilateral, alargamento do anel ciliar, iridodonese, translucência iriana, miose e catarata em idade adulta.

Síndromes sistêmicas associadas à megalocórnea

- Síndrome de Marfan.
- Síndrome de Apert.
- *Craniosynostosis.*
- *Osteogenesis imperfecta.*

- Mucolipidose tipo II.
- Síndrome de Neuhauser.

Condutas

- Investigação para afastar glaucoma congênito.
- Ultrassonografia ocular para avaliar globo ocular e afastar buftalmia causada pelo glaucoma congênito.
- Acompanhamento e correção do erro refracional (miopia e astigmatismo) conforme a necessidade, como em indivíduos normais[19,20].

Microcórnea

Condição também pouco comum, na qual a córnea, apesar de transparente e de histologia e espessura preservadas, apresenta um diâmetro reduzido. Via de regra, seriam córneas com diâmetro horizontal menor que 10 mm em adultos ou menor que 9 mm em recém-nascidos. Por definição, nos casos de microcórnea, somente a córnea e o segmento anterior apresentam dimensões diminuídas, enquanto o globo ocular tem tamanho normal. A alteração pode ser tanto uni quanto bilateral, e não há predileção por sexo. No que diz respeito à hereditariedade, a microcórnea pode ter um padrão autossômico dominante ou recessivo, sendo o primeiro mais comum. Nos casos de microcórnea como condição isolada, a visão é boa, apesar de ter uma tendência à hipermetropia, por ser uma córnea geralmente plana. Nesses casos, a hereditariedade segue um padrão de transmissão autossômico dominante.

A etiologia da microcórnea não está bem esclarecida, mas também está relacionada a uma falha na embriogênese do segmento anterior do olho. Aparentemente ocorre uma parada no crescimento normal da córnea, que deveria começar depois do quinto mês de gestação, passada a fase de diferenciação.

É importante diferenciar microcórnea de microftalmia. Esta última se caracteriza por uma diminuição geral do globo ocular, com desorganização importante das estruturas, resultando num olho não funcional, diferentemente dos casos de microcórnea[19,20].

Diferentemente dos casos de megalocórnea, os casos de microcórneas são mais frequentemente acompanhados de outras alterações do segmento anterior. A associação com afecções sistêmicas também é frequente. Pacientes com microcórnea possuem um risco aumentado de desenvolverem glaucoma de ângulo estreito, na fase adulta, por causa do crescimento anteroposterior fisiológico do cristalino, que acaba se anteriorizando, assim como as estruturas do segmento anterior[20].

Oftalmologia

Quadro 15.2 – Complicações/afecções associadas à megalocórnea

- Hipermetropia
- Catarata congênita
- Glaucoma na fase adulta – mais frequentemente, o primário de ângulo estreito seguido do primário de ângulo aberto
- Alterações irianas
- Persistência de vasculatura fetal intraocular
- Hipoplasia de nervo óptico
- Disgenesia de segmento anterior

Quadro 15.3 – Associações sistêmicas com microcórnea

Síndromes mesodérmicas

- Ehlers-Danlos
- Weil-Marchesani
- Rieger

Síndromes craniofaciais

- Hallerman-Streiff
- Waardenburg
- Meyer-Schwickerath
- Hipertelorismo de Greig

Síndromes ósseas

- Onycho-Osteodysplasia hereditária
- Kohn-Romano
- Nance-Horan

Síndromes neurológicas

- Norrie
- Meckel
- Progéria
- Smith-Lemli-Opitz
- Sjögren-Larsson
- Cornélia de Lange
- Goltz

Síndromes cromossômicas

- Turner
- De Grouchy
- Trissomia 13-15
- Duplicação do 2p

Síndromes tóxicas

- Alcoólica fetal

Infecções

- Rubéola

Condutas

- Investigar precocemente as possíveis afecções oculares associadas que podem comprometer o prognóstico visual – catarata congênita, persistência de vasculatura fetal e glaucoma.
- Acompanhamento e correção do erro refracional (hipermetropia e astigmatismo) conforme a necessidade, como em indivíduos normais.
- Atentar para o risco elevado de desenvolvimento de glaucoma ao longo da fase adulta[21,22].

CONCLUSÕES

Em razão da necessidade de equipamento especializado para o correto exame de uma lesão ou alteração corneana, sempre que possível, o paciente deve ser avaliado por um oftalmologista. Os traumas corneanos, comuns em crianças, e as úlceras de córnea infecciosas, apesar de não serem comuns, devem ser rapidamente atendidos por especialista, para minimizar os danos oculares deles decorrentes. Opacidades transitórias ou permanentes da córnea podem decorrer das lesões ou de mal funcionamento das estruturas anteriores do globo ocular, como ocorre no glaucoma congênito e em diversas outras doenças. O tratamento precoce pode reverter o quadro em algumas situações particulares. As alterações estruturais congênitas da córnea – micro e megalocórnea – são frequentemente associadas a síndromes lociais ou sistêmicas que devem ser investigadas.

REFERÊNCIAS BIBLIOGRÁFICAS

1. Hamill MB. Mechanical injury. In: Krachmer JH, Mannis MJ, Holland EJ (eds.). Cornea. 2nd ed. Philadelphia: Elsevier Mosby; 2005. p.1245-61.
2. Alves MR, Nakashima Y. Lesões traumáticas do segmento anterior. In: Lima ALH, Dantas MCN, Alves MR (eds.). Doenças externas oculares e córnea. Rio de Janeiro: Cultura Médica; 1999. p.385-410.
3. Alves MR, Nakashima Y. Lesões traumáticas do segmento anterior. In: Lima ALH, Dantas MCN, Alves MR (eds.). Traumas químicos, térmicos, elétricos, barométricos e por radiação. Rio de Janeiro: Cultura Médica; 2008. p.331-8.
4. Alves MR, Lui Netto A, Gomes JAP. Tratamento clínico. In: Gomes JAP, Pires RTF, Alves MR, Lui Netto A (eds.). Doenças da superfície ocular. Diagnóstico e tratamento. Rio de Janeiro: Cultura Médica; 2002. p.59-79.
5. Tseng SC. Concept and application of limbal stem cells. Eye. 1989;3(Pt 2):141-57.
6. Tseng SC, Chen JJ, Huang AJ, Kruse FE, Maskin SL, Tsai RJ. Classification of conjunctival surgeries for corneal diseases based on stem cell concept. Ophthalmol Clin North Am. 1990;3:595-610.
7. Rezende RA, Uchoa UB, Uchoa R, Rapuano CJ, Laibson PR, Cohen EJ. Congenital corneal opacities in a cornea referral practice. Cornea. 2004;23(6):565-70.
8. Elliott JH, Feman SS, O'Day DM. Hereditary sclerocornea. Arch Ophthalmol. 1985;103(5):676-9.

9. Hanson IM, Fletcher JM, Jordan T, Brown A, Taylor D, Adams RJ, et al. Mutations at the PAX6 locus are found in heterogeneous anterior segment malformations including Peters' anomaly. Nat Genet. 1994;6(2):168-73.

10. Michaeli A, Markovich A, Rootman DS. Corneal transplants for the treatment of congenital corneal opacities. J Pediatr Ophthalmol Strabismus. 2005;42(1):34-44.

11. Zingirian M. Keratoplasty for sclerocornea in early infancy. Fortschr Ophthalmol. 1987;84(5):429-31.

12. Tsai RJ, Tseng SC. Human allograft limbal transplantation for corneal surface reconstruction. Cornea. 1994;13(5):389-400.

13. Krachmer JH, Mannis MJ, Holland EJ. Cornea. St Louis: Mosby; 1998.

14. Wilson FM. Congenital anomalies of the cornea and conjunctiva. In: Smolin G, Thoft RA (eds.). The cornea. Scientific foundations and clinical practice. Boston: Little, Brown, and Company; 1994.

15. Arffa RC. Grayson's diseases of the cornea. 4th ed. St Louis: Mosby; 1997.

16. Krachmer JH, Rodrigues MM. Posterior keratoconus. Arch Ophthalmol. 1978;96(10):1867-73.

17. Huang AJW, Wichiensin P, Yang MC. Bacterial keratitis. In: Krachmer JH, Mannis MJ, Holland EJ. Cornea. 2nd ed. Philadelphia: Elsevier Mosby; 2005. p.1005-33.

18. Holland EJ, Brilakis HS, Schwartz GS. Herpes simplex keratitis. In: Krachmer JH, Mannis MJ, Holland EJ. Cornea. 2nd ed. Philadelphia: Elsevier Mosby; 2005. p.1043-74.

19. Kalfman HE, Barron BA, McDonald MB. The cornea. 2nd ed. Boston: Butterworth-Heinemann; 1998. p.365-89. Congenital anomalies of the cornea.

20. American Academy of Ophthalmology. Basic and clinical science course – section 8 – External disease and cornea 2004-2005. Clinical aspects of congenital anomalies of the cornea and sclera. p.271-86.

21. Wygnanski-Jaffe T, Shin J, Perruzza E, Abdolell M, Jackson LG, Levin AV. Ophthalmologic findings in the Cornelia de Lange syndrome. J AAPOS. 2005;9(5):407-15.

22. Yarar C, Yakut A, Yildirim N, Yildiz B, Basmak H. Neuhauser syndrome and Peters' anomaly. Clin Dysmorphol. 2006:15(4):249-51.

23. Lee WB, Liesegang TJ. Herpes zoster keratitis. In: Krachmer JH, Mannis MJ, Holland EJ (eds.). Cornea. 2nd ed. Philadelphia: Elsevier Mosby; 2005. p.1075-92.

24. Chern KC, Meisler DM. Less common viral corneal infections. In: Krachmer JH, Mannis MJ, Holland EJ (eds.). Cornea 2nd ed. Philadelphia: Elsevier Mosby; 2005. p.1093-100.

25. Alfonso EC, Rosa Jr RH, Miller D. Fungal keratitis. In: Krachmer JH, Mannis MJ, Holland EJ (eds.). Cornea. 2nd ed. Philadelphia: Elsevier Mosby; 2005. p.1101-13.

26. Alizadeh H, Niederkorn JY, McCulley JP. Acanthamoeba keratitis. In: Krachmer JH, Mannis MJ, Holland EJ (eds.). Cornea. 2nd ed. Philadelphia: Elsevier Mosby; 2005. p.1115-22.

Anormalidades do cristalino 16

Ana Beatriz S. Ungaro Crestana
Celso Takashi Nakano
Antonio Francisco Pimenta Motta

Após ler este capítulo, você estará apto a:
1. Reconhecer a catarata congênita e infantil.
2. Compreender quando e como deve ser tratado o olho acometido.
3. Diagnosticar os casos de luxação cristaliniana ou orientar sua investigação em casos suspeitos por ocorrência de doenças sistêmicas em que essa alteração costuma ocorrer, para que seja possível orientar corretamente os pais da criança portadora.

INTRODUÇÃO

O cristalino é uma estrutura de importância fundamental na formação da imagem visual retiniana: seu enorme poder de convergência dos raios luminosos possibilita o perfeito foco das imagens na retina. A transparência de sua estrutura e correto posicionamento e formato são fundamentais para essa função. As alterações cristalinianas congênitas não tratadas podem resultar em ambliopia ou até mesmo cegueira irreversíveis. Neste capítulo serão abordadas duas das principais alterações cristalinianas encontradas em crianças: a catarata e a luxação.

CATARATA CONGÊNITA E INFANTIL

O termo "catarata" designa toda opacidade presente no cristalino. É chamada congênita quando está presente ao nascimento ou durante os primeiros três meses

176 Oftalmologia

de vida. Após essa idade, é denominada infantil. A catarata representa a maior causa de cegueira tratável na infância. Classifica-se a catarata de acordo com seu aspecto, a porção do cristalino acometida, o tempo de aparecimento, a etiologia e/ou a associação com outras alterações oculares. O diagnóstico e o tratamento precoces são essenciais para evitar a ambliopia, e o pediatra tem importante papel nessa investigação. O tratamento da criança com catarata na grande maioria dos casos não é simples e se prolonga por toda a infância.

Epidemiologia

Entre as causas de cegueira e baixa visão na população mundial de 0 a 15 anos, as cataratas figuram entre as principais em todas as regiões do planeta, representando a maior causa de cegueira tratável nas crianças[1,2]. No Brasil, a catarata representa a segunda maior causa de cegueira na infância, sendo que a primeira é a retinopatia da prematuridade.

A prevalência de catarata infantil é difícil de ser quantificada em virtude de suas diversas apresentações e da associação com outras doenças congênitas. Nos países em desenvolvimento, estima-se que a incidência ao nascimento seja de cerca de 6 a 10/10.000 nascidos vivos, enquanto em países com alto grau de desenvolvimento esse índice atinge 1 a 3/10.000. A prevalência durante a infância é maior por causa da inclusão de causas adquiridas de catarata, como as infecciosas, traumáticas e medicamentosas, subindo para 7 a 9/10.000 em centros desenvolvidos. Acredita-se que essa prevalência dobre entre as crianças de regiões com baixo índice de desenvolvimento humano. A cegueira por catarata (definida como visão igual ou pior que 20/400 no melhor olho) é estimada em 5 a 18/100.000 crianças mundialmente, também com enorme variação regional[3,4].

A incidência da catarata teve redução drástica na população brasileira com a vacinação das mulheres contra a rubéola e por meio do amplo acesso aos programas de assistência pré-natal. A detecção precoce da leucocoria pelo chamado "teste do olhinho" em diversas capitais brasileiras tem auxiliado a intervenção e o tratamento precoces da catarata congênita, melhorando os resultados visuais das crianças portadoras.

Etiologia

Entre as cataratas congênitas, aproximadamente 85% dos casos unilaterais e 60% dos bilaterais não têm etiologia conhecida, mesmo quando bem investigados. Os demais são decorrentes de diversos padrões de herança genética (sendo o mais comum o autossômico dominante), associação com síndromes (comum nas sín-

Anormalidades do cristalino **177**

dromes de Down e de Lowe, entre outras), doenças metabólicas (p.ex., galactosemia e diabetes), infecções congênitas (toxoplasmose, rubéola, citomegalovírus e herpes – TORCH – e sífilis, entre outras mais raras) ou ocorrem concomitantemente a outras malformações oculares (como microftalmia, persistência da vasculatura fetal, aniridia, entre outras). As cataratas associadas a doenças sistêmicas são quase invariavelmente bilaterais, mas ainda assim nem todos os casos bilaterais são associados a quadros sistêmicos[4].

A catarata de aparecimento tardio pode ainda ser causada por infecção intraocular (uveíte), trauma local, uso de medicações tópicas e sistêmicas (principalmente corticosteroides) ou radiações.

Uma anamnese cuidadosa seguida de exame detalhado, realizada pelo pediatra, ajudará na decisão de se partir ou não para a investigação laboratorial e genética para esclarecimento da causa da catarata. O exame oftalmológico dos pais poderá mostrar opacidades subclínicas, detectando casos hereditários. As cataratas bilaterais de causa desconhecida merecem investigação laboratorial com sorologia para infecções congênitas, análises de sangue e urina para avaliação de alterações metabólicas (glicemia, cálcio, fósforo, ferro e aminoácidos) e busca de alterações no metabolismo da galactose. Crianças sadias em que a catarata é a única alteração congênita devem ser, em sua maioria, classificadas como portadoras de catarata idiopática, mesmo após extensa e dispendiosa investigação. Os pais devem estar cientes dessas informações para que possam decidir com o médico até que ponto a investigação clínica e genética da criança deve seguir.

Por meio das características morfológicas, muitas vezes pode-se inferir a etiologia da catarata infantil, distinguindo entre as congênitas aquelas de desenvolvimento, as traumáticas e as induzidas por inflamação ou medicamentos.

Classificação

Classifica-se a catarata de acordo com o tempo de aparecimento, a localização e o grau de acometimento do cristalino. Denomina-se congênita aquela que surge até os 3 meses de idade. Após o terceiro mês, a catarata é dita infantil ou de desenvolvimento.

O acometimento do cristalino pode ser total, zonular (envolvendo um setor distinto: nuclear, lamelar, sutural ou subcapsular), polar, subcapsular ou, ainda, membranosa, a saber:

- Catarata total: facilmente visível a olho nu, frequentemente bilateral, é bastante associada a síndrome de Down, rubéola congênita e algumas doenças metabólicas (Figura 16.1).

- Polar: ponto branco localizado centralmente sob a cápsula do cristalino. As polares anteriores são normalmente menores que 2 mm e, apesar de bastante evidentes, não costumam progredir e comprometem pouco a visão (Figura 16.2).
- Catarata nuclear: o cristalino pode estar acometido em seu núcleo embrionário (porção mais central, formado nos 2 primeiros meses de gestação) ou no núcleo fetal (formado do 3º até o 8º mês, apresentando suturas em Y). É congênita, mas pode não ser notada ao exame do recém-nascido e progredir em densidade e tamanho durante os primeiros anos de vida.
- Lamelar: opacidade localizada ao redor do núcleo, entre este e o córtex transparente. Bastante comum, normalmente é bilateral e assimétrica. Costuma ser adquirida, portanto tem bom prognóstico visual pós-operatório.
- Sutural: envolve as suturas em Y. É comum ser encontrada em avaliações de rotina, pois não leva à alteração visual.
- Subcapsular: acomete a porção adjacente à cápsula. Normalmente é adquirida e costuma progredir. Está associada a traumas, inflamações, doenças dermatológicas, uso de corticosteroides e exposição a radiações. Pode ser formada em área de afilamento e abaulamento da cápsula posterior congênita, chamada lenticone posterior.
- Membranosa: formada por restos do cristalino em reabsorção. É densa e fina. É frequentemente associada à microftalmia e outras alterações oculares[4] (Figura 16.3).
- Persistência da vasculatura fetal: ocorre quando os vasos fatais não involuem propriamente e uma membrana resquicial permanece ligando a papila do nervo óp-

Figura 16.1 Catarata total.

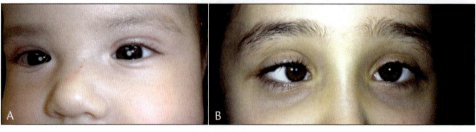

Figura 16.2 Catarata polar.

Figura 16.3 Catarata membranosa.

tico à face posterior do cristalino, levando a uma opacidade posterior central de tamanho variável. O defeito é congênito, e o olho é normalmente microftálmico em algum grau.

Sinais Clínicos

Alguns sinais clínicos podem levar ao diagnóstico da catarata em bebês e crianças. São eles:

- Leucocoria ou pupila branca.
- Nistagmo.
- Estrabismo.
- Fotofobia.
- Ausência de fixação do olhar ou desatenção.
- Alterações da estrutura do olho ou assimetria entre os dois olhos (p.ex., microftalmia associada à catarata).
- Lesão periocular por trauma.

Algumas crianças não demonstram nenhum sinal de alteração visual, e a catarata é descoberta em exame oftalmológico de rotina, principalmente em casos unilaterais ou de crianças com atraso de desenvolvimento ou outras alterações sistêmicas que dificultem a percepção da dificuldade visual. A história familiar de catarata congênita também pode levar ao diagnóstico precoce. Os sinais apresentados pela criança serão mais evidentes quanto mais precoce for a catarata, maior for sua densidade e maior for o tempo decorrido de privação visual. A presença de nistagmo nas cataratas bilaterais e de estrabismo nas unilaterais indica pior prognóstico.

É importante que o pediatra esteja familiarizado com o teste do reflexo vermelho, de aplicação extremamente simples e capaz de detectar diversas alterações oculares, mesmo com as pupilas não dilatadas. Também chamado teste de Bruckner, é realizado incidindo-se a luz do oftalmoscópio direto na glabela da criança à distância de 1 m e observando-se por sua lente a luz refletida através das duas pupilas simultaneamente (Figura 16.4). Se o reflexo não apresentar o brilho vermelho-alaranjado esperado (Figura 16.5) ou o aspecto das pupilas for diferente, o teste é positivo. Pode-se notar diferença entre os brilhos, reflexo esbranquiçado uni/bilateral ou sua ausência (escuro) (Figura 16.6). Esse exame é bastante sensível e ajuda a detectar desde uma diferença de grau entre os dois olhos até quadros de lesões retinianas (p.ex., retinoblastoma e hamartomas), passando por pequenos estrabismos e

Figura 16.4 Realização do teste do reflexo vermelho.

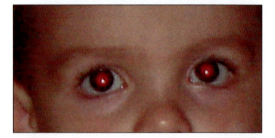

Figura 16.5 Reflexo vermelho normal.

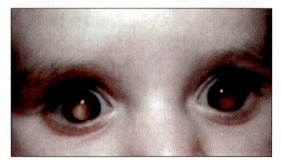

Figura 16.6 Reflexo vermelho alterado.

lesões anteriores, como a própria catarata. A criança com teste do reflexo vermelho alterado deve ser avaliada em exame oftalmológico específico.

A catarata congênita e infantil precoce provoca a chamada ambliopia por privação visual, em que as vias ópticas não alcançam seu desenvolvimento anatômico e funcional por falta de estímulo adequado, causando perda da função visual, muitas vezes irreversível. Quanto mais densa for a catarata e maior for o tempo de privação visual até o tratamento, maior será o grau de ambliopia. O sucesso do tratamento depende do diagnóstico e intervenção precoces, com remoção cirúrgica quando indicada[5].

A privação visual precoce atrapalha a habilidade de fixação, e, muitas vezes, as crianças com catarata densa precoce desenvolvem nistagmo. A presença de nistagmo prévio ao tratamento cirúrgico indica pior prognóstico visual[2,6].

Tratamento

A presença de catarata não é sinônimo de cirurgia. O tratamento conservador pode ser indicado em alguns casos de cataratas parciais, com o uso de oclusão do olho não (ou menos) acometido e com ou sem colírio midriático. A criança portadora de catarata não cirúrgica deve ser acompanhada rotineiramente em sua função visual durante toda a infância.

A cirurgia para a remoção da catarata é indicada quando a opacidade é total ou quando bloqueia o reflexo vermelho ou a visualização do fundo de olho pela pupila não dilatada. Algumas características morfológicas, a presença de outras alterações oculares concomitantes e, principalmente, o comportamento visual do bebê também auxiliam na decisão de se remover uma catarata parcial. Cataratas centrais maiores que 3 mm normalmente são cirúrgicas. Em crianças maiores, em que é possível determinar a acuidade visual, a remoção da catarata está indicada quando a visão é pior que 20/70 ou 20/60 (variando de acordo com diferentes escolas e autores) ou quando a criança apresenta grave intolerância à luz[7,8].

As cataratas congênitas unilaterais operadas até a sexta semana de vida atingem os melhores resultados. Para os casos bilaterais, o tempo de latência pode ser maior, até cerca de 10 semanas, pela ausência de competição contralateral, que também é importante fator ambliopizante[9].

Os olhos operados perdem a capacidade de acomodação (importante função visual que permite mudar o foco de longe para perto) e necessitam de lentes corretivas adequadas para esse fim. As crianças também necessitam de avaliações após a cirurgia a curtos intervalos de tempo, para a adequação da correção óptica, indicação da oclusão e, algumas vezes, reintervenções cirúrgicas ao longo da vida, possibilitando o sucesso da reabilitação visual. O tratamento continua em casa, na escola e em todas as atividades de que a criança participe. O comprometimento dos cuidadores é essencial para que a criança atinja a melhor visão possível no decorrer de seu desenvolvimento.

Cirurgia

A cirurgia da catarata congênita e infantil é muito diferente daquela realizada em adultos e necessita de conhecimento específico e experiência do cirurgião. O olho infantil não é uma miniatura do olho adulto, há diferenças estruturais importantes que demandam cuidados especiais durante o procedimento.

A cirurgia da catarata remove todo o cristalino e parte de sua cápsula anterior, e, no caso de crianças menores de 5 anos, indica-se também a remoção da cápsula posterior do cristalino e da porção anterior do vítreo para evitar a reopacificação do eixo visual[1,5,10] (Figura 16.7).

Com os avanços das técnicas cirúrgicas e dos materiais utilizados nas cirurgias, o implante primário das lentes intraoculares (LIO) em bebês tem sido cada vez mais amplo em todo o mundo, apesar de ainda não ter sido aprovado pelo *Food and Drug Administration* (FDA) americano para uso abaixo dos 2 anos de idade. O cálculo do poder dióptrico (grau) dessa lente deve ser cuidadoso e considerar as mudanças futuras do olho do paciente, tanto o crescimento axial quanto as mudanças de curvaturas. Esse cálculo é estimado para que a criança possa desenvolver boa visão com o auxílio de óculos, que promovem a correção necessária durante o processo de crescimento do olho, visando a um mínimo grau residual na idade adulta.

Nos casos de catarata parcial ou nas unilaterais diagnosticadas tardiamente, a indicação da cirurgia deve ser muito cautelosa. O ato cirúrgico envolve riscos anestésicos e oculares: além de possíveis complicações intraoperatórias, há chance de inflamação acentuada subsequente, reopacificação do eixo visual, glaucoma de difí-

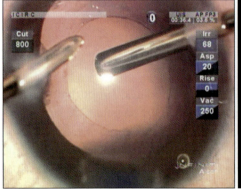 

Figura 16.7 Visão intraoperatória após a remoção da catarata e após a introdução da lente intraocular.

cil tratamento, entre outras. Além disso, o olho sem cristalino perde sua capacidade de acomodação, impossibilitando a mudança do foco de longe para perto sem lente corretiva. Deve-se ter em mente que a incapacidade de acomodar pode ser mais debilitante que uma acuidade visual um pouco abaixo do normal.

As crianças mantidas afácicas (sem LIO) após a cirurgia de catarata deverão ter a visão corrigida com óculos ou lentes de contato assim que possível. Essas lentes terão o poder dióptrico (grau) semelhante ao do cristalino da criança, sendo calculada individualmente para que a imagem percebida pela retina seja a mais nítida possível e, assim, viabilize o pleno desenvolvimento visual. Em bebês, as lentes corretivas se aproximam de 25 dioptrias (com grande variação individual), e esse valor é gradativamente reduzido à medida que os olhos crescerem. A troca das lentes deve ser frequente, já que o olho da criança cresce rapidamente durante os primeiros anos da infância (Figura 16.8).

Em casos de famílias mais carentes, em que não há condições de uso e trocas adequadas de óculos, lentes de contato ou até mesmo da oclusão, como é frequente no serviço de Oftalmologia do HC-FMUSP, algumas vezes opta-se pelo implante primário da lente intraocular mais precoce como meio de proteger a criança de uma possível ambliopia profunda, que ocorrerá por falta de uso da correção adequada no olho afácico. Desse modo, diversas crianças no serviço de Oftalmologia do HC-FMUSP têm suas LIO implantadas antes mesmo dos 6 meses de idade[11,12].

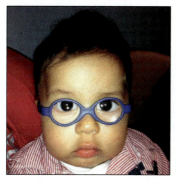

Figura 16.8 Criança usando lentes corretivas para afacia bilateral.

Seguimento Pós-operatório

A cirurgia é apenas o primeiro passo de um longo e trabalhoso processo visando à reabilitação visual da criança. Os olhos infantis têm mais tendência à inflamação pós-operatória, crescem rapidamente, alterando muito a refração nos anos seguintes à cirurgia, têm chance de reopacificação do eixo visual com consequente diminuição da acuidade visual, mais tendência a glaucoma de difícil controle e estrabismo, entre outras complicações.

Não é raro que o olho operado de catarata congênita necessite de reintervenções cirúrgicas, geralmente no primeiro ano de seguimento, para tratamento de complicações. Olhos com outras alterações, como lesões retinianas, microftalmia, persistência da vasculatura fetal, entre outras, terão menor expectativa de acuidade visual final[13].

A cirurgia precoce tem como objetivo evitar a instalação da ambliopia. Para isso, é essencial que o eixo visual permaneça livre e a correção da refração seja exata e revisada constantemente. O uso de óculos para correção do grau residual é imprescindível em crianças afácicas e pseudofácicas. Naquelas operadas de catarata unilateral e mantidas afácicas, recomenda-se o uso de lente de contato para melhor desempenho visual. Além disso, nos casos em que o olho contralateral apresenta melhor visão, este deverá obrigatoriamente ser ocluído parte do tempo para possibilitar o uso e o desenvolvimento da função do olho operado[5,14] (Figura 16.9).

Em virtude da impossibilidade do mecanismo de acomodação dos olhos afácicos e pseudofácicos, as lentes bifocais ou multifocais devem ser prescritas a partir dos 3 anos de idade, possibilitando bom desempenho nas atividades escolares. As LIO muitifocais ainda são raramente usadas em crianças, com resultados controversos[15].

O implante secundário da lente intraocular em olhos afácicos pode ser programado para alguns anos mais tarde, sendo indicado por alguns cirurgiões já a partir dos 2 anos de idade. No serviço de Oftalmologia do HC-FMUSP, posterga-se esse procedimento até por volta dos 5 ou 6 anos, quando já se passou a fase crítica do desenvolvimento da função visual.

O comprometimento da família tornará possível o bom resultado visual, por meio das ações diárias de incentivo ao uso da correção e oclusão, deslocamento para consultas oftalmológicas frequentes e/ou sessões de estimulação visual, troca frequente de óculos ou lentes de contato e observação de avanços e retrocessos nas habilidades visuais da criança. Sem o incentivo da família, o tratamento da ambliopia é praticamente impossível.

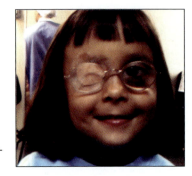

Figura 16.9 Criança em tratamento para ambliopia após cirurgia de catarata unilateral em olho esquerdo.

Os melhores resultados visuais são mérito de cirurgias precoces e comprometimento incessante com o tratamento da ambliopia, principalmente durante a primeira infância. Nas cataratas congênitas unilaterais, o resultado visual fica muitas vezes aquém das expectativas pelos diversos motivos relatados, porém ainda assim, em muitos casos, consegue-se uma visão útil no olho comprometido. Os resultados dos casos congênitos bilaterais chegam a ser excelentes quando o tratamento é bem conduzido, assim como ocorre nas cataratas parciais ou de desenvolvimento. Os casos traumáticos e decorrentes de inflamação/radiação apresentam prognóstico muito variável, dependendo do grau de acometimento do olho, da idade de início e do tempo de privação visual[2,5].

LUXAÇÃO DO CRISTALINO EM CRIANÇAS

A luxação do cristalino ocorre quando há perda completa do suporte ao saco capsular promovido pelas fibras da zônula (zônula de Zinn), que o ligam ao corpo ciliar. Com isso, o cristalino solto pode se apresentar na câmara anterior ou dentro da cavidade vítrea do olho no exame oftalmológico. Quando ocorre uma perda parcial das estruturas de sustentação, tem-se a subluxação (ou luxação parcial) do cristalino.

Não existem na literatura estudos com a incidência exata de ocorrência dessa enfermidade em crianças no Brasil. Na Dinarmarca, a prevalência estimada de *ectopia lentis* em recém-nascidos é de 6,4/100.000[16]. Entretanto, existem relatos de casos mostrando que essa doença pode ocorrer de forma aguda associada a trauma[17]. Nessa etiologia (trauma), destacam-se as agressões contundentes e de alto impacto que podem ocorrer na cabeça, na órbita ou no próprio olho, como socos e boladas, entre outras. Podem ainda ocorrer de forma hereditária, relacionadas com doenças sistêmicas que apresentam manifestações oculares. Geralmente, a apresentação clínica é bilateral e tem relação com defeitos no metabolismo, como a síndrome de Marfan[17,18], a síndrome de Weill-Marchesani[19,20] e a homocistinúria[21] (Figura 16.10), sendo essas algumas causas desse subtipo da doença. Podem ainda ocorrer associadas a aniridia[22] e de forma idiopática, sendo esta última mais rara.

No tipo traumático, geralmente a perda do suporte é determinada no momento do trauma, não aumentando a perda de sustentação com o passar do tempo. Nas hereditárias, o quadro geralmente é progressivo, pois existe doença das fibras zonulares, ocorrendo, em muitos casos, piora do defeito no suporte ao cristalino, culminando com a saída do cristalino do eixo visual ou mesmo evoluindo da subluxação para luxação completa.

O quadro clínico no tipo traumático é de visão borrada após o trauma. Ao exame do paciente na lâmpada de fenda, o cristalino pode ser visto deslocado par-

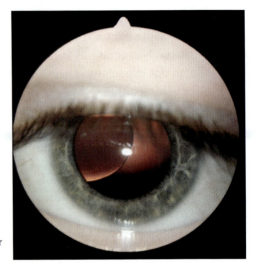

Figura 16.10 *Ectopia lentis* em paciente portador de homocistinúria.

cialmente ou pode estar dentro da cavidade vítrea caso a luxação seja completa, não sendo possível vê-lo. Nos casos hereditários, a apresentação clínica não é tão óbvia, e a criança pode ter sinais como choro ao se tapar um dos olhos e coceira ocular frequente, e, com o desenvolvimento, chocar-se com objetos ou obstáculos no caminho, além de apresentar dificuldade de aprendizado em fases mais tardias.

O tratamento nos casos relacionados a trauma depende da gravidade do trauma e do grau de deslocamento do cristalino. Em casos de luxação parcial deve ser feito acompanhamento periódico, com uso de lentes corretivas, pois existe o risco de desenvolvimento de uma catarata secundária, necessitando de correção cirúrgica[23]. Caso a luxação seja total, podem ser feitas, além da correção com lentes, cirurgias para retirada de restos do cristalino e implante de lente intraocular[24-26]. Esses cuidados e acompanhamentos frequentes são importantes, pois, dependendo da idade da criança, é necessário estímulo visual adequado, de modo que todo o sistema óptico se desenvolva na sua plenitude por volta dos 8 anos de idade, evitando, assim, a ambliopia[27].

Nos casos ligados a doenças metabólicas também é necessário acompanhamento periódico com avaliação refracional frequente de modo a corrigir o grau e evitar a ambliopia. São casos geralmente bilaterais. Caso o grau no exame de refração seja muito alto ou não seja passível de correção com óculos pela anisometropia (diferença de grau entre os olhos), pode ser necessária uma cirurgia de extração do cristalino com implante de lente intraocular[28]. Quando o implante não é possível, deve ser feito manejo refracional pós-operatório com uso de lentes de contato e/ou óculos.

CONCLUSÕES

O correto diagnóstico e o tratamento precoce das alterações cristalinianas graves conseguem promover visão satisfatória em grande parte dos casos. É importante que o pediatra saiba avaliar a necessidade de tratamento e possa orientar a família de cada criança acometida.

REFERÊNCIAS BIBLIOGRÁFICAS

1. Zetterström V, Lundvall A, Kugelberg M. Cataracts in children. J Cataract Refract Surg. 2005;31(4):824-40.
2. Lloyd IC, Ashworth J, Biswas S, Abadi RV. Advances in the management of congenital and infantile cataract. Eye (Lond). 2007;21(10):1301-9.
3. Johnson GJ, Minassian DC, Weale RA, West SK. The epidemiology of eye disease. Community Eye Health. 2003;16:260-85.
4. Dantas AM. Oftalmologia pediátrica. Rio de Janeiro: Cultura Médica; 1995.
5. Ledoux DM, Trivedi RH, Wilson ME Jr, Payne JF. Pediatric cataract extraction with intraocular lens implantation: vision acuity outcome when measured at age of four years and older. J AAPOS. 2007;11(3):218-24.
6. Zetterström C, Kugelberg M. Paediatric cataract surgery. Acta Ophthalmol Scand. 2007;85(7):698-710.
7. Wilson ME, Saunders RA, Trivedi RH. Pediatric ophthalmology – current thought and a practical guide. Stockholm: Springer; 2009.
8. American Academy of Ophthalmology. The eye M.D. association: basic and clinical science course. Section 6:245-60.
9. Lambert SR, Lynn MJ, Reeves R, Plager DA, Buckey EG, Wilson ME. Is there a latent period for the surgical treatment of children with dense bilateral congenital cataracts? J AAPOS. 2006;10(1):30-6.
10. Wilson ME Jr, Trivedi RH, Bartholomew LR, Pershing S. Comparison of anterior vitrectorhexis and continuous curvilinear capsulorhexis in pediatric cataract and intraocular lens implantation surgery: a 10-year analysis. J AAPOS. 2007;11(5):443-6.
11. Ungaro Crestana ABS. Catarata congênita e infantil: três anos de ambulatório específico no HCFMUSP. In: XVII Congresso Brasileiro de Prevenção da Cegueira e Reabilitação Visual 2006. São Paulo, Brasil: Pôster e Anais do Congresso.
12. Wilson ME Jr, Bartholomew LR, Trivedi RH. Pediatric cataract surgery and intraocular lens implantation and intraocular lens implatation: practice styles and preferences of the 2001 ASCRS and AAPOS memberships. J Cataract Refract Surg. 2003;29(9):1811-20.
13. Plager DA, Lynn MJ, Buckley EG, Wilson ME, Lambert SR; Infant Aphakia Treatment Study Group. Complications, adverse events, and additional intraocular surgery 1 year after cataract surgery in the infant Aphakia Treatment Study. Ophthalmology. 2011;118(12):2330-4.
14. Ejzenbaum F, Salomão SR, Berezovsky A, Waiswol M, Tartarella MB, Sacai PY, et al. Ambliopia after unilateral infantile cataract extraction after six weeks of age. Arq Bras Oftalmol. 2009;2(5):645-9.
15. Jacobi PC, Dietlein TS, Konen W. Multifocal intraocular lens implantation in pediatric cataract surgery. Ophtalmology. 2001;108(8):1375-80.
16. Fuchs J, Rosenberg T. Congenital ectopia lentis. A Danish national survey. Acta Ophthalmol Scand. 1998;76(1):20-6.
17. Zadeh N, Bernstein JA, Niemi AK, Dugan S, Kwan A, Liang D, et al. Ectopia lentis as the presenting and primary feature in Marfan syndrome. Am J Med Genet A. 2011;155A(11):2661-8.
18. Dietz HC. Marfan syndrome. In: Pagon RA, Bird TD, Dolan CR, Stephens K, Adam MP (eds.). Gene Reviews [internet]. Seattle: University of Washington, Seattle; 1993. [updated 01 dec 2011].

19. Tsilou E, MacDonald IM. Weill-Marchesani Syndrome. 1993. In: Pagon RA, Bird TD, Dolan CR, Stephens K, Adam MP (eds.). Gene Reviews [internet]. Seattle: University of Washington, Seattle; 1993. [updated 01 nov 2011].
20. Wentzloff JN, Kaldawy RM, Chen TC. Weill-Marchesani syndrome. J Pediatr Ophthalmol Strabismus. 2006;43(3):192.
21. Kanigowska K, Gralek M. Lens dislocation in children. Klin Oczna. 2006;108(1-3):90-2.
22. Eden U, Beijar C, Riise R, Tornqvist K. Aniridia among children and teenagers in Sweden and Norway. Acta Ophthalmol. 2008;86(7):730-4.
23. Buttanri IB, Sevim MS, Esen D, Acar BT, Serin D, Acar S. Modified capsular tension ring implantation in eyes with traumatic cataract and loss of zonular support. J Cataract Refract Surg. 2012;38(3):431-6.
24. Sminia ML, Odenthal MT, Gortzak-Moorstein N, Wenniger-Prick LJ, Volker-Dieben HJ. Implantation of the Artisan iris reconstruction intraocular lens in 5 children with aphakia and partial aniridia caused by perforating ocular trauma. J AAPOS. 2008;12(3):268-72.
25. Lundvall A, Zetterström C. Primary intraocular lens implantation in infants: complications and visual results. J Cataract Refract Surg. 2006;32(10):1672-7.
26. Kumar DA, Agarwal A, Prakash D, Prakash G, Jacob S. Glued intrascleral fixation of posterior chamber intraocular lens in children. Am J Ophthalmol. 2012;153(4):594-601.
27. Bandrakalli P, Ganekal S, Jhanji V, Liang YB, Dorairaj S. Prevalence and causes of monocular childhood blindness in a rural population in Southern India. J Pediatr Ophthalmol Strabismus. 2012;49(5):303-7.
28. Park SC, Chung ES, Chung TY, Kim SA, Oh SY. Axial growth and binocular function following bilateral lensectomy and scleral fixation of an intraocular lens in nontraumatic ectopia lentis. Jpn J Ophthalmol. 2010;54(3):232-8.

Glaucomas pediátricos 17

Alberto Jorge Betinjane
Marcio Henrique Mendes
Ernst Werner Oltrogge

Após ler este capítulo, você estará apto a:
1. Reconhecer os sinais de um provável glaucoma da infância.
2. Descrever a gravidade e as possíveis consequências de um glaucoma avançado.
3. Avaliar quais são os fatores de risco para o desenvolvimento dessa doença.

INTRODUÇÃO

O glaucoma infantil é uma das maiores causas de cegueira da infância. Em estudos realizados no Brasil, observou-se ser a maior causa de cegueira em crianças e a principal causa de baixa visual em crianças atendidas em serviço especializado de visão subnormal, em hospital de instituição de ensino[1,2].

O glaucoma congênito decorre de pressão intraocular (PIO) elevada, o que resulta em alterações oculares graves, podendo acarretar comprometimento visual em curto espaço de tempo, muitas vezes irreversível, caso a doença não seja tratada e controlada precocemente.

Vale lembrar que existe mais de um tipo de glaucoma pediátrico. Assim, o glaucoma infantil pode ser classificado, de uma maneira simples, em glaucoma congênito primário, glaucoma congênito associado a outras anomalias de desenvolvimento (oculares ou sistêmicas) e glaucoma infantil secundário[3,4].

GLAUCOMA CONGÊNITO PRIMÁRIO

O glaucoma congênito primário (GCP) é o tipo mais comum entre os glaucomas da infância.

É uma goniodisgenesia de origem mesenquimal cujas características morfofisiológicas e fisiopatológicas são diferentes em relação às do glaucoma do indivíduo adulto. Assim sendo, a doença tem como causa única o aumento da pressão intraocular, que decorre exclusivamente de malformação da região do seio camerular (persistência de tecido do ligamento pectíneo) e/ou possivelmente de anomalias da malha trabecular, dificultando a saída do humor aquoso da câmara anterior, resultando em aumento da pressão do olho[4,5].

Epidemiologia/Herança

O glaucoma congênito primário é uma afecção rara, porém de impacto visual e social grave, por causa de suas características. Em geral, manifesta-se clinicamente logo ao nascimento da criança ou até o final do primeiro ano de vida. São raros os casos de manifestação mais tardia.

É bilateral em cerca de 80% dos casos e é mais comum no sexo masculino, em que ocorrem cerca de 70% dos casos. A prevalência do glaucoma congênito primário varia entre 1:10.000 e 1:22.000 nos países ocidentais até 1:2.500 e 1:3.300 no Oriente Médio e na Índia, respectivamente. As manifestações clínicas da doença podem ocorrer em graus variáveis, dependendo de vários fatores, entre eles, as características das mutações genéticas, consanguinidade entre os pais, características étnicas, história familiar, etc.[6,7].

A maioria dos casos é esporádica e não hereditária. Nos casos hereditários, a herança é do tipo autossômica recessiva com provável caracter multifatorial. O gene inicialmente identificado e mais comumente estudado e relacionado ao glaucoma congênito primário é o CYP1B1. Outro gene já identificado como relacionado ao glaucoma congênito primário é o LTBP2, e estudos têm sido realizados visando identificar novos genes relacionados com a doença, bem como estudar as mutações que ocorrem e que parecem estar relacionadas com a maior ou menor gravidade do quadro clínico da criança[8-10].

Manifestações Clínicas

Sinais e sintomas

Os sinais e sintomas mais comuns do glaucoma congênito primários são epífora, fotofobia, lacrimejamento e aumento da córnea e do globo ocular. O aumento do olho, associado às anomalias da córnea (aumento e mudança da cor e do brilho), é o sinal inicial que mais comumente chama atenção dos pais ou dos pediatras, levando à suspeita da anormalidade ocular. Podem ocorrer ainda espirros frequentes, quando da exposição do olho da criança à luz em consequência das alterações da córnea e do segmento anterior do olho (Figura 17.1).

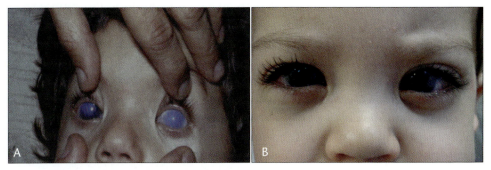

Figura 17.1 Glaucoma congênito primário. A: córneas com opacidades significativas; B: córneas com boa transparência, após controle da doença.

Diagnóstico

Inicialmente deve ser feita uma anamnese cuidadosa (informações obtidas dos pais ou responsáveis), em que devem ser pesquisados: existência de casos semelhantes na família, consanguinidade e o momento de início dos primeiros sinais da doença, ou seja, se a criança já nasceu com as alterações oculares ou se estas surgiram durante os primeiros meses de vida. Para o esclarecimento diagnóstico é necessário o exame ocular, sob narcose em centro cirúrgico, com todos os recursos de segurança. Vale referir que praticamente todos os anestésicos podem influenciar a pressão intraocular, seja pelo seu modo de ação no sistema nervoso central, seja pelo grau de profundidade anestésica atingido, podendo acarretar imprecisão dos resultados na determinação da pressão intraocular pela tonometria.

Exame externo

O exame externo preliminar muitas vezes permite observar alterações de transparência da córnea, que se revela comumente também de tamanho aumentado. Esses achados são mais facilmente observados quando o glaucoma é unilateral ou nos casos bilaterais, de desenvolvimento assimétrico, o que leva os pais ou o pediatra a perceber uma diferença de tamanho ou de cor entre os dois olhos, mesmo antes de ocorrerem alterações mais importantes de transparência da córnea.

Exame sob sedação

Inicialmente é realizada a medida da pressão intraocular, por meio de um tonômetro portátil ou adaptado à lâmpada de fenda. Essa medida consiste em procedimento importante da semiologia do glaucoma congênito. No entanto, a determinação da pressão intraocular (tonometria) na criança deve ser interpretada com muito critério, uma vez que pode ser influenciada pela sedação anestésica e pelas alterações que a córnea comumente apresenta nesses olhos[4].

Os valores normais da PIO na infância são menores que no adulto. Embora não haja um consenso sobre o valor normal da PIO da criança, considera-se que valores acima de 13 a 14 mmHg em criança até 1 ano de idade e examinada sob narcose são altamente suspeitos[3].

A determinação do tamanho da córnea é obtida, com compasso apropriado, por meio da verificação do diâmetro corneano horizontal. O diâmetro da córnea normal no recém-nascido é de 10 a 10,5 mm, sendo que o diâmetro corneal pode atingir 11,5 a 12 mm ao final do primeiro ano de vida. Valores maiores são altamente suspeitos de serem anormais e sugestivos de glaucoma[5].

Biomicroscopia

O exame biomicroscópico é realizado à lâmpada de fenda ou por meio de microscópio cirúrgico. Ele permite confirmar a presença ou não de edema da córnea, subepitelial (nesse caso a opacidade corneal é discreta) ou do estroma (opacidade corneal mais acentuada). São essas alterações que resultam em diminuição acentuada da transparência da córnea, que se torna de cor branco-azulada. O edema corneal pode diminuir ou até mesmo desaparecer em caso de controle da pressão intraocular. No entanto, pode tornar-se crônico, ocasionando alterações definitivas do tecido corneal, com consequente ocorrência de opacidades permanentes (nébulas e leucomas), resultando em grande prejuízo para a visão, muitas vezes de forma definitiva. A câmara anterior, no glaucoma congênito primário, é sempre profunda, e a íris comumente revela certo grau de hipoplasia[4,5].

Gonioscopia

O exame do seio camerular ou do ângulo da câmara anterior (gonioscopia) é de grande importância no diagnóstico e na caracterização do tipo de glaucoma infantil. No entanto, muitas vezes a diminuição de transparência da córnea (característica comum da doença) impede ou dificulta o exame gonioscópico, pois para a sua realização deve haver condições mínimas de transparência da córnea. Para o exame do ângulo da câmara anterior do olho utiliza-se uma lente especial, a lente de gonioscopia. No glaucoma congênito primário, é comum a ocorrência de tecido embrionário remanescente, denominado ligamento pectíneo, que se apresenta em maior ou menor quantidade recobrindo os elementos externos regulares do ângulo da câmara anterior. Além disso, o seio camerular pode também estar encoberto por uma membrana denominada membrana de Barkan. A presença desses elementos embrionários, que não se reabsorveram devidamente, impede que o humor aquoso saia normalmente do interior do olho, o que resulta em aumento da pressão intraocular[5,8-10] (Figura 17.2).

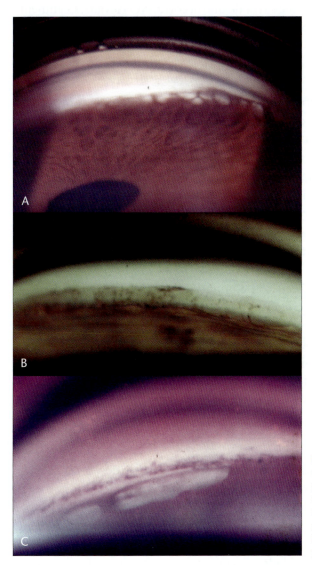

Figura 17.2 A: exame do ângulo da câmara anterior (gonioscopia) no glaucoma congênito; B: persistência de pectíneo no ângulo (antes da cirurgia); C: aspecto do ângulo após o rompimento do pectíneo na trabeculotomia[13]. (Fotos gentilmente cedidas por Carvalho CA.)

Exame do fundo de olho (oftalmoscopia)

O exame de fundo de olho pode ser realizado por meio de oftalmoscópio direto ou indireto, ou ainda com lâmpada de fenda ou microscópio cirúrgico.

Como ocorre no glaucoma do adulto, o aumento da PIO resulta em dano do nervo óptico, que leva a alterações do disco óptico que podem ser observadas pela oftalmoscopia. Na criança, o aumento da escavação do nervo óptico, secundária ao aumento da PIO, pode ocorrer de maneira rápida em razão das características das túnicas oculares na infância. Na criança, a escavação do nervo óptico maior que 0,3 a 0,4 diâmetro do disco pode ser sugestiva de que decorra PIO elevada. O aumento da escavação pode ser parcialmente revertido em caso de controle precoce da pressão intraocular[3].

Biometria ultrassonográfica

A determinação do diâmetro axial do globo ocular nas crianças com suspeita ou portadoras de glaucoma se constitui em exame de extrema importância, uma vez que os olhos com glaucoma congênito se revelam aumentados de tamanho em relação aos olhos normais, em consequência do aumento da pressão intraocular. Assim sendo, a determinação de dados biométricos do olho, tanto o diâmetro corneal quanto o comprimento axial (este último obtido por meio da ultrassonografia), é considerada muito importante na propedêutica do glaucoma congênito nos 3 a 4 primeiros anos de vida. Esses parâmetros biométricos são considerados muitas vezes decisivos tanto para fins diagnósticos como para o controle evolutivo da doença[3,12].

Para valorizar os dados biométricos, é importante lembrar que até a idade de 3 ou 4 anos o globo ocular da criança cresce normalmente de forma rápida. Em casos de glaucoma congênito, o crescimento é ainda maior e expressivamente mais rápido. Assim sendo, uma vez obtido o valor do diâmetro axial do olho em estudo, deve-se compará-lo com os valores de olhos normais, para cada mês de idade[11]. Esse procedimento é empregado tanto para o diagnóstico quanto para o controle evolutivo da doença (Figura 17.3).

Diagnóstico Diferencial

No diagnóstico diferencial do glaucoma congênito primário devem ser consideradas as anomalias que podem revelar sinais ou sintomas semelhantes aos observados no glaucoma da infância: outros tipos de glaucomas pediátricos, secundários ou adquiridos, obstrução das vias lacrimais do recém-nascido (causa lacrimejamento nos primeiros meses de vida), megalocórnea (córnea aumentada, com transparência e PIO normais) e outras opacidades da córnea, por exemplo as decorrentes de trauma de parto, processos inflamatórios, distúrbios metabólicos e as idiopáticas.

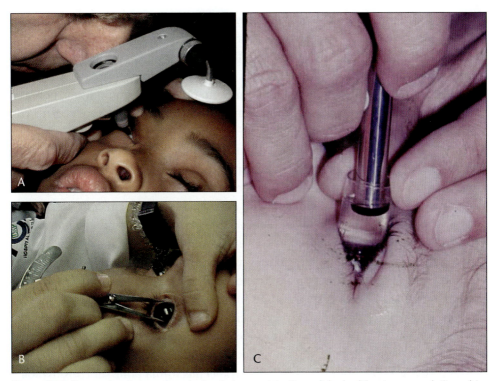

Figura 17.3 Exame da criança sob sedação. A: tonometria; B: medida do diâmetro corneal; C: ecobiometria do diâmetro axial.

Tratamento

O tratamento do glaucoma congênito é essencialmente cirúrgico. Além disso, é importante considerar que, uma vez feito o diagnóstico, a cirurgia deve ser realizada o mais rapidamente possível. Assim, quando o diagnóstico é feito precocemente, o prognóstico cirúrgico é melhor em relação aos casos em que, quando da realização do procedimento cirúrgico inicial, já existem grandes anomalias clínicas da doença. Nos casos mais graves, muitas vezes são necessárias duas ou mais cirurgias para o controle da doença. O tratamento clínico com uso de colírios está indicado em casos em que o tratamento cirúrgico não se revelou completamente eficiente no controle da doença. Neste caso, as drogas utilizadas são aquelas usadas para tratamento do glaucoma do adulto. No entanto, a brimonidina deve ser evitada em crianças de baixa idade[4].

As cirurgias mais indicadas para o tratamento do glaucoma congênito são a trabeculotomia e a goniotomia. Ambas as cirurgias são consideradas de primeira escolha para o tratamento do glaucoma congênito primário. Elas atuam na região do seio camerular, rompendo o tecido pectíneo persistente que impede a saída do humor aquoso da câmara anterior para as vias naturais de drenagem. A goniotomia é feita com o uso de lente gonioscópica que permite a visualização do ângulo da câmara anterior com o auxílio do microscópio cirúrgico. Utiliza-se um instrumento cortante (goniótomo) introduzido na câmara anterior através da córnea junto ao limbo, avança até o lado oposto do local de entrada e rompe o tecido pectíneo persistente na região do ângulo. A trabeculotomia tem o mesmo objetivo da goniotomia, porém é realizada via *ab externo*, ou seja, de fora para dentro do olho. Assim, após abertura da conjuntiva, é feito um retalho escleral e, em seguida, localiza-se o canal de Schlemm (por onde o humor aquoso é escoado do interior do olho). Introduz-se um instrumento (trabeculótomo) no canal de Schlemm e, rodando-o em direção à câmara anterior, rompe-se o ligamento pectíneo persistente, liberando o acesso do aquoso às vias naturais de drenagem. Caso a primeira cirurgia não resulte em controle da PIO, uma nova trabeculotomia pode ser repetida em outro local. A trabeculotomia e a goniotomia (também conhecidas como cirurgias angulares) resultam em sucesso em cerca de 70% dos casos, quando realizadas precocemente[14]. A trabeculectomia, cirurgia mais comum do glaucoma do adulto, pode ser empregada em casos de falha das cirurgias angulares. Neste caso, o uso de substâncias antimitóticas, com o objetivo de evitar a cicatrização excessiva na região cirúrgica, pode melhorar os resultados[4,15].

Vale referir ainda que existem casos em que, logo ao nascimento da criança, os olhos se apresentam com grandes manifestações clínicas de glaucoma congênito. Nesses casos, a trabeculotomia associada à trabeculectomia pode ser considerada a cirurgia de primeira escolha[16,17].

Em casos refratários, estão indicadas as cirurgias que utilizam dispositivos de drenagem (tubos ou válvulas). Os implantes de drenagem resultam em índices de sucesso semelhante ao da trabeculectomia com antimitóticos. Com o passar do tempo, no entanto, tendem a perder a eficiência ou apresentar complicações. Entre outros tipos de implantes de drenagem, o implante de Ahmed é o mais comumente utilizado. Quando todas as cirurgias falham e, em olhos com grau avançado de comprometimento visual, os procedimentos cirúrgicos ciclodestrutivos (ciclocrioterapia ou ciclofototerapia com *laser*), que atuam de forma a reduzir a produção do humor aquoso por atrofia do corpo ciliar, pode ser uma alternativa. No entanto, os resultados dessas cirurgias ciclodestrutivas são imprevisíveis, e o risco de complicações graves é alto[4].

Prognóstico

Em relação ao prognóstico do glaucoma congênito, na maioria das vezes consegue-se o controle da doença após uma ou mais cirurgias, com ou sem tratamento clínico complementar[17]. Isso é observado em olhos cujo diagnóstico e cirurgia foram realizados precocemente. No entanto, isso pode não ocorrer, resultando assim em casos refratários a qualquer tratamento, com dano visual progressivo e irreversível. Assim sendo, os portadores da doença devem ser mantidos sob observação, com controles periódicos por muitos anos, uma vez que estudos longitudinais revelaram que algumas crianças que apresentavam olhos com a PIO controlada por longo período de tempo, após tratamento cirúrgico, revelaram descontrole e aumento da PIO, tendo sido necessária a realização de nova intervenção cirúrgica[18-20].

É importante considerar ainda que a baixa visão é comum nas crianças portadoras de glaucoma congênito em razão dos vários fatores já mencionados. Assim sendo, uma vez controlada a doença (parcial ou completamente), devem ser adotados procedimentos no sentido de habilitar ou reabilitar o desempenho visual. Entre eles, deve-se proceder a prescrição precoce de lentes corretoras (óculos) ou sistemas ópticos especiais, uma vez que esses olhos são comumente portadores de deficiências visuais relacionadas a altas ametropias (principalmente miopia, por causa do aumento do globo ocular), e ao dano glaucomatoso do nervo óptico[2].

GLAUCOMA JUVENIL

Os glaucomas pediátricos ainda geram controvérsias atualmente no que concerne a sua terminologia. Segundo o mecanismo etiológico, os glaucomas de desenvolvimento (glaucoma congênito primário, glaucoma infantil e glaucoma congênito associado a outras anomalias de desenvolvimento) diferem do glaucoma juvenil. Nos glaucomas de desenvolvimento há presença de disgenesias específicas do trabeculado, enquanto no glaucoma juvenil de ângulo aberto não há tais alterações. O glaucoma juvenil geralmente cursa com altos níveis pressóricos intraoculares, ausência de alterações corneanas e bulbos oculares de dimensões normais. Após os 3 anos de idade, a capacidade de distensibilidade do bulbo ocular já é extremamente menor, portanto não há crescimento exagerado, não havendo assim as alterações características do GCP (buftalmo ou as estrias de Haab)[3,20,21].

Glaucoma juvenil ocorre geralmente dos 4 aos 35 anos. É autossômico dominante, portanto a história familiar nesses casos é muito frequente. Está relacionado ao gene miocilina (1q23-25, GLC1A) responsável pela resposta trabecular aos glicocorticoides[22]. Há associação com miopia nesses casos. O quadro clínico assemelha-se ao glaucoma crônico do adulto. À ectoscopia, os bulbos oculares desses pacientes não apresentam alterações. A fundoscopia revela desde nervos ópticos normais (casos iniciais) até alterações de escavações muito intensas (casos mais avançados). É possível identificar essas alterações do nervo por meio de fundoscopia direta, embora se faça necessário o exame tridimensional para uma avaliação mais detalhada (biomicroscopia de fundo ou mapeamento de retina). Assim como nos glaucomas do adulto, não há sintomatologia franca como dor, turvação visual ou hiperemia ocular. A constrição de campo visual é percebida em fases avançadas da doença. Por vezes, os pacientes passam a colidir com objetos lateralmente, pois passam a não os identificar sem movimentos lateralizantes de olhos ou cabeça. A baixa da acuidade visual se dá nos estágios finais da doença, quando a ilha central de visão torna-se comprometida. Em razão dessa falta de sinais e sintomas e da maior agressividade da doença, os pacientes sem história familiar podem ser diagnosticados em estágios avançados. Portanto, todo paciente com irmãos ou pais com glaucoma devem obrigatoriamente ser avaliados, além daqueles que apresentarem alta miopia desde a infância (pode significar sinal de crescimento ocular exacerbado).

O tratamento do glaucoma pode ser realizado com medicação ou cirurgia. Esses pacientes costumam não responder tão efetivamente como os adultos à terapêutica medicamentosa ou ainda menos por *laser*, sendo indicado tratamento cirúrgico na maioria dos casos.

GLAUCOMA ASSOCIADO A ANOMALIAS DO DESENVOLVIMENTO

Glaucoma pode ocorrer em muitas anormalidades congênitas e pode ser do tipo primário ou do tipo secundário. Os distúrbios congênitos que afetam vários sistemas do organismo também podem causar alterações de desenvolvimento de estruturas oculares, em especial o ângulo iridocorneano. O desenvolvimento a partir de uma única célula em um organismo contendo diferentes órgãos com funções altamente especializadas deriva de um processo complexo que envolve regulação gênica diferencial e morfogênese. Qualquer falha, tanto no nível gênico, envolvendo mutações, quanto no nível cromossômico, pode resultar em malformações[23,24].

Glaucoma Associado a Anormalidades Cromossômicas

As aberrações cromossômicas são responsáveis pela maioria das síndromes identificáveis. Os principais distúrbios numéricos dos cromossomos, trissomias dos autossomos 13, 18 e 21, associam-se a múltiplas anomalias congênitas, incluindo a malformação ocular e o glaucoma[23,25] (Quadro 17.1).

Quadro 17.1 – Anormalidades cromossômicas mais frequentemente associadas a malformações oculares e glaucoma

Trissomia 13: síndrome de Pateau[26] 1:15.000 a 1:25.000 nascimentos 95% morrem antes dos 3 anos[27,28]	89% apresentam alterações oculares graves Microftalmo frequente – pode simular anoftalmia Catarata e glaucoma congênitos comuns[29]
Trissomia 18: síndrome de Edwards ou síndrome E Mais frequente no sexo feminino[30,31] 90% morrem antes de um ano de vida[27]	Blefarofimose, leucomas corneanos, catarata congênita, colobomas. Glaucoma é raro
Síndrome da deleção do cromossomo 18 Deleção do braço longo (18q-)	Microftalmo, nistagmo, estrabismo, glaucoma congênito[32]

(continua)

Glaucomas pediátricos 199

Quadro 17.1 – Anormalidades cromossômicas mais frequentemente associadas a malformações oculares e glaucoma (continuação)

Síndrome da deleção do cromossomo 18 Deleção do braço curto 18p	Ptose palpebral, estrabismo, nistagmo, glaucoma congênito, microftalmo, catarata congênita[24]
Síndrome do cromossomo 18 em anel [r(18)]	Duas variantes de quadro clínico, semelhante aos quadros clínicos do braço longo e curto[27,33]
Síndrome de Down – mongolismo, síndrome G 1:600 nativivos[27]	Blefarite e ectrópio palpebral são frequentes 85% apresentam nódulos de Brushfield esbranquiçados na íris, muitos casos formando anel 360° na íris, 65% têm catarata congênita ou juvenil, 35%, esotropia, 5%, ceratocone; glaucoma congênito é raro[24]
Síndrome de Turner, síndrome 45X, disgenesia gonadal 1:5.000 nascimentos femininos[31]	Esclera azul, estrabismo. Catarata relacionada ao diabetes. Iridociclite crônica, às vezes[22]. Glaucoma congênito semelhante ao da anomalia de Rieger[34]

Tratamento

Os casos portadores das trissomias 13 e 18 podem ser submetidos à cirurgia de glaucoma e catarata se as condições clínicas permitirem.

Os casos de síndrome de Down e de Turner que apresentam catarata e/ou glaucoma devem ser operados.

Glaucomas Associados a Outras Síndromes

Quadro 17.2 – Síndromes frequentemente associadas a malformações oculares e glaucoma

Síndrome de Lowe Recessiva rara ligada ao cromossomo X Mães portadoras heterozigotas do gene OCRL com mutação: opacificações polvilhadas do cristalino[35]	O cristalino pequeno e de espessura diminuída ajuda no diagnóstico. A catarata congênita é comum. Dois terços dos casos são portadores de glaucoma congênito, semelhante ao glaucoma congênito primário[24,35]
Displasia oculodigital – síndrome de Meyer--Schwickerath[36]	Microftalmo, microcórnea e glaucoma congênito podem estar presentes[36,37]
Síndrome de Hallermann-Streiff, displasia mandíbulo--digital	Microftalmia com catarata que pode provocar glaucoma, esclera azul e leucoma corneano são comuns[30]
Síndrome de Rubinstein-Taybi, síndrome do polegar e hálux grossos, causada por mutação no gene CREBBP situado no braço curto do cromossomo 16 (Figura 17.4)	Enoftalmo, catarata e glaucoma congênitos podem ocorrer[38]
Síndrome de Pierre Robin Autossômico recessivo ou dominante	Cinquenta por cento têm envolvimento ocular: esotropia, glaucoma congênito e miopia[39]
Síndrome de Ehlers-Danlos ou fibroplasia elástica; autossômico recessivo ou dominante ou ligado ao cromossomo X[40]	Esclera azul em decorrência de esclera fina, descolamento de retina, subluxação do cristalino, microcórnea

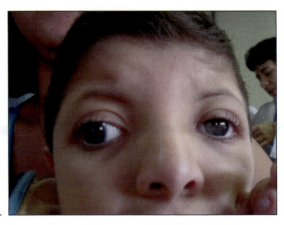

Figura 17.4 Síndrome de Rubinstein-Taybi.

Tratamento

Nesses casos, deve ser realizado tratamento cirúrgico do glaucoma, bem como cirurgia de catarata.

Glaucomas Associados a Outras Anormalidades

Quadro 17.3 – Outras anormalidades frequentemente associadas a malformações oculares e glaucoma	
Microftalmia, dividida em 3 grupos: ■ Nanoftalmo ou microftalmo puro: autossômico dominante ■ Microftalmo com ou sem cisto orbitário: autossômico dominante ou recessivo ou ligado ao cromossomo X ■ Microftalmo associado a outras anormalidades sistêmicas. Causas exógenas: – Virais: rubéola, citomegalovírus – Congênitas: toxoplasmose e lues – Medicamentosa: talidomida	Diâmetro anteroposterior menor que 17 mm, hipermetropia maior que 13 D. Glaucoma dos 30 a 50 anos de idade. Efusão uveal frequente[41] Globo ocular rudimentar, quando com cisto, há migração de tecido da retina formando cisto na órbita Microftalmo semelhante ao anterior
Megalocórnea Recessivo ligado ao cromossomo X	O diâmetro da córnea é maior que 12 mm. A PIO é normal. Arcos senis e distrofia corneal são comuns. Importante no diagnóstico diferencial com glaucoma congênito, na megalocórnea não há estrias de Haab[42]
Esclerocórnea Autossômico dominante ou recessivo, geralmente associado com síndromes sistêmicas (Figura 17.5)	O estroma da córnea é opaco, o terço superficial da córnea é vascularizado. O limite entre a córnea e a esclera não é definido. Geralmente é acompanhado de outras alterações graves da retina e da íris. Microftalmo e glaucoma são frequentes[43]
Fibroplasia retrolenticular, retinopatia do prematuro	Nos casos de fibroplasia muito intensa, o diafragma iridocristaliniano é anteriorizado, podendo provocar glaucoma[44]
Vítreo primário hiperplásico persistente Autossômico recessivo	Dez por cento são bilaterais e se associam a alguma doença sistêmica. Pode ter glaucoma por bloqueio pupilar ou glaucoma congênito[45]

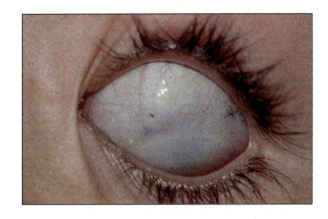

Figura 17.5 Esclerocórnea.

Tratamento

Na microftalmia, na fibroplasia retrolenticular e no vítreo primário hiperplásico persistente, a iridectomia pode normalizar a pressão intraocular[44]. Nos casos associados com glaucoma congênito, a trabeculotomia e a goniotomia estão indicadas[43]. Os casos com esclerocórnea têm prognóstico reservado pelas múltiplas alterações oculares.

GLAUCOMAS SECUNDÁRIOS

Glaucomas Secundários a Alterações Estruturais e Neurocristopatias

O termo neurocristopatia designa várias doenças que se formam a partir de defeitos de desenvolvimento de tecidos que contenham células embrionárias derivadas da crista neural[46].

As hamartomatoses, bem como as disgenesias mesenquimais, são defeitos de desenvolvimento de células originárias da crista neural.

Hamartomatoses

As hamartomatoses representam um conjunto de doenças com anomalias ou displasias de desenvolvimento formadas por tumores ou cistos em diferentes órgãos. Quatro sinais estão presentes nas harmatomatoses[47]:

- Pequenas manchas na pele e nas mucosas (facos).
- Formações hiperplásicas localizadas (facomas).
- Tumores verdadeiros de origem de células embrionárias que formam os blastomas.
- Malformações congênitas diversas.

Oftalmologia

Há 28 facomatoses descritas, das quais oito podem provocar glaucoma. Essas oito facomatoses podem ser divididas em três grupos segundo a frequência com que o glaucoma ocorre[48], de acordo com o Quadro 17.4.

Quadro 17.4 – Frequência dos glaucomas secundários[48]

Grupo 1: glaucoma frequente
Síndrome de Sturge-Weber

Grupo 2: pode ocorrer glaucoma
Neurofibromatose
Doença de Von Hippel-Lindau
Nevo de Ota

Grupo 3: glaucoma é raro
Síndrome do nevo das células basais
Doença de Bourneville
Síndrome de Klippel-Trenaunay-Weber
Hemangiomatose congênita difusa

Síndrome de Sturge-Weber

Na doença de Sturge-Weber, além do glaucoma, ocorrem hemangiomas cutâneos (nevo flâmeo) e meníngeos. Os hemangiomas meníngeos podem predispor a epilepsia. A doença não tem predileção por sexo e afeta todas as etnias.

As pálpebras, a episclera, a conjuntiva, o corpo ciliar e a coroide podem apresentar hemangioma. O angioma da coroide está presente em 50% dos casos e em 90% é unilateral[27]. A incidência de efusão de coroide é alta. A ocorrência de glaucoma varia de autor para autor: de 33 a 80% dos casos[48]. O nevo flâmeo geralmente é unilateral e quando afeta as pálpebras e a conjuntiva, o glaucoma se faz presente neste lado. Há duas teorias sobre a causa do glaucoma: na primeira, o seio camerular é semelhante ao do glaucoma congênito, não deixando escoar o aquoso; na outra, há aumento da pressão dos vasos subconjuntivais em razão dos angiomas em torno do globo ocular[49]. Provavelmente ambos os mecanismos são responsáveis pelo aumento da pressão intraocular.

Tratamento

O tratamento do glaucoma é cirúrgico, porém frequentemente o resultado deixa a desejar. Além disso, a descompressão do olho durante a cirurgia pode ocasionar efusão de coroide ou até perda do olho em decorrência de hemorragia expulsiva.

Neurofibromatose ou doença de von Recklinghausen

A neurofibromatose é transmitida de forma autossômica dominante com penetrância irregular e expressividade variável.

Os neurofibromas podem atingir todas as estruturas do olho e anexos, exceto o vítreo. O glaucoma congênito é raro e tem as seguintes características:

- A hipertensão ocular é diagnosticada logo ao nascimento ou pouco depois.
- Na íris encontram-se os nódulos de Lisch, que são hamartomas, também chamados de schwannomas.
- A buftalmia ocorre em 50% dos casos com neurofibromatose palpebral, frequentemente acompanhada de hemi-hipertrofia facial[50] (Figura 17.6).

Tratamento
O tratamento é cirúrgico.

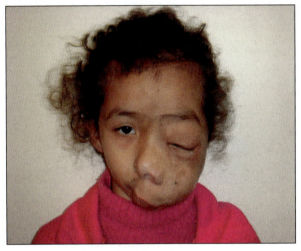

Figura 17.6 Neurofibromatose tipo 1.

Síndrome de Axenfeld-Rieger

A anomalia de Axenfeld guarda semelhanças com a anomalia de Rieger e a síndrome de Rieger. É uma alteração bilateral e é transmitida de forma autossômica dominante. As mutações dos genes PITX2 e FOXC1 são descritas como responsáveis pela afecção, sendo que o primeiro prevalece mais no Brasil[51].

Os achados oculares mais importantes são: linha de Schwalbe proeminente e espessada, também chamada de embriotoxo posterior. Na anomalia de Axenfeld, a íris possui poucas alterações, enquanto na anomalia de Rieger ela pode formar buracos, ectrópio uveal e corectopia (Figura 17.7). A pupila geralmente se encontra desviada para a trave iriana bem evidente que se insere no cordão formado pela linha de Schwalbe proeminente. Cerca de 60% desses casos desenvolvem glaucoma, que costuma aparecer entre os 5 e 30 anos de vida[52]. Quando a anomalia de Axenfeld está acompanhada de glaucoma, é denominada de síndrome de Axenfeld. A anomalia de Rieger recebe essa denominação na presença ou ausência de glaucoma, porém, se houver também alterações sistêmicas, é denominada síndrome de Rieger. Atualmente, em razão da heterogeneidade das apresentações nesses casos, alguns autores tendem a classificar todos esses pacientes como síndrome de Axenfeld-Rieger.

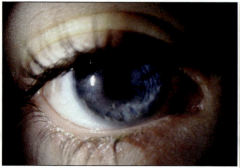

Figura 17.7 Anomalia de Rieger.

Tratamento

Suspeitando-se da síndrome de Axenfeld-Rieger, devem-se fazer controles oculares periódicos. Nesses casos, o glaucoma é de aparecimento tardio e, uma vez diagnosticado, deverá ser instituído o tratamento clínico ou cirúrgico.

Anomalia de Peters

A anomalia de Peters é bilateral em 80% dos casos e é comum a associação com microftalmo.

Mais de 50% dos pacientes com essa anomalia têm glaucoma, que aparece tardiamente, semelhante aos casos da síndrome de Axenfeld-Rieger. O padrão de herança é autossômica recessiva[53].

As córneas apresentam leucomas nesses casos, principalmente aqueles com aposição ceratolenticular, isto é, com o cristalino em contato com a face posterior da córnea. Nesses casos, o leucoma é denso e geralmente o cristalino está opacificado. Nos casos mais leves há aderências da íris na face posterior da córnea e a opacidade corneana não é intensa (Figura 17.8).

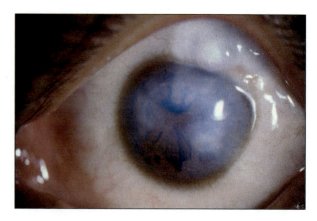

Figura 17.8 Anomalia de Peters.

Tratamento

É semelhante ao da síndrome de Axenfeld-Rieger. Em certos casos, os implantes de drenagem podem ser indicados como primeira cirurgia. O transplante de córnea deve ser considerado.

Glaucoma Secundário a Doenças Sistêmicas

Diversas doenças sistêmicas podem levar ao desenvolvimento de glaucoma. O Quadro 17.5 apresenta algumas delas.

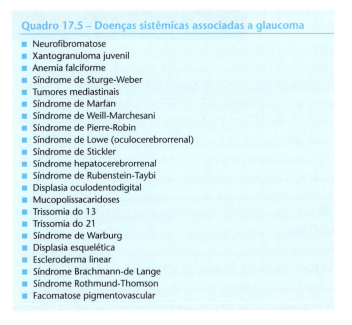

Quadro 17.5 – Doenças sistêmicas associadas a glaucoma
- Neurofibromatose
- Xantogranuloma juvenil
- Anemia falciforme
- Síndrome de Sturge-Weber
- Tumores mediastinais
- Síndrome de Marfan
- Síndrome de Weill-Marchesani
- Síndrome de Pierre-Robin
- Síndrome de Lowe (oculocerebrorrenal)
- Síndrome de Stickler
- Síndrome hepatocerebrorrenal
- Síndrome de Rubenstein-Taybi
- Displasia oculodentodigital
- Mucopolissacaridoses
- Trissomia do 13
- Trissomia do 21
- Síndrome de Warburg
- Displasia esquelética
- Escleroderma linear
- Síndrome Brachmann-de Lange
- Síndrome Rothmund-Thomson
- Facomatose pigmentovascular

Os bulbos oculares tendem a apresentar modificações perceptíveis ao exame externo quando são acometidos até os 3 anos de idade do paciente nos casos em que há aumento da pressão intraocular. O pediatra deve estar atento para outros sinais, como leucocoria, estrabismo, má oclusão palpebral, ptose, alteração de coloração da esclera ou córnea, que indiquem possibilidade de alterações em que pode haver glaucoma secundário. Por exemplo, nas doenças em que o paciente apresenta subluxação do cristalino e catarata, o pediatra poderá chegar à suspeita diagnóstica por meio de exame externo, observando deslocamento evidente do cristalino, com ou sem leucocoria. São exemplos dessas doenças: síndrome de Marfan e Weill-Marchesani.

A Figura 17.9 mostra uma paciente com subluxação de cristalino, perceptível à ectoscopia.

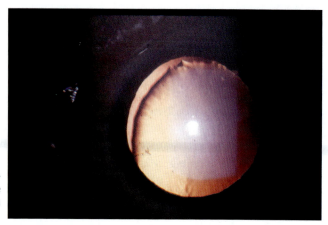

Figura 17.9 Paciente com síndrome de Marfan e subluxação de cristalino perceptível à ectoscopia sob midríase.

Não há indícios na literatura de que o diabetes melito ou a hipertensão materna, prévia ou durante a gestação, aumentem o risco de desenvolvimento dos glaucomas pediátricos. A literatura pertinente também não aponta que essas doenças sistêmicas, quando presentes na criança ou no adolescente, elevem esse risco.

Glaucoma Associado ao Uso de Fármacos

Há mais de um mecanismo fisiopatogênico do glaucoma induzido por fármacos. Os principais são:

1. Aumento da resistência de drenagem em razão de alterações teciduais da malha trabecular.
2. Fechamento angular por bloqueio pupilar (contato excessivo da face posterior da íris com a cápsula anterior do cristalino).
3. Estreitamento angular ocasionado por rotação do corpo ciliar após efusão coroidal.

O primeiro mecanismo é desencadeado pela ação dos corticosteroides. Ainda não está totalmente elucidado o mecanismo fisiopatogênico. A teoria mais aceita é que os corticosteroides aumentem a produção de miocilina anormal, por meio do gene TIGR (MYOC)[54]. Esse aumento de proteína anormal na região da malha trabecular diminuiria o escoamento do humor aquoso. O processo para aumento da PIO é relativamente lento. Um terço dos pacientes responderão aos corticosteroides com aumento significativo da PIO após quatro semanas de uso constante. Não há associação bem definida com dose na literatura, não sendo possível estabelecer doses de segurança para esses pacientes respondedores. É notório, no entanto, que os

Glaucomas pediátricos 207

corticosteroides administrados via ocular têm maior propensão a elevar a PIO do que os administrados por outras vias.

O segundo mecanismo é relacionado ao uso de drogas midriáticas, que aumentam o contato entre a íris e o cristalino nas situações de midríase média, levando ao abaulamento anterior da íris. Essa situação ocasiona o fechamento mecânico do ângulo e pode levar à crise de glaucoma agudo. Entre as drogas midriáticas podem ser citadas tropicamida, atropina, alguns anti-histamínicos e derivados de escopolamina. O quadro clínico se resume a turvação visual, dor ocular de forte intensidade, hiperemia conjuntival intensa e algumas vezes náuseas e vômitos relacionados à dor. O tratamento requer admissão hospitalar, administração de manitol endovenoso, pilocarpina 2% colírio e acetozolamida via oral.

O terceiro mecanismo é relacionado a drogas bloqueadoras dos neurotransmissores por inibição dos canais de cálcio, o que potencializa a GABA-A e bloqueia a ativação de receptores excitatórios do glutamato[55]. O topiramato tem sido a droga mais frequentemente associada em literatura a esse tipo de glaucoma agudo, fato talvez relacionado ao aumento de sua prescrição para tratamento de transtornos bipolares e prevenção de enxaqueca, baseados na demonstração de sua efetividade em adultos e crianças[56-58]. A fisiopatogenia mais aceita é de que a efusão da coroide leve a rotação do corpo ciliar e anteriorização do diafragma iridocristaliniano, deixando a câmara anterior rasa. Consequentemente à anteriorização do cristalino e da íris, o quadro clínico muitas vezes se inicia por queixa de baixa de acuidade visual bilateral, por causa da miopização pelo mecanismo citado, seguida de aumento da PIO[57-60]. Algumas vezes o mesmo paciente pode apresentar diplopia e nistagmo[55]. Esses fenômenos ocorrem geralmente no primeiro mês de uso da medicação. O tratamento se limita à retirada imediata da medicação. A administração de drogas mióticas (pilocarpina), drogas hiperosmóticas (manitol) e derivados de sulfa (acetazolamida, hidroclorotiazida) é contraindicada nesses casos, pois pode agravar a situação.

É fundamental diferenciar a crise de glaucoma agudo de efusão uveal, pois o tratamento para cada uma delas é contraindicado ao da outra doença. A maneira mais eficiente para isso, com ou sem a presença de equipamento diagnóstico oftalmológico, é por meio de anamnese bem conduzida.

Glaucomas Traumáticos

Os glaucomas decorrentes de traumas oculares cortantes ou contusos têm como ponto comum o déficit de drenagem do humor aquoso por lesão direta ou indireta do trabeculado. Podem ser observadas alterações estruturais no ângulo, como estreitamento por subluxação do cristalino, hifema ou inflamação da íris nesse local[61].

A seguir, serão abordados os itens que podem ser citados como principais mecanismos.

Obstrução trabecular por células sanguíneas

O hifema (sangramento na câmara anterior) frequentemente se associa à elevação pressórica intraocular como consequência do bloqueio do trabeculado pelas células sanguíneas ou coágulos. Geralmente a hipertensão é transitória, porém elevações substanciosas ou mais prolongadas da PIO podem causar dano glaucomatoso no nervo óptico. O tamanho do hifema pode ser um indicador útil de prognóstico e risco de complicações, incluindo glaucoma. Hifemas menores que 50% da câmara anterior são associados a uma incidência de 4% de aumento da PIO. Já aqueles hifemas ocupando mais de 50% da câmara anterior têm essa incidência em torno de 85%.

Um exame meticuloso é sempre necessário em casos de hifemas, mesmo que diminutos, pois o tratamento também é determinado pela avaliação do tamanho do hifema e da PIO. Os hifemas são quase sempre visíveis à ectoscopia, pois mesmo aqueles em que não há depósito visível de sangue, nota-se alteração da coloração da câmara anterior (tendendo ao rubro ou esbranquiçada) (Figura 17.10).

O tratamento medicamentoso se baseia na administração de colírios betabloqueadores para redução da PIO e de midriáticos (atropina 1% ou tropicamida 10 mg/mL) para evitar bloqueios pupilares e novos sangramentos que podem ser gerados pela movimentação iriana.

O tratamento cirúrgico é necessário nos casos em que a PIO encontra-se acima de 50 mmHg durante 48 horas ou acima de 35 mmHg durante sete dias ou quando há impregnação hemática precoce no endotélio corneano ou ainda na presença de hifema total por mais de cinco dias sem sinais de reabsorção satisfatória.

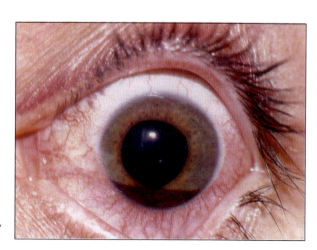

Figura 17.10 Paciente com hifema, facilmente perceptível à ectoscopia.

Glaucomas pediátricos **209**

O paciente com hifema ocular deve ser orientado a manter-se em repouso para evitar ressangramentos. O pediatra poderá orientar a conduta inicial e encaminhar para serviço especializado para avaliação da PIO e de possíveis lesões associadas.

Ressecção angular

É definida como a separação da porção de fibras circulares do corpo ciliar de sua porção de fibras longitudinais. Uma grande parcela dos pacientes com hifema traumático apresenta certo nível de ressecção angular. Apenas 6 a 9% deles desenvolvem glaucoma após dez anos de evolução[62]. Além do risco decorrente do hifema, os dados sugerem que a extensão da ressecção esteja positivamente associada ao desenvolvimento de glaucoma. O glaucoma nesses casos pode se instalar após muitos anos do evento traumático, e esses pacientes devem ser orientados a realizar exame ocular periódico por tempo indeterminado.

Não há como diagnosticar a presença de ressecção angular sem exame gonioscópico. O paciente poderá apresentar hiperemia conjuntival ao exame externo, borramento visual e dor, assim como na maioria dos traumas oculares contusos.

Se houver aumento da pressão intraocular, o tratamento é a princípio medicamentoso, e em casos refratários a cirurgia filtrante (trabeculectomia) deve ser considerada.

Glaucoma da Afacia

Glaucoma secundário à afacia é definido como um distúrbio desencadeado após cirurgia de catarata congênita, que pode também ser realizada com ou sem implante de lente intraocular. Tanto os olhos previamente glaucomatosos quanto os normais correm risco de desenvolver essa situação. Após cirurgia, o aumento da pressão pode ocorrer logo nos primeiros meses ou após vários anos, sendo muitas vezes silencioso. Estudos demonstram que a idade apresenta associação negativa com o risco de desenvolver glaucoma ligado à afacia, portanto as crianças são muito mais suscetíveis, principalmente quando operadas de catarata congênita nos primeiros seis meses de vida. O tratamento se faz com a administração de colírios e intervenção cirúrgica, quando necessária. O glaucoma do afácico é a complicação mais temida da cirurgia de catarata infantil e é caracteristicamente de difícil controle, apesar dos tratamentos. Muitas crianças operadas por catarata na primeira infância que perdem o acompanhamento oftalmológico apresentam perda visual grave e irreversível por essa doença na adolescência ou já na idade adulta.

Glaucoma Cortisônico

Glaucoma cortisônico ou glaucoma induzido por esteroides é uma doença em que a PIO encontra-se elevada em decorrência da administração de corticosteroides por qualquer via com consequente lesão glaucomatosa do nervo óptico e/ou comprometimento da função visual. Considera-se hipertensão ocular secundária ao uso de esteroides quando há elevação da PIO sem comprometimento estrutural e/ou funcional detectáveis. O tratamento e o acompanhamento são os mesmos para ambas as situações.

Etiologia

O mecanismo exato para o aumento da PIO secundário à administração de corticosteroides ainda é desconhecido, sendo mais aceita a hipótese de redução do escoamento do humor aquoso pela malha trabecular[63]. Esse efeito ocorreria por alterações morfológicas das células[64] ou da matriz extracelular da malha trabecular[65-68], supressão da atividade fagocítica do endotélio trabecular com acúmulo de debris e consequente obstrução física ao escoamento do humor aquoso[69], predisposição genética[70], acúmulo de partículas cristalizadas de esteroides na malha trabecular no caso de injeção intraocular de triamcinolona[71] ou uma combinação destes.

Importa ressaltar que a elevação pressórica está associada à potência do corticosteroide utilizado[63] e via de administração. Em crianças, hipertensão ocular associada a esteroides foi descrita com o uso tópico ocular, nasal e inalatório desses medicamentos[72-74]. Formulações contendo corticosteroides na forma de pomadas para uso ocular ou palpebral e colírios estão associadas a maior risco de aumento da PIO[75]. O uso sistêmico e crônico foi associado à incidência significativamente maior de catarata subcapsular, porém não ao aumento da PIO, segundo estudo conduzido por Kaye et al.[76].

Os principais fatores de risco incluem: glaucoma crônico de ângulo aberto (GCAA), parentesco em primeiro grau com portadores de GCAA, muito jovem ou idoso, alta miopia, resposta prévia a esteroide, diabetes melito tipo 1, doença do tecido conjuntivo (p.ex., artrite reumatoide), ceratoplastia penetrante (especialmente olhos com distrofia endotelial de Fuchs ou ceratocone)[77].

Quadro clínico e evolução

O quadro clínico é frequentemente desprovido de sinais ou sintomas evidentes por causa do estabelecimento progressivo do aumento da PIO. Isso reforça a necessidade de avaliação especializada em pacientes sob corticoterapia, especialmente quando tópica (colírios), ou próxima à região dos olhos e que tenham os fatores de risco citados anteriormente, ainda que assintomáticos. Não há como prever quais pacientes desenvolverão hipertensão ocular e não há na literatura estudos que tenham avaliado sua incidência estratificada por faixa etária.

Crianças menores de 3 anos de idade podem desenvolver buftalmia, assim como outros sinais e sintomas compatíveis com o glaucoma congênito clássico em razão da maior elasticidade das fibras colágenas que compõem o globo ocular.

Tratamento

Inicia-se o tratamento com a descontinuação da medicação que contém o esteroide. A redução da PIO pode ocorrer em dias a semanas, sendo aceito como prazo razoável o período de aproximadamente duas semanas para sua normalização. O tempo de retorno da PIO pode ser influenciado pelo tempo de uso da medicação. Em algumas raras situações, a pressão ocular não retorna aos níveis basais. Nesse caso, ou em situações em que a corticoterapia não pode ser interrompida, inicia-se o tratamento tópico com colírios hipotensores e, na ausência de melhora, uma cirurgia filtrante (trabeculectomia) pode ser necessária.

CONCLUSÕES

O glaucoma infantil apresenta-se como primário ou consequente a uma série de malformações, doenças e traumas locais ou ao uso de medicações tópicas ou sistêmicas. Existem diversos tratamentos cirúrgicos e clínicos, com hipotensores oculares, e estes devem ser empregados assim que a doença é diagnosticada. Os danos do glaucoma mal controlado ao olho infantil são gravíssimos e frequentemente levam à cegueira.

REFERÊNCIAS BIBLIOGRÁFICAS

1. Brito PR, Yektzman S. Causas de cegueira e baixa visão em crianças. Arq Bras Oftal. 2000;63(1):49-52.
2. Haddad MAO, Lobato FJC, Sampaio MW, Betinjane AJ, Kara-José N. População infantil com deficiência visual: estudo de 385 casos. Clinics. 2006;61(3):239-46.
3. Sampaolesi R, Zarati J, Sampaolesi JR. The glaucomas. Vol I. Pediatric glaucomas. Nova York: Springer Verlag; 2009. p.1-7.
4. Betinjane AJ. Glaucoma congênito. In: Susanna Jr R. Glaucoma. São Paulo: Cultura Médica; 1999. p.143-74.
5. Calixto N, Cavalho CA. Semiologia do glaucoma congênito. Porto Alegre: Anais XV Congresso Brasileiro de Oftalmologia; 1969. p.105-74.
6. Papadopoulus M, Cable N, Rahi J, Khaw PT. The British infantile and childhood glaucoma (BIG) eye study. Invest Ophthalmol Vis Sci. 2007;48(9):4100-6.
7. Dickens CJ, Hoskins JR. Epidemiology and pathophisiology of congenital glaucoma. In: Ritch R, Shields M, Krupin T. Epidemiology and pathophisiology of congenital glaucoma. The glaucomas. 2nd ed. St. Louis: Mosby; 1995. p.729-38.
8. Panicker SG, Redy ABM, Mandal AK, Nakarajaram H, Hasnaim SE, Balaubramanian D. Identification of novel mutation causing familial primary congenital glaucoma in Indian pedigrees. Invest Ophthalmol Vis Sci. 2002;43(5):1358-66.
9. Della Paolera M, de Vasconcellos JP, Umbelino CC, Kasahara N, Rocha NM, Richeti F, et al. CYP1B1 gene analysis in primary congenital glaucoma Brazilian patients: novel mutations and association with poor prognosis. J Glaucoma. 2010;19(3):176-82.
10. Stoilov IR, Costa VP, Vasconcellos JP, Melo MB, Betinjane AJ, Carani JCE, et al. Molecular genetics of primary congenital glaucoma in Brazil. Invest Ophthalmol Vis Sci. 2002;43(61):1820-7.

11. Henriques MJ, Vessani RM, Reis FA, de Almeida GV, Betinjane AJ, Susanna R. Corneal thickness in congenital glaucoma. J Glaucoma. 2004;13(3):185-8.
12. Betinjane AJ, Carvalho CA. Variações da biometria ultrassonográfica em olhos normais, nos primeiros 50 meses de idade. Arq Bras Oftalmol. 1983;46(4):96-9.
13. Betinjane AJ. Contribuição ao estudo da biometria ultrassonográfica no glaucoma congênito. [Livre-docência]. São Paulo: Faculdade de Medicina da USP; 1981.
14. Carvalho CA, Betinjane AJ, Camargo ML. Results of goniotomy and trabeculotomy as the initial procedure in the treatment of primary congenital glaucoma. In: Krieglstein GK, Leydheker W. Glaucoma Up Date II. Berlin: Springer Verlag; 1978. p.33-8.
15. Susanna Jr. R, Oltrogge EW, Carani JCE, Nicolela M. Mitomicyn as adjunct chemoterapy with trabeculectomy in congenital and developmental glaucoma. J Glaucoma. 1995;4(3):151-7.
16. Mandal AK, Matalia JH, Nutheti R, Krishsnaiah S. Combined trabeculotomy and trabeculectomy in advanced primary developmental glaucoma with cornel diameter of 14 mm or more. Eye. 2006;20(2):135-43.
17. Mandal AK, Chakrabarty D. Update on congenital glaucoma. Indian J Ophthalmol. 2011;57(7):148-57.
18. Zhang X, Du S, Fan Q, Peng S, Yu M, Ge J. Long-term surgical outcomes of primary congenital glaucoma in China. Clinics. 2009;64(6):543-51.
19. Betinjane AJ, Carvalho CA. Resultados pressóricos a longo prazo no tratamento do glaucoma congênito primário. Rev Bras Oftalmol. 2001;60(2):105-10.
20. Grehn F. Congenital glaucoma surgery: a neglected field in ophthalmology. Br J Ophthalmol. 2008;92(1):1-2.
21. Allingham RR, Damji K, Freedman S, Moroi S, Shafranov G. Shield's textbook of glaucoma. 5th ed. Philadelphia: Wolter Kluwer/Lippincott Williams & Wilkins; 2005. p.157-66.
22. Accorint M, La Cava M, Speranza S, Pivetti-Pezzi P. Uveitis in Turner's syndrome. Graefes Arch Clin Exp Ophthalmol. 2002;240(7):529-32.
23. Moore GE, Ruanguvutilert P, Chatzimeletion K, Bell G, Chen CK, Johnson P, et al. Examination of trisomy 13, 18, and 21 fetal tissues at different gestational ages using FISH. Eur J Hum Genet. 2000;8(3):223-8.
24. Naumann GOH. Pathologie des auges. Berlin-Heidelberg: Springer; 1980.
25. Mullaney J. Ocular pathology in trisomy 18 (Edwards' syndrome). Am J Ophthalmol. 1973;76(2):246-54.
26. Patau K, Smith D, Thermal E, Inhorn S, Wagner H. Multiple congenital anomaly caused by an extra autosome. Lancet. 1960;1(7128):790-3.
27. Almeida HG, Cohen R. Glaucomas secundários. São Paulo: Roca; 2005.
28. Tunca Y, Kadandale JS, Pivnic EK. Long-term survival in Patau syndrome. Clin Dysmorphol. 2001;10(2):149-50.
29. Hoepner J, Yanoff M. Ocular anomalies in trisomy 13-15; an analysis of 13 eyes with two new findings. Am J Ophthalmol. 1972;74(4):729-37.
30. François J. A new syndrome: dyscefalia with bird face and dental anomalies, nanism, hipotricosis, cutaneous atrophy, microphthalmia and congenital cataracts. Arch Ophthalmol. 1958;60(5):842-62.
31. Hamerton JL, Canning N, Ray M, Smith S. A cytogenetic survey of 14069 newborn infants. I. Incidence of chromosome abnormalities. Clin Genet. 1975;8(4):223-43.
32. Yanoff M, Rorke LB, Niederes BS. Ocular and cerebral abnormalities in chromosome 18 deletion defect. Am J Ophthalmol. 1970;70(3):391-402.
33. Bilchik RC, Zacai EH, Smith ME, Williams JD. Anomalies with ring D chromosomes. Am J Ophthalmol. 1972;73(1):83-9.
34. Lloyd IC, Haig PM, Clayton-Smith J, Clayton P, Price DA, Ridgeway A, et al. Anterior segment dysgenesis in mosaic Turner syndrome. Br J Ophthalmol. 1997;81(8):639-43.

35. Roshinger W, Muntau AC, Rudolph G, Rosher AA, Kammerer S. Carrier assessment in families with Lowe oculocerebral syndrome: novel mutations in OCLR[1] gene and correlation direct DNA diagnosis with ocular examination. Mol Genet Metab. 2000;69(3):213-22.

36. Meyer-Schwickerath G, Gruterich E, Weyers H. Mikrophthalmus-Syndrome. Klin Mbl Augenheilk. 1957;131(1):18-30.

37. Sugar HS. Oculodentodigital dysplasia syndrome with angle-closure glaucoma. J Am Ophthalmol. 1978;86(1):36-8.

38. Behrens-Baumann W. Augensymtome beim Rubinstein-Taybi Syndrom. Klin Mbl Augenheilk. 1977;171(1):126-35.

39. Smith JL, Cavanargh JJ, Stowe FC. Ocular manifestations of the Pierre Robin syndrome. Arch Ophthalmol. 1960;63:984-92.

40. Beighton P. Serious ophthalmological complications in the Ehlers-Danlos syndrome. Br J Ophthalmol. 1970;54(4):263-8.

41. Kimbrough RJ, Trempe CS, Brockhurst RJ, Simmons RJ. Angle-closure glaucoma in nanophthalmus. Arch J Ophtalmol. 1979;88(3Pt2)572-9.

42. Malbran E, Dodds R. Megalocornea and its relation to congenital glaucoma. Am J Ophthalmol. 1960;49:908-21.

43. Howard RO, Abrahams IW. Sclerocornea. Am J Ophthalmol. 1971;71(6):1254-8.

44. Pollard ZF. Secondary angle-closure glaucoma in cicatricial retrolental fibroplasia. Am J Ophthalmol. 1980;89(5):651-3.

45. Pruet RC. The pleomorphism and complications of posterior hiperplastic primary vitreous. Am J Ophthalmol. 1975;80(4):625-9.

46. Bolande RP. The neurochristophaties: a unifying concept of disease arising in neural crest maldevelopment. Human Pathol. 1974;5:409-29.

47. François J. Phakomatoses. Ann d'Ocul. 1974;207:497-515.

48. Weiss J, Ritch R. Glaucoma in the phacomatoses. In: Ritch R, Shields MB. The secondary glaucomas. St. Louis: C V Mosby; 1982. p.28-50.

49. Calixto N, Cronenberger S, Coscarelli G, Cardoso RD. Encephalotrigeminal angiomatosis. Measurements of ephiscleral venous pressure and chroidal thickness. In: Kriegelstein GK (ed.). Glaucoma Update V. Heidelberg: Kaden; 1995. p.316-20.

50. François J, Katz C. Association homoláterale d'hydrophthalmie, de névrome plexiforme de La paupiere supérieure et d'hémi-hipertrophie faciale dans La maladie de Recklinghausen. Ophthalmologica. 1961;142:449-571.

51. Borges AS, Susanna Jr R, Carani JC, Betinjane AJ, Alward WL, Stone EM, et al. Genetic analysis of PITX2 and FOXC1 in Rieger Syndrome patients from Brazil. J Glaucoma. 2002;11(1):51-6.

52. Waring GO, Rodrigues MM, Laibson PR. Anterior chamber cleavage syndrome. A stepladder classification. Surv Ophthalmol. 1975;20(1):3-27.

53. Almeida JCC, Reis DF, Llerena J, Barbosa Neto J, Middleton S, Telles LF. Short stature, brachydactily, and Peters anomaly (Peters-Plus syndrome): confirmation of autossomal recessive inheritance. J Med Genet. 1991;28(4):277-9.

54. Allingham RR, Damji K, Freedman S, Moroi S, Shafranov G. Shield's textbook of glaucoma. 5th ed. Philadelphia: Wolter Kluwer/Lippincott Williams & Wilkins; 2005. p.167-76.

55. Gubbay SS. The occurrence of drug-induced myopia as a transient side effect of topiramate. Epilepsia. 1998;39(4):451.

56. Medeiros FA, Zhang XY, Bernd AS, Weinreb RN. Angle-closure glaucoma associated with ciliary body detachment in patients using topiramate. Arch Ophthalmol. 2003;121(2):282-5.

57. Sankar PS, Pasquale LR, Grosskreutz CL. Uveal effusion and secondary angle-closure glaucoma associated with topiramate use. Arch Ophthalmol. 2001;119(8):1210-1.

58. Rhee DJ, Goldberg MJ, Parrish RK. Bilateral angle-closure glaucoma and ciliary body swelling from topiramate. Arch Ophthalmol. 2001;119(11):1721-3.

59. Banta JT, Hoffman K, Budenz DL, Ceballos E, Greenfield DS. Presumed topiramate-induced bilateral acute angle-closure glaucoma. Am J Ophthalmol. 2001;132(1):112-4.
60. Postel EA, Assalian A, Epstein DL. Drug-induced transient myopia and angle-closure glaucoma associated with supraciliary choroidal effusion. Am J Ophthalmol. 1996;122(1):110-2.
61. Allingham RR, Damji K, Freedman S, Moroi S, Shafranov G. Shield`s textbook of glaucoma. 5th ed. Philadelphia: Wolter Kluwer/Lippincott Williams & Wilkins; 2005;25:427-32.
62. Kaufman JH, Tolpin DW. Glaucoma after traumatic angle recession: a ten-year prospective study. Am J Ophthalmol. 1974;78(4):648-54.
63. Jones R 3rd, Rhee DJ. Corticosteroid-induced ocular hypertension and glaucoma: a brief review and update of the literature. Curr Opin Ophthalmol. 2006;17(2):163-7.
64. Wordinger RJ, Clark AF. Effects of glucocorticoids on the trabecular meshwork: towards a better understanding of glaucoma. Prog Retin Eye Res. 1999;18(5):629-67.
65. Francois F, Victoria-Troncoso V. Mucopolysaccharides and pathogenesis of cortisone glaucoma (author's transl). Klin Monbl Augenheilkd. 1974;165(1):5-10.
66. Hernandez MR, Weinstein BI, Dunn MW, Gordon GG, Southren AL. The effect of dexamethasone on the synthesis of collagen in normal human trabecular meshwork explants. Invest Ophthalmol Vis Sci. 1985;26(12):1784-8.
67. Seftor RE, Stamer WD, Seftor EA, Snyder RW. Dexamethasone decreases tissue plasminogen activator activity in trabecular meshwork organ and cell cultures. J Glaucoma. 1994;3(4):323-8.
68. Steely HT, Browder SL, Julian MB, Miggans ST, Wilson KL, Clark AF. The effects of dexamethasone on fibronectin expression in cultured human trabecular meshwork cells. Invest Ophthalmol Vis Sci. 1992;33(7):2242-50.
69. Clark AF, Wilson K, McCartney MD, Miggans ST, Kunkle M, Howe W. Glucocorticoid-induced formation of cross-linked actin networks in cultured human trabecular meshwork cells. Invest Ophthalmol Vis Sci. 1994;35(1):281-94.
70. Fingert JH, Clark AF, Craig JE, Alward WL, Snibson GR, McLaughlin M, et al. Evaluation of the myocilin (MYOC) glaucoma gene in monkey and human steroid-induced ocular hypertension. Invest Ophthalmol Vis Sci. 2001;42(1):145-52.
71. Im L, Allingham RR, Singh I, Stinnett S, Fekrat S. A prospective study of early intraocular pressure changes after a single intravitreal triamcinolone injection. J Glaucoma. 2008;17(2):128-32.
72. Desnoeck M, Casteels I, Casteels K. Intraocular pressure elevation in a child due to the use of inhalation steroids – a case report. Bull Soc Belge Ophtalmol. 2001;280:97-100.
73. Ohji M, Kinoshita S, Ohmi E, Kuwayama Y. Marked intraocular pressure response to instillation of corticosteroids in children. Am J Ophthalmol. 1991;112(4):450-4.
74. Lam DS, Fan DS, Ng JS, Yu CB, Wong CY, Cheung AY. Ocular hypertensive and anti-inflammatory responses to different dosages of topical dexamethasone in children: a randomized trial. Clin Experiment Ophthalmol. 2005;33(3):252-8.
75. Zugerman C, Saunders D, Levit F. Glaucoma from topically applied steroids. Arch Dermatol. 1976;112(9):1326.
76. Kaye LD, Kalenak JW, Price RL, Cunningham R. Ocular implications of long-term prednisone therapy in children. J Pediatr Ophthalmol Strabismus. 1993;30(3):142-4.
77. Allingham RR. Steroid-induced glaucoma. In: Pine J (ed.). Shields textbook of tlaucoma. 6th ed. Philadelphia: Lippincott Williams & Wilkins; 2011. p.344-9.

Seção VII

Doenças da úvea
Coordenadora: Rosa Maria Graziano

Doenças da úvea em crianças e adolescentes 18

Joyce Hisae Yamamoto Takiuti

> **Após ler este capítulo, você estará apto a:**
> 1. Reconhecer as principais uveítes não infecciosas em crianças e adolescentes.
> 2. Compreender os objetivos do tratamento e os métodos de monitoração da atividade da doença.
> 3. Entender a terapêutica escalonada e os principais agentes terapêuticos utilizados.
> 4. Compreender a importância do diagnóstico precoce da uveíte associada à artrite idiopática juvenil, principalmente a do subtipo oligoarticular.

INTRODUÇÃO

O termo uveíte indica inflamação do trato uveal, camada intermediária do bulbo ocular, composta por íris, corpo ciliar e coroide. Na prática clínica, o termo refere-se à inflamação intraocular que se estende para estruturas vizinhas, como nervo óptico, retina, corpo vítreo, esclera e córnea. A uveíte com início na infância é uma doença grave com frequentes complicações que ameaçam a visão. É um grande desafio médico em virtude da escassez de sintomas, da dificuldade de informação e de exame, do risco de ambliopia, da maior dificuldade no tratamento e da maior taxa de complicações oculares[1-6].

CLASSIFICAÇÃO DAS UVEÍTES

A classificação das uveítes é muito útil na elaboração do diagnóstico diferencial. Assim, a uveíte pode ser classificada segundo a principal estrutura acometida, a faixa etária, o curso e as características clínicas específicas, conforme descrito na Tabela 18.1[7].

Tabela 18.1 – Classificação das uveítes[7]

Classificação	Características
Anatômica	
– Anterior	Predominante segmento anterior (irite, ciclite anterior, iridociclite)
– Intermediária	Vítreo e retina periférica (*pars* planite, ciclite posterior)
– Posterior	Retina e coroide (retinite, retinocoroidite, focal ou multifocal)
– Difusa	
Faixa etária	
– < 16 anos	
– 16 a 40 anos	
– > 40 anos	
Curso	
– Agudo	Início súbito e duração limitada
– Recorrente	Episódios repetidos com períodos > 3 meses de inatividade sem tratamento
– Crônico	Persistente com recidiva < 3 meses após a interrupção do tratamento
Início	
– Súbito	
– Insidioso	
Duração	
– Limitada	$\leq$ 3 meses de duração
– Persistente	> 3 meses de duração
Lateralidade	
– Unilateral	
– Bilateral	
Etiologia	
– Infecciosa	
– Não infecciosa	
ou	
– Puramente ocular	
– Associada à doença sistêmica	

EPIDEMIOLOGIA

Uveítes em crianças (faixa etária < 16 anos) correspondem a cerca de 10 a 30% das uveítes em serviços terciários[1,6-10]. Na Tabela 18.2 pode-se observar a distribuição anatômica e etiológica das uveítes em crianças em alguns estudos epidemiológicos selecionados de diferentes populações[8-12]. Em crianças, uveítes não infecciosas são mais frequentes do que as uveítes infecciosas. No Brasil, no entanto, observou-se que, pela alta prevalência da toxoplasmose, as uveítes infecciosas são mais frequentes[12]. Em 25 a 50% dos casos, a uveíte é idiopática. A artrite idiopática

Doenças da úvea em crianças e adolescentes **219**

Tabela 18.2 – Classificação anatômica e etiológica das uveítes em crianças

	Foster, Estados Unidos, 2005[8]	BenEzra, Israel, 2005[9]	Tabbara, Arábia Saudita, 2009[10]	Smith, Estados Unidos, 2009[11]	Gomi, Brasil, 2004[12]
Nº de casos criança/ total	269/1.242 (21%)	276/821 (33%)	163/1.932 (8%)	527/NC	126/744 (17%)
Anatômica					
– Anterior	153 (57%)	37 (13%)	69 (42%)	235 (45%)	30 (24%)
– Intermediária	56 (21%)	115 (42%)	32 (20%)	148 (28%)	10 (8%)
– Posterior	17 (6%)	39 (14%)	12 (7%)	76 (14%)	81 (64%)
– Difusa	43 (16%)	85 (31%)	50 (31%)	68 (13%)	5 (4%)
Etiologia					
Não infecciosa	172 (64%)	114 (41%)	144 (88%)	342 (65%)	16 (13%)
– Artrite idiopática juvenil	89 (33%)	41 (15%)	24 (15%)	110 (21%)	7 (1%)
– *Pars* planite	56 (21%)	13 (1%)	8 (5%)	90 (17%)	4 (4%)
– Doença de Behçet	1			10 (2%)	
– Doença de Vogt-Koyanagi-Harada	2 (1%)	3 (1%)	26 (16%)	15 (3%)	
– Sarcoidose	2 (1%)	2 (1%)	3 (2%)	14 (3%)	1
Infecciosa	14 (5%)	92 (33%)	19 (12%)	33 (6%)	49 (39%)
– Toxoplasmose	9 (3%)	20 (7%)	7 (4%)	27 (5%)	39 (31%)
– Toxocaríase	1	13 (5%)			8 (1%)
– Herpes		10 (4%)	3 (2%)		1
– Arranhadura do gato		4 (1%)			
Idiopática	83 (31%)	70 (25%)	82 (50%)	152 (29%)	61 (48%)

NC: nada consta.

juvenil é a causa sistêmica presente em 15 a 50% das crianças com uveítes e em 25 a 100% das crianças com uveíte anterior.

Uveíte Anterior

O sítio primário da uveíte anterior é a câmara anterior com manifestação de irite, iridociclite ou ciclite anterior. Sua distribuição em crianças varia entre 13 e 57% dos casos de uveíte. No entanto, é a manifestação predominante da uveíte associada à artrite idiopática juvenil. Os sinais clínicos são hiperemia conjuntival perilimbar, presença de células na câmara anterior, precipitados ceráticos e sinéquias posteriores, sendo os dois primeiros sinais indicativos de doença ativa.

Uveíte Intermediária

Aproximadamente 8 a 40% das uveítes em crianças são classificadas como uveíte intermediária[8-12]. Uveíte intermediária é caracterizada por doença insidiosa e crô-

220 Oftalmologia

nica, acometendo principalmente a base vítrea, a retina periférica e o corpo ciliar. As principais queixas são de *floaters* (moscas volantes, diminutas condensações no corpo vítreo) em um olho calmo. Embora a maioria das uveítes intermediárias seja idiopática (*pars* planite), elas podem estar associadas a doenças sistêmicas e infecções, como sarcoidose, esclerose múltipla, doença de Behçet, tuberculose, sífilis e *human T lymphotropic virus* (HTLV-I/II).

A *pars* planite é uma forma de uveíte intermediária caracterizada por envolvimento mínimo da câmara anterior, células no vítreo anterior, *snowbank* (exsudato na *pars* plana), *snowball* (condensação no vítreo) e vasculite de retina periférica[13,14]. Embora de etiologia desconhecida, estudos clínicos, imunogenéticos e histopatológicos sugerem ser uma doença imunomediada com predisposição genética[14]. Cursa com períodos de exacerbações, latência e cronicidade. A idade média é de 9 anos, sendo na sua maioria de acometimento bilateral. Muitos pacientes com doença leve não necessitam de tratamento. No entanto, um grupo de pacientes tem doença grave com perda visual a despeito do tratamento instituído[15]. O tratamento da uveíte intermediária deve ser escalonado. Na situação de acuidade visual maior que 20/40 e sem edema de mácula, pode-se manter somente sob observação. Quando o tratamento se faz necessário, opta-se de forma escalonada pelo corticosteroide peri ou intraocular, sistêmico e/ou imunossupressor. Outras opções terapêuticas menos aplicadas são: crioterapia, fotocoagulação a *laser* (ambos os procedimentos destroem áreas de retina isquêmica com neovasos e eliminam o foco exsudativo) e vitrectomia. As complicações mais comuns são catarata (37%), hipertensão ocular (23%), neovascularização de retina (23%) e edema macular cistoide (20%). Quando há indicação de cirurgia de catarata, preconiza-se o uso de lente intraocular, desde que haja um bom controle da inflamação pelo período mínimo de três meses.

Artrite Idiopática Juvenil

É a doença sistêmica mais frequentemente associada à uveíte anterior crônica na criança[16-19]. A artrite idiopática juvenil (AIJ), nomenclatura proposta pela *International League of Associations for Rheumatology* (ILAR, 1997), previamente chamada de artrite reumatoide juvenil (ARJ) (*American College of Rheumatology*, ACR, 1977), refere-se a um grupo de doenças caracterizadas por artrite crônica com duração maior que seis semanas, que acometem crianças e adolescentes até os 16 anos. A ARJ define três subtipos: oligoarticular (50 a 60% dos pacientes, acometendo até quatro articulações), poliarticular (20 a 30% dos pacientes) e sistêmica (caracterizada por febre, *rash* cutâneo, linfadenopatia e esplenomegalia). A AIJ define sete subtipos com características clínicas e imunológicas distintas: oligoarticular (persistente e estendida), poliarticular com fator reumatoide (FR) negativo, poliarticular com FR positivo, sistêmica, psoriática, associada à entesite e indiferenciada. A prevalência da uveíte associada à AIJ varia de acordo com o seu subtipo, sendo importante nos subtipos oligoarticular, poliarticular com FR negativo, artrite psoriática e artrite associada a entesite[17,20] (Tabela 18.3).

A uveíte associada à AIJ mais prevalente e de maior importância pela gravidade do prognóstico visual caracteriza-se por ser de início insidioso, bilateral, anterior, crônica e não granulomatosa. É observada mais frequentemente no subtipo oligoarticular, ocorrendo em 5 a 25% dos pacientes (Tabela 18.3). Na maioria das vezes, por ser assintomática, há um atraso no diagnóstico e no tratamento, e as complicações oculares são as queixas iniciais em até 67% dos olhos[21,22]. A Tabela 18.4 descreve a prevalência das complicações oculares na apresentação inicial e no curso da doença.

Tabela 18.3 – Uveíte associada aos vários subtipos da artrite idiopática juvenil[17,20]

Subtipos	Características clínicas	Frequência	Uveíte (142/1.080 crianças)
Oligoarticular	≤ 4 articulações (joelho) F; 2 a 4 anos	38%	21% (61% do total de uveíte)
Poliarticular FRe (-)	Articulação pequena e grande	21%	14% (22%)
Poliarticular FRe (+)	Idade mais avançada	3%	0%
Sistêmica	F = M	15%	1% (1%)
Artrite psoriática	Oligoartrite assimétrica Articulação pequena e grande	11%	8% (6%)
Artrite relacionada a entesite	Inflamação de tendões e ligamentos M; ≥ 10 anos; HLA-B27+	11%	10% (8%)
Outras formas		1%	7% (1%)

F: feminino; M: masculino; HLA-B27+: antígeno HLA-B27.

Tabela 18.4 – Complicações oculares na uveíte associada à artrite idiopática juvenil[20-22,26]

	Na 1ª apresentação ou no seguimento	Patogênese/mecanismos	Tratamento
Ceratopatia em faixa	14 a 44%	Depósito de cálcio na camada de Bowman	Quelação com EDTA Ceratectomia fototerapêutica[27]
Catarata	23 a 42%	Inflamação intraocular crônica Toxicidade de corticosteroide tópico	Facoemulsificação com implante de lente intraocular[28,29] Lensectomia e vitrectomia anterior via *pars* plana Capsulotomia posterior
Sinéquias posteriores	21 a 51%	Aderências entre a íris e o cristalino	
Glaucoma	5 a 15%	Inflamação do trabeculado; sinéquias anteriores; bloqueio pupilar; glaucoma cortisônico	Clínico com colírios hipotensores Cirurgia fistulizante com ou sem antimitótico (mitomicina C ou 5-fluoruracil)[30,31] Implante de válvula
Edema macular cistoide	5 a 29%	Inflamação anterior crônica	Injeção peri ou intraocular[32,33] Corticosteroide oral/imunossupressor

EDTA: etilenodiamino tetracético dissódico.

Oftalmologia

A patogênese da uveíte associada à AIJ é ainda pouco conhecida. A alteração sorológica mais frequente é o anticorpo antinuclear (FAN) detectado por imuno-fluorescência em, aproximadamente, 30% das crianças com AIJ e em 70%, daquelas no subtipo oligoarticular com uveíte[16,17]. Os fatores de risco para o surgimento de uveíte são: sexo feminino, menos de 6 anos de idade ao diagnóstico, presença de fator antinúcleo e forma oligoarticular[23]. O sexo e o subtipo devem ser analisados com cautela, pois a AIJ é mais frequente em meninas e o subtipo oligoarticular é o mais frequente. A uveíte surge geralmente no intervalo de até quatro anos após o diagnóstico da artrite, e a atividade da doença ocular parece ser independente da atividade sistêmica da artrite. Fatores preditivos de pior prognóstico visual são: início da uveíte antes do quadro reumatológico; intervalo entre a instalação da artrite e da uveíte menor que 6 meses e sexo masculino[24,25]. Comprometimento visual grave tem sido observado em 4 a 38% dos pacientes; a taxa de acuidade visual menor ou igual a 20/200 (cegueira legal) é de 0,08/olho-ano ou 0,09/pessoa-ano[22].

Outra forma de uveíte relacionada à AIJ manifesta-se principalmente em meninos com idade ≥ 10 anos, sendo sintomática, aguda, com atividade de doença unilateral, com similaridades de apresentação com a uveíte anterior aguda do adulto associado às espondiloartropatias. Essa forma de uveíte está mais associada ao subtipo da artrite relacionado à entesite em crianças positivas para o HLA-B27[16,17].

O tratamento da uveíte associada à AIJ tem como objetivos: controlar a inflamação, evitar complicações estruturais significantes e preservar a função visual. Deve-se seguir um algoritmo: corticosteroide tópico associado à cicloplegia, corticosteroide oral, metotrexato, ciclosporina A, azatioprina e agentes biológicos (adalimumab principalmente)[34,35]. Aproximadamente metade das crianças com uveíte e AIJ necessita de imunossupressão sistêmica.

Recomendações para exame ocular periódico na artrite idiopática juvenil

A identificação e o exame ocular periódico são essenciais para a redução dos casos que evoluem para comprometimento grave funcional. Baseando-se na literatura atual[17] e nos critérios da Academia Americana de Pediatria (1993)[36], as seguintes recomendações devem ser observadas:

1. Toda criança recém-diagnosticada com AIJ deve ser submetida a exame ocular.
2. Se a uveíte for detectada, instituição de tratamento e acompanhamento devem ser adequados.
3. Se não for detectada uveíte, há três categorias de risco:
   a. Alto risco: oligoartrite ou poliartrite com FR negativo ou artrite psoriática de início precoce, com duração de doença inferior a quatro anos e idade de diagnóstico menor ou igual a 7 anos, exame a cada seis semanas durante os primeiros dois anos, depois a cada três meses por no mínimo sete anos.

Doenças da úvea em crianças e adolescentes **223**

b. Baixo risco: artrite sistêmica ou poliartrite com FR positivo, exame a cada três meses por no mínimo sete anos.

c. Alto risco, mas sintomático: artrite associada à entesite ou artrite psoriática de início tardio, exame a cada seis meses.

Sarcoidose

A sarcoidose é uma doença granulomatosa multissistêmica de etiologia indefinida, que afeta adultos jovens[37]. É causa pouco frequente de uveíte na criança. No entanto, o oftalmologista deve estar familiarizado com as características clínicas da sarcoidose na criança para o seu correto diagnóstico e tratamento. Na faixa etária de 8 a 15 anos, as manifestações são semelhantes àquelas no adulto, com envolvimento pulmonar frequente e alterações no olho, na pele, no fígado e no baço em 30 a 40% dos casos. Em crianças com idade de 5 anos ou menos, a sarcoidose manifesta-se mais frequentemente com artrite, *rash* cutâneo e uveíte (em 77%), compartilhando do mesmo fenótipo da síndrome de Blau, doença autoinflamatória[38]. A uveíte anterior é a manifestação ocular mais frequente. Granuloma de coriorretina multifocal com ou sem edema de disco óptico e vitreíte têm sido observado. O diagnóstico baseia-se na demonstração histológica do granuloma constituído por células epitelioides e gigantes multinucleadas sem necrose[37].

OUTRAS ETIOLOGIAS

Uveíte e nefrite tubulointersticial (*tubulointerstitial nephritis and uveitis –* TINU)[17,39], inicialmente descritas em 1975, manifestam-se em meninas com idade média de 15 anos com quadro sistêmico de febre, fraqueza, dor abdominal, artralgia e mialgia, que precede a nefropatia. Uveíte segue-se à nefrite intersticial em semanas a meses em 65% dos casos, sendo tipicamente uma uveíte anterior aguda bilateral em 80% dos casos com recidivas. O prognóstico visual é bom.

Algumas condições podem simular uma uveíte e devem sempre ser lembradas no diagnóstico diferencial, como retinoblastoma com pseudo-hipópio, leucemia, xantogranuloma juvenil, doença linfoproliferativa pós-transplante com a presença do vírus Epstein-Barr e presença de corpo estranho intraocular[17].

TRATAMENTO CLÍNICO DAS UVEÍTES NÃO INFECCIOSAS

O tratamento das uveítes em crianças[34,35] deve, inicialmente, distinguir causas infecciosas das não infecciosas. Os alvos devem ser claramente delineados:

1. Redução ou controle da inflamação de segmento anterior (células na câmara anterior): corticosteroide tópico (fosfato de dexametasona 0,1% ou acetato de metilprednisolona 1%).
2. Evitar alterações estruturais/anatômicas e diminuição da dor pelo espasmo do corpo ciliar: cicloplégico/midriático tópico (tropicamida 1%, atropina 1%).
3. Manutenção da função visual com controle da inflamação de segmento posterior (vitreíte, vasculite, edema macular): corticosteroide oral (pulsoterapia), imunossupressor (metotrexato, azatioprina, ciclosporina A, micofenolato mofetila ou sódico) e/ou agentes biológicos (antifator de necrose tumoral alfa – anti-TNF--alfa).
4. Considerar os efeitos colaterais do tratamento instituído: corticosteroide tópico – catarata e glaucoma; corticosteroide sistêmico – atraso no crescimento; imunossupressores – malignidade, supressão de medula óssea, infecção, infertilidade. O risco de catarata aumenta proporcionalmente ao número de gotas utilizadas do colírio de corticosteroide[40].

Quando a inflamação de segmento anterior persiste com um mínimo de 3 gotas/dia de corticosteroide tópico ou há inflamação de segmento posterior, usa-se corticosteroide oral (1 a 2 mg/kg/dia de prednisona). A redução deve ser gradativa e semanal:

- 1ª semana: 10 mg/semana até o máximo de 30 mg/dia.
- 2ª semana: 5 mg/semana até o máximo de 20 mg/dia.
- 3ª semana: 2,5 mg/semana até o máximo de 10 mg/dia.
- 4ª semana: 1 a 2,5 mg/semana.

Se a inflamação recidiva ou não é controlada na dose menor que a dose que induz à síndrome de Cushing (0,15 mg/kg em criança), deve-se acrescentar um imunossupressor. O metotrexato bloqueia a enzima di-hidrofolato redutase, importante na síntese da purina e da guanosina. Atua nas células T e B e é o imunossupressor mais utilizado em crianças com uveíte. Em dose baixa tem uma ação diferencial na resposta imune em relação aos outros tecidos. Assim, o seu uso em dose baixa (10 a 15 mg/m^2 semana) é indicado no tratamento prolongado das uveítes em criança. Seu efeito terapêutico é observado após 6 a 10 semanas. A toxicidade maior observada é no sistema gastrointestinal e hematológico. Por ser antagonista do ácido fólico, este deve ser administrado concomitantemente. Azatioprina é um antimetabólito análogo à purina que bloqueia a divisão celular inibindo a síntese dos ribonucleotídeos, integrantes essenciais do DNA. Inibe a proliferação de linfócitos T e B. Após a ingestão, ele é convertido à sua forma ativa, 6-mercaptopurina, sendo seu metabolismo dependente da oxidase xantina. É administrado oralmente na dose de 1 a 2 mg/kg/dia em dose única ou dividida. O período de início de sua ação varia de 1 a 3 meses. A ciclosporina, que suprime seletivamente células T, tem uma eficácia discutível no controle da uveíte associada à AIJ. A dose recomendada é 2,5 a 5 mg/kg/dia, sendo útil a monitoração do nível terapêutico no sangue para minimizar os efeitos colaterais. Os efeitos colaterais mais relevantes são nefrotoxicidade, hipertensão, hepatotoxicidade, anemia, hiperplasia gengival, hipertricose, náusea, vômito e tremor. Micofenolato mofetila ou sódico tem um mecanismo de ação semelhante à azatioprina, sendo também uma pró-droga, que é hidrolizada no ácido micofenólico, após a sua ingestão oral. A dose recomendada é de 1 g, 2 vezes ao dia. Entre os efeitos colaterais destacam-se os problemas gastrointestinais e leucopenia. Os inibidores de TNF-alfa agem por meio de dois receptores, p55 TNFr e p75 TNFr, e têm uma ação pleotrópica no sistema imune que inclui a ativação de células T e o recrutamento de células inflamatórias, como macrófago, ao local da inflamação. No momento estão disponíveis três drogas que bloqueiam o TNF-alfa: etanercept (Embrel®), proteína de fusão de p75 TNFr e IgG1, de uso subcutâneo semanal; infliximab (Remicade®), proteína IgG1 quimérica, de uso endovenoso a cada 15 a 60 dias; e adalimumab (Humira®), anticorpo humanizado, de uso subcutâneo a cada 15 dias. Etanercept é pouco eficaz no controle das uveítes em crianças, podendo induzir exacerbação da inflamação ocular. Alguns estudos sugerem uma melhor eficácia do adalimumab em relação ao infliximab[41].

CONCLUSÕES

Evolução para grave perda visual comprometendo a vida da criança ocorre ainda em 33% dos casos. O conhecimento das complicações oculares das uveítes crônicas em crianças pode orientar terapêutica eficaz para cada paciente, maximizando o potencial visual e minimizando as complicações dessas doenças. Interação entre o pediatra, o reumatopediatra e o oftalmologista é essencial para melhor elucidação diagnóstica e para monitorar efetivamente o tratamento dessas crianças.

REFERÊNCIAS BIBLIOGRÁFICAS

1. Kanski JJ, Shun-Shin GA. Systemic uveitis syndromes in childhood: an analysis of 340 cases. Ophthalmology. 1984;91(10):1247-52.
2. De Boer J, Wulffraat N, Rothova A. Visual loss in uveitis of childhood. Br J Ophthalmology. 2003;87(7):879-84.
3. Tugal-Tutkun I, Havrlikova K, Power WJ, Foster CS. Changing patterns in uveitis in children. Ophthalmology. 1996;103(3):375-83.
4. Petrilli AMN, Belfort Jr R, Moreira JBC, Nishi M. Uveítes na infância em São Paulo. Arq Bras Oftalmol. 1987;50(5):203-7.

5. Rosenberg KD, Feuer WJ, Davis JL. Ocular complications of pediatric uveitis. Ophthalmology. 2004;111(12):2299-306.
6. Holland GN, Denove CS, Fei Y. Chronic anterior uveitis in children: clinical characteristics and complications. Am J Opthalmol. 2009;147(4):667-78.
7. The standardization of uveitis nomenclature working group. Standardization of uveitis nomenclature for reporting clinical data. Results of the first international workshop. Am J Ophthalmol. 2005;140(3):509-16.
8. Kump LI, Cervanes-Castañeda RA, Androudi SN, Foster CS. Analysis of pediatric uveitis cases at a tertiary referral center. Ophthalmology. 2005;112(7):1287-92.
9. BenEzra D, Cohen E, Maftzir G. Uveitis in children and adolescents. Br J Ophthalmol. 2005;89(4):444-8.
10. Hamade IH, Al Shamsi HN, Al Dhibi H, Chacra CB, Abu El-Asrar AM, Tabbara KF. Uveitis survey in children. Br J Ophthalmol. 2009;93(5):569-72.
11. Smith JA, Mackensen F, Sen N, Leigh JF, Watkins AS, Pyatetsky D, et al. Epidemiology and course of disease in childhood uveitis. Ophthalmology. 2009;116(8):1544-51.
12. Gomi CF, Makdissi FF, Yamamoto JH, Olivalves E. Estudo epidemiológico das uveítes. Rev Med. 1997;76(2):101-8.
13. De Boer J, Berendschot TT, van der Does P, Rothova A. Long-term folow-up of intermediate uveitis in children. Am J Ophthalmol. 2006;141(4):616-21.
14. Romero R, Peralta J, Sendagorta E, Abelaira J. Pars planitis in children: epidemiologic, clinical and therapeutic characteristics. J Pediatr Ophthalmol Strabismus. 2007;44(5):288-93.
15. Donaldson MJ, Pulido JS, Herman DC, Kiehl N, Hodge D. Pars planitis: a 20-year study of incidence, clinical features, and outcomes. Am J Ophthalmol. 2007;144(6):812-7.
16. Kotaniemi K, Savolainen A, Karma A, Aho K. Recent advances in uveitis of juvenile idiopathic arthritis. Surv Ophthalmol. 2003;48(5):489-502.
17. Zierhut M, Michels H, Stübiger N, Besch D, Deuter C, Heiligenhaus A. Uveitis in children. Int Ophthalmol Clin. 2005;45(2):135-56.
18. Lacerda RR. Uveíte e artrite reumatoide juvenil – estudo clínico (acompanhamento de 14 casos ao longo de 13 anos). Rev Bras Oftalmol. 1993;52(5):31-9.
19. Damico FM, Hirata CE, Santoro SHW, Yamamoto JH, Kiss MHB, Olivalves E. Estudo da uveíte na artrite reumatoide juvenil. Arq Bras Oftalmol. 1998;61(6):695-9.
20. Saurenmann RK, Levin AV, Feldman BM, Rose BM, Laxer RM, Schneider R, et al. Prevalence, risk factors, and outcome of uveitis in juvenile idiopathic arthritis. Arth Rheum. 2007;56(2):647-57.
21. Heinz C, Mingels A, Goebel C, Fuchsluger T, Heiligenhaus A. Chronic uveitis in children with and without juvenile idiopathic arthritis: differences in patient characteristics and clinical course. J Rheumatol. 2008;35(7):1403-7.
22. Thorne JE, Woreta F, Kedhar ST, Dunn JP, Jabs DA. Juvenile idiopathic arthritis-associated uveitis: incidence of ocular complications and visual acuity loss. Am J Ophthalmol. 2007;143(5):840-6.
23. Saurenmann RK, Levin AV, Feldman BM, Laxer RM, Schneider R, Silverman ED. Risk factors for development of uveitis differ between girls and boys with juvenile idiopathic arthritis. Arthritis Rheum. 2010;62(6):1824-8.
24. Kalinina Ayuso V, Tem Cate HA, van der Does P, Rothova A, de Boer JH. Male gender as a risk factor for complications in uveitis associated with juvenile idiopathic arthritis. Am J Ophthalmol. 2010;149(6):994-9.
25. Zannin ME, Buscain I, Vittadello F, Martini G, Alessio M, Orsoni JG, et al. Timing of uveitis onset in oligoarticular juvenile idiopathic arthritis is the main predictor of severe course uveitis. Acta Ophthalmol. 2012;90(1):91-5.
26. Skarin A, Elborgh R, Edlund E, Bengtsson-Stigmar E. Long-term follow-up of patients with uveitis associated with juvenile idiopathic arthritis: a cohort study. Ocul Immunol Inflam. 2009;17(2):104-8.

Doenças da úvea em crianças e adolescentes   227

27. Jhanji V, Rapuano CJ, Vajpayee RB. Corneal calcific band keratopathy. Curr Opin Ophthalmol. 2011;22(4):263-9.
28. Probst LE, Holland EJ. Intraocular lens implantation in patients with juvenile rheumatoid arthritis. Am J Ophthalmol. 1996;122(2):161-70.
29. Sijssens KM, Los LI, Rothova A, Schellekens PAWJF, van de Does P, Silma JS, et al. Long-term ocular complications in aphakic versus pseudophakic eyes of children with juvenile idiopathic arthritis--associated uveitis. Br J Ophthalmol. 2010;94(9):1145-9.
30. Sijssens KM, Rothova A, Berendschot TT, de Boer JH. Ocular hypertension and secondary glaucoma in children with uveitis. Ophthalmology. 2006;113(5):853-9.
31. Kotaniemi K, Sihto-Kauppi K. Occurrence and management of ocular hypertension and secondary glaucoma in juvenile idiopathic arthritis-associated uveitis: an observational series of 104 patients. Clin Ophthalmol. 2007;1(4):455-9.
32. Ducos de Lahitte G, Terrada C, Tran TH, Cassoux N, LeHoang P, Hodjikian L, et al. Maculopathy in uveitis of juvenile idiopathic arthritis: an optical coherence tomography study. Br J Ophthalmol. 2008;92(1):64-9.
33. Tranos PG, Wickremasingle SS, Stangos NT, Topouzis F, Tsinopoulos I, Pavesio CE. Macular edema. Surv Ophthalmol. 2004;49(5):470-90.
34. Zierhut M, Doycheva D, Biester S, Stübiger N, Kümmerle-Deschner J, Deuter C. Therapy of uveitis in children. Int Ophthalmol Clin. 2008;48(3):131-52.
35. Heilingenhaus A, Michels H, Schumacher C, Kopp I, Neudorf U, Niehues T, et al. Evidence-based, interdisciplinary guidelines for anti-inflammatory treatment of uveitis associated with juvenile idiopathic arthritis. Rheumatol Int. 2012;32(5):1121-33.
36. American Academy of Pediatrics Section on Rheumatology and Section on Ophthalmology: guidelines for ophthalmologic examinations in children with juvenile rheumatoid arthritis. Pediatrics. 1993;92(2):295-6.
37. Hoover DL, Khan JA, Giangiacomo J. Pediatric ocular sarcoidosis. Surv Ophthalmol. 1986;30(4):215-28.
38. Sfriso P, Caso F, Tognon S, Galozzi P, Gava A, Punzi L. Blau syndrome, clinical and genetic aspects. Autoimmun Rev. 2012;12(1):44-51.
39. Mandeville JT, Levinson RD, Holland GN. The tubulointerstitial nephritis and uveitis syndrome. Surv Ophthalmol. 2001;46(3):195-208.
40. Thorne JE, Woreta FA, Dunn JP, Jabs DA. Risk of cataract development among children with juvenile idiopathic arthritis-related uveitis treated with topical corticosteroids. Ophthalmology. 2010;117(7):1436-41.
41. Simonini G, Taddio A, Cattalini M, Caputo R, De Libero C, Naviglio S, et al. Prevention of flare recurrences in childhood-refratory chronic uveitis: an open-label comparative study of adalimumab versus infliximab. Arthritis Care Res. 2011;63(4):612-8.

19 Uveítes posteriores na infância e na adolescência: diagnóstico e tratamento

Carlos Eduardo Hirata

Após ler este capítulo, você estará apto a:

1. Descrever as principais infecções intraoculares (uveítes posteriores) em recém-nascidos, crianças e adolescentes.
2. Verificar os parâmetros utilizados nos diagnósticos das infecções intraoculares.
3. Descrever as bases do tratamento das principais infecções intraoculares em recém-nascido, crianças e adolescentes.
4. Descrever as principais causas de uveítes posteriores não infecciosas.
5. Verificar os parâmetros utilizados no diagnóstico das uveítes posteriores não infecciosas.
6. Descrever as bases do tratamento das principais uveítes posteriores não infecciosas.

INTRODUÇÃO

Quando o foco principal da inflamação está localizado na coroide e/ou na retina, ela é classificada como uveíte posterior.

Naqueles com menos de 18 anos as etiologias infecciosas mais relatadas são a toxoplasmose e a toxocaríase[1-3]. Sífilis, varicela-zóster e citomegalovírus são outras etiologias que devem ser consideradas, particularmente como causas de infecções congênitas. Inúmeros outros agentes infecciosos podem causar retinocoroidite, mas, como são mais raros, não serão discutidos neste capítulo.

Toxoplasmose Ocular

Agente etiológico e modos de transmissão

Toxoplasmose é a doença infecciosa causada pelo *Toxoplasma gondii*, parasita intracelular obrigatório. Os felinos são os principais hospedeiros definitivos, e o homem é o hospedeiro intermediário. É uma zoonose com distribuição mundial e a causa mais frequente de infecções na retina e/ou coroide[4,5].

A infecção pode ocorrer de diversas maneiras[4,5]. As principais são:

- Pela ingestão de oocistos, presentes nas fezes dos felinos e na água e alimentos contaminados, ou pela ingestão de cistos em carnes cruas ou mal passadas.
- Transmissão vertical: quando a mãe adquire a toxoplasmose durante a gestação.
- Transplantes de órgãos contaminados, transfusões de sangue ou derivados contaminados e acidente em laboratórios que trabalham com o *T. gondii* são outras formas mais raras.

A toxoplasmose adquirida aguda é, em geral, assintomática (80 a 90% dos pacientes) e apenas a minoria apresenta sintomas gerais que lembram um quadro viral com mal-estar, febre, mialgia, dor de garganta, artralgia e hepatoesplenomegalia. Mais raramente os pacientes podem apresentar miocardite e polimiosite. As manifestações são, em geral, autolimitadas e desaparecem independentemente de qualquer tratamento.

A toxoplasmose congênita ocorre quando a mãe apresenta a infecção aguda durante a gestação e a transmite ao feto. A taxa de transmissão e a gravidade da doença no recém-nascido dependem principalmente da idade gestacional em que ocorreu a infecção materna[5]. No primeiro trimestre, a taxa de transmissão em gestantes não tratadas é de aproximadamente 10 a 25% e nesse período a doença é mais grave, o que resulta muitas vezes em morte intrauterina, aborto espontâneo ou as formas mais graves da doença. No segundo trimestre, a taxa de transmissão varia entre 30 e 54% e a doença tende a ter gravidade intermediária. No terceiro trimestre, a taxa de transmissão é de aproximadamente 60 a 65% e a doença tende a ser menos grave, frequentemente assintomática ao nascimento. Casos muito raros de transmissão vertical podem ocorrer em gestantes com infecção crônica associada à grave imunodeficiência[5].

Embora o conceito clássico considere a forma congênita a mais frequente, estudos realizados no sul do Brasil têm salientado que, pelo menos nessa região, a toxoplasmose adquirida representa a maioria dos casos[6,7].

Quadro clínico ocular

A toxoplasmose congênita, em estudo realizado no Brasil[8], foi diagnosticada em 0,135% (1/770) dos nascidos vivos, e desses 80% apresentaram lesão ocular compatível com toxoplasmose ocular em pelo menos 1 dos olhos (exame ocular realizado

Oftalmologia

com 56 dias de vida em média) e em 47% não se encontrou nenhuma manifestação clínica no exame pediátrico[8]. Na literatura, os relatos anteriores revelaram alteração ocular em 4 a 24%, porém com aumento nessa frequência nos exames realizados em idades mais avançadas[5].

O aparecimento de novas lesões nos pacientes com toxoplasmose congênita é relatado em até 66%[9] e aparentemente o tratamento no primeiro ano diminui o risco de novas lesões[10].

A toxoplasmose ocular congênita manifesta-se, de forma clássica, como uma infecção subclínica, sem sinais da doença, exceto as cicatrizes retinocoroidianas. No entanto, no estudo recente realizado no Brasil, observou-se a presença de lesão ativa na retina, em 40% dos olhos[8].

A toxoplasmose adquirida também pode manifestar-se concomitantemente ou logo após o contágio inicial com o *T. gondii* ou, o que é muito mais comum, ocorrer meses ou mesmo anos após a infecção inicial.

O quadro clínico da toxoplasmose ocular, como regra, não permite afirmar qual a forma de contágio da doença, sendo semelhantes na toxoplasmose congênita e na toxoplasmose adquirida.

A toxoplasmose ocular, na sua forma mais característica, apresenta-se como uma retinocoroidite com foco satélite cicatrizado adjacente à lesão ativa, associado à turvação vítrea e à vasculite de retina. A diminuição da acuidade visual é variável e depende da localização da lesão e do grau de turvação vítrea. Complicações como catarata, glaucoma e descolamento de retina podem ocorrer principalmente nos casos graves[4].

Diagnóstico laboratorial

Toxoplasmose congênita

O diagnóstico sorológico da toxoplasmose baseia-se na descoberta de anticorpos anti-*T. gondii* no soro dos pacientes. Como os anticorpos maternos da classe IgG podem passar de modo passivo da mãe para o feto, o seu encontro no recém-nascido só terá valor se ocorrer aumento nos títulos nos exames subsequentes. Como a IgM não atravessa a placenta, a descoberta dessa classe de anticorpo no soro dos recém-nascidos caracteriza a doença congênita.

Pode-se também pesquisar a presença de anticorpos específicos das classes IgA e IgE. Esses anticorpos podem ser úteis nos casos de diagnóstico da infecção aguda, particularmente na caracterização da toxoplasmose congênita. Como também não atravessam a barreira placentária, sua presença no soro do recém-nascido indica infecção congênita e a sua pesquisa aumenta a sensibilidade dos testes sorológicos[4,5]. A Figura 19.1 ilustra as principais situações relativas ao diagnóstico sorológico na toxoplasmose congênita.

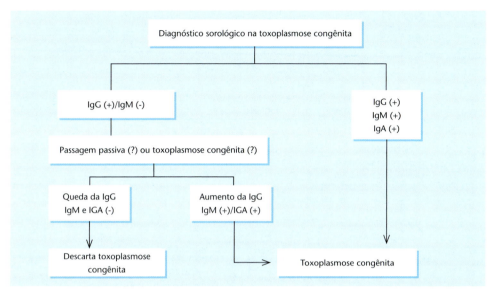

Figura 19.1 Esquema ilustrativo do diagnóstico sorológico na toxoplasmose congênita. IgG: imunoglobulina G; IgM: imunoglobulina M; IgA: imunoglobulina A.

Toxoplasmose sistêmica

O diagnóstico sorológico da toxoplasmose é baseado na presença de anticorpos anti-*T. gondii* no soro dos pacientes. As imunoglobulinas habitualmente empregadas são a IgG e a IgM e, em situações particulares, a IgA e a IgE[11].

A IgM pode ser pesquisada por meio de diversas técnicas. Quando se utiliza a imunofluorescência indireta, a IgM tende a ficar positiva na primeira semana e permanece assim por alguns meses (habitualmente 3 a 4 meses). A IgM quando pesquisada pelo teste imunoenzimático ELISA (*Enzyme-Linked Immunosorbent Assay*) pode ficar positiva durante anos.

A IgG também pode ser pesquisada por meio de diversas técnicas. A imunofluorescência indireta, o teste de hemaglutinação e o teste imunoenzimático ELISA são os testes empregados com maior frequência. Os anticorpos dessa classe de imunoglobulinas podem ficar positivos indefinidamente.

A IgG pode ainda ser testada quanto a sua avidez. Na fase aguda da doença, a IgG apresenta baixa avidez, que, dependendo do método usado, pode durar de 4/5 meses a 1 ano. Nas fases mais tardias ocorre o aumento na avidez da IgG. Isso pode contribuir com a caracterização de uma doença aguda de um quadro crônico nos casos em que a IgM permanece positiva por período prolongado. O esclarecimento dessa dúvida pode ser relevante nos casos de suspeita de infecção aguda durante as primeiras semanas da gestação[5,11]. A Figura 19.2 ilustra as principais situações relativas ao diagnóstico sorológico da toxoplasmose na gestação.

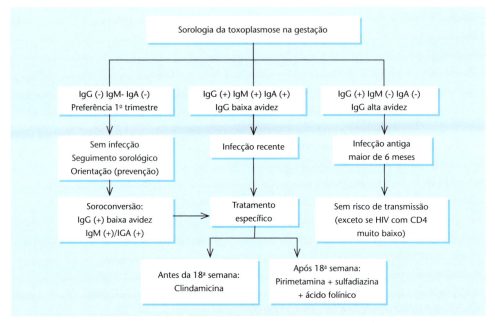

Figura 19.2 Esquema ilustrativo do diagnóstico sorológico na toxoplasmose na gestação. IgG: imunoglobulina G; IgM: imunoglobulina M; IgA: imunoglobulina A.; HIV: vírus da imunodeficiência humana; CD 4: contagem de linfócitos CD 4.

Toxoplasmose ocular

O diagnóstico da toxoplasmose ocular é fundamentalmente clínico e baseado no quadro clínico sugestivo associado ao encontro do anticorpo anti-*T gondii* no soro do paciente e na ausência de outra causa que explique a retinite. Normalmente verifica-se apenas a presença de anticorpos anti-*T. gondii* da classe IgG. Para o diagnóstico da toxoplasmose ocular, qualquer título deve ser considerado positivo, até mesmo o encontro de anticorpos no soro não diluído. A presença dos anticorpos anti-*T. gondii* da classe IgM é pouco frequente.

A Figura 19.3 ilustra os principais parâmetros utilizados no diagnóstico da toxoplasmose ocular.

Alguns estudos consideram que o teste para avaliar a produção local (intraocular) de anticorpos (coeficiente de Goldmann-Witmer) e a pesquisa de um fragmento do DNA do *T. gondii*, pelo método do PCR (*polymerase chain reaction*) nos fluidos intraoculares, podem ser úteis no diagnóstico da toxoplasmose ocular, pelo menos em algumas situações muito particulares[12]. Raramente são realizados na prática clínica.

Tratamento

Embora exista alguma controvérsia[13], admite-se que o tratamento da toxoplasmose aguda e/ou recente durante a gestação deve ser realizado para diminuir o risco

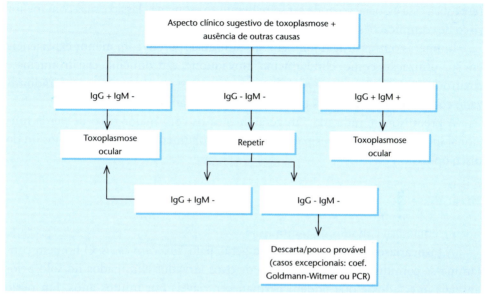

Figura 19.3 Esquema do diagnóstico da toxoplasmose ocular. IgG: imunoglobulina G; IgM: imunoglobulina M; casos excepcionais: podem-se analisar os fluidos intraoculares; coef. Goldmann-Witmer para pesquisa local de anticorpos; PCR: *polimerase chain reaction* – pesquisa de um fragmento do DNA do *T. gondii* pelo método do PCR.

de contágio e/ou para o tratamento do feto. Nas primeiras 18 semanas, a droga mais utilizada com o objetivo de diminuir o risco de transmissão fetal é a espiramicina. Porém, como não atravessa a placenta, não trata uma eventual infecção fetal[5,14].

A partir da 12ª a 18ª semana da gestação, o tratamento é realizado de forma habitual com a associação da pirimetamina com a sulfadiazina. A pirimetamina não deve ser utilizada no primeiro trimestre em razão do risco teratogênico e sempre deve estar associada ao ácido folínico (e não fólico)[5,14].

O tratamento do recém-nascido com diagnóstico de toxoplasmose congênita, para a maioria dos autores, deve ser realizado mesmo naqueles sem quaisquer manifestações clínicas, sejam elas sistêmicas ou oculares. O tratamento preconizado é com a pirimetamina associada à sulfadiazina e ao ácido folínico por 1 ano[4,5].

O tratamento da toxoplasmose ocular congênita de aparecimento tardio e o da toxoplasmose ocular adquirida dependem do grau de comprometimento ocular. Nas lesões localizadas no polo posterior, com maior risco de perda funcional, nas formas recorrentes e nos pacientes com imunodeficiência, o uso da pirimetamina associada à sulfadiazina e ao ácido folínico durante 4 a 6 semanas é o mais indicado[4,5].

Nos pacientes imunocompetentes e com lesões periféricas, uma alternativa é a associação da trimetoprima com a sulfametoxazol. Alguns estudos revelaram que a resposta a essa associação pode ser semelhante ao esquema clássico, mas com menor risco de complicações e melhor tolerância pelos pacientes[15].

Inúmeras outras drogas também são utilizadas, porém com menor experiência em sua utilização, como: clindamicina, atovaquone, azitromicina, claritromicina e roxitromicina[5]. É importante ressaltar que não existe estudo prospectivo randomizado comparando os diversos tratamentos preconizados.

A prednisona é indicada, em geral, nos casos com maior risco de perda funcional importante, como nos pacientes com envolvimento do polo posterior ou do disco óptico.

Toxocaríase Ocular

Agente etiológico e modos de transmissão

A toxocaríase ocular é causada, em geral, pelo *Toxocara canis*. O homem contamina-se comumente com a ingestão de ovos larvados eliminados no solo pelos animais infectados e que podem permanecer viáveis por muitos anos. Em razão desses fatores de risco, a geofagia e a presença de cães no domicílio são fatores de risco para o desenvolvimento da toxocaríase em humanos[16-18].

Quadro clínico sistêmico e ocular

O termo "larva migrans visceral" (LMV), proposto por Beaver em 1952, tem como fator etiológico mais importante a espécie *T. canis*.

As manifestações clínicas dependem principalmente da quantidade de larvas ingeridas, da duração e da frequência da infecção, da resposta imunitária do hospedeiro e da localização tecidual dessas larvas. Dependendo desses parâmetros os pacientes com LMV podem apresentar-se desde assintomáticos até com graves manifestações pulmonares, hepáticas, cardíacas e neurológicas, que podem inclusive resultar no óbito[17,19,20].

A manifestação ocular, geralmente não associada à LMV, muitas vezes é denominada separadamente de síndrome da larva migrans ocular[17,18].

A toxocaríase ocular acomete, em geral, pacientes na faixa etária entre 1 e 37 anos, com idade média de 16,5 anos, sendo a maioria (91%) unilateral[25].

As apresentações clínicas mais importantes são[17-19]:

- Endoftalmite crônica.
- Granuloma central.
- Granuloma periférico, algumas vezes simulando um quadro de uveíte intermediária tipo *pars planite*.
- Neurorretinite unilateral difusa (DUSN): Forma clínica que pode ter vários agentes etiológicos. Admite-se que o *T. canis* possa ser um desses agentes.

Diagnóstico laboratorial

Em relação à LMV, os exames auxiliares revelam, na maioria dos pacientes, leucocitose com acentuada eosinofilia, hipergamaglobulinemia, elevação das imunoglobulinas, principalmente IgG e IgM. A elevação das iso-hemaglutininas também é frequentemente relatada. O teste sorológico revela a presença de anticorpos anti-*T. canis* no soro desses pacientes e a técnica mais empregada é o teste imunoenzimático ELISA, em razão de sua maior especificidade e sensibilidade[19].

Toxocaríase ocular

O diagnóstico sorológico da toxocaríase ocular é baseado na pesquisa do anticorpo anti-*T. canis* no soro dos pacientes. Na maioria das vezes, a toxocaríase ocular não está associada à LMV e, dessa forma, os achados clínicos e laboratoriais associados a essa larva não são encontrados na infecção ocular.

Alguns autores sugerem que títulos de anticorpos séricos anti-*T. canis* superiores a 8 e associados à presença de quadro clínico sugestivo e na ausência de outras causas são indicativos de toxocaríase ocular[17,18,20]. A razão para considerar positivos os títulos superiores a 8 é para aumentar a especificidade do teste. Porém, relatos[21,22] de larvas de *T. canis* em olhos de pacientes com sorologia em títulos baixos (< 8) reforçam a necessidade de considerar positivo qualquer título quando as manifestações clínicas sugerirem esse diagnóstico.

A pesquisa da produção local de anticorpos anti-*T. canis* analisando a quantidade de anticorpos específicos (coeficiente de Goldmann-Witmer) nos fluidos intraoculares (humor aquoso e corpo vítreo) e a pesquisa de um fragmento do DNA do *T. canis* pelo método do PCR, que amplifica a presença de um fragmento do DNA do *T. canis*, são realizadas em situações excepcionais.

Tratamento

Em relação ao tratamento, muitas vezes o diagnóstico só é realizado após a fase aguda, quando o tratamento específico pouco melhora o prognóstico funcional.

Não existe um consenso em relação às drogas a serem utilizadas nem ao tempo do tratamento da toxocaríase ocular. Os medicamentos que são habitualmente relatados na literatura são o tiabendazol, o albendazol e o mebendazol. Também existem trabalhos utilizando a ivermectina e a dietilcarbamazina. Em relação ao tempo de tratamento, ele pode variar entre 1 a 4 semanas[16]. Estudo realizado em nosso meio, em pacientes com DUSN, revelou bom resultado com tratamento clínico com albendazol 400 mg/dia durante 30 dias[23].

Outro aspecto muito particular da DUSN, doença em que o *T. canis* possivelmente é um dos agentes envolvidos em sua etiopatogênese, é a possibilidade de realizar o tratamento com a fotocoagulação a *laser* de argônio sobre a larva com boa resolução da doença e com manutenção da função visual[16].

Sífilis Ocular

Agente etiológico e modos de transmissão

A sífilis é uma doença causada pela espiroqueta *Treponema pallidum* e pode ser transmitida por duas vias principais: a transplacentária e a transmissão pelo contato sexual.

Na transmissão vertical, a fase recente da infestação apresenta maior risco de transmissão, com relatos entre 70 e 100% na sífilis primária, 40% na sífilis secundária e 10% na sífilis latente tardia[24].

Na transmissão pelo contato sexual, o agente pode ser inoculado por meio da pele ou das mucosas, sendo a sífilis recente, principalmente aquela com lesão aparente, a maior fonte de infestação da doença.

Classificações da sífilis

A sífilis pode ser classificada, dependendo do parâmetro utilizado, de diversas formas. A Tabela 19.1 esquematiza essas classificações.

Tabela 19.1 – Classificações da sífilis e comportamento dos testes sorológicos no paciente não tratado

Modo de trasmissão	Sífilis congênita			Sífilis adquirida
Δ tempo entre a primoinfecção e a manifestação clínica: Sorologia (*)	< 1 ano: Sífilis precoce VDRL (+): 70-100% FTA-Abs (+): 50-85%	> 1 ano: sífilis tardia VDRL (+): 60-98% FTA-Abs (+): 97-100%		Sífilis indeterminada
Manifestação clínica	Sífilis primária Lesão genital	Sífilis secundária *Rash* cutâneo Hepatoesplenomegalia Linfadenopatia	Sífilis latente Sem manifestações clínicas Sorologia (+)	Sífilis terciária SNC aparelho cardiovascular
Sorologia (**) VDRL (+) FTA-Abs (+)	70% 91%	100% 100%	90% 100%	71% 96%

Classificação da sífilis de acordo com o parâmetro utilizado e a porcentagem da positividade dos testes sorológicos nos pacientes não tratados. Δ: intervalo; VDRL: *Venereal Disease Research Laboratory test*; FTA-Abs: *Fluorescent treponemal antibodies absorption*; SNC: sistema nervoso central; (*): porcentagem do resultado da pesquisa de anticorpos em pacientes não tratados segundo Tramont[31]. (**): porcentagem do resultado da pesquisa de anticorpos segundo Huber[28].

Quadro clínico ocular

Sífilis congênita

As manifestações oculares mais importantes na sífilis congênita são[26]:

- Ceratite intersticial, caracterizada pelo aparecimento de opacidades associadas a vasos fantasmas na córnea.
- Outras manifestações incluem: neurite óptica, iridociclite e alterações no fundo de olho caracterizadas por alteração do epitélio pigmentado da retina com pontos hiperpigmentados ao lado de lesões despigmentadas, denominadas de "fundo em sal e pimenta", aspecto morfológico que não é exclusivo da sífilis congênita, mas também descrito em outras infecções congênitas.

Sífilis adquirida

Praticamente todas as estruturas do aparelho visual podem estar afetadas nessa doença. Assim, em todas as inflamações oculares, particularmente naquelas crônicas e recorrentes, a sífilis deve ser considerada no diagnóstico diferencial. As manifestações oculares mais importantes são: alterações pupilares, oftalmoplegias, episclerite e/ou esclerite, ceratite intersticial, subluxação do cristalino, irite, ciclite, coroidites e/ou retinites e neurites ópticas[26,27].

Diagnóstico laboratorial

O diagnóstico laboratorial da sífilis ocular adquirida é baseado na descoberta do anticorpo anti-*T. pallidum* no soro dos pacientes. Existem dois tipos principais de teste sorológico: o não treponêmico, cujo padrão é o VDRL (*Venereal Disease Research Laboratory*); e o treponêmico, do qual os mais importantes são o FTA-Abs (*Fluorescent Treponemal Antibody Absorption*) e o teste imunoenzimático ELISA. Os testes não treponêmicos podem, mesmo naqueles pacientes não tratados, ficar negativos na fase tardia da doença (após 1 ano da infestação inicial). Como a sífilis ocular é mais frequente nessa fase da doença, os testes não treponêmicos não irão realizar o diagnóstico em até 40% dos pacientes com sífilis ocular adquirida[25].

Outro exame importante e que deve ser realizado nos casos de sífilis ocular é o estudo do líquido cefalorraquidiano, indicado pela frequente associação da uveíte com a meningite.

Tratamento

O tratamento da uveíte por sífilis apresenta alguma controvérsia. Embora muitos preconizem o tratamento de todos os pacientes com sífilis intraocular com penicilina G cristalina na dose de 24 milhões de unidades por dia (4.000.000 UI, EV, a cada 4 horas) durante 10 a 14 dias, nos pacientes imunocompetentes, sem neurite óptica e sem meningite associada, o tratamento com penicilina G procaína na dose de 400.000 UI, IM, a cada 12 horas, durante 14 dias, é uma alternativa com a vantagem de não necessitar de internação do paciente.

Vírus da Varicela-Zóster

O vírus varicela-zóster faz parte da família dos herpesvírus e pode causar dois tipos distintos de doenças.

A varicela (catapora), que é a infecção primária, geralmente se manifesta com um quadro agudo característico na infância com exantema eritemato-vesicular, febre, mialgia e anorexia. Habitualmente a varicela resulta na permanência de vírus latentes em gânglios nervosos sensoriais, particularmente os torácicos, trigêmeos e sacrais[28].

O herpes-zóster é secundário à reativação da infecção pelo vírus da varicela-zóster e geralmente associado a algum grau de imunodepressão, particularmente em paciente acima dos 50 anos de idade. Os locais mais afetados são os dermátomos torácicos e a região facial, particularmente os da região do nervo trigêmeo[28].

Manifestações oculares

Doença congênita

A varicela congênita é uma doença rara e ocorre em menos de 2% dos recém-nascidos de mães que tiveram a doença aguda no primeiro ou segundo trimestre da gestação. As alterações mais importantes são microftalmia, atrofia do nervo óptico, catarata, coriorretinite ou lesões atróficas na coroide e retina[29]. Quando a infecção materna ocorre entre 4 ou 5 dias antes do parto e 2 dias após o parto, o risco de doença congênita ou neonatal grave é de 20% com risco de graves complicações e com indicação para o tratamento com imunização passiva com imunoglobulina humana hiperimune antivaricela-zóster[29].

Doença adquirida

A reativação do vírus da varicela-zóster no nervo trigêmeo causa o quadro do herpes zóster oftálmico. A manifestação mais frequente são as lesões eritemato-vesiculosas localizadas na pele da região correspondente ao nervo trigêmeo. Conjuntivites, episclerites, esclerites, ceratites epiteliais ou estromais e iridociclite são outras manifestações que podem ocorrer nesses pacientes. O comprometimento posterior, representado pela retinite periférica associada à vitreíte e vasculite de retina, quadro denominado de necrose aguda de retina, é raro nos pacientes com menos de 18 anos de idade, pelo menos naqueles imunocompetentes[30].

Tratamento

O tratamento da necrose aguda da retina é baseado no tratamento específico com antivirais. O mais indicado é o aciclovir endovenoso na dose de 10,0 mg/kg de peso a cada 8 horas por 10 a 14 dias seguido pelo tratamento com aciclovir oral, como profilaxia secundária, principalmente para evitar o envolvimento no olho contralateral[30].

Outra forma de tratamento é com uso do valaciclovir na dose de 3,0 gramas por dia durante 30 dias, seguido pela dose de 1,0 grama por dia como profilaxia secundária. Esse esquema tem a enorme vantagem de ser em regime ambulatorial.

Retinite pelo Citomegalovírus

Agente etiológico e modos de transmissão

O citomegalovírus (CMV) também faz parte do grupo herpesvírus e pode ser transmitido pela placenta, pela contaminação durante o parto, pelo contato próximo ou íntimo com pacientes que eliminam o vírus na urina, saliva e outras secreções e pela transfusão de sangue ou seus derivados.

É a principal infecção congênita viral e ocorre numa frequência de 0,2 a 2,6% de todos os nascidos vivos, sendo a maioria assintomática ao nascimento[28,31,32]. A infecção primária durante a gestação tem um risco de transmissão intrauterina de 30 a 40%[28,29]. A gestante pode também transmitir a doença nas reativações de uma infecção latente. Pode também causar uma infecção perinatal em razão da contaminação no canal do parto ou pelo aleitamento.

Manifestações oculares

A maioria dos pacientes com a infecção congênita é assintomática ao nascimento e, nessa situação, alterações oculares são descritas em apenas 1 a 2% dos pacientes. Cerca de 5 a 20% apresentam sintomas[28] e desses 50% apresentam manifestações graves necessitando de cuidados intensivos no período neonatal e com taxa de mortalidade de até 30%. Pacientes sintomáticos ao nascimento frequentemente apresentam sequelas neurológicas, auditivas ou oculares e cerca de 20 a 25% desses pacientes apresentam comprometimento ocular secundário à coriorretinite, atrofia óptica ou do córtex visual[31]. Retinite hemorrágica com áreas de necrose também é descrito na literatura. Essa possibilidade sempre deve ser pesquisada, uma vez que o seu tratamento melhorará o prognóstico funcional desses pacientes[31,33].

A infecção ocular pelo CMV após o período neonatal ocorre quase que exclusivamente em pacientes com grave imunossupressão[30].

A forma clínica mais comum é aquela relacionada com a síndrome da imunodeficiência adquirida ou ao tratamento com drogas imunossupressoras. Manifesta-se como uma retinite hemorrágica associada à vasculite de retina, que em razão dessa imunodeficiência não apresenta sinais inflamatórios no corpo vítreo, comum nas retinites virais. O diagnóstico habitualmente é exclusivamente clínico e baseado nas características clínicas da retinite hemorrágica associada à deficiência imune[30,34]. O encontro do anticorpo anti-CMV apenas confirma uma exposição prévia ao vírus.

Tratamento

O tratamento é baseado no uso endovenoso de drogas antivirais que, por serem agentes virostáticos, devem ser mantidos enquanto a imunidade permanecer baixa. As drogas mais utilizadas são o ganciclovir, o foscarnet, para uso endovenoso ou intravítreo e mais recentemente o valganciclovir, para uso oral. Em razão da maior disponibilidade, a droga habitualmente utilizada é o ganciclovir endovenoso na dose de ataque (5,0 mg/kg a cada 12 horas) por 2 a 3 semanas seguida pelo tratamento de manutenção com a mesma dose 1 vez por dia, 5 vezes por semana.

Nos pacientes com a SIDA, que fazem o tratamento com as drogas antirretrovirais em esquema denominado de alta efetividade (HAART), e que apresentam melhora da imunidade (CD 4 > 100 a 150/mm³) pode-se suspender o tratamento específico[30,34].

Outra forma de tratamento é com uso intraocular de drogas antivirais[34]. Embora a injeção intavítrea do ganciclovir apresente bom resultado no curto prazo, a necessidade de injeções repetidas (semanais) aumenta muito o risco desse tratamento e por essa razão é pouco realizada. Os implantes intraoculares de liberação lenta do ganciclovir, que duram mais de 6 meses, seriam boa opção não fosse o seu custo extremamente elevado e a sua indisponibilidade para aquisição no Brasil.

REFERÊNCIAS BIBLIOGRÁFICAS

1. Gomi CF, Makdissi FF, Yamamoto JH, Olivalves E. Estudo epidemiológico das uveítes. Rev Med (São Paulo). 1997;76(2):101-8.
2. BenEzra D, Cohen E, Maftzir G. Uveitis in children and adolescents. Br J Ophthalmol. 2004;32:468-71.
3. Smith JA, Mackensen F, Sen HN, Leigh JF, Watkins AS, Pyatetsky D, et al. Epidemiology and course of disease in childhood uveitis. Ophthalmology. 2009;116(8):1544-51.
4. Oréfice F, Bahia-Oliveira LM. Toxoplasmose. In: Oréfice F (ed.). Uveítes: clínica & cirúrgica. Atlas & texto. 2.ed. Rio de Janeiro: Cultura Médica; 2005. p.699-804.
5. Montoya JG, Boothroyd JC, et al. Toxoplasma gondii. In: Mandell, Douglas, Bennett. Principles and practice of infectious diseases. 7.ed. Philadelphia: Churchill Livingstone; 2010. p.3495-526.
6. Glasner PD, Silveira C, Kruszon-Moran D, Martins MC, Burnier Júnior M, Silveira S, et al. An unusually high prevalence of ocular toxoplasmosis in southern Brazil. Am J Ophthalmol. 1992;114(2):136-44.
7. Jones JL, Muccioli C, Belfort R Jr, Holland GN, Roberts JM, Silveira C. Recently acquired *Toxoplasma gondii* infection, Brazil. Emerg Infect Dis. 2006;12(4):582-7.
8. Vasconcelos-Santos DV, Machado Azevedo DO, Campos WR, Oréfice F, Queiroz-Andrade GM, Carellos EV, et al. Congenital toxoplasmosis in Southeastern Brazil: results of early ophthalmologic examination of a large cohort of neonates. Ophthalmology. 2009;116(11):2199-205.
9. Bosch-Driessen LE, Berendschot TT, Ongkosuwito JV, Rothova A. Ocular toxoplasmosis: clinical features and prognosis of 154 patients. Ophthalmology. 2002;109(5):869-78.
10. Phan L, Kasza K, Jalbrzikowski J, Noble AG, Latkany P, Kuo A, et al. Longitudinal study of new eye lesions in treated congenital toxoplasmosis. Ophthalmology. 2008;115(3):553-9.
11. Remington JS, Thulliez P, Montoya JG. Recent developments for diagnosis of toxoplasmosis. J Clin Microbiol. 2004;42(3):941-5.
12. Garweg JG, de Groot-Mijnes JD, Montoya JG. Diagnostic approach to ocular toxoplasmosis. Ocul Immunol Inflamm. 2011;19(4):255-61.

13. Wallon M, Liou C, Garner P, Peyron F. Congenital toxoplasmosis: systematic review of evidence of efficacy of treatment in pregnancy. Br Med J. 1999;318(7197):1511-4.
14. Montoya JG, Remington JS. Management of toxoplasma gondii infection during pregnancy. Clin Infect Dis. 2008;47:554-66.
15. Soheilian M, Sadoughi MM, Ghajarnia M, Dehghan MH, Yazdani S, Behboudi H, et al. Prospective randomized trial of trimethoprim/sulfamethoxazole versus pyrimethamine and sulfadiazine in the treatment of ocular toxoplasmosis. Ophthalmology. 2005;112(11):1876-82.
16. Nash TE. Visceral larva migrans and other unusual helminth infeccions. In: Mandell, Douglas, Bennett (eds.). Principles and practice of infectious diseases. 7.ed. Philadelphia: Churchill Livingstone; 2010. p. 3617-23.
17. Rubinsky-Elefant G, Hirata CE, Yamamoto JH, Ferreira MU. Human toxocariasis: diagnosis, worldwide seroprevalences and clinical expression of the systemic and ocular forms. Ann Trop Med Parasitol. 2010;104(1):3-23.
18. Shields JA. Ocular toxocariasis. A review. Surv Ophtalmol. 1977;84:361-81.
19. Jacob CM, Pastorino AC, Peres BA, Mello EO, Okay Y, Oselka GW. Clinical and laboratorial features of visceral toxocariasis in infancy. Rev Inst Med Trop Sao Paulo. 1994;36(1):19-26.
20. Stewart JM, Cubillan LD, Cunningham ET Jr. Prevalence, clinical, features, and causes of vision loss among patients with ocular toxocariasis. Retina. 2005;25(8):1005-13.
21. Searl SS, Moazed K, Albert DM, Marcus LC. Ocular toxocariais presenting as leukocoria in a patient with low ELISA titer to Toxocara canis. Ophthalmology. 1981;88(12):1302-6.
22. Kielar RA. Toxocara canis: endophthalmitis with low ELISA titer. Ann Ophthalmol. 1983;15(5):447-9.
23. Souza EC, Casella AM, Nakashima Y, Monteiro ML. Clinical features and outcomes of patients with diffuse unilateral subacute neuroretinitis treated with oral albendazole. Am J Ophthalmol. 2005;140(3):437-445.
24. Singh AE, Romanowski B. Syphilis: Review with Emphasis on Clinical, Epidemiologic, and Some Biologic Features. Clin Microbiol Rev. 1999;12(2):187-209.
25. Tramont EC. Treponema pallidum (syphilis). In: Mandell, Douglas, Bennett (eds.). Principles and practice of infectious diseases. 7. ed. Philadelphia: Churchill Livingstone; 2010.
26. Margo CE, Hamed LM. Ocular syphilis. Surv Ophthalmol. 1992;37(3):203-20.
27. Fernandes ARS, Fernandes RS, et al. Sífilis. In: Oréfice F (ed.). Uveítes: clínica & cirúrgica. Atlas & texto. 2.ed. Rio de Janeiro: Cultura Médica; 2005. p.473-96.
28. Yoser SL, Forster DJ, Rao NA. Systemic viral infections and their retinal and choroidal manifestations. Surv Ophthalmol. 1993;37(5):313-52.
29. Sauerbrei A, Wutzler P. Herpes simplex and varicella-zoster virus infections during pregnancy: current concepts of prevention, diagnosis and therapy. Part 2: Varicella-zoster virus infections. Med Microbiol Immunol. 2007;196(2):95-102.
30. Freitas NA, Oréfice F. Uveítes virais. In: Oréfice F (ed.). Uveítes: clínica & cirúrgica. Atlas & texto. 2.ed. Rio de Janeiro: Cultura Médica; 2005. p.463-515.
31. Coats DK, Demmler GJ, Paysse EA, Du LT, Libby C. Ophthalmologic findings in children with congenital cytomegalovirus infection. J AAPOS. 2000;4(2):110-6.
32. Yamamoto AY, Figueiredo LT, Mussi-Pinhata MM. Prevalência e aspectos clínicos da infecção congênita por citomegalovírus. J Pediatr (Rio J). 1999;75(1):23-8.
33. Barampouti F, Rajan M, Aclimandos W. Should active CMV retinitis in no-immunocompromised newborn babies be treated? Br J Ophthalmol. 2002;86(2):248-9.
34. Jabs DA. Cytomegalovirus retinitis and the acquired immunodeficiency syndrome: bench to bedside: LXVII Edward Jackson Memorial Lecture. Am J Ophthalmol. 2011;151(2):198-216.

20 Uveítes de causa não infecciosa

Marcelo Cavalcante Costa

Após ler este capítulo, você estará apto a:

1. Reconhecer quadros de uveítes posteriores e suas principais etiologias não infecciosas.
2. Oferecer orientação sobre os métodos diagnósticos e formas de tratamento das principais uveítes não infecciosas.
3. Expor de que maneira a detecção rápida seguida de tratamento específico são importantes para o controle de grande parte das uveítes.
4. Descrever como o acompanhamento periódico é importante, uma vez que as uveítes podem reaparecer em surtos, o que exige controle rigoroso e individualizado.

INTRODUÇÃO

Uveíte corresponde à inflamação no trato uveal. Várias são as causas de uveíte, como trauma e secundária a doenças infecciosas, autoimunes e neoplásicas.

As doenças oculares inflamatórias são causa importante de cegueira no mundo todo. A incidência anual de uveíte varia, de acordo com o país, entre 17 e 52 casos por 100.000 habitantes, com uma prevalência de 38 a 714 casos por 100.000 habitantes[1,2].

As uveítes são responsáveis por cerca de 10% dos casos de deficiência visual no Ocidente e aproximadamente 35% dos pacientes referem cegueira ou baixa visão[1,2].

Sua apresentação é bastante variável, desde inflamação ocular primária até uveíte associada à doença inflamatória sistêmica. As uveítes podem ser divididas em infecciosas, nas quais o patógeno responsável é identificado, e não infecciosas. As principais causas de uveítes posteriores não infecciosas estão relacionadas no Quadro 20.1.

Quadro 20.1 – Principais causas de uveítes posteriores não infecciosas[27]

Uveítes oculares primárias

- Coriorretinopatia de birdshot
- Coroidite serpiginosa
- Coroidite multifocal com pan-uveíte
- Esclerite posterior
- Oftalmia simpática
- Síndrome dos pontos brancos
- Uveíte intermediária idiopática (*pars planitis*)
- Vasculite retiniana idiopática

Uveítes associadas às doenças sistêmicas

- Artrite psoriásica
- Doença de Behçet
- Doença inflamatória intestinal
- Esclerose múltipla
- Granulomatose de Wegener
- Lúpus eritematoso sistêmico
- Poliarterite nodosa
- Policondrite recorrente
- Sarcoidose
- Síndrome de Sjögren
- Síndrome de Vogt-Koyanagi-Harada

As doenças sistêmicas apresentam diversos acometimentos oculares. A doença de Behçet é uma desordem multissistêmica associada a uma prevalência aumentada de HLA-B57, que cursa com uveíte difusa bilateral e vasculite necrotizante retiniana em cerca de 70% dos casos, sendo a uveíte um dos critérios maiores para o diagnóstico clínico da doença e podendo ser a manifestação inicial. Pode proceder aos demais sintomas, como úlceras bucais e genitais e manifestações cutâneas, em anos[3].

Da mesma forma, sarcoidose se manifesta como uveíte em 20 a 50% dos pacientes, esclerose múltipla se apresenta com neurite óptica em até 50% dos casos, vasculite retiniana em 10 a 39% e uveíte isolada em 1 a 16%[3].

Doenças do tecido conjuntivo, entre elas lúpus eritematoso sistêmico, cursam com vasculite em 10 a 30% dos casos. Cerca de 10% dos pacientes com doença inflamatória intestinal e artrite psoriásica apresentam uveíte; síndrome de Sjögren em casos raros pode evoluir com uveíte posterior[3].

A doença de Vogt-Koyanagi-Harada é uma desordem multissistêmica, idiopática, caracterizada por resposta autoimune dirigida aos antígenos melanocíticos dos olhos, da pele e do sistema nervoso central e auditivo. A manifestação ocular é uveíte difusa bilateral com edema de papila, descolamento seroso da retina neurossensorial, defeito na impermeabilidade do epitélio pigmentar da retina, com discreta ou nenhuma vitreíte[3].

DIAGNÓSTICO CLÍNICO, LABORATORIAL E DE IMAGEM

Inicia-se o diagnóstico de uveíte posterior não infecciosa com exame oftalmológico clínico completo, aferindo a acuidade visual, observando os reflexos pupilares, biomicroscopia, tonometria e a oftalmoscopia indireta. As alterações oculares encontradas na uveíte posterior mais frequentes são células no humor aquoso e no vítreo, precipitados ceráticos, nódulos e áreas de atrofia iriana, aumento ou diminuição da pressão intraocular, hiperemia conjuntival episcleral ou escleral, catarata, lesão focal ou difusa de retina ou coroide, edema retiniano, embainhamento vascular, isquemia retiniana e trombose retiniana.

Exames complementares devem ser realizados para identificar a etiologia da doença.

Sempre se deve excluir as causas infecciosas nas uveítes posteriores (virais, bacterianas, parasitárias, protozoárias e fúngicas) através de sorologias, exame clínico, cultura, reação intradérmica e biópsia. Avaliação sistêmica clínica, tipagem de imunocomplexos (como o HLA-B27), punção lombar e exames de imagem (como tomografia computadorizada, raios X, ressonância magnética e cintilografia) podem ser necessários na investigação complementar de doenças sistêmicas associadas e na exclusão de etiologias infecciosas e síndromes mascaradas.

EXAMES OFTALMOLÓGICOS

Exames complementares oftalmológicos como angiofluoresceinografia, ultrassonografia ocular, tomografia de coerência óptica (OCT) e medidores de inflamação sistêmica são úteis para quantificar o grau de acometimento inflamatório.

O diagnóstico deve ser precoce em razão da gravidade da doença.

Os critérios diagnósticos para doença de Behçet incluem úlceras orais e genitais recorrentes, uveíte, lesões cutâneas e teste da patergia positivo. O diagnóstico já pode ser confirmado na presença de úlceras orais associadas a dois ou mais critérios.

Coroidite serpiginosa é diagnosticada por angiografia fluoresceínica, que revela as lesões de coroidite cicatrizadas e/ou em atividade.

Vasculite retiniana idiopática é um diagnóstico de exclusão. Sua apresentação é de vasculite retiniana difusa sem associações sistêmicas.

TRATAMENTO

A terapia visa à supressão da atividade imune exacerbada e à manutenção pelo maior tempo possível. O tratamento das uveítes posteriores não infecciosas é baseado na tentativa de buscar o equilíbrio imunológico dos pacientes.

Os corticosteroides são muito úteis no combate à reação inflamatória por seus vários efeitos: reduzem a proliferação de linfócitos, reduzem o número de mastócitos e monócitos circulantes, inibem a fosfolipase A2, inibindo, portanto, a produção de prostaglandinas e leucotrienos e inibem a atividade de fibroblastos e a produção de colágeno. São representados pela prednisona[4]. Efeitos colaterais, como aumento da pressão intraocular e catarata, e sistêmicos, como osteoporose, síndrome de Cushing, diabetes melito, hipertensão arterial sistêmica, necrose asséptica de cabeça de fêmur e outros, podem ser vistos no uso prolongado[4].

Imunossupressores podem ser usados junto a corticoides em caso de uveíte agressiva ou como monoterapia quando existe intolerância ou nas complicações no uso de corticoides[2,4].

Alguns trabalhos mostraram a eficácia superior da ciclosporina sobre o uso isolado de corticosteroide no controle de uveítes diversas, inclusive a doença de Behçet[6-9]. Além disso, apontam para a eficácia da ciclosporina em uveítes refratárias, coroidite multifocal, uveíte em crianças, coriorretinopatia de birdshot, doença de Behçet, oftalmia simpática, coroidite serpiginosa e síndrome de Vogt-Koyanagi-Harada[11-19].

A associação de ciclosporina e corticosteroide obteve resultados ainda melhores no controle da inflamação ocular[10].

A azatioprina também pode ser usada e costuma ter resultados semelhantes[5,20,21].

Alguns estudos em pacientes com uveíte refratária, coroidite serpiginosa, coroidite multifocal, doença de Behçet, síndrome de Vogt-Koyanagi-Harada ou *pars planitis* faz referência ao sucesso do uso de azatioprina em monoterapia ou associada a ciclosporina ou corticosteroide[2,5,15,20,21].

Fármacos

- Ciclosporina: cápsulas de 10 mg, 25 mg, 50 mg, 100 mg; solução oral de 100 mg/mL.
- Azatioprina: cápsulas de 50 mg.

246 Oftalmologia

- Prednisona: comprimidos de 5 mg e de 20 mg.

Esquemas de Administração

- Ciclosporina: 2 a 5 mg/kg/dia, divididos em 2 tomadas, por via oral; dose máxima de 7 mg/kg/dia.
- Azatioprina: 1 a 3 mg/kg/dia, por via oral; dose máxima de 4 mg/kg/dia.
- Prednisona: 1 a 2 mg/kg/dia, por via oral[36].

Tempo de Tratamento e Monitorização

É impossível estabelecer um tempo-padrão de tratamento. O tempo se dá pela resposta ao tratamento, sendo necessária constante reavaliação da doença e do quadro ocular.

O uso de corticosteroide pode ser suficiente para melhora em pacientes com doença aguda.

Uveítes agudas graves, como síndrome de Vogt-Koyanagi-Harada, doença de Behçet, coroidite serpiginosa e vasculites retinianas idiopáticas, frequentemente necessitam de doses maiores de corticosteroides, podendo-se optar por pulsoterapia intravenosa por 3 dias seguida de corticosteroide, por via oral, durante 3 a 6 semanas, ou administração do medicamento por injeção periocular ou intravítrea.

Em pacientes com doença crônica, pode ser necessária uma dose inicial de corticosteroide seguida de redução gradual e manutenção com doses menores associadas ou não a outros imunossupressores. Uma vez iniciada sua administração, os imunossupressores são usualmente mantidos por um período de 6 a 24 meses, após o qual as doses são reduzidas lentamente, com pequenos decréscimos a cada 4 a 6 semanas, sempre observando a atividade inflamatória ocular.

Alguns pacientes necessitam de imunossupressores indefinidamente para controle da doença ocular. A interrupção do tratamento é definida por controle adequado da inflamação ocular de forma individualizada ou pela instalação de efeitos adversos intoleráveis específicos de cada medicamento[24-26].

Avaliação clínica deve ser feita periodicamente quando usado corticosteroide por mais de 3 meses, como controle de pressão arterial, glicemia, sódio, potássio, profilaxia para parasitose e teste de Mantoux.

Usuários de ciclosporina devem controlar a pressão arterial e os níveis de creatinina e ureia séricos a cada 2 semanas nos primeiros 3 meses de uso e, após, mensalmente. Sódio, potássio, ácido úrico, triglicerídios, colesterol total, HDL-colesterol e transaminases hepáticas devem ser acompanhados a cada 3 meses[26].

Pacientes em tratamento com azatioprina devem realizar hemograma com contagem de plaquetas e controle das transaminases hepáticas a cada 4 a 6 semanas. Hepatotoxicidade, caracterizada por elevação de 1,5 vez o valor normal máximo de transaminases hepáticas, indica necessidade de redução de 50 mg/dia com nova aferição após 2 semanas. Na ausência de resposta, o medicamento deve ser descontinuado[20].

Os principais efeitos adversos dos imunossupressores antimetabólitos são cansaço, intolerância gastrointestinal, hepatotoxicidade, supressão de medula óssea, pneumonia intersticial, infecções oportunistas e neoplasia de pele não melanocítica[24]. Coorte comparativa entre os imunossupressores antimetabólitos sugere que os efeitos adversos são mais frequentes com o uso de azatioprina[25].

ACOMPANHAMENTO PÓS-TRATAMENTO

Em razão da recidiva e da gravidade das doenças e para observar os efeitos adversos de cada medicação, é necessária a reavaliação constante do paciente.

CONCLUSÕES

Várias são as causas de uveíte, como trauma e secundária a doenças infecciosas, autoimunes e neoplásicas.

Sua apresentação é bastante variável, desde inflamação ocular primária até uveíte associada à doença inflamatória sistêmica. As uveítes podem ser divididas em infecciosas, nas quais o patógeno responsável é identificado, e não infecciosas.

Os casos de uveíte posterior devem ser avaliados clinicamente e requerem exames complementares para identificar a etiologia da doença.

É impossível estabelecer um tempo-padrão de tratamento. Os fármacos mais utilizados são prednisolona, ciclosporina e azatioprina, sendo necessária a constante reavaliação da doença e do quadro ocular.

REFERÊNCIAS BIBLIOGRÁFICAS

1. Wakefield D, Chang JH. Epidemiology of uveitis. Int Ophthalmol Clin. 2005;45(2):1-13.
2. Kim EC, Foster CS. Immunomodulatory therapy for the treatment of ocular inflammatory disease: evidence-based medicine recommendations for use. Int Ophthalmol Clin. 2006;46(2):141-64.
3. Díaz-Valle D, Méndez R, Arriola P, Cuiña R, Ariño M. Non-infectious systemic diseases and uveitis. An Sist Sanit Navar. 2008:31(Suppl 3):97-110.
4. Jabs DA, Rosenbaum JT, Foster CS, Holland GN, Jaffe GJ, Louie JS, et al. Guidelines for the use of immunosuppressive drugs in patients with ocular inflammatory disorders: recommendations of an expert panel. Am J Ophthalmol. 2000;130(4):492-513.

5. Hamurydan V, Ozyazgan Y, Hizli N, Mat C, Yudarkul S, Tuzun Y, et al. Azathioprine in Behçet's syndrome. Arthur and Rheum. 1997;40:769-74.
6. Nussenblatt RB, Palestine AG, Chan CC, Stevens G Jr, Mellow SD, Green SB. Randomized, double--masked study of cyclosporine compared to prednisolone in the treatment of endogenous uveitis. Am J Ophthalmol. 1991;112(2):138-46.
7. Vitale AT, Rodriguez A, Foster CS. Low-dose cyclosporin A therapy in treating chronic, noninfectious uveitis. Ophthalmology. 1996;103(3):365-73.
8. de Vries J, Baarsma GS, Zaal MJ, Boen-Tan TN, Rothova A, Buitenhuis HJ, et al. Cyclosporin in the treatment of severe chronic idiopathic uveitis. Br J Ophthalmol. 1990;74(6):344-9.
9. BenEzra D, Cohen E, Chajek T, Friedman G, Pizanti S, de Courten C, et al. Evaluation of conventional therapy versus cyclosporine A in Behçet's syndrome. Transplant Proc. 1988:20(3 Suppl 4):136-43.
10. Whitcup SM, Salvo EC Jr, Nussenblatt RB. Combined cyclosporine and corticosteroid therapy for sight-threatening uveitis in Behçet's disease. Am J Ophthalmol. 1994;118(1):39-45.
11. Jap A, Chee SP. Immunosuppressive therapy for ocular diseases. Curr Opin Ophthalmol. 2008;19(6):535-40.
12. Michel SS, Ekong A, Baltatzis S, Foster CS. Multifocal choroiditis and panuveitis: immunomodulatory therapy. Ophthalmology. 2002;109(2):378-83.
13. Vitale AT, Rodriguez A, Foster CS. Low-dose cyclosporine therapy in the treatment of birdshot retinochoroidopathy. Ophthalmology. 1994;101(5):822-31.
14. Mendes D, Correia M, Barbedo M, Vaio T, Mota M, Gonçalves O, et al. Behçet's disease: a contemporary review. J Autoimmun. 2009;32(3-4):178-88.
15. Chan CC, Roberge RG, Whitcup SM, Nussenblatt RB. 32 cases of sympathetic ophthalmia. A retrospective study at the National Eye Institute, Bethesda, Md., from 1982 to 1992. Arch Ophthalmol. 1995;113(5):597-600.
16. Akpek EK, Baltatzis S, Yang J, Foster CS. Long-term immunosuppressive treatment of serpiginous choroiditis. Ocul Immunol Inflamm. 2001;9(3):153-67.
17. Fang W, Yang P. Vogt-Koyanagi-Harada syndrome. Curr Eye Res. 2008;33(7):517-23.
18. Murphy CC, Greiner K, Plskova J, Duncan L, Frost NA, Forrester JV, et al. Cyclosporine vs tacrolimus therapy for posterior and intermediate uveitis. Arch Ophthalmol. 2005;123(5):634-41.
19. Ozyazgan Y, Yurdakul S, Yazici H, Tüzün B, Isçimen A, Tüzün Y, et al. Low dose cyclosporin A versus pulsed cyclophosphamide in Behçet's syndrome: a single masked trial. Br J Ophthalmol. 1992;76(4):241-3.
20. Yazici H, Pazarli H, Barnes CG, Tüzün Y, Ozyazgan Y, Silman A, et al. A controlled trial of azathioprine in Behçet's syndrome. N Engl J Med. 1990;322(5):281-5.
21. Hamuryudan V, Ozyazgan Y, Hizli N, Mat C, Yurdakul S, Tüzün Y, et al. Azathioprine in Behçet's syndrome: effects on long-term prognosis. Arthritis Rheum. 1997;40(4):769-74.
22. Pasadhika S, Kempen JH, Newcomb CW, Liesegang TL, Pujari SS, Rosenbaum JT, et al. Azathioprine for ocular inflammatory diseases. Am J Ophthalmol. 2009;148(4):500-9.e2.
23. Pacheco PA, Taylor SR, Cuchacovich MT, Diaz GV. Azathioprine in the management of autoimmune uveitis. Ocul Immunol Inflamm. 2008;16(4):161-5.
24. Singh G, Fries JF, Spitz P, Williams CA. Toxic effects of azathioprine in rheumatoid arthritis. A national post-marketing perspective. Arthritis Rheum. 1989;32(7):837-43.
25. Galor A, Jabs DA, Leder HA, Kedhar SR, Dunn JP, Peters GB 3rd, et al. Comparison of antimetabolite drugs as corticosteroid-sparing therapy for noninfectious ocular inflammation. Ophthalmology. 2008;115(10):1826-32.
26. Andersen CB, Larsen S, Elmgreen J, Andersen V. Cyclosporine-induced renal morphologic and immunohistologic changes in patient with chronic uveites. APMIS. 1991;99:576-92.
27. Sudharshan S, Ganesh SK, Biswas J. Current approach in the diagnosis and management of posterior uveitis. Indian J Ophthalmol. 2010;58:29-43.

Seção VIII

Doenças da retina
Coordenadora: Rosa Maria Graziano

Retinopatia da prematuridade 21

Rosa Maria Graziano

Após ler este capítulo, você estará apto a:

1. Descrever a classificação, a fisiopatologia e o tratamento da retinopatia da prematuridade, uma das maiores causas de cegueira infantil passíveis de serem prevenidas.
2. Identificar quais crianças devem ser examinadas.
3. Discutir perspectivas de futuro.

INTRODUÇÃO

A retinopatia da prematuridade (RP) é uma doença vasoproliferativa da retina de etiologia multifatorial, que ocorre em recém-nascidos prematuros (RNPT), sendo uma das principais causas de cegueira passíveis de serem prevenidas na infância. Ela apresenta uma fase aguda em que a vasculogênese normal da retina é interrompida e a retina imatura sofre transformação e proliferação celular que pode evoluir com tração retiniana e descolamento de retina.

Nos últimos anos, novas drogas e técnicas foram introduzidas para o tratamento dessas crianças, levando à diminuição da mortalidade perinatal, à sobrevivência de recém-nascidos muito prematuros e ao aumento proporcional de prevalência e gravidade da RP.

252   Oftalmologia

É difícil determinar o número atual de crianças com deficiência visual ou cegueira em decorrência da RP no Brasil, porque o país tem regiões com índices de desenvolvimento econômico e social muito diferentes e a RP é muito influenciada pelo nível de cuidado neonatal (disponibilidade de recursos humanos, equipamentos, acesso e qualidade de atendimento), assim como pela existência de programas eficazes de triagem e tratamento.

O I Workshop de RP, realizado no Rio de Janeiro em 2002, detectou que o estágio 3 *plus* da doença afetou cerca de 7,5% dos bebês examinados (5 a 10%). O peso de nascimento e a idade gestacional foram, em média, 948 g e 28,5 semanas, respectivamente. Esse trabalho determinou as diretrizes brasileiras de tratamento da RP[1].

FISIOPATOLOGIA

A retina humana permanece avascular até o quarto mês de vida intrauterina, sendo nutrida por difusão pelos vasos da coroide. No quarto mês, células fusiformes de origem provavelmente mesenquimal formam uma densa rede de capilares que crescem do nervo óptico para a periferia da retina. Os fotorreceptores, de maneira semelhante, crescem do nervo óptico para a periferia, sendo que 80% chegam à ora serrata com 28 semanas de gestação. Há um sincronismo entre a progressiva demanda de oxigênio pelos fotorreceptores e o desenvolvimento dos vasos retinianos, estimulado pelo fator de crescimento do endotélio vascular (VEGF)[2].

A RP está relacionada a fatores de crescimento regulados pelo oxigênio (VEGF) e não regulados pelo oxigênio (fator de crescimento insulina-*like* – IGF1, entre outros já descritos) que, quando em níveis baixos, inibem a vascularização retiniana e, quando em excesso, estimulam a neovascularização da retina[2,3].

Após o nascimento prematuro, a hiperóxia a que o RNPT é submetido inibe a produção de VEGF. A administração de oxigênio suplementar pode causar uma hiperóxia mantida, levando à vasoconstrição dos grandes vasos e à obliteração dos vasos terminais e à não vascularização da retina. Com o passar das semanas, a demanda metabólica do olho em crescimento aumenta e paralelamente a criança pode ficar em ar ambiente, fazendo com que a área de retina periférica não perfundida torne-se hipóxica, levando à produção de VEGF, que estimulará a neovascularização da retina[2]. Esse VEGF atuando sobre vasos previamente alterados pode determinar uma vasoproliferação desordenada. A maior parte dos casos involui espontaneamente, mas retinopatias graves podem evoluir para tração retiniana e descolamento da retina.

O IGF1 é necessário para o desenvolvimento normal da retina. Valores baixos de IGF1 no soro relacionam-se ao desenvolvimento de RP tardia. O IGF1 dosado entre 30 e 33 semanas de idade gestacional pós-conceptual é preditivo para a evolução de RP (RP grave: 25 ± 2,41 mcg/L; RP moderada: 29 ± 1,76 mcg/L; sem RP: 33 ± 1,72 mcg/L). A duração do período de IGF1 baixo correlaciona-se fortemente com a gravidade da RP[3].

FATORES DE RISCO

Os principais fatores de risco para o desenvolvimento de RP são a prematuridade e o baixo peso ao nascer. Quanto menores a idade gestacional (IG) e o peso ao nascer (P), maior será o risco de se desenvolver RP. Outros fatores de risco envolvidos são: flutuação nos níveis de oxigênio nas primeiras semanas de vida, ser pequeno para a idade gestacional, presença de hemorragia intraventricular, transfusões sanguíneas, persistência de canal arterial, boletim de Apgar menor do que 7 e alguns fatores de risco maternos[4].

CLASSIFICAÇÃO INTERNACIONAL DA RETINOPATIA DA PREMATURIDADE

A Classificação Internacional da Retinopatia da Prematuridade (ICROP)[5] é baseada em três parâmetros: localização, extensão e estágio ou fase.

- A retina é dividida em três zonas, sendo a zona 1 a mais interna e onde a doença é mais grave (Figura 21.1). A extensão do envolvimento vascular é registrada simplesmente pelo número de horas, como em um mostrador de relógio. A Tabela 21.1 relaciona os estágios da RP, o tratamento e o acompanhamento recomendados para cada fase da doença[6-8].

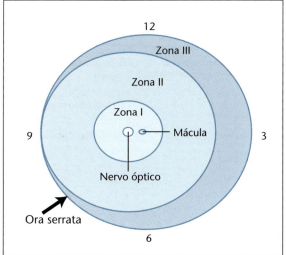

Figura 21.1 Classificação Internacional da Retinopatia da Prematuridade – desenho esquemático das zonas.

Oftalmologia

- Os estágios de RP são progressivamente mais graves, variando de 1 (leve) a 5 (mais grave). Avalia-se a RP de uma criança sempre pelo estágio mais grave que atingiu. A RP em estágio 3 se caracteriza por intensa proliferação fibrovascular e, quando presente em 5 horas contínuas ou 8 interrompidas em zona 1 ou 2 com engurgitamento venoso, caracteriza a doença limiar, que é indicação clássica de tratamento cirúrgico com ablação da retina avascular por fotocoagulação ou criocoagulação. Se não tratadas nessa fase, aproximadamente 50% dessas crianças caminharão para os estágios 4 e 5 com descolamento da retina e grande prejuízo visual[6,7].

Mais recentemente, foi publicada uma atualização dessa classificação, a ICROP--*revisited*[8], sendo reconhecida uma forma grave de doença denominada agressiva posterior, e a existência da doença *plus* (engurgitamento venoso) e pré-*plus*.

O tratamento precoce conforme o *Early Treatment for Retinopathy of Prematurity* (ETROP)[9] pode ser realizado na doença pré-limiar do tipo 1, em que o risco de ocorrer um desfecho desfavorável é maior do que 15% (Tabela 21.1). Na doença pré-limiar do tipo 2, a chance de apresentar resultado anatômico e funcional desfavorável é menor que 15%[8] (Tabela 21.1).

Tabela 21.1 – Classificação da retinopatia da prematuridade e o tratamento recomendado para cada estágio

Estágio	Alteração retiniana	Tratamento – seguimento
1	Linha branca e plana que separa a retina vascular da avascular	Reavaliação semanal
2	Crista elevada	Reavaliação semanal
3	Proliferação fibrovascular a partir da crista	Reavaliação a cada 2 dias
4	A proliferação pode provocar um descolamento de retina subtotal, (4a, a fóvea está poupada; 4b, a fóvea está acometida)	Criocoagulação + introflexão escleral e/ou vitrectomia *pars plana*
5	Descolamento total de retina (funil aberto ou fechado)	Vitrectomia via *pars plana*
Doença limiar	Retinopatia em estágio 3, em zona 1 ou 2, com pelo menos 5 horas de extensão contínua ou 8 horas intercaladas, na presença de doença *plus* (dilatação arteriolar e venodilatação)	Fotocoagulação ou criocoagulação da retina avascular
Doença pré-limiar tipo 1	Zona 1 – qualquer estágio com *plus* Zona 1 – estágio 3 sem *plus* Zona 2 – estágio 2 ou 3 com *plus*	Fotocoagulação ou criocoagulação da retina avascular
Doença pré-limiar tipo 2	Zona 1 – estágio 1 ou 2 sem *plus* Zona 2 – estágio 3 sem *plus*	Reavaliação a cada 2 dias

QUANDO E QUEM DEVE SER EXAMINADO

O Colégio Real de Oftalmologia do Reino Unido recomenda o exame de bebês que apresentem P ≤ 1.500 g e/ou IG ≤ 31 semanas, sendo o primeiro realizado entre a sexta e a sétima semanas de vida[10]. Nos Estados Unidos, o primeiro exame é realizado entre a quarta e a sexta semanas de vida e indica-se exame nos RN com P ≤ 1.500 g ou IG ≤ 28 semanas, assim como em bebês com P > 1.500 g, mas com quadro clínico instável[11].

A partir dos dados expostos no I *Workshop* de RP e da proposta de diretrizes brasileiras do exame e tratamento de retinopatia da prematuridade[1], recomenda-se o exame de RN com P < 1.500 g e/ou IG < 32 semanas. O primeiro exame deve ser realizado entre a quarta e a sexta semanas de vida e os exames subsequentes, a cada uma ou duas semanas, de acordo com os achados do primeiro exame. Além dessas indicações, deve-se considerar o exame em RN com presença de fatores de risco, como síndrome do desconforto respiratório, sepse, transfusões sanguíneas, gestação múltipla e hemorragia intraventricular.

Os pais das crianças que apresentam RP devem ser informados da natureza do problema e suas possíveis consequências. Após a alta da maternidade, os pais devem ser conscientizados da necessidade de acompanhamento ambulatorial, uma vez que eles apresentam maior risco de desenvolver estrabismo, erros refrativos e, menos frequentemente, glaucoma e descolamento de retina, além de muitas vezes não terem completado a vascularização da retina. Por conseguinte, deve haver uma estreita colaboração entre pais, neonatologistas, pediatras e oftalmologistas.

Recomenda-se o exame anual da criança prematura, mesmo que não tenha desenvolvido RP.

A criança com deficiência visual deve ser referenciada ao oftalmologista, pois a prescrição de auxílios ópticos e um programa de estimulação visual precoce permitem integração maior com o seu meio e a manutenção de uma vida próxima do normal.

TRATAMENTO

O *Multicenter Trial of Cryotherapy for Retinopathy of Prematurity Cooperative Group* (CRYO-ROP)[6,7] indica tratamento com a ablação da retina avascular por fotocoagulação ou criocoagulação se a RP atingir a fase de doença limiar, isto é, fase 3 *plus* em cinco horas contínuas ou oito interrompidas em zona 1 ou 2.

Em 2003, foram publicados os resultados do ETROP[9] demonstrando que o tratamento precoce, quando comparado ao convencional, está associado à redução no risco de baixa visão e de dano estrutural ao olho. Nesse caso, o tratamento precoce deve ser realizado na doença pré-limiar do tipo 1.

A aplicação de *laser* é o melhor procedimento para o tratamento de RP por apresentar menos complicações operatórias, assim como menores sequelas oculares em longo prazo[12-14]. Pela possibilidade de complicações anestésicas e oftalmológicas futuras deve ser obtida autorização dos pais/responsáveis para realizar o procedimento, utilizando-se um folheto informativo com informações simples e de fácil compreensão.

O procedimento deve ser realizado sob anestesia geral ou analgesia e sedação associadas à anestesia tópica e o paciente precisa ser monitorado por um neonatologista ou anestesista. Pode ser realizado na unidade de terapia intensiva neonatal ou em centro cirúrgico, de acordo com a conveniência de cada local. A recuperação pós-tratamento deve ser feita na unidade neonatal de tratamento intensivo.

O uso de antiangiogênico intravítreo tem uma indicação controversa, pois está sendo empregado em um ser em formação e não há estudos de longo prazo sobre os efeitos colaterais dessas drogas. O avastin (bevacizumabe) é o medicamento de escolha entre as possíveis de serem usadas, por apresentar maior peso molecular e menor possibilidade de sair do olho, no entanto, não tem autorização da Agência Nacional de Vigilância Sanitária (ANVISA) para uso em RP. O BEAT-ROP[15], trabalho multicêntrico que envolveu 143 RN com P < 1.500g e IG < 30 semanas e RP na fase agressiva posterior em zona 1 (Z1) e zona 2 posterior (Z2). Neste artigo, os RN com RP na Z1 apresentaram recorrência com *laser* de 42% contra apenas 6% com o avastin. As RP em Z2 não apresentaram diferenças estatísticas entre os dois tratamentos. Esse trabalho não observou efeitos tóxicos locais da droga e as únicas complicações relatadas foram quando se usou *laser* (1 RN com opacidade de córnea e 3 RN com opacificação do cristalino). Com esses achados, há de se considerar o risco/benefício do tratamento com antiangiogênicos em RN de muitíssimo baixo peso em que a perda de transparência de meios é um fator de dificuldade na aplicação do *laser*. O BEAT-ROP só seguiu os RN tratados até 54 semanas de idade gestacional corrigida.

Se a doença progredir para o descolamento de retina (estágios 4 e 5), as chances de perda de visão grave são muito altas. A cirurgia vitreorretiniana para o estágio 5 apresenta um resultado funcional e anatômico insatisfatório. São relatados resultados pouco melhores no estágio 4 com mácula preservada[16,17].

DIAGNÓSTICO DIFERENCIAL

A síndrome de Norrie (recessiva ligada ao sexo) e a vitreorretinopatia exsudativa familiar (autossômica dominante) são anomalias da formação da retina e apresentam um aspecto fundoscópico muito parecido com a RP em crianças de termo.

NOVOS HORIZONTES PARA A RETINOPATIA DA PREMATURIDADE

As câmaras digitais com capacidade de captar imagens panorâmicas do fundo de olho e avanços na internet permitem que imagens sejam avaliadas por especialistas a distância. O melhor conhecimento da fisiopatologia da doença permitirá a identificação dos casos graves e a prevenção e o tratamento da doença por meio da dosagem sistemática e aplicações intravítreas de fatores de crescimento e outros fatores envolvidos na angiogênese da retina.

Há expectativas reais de que a terapia genética possa modular a síntese de citocinas e fatores de crescimento envolvidos na fisiopatologia da RP, desenvolvendo um tratamento novo e melhor para a RP[18].

Em nível nacional, existe uma mobilização de oftalmologistas e pediatras para o mapeamento da RP em suas fases aguda e cicatricial. Espera-se que, ao conhecer melhor a dimensão da RP no Brasil, seja possível estabelecer estratégias de prevenção e tratamento. No entanto, um controle mais efetivo dessa doença ocorrerá apenas se as equipes que cuidam dos RNPT se conscientizarem de que a prevenção é a medida mais eficaz.

CONCLUSÕES

A melhora do tratamento oferecido aos RN prematuros permitiu a sobrevida de crianças muito prematuras e com maior risco de cegueira por RP. O trabalho conjunto dos neonatologistas, pediatras e oftalmologistas permite a prevenção da cegueira dessas crianças pelo tratamento adequado ainda na unidade neonatal.

REFERÊNCIAS BIBLIOGRÁFICAS

1. Zin A, Florêncio T, Fortes Filho JB, Nakanami CR, Gianini N, Graziano RM, et al. Proposta de diretrizes brasileiras do exame e tratamento de retinopatia da prematuridade (ROP). Arq Bras Oftalmol. 2007;70(5):875-83.
2. Pierce EA, Foley ED, Smith LE. Regulation of vascular endothelial growth factor by oxygen in a model of retinopathy of prematurity. Arch Ophthalmol. 1996;114(10):1219-28.
3. Hellstrom A, Engstrom E, Hard AL, Albertsson-Wikland K, Carlsson B, Niklasson A, et al. Postnatal serum insulin-like growth factor I deficiency is associated with retinopathy of prematurity and other complications of premature birth. Pediatrics. 2003;112(5):1016-20.
4. Graziano RM. Retinopatia da prematuridade: contribuição ao estudo da ocorrência e análise dos fatores de risco. [Tese]. São Paulo: Faculdade de Medicina da Universidade de São Paulo; 1994.
5. Committee for the classification of retinopathy of prematurity. An International Classification of Retinopathy of Prematurity. Arch Ophthalmol. 1984;102(8):1130-5.
6. Cryotherapy for Retinopathy of Prematurity Cooperative Group. Multicenter trial of cryotherapy for retinopathy of prematurity. Preliminary results. Arch Ophthalmol. 1988;106(4):471-9.
7. Cryotherapy for Retinopathy of Prematurity Cooperative Group. Multicenter trial of cryotherapy for retinopathy of prematurity. 3 1/2 year outcome – structure and function. Arch Ophthalmol. 1993;111(3):339-44.
8. The International Classification of Retinopathy of Prematurity revisited. International Committee for the Classification of Retinopathy of Prematurity. Arch Ophthalmol. 2005;123(7):991-9.
9. Early Treatment for Retinopathy of Prematurity Cooperative Group. Revised Indications for the Treatment of Retinopathy of Prematurity. Arch Ophthalmol. 2003;121(12):1684-94.

10. Royal College of Ophthalmologists and British Association of Perinatal Medicine. Retinopathy of Prematurity: Guidelines for screening and treatment: the report of a joint working party. Early Hum Dev. 1996;46(3):239-58.
11. Joint statement of the American Academy of Pediatrics, the American Association for Pediatric Ophthalmology and Strabismus, and the American Academy of Ophthalmology: screening examination of premature infants for retinopathy of prematurity. Pediatrics. 2001;108(3):809-11.
12. Hunter DJ, Repka MX. Diode laser photocoagulation for threshold retinopathy of prematurity. Ophthalmology. 1993;100(2):238-44.
13. White JE, Repka MX. Randomized comparison of diode laser photocoagulation versus cryotherapy for threshold retinopathy of prematurity: 3 year outcome. J Pediatr Ophthalmol Strabismus. 1997;34(2):83-7.
14. McNamara JA, Tasman W, Vander JF, Brown GC. Diode laser photocoagulation for retinopathy of prematurity. Preliminary results. Arch Ophthalmol. 1992;110(2):1714-6.
15. Mintz-Hittner HA, Kennedy KA, Chuang AZ; BEAT-ROP Cooperative Group. Efficacy of intravitreal bevacizumab for stage 3+ retinopathy of prematurity. N Engl J Med. 2011;364(7):603-15.
16. Quinn GE, Dobson V, Barr CC, Davis BR, Palmer EA, Robertson J, et al. Visual acuity of eyes after vitrectomy for retinopathy of prematurity: follow-up at 5 ½ years. Ophthalmology. 1996;103(4):595-600.
17. Trese MT, Droste PJ. Long term postoperative results of a consecutive series of stage 4 and 5 retinopathy of prematurity. Ophthalmology. 1998;105(6):992-7.
18. Good W, Gendron R. Gene Therapy for retinopathy of prematurity: the eye is a window to the future. Br J Ophthalmol. 2001;85(8):891-2.

Doença de Coats e permanência de vítreo primário hiperplásico

22

Beatriz Sayuri Takahashi

> **Após ler este capítulo, você estará apto a:**
> 1. Reconhecer as diferenças clínicas de doença de Coats e de persistência do vítreo primário hiperplásico para auxiliar no diagnóstico diferencial de leucocoria.
> 2. Definir quais exames auxiliares iniciais devem ser solicitados antes de encaminhar o paciente para um oftalmologista especialista em retina.

INTRODUÇÃO

O termo leucocoria vem do grego *leukos* = branco, *koria* = pupila. O diagnóstico diferencial de uma criança com leucocoria é imprescindível, pois, ao lado de doenças exclusivamente oculares, há doenças que precisam ser tratadas prontamente para diminuir morbidade e mortalidade. O retinoblastoma, tumor retiniano da infância, é o principal diagnóstico diferencial de leucocoria e pode apresentar morbidade[1] e mortalidade quando não tratado.

DOENÇA DE COATS

A doença de Coats foi relatada pela primeira vez em 1908 por George Coats pela observação de uma condição idiopática com o aparecimento de vasos retinianos dilatados, presença de telangectasias e exsudatos intra e sub-retinianos[2]. Essa doença faz parte do diagnóstico diferencial de leucocoria, ou seja, pupila branca, sem o reflexo vermelho. Diferente de outras doenças, como retinoblastoma, geralmente não apresenta acometimento de outros órgãos ou risco de mortalidade relacionada a doença, mas seu diagnóstico precoce pode possibilitar melhor prognóstico visual.

Epidemiologia

A doença de Coats é uma morbidade sem predileção de etnia, mas acomete mais o sexo masculino que o feminino, na proporção de 3 para 1. Crianças com idade de 4 meses já tiveram diagnóstico da doença, e a grande maioria dos casos acontece até os 10 anos de idade. A idade média de diagnóstico é de 5 anos[3]. Não é uma doença hereditária, apesar de haver alguns genes já descritos que podem estar relacionados.

Patogênese

Doença idiopática na qual há a perda da barreira hematorretiniana em razão da diminuição do endotélio vascular[4].

Manifestações Clínicas

A doença, geralmente unilateral, pode se manifestar pelo aparecimento de leucocoria, estrabismo ou pela queixa ou observação de baixa acuidade visual[5]. No exame físico, a criança pode apresentar estrabismo não alternante (o olho com estrabismo não fixa quando se oclui o olho "bom"), além da baixa de visão. Para o exame simples de visão em um paciente que ainda não informa, pode-se tampar um dos olhos e observar se a criança continua brincando normalmente. O teste é realizado em ambos os olhos. Quando a visão de um dos olhos é muito pior do que a do outro, ela ficará muito incomodada com a oclusão do olho "bom", mas não terá reação ao se fechar o olho "ruim".

No exame físico externo, além do estrabismo, pode-se observar a ausência de reflexo vermelho. No exame de mapeamento de retina, há a presença de exsudatos lipídicos amarelados localizados no espaço sub-retiniano, além de vasos dilatados, com telangectasias, zonas de avascularização, neovascularização e pequenas hemorragias.

Diagnóstico/Exames Complementares

Angiofluoresceinografia

Exame de imagem com uso de contraste endovenoso, denominado fluoresceína sódica. Há extravasamento precoce de contraste causado pela quebra da barreira hematorretiniana que aparece hiperfluorescente, além de melhor visualização das telangectasias. As zonas de exclusão capilar aparecem hipofluorescentes.

Ultrassonografia ocular

Em casos de grandes descolamentos de retina exsudativos, pode haver dúvida no diagnóstico com retinoblastoma. Nesses casos, o exame de ultrassonografia pode identificar calcificações, que existem na maior parte dos casos de retinoblastoma.

Tomografia computadorizada

A tomografia computadorizada pode ser usada para que se faça o adequado estudo morfológico do olho, além de também detectar presença de calcificações.

Tratamento, Complicações e Prognóstico

Fotocoagulação a *laser* ou crioterapia

A fotocoagulação a *laser* e/ou crioterapia são realizadas nas áreas de extravasamento vascular e de exclusão capilar (Tabela 22.1).

Cirurgia

A cirurgia pode ser realizada em casos com descolamento de retina exsudativo, de prognóstico reservado.

Injeção intravítrea de anti-VEGF

A injeção intravítrea de anti-VGF não é indicada em razão da grande incidência de fibrose vitreorretiniana e descolamento de retina tracional[6] (Tabela 22.1).

Prognóstico

O prognóstico visual depende da localização de telangectasias e exsudação, sendo piores quando pós-equatoriais, difusos e superiores, além de não resolução do fluido sub-retiniano depois do tratamento e presença de macrocistos intrarretinianos[7].

Tabela 22.1 – Tratamentos para a doença de Coats

Tratamento	Indicações	Complicações
Fotocoagulação	Exsudação em grande quantidade, podendo atingir a área central de visão	Inflamação, descolamento de coroide, aumento da exsudação, formação de membrana epirretiniana
Crioterapia	Lesões muito periféricas para a fotocoagulação	Inflamação, descolamento de coroide, aumento da exsudação, formação de membrana epirretiniana
Cirurgia	Descolamento exsudativo muito extenso	Endoftalmite, falência da cirurgia, descolamento de retina, proliferação vitreorretiniana
Injeção intravítrea de anti-VEGF		Resultados reservados

PERSISTÊNCIA DE VÍTREO PRIMÁRIO HIPERPLÁSICO

A persistência de vítreo primário hiperplásico é uma malformação congênita do olho, geralmente unilateral[8]. Não é comum existir outras malformações sistêmicas associadas.

Epidemiologia

Essa malformação não tem predileção de sexo ou etnia.

Patogênese

Durante a gestação, a vasculatura hialoide com o vítreo primário sofre regressão para dar origem ao vítreo secundário e posteriormente terciário. A hiperplasia congênita de vítreo hiperplásico primário ocorre quando essa involução não acontece.

Manifestações Clínicas

Além do olho malformado poder ser pequeno (microftalmo), pode haver o desenvolvimento de glaucoma, descolamento de retina tracional, além de atrofia ocular. A criança apresenta baixa visão no olho com a doença, podendo chegar a não ter percepção luminosa.

Diagnóstico/Exames Complementares

O diagnóstico é feito com exame clínico, com mapeamento de retina. Ultrassonografia ocular pode ser realizada.

Tratamento

O prognóstico visual depende do grau de malformação, uma vez que os resquícios da vasculatura hialóidea podem ser pequenos. Em casos com descolamento de retina tracional ou hemorragia vítrea, pode haver necessidade de cirurgia, com prognóstico reservado[9].

CONCLUSÕES

A doença de Coats e a persistência de vítreo primário hiperplásico devem entrar no diagnóstico diferencial de leucocoria e devem ser tratadas o quanto antes para melhorar o prognóstico visual.

REFERÊNCIAS BIBLIOGRÁFICAS

1. Bonanomi MT, Almeida MT, Cristofani LM, Odone Filho V. Retinoblastoma: a three-year-study at a Brazilian medical school hospital. Clinics (Sao Paulo). 2009;64(5):427-34.
2. Do DV, Haller JA. Coats' disease. In: Ryan SJ (ed.). Retina. 4th ed. Philadelphia: Elsevier Mosby; 2006. p.1417-23.
3. Shields JA, Shields CL. Review: Coats disease: the 2001 LuEsther T. Mertz lecture. Retina. 2002;22(1):80-91.
4. Ghorbanian S, Jaulim A, Chatziralli IP. Diagnosis and treatment of Coats' disease: a review of the literature. Ophthalmologica. 2012;227(4):175-82.
5. Shields JA, Shields CL, Honavar SC, Demirci H. Clinical variations and complications of Coats' disease in 150 cases: the 2000 Sanford Gifford Memorial lecture. Am J Ophthalmol. 2001;131(5):561-71.
6. Ramasubramanian A, Shields CL. Bevacizumab for Coats' disease with exudative retinal detachment and risk of vitreoretinal traction. Br J Ophthalmol. 2012;96(3):356-9.
7. Shields JA, Shields CL, Honavar SG, Demirci H, Cater J. Classification and management of Coats' disease: the 2000 Proctor Lecture. Am J Ophthalmol. 2001;131(5):572-83.
8. Meier P, Wiedemann. Surgical aspects of vitreoretinal disease in children. In: Ryan SJ. Retina. 4th ed. Philadelphia: Elsevier Mosby; 2006. p.2477-98.
9. Walsh MK, Drenser KA, Capone A Jr, Trese MT. Early vitrectomy effective for bilateral combined anterior and posterior persistent fetal vasculature syndrome. Retina. 2010;30(4 Suppl):52-8.

23 Hemoglobinopatias, anemias e leucemias

Pedro Durães Serracarbassa
Maria Teresa Brizzi Chizzotti Bonanomi
Luciana Duarte Rodrigues

> **Após ler este capítulo, você estará apto a:**
> 1. Identificar as principais doenças do sangue relacionadas a sintomas oculares.
> 2. Associar possíveis sintomas oculares referidos pelos pacientes com as doenças portadas.
> 3. Instruir os familiares sobre a necessidade do exame oftalmológico e tratamentos possíveis nesses pacientes.

INTRODUÇÃO

As doenças das células sanguíneas, benignas ou malignas, podem acometer os olhos e causar prejuízos à visão. As mais comuns serão descritas e detalhadas neste capítulo.

HEMOGLOBINOPATIAS

As hemoglobinopatias são um grupo de doenças hereditárias caracterizadas pela formação anômala da hemoglobina (Hb) e que apresentam quadro retiniano característico. No Brasil, as hemoglobinas mais encontradas são a S e a C, as quais têm origem africana. A análise de 9.189 amostras de todas as regiões do Brasil mostrou 81,02% com perfil normal de Hb, aparecendo o genótipo Hb AS em 9,11%, sugestivo de betatalassemia em 5,5%, Hb AC em 2,47%, e Hb SS em 0,76%. O genótipo heterozigótico Hb SC – o mais importante em termos de morbidade retiniana – foi detectado em 0,39% das amostras[1]. Unindo as amostras Hb S e Hb C, tem-se que 12,73% das pessoas analisadas têm tendência a algum tipo de evento falciforme.

A alteração química nas hemoglobinas S e C está na posição 6 da cadeia beta. Na Hb S, o ácido glutâmico está substituído por uma valina, e, na Hb C, por uma lisina. Condições especiais de hipóxia, hipotermia ou acidose alteram a membrana do eritrócito com polimerização irreversível da Hb, falcização e aderência ao endotélio vascular causando fenômenos vaso-oclusivos[2].

Quadro Clínico

Os portadores do genótipo SC têm hematócrito normal e apresentam manifestações clínicas menos importantes que os SS, mas cursam com doença ocular mais grave[3,4]. A retinopatia pode ocorrer também nos genótipos AS e AC quando houver associação com outra doença sistêmica[5]. O pediatra deve estar atento na avaliação oftalmológica desses pacientes, pois o acometimento ocular inicia-se na primeira década de vida[6-9]. Além da retina, a órbita, a conjuntiva e a íris podem sofrer alterações[10,11].

Tratamento

O tratamento do hifema, ou seja, o sangue na câmara anterior, que ocorre após trauma, tem importância em pediatria. Ao contrário das hemácias normais, os drepanócitos não conseguem sair do olho, impactando nas malhas do trabeculado córneo escleral, levando à hipertensão intraocular grave[12]. Esse aumento de pressão causa redução na perfusão do nervo óptico, podendo acarretar atrofia glaucomatosa e perda irreversível da visão. O tratamento deve ser cirúrgico e precoce.

Retinopatia Falciforme

As manifestações retinianas da doença falciforme podem ser não proliferativas, sendo que os achados têm importância diagnóstica, ou proliferativa, quando existe realmente o risco de morbidade ocular com perda de visão. Quando uma arteríola de tamanho intermediário é ocluída por uma rolha de eritrócitos falcizados, pode ocorrer uma hemorragia, presumivelmente por necrose isquêmica da parede do vaso. A cor do sangue, contrastando com a coloração escura do fundo do olho de pacientes melanodérmicos, torna-se alaranjada, dando origem ao nome *salmon patch*, que na sua absorção pode ser acompanhada de corpos iridescentes (macrófagos com hemossiderina) ou placa de hiperpigmentação conhecida como *black sunburst*[3,13]. A retinopatia proliferativa (RPF) causa perda visual, relatada em 10 a 20% dos olhos de pacientes com doença falciforme[14]. O aparecimento é insidioso[6,8,9], sendo assintomático até que haja complicações, como hemorragia vítrea (HV) ou descolamento de retina (DR), entre os 20 e 30 anos de idade. A oclusão vascular irreversível na periferia da retina (circulação terminal)[14] leva à formação de neovasos entre a retina vascularizada e a isquêmica, que têm como característica a forma de leque. Essa morfologia foi comparada, por Welch e Goldberg, em 1966[15], ao invertebrado marinho *Gorgonia flabelum* ou *sea fan* (SF). O termo RPF é utilizado para caracterizar a retinopatia a partir do aparecimento do SF (Figura 23.1), mais frequente e mais grave no genótipo SC[3,14]. O tecido neovascular tende a crescer para o vítreo com uma capa de tecido fibroglial sobre o SF, que ocasiona tração e sangramento. Nesse estágio, ocorre o primeiro sintoma visual, que é de "moscas volantes". Se a HV for maciça, há escurecimento total da visão com recuperação intermitente até que haja novo sangramento. A presença do sangue no vítreo piora a fibrose e a tração, que, combinadas à atrofia da retina isquêmica, causam descolamento de retina de difícil correção[13].

Tratamento da retinopatia falciforme

O tratamento oftalmológico consiste no fechamento dos SF para prevenir a HV e o DR[16]. Pacientes com sangue recente no vítreo e com prejuízo da acuidade visual são geralmente acompanhados por, pelo menos, seis meses, a fim de permitir um clareamento espontâneo dos meios. O tratamento dos SF é feito por meio da fotocoagulação a *laser* de modo setorial[17]. O tratamento cirúrgico é indicado na HV recidivante ou persistente e no DR. Os pacientes falciformes são mais suscetíveis

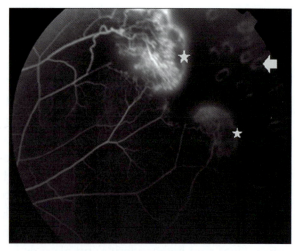

Figura 23.1 Angiofluoresceinografia da periferia da retina de paciente com hemoglobinopatia SC mostrando a retina vascularizada à esquerda e a zona sem perfusão à direita superiormente com algumas marcas de *laser* (seta). No limite entre a zona perfundida e isquêmica há dois *sea fan* (*).

às complicações cirúrgicas peroperatórias em virtude do fenômeno vaso-oclusivo. Alguns cuidados gerais devem ser tomados antes, durante e após qualquer cirurgia ocular, incluindo a eritrocitoforese, especialmente em pacientes SC. Os cuidados gerais sugeridos são hidratação, oxigênio suplementar, soro e sala aquecidos, evitando-se o uso de simpatomiméticos e cuidados cirúrgicos específicos[18].

LEUCEMIAS

Introdução/Epidemiologia

As manifestações oculares das doenças hematológicas malignas estão entre as maiores causas de metástase ocular[19]. O envolvimento ocular nas leucemias chega a ocorrer em 90% dos casos, sendo ligeiramente mais comum nas leucemias agudas do que nas crônicas[20]. Nas leucemias agudas recém-diagnosticadas, foi observado acometimento ocular em 35,4% dos adultos e 16,5% das crianças[21]. Todas as estruturas oculares podem estar envolvidas, mas os achados oftalmológicos não ajudam a diferenciar clinicamente os vários tipos de leucemias e linfomas.

Patogênese

O envolvimento ocular ocorre de forma primária, por infiltração de células neoplásicas diretamente nos tecidos oculares, ou de forma secundária, tanto por complicações hematológicas da doença quanto do seu tratamento[22].

Manifestações Clínicas

As manifestações clínicas podem ser divididas em específicas, inespecíficas e iatrogênicas.

Manifestações específicas

As manifestações específicas são mais frequentes nos pacientes com leucemia mieloide aguda[21]. Os infiltrados leucêmicos são os achados mais comuns[23] e podem ocorrer em todos os tecidos oculares. Os infiltrados na retina ou pré-retinianos aparecem como nódulos branco-amarelados, que podem ter tamanhos variados. Em crianças com leucemia aguda foi descrito o acometimento do nervo óptico por infiltrados nodulares[24].

Os infiltrados perivasculares podem ser observados como estrias branco-acinzentadas ao longo dos vasos. Descolamentos serosos da retina podem ocultar infiltrados ou massas na coroide. As células tumorais do sangue periférico podem formar aglomerados no vítreo após episódios de hemorragia vítrea[25].

As hemorragias retinianas com centro branco podem ser manifestações diretas de leucemia, quando há leucócitos presentes no centro. Não é possível distingui-las das hemorragias com centro branco formadas por agregados de fibrina, que são manifestações inespecíficas[26].

Manifestações inespecíficas

Manifestações de anemia ou trombocitopenia

A retinopatia leucêmica é caracterizada por alterações vasculares. Há espessamento perivascular e tortuosidade vascular por presença de infiltrados nos vasos. Estes apresentam coloração amarelada, causada por anemia e leucocitose[21]. São comuns as hemorragias retinianas com centro branco, as hemorragias sub-retinianas e retinianas superficiais ou profundas, além de hemorragias pré-retinianas[27].

Os exsudatos algodonosos podem ser a manifestação clínica inicial da leucemia. São sinais de oclusões das arteríolas por agregados de células[28]. Observa-se resolução espontânea dos exsudatos nas leucemias crônicas[23]. Não há associação entre a presença de exsudatos e a contagem de células brancas, vermelhas ou plaquetas[29].

As hemorragias retinianas estão associadas à baixa contagem de plaquetas, ao passo que as hemorragias maculares estão associadas a maior risco de hemorragia intracraniana[27].

Manifestações de hiperviscosidade

Alterações bilaterais são comuns, como oclusões da veia central da retina, microaneurismas, hemorragias retinianas e neovascularização[30].

Manifestações iatrogênicas

Infecções oportunistas são comuns em pacientes imunossuprimidos. Deve-se suspeitar de infecção quando há infiltrados retinianos mesmo na ausência de vitreíte[31]. A maior causa de retinite é a infecção por citomegalovírus, porém vários herpes-vírus podem causar retinite. Entre as infecções parasitárias, a mais comum é a toxoplasmose. Infecções fúngicas também são frequentes e graves[32].

Tratamento

As manifestações oculares da leucemia não são tratadas diretamente. A quimioterapia sistêmica é o tratamento indicado. Em caso de falha terapêutica, há indicação de radioterapia ocular associada[14]. Crianças em recidiva parecem responder melhor à quimioterapia e à radioterapia combinadas. A retinopatia por hiperviscosidade parece responder bem à leucoferese[33].

As complicações locais da radioterapia são a formação de catarata e retinopatia por radiação.

Prognóstico

A retinopatia leucêmica é mais comum nos pacientes com quadros de recidiva e anemia associada. Os exsudatos algodonosos parecem ter relação com menor taxa de sobrevida. A taxa de sobrevida em cinco anos nas crianças com leucemia e manifestações oculares é menor do que nas crianças sem alteração ocular[34].

LINFOMAS

Linfoma Não Hodgkin Sistêmico

O acometimento ocular nos linfomas não Hodgkin sistêmicos é assimétrico, e as estruturas oculares internas são envolvidas via coroide[4]. A infiltração linfocitária da úvea, antes chamada hiperplasia linfoide reativa, é o achado mais comum. O envolvimento direto da retina é raro, mas podem ser encontradas hemorragias retinianas e exsudatos algodonosos[35].

Linfoma Não Hodgkin do Sistema Nervoso Central

O linfoma ocular está presente em 50% dos linfomas não Hodgkin do sistema nervoso central e pode ser a apresentação inicial destes[4]. É uma causa importante de vitreíte crônica e deve ser considerado nos diagnósticos diferenciais das vasculites retinianas e retinites necrotizantes[36].

Podem haver pequenos descolamentos placoides do epitélio pigmentar da retina (EPR) que evoluem para cicatrizes disciformes ou áreas de atrofia areolar[37].

O diagnóstico é realizado por biópsia vítrea ou aspirado sub-retiniano. O mau prognóstico desses pacientes requer associação de quimioterapia e radioterapia para o tratamento[38].

Linfoma de Burkitt

O linfoma de Burkitt acomete as estruturas orbitárias e, depois, as estruturas internas oculares. Hemorragias retinianas e células vítreas podem ser encontradas[35].

Linfoma de Hodgkin

O envolvimento ocular é bilateral e pode haver descolamento exsudativo da retina, presença de exsudatos moles, hemorragias retinianas e retinite necrotizante[33]. A presença de células tumorais é rara, o que torna difícil diferenciar esses achados das manifestações próprias das retinites virais. Também são comuns as infecções por *Nocardia* e *Toxoplasma*[36].

CONCLUSÕES

Conclui-se que o exame oftalmológico é obrigatório em crianças com hemoglobinopatia. Pacientes com hifema traumático hipertensivo devem passar por pesquisa de falcização das hemácias antes do tratamento, especialmente se forem melanodérmicas.

REFERÊNCIAS BIBLIOGRÁFICAS

1. Aigner CP, Sandrini F, Duarte EG, Andrade MP, Largura MA, Largura A. Estudo do perfil de hemoglobinas em 9.189 testes realizados no Álvaro Centro de Análises e Pesquisas Clínicas. Rev Bras Anal Clin. 2006;38(2):107-9.
2. Steinberg MH, Hebbel RP. Clinical diversity of sickle cell anemia: genetic and cellular modulation of disease severity. Am J Hematol. 1983;14(4):405-16.
3. Bonanomi MT, Cunha SL, de Araujo JT. Funduscopic alterations in SS and SC hemoglobinopathies. Study of a Brazilian population. Ophthalmologica. 1988;197(1):26-33.
4. Condon PI, Serjeant GR. Ocular findings in hemoglobin SC disease in Jamaica. Am J Ophthalmol. 1972;74(5):921-31.
5. Nagpal KC, Asdourian GK, Patrianakos D, Goldberg MF, Rabb MF, Goldbaum M, et al. Proliferative retinopathy in sickle cell trait. Report of seven cases. Arch Intern Med. 1977;137(3):325-8.
6. Garcia CAA, Fernandes MZ, Uchôa UBC, Cavalcante BM, Uchôa RAC. Achados fundoscópicos em crianças portadoras de anemia falciforme no Estado do Rio Grande do Norte. Arq Bras Oftalmol. 2002;65(6):615-8.
7. Talbot JF, Bird AC, Maude GH, Acheson RW, Moriarty BJ, Serjeant GR. Sickle cell retinopathy in Jamaican children: further observations from a cohort study. Br J Ophthalmol. 1988;72(10):727-32.
8. Gonçalves JCM, Braga JAP, Nione AS, Simoceli RA, Yamamoto M. Retinopatia falciforme em crianças. Arch Bras Oftalmol. 1990;53(4):158-61.
9. Talbot JF, Bird AC, Serjeant GR, Hayes RJ. Sickle cell retinopathy in young children in Jamaica. Br J Ophthalmol. 1982;66(3):149-54.
10. Nagpal KC, Asdourian GK, Goldbaum MH, Raichand M, Goldberg MF. The conjunctival sickling sign, hemoglobin S, and irreversibly sickled erythrocytes. Arch Ophthalmol. 1977;95(5):808-11.
11. Acheson RW, Ford SM, Maude GH, Lyness RW, Serjeant GR. Iris atrophy in sickle cell disease. Br J Ophthalmol. 1986;70(7):516-21.
12. Goldberg MF. The diagnosis and treatment of secondary glaucoma after hyphema in sickle cell patients. Am J Ophthalmol. 1979;87(1):43-9.
13. Romayanada N, Goldberg MF, Green WR. Histopathology of sickle cell retinopathy. Trans Am Acad Ophthalmol Otolaryngol. 1973;77(5):642-76.
14. Goldberg MF. Classification and pathogenesis of proliferative sickle retinopathy. Am J Ophthalmol. 1971;71(3):649-65.
15. Welch RB, Goldberg MF. Sickle-cell hemoglobin and its relation to fundus abnormality. Arch Ophthalmol. 1966;75(3):353-62.
16. Bonanomi MTBC, Cunha SL. Neovascularização da retina em hemoglobinopatia SC e hemorragia vítrea. Arq Bras Oftalmol. 1997;60(1):24-33.
17. Rednam KR, Jampol LM, Goldberg MF. Scatter retinal photocoagulation for proliferative sickle cell retinopathy. Am J Ophthalmol. 1982;93(5):594-9.
18. Koshy M, Weiner SJ, Miller ST, Sleeper LA, Vichinsky E, Brown AK, et al. Surgery and anesthesia in sickle cell disease. The cooperative study of sickle cell disease. Blood. 1985;86(10):3676-84.

Hemoglobinopatias, anemias e leucemias 271

19. Eliassi-Rad B, Albert DM, Green WR. Frequency of ocular metastasis in patients dying of cancer in eye bank populations. Br J Opthalmol. 1996;80(2):125-8.
20. Kincaid MC, Green WR. Ocular and orbital involvement in leukemia. Surv Ophthalmol. 1983;27(4):211-32.
21. Reddy SC, Menon BS. Ocular involvement in leukemia – a study of 288 cases. Ophthalmologica. 2003;217(8):441-5.
22. Dhaliwal RS, Schachat AP. Leukemias and lynphomas. In: Ryan SJ. Retina. 4th ed. Philadelphia: Mosby; 2006. p.851-72.
23. Russo V, Scott IU, Querques G, Stella A, Barone A, Delle Noci N. Orbital and ocular manifestations of acute childhood leukemia: clinical and statistical analysis of 180 patients. Eur J Ophthalmol. 2008;18(4):619-23.
24. Kaikov Y. Optic nerve head infiltration in acute leukemia in children: an indication for emergency optic nerve radiation therapy. Med Pediatr Oncol. 1996;26(2):101-4.
25. Rosenthal AR. Ocular manifestations of leukemia: a review. Ophthalmology. 1983;90(8):899-905.
26. Duane TD, Osher RH, Green WR. White-centered hemorrhages: their significance. Ophthalmology. 1980;87(1):66-9.
27. Guyer DR, Schachat AP, Vitale S, Markowitz JA, Braine H, Burke PJ, et al. Leukemic retinopathy. Relationship between fundus lesions and hematolagic parameters at diagnosis. Ophthalmology. 1989;96(6):860-4.
28. Brown GC, Brown MM, Hiller T, Fischer D, Benson WE, Magargal LE. Cotton-wool spots. Retina. 1985;5(4):206-14.
29. Jackson N, Reddy SC, Hishamuddin M, Low HC. Retinal findings in adult leukemia: correlation with leukocytosis. Clin Lab Haematol. 1996;18(2):105-9.
30. Frank RN, Ryan SJ Jr. Peripheral retinal neovascularization with chronic myelogenous leukemia. Arch Ophthalmol. 1972;87(5):585-9.
31. Gordon KB, Rugo HS, Duncan JL, Irvine AR, Howes EL Jr, O'Brien JM, et al. Ocular manifestations of leukemia: leukemic infiltration versus infectious process. Ophthalmology. 2001;108(12):2293-300.
32. Somervaille TC, Hann IM, Harrison G, Eden TO, Gibson BE, Hill FG, et al. Intraocular relapse of childhood acute lymphoblastic leukaemia. Br J Ophthalmol. 2003;121(2):280-8.
33. Ohkoshi K, Tsiaras WG. Prognostic importance of ophthalmic manifestations in childhood leukaemia. Br J Ophthalmol. 1992;76(11):651-5.
34. Peterson K, Gordon KB, Heinemann MH, DeAngelis LM. The clinical spectrum of ocular lymphoma. Cancer. 1993;72(3):843-9.
35. Hormigo A, DeAngelis LM. Primary ocular lymphoma – clinical features, diagnosis and treatment. Clin Lymphoma. 2003;4(1):30-1.
36. Karp LA, Zimmerman LE, Payne T. Intraocular involvement in Burkitt's lymphoma. Arch Ophthalmol. 1971;85(3):295-8.
37. Barr CC, Joondeph HC. Retinal periphlebitis as the initial clinical finding in a patient with Hodgkin's disease. Retina. 1983;3(4):253-7.
38. Bishop JE, Salmonsen PC. Presumed intraocular Hodgkin's disease. Ann Ophthalmol. 1985;17(9):589-92.

24 Retinopatia diabética

Walter Y. Takahashi

Após ler este capítulo, você estará apto a:
1. Reconhecer a retinopatia diabética.
2. Descrever a importância da detecção precoce.
3. Descrever os meios para prevenir e tratar a doença.
4. Diagnosticar a retinopatia diabética.

INTRODUÇÃO

A retinopatia diabética (RD) é o comprometimento da retina pelo diabete melito (DM). É a maior causa de cegueira permanente na fase mais produtiva da vida, entre 21 e 64 anos[1]. Causa redução da produtividade no trabalho e grande piora da qualidade de vida. Se a doença for detectada e tratada adequadamente, muitos olhos mantêm visão útil por décadas.

EPIDEMIOLOGIA

Nos Estados Unidos, estima-se que a RD contribua com 12% de todos os novos casos de cegueira em um ano[2]. A duração do diabete representa um fator não controlável e significativo para o desenvolvimento da retinopatia. Após 20 anos de diabete, mais de 90% dos diabéticos insulino-dependentes e 60% dos não insulino--dependentes têm algum grau de retinopatia[3,4]. No Brasil, estima-se que metade dos pacientes portadores de DM seja afetada pela RD, sendo ela responsável por 7,5% das causas de incapacidade visual de adultos para o trabalho e por 4,58% das deficiências visuais[5].

PATOGÊNESE

A hiperglicemia é um dos fatores mais importantes para o desenvolvimento e progressão da RD, estando associada ao aparecimento de lesões microvasculares na retina[6], como espessamento da membrana basal vascular e perda de pericitos. Surgem lesões como microaneurismas, oclusões capilares e, nas fases mais avançadas, neovascularização. A isquemia de retina, consequente à oclusão vascular, promove o aparecimento do fator de crescimento vascular endotelial (VEGF), responsável por proliferação das células endoteliais e aumento da permeabilidade capilar[7]. O VEGF, efetivamente, está aumentado na RD[8,9]. Esse é um fato importante que vai nortear nova modalidade de tratamento, como se verá adiante.

MANIFESTAÇÕES CLÍNICAS

A RD é classificada em não proliferativa (RDNP), proliferativa (RDP) e edema macular clinicamente significativo (EMCS). Tal classificação foi estabelecida pelo *Early Treatment Diabetic Retinopathy Study* (ETDRS)[10], um importante estudo que padronizou a doença em suas fases clínicas, evolução e tratamento (Quadro 24.1).

Os dois estágios da doença, não proliferativo e proliferativo, determinam a gravidade, indicação de tratamento e prognóstico.

O estágio não proliferativo, inicial, é caracterizado pela presença de microaneurismas, hemorragias e exsudatos[11]. À medida que a doença avança, a quantidade de microaneurismas, hemorragias e exsudatos aumentam, tomando todos os setores da retina (Figura 24.1), e surgem veias em rosário (Figura 24.2) como consequência de isquemia de retina.

Na RDNP, o comprometimento da retina é subdividido em leve, moderado, grave e muito grave[11].

A RDP apresenta neovascularização na retina[3] e no disco óptico[10]. É subdividida, segundo o grau de gravidade, em fase proliferativa inicial e de alto risco. Nesta última, é comum haver hemorragia vítrea, hemorragia pré-retiniana (Figura 24.3), fibrose vitreorretiniana (Figura 24.4) e descolamento de retina (Figura 24.5)[11].

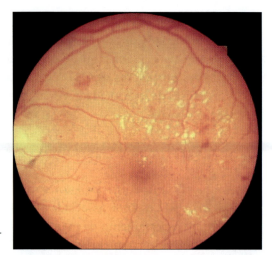

Figura 24.1 Retinopatia diabética não proliferativa com hemorragias e exsudatos duros.

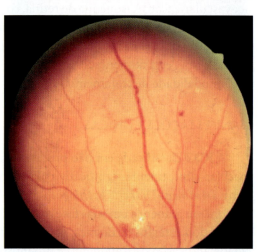

Figura 24.2 Veia em rosário.

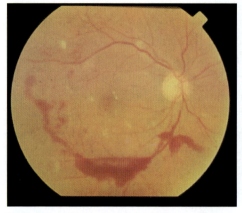
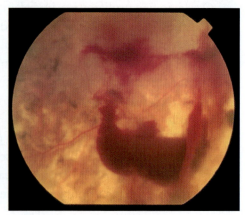

Figura 24.3 Hemorragia pré-retiniana e vítrea.

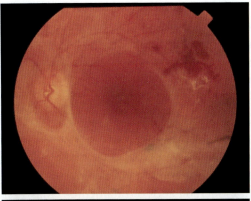

Figura 24.4 Fibrose vitreorretiniana.

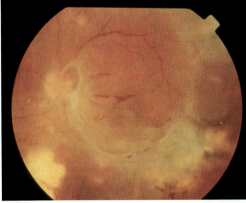

Figura 24.5 Descolamento tracional de retina.

Quadro 24.1 – Retinopatia diabética

Não proliferativa	Proliferativa	Edema macular clinicamente significativo
Microaneurismas Hemorragias Exsudatos	Neovasos na retina e no disco óptico Hemorragia vítrea Descolamento de retina Fibrose	Edema de retina e exsudatos dentro de 500 µ do centro da mácula

O EMCS pode aparecer tanto na RDNP quanto na RDP, e é a maior causa de redução de visão na RD[12]. Trata-se de alterações como edema retiniano e exsudatos duros localizados dentro de 500 µ da fóvea[13].

DIAGNÓSTICO E EXAMES COMPLEMENTARES

O diagnóstico da RD é puramente clínico e baseado na oftalmoscopia direta, indireta e no exame na lâmpada de fenda (biomicroscopia da retina). Entretanto, dois exames são importantes: a angiofluoresceinografia, para confirmar a presença

276 Oftalmologia

de neovasos de retina e de isquemia de retina, e a tomografia de coerência óptica (OCT), para confirmar a presença de edema de mácula. A ultrassonografia é útil em casos de hemorragia vítrea maciça quando o exame de fundo de olho é impossível e serve para avaliar se a retina está descolada ou não.

TRATAMENTO

Quando a retinopatia diabética já está instalada, o tratamento de escolha é a fotocoagulação a *laser*, principalmente nos estágios da RDNP grave e RDP.

O ETDRS estabeleceu os parâmetros para tratamento e observou-se uma redução de 50% no risco de perda da visão moderada após o tratamento[10]. Mas 12% tiveram piora da visão e só 2% ganharam visão. Em suma, a finalidade principal da fotocoagulação é evitar perda de visão.

Em casos de EMCS, estudos multicêntricos demonstraram que a injeção intravítrea de antiangiogênicos como o bevacizumabe[14] e o ranibizumabe[15] reduz o edema macular. A triancinolona também ajuda no melhor controle da retinopatia diabética proliferativa e do edema macular[16].

A vitrectomia está reservada para casos em que há hemorragia vítrea maciça, extensa fibrose vitreorretiniana com descolamento tracional da retina, entre outras indicações (Quadro 24.2).

Quadro 24.2 – Tratamento		
Fotocoagulação	Injeções intravítreas de triancinolona e/ou antiangiogênicos	Vitreoctomia
Retinopatia diabética não proliferativa grave e proliferativa	Edema macular clinicamente significativo	Hemorragia vítrea Descolamento de retina

PREVENÇÃO

Os fatores mais importantes para o aparecimento da RD e sua progressão são o tempo de doença e o controle do diabete. O estudo *Diabetes Control and Complications Trial* (DCCT) avaliou diabéticos tipo 1. O tratamento intensivo (HbA1c média de 7,2%) com múltiplas injeções de insulina mostrou redução de 70,3% na incidência da RD e redução de 56% na necessidade de *laser*, quando comparados com terapia convencional (menor número de injeções de insulina com HbA1c média de 9,1%)[17].

O estudo *United Kingdon Prospective Diabetes Study* (UKPDS) comparou diabéticos tipo 2, um grupo sob tratamento intensivo (sulfonilureias ou insulina) e outro sob convencional (dieta). Após 10 anos, demonstrou-se que o controle intensivo da glicemia reduz em 25% o aparecimento de alterações microvasculares, hemorragia vítrea e necessidade de fotocoagulação quando comparado ao tratamento convencional. O mesmo estudo também mostrou que o controle rigoroso da hipertensão arterial (média de 144/82 mmHg) reduz o risco de progressão da RD em 34% e diminui a necessidade de *laser* em 35% quando comparado a um controle pior da HA (média de 154/87 mmHg)[18]. Portanto, um bom controle da HbA1c é importante para se reduzir o risco de aparecimento e piora da RD.

O tempo de doença é um fator não controlável e, quanto maior ele for, maior é o risco de aparecimento da RD. O único meio para se detectar a presença da RD é o exame de fundo de olho. Recomenda-se, segundo associações americanas de oftalmologia e diabetes, que todo diabético tipo 2 seja submetido a um exame de fundo de olho, sob midríase, ao diagnóstico de diabete e, se do tipo 1, após 5 anos do diagnóstico. Se for normal, as reavaliações devem ser anuais e, se tiver algum grau de RD, a cada 6 meses[19].

CONCLUSÕES

A RD potencialmente leva à cegueira se não tratada a tempo. O diagnóstico precoce é fundamental e o tratamento por fotocoagulação, injeções intravítreas e vitrectomia deverá ser aplicado segundo a gravidade de cada caso. O exame de fundo de olho periódico é essencial para a detecção precoce da RD.

REFERÊNCIAS BIBLIOGRÁFICAS

1. American Academy of Ophtalmology. Basic and clinical science course. Section 12: retina and vitreous; 2010-2011. p.109.
2. National Society to Prevent Blindness. Operational Research Department. Vision problems in U.S.: a statistical analysis. New York National Society to Prevent Blindness; 1980. p.1-46.
3. Klein R, Klein BE, Moss SE, Davis MD, DeMets DL. The Wisconsin epidemiologic study of diabetic retinopathy: II. Prevalence and risk of diabetic retinopathy when age at diagnosis is less than 30 years. Arch Ophthalmol. 1984;102(4):520-6.
4. Klein R, Klein BE, Moss SE, Davis MD, DeMets DL. The Wisconsin epidemiologic study of diabetic retinopathy. III. Prevalence and risk of diabetic retinopathy when age at diagnosis is 30 or more years. Arch Ophthalmol. 1984;102(4):527-32.
5. Schellini SA, Moraes Silva MA. Diabetes, retinopatia diabética e cegueira. J Bras Med. 1994;67:171-4.
6. Cai J, Boulton M. The pathogenesis of diabetic retinopathy: old concepts and new questions. Eye (Lond). 2002;16(3):242-60.
7. Ferrara N. Vascular endothelial growth factor and the regulation of angiogenesis. Recent Prog Horm Res. 2000;55:15-35.
8. Adamis AP, Miller JW, Bernal MT, D'Amico DJ, Folkman J, Yeo TK, et al. Increased vascular endothelial growth factor levels in the vitreous of eyes with proliferative diabetic retinopathy. Am J Ophthamol. 1994;118(4):445-50.

9. Aiello LP, Avery RL, Arrigg PG, Keyt BA, Jampel HD, Shah ST, et al. Vascular endothelial growth factor in ocular fluid of patients with diabetic retinopathy and other retinal disorders. N Engl J Med. 1994;331(22):1480-7.
10. Early Treatment Diabetic Retinopathy Study Research group: fundus photographic risk factors for progression of diabetic retinopathy. ETDRS Report nº 12. Ophthalmology. 1991;98:(5 suppl):823-33.
11. Early Treatment Diabetic Retinopathy Study design and baseline patient characteristics. ETDRS report number 7. Ophthalmology. 1991:98(5 suppl):741-56.
12. Bresnick GH. Diabetic macular edema: a review. Ophthalmology. 1986;93(7):989-97.
13. Early Treatment Diabetic Retinopathy Study Research group. Phothocoagulation for diabetic macular edema. Early Treatment Diabetic Retinopathy Study Report number 1. Arch Ophthalmol. 1985;103(12):1796-806.
14. Michaelides M, Kaines A, Hamilton RD, Fraser-Bell S, Rajendram R, Quhill F, et al. A 2-year prospective randomized controlled trial of intravitreal bevacizumab or laser therapy in the management of diabetic macular edema (BOLT Study) 12-month data: report 2. Ophthalmology. 2010;117(6):1078-86.
15. Massin P, Bandello F, Garweg JG, Hansen LL, Harding SP, Larsen M, et al. Safety and efficacy of ranibizumab diabetic macular edema (Resolve Study): a 12-month, randomized, controlled, double-masked, multicenter phase II study. Diabetes Care. 2010;33(11):2394-405.
16. Maia OO Jr, Takahashi BS, Costa RA, Scott IU, Takahashi WY. Combined laser and intravitreal triamcinolone for proliferative diabetic retinopathy and macular edema: one-year results of a randomized clinical trial. Am J Ophthalmol. 2009;147(2):291-7.
17. DCCT research group. The effect of intensive treatment of diabetes on the development and progression of long-term complications in insulin-dependent diabetes mellitus. N Engl J Med. 1993;329(14):977-86.
18. UK Prospective Diabetes Study (UKPDS). Intensive blood-glucose control with sulphonylureas or insulin compared with conventional treatment and risk of complications in patients with type 2 diabetes (UKPDS 33). Lancet. 1998:352(9131):837-53.
19. American College of Physicians, American Diabetes Association and American Academy of Ophthalmology. Screening guidelines for diabetic retinopathy. Ann Int Med. 1992;116(8):683-5.

Descolamento da retina na criança   25

Hisashi Suzuki

> **Após ler este capítulo, você estará apto a:**
> 1. Reconhecer as principais causas de descolamento da retina e a dificuldade de diagnóstico na criança.
> 2. Identificar a necessidade de exames periódicos, principalmente após o trauma ocular.

INTRODUÇÃO

A retina é uma estrutura destinada a captar e transformar a radiação luminosa em um pequeno estímulo elétrico que é transportado ao sistema nervoso central (SNC) por meio das fibras nervosas que constituem o nervo óptico.

Sob o ponto de vista histológico, ela é formada basicamente por quatro elementos celulares distintos: o epitélio pigmentar, o fotorreceptor (cones e bastonetes), a célula bipolar e a célula ganglionar.

A célula ganglionar situa-se na parte mais interna da retina (voltada para a cavidade vítrea) e forma a fibra nervosa que corre em direção ao SNC, formando o nervo óptico. Na retina, seus axônios entram em contato com os axônios das células bipolares que ficam situadas numa camada logo abaixo. As células bipolares, por outro lado, entram em contato sináptico com os fotorreceptores, situados na camada mais externa. Os fotorreceptores entram em contato direto com as células do epitélio pigmentado, que forma a camada mais externa da retina (em contato com a coroide). As células do epitélio pigmentado aderem-se íntima e firmemente na coroide, por meio da membrana de Bruch (Figura 25.1).

O processo da visão inicia-se nos fotorreceptores, quando o pigmento visual (rodopsina, iodopsina) contido nessas células é estimulado por uma radiação eletromagnética de determinado comprimento de onda (espectro visível). O pigmento visual capta a energia contida na radiação, alterando sua composição química e gerando um impulso que é transmitido para as células bipolares, que por sua vez levam-na às células ganglionares. Destas, o estímulo deixa a retina por meio das fibras nervosas que constituem o nervo óptico em direção aos centros da visão no córtex cerebral.

O pigmento visual usado é ressintetizado pelas células do epitélio pigmentar da retina para ser imediatamente reutilizado no próximo estímulo provocado pela luz e captado pelos fotorreceptores.

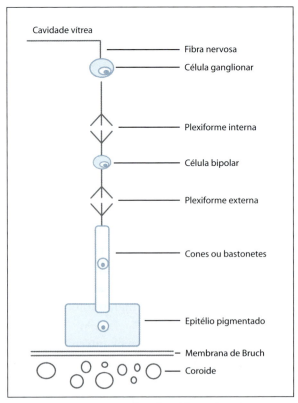

Figura 25.1 Corte esquemático histológico da retina.

A aderência das células que compõem a retina nas sinapses entre seus elementos celulares (neurônios) é firme, impedindo sua separação. O único local onde essa aderência não é tão forte é na região de união entre o fotorreceptor e o epitélio pigmentar. É neste local que ocorre a separação ou o descolamento da retina. Como se pode ver, na realidade, o descolamento da retina não corresponde a uma separação da retina e da coroide, mas sim do epitélio pigmentar que pertence à retina do resto da retina; seria mais uma clivagem da própria retina.

O descolamento da retina pode ocorrer basicamente por três mecanismos:

- Processo exsudativo da retina ou da coroide.
- Tração vitreorretiniana.
- Descolamento regmatogênico da retina.

Em malformações vasculares da retina (p.ex., doença de Coats), processos inflamatórios da coroide e da retina (doença de Vogt-Koyanagi-Harada) ou tumores da coroide (melanoma de coroide) pode haver intensa exsudação que leva à formação do descolamento da retina. Esse tipo de descolamento é denominado secundário.

Na fase terminal da retinopatia diabética, há formação de fibrose vitreorretiniana com formação de traves de tecido cicatricial, que geram tração da retina, levando ao descolamento da retina com intenso comprometimento funcional.

O descolamento regmatogênico da retina (*regma* = rasgo) ocorre quando há formação de uma rotura na retina. A solução de continuidade compromete todas as camadas da retina até o epitélio pigmentar, que permanece íntegro.

A parte líquida do humor vítreo tende a se infiltrar através da rotura, separando a camada dos fotorreceptores de epitélio pigmentado da retina, levando ao descolamento retiniano.

Esse tipo de descolamento é chamado de primário e é passível de tratamento cirúrgico.

DESCOLAMENTO DA RETINA NA INFÂNCIA

O descolamento regmatogênico ou primário da retina, que ocorre na infância, apresenta certas peculiaridades, que serão descritas a seguir.

- A idade média da ocorrência é em torno de 11 anos de idade, havendo uma nítida tendência a acometer o sexo masculino, o que ocorre em 72% dos casos.
- O trauma ocular é a causa mais frequente, em uma incidência média de 42%. Esse fato talvez explique a grande incidência no sexo masculino, que sabidamente está mais exposto ao trauma em geral.

- Outro fator importante como fator de risco é a alta miopia, que ocorre na incidência média de 31,5%.
- A bilateralidade do descolamento da retina é relativamente rara na população adulta. Mas na criança esse fato ocorreu em 18%, indicando a necessidade de se investigar com minúcias o olho contralateral. Esse fato indica também que certas afecções sistêmicas e malformações congênitas estão associadas ao descolamento da retina na infância, como as síndromes de Stickler e de Marfan, a vitreorretinopatia exsudativa e as sequelas da retinopatia da prematuridade.

Diversos trabalhos focados no descolamento da retina na população infantil mostraram a presença da proliferação vitreorretiniana (PVR), indicativa da cronicidade da doença na incidência de 40%. Esse diagnóstico tardio da doença seguramente deve estar relacionado à não percepção da diminuição da visão monocular pela criança, retardando o exame oftalmológico e, consequentemente, a detecção da moléstia.

CONCLUSÕES

O descolamento da retina na infância mais frequente é o regmatogênico. O sexo masculino é mais prevalente e a maior incidência ocorre ao redor dos 11 anos. O trauma ocular é a causa mais frequente (42%), seguido pela alta miopia (31,5%).

Síndrome de Stickler e de Marfan, vitreorretinopatia exsudativa e sequelas da retinopatia da prematuridade podem estar associadas ao descolamento de retina infantil.

REFERÊNCIAS BIBLIOGRÁFICAS

1. Bier C, Kampik A, Ehrt O, Rudolph G. Retinal detachment in pediatrics: Etiology and risk factors. Ophthalmologe. 2010;107(2):165-74.
2. Bourges JL, Dureau P, Uteza Y, Roche O, Dufier JL. Characteristics of retina detachment in children. J Fr Ophtalmol. 2001;24(4):371-7.
3. Chen SN, Jun-Feng H, Te Cheng Y. Pediatric rhegmatogenous retinal detachment in Taiwan. Retina. 2006;26(4):410-4.
4. Fivgas GD, Capone A Jr. Pediatric rhegmatogenous retinal detachment. Retina. 2001;21(2):101-6.
5. Gonzales CR, Singh S, Yu F, Kreiger AE, Grupta A, Schwartz SD. Pedriatics rhegmatogenous retinal detachment: clinical features and surgical outcomes. Retina. 2008;28(6):847-52.
6. Wang NK, Tsai CH, Chen YP, Yeung L, Wu WC, Chen TL, et al. Ophthalmology. 2005;112(11):1890-5.

Principais doenças hereditárias da retina e do vítreo 26

Cleide Guimarães Machado
André Vieira Gomes
Paulo Zantut
André Carvalho Kreuz
John Helal Júnior
Tatiana Tanaka
Yoshitaka Nakashima

Após ler este capítulo, você estará apto a:

1. Compreender os mecanismos fisiopatológicos conhecidos que levam às principais doenças hereditárias da retina e do vítreo.
2. Identificar os principais aspectos clínicos apresentados pelo paciente.
3. Compreender os métodos de diagnóstico e os diagnósticos diferenciais das doenças.
4. Descrever os meios de tratamento e as controvérsias existentes.
5. Utilizar os principais agentes terapêuticos clássicos e os que têm sido recentemente introduzidos.
6. Reconhecer as situações de emergência, de cronicidade e de refratariedade, bem como o manuseio respectivo de cada uma delas.
7. Realizar análise crítica das principais tendências e recomendações de tratamento e das diferenças existentes entre elas.

INTRODUÇÃO

As doenças hereditárias da retina e do vítreo, apesar de serem afecções pouco frequentes, podem exigir diagnóstico e tratamento precoces, tendo em vista bons resultados visuais e a prevenção da ambliopia e de complicações. Além disso, muitas vezes essas doenças se associam a manifestações sistêmicas e a descrição do quadro ocular pode contribuir para o diagnóstico sindrômico.

Sendo o pediatra o primeiro profissional médico a ter acesso às crianças portadoras dessas doenças, é muito importante a familiarização com esses quadros clínicos, bem como a orientação diagnóstica e terapêutica, objetivando o melhor encaminhamento.

ALBINISMO

O albinismo representa um conjunto de anormalidades hereditárias na síntese da melanina. Caracteriza-se pela redução ou ausência congênita do pigmento melanina em associação com alterações específicas do desenvolvimento do sistema óptico resultantes da hipopigmentação[1-4]. O albinismo oculocutâneo (OCA) envolve duas regiões do organismo: (1) a pele e o cabelo e (2) o sistema óptico, incluindo o olho e o nervo óptico. O albinismo ocular (OA) apresenta as mesmas alterações no sistema óptico presentes no albinismo oculocutâneo: redução do pigmento no epitélio pigmentar da retina, mas geralmente sem diferença na cor da pele e do cabelo. A falta de pigmento na pele observada no albinismo oculocutâneo resulta em uma predisposição ao câncer de pele, bem como em problemas psicológicos e sociais resultantes da hipopigmentação. As alterações no sistema óptico associadas à hipopigmentação incluem a redução da acuidade visual resultante da hipoplasia foveal e da modificação do trajeto dos nervos ópticos e do quiasma. As alterações do sistema óptico são comuns a todos os tipos de albinismo e acredita-se que resultem da redução de pigmento, e não de um efeito pleiomórfico de diferentes genes ou alelos mutantes específicos envolvidos.

Classificação

A classificação atual do albinismo[1,2,5-8] é determinada pelo gene afetado, tornando obsoletos os termos anteriormente usados: "parcial ou completo" e "tirosinase positivo e tirosinase negativo". Os genes mais comumente afetados são o gene para a tirosinase no cromossomo 11q14-21 e o gene P no cromossomo 15q11.2; mutações nesses genes causam albinismo oculocutâneo tipo 1 (OCA1) e albinismo oculocutâneo tipo 2 (OCA2), respectivamente. Esses tipos de albinismo têm herança autossômica recessiva e são expressos em homens e mulheres. Outro tipo de albinismo, o albinismo ocular (OA1), é causado por uma mutação no Xp22.3, que afeta homens pela sua herança ligada ao X: 85 a 90% das mulheres carreadoras apresentam obrigatoriamente mosaicismo pigmentar no fundo do olho, representando o efeito leonização (inativação do X), apesar de não apresentarem sequela funcional. Outros tipos de albinismo ocular são mais raros, incluindo os associados a manifestações sistêmicas como a síndrome de Hermansky-Pudlak (um distúrbio de sangramento decorrente da ausência de corpos densos nas plaquetas) e a síndrome de Chédiak-Higashi (imunodeficiência e problemas neurológicos). A prevalência do albinismo nos Estados Unidos é estimada em 1/18.000. Não há estatísticas em nosso meio.

Quadro Clínico

Achados cutâneos

O fenótipo cutâneo[1,2] geralmente permite o diagnóstico clínico, embora o teste genético seja, às vezes, necessário para especificar o tipo de albinismo. A hipoplasia foveal está presente em todos os tipos de albinismo, mas os achados oculares não permitem determinar o tipo de albinismo.

Indivíduos com OCA1 tipicamente têm cabelos brancos ao nascer. Os portadores do subtipo OCA 1A não apresentam nenhuma melanina nos cabelos, na pele ou nos olhos durante toda a vida, enquanto os portadores de OCA 1B irão desenvolver alguma melanina nos cílios e no cabelo com o tempo. Aqueles com OCA2 tipicamente nascem com cabelo loiro ou ruivo. Os indivíduos com OCA1 e os com OCA2 têm a pele muito clara ao nascer[9,10]. Quando há dúvida quanto ao diagnóstico ao nascimento, o exame de biomicroscopia com lâmpada de fenda mostra transiluminação da íris, e o exame do fundo de olho mostra praticamente ausência de pigmento no epitélio pigmentar da retina nos albinos.

Maturação visual retardada

Não é raro que os pais notem que seu filho albino tenha dificuldade de fixar rostos e objetos e que apresente um retardo no desenvolvimento visual. Tipicamente entre a 6ª e 8ª semanas de vida desenvolve-se o nistagmo[1,2].

Achados oculares

O nistagmo está presente em quase todos os pacientes albinos. É inicialmente lento e de grande amplitude, mas esta costuma diminuir no primeiro ano de vida. Estrabismo é um achado comum, podendo ser convergente ou divergente, bem como grandes erros de refração e ambliopia[1,2,11-16].

Outro achado ocular no albinismo é a transiluminação da íris, diagnosticada pelo exame à lâmpada de fenda e que tem intensidade variável, de áreas puntiformes de transiluminação até a transiluminação total da íris por ausência total da melanina (Figura 26.1)[1,2,11-16].

O exame do fundo de olho (Figura 26.2) tipicamente mostra desenvolvimento foveal ausente (hipoplasia macular), sendo essa a anormalidade mais limitante para a visão. Apenas alguns pacientes portadores de albinismo, cuja acuidade visual é 20/50 ou melhor, apresentam algum desenvolvimento foveal rudimentar e algum afilamento da retina foveal. No olho normal em desenvolvimento, a pigmentação do epitélio pigmentado da retina é necessária para a indução do desenvolvimento macular. A hipopigmentação do epitélio pigmentado da retina e a correspondente hipoplasia macular geralmente se associam à presença de vasos retinianos com distribuição anômala, passando próximo ou pelo local em que a mácula deveria estar localizada. Além disso, a inspeção cuidadosa pode mostrar o pigmento melanina na mácula em um pequeno número de pacientes com albinismo e, ocasionalmente, pigmento finamente granular pode ser identificado fora da mácula. A presença de melanina na mácula se correlaciona com melhor acuidade visual. A hipopigmentação do fundo de olho é particularmente proeminente na média-periferia e periferia da retina[1,2,11-16].

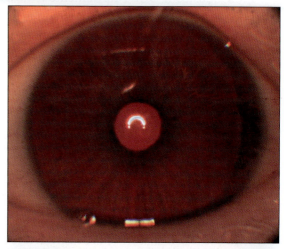

Figura 26.1 Transiluminação total da íris por ausência total da melanina.

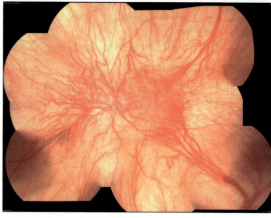

Figura 26.2 Hipopigmentação do fundo, hipoplasia macular, vasos retinianos com distribuição anômala passando pelo local em que a mácula deveria estar localizada.

A maior parte dos pacientes albinos tem acuidade visual reduzida. O grau de comprometimento visual é maior nos pacientes com hipoplasia macular severa. Também podem contribuir para a baixa visão o nistagmo, a ambliopia e os erros refracionais não corrigidos. A fotofobia intensa é outra manifestação limitante para esses pacientes e decorre, em grande parte, da dispersão da luz no olho, onde ela não é absorvida pela melanina[1,2,11-16].

Os nervos ópticos dos albinos podem ser pequenos ou ter um aspecto acinzentado.

Achados do sistema nervoso central

Outro importante achado do albinismo é a decussação anormal da via visual. Em indivíduos normais, aproximadamente 55% das fibras do nervo óptico de cada olho decussam para o lado contralateral do cérebro. Em pacientes com albinismo, há uma decussação anormal de até 75 a 80% das fibras para o lado contralateral, e o potencial evocado visual padrão realizado com estimulação monocular demonstra essa excessiva decussação. Embora esse achado seja frequente, alguns portadores de albinismo podem apresentar decussação normal da via visual[9-11].

A presença da decussação assimétrica pode ser responsável pela ausência de estereoacuidade, que é frequentemente encontrada no albinismo. Ela é também um importante fator de risco para o desenvolvimento de estrabismo.

Tratamento

Além do diagnóstico clínico, é possível, atualmente, fazer o diagnóstico genético molecular do albinismo por meio de testes laboratoriais e, a partir dele, pode-se fazer o aconselhamento genético dessas famílias.

O manejo dos pacientes albinos deve considerar óculos escuros para aqueles que apresentam fotofobia. Como a maioria das crianças enxerga bem para perto, as intervenções raramente são necessárias. Embora a hipoplasia foveal e o nistagmo sejam causas importantes de baixa acuidade visual nos albinos, os erros refracionais também contribuem para a limitação visual. Para otimizar a acuidade visual é essencial corrigir os erros refracionais com óculos ou lentes de contato e iniciar a oclusão para o tratamento da ambliopia nos estrábicos ou portadores de anisometropia. Para aqueles com visão subnormal, podem ser necessários equipamentos especializados[1,2,11].

Frequentemente, os pacientes com nistagmo desenvolvem uma posição de cabeça anômala para diminuir o nistagmo, referida como *null point*, na qual a acuidade visual melhora. Quando a posição de cabeça é estável, mas inaceitável estética ou funcionalmente, pode-se considerar uma cirurgia nos músculos extraoculares para tentar transferir o *null point* para uma posição mais próxima da posição primária do olhar[1,2].

Os pacientes devem ser aconselhados quanto ao uso de bloqueadores solares e ao acompanhamento dermatológico.

A possibilidade da terapia genética já está sendo explorada atualmente, mas de maneira bastante incipiente.

Por fim, deve-se lembrar do impacto psicossocial da doença para oferecer o suporte necessário aos indivíduos afetados e às suas famílias.

PRINCIPAIS DOENÇAS HEREDITÁRIAS DA RETINA E DO VÍTREO

Retinose Pigmentar

O termo retinopatia pigmentar[17-21] se refere a distúrbios pan-retinianos no epitélio pigmentar da retina (EPR) e na retina propriamente dita. A retinose pigmentar (RP) foi definida como grupo de desordens hereditárias que envolvem difusamente o EPR e fotorreceptores, caracterizadas por perda progressiva de campo visual e eletrorretinograma (ERG) anormal.

Manifestações clínicas

Os principais sintomas incluem a nictalopia ou cegueira noturna, com início em média aos 10 anos de idade na forma autossômica recessiva e ao redor dos 20 anos na autossômica dominante. Podem ocorrer defeitos na visão de cores e fotopsias adjacentes a áreas de escotoma absoluto.

Os achados mais típicos incluem estreitamento arteriolar, graus variáveis de palidez de papila e agrupamentos de pigmentos em forma de espículas. A retina periférica em geral está atrófica e a mácula mostra alteração do reflexo e irregularidade da interface vitreorretiniana (Figura 26.3). Edema macular cistoide, catarata subcapsular e celularidade vítrea são vistos ocasionalmente.

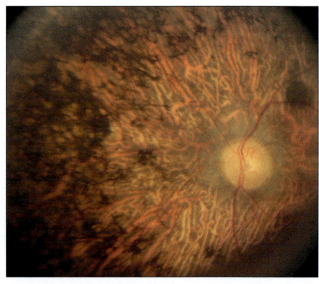

Figura 26.3 Presença de espículas na médio-periferia e estreitamento vascular em olho com retinose pigmentar avançada. Imagem gentilmente cedida pelo Prof. Suel Abujamra.

Diagnóstico

Em pacientes com suspeita de RP, o ERG e o campo visual cinético ajudam no diagnóstico e no prognóstico da doença. O ERG mostra redução no sinal de ambos, cones e bastonetes, embora a perda nos bastonetes seja mais típica. Em casos mais avançados, o ERG torna-se indetectável.

Ao avaliar paciente com suspeita de RP e sem história familiar, o clínico deve considerar causas adquiridas de degeneração retinana, incluindo oclusões vasculares, uveítes, infecções e toxicidade por medicamentos.

Tratamento

Não há tratamento curativo. Deve-se obter perfeita refração desses pacientes, assim como garantir que os meios oculares estejam transparentes. Estudos com suplementos alimentares como vitamina A, luteína e ácido decosaexanonoico sugerem vantagens em seu uso. A terapia gênica vem sendo amplamente estudada. Modificadores de apoptose, fator de crescimento de fibroblastos (bFGF) e transplante de retina neural fetal estão sendo estudados. Outra fonte de esperança são as próteses eletrônicas, ou retinas artificiais.

Retinopatias Pigmentares Associadas a Doenças Sistêmicas

A retina, apesar da proteção oferecida pela barreira hematorretiniana e de outros mecanismos de defesa, está sujeita a sofrer toxicidade por diversas drogas, infecções, traumas e eventos genéticos que podem levar à degeneração retiniana secundária. Ao se deparar com quadro de degeneração na retina, deve-se, primeiramente, questionar se esse evento é primário ou secundário, estável ou progressivo e se é possível diagnosticar as alterações. A instituição do tratamento adequado pode envolver o controle da doença de base e atuar diretamente nas suas consequências.

O termo retinopatia pigmentar é genérico e se refere a distúrbios pan-retinianos, no epitélio pigmentar da retina e na retina propriamente dita, em que depósitos de pigmentos são muito comuns na maioria dos casos.

Retinose Pigmentar e Perda Auditiva

Síndrome de Usher é o nome mais comumente dado à associação entre retinose pigmentar e surdez neurossensorial congênita, parcial ou profunda.

A doença foi descrita pela primeira vez em 1906, por um oftalmologista britânico chamado Charles Usher. Alguns pacientes com retinose pigmentar podem apresentar deficiência auditiva adquirida na fase adulta, não sendo, porém, diagnosticados como Usher.

Há dois tipos de surdez na síndrome de Usher: tipo I ou profunda e tipo II ou parcial. Ambas são autossômicas recessivas e tendem a ser estáveis durante a vida.

Há onze tipos de síndrome de Usher conhecidos. A proteína codificada pelo gene alterado é parte de complexo dinâmico presente nas células ciliares do ouvido interno e dos fotorreceptores da retina.

Não se sabe sobre a exata incidência dessa síndrome, mas avaliações em pacientes com retinose pigmentar sugerem que aproximadamente 10% deles apresentam surdez profunda, e exames oftalmológicos realizados em crianças de escolas para deficientes auditivos demonstraram que cerca de 6% apresentavam retinose pigmentar. Acredita-se em uma incidência de 3 casos para 100.000 pessoas.

Outras síndromes podem causar alterações pigmentares retinianas e perda auditiva, incluindo as síndromes de Alport, de Alstrom, de Cockayne e de Hurler e a doença de Refsum.

Atrofia Girata

Consiste em doença de herança autossômica recessiva cujos pacientes apresentam, já na primeira década, nictalopia, alta miopia, astigmatismo e, posteriormente, desenvolvem catarata subcapsular posterior[22,23]. O campo visual central vai diminuindo progressivamente até a perda completa da visão.

O fundo de olho mostra-se hiperpigmentado, com remanescentes do EPR, o que difere da coroideremia. Nos estágios precoces, os pacientes têm largas áreas de atrofia periférica, que coalescem, distintas das áreas de EPR sadio (Figura 26.4).

Estudos demonstraram que está associada a agregados tubulares nas fibras musculares estriadas do tipo II e a lesões cerebrais. Foi demonstrado que o nível do metabólito ornitina está aumentado 10 a 20 vezes, em virtude de defeito no gene para enzima ornitina-delta-aminotransferase (OAT), locado no cromossomo 10.

Tentativas terapêuticas vêm sendo introduzidas para diminuir a quantidade de ornitina sérica. Suplementação com piridoxina e restrição de arginina mostraram resultados satisfatórios em estudos prévios.

Coroideremia

Foi identificada como entidade separada da RP típica, em 1871, por Mauthner, que reportou dois pacientes do sexo masculino com alterações pigmentares do fundo de olho, cegueira noturna e campo visual constrito, com atrofia marcante de coroide e EPR.

Afeta tipicamente homens e tem herança recessiva ligada ao X. Era tida previamente como ausência de coroide, porém atualmente sabe-se que se trata de degeneração progressiva do EPR, da retina e da coroide[17].

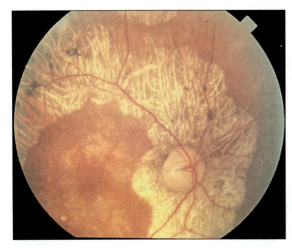

Figura 26.4 Dano retiniano concêntrico na atrofia girata. Imagem gentilmente cedida pelo Prof. Suel Abujamra.

Já nas primeiras décadas cursa com dificuldade de adaptação ao escuro, que progride para cegueira noturna, perda de campo visual e diminuição da acuidade visual. O ERG é anormal precocemente. Na fundoscopia, verifica-se atrofia do EPR com progressiva atrofia coróidea. Moteados de pigmentos escuros sub-retinianos podem ser observados (Figura 26.5).

O gene alterado encontra-se no cromossomo Xq 13-q22, e o produto desse gene chama-se REP-1. Pesquisas na tentativa de desenvolver terapia gênica estão em andamento.

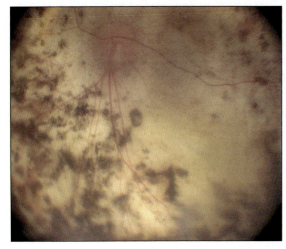

Figura 26.5 Lesão extensa do epitélio pigmentado da retina em coroideremia. Imagem gentilmente cedida pelo Prof. Suel Abujamra.

Doença de Bardet-Biedl

Bardet, em 1920, descreveu um paciente com quadro de retinopatia, polidactilia e obesidade congênita. Em 1922, Biedl associou retardo mental e hipogenitalismo a essas alterações, caracterizando a síndrome de Bardet-Biedl[17]. Estudos antigos demonstraram que essa doença apresentava herança autossômica recessiva, porém estudos mais recentes demonstraram quadro multigênico, com 2 a 3 diferentes mutações contribuindo para o fenótipo apresentado.

O quadro ocular se difere da retinopatia pigmentar típica, pois os pacientes apresentam pequena dispersão pigmentar até os estágios mais avançados, embora a acuidade visual seja afetada precocemente. Cerca de 73% dos pacientes são portadores de cegueira legal por volta dos 20 anos, e 86% aos 30 anos.

Pode-se observar agrupamento de pigmentos na região macular e atrofia retiniana periférica, com ausência de pigmentos em forma de espículas ósseas. O campo visual encontra-se bastante diminuído, e várias anomalias na visão de cores são detectadas. Na maioria dos casos, o ERG apresenta resposta de cones e bastonetes reduzida ou extinta. Observa-se um limiar elevado à adaptação ao escuro.

A deficiência mental geralmente é leve ou moderada, e o comprometimento renal é sintomático em uma minoria dos pacientes. Hipoplasia genital, manifestada por testículos e pênis pequenos, ocorre na maioria dos homens. Indivíduos afetados são comumente reconhecidos pela presença de obesidade e polidactilia.

Pode ser necessária a investigação de cicatrizes na pele das mãos e pés, pois muitos pacientes realizam excisão das falanges extras durante a infância.

Doença de Refsum

A doença de Refsum[17] foi associada a duas formas raras, autossômicas recessivas, de doenças peroxissomais associadas a déficit neurológico progressivo, surdez, doença hepática, anormalidades esqueléticas e retinopatia pigmentar. Neste capítulo procurou-se ater à forma que acontece na infância.

Os peroxissomos são organelas citoplasmáticas presentes em quase todas as células eucarióticas. Elas contêm inúmeras enzimas, como a catalase, a hidroxilase e a oxidase, envolvidas em muitas reações oxidativas. O nível sérico de ácido fitânico encontra-se moderada ou dramaticamente elevado.

A doença de Refsum infantil causa baixa visual severa na infância. Malformações craniofaciais, hipotonia, retardo psicomotor e disfunção hepática são comuns até os seis meses de idade. Surdez grave ocorre em geral até o primeiro ano. Essa doença é comumente fatal até a 2ª ou 3ª décadas de vida.

Manifestações oculares incluem nistagmo, doença pigmentar retiniana, atrofia óptica e catarata. *Flecks* brancos são observados na média-periferia retiniana (pontos de leopardo). O ERG é profundamente subnormal precocemente nessa doença.

Anormalidade geral da biogênese peroxissomal foi identificada. Mutações do gene PEX1 são a causa da maior parte dos casos. Os níveis de ácido fitânico sérico estão moderadamente elevados e podem normalizar com o avanço da idade. Os peroxissomos estão ausentes de fibroblastos e células hepáticas. Essa condição é intratável.

Síndrome de Goldmann-Favre

Também conhecida como síndrome do cone-S[24], foi inicialmente descrita como distrofia vitreorretiniana. Os fatores predominantes incluem cegueira noturna, aumento de sensibilidade à luz azul, degeneração retiniana pigmentar, vítreo opticamente vazio, anormalidades não usuais no ERG e graus variáveis de perda de campo visual periférico. O polo posterior (região central da retina) em geral mostra reflexo amarelado brilhoso e lesões arredondadas nas arcadas vasculares (Figura 26.6). *Squisis* macular (separação nas camadas retinianas) e periférica podem estar presentes, mas não extravasam corante no exame de angiofluoresceinografia. O ERG de adaptação ao escuro não tem resposta a estímulos de baixa intensidade, que estimulariam bastonetes normais; há resposta gradual a estímulos mais potentes.

Essa desordem autossômica-recessiva resulta de mutação do gene NR2E3, que codifica fator de transcrição, resultando em abundância de cones-S e gasto de ou-

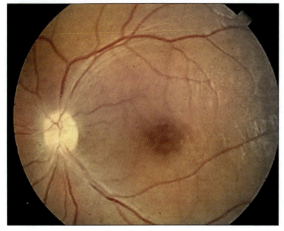

Figura 26.6 Menino jovem com síndrome de Goldmann-Favre. Imagem gentilmente cedida pelo Prof. Suel Abujamra.

294 Oftalmologia

tros fotorreceptores. Estudos histopatológicos mostraram ausência de bastonetes e 92% de cones-S. Não há tratamento específico para essa doença.

Síndrome de Stickler

A principal característica dessa síndrome, conhecida como hialoideorretino-patia com vítreo opticamente vazio, é a liquefação vítrea que resulta em cavidade opticamente vazia, exceto por uma fina camada de vítreo cortical atrás do cristalino e pela membrana esbranquiçada aderida à retina[25]. Anormalidades fundoscópicas incluem a degerenação *lattice* (degeneração retinana em treliça que pode resultar em descolamento de retina). O ERG pode ser subnormal.

A doença de Stickler – a variedade mais comum dessas doenças – é herdada em padrão autossômico dominante. A maior parte dos pacientes tem mutação do gene que codifica o pró-colágeno tipo II. Mutações variadas podem gerar doenças de severidade diferente. Outras anormalidades oculares incluem miopia, glaucoma de ângulo aberto e catarata. Achados orofaciais incluem malformação de Pierre-Robin, fenda palatina e glossoptose. Alterações esqueléticas incluem hiperextensibilidade de articulações e displasia espôndilo-epifisal leve. O reconhecimento dessa síndrome é de grande importância oftalmológica, em razão do alto índice de descolamento de retina, muitas vezes de difícil tratamento. O tratamento profilático de roturas retinianas deve ser realizado prontamente.

Vitreorretinopatia Exsudativa Familiar

A vireorretinopatia exsudativa familiar (FEVR)[26] é caracterizada por falha da vascularização temporal da retina, exsudação retiniana, descolamento tracional e pregas retinianas. A tração temporal da mácula pode dar ao paciente aparência es-trábica. É herdada de forma autossômica dominante, mas pode ter transmissão li-gada ao X (chamada de doença de Norrie).

Proliferação fibrovascular na periferia retiniana e descolamento tracional da retina são comumente observados. Pode haver descolamento de retina regmatogê-nico (quando há formação de rupturas retinianas) na adolescência (Figura 26.7).

A condição em geral é bilateral, porém o envolvimento oftalmológico pode ser assimétrico. Os indivíduos com FEVR, ao contrário da retinopatia da prematurida-de (ROP), têm nascimento a termo e *status* respiratório normal. A diferenciação da ROP também é feita examinando os membros familiares dos pacientes atingidos, que podem ter estreitamento vascular, e exclusão da perfusão periférica. Exame de angiofluoresceinografia nos familiares é indispensável.

O tratamento das complicações oculares é feito por oftalmologista especializa-do em retina e vítreo.

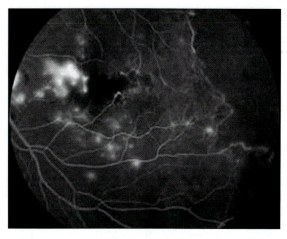

Figura 26.7 Angiofluoresceinografia mostrando os aspectos da vitreorretinopatia exsudativa familiar (FEVR)[27].

Amaurose Congênita de Leber

As formas de retinose pigmentar mais precoces da infância foram chamadas de amaurose congênita de Leber (ACL)[28]. Existem nove genes causadores conhecidos. Mutações leves causariam distrofia de cones, já as mais severas, ACL.

Muitos desses genes envolvidos codificam proteínas críticas para os ciclos de transdução visual, e a maior parte delas tem herança autossômica recessiva.

A ACL é caracterizada por diminuição grave da visão desde o nascimento, associada a nistagmo vago e ERG extinto ou gravemente diminuído nas respostas de cones e bastonetes. Em estágios precoces, não há muitas alterações fundoscópicas, mais tarde grupamentos pigmentares redondos sub-retinianos se desenvolvem em muitos pacientes (Figura 26.8). A acuidade visual varia de 20/200 a ausência de percepção luminosa. Alguns pacientes esfregam os olhos (reflexo oculodigital), como em outras doenças que levam a baixa acuidade severa na infância.

Muitas crianças têm inteligência normal. Algumas têm retardo psicomotor que pode ser secundário à privação sensorial. Desordens sistêmicas que mimetizam a ACL incluem desordens peroxissomais e lipofuscinoses neuronais ceroides. O pediatra também deve ter em mente outras causas de nistagmo infantil, como o albinismo, a acromatopsia e a cegueira noturna congênita estacionária.

O exame de ERG é fundamental para estabelecer o diagnóstico, sendo tipicamente muito diminuído ou indetectável, diferenciando a ACL de outras distrofias.

O manejo correto inclui exame oftalmológico em 1 a 2 anos, para que se possa identificar o padrão de herança e realizar o aconselhamento genético adequado. Embora a morte dos fotorreceptores não possa ser impedida ou revertida, o médico deve monitorar a progressão por meio do campo visual e do ERG, podendo também informar os pacientes sobre novas descobertas, atendo-se a erros refracionais

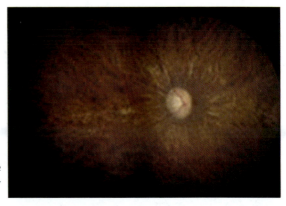

Figura 26.8 Imagem do olho direito de criança com amaurose congênita de Leber[29].

ou complicações oculares tratáveis, como o desenvolvimento de catarata e o edema de mácula, que podem ser tratados apropriadamente pelo oftalmologista.

No caso do edema de mácula, pode ser instituído tratamento com inibidor da anidrase carbônica, e até injeção intravítrea de triancinolona, mas recorrências são comuns.

Pacientes com acuidade visual mais baixa podem ser beneficiados por profissionais que lidam com reabilitação e visão subnormal, entretanto a maioria mantém visão central razoável por anos.

Vários suplementos nutricionais foram tentados, mas nenhum mostrou grande benefício para esses pacientes. Estudos mostraram diminuição da progressão de retinose pigmentar com o uso de altas doses de vitamina A, porém os efeitos colaterais a longo prazo não são conhecidos.

A fototoxicidade parece estar envolvida no estresse oxidativo e injúria dos fotorreceptores, contribuindo com a aceleração da progressão de distrofias, porém mais estudos serão necessários para a comprovação. Entretanto, a proteção contra luz parece ser prudente para esses pacientes, com uso de óculos com proteção dos raios ultravioleta.

DISTROFIAS MACULARES NA INFÂNCIA

As distrofias hereditárias do segmento posterior[30,31] correspondem a um grupo amplo de desordens que podem acometer diferentes porções do polo posterior, como a retina, a coroide, o vítreo e o epitélio pigmentado, e podem ter padrões de herança variados. Eventualmente, ocorre sobreposição de fenótipos.

As distrofias se caracterizam de forma geral por envolvimento bilateral e simétrico. Embora existam algumas distrofias em que o envolvimento do olho contralateral possa ocorrer alguns anos após a apresentação da doença, quadros de baixa visual unilateral devem sempre levantar suspeita para outras causas, como traumas, infecções intrauterinas e doenças inflamatórias ou tumorais.

O padrão da herança pode ajudar a identificar um grupo específico de distrofias, e, dessa maneira, a obtenção da história familiar do paciente torna-se essencial. As distrofias podem ser classificadas, de acordo com a herança, em autossômica dominante, autossômica recessiva e ligada ao X. É importante lembrar que também existem formas esporádicas. Cerca de 40% dos pacientes possuem história familiar negativa na investigação inicial.

Exames eletrofisiológicos como o eletrorretinograma e o eletro-oculograma podem auxiliar no diagnóstico das doenças, mostrando, eventualmente, alterações específicas de determinada desordem.

As distrofias maculares da infância são desordens geneticamente heterogêneas caracterizadas por disfunção macular progressiva. Essas desordens podem ser subdivididas em dois grandes grupos: desordens maculares do desenvolvimento e distrofias maculares de instalação na infância.

As desordens maculares do desenvolvimento incluem a hipoplasia foveal, o nanoftalmo e a distrofia macular da Carolina do Norte.

A hipoplasia foveal é caracterizada por baixa visual, nistagmo, vasos foveais anômalos e ausência de depressão foveal e de pigmento lúteo. Faz parte do quadro das acromatopsias.

O nanoftalmo também apresenta hipoplasia foveal, porém, ao contrário da hipoplasia foveal, o paciente não apresenta nistagmo e possui tamanho reduzido do globo ocular.

A distrofia macular da Carolina do Norte é uma doença de herança dominante, não progressiva, que apresenta atrofia macular central com depósitos amarelados (drusas) nas bordas da atrofia. Nessa distrofia, o ERG e o eletro-oculograma são normais.

As distrofias maculares de instalação na infância tardia incluem distrofia viteliforme de Best, retinosquise juvenil ligada ao X e doença de Stargardt.

A distrofia de Best é uma desordem autossômica dominante relacionada à mutação no gene chamado bestrofina e é caracterizada por depósito anômalo de um material amarelado na mácula. O ERG de campo total é normal, porém o eletro-oculograma está tipicamente comprometido desde as fases iniciais da doença, sendo um exame importante para auxílio no diagnóstico da doença. Familiares portadores da mutação genética podem ser assintomáticos e apresentar um fundo de olho aparentemente normal, porém o eletro-oculograma estará alterado. De modo geral, o prognóstico visual é bom.

A retinosquise juvenil ligada ao X se apresenta na infância com baixa visual relacionada à separação de camadas da porção central da retina (fóvea). O gene envolvido é a retinosquisina, e sua identificação permite o diagnóstico de casos atípicos, mulheres carreadoras e o diagnóstico pré-natal. A maioria dos homens acometidos apresentam alterações foveais e redução da onda b no ERG, e cerca de 50% apresentam alteração da retina periférica. Em geral possui um bom prognóstico em longo prazo.

A doença de Stargardt é a distrofia macular mais comum na infância. Possui herança autossômica recessiva e se caracteriza por uma atrofia macular com depósitos brancos (*flecks*). Está relacionada à mutação no gene ABCA4, que está envolvido em diversas outras distrofias retinianas.

Existem outras distrofias maculares que se apresentam na infância, porém muito mais raras. É importante que o pediatra esteja atento a sinais de baixa visual e trabalhe em conjunto com o oftalmologista para o diagnóstico da doença e a investigação na família, para um possível aconselhamento genético.

ERROS INATOS DO METABOLISMO

As doenças metabólicas hereditárias[32] são conhecidas por afetar o sistema nervoso central, a córnea[33] e a retina. A detecção de alterações corneanas pode ajudar o pediatra no diagnóstico precoce de algumas doenças. Achados fundoscópicos podem estar presentes, desde as retinopatias pigmentares até alterações como mácula em cereja.

Neste capítulo ainda serão abordadas as principais doenças de erros inatos do metabolismo que apresentam alteração oftalmológica.

Mucopolissacaridoses

Patogênese

As mucopolissacaridoses são causadas por defeitos genéticos no catabolismo das enzimas hidrolases lisossomais ácidas que degradam os glicosaminoglicanos, como o dermatan-sulfato. Consequentemente, são estocadas nos lisossomos quantidades excessivas de ácido mucopolissacarídeo incompletamente metabolizado e/ou lipídios complexos.

As mucopolissacaridoses apresentam herança autossômica recessiva, exceto o tipo II (Hunter), que é autossômico ligado ao X.

Manifestação clínica

Como o sulfato de heparina não está presente na córnea, mas é encontrado na retina, no sistema nervoso central e na aorta, quando ele é depositado está associado com distrofias retinianas. MPS-I-H (síndrome de Hurler) e MPS-I-S (síndrome de

Scheie) são caracterizadas por fácies grosseira, retardo mental, névoa e degeneração corneana. Podem cursar com glaucoma, e a opacidade pode envolver toda a córnea, principalmente o estroma; seu curso é lento, da periferia para o centro da córnea (Quadro 26.1).

A MPS II (síndrome de Hunter) apresenta também retinose pigmentar, porém sem alteração corneana. Observa-se fácies grosseira, baixa estatura e pode apresentar retardo mental. Na MPS III (síndrome de Sanfilippo), a apresentação é mais suave, porém com grave retinopatia pigmentar (Quadro 26.1).

Quadro 26.1 – Tipos de mucopolissacaridoses

Tipos de mucopolissacaridoses	Manifestações oculares	Manifestações sistêmicas
Síndrome de Hurler (MPS I-H)	Opacificação corneana, retinopatia e atrofia óptica	Fácies grosseira, retardo mental
Síndrome de Scheie (MPS I-S)	Opacificação corneana, retinopatia e atrofia óptica	Fácies grosseira, retardo mental
Síndrome de Hunter (MPS II)	Retinose pigmentar, raramente opacidade corneana	Pode ter retardo mental
Síndrome de Sanfilippo (MPS III)	Retinose pigmentar grave, ocasionalmente opacidade corneana	Quadro suave

Exames complementares

Na biópsia de conjuntiva pode ser observada vacuolização do citoplasma. Podem ser realizadas análises bioquímicas de enzimas em lágrima, leucócitos, células amnióticas ou fibroblastos cultivados e dos níveis urinários elevados de GAG.

Tratamento

O transplante penetrante de córnea pode ser indicado se não houver contraindicação em razão de retardo mental ou alterações retinianas que comprometam o prognóstico visual.

Doença de Batten (Lipofuscinose Ceroide Neuronal)

Patogênese

Trata-se de um grupo de doenças autossômicas recessivas causadas pelo acúmulo de lipopigmentos dentro dos lisossomos dos neurônios e de outras células. O acúmulo desses lipopigmentos, como ceroide e lipofuscina, pode causar disfunção e morte celular por apoptose. Três formas são apenas da infância e são todas autossômicas recessivas. Observa-se apenas uma forma adulta, que pode ser autossômica recessiva ou autossômica dominante.

Manifestação clínica

Essas desordens se caracterizam por demência progressiva, convulsões e retinose pigmentar com perda visual progressiva em casos iniciais.

A lipofuscinose ceroide neuronal apresenta quatro formas clássicas (Quadro 26.2), baseadas no período de aparecimento dos sintomas.

Quadro 26.2 – Lipofuscinose ceroide neuronal

Formas de lipofuscinose	Idade de início	Manifestação clínica
Doença de Haltia-Santavuori (forma infantil)	8 a 24 meses	Retardo psicomotor grave, cegueira e microcefalia
Doença de Jansky-Bielschowsky (forma infantil tardia)	2 a 4 anos	Ataxia, perda da fala, convulsão e perda visual tardia
Síndrome de Spielmeyer-Vogt-Batten (forma juvenil)	4 a 8 anos	Perda visual progressiva em 1 ou 2 anos
Doença de Kuffs (forma adulta)	Adulto	Distúrbio motor, sem sintomas visuais

A perda visual na forma infantil envolve primeiramente a visão central e, eventualmente, resulta em perda visual profunda em poucos anos. O ERG se altera no início da doença e, em geral, torna-se totalmente abolido em poucos anos.

DESORDENS DO METABOLISMO LISOSSOMIAL

Doença de Tay-Sachs

Patogênese

A doença de Tay-Sachs[34,35] é uma doença de herança autossômica recessiva, causada por deficiência na subunidade beta da hexosaminidase A, enzima que degrada gangliosidose tipo 2 (GM2).

O acúmulo de glicolipídios no cérebro e na retina causam retardo mental e cegueira, ocorrendo morte geralmente entre 2 e 5 anos de idade.

Manifestação clínica

O desenvolvimento da criança é normal até 4 a 5 meses de idade, seguido de retardo motor progressivo e megaencefalia. O exame oftalmológico, nesses casos, pode ser fundamental para o diagnóstico da doença. A mancha em cereja característica observada na região macular ao exame de fundo de olho (Figura 26.9) é proeminente, pois células ganglionares próximas à fóvea tornam-se preenchidas por gangliosídeos e aparecem acinzentadas ou brancacentas. Inicialmente, o nervo óptico pode se apresentar normal e apresentar atrofia com evolução da doença. A cegueira pode ocorrer por alterações retinianas ou por causa de déficit cortical ou ambos.

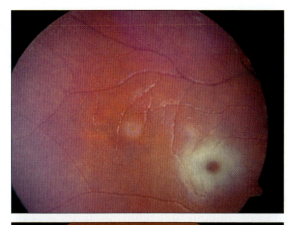
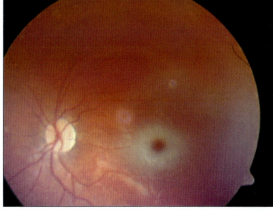

Figura 26.9 Mácula em cereja bilateral em paciente de 1 ano e 7 meses.

Diagnóstico
Medida sérica da atividade da enzima beta-hexosaminidase A.

Tratamento
Não há tratamento para a doença de Tay-Sachs até o momento. Transplante de medula óssea e terapêutica de reposição enzimática não mostraram benefícios. Estudos com terapia genética têm sido realizados.

Diagnósticos diferenciais
Outras causas de desordens do metabolismo lisossomal que causam mácula em cereja são doença de Sandhoff (GM2 tipo 2), gangliosidose GM2 tipo III e GM1 tipo I, doença de Niemann-Pick, sialidoses tipo I e II e mucolipidose tipo III. As mucolipidoses tipo IV causam degeneração retiniana difusa.

Doença de Fabry

Patogênese

A doença de Fabry (angioceratoma corpóreo difuso universal) é uma condição ligada ao cromossomo X, em que ocorre mutação no gene da alfagalactosidase A. Observa-se acúmulo de ceramida na musculatura dos vasos sanguíneos, rins, pele, trato gastrointestinal, sistema nervoso central, coração e sistema reticuloendotelial.

Manifestação clínica

O sintoma inicial pode ser parestesia ou dor nas extremidades, na infância tardia. Entre os sinais oculares, observam-se córnea verticilata (linhas em forma de turbilhão), alterações cristalinianas e vasos conjuntivais e retinianos tortuosos e dilatados (também presentes na fucosidose).

Exames complementares

Diminuição acentuada de alfagalactosidase no plasma e urina e excesso de galactosilceramida na lágrima, sangue e urina.

Tratamento

Transplante corneano com prognóstico visual ruim. Deve ser encaminhado para aconselhamento genético.

Cistinose

Patogênese

Na cistinose[36] ocorre acúmulo de cistina intralisossomial por defeitos no transporte para fora do lisossomo, causado pelo defeito no gene CTNS. Tem herança autossômica recessiva.

Manifestação clínica

O olho é um dos primeiros órgãos afetados. Cristais corneanos podem aparecer no primeiro ano de vida.

Sintomas

Fotofobia e blefaroespasmo aparecem aos 3 ou 4 anos, causando graus variáveis de desconforto, e podem causar diminuição de visão na primeira ou segunda década de vida. Apesar de não se observar distúrbios visuais significantes na maioria dos casos, a despigmentação da retina pode aparecer aos 7 anos e pode evoluir com cegueira entre os 13 e 40 anos em 15% dos casos.

Principais doenças hereditárias da retina e do vítreo · 303

Sinais

À biomicroscopia, observa-se acúmulo de cristais na córnea e na conjuntiva em forma de agulha no estroma corneal; inicialmente no estroma anterior e periférico, progridem posterior e centripetamente. Somente pacientes com a forma nefropática da doença desenvolvem retinopatia, diagnosticada no exame de fundo de olho e caracterizada por áreas de despigmentação do epitélio pigmentar da retina, alternadas com distribuição pigmentar irregular.

Os pacientes são assintomáticos clinicamente até 8 a 15 meses de vida, quando, então, apresentam falência renal progressiva (síndrome de Fanconi), retardo no crescimento, fragilidade renal e hipotireoidismo. O exame oftalmológico pode contribuir para o diagnóstico precoce.

Exames complementares

Biópsia de conjuntiva, plasma sanguíneo e medula óssea, nos quais podem ser encontrados cristais de cistina.

Tratamento

O uso de cisteamina (mercaptamina) sistêmica não demonstrou diminuir a proporção de depósitos de cristais corneanos. O uso tópico de colírio de cisteamina a 0,1 a 0,5% a cada hora reduz a densidade dos depósitos cristalinos e diminui a dor corneana, em razão da redução das erosões recorrentes. O uso desses colírios em baixas concentrações ou em intervalos maiores (4 vezes/dia) não se mostrou eficaz.

Homocistinúria

Patogênese

Causada pela deficiência da cistationina betassintase (CBS), é a desordem mais comum de metabolismo de aminoácidos. É uma doença de herança autossômica recessiva[37].

Manifestação clínica

O acúmulo de homocisteína e metionina e a depleção de cisteína causam como sequela ocular a perda de visão associada à subluxação do cristalino e miopia. Glaucoma, atrofia óptica, degeneração de retina, descolamento de retina, catarata, anormalidades corneanas e atrofia do epitélio ciliar não pigmentado também podem ocorrer.

Diagnóstico

Dosagem de homocisteína e metionina no plasma aumentado e diminuição de cisteína.

Tratamento

A reposição oral de piridoxina estimula a atividade residual da CBS. É necessário restringir alimentos que contenham metionina e suplementar cisteína. O tratamento precoce oferece melhor visão aos pacientes, menos miopia e reduz a necessidade de correção cirúrgica para os cristalinos subluxados.

Doença de Wilson

Patogênese

É uma doença causada por alteração do metabolismo do cobre, que se deposita em vários órgãos, por causa da debilidade dos processos de excreção biliar de cobre e de incorporação pela ceruloplasmina, enzima transportadora de cobre. É uma doença autossômica recessiva[38].

Manifestação clínica

Na córnea, há depósito de pigmento alaranjado em forma de anel (anel de Kayser-Fleisher) periférico que consiste em depósito de cobre na lamela posterior da membrana de Descemet. Primeiramente, aparece no topo da córnea, formando um arco com uma distribuição das 10 h às 2 h do relógio. A doença de Wilson pode provocar também a formação de catarata em flor (Figura 26.10).

O acúmulo de cobre no fígado pode causar dano hepático, rigidez muscular, tremor, movimentos involuntários e deterioração comportamental e intelectual.

O anel de cobre aparece sempre em pacientes com Doença de Wilson neurológica, mas não necessariamente nos estágios pré-sintomáticos ou estágios hepáticos da doença.

Exames complementares

Dosagem sérica de ceruloplasmina baixa, cobre sérico não ligado a ceruloplasmina alto e cobre urinário alto. A biópsia hepática confirma o diagnóstico.

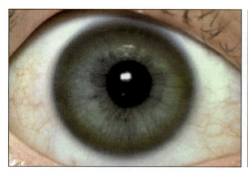
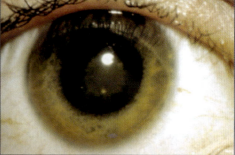

Figura 26.10 A: anel de Kayser-Fleisher; B: catarata em flor.

Tratamento

Penicilamina. O anel de Kayser-Fleisher desaparece gradualmente com a terapia. O exame oftalmológico pode ser usado para monitorar a terapia.

CONCLUSÕES

As doenças hereditárias da retina e do vítreo são pouco frequentes e apresentam quadro clínico bastante variado, podendo ou não cursar com manifestações sistêmicas. Apesar do desafio diagnóstico que essas doenças representam aos pediatras, particularmente aquelas restritas ao olho, é importante a familiarização com essas doenças, pois geralmente cabe a esses profissionais a primeira orientação diagnóstica.

Toda criança com história familiar de doença hereditária da retina e do vítreo, bem como crianças com evidências de baixa visão, nistagmo ou fotofobia, com ou sem história familiar, deve ser encaminhada precocemente para exame oftalmológico, pois o diagnóstico e o tratamento precoces dessas doenças podem modificar completamente o prognóstico.

REFERÊNCIAS BIBLIOGRÁFICAS

1. Levin JV, Stroh E. Albinism for the busy clinician. J AAPOS. 2011;15(1):59-66.
2. Summers CG. Albinism: classification, clinical characteristics, and recent findings. Optom Vis Sci. 2009;86(6):659-62.
3. Orlow SJ. Albinism: an update. Semin Cutan Med Surg. 1997;16(1):24-9.
4. Oetting WS, Brilliant MH, King RA. The clinical spectrum of albinism in humans. Mol Med Today. 1996;2(8):330-5
5. Ray K, Chaki M, Sengupta M. Tyrosinase and ocular diseases: some novel thoughts on the molecular basis of oculocutaneous albinism type 1. Prog Retin Eye Res. 2007;26(4):323-58.
6. Young TL. Ophthalmic genetics/inherited eye disease. Curr Opin Ophthalmol. 2003;14(5):296-303.
7. Passerson T, Mantoux F, Ortonne JP. Genetic disorders of pigmentation. Clin Dermatol. 2005;23(1):56-67.
8. Oetting WS, King RA. Molecular basis of albinism: mutations and polymorphisms of pigmentation genes associated with albinism. Hum Mutat. 1999;13(2):99-115.
9. Grønskov K, Ek J, Brondum-Nielsen K. Oculocutaneous albinism. Orphanet J Rare Dis. 2007;2(2):43.
10. Okulicz JF, Shah RS, Schwartz RA, Janniger CK. Oculocutaneous albinism. J Eur Acad Dermatol Venereol. 2003;17(3):251-6.
11. Kirkwood BJ. Albinism and its implications with vision. Insight. 2009;34(2):13-6.
12. Shen B, Samaraweera P, Rosenberg B, Orlow SJ. Ocular albinism type 1: more than meets the eye. Pigment Cell Res. 2001;14(4):243-8.
13. Jeambrun P. Oculocutaneous albinism: clinical, historical and anthropological aspects. Arch Pediatr. 1998;5(8):896-907.
14. Lyle WM, Sangster JO, Williams TD. Albinism: an update and review of the literature. J Am Optom Assoc. 1997;68(10):623-45.

15. Brooks BP. Making progress in albinism. J AAPOS. 2011;15(1):1-2.
16. Rooryck C, Morice F, Mortemousque B, Lacombe D, Taieb A, Arveiler. Albinisme oculo-cutané. Ann Dermatol Venereol. 2007;4:S55-64.
17. Regillo C, Holekamp N, Johnson MW, Kaiser PC, Schubert HD, Spaid R, et al. American Academy of Ophthalmology. 2011-2012; p.225-70.
18. Berson EL, Rosner B, Sandberg MA, Hayes KC, Nicholson BW, Weigel-DiFranco C, et al. A randomized trial of vitamin A and vitamin E supplementation for retinitis pigmentosa. Arch Ophthalmol. 1993;111(6):761-72.
19. Fishman GA, Gilbert LD, Fiscella RG, Kimura AE, Jampol LM. Retinitis pigmentosa. Lancet. 2006;368(9549):1795-809.
20. Weleber RG, Gregory-Evans K. Retinitis pigmentosa and allied disorders. In: Ryan SJ, Hilton DR, Schachat AP (eds.). Retina. 4th ed. Philadelphia: Elsevier/Mosby; 2006. p.395-498. v.1.
21. Sieving PA. Retinitis pigmentosa and related disorders. In: Yanoff M, Duker JS (eds.). Ophthalmology. 2nd ed. St Louis: Mosby; 2003. p.813-23.
22. Kaiser-Kupfer MI, Caruso RC, Valle D. Gyrate atrophy of the choroid and retina: long-term reduction of ornithine slows retinal degeneration. Arch Ophthalmol. 1991;109(11):1539-48.
23. Weleber RG. Gyrate atrophy of the choroid and retina. Principles and pratice of clinical electrophysiology of vision. 2nd ed. Cambridge: MIT Press; 2006. p.705-16.
24. Marmor MF, Jackobson SG, Foerster MH, Kellner U, Weleber RG. Diagnostic clinical findings of a new syndrome with night blindness, maculopaty, and enhanced S cone sensitivity. Am J Ophthalmol. 1990;110(2):124-34.
25. Blair NP, Albert DM, Liberfarb RM, Hirose T. Hereditary progressive arthro-ophthalmopathy of Stickler. Am J Ophthalmol. 1979;88(5):876-88.
26. Schubert A, Tasman W. Familial exsudative vitreorretinopathy:surgical intervention and visual acuity outcomes. Graefes Arch Clin Exp Ophthalmol. 1997;235(8):490-93.
27. Piñero AM, Sempere J, Nadal J, Elizalde-Montagut J. Vitreorretinopatía exsudativa familiar: nuestra experiencia. Arch Soc Esp Oftalmol. 2008;83(12):703-8.
28. Dharmaraj SR, Silva ER, Pina AL, Li YY, Yang JM, Carter CR, et al. Mutational analysis and clinical correlation in Leber congenital amaurosis. Ophthalmic Genet. 2000;21(3):135-50.
29. Disponível em: http://sergiosg1959.wordpress.com/2009/08/25/amaurosecongenitadeleber.
30. Moore AT. Childhood macular dystrophies. Curr Opin Ophthalmol. 2009;20(5):363-8.
31. Drack AV. Congenital and childhood macular lesions. Int Ophthalmol Clin. 1995;35(4):1-18.
32. Ávila M, Lavinsky J, Moreira Jr CA. Retina e vítreo. Rio de Janeiro: Cultura Médica, Guanabara Koogan; 2008.
33. Lima AL, Dantas, MCN, Alves MR. Doenças externas oculares e córnea. Rio de Janeiro: Cultura médica, Guanabara Koogan; 2008.
34. Fernandes Filho JA, Shapiro BE. Tay-Sachs disease. Arch Neurol. 2004;61(9):1466-8.
35. Aragão REM, Ramos RMG, Pereira FBA, Bezerra AFR, Fernandes DN. "Mácula em cereja" em paciente com doença de Tay-Sachs. Arq Bras Oftalmol. 2009;72(4):537-9.
36. Kalatzis V, Serratrice N, Hippert C, Payer O, Arndt C, Cazevieille C, et al. The ocular anomalies in a cystinosis animal model mimic disease pathogenesis. Pediatr Res. 2007;62(2):156-62.
37. Taylor RH, Burke J, O'Keefe M, Beighi B, Naughton E. Ophthalmic abnormalities in homocistinuria: the value screening. Eye. 1998;12(pt 3a):427-30.
38. Walshe JM. The eye in Wilson disease. Q J Med. 2011;104(5):451-3.
39. Ryan SJ. Retina. 4th ed. Philadelphia: Elsevier; 2006.

Tumores oculares na infância 27

Maria Teresa Brizzi Chizzotti Bonanomi
Sérgio Pimentel
Vera Regina Cardoso Castanheira

Após ler este capítulo, você estará apto a:

1. Descrever as características clínicas do retinoblastoma e de outros tumores oculares da infância.
2. Reconhecer as características clínicas sugestivas de retinoblastoma.
3. Descrever os métodos diagnósticos e o tratamento do retinoblastoma.
4. Identificar as principais facomatoses com acometimento tumoral ocular.
5. Descrever os principais tumores oculares pigmentados.

INTRODUÇÃO

O olho pode ser a sede de tumores primários. O retinoblastoma é o tumor intraocular mais frequente na infância, ocorrendo em geral até os 3 anos de idade[1,2]; já os tumores benignos associados ou não a síndromes sistêmicas têm seu diagnóstico feito em uma faixa etária posterior.

RETINOBLASTOMA

O retinoblastoma é um tumor intraocular primário, altamente maligno, que tem origem nas células da retina e apresenta tendência bem estabelecida de se propagar pelo nervo óptico, invadindo o sistema nervoso central (SNC), e de causar metástases hematogênicas. O pediatra tem papel fundamental no diagnóstico precoce, que é crucial para a preservação da visão e da vida desses pacientes.

A incidência do retinoblastoma é de aproximadamente 1 para 15.000 indivíduos[2], agrupada na faixa etária abaixo dos 5 anos de idade[3]. O retinoblastoma representa 11% de todos os tumores pediátricos e tem tido seu diagnóstico cada vez mais precoce[4].

A idade média de diagnóstico na literatura é de 12 meses para o tumor bilateral e de 24 meses para o unilateral[2], em estudo realizado durante três anos no Hospital das Clínicas foram encontrados para o bilateral e o unilateral, respectivamente, 19 e 33 meses[1]. Menos que 10% dos casos podem ser hereditários, o que ocorre quando um dos pais é sobrevivente da doença, sendo geralmente bilateral, mas não sempre[5,6]. O retinoblastoma está associado à inativação dos dois alelos (o gene normal protege contra o tumor) localizados no cromossomo 13[5]. O quadro clínico mais comum de apresentação é a leucocoria (Figura 27.1), que é causada pelo reflexo anômalo da luz no fundo do olho e cujo diagnóstico diferencial encontra-se no Capítulo 44 – Diagnóstico diferencial de leucocoria ou área pupilar branca. O tumor pode apresentar-se

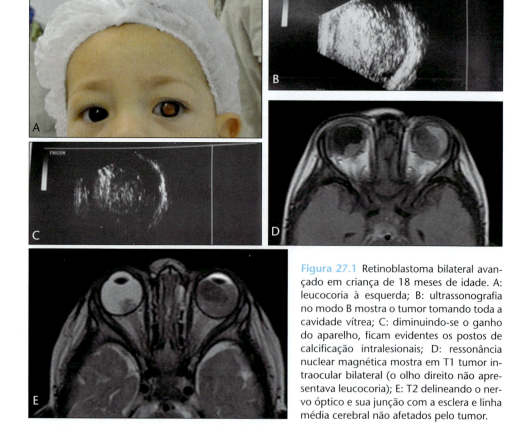

Figura 27.1 Retinoblastoma bilateral avançado em criança de 18 meses de idade. A: leucocoria à esquerda; B: ultrassonografia no modo B mostra o tumor tomando toda a cavidade vítrea; C: diminuindo-se o ganho do aparelho, ficam evidentes os postos de calcificação intralesionais; D: ressonância nuclear magnética mostra em T1 tumor intraocular bilateral (o olho direito não apresentava leucocoria); E: T2 delineando o nervo óptico e sua junção com a esclera e linha média cerebral não afetados pelo tumor.

também com estrabismo e menos frequentemente com proptose, olho vermelho e pupila fixa. Em razão da associação com o estrabismo, o pediatra deve encaminhar para exame de fundo de olho todo bebê que apresentar desvio ocular. O aspecto do tumor ao exame é o de massa branco-amarelada, vascularizada uni ou multifocal, com quantidades variadas de cálcio, que é uma de suas características[7]. Se não tratado, o retinoblastoma irá infiltrar o nervo óptico, coroide e esclera, tornando-se extraocular, propagando-se para o SNC por continuidade e por via hematogênica para a medula de ossos longos e fígado[8]. Raramente pode se apresentar associado a tumor de linha média cerebral, 80% das vezes na glândula pineal, sendo denominado retinoblastoma trilateral[9]. Os exames complementares usados visam à demonstração do tumor e do cálcio. O diagnóstico de uma criança com cálcio intraocular é retinoblastoma até que se prove o contrário. Usa-se a ressonância magnética (RM) que, além de mostrar o tumor intraocular, avalia a região selar, parasselar e da junção do nervo óptico com o olho. O cálcio é demonstrado por meio da ultrassonografia ocular. A tomografia seria o exame de escolha se não implicasse uso de radiação, por este motivo deve ser evitada sempre que possível. A análise do liquor e da medula óssea, por meio de aspiração ou imagem, é reservada para casos suspeitos de retinoblastoma extraocular[8].

O tratamento do retinoblastoma visa preservar a vida, mantendo a melhor visão possível. Se não há potencial de visão, deve-se indicar a enucleação, que é curativa para o tumor intraocular. Se há potencial de visão, trata-se de maneira conservadora. A radioterapia foi por muito tempo o único tratamento conservador do retinoblastoma, que é altamente sensível a 4,5 a 5 Gys[10]. O problema é que, ao se irradiar o olho de uma criança, têm-se complicações estéticas em decorrência da morte dos centros germinativos dos ossos da órbita, mas, principalmente, maior incidência de tumores malignos, especialmente se a radioterapia for realizada em pacientes com menos de 1 ano de idade[11]. A quimioterapia, antes utilizada apenas para tratar metástases, é usada atualmente em associação com o tratamento focal dos tumores com *laser*, crioterapia ou placa radioativa no controle do retinoblastoma intraocular[1,12,13]. As drogas mais utilizadas são a carboplatina, etoposide e vincristina. Mais recentemente, o uso de quimioterapia intra-arterial tem sido o método de escolha para o tratamento primário em vários centros[14,15]. O prognóstico do retinoblastoma depende do estágio em que é diagnosticado, sendo a taxa de sucesso com o tratamento conservador de 50% para os bilaterais e 25% para os unilaterais[12,13]. Crianças com tumor metastático são tratadas com alta dosagem de quimioterapia, com transplante autólogo de medula, se necessário, sendo a invasão do SNC quase sempre fatal[16].

FACOMATOSES

As facomatoses (do grego *phakos*, manchas) abrangem entidades com semelhanças clínicas, caracterizadas por:

1. Presença de anomalias congênitas de desenvolvimento.
2. Herança frequentemente dominante.
3. Envolvimento multissistêmico.
4. Comprometimento neuroectodérmico (sistema nervoso central e periférico, pele e olhos) e mesodérmico (vasos, ossos, cartilagem)[17,18].

Ocorrem nas seguintes síndromes: esclerose tuberosa (doença de Bourneville), doença de Von Hippel-Lindau, síndrome de Sturge-Weber (hemangiomatose encefalofacial), síndrome de Wyburn-Mason (hemangioma racemoso), neurofibromatose do tipo I (doença de von Recklinghausen) e neurofibromatose do tipo II (neurofibromatose acústica bilateral), hemangioma cavernoso da retina e outras condições oculoneurocutâneas (síndrome de Louis Bar – ataxia telangiectasia –, síndrome de Klippel-Trenaunay-Weber, melanocitose oculodermal e hemangiomatose neonatal difusa)[17,18].

HEMANGIOMA DE COROIDE

Doença rara (1/50.000 nascimentos), congênita, ocorre em duas formas distintas de apresentação clínica: na forma circunscrita ou na forma difusa[19-21]. A forma circunscrita é detectada na idade adulta, entre a 2ª e 4ª décadas, sem associação com anormalidades sistêmicas. O tumor da coroide é benigno, envolvendo o polo posterior, com até 6 mm de espessura. Pode tornar-se sintomático com formação de descolamento exsudativo da região macular, com perda visual. O diagnóstico pode ser feito pela fundoscopia característica ou por exames complementares como AF, ICG e ultrassom modos A e B[20,21]. Os principais diagnósticos diferenciais são melanoma de coroide amelanótico e metástase de tumores sistêmicos na coroide[20,21]. O tratamento, indicado quando há perda visual, pode ser realizado por fotocoagulação a *laser*, radioterapia (geralmente braquiterapia), termoterapia transpupilar ou terapia fotodinâmica com verteporfina[22-24].

A forma difusa do hemangioma de coroide aparece ao nascimento e ocorre tipicamente como parte da síndrome de Sturge-Weber ou angiomatose neuro-oculocutânea. Ao contrário das outras facomatoses, a síndrome de Sturge-Weber não é hereditária, ocorrendo esporadicamente. É formada por alterações mesodérmicas e ectodérmicas, formando angiomas que envolvem as leptomeninges (relacionadas a crises convulsivas e retardo mental) e a pele da face, preferencialmente no trajeto do ramo oftálmico e do ramo maxilar do trigêmeo (*nevus flammeus* ou mancha vinho do porto)[25,26]. Cerca de 50% dos pacientes com a síndrome de Sturge-Weber têm um hemangioma difuso da coroide. A maioria apresenta glaucoma na infância, aumento de pigmentação da íris (heterocromia), telangectasias conjuntivais e episclerais ipsilaterais, sendo a repercussão visual muito variável[27]. O tratamento é sintomático, e a avaliação relacionada ao glaucoma deve ser realizada periodicamente.

HEMANGIOBLASTOMA OU ANGIOMA CAPILAR DA RETINA

Hemangioblastomas ou angiomas capilares da retina são hamartomas geralmente presentes nos pacientes com doença de von Hippel-Lindau, uma síndrome hereditária rara (1/33.000), secundária a perda de gene supressor de tumor, localizado no braço curto do cromossomo 3 (3p25-26), herdado de forma autossômica dominante com penetração variável.

Desses pacientes, 66% desenvolvem manifestações oculares com sintomas visuais na 2ª e 3ª década por lesões retinianas, hemangioblastomas ou angiomas da retina, que precocemente são pequenos, lembrando microaneurismas, e que depois se desenvolvem com exsudação e formação fibrótica ao seu redor (Figura 27.2). As manifestações clínicas, bastante variadas e distribuídas entre os membros da família, dificultam o diagnóstico, consistindo tanto de lesões benignas (cistos renais, pancreáticos, do epidídimo, hemangioblastomas ou angiomas de retina e do SNC) e lesões precursoras (adenomas renais e pancreáticos) quanto de neoplasias malignas (adenocarcinoma de células claras renais e adenocarcinoma pancreático).

O risco de desenvolvimento de câncer para o portador é em torno de 25%. Algumas famílias (cerca de 7 a 20%) podem apresentar feocromocitoma como manifestação principal. O indivíduo portador de mutação germinativa apresenta durante a sua vida alto risco de desenvolver manifestações da síndrome, sendo a penetrância de 96% até os 65 anos de idade. Portanto, a avaliação sistêmica deve ser permanente durante a vida do paciente e familiares[26,28]. Os protocolos de avaliação devem incluir

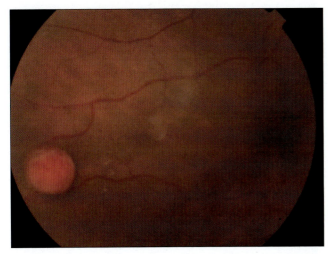

Figura 27.2 Hemangioblastoma ou angioma capilar da retina – fases iniciais.

exame oftalmológico, ressonância magnética do SNC e medula espinal, tomografia computadorizada do abdome e teste de catecolamina na urina[29].

NEUROFIBROMATOSE

A neurofibromatose é uma facomatose com origem neuroectodérmica e envolvimento sistêmico. Pode formar hamartomas neurais, cutâneos e oculares. Apresenta o envolvimento oftalmológico mais diverso entre as facomatoses, afetando olhos, órbita e anexos[18,19,30-37].

Há duas formas clínica e geneticamente distintas. O tipo I, síndrome de von Recklinghausen ou neurofibromatose periférica (envolvimento do cromossomo 17q) é caracterizado por envolvimento cutâneo e periférico, com prevalência de 1:3.500. Sua herança é autossômica dominante, com metade dos casos ocorrendo com herança familiar e a outra metade por novas mutações. Sua penetrância é completa, mas sua expressão é altamente variável. O tipo II, neurofibromatose central ou acústica bilateral (cromossomo 22q), tem prevalência de 1:50.000. É caracterizada por tumores do SNC e catarata precoce.

As lesões oftalmológicas presentes na neurofibromatose do tipo I são hamartomas da íris – nódulos de Lisch (Figura 27.3), a anomalia mais comum da úvea, presente em quase todos os pacientes na puberdade[17,32]. Hamartoma astrocítico da retina, raro, é menos comum que na esclerose tuberosa[17,18,38]. Lesões da coroide: nevos (pequenos; quando múltiplos e bilaterais, são altamente sugestivos da síndrome), melanoma[36], neurofibroma plexiforme difuso e neurilenomas (Schwanoma – massa elevada, circunscrita e amelanótica)[17,35]. Na neurofibromatose do tipo I também pode ocorrer glioma das vias ópticas, com prevalência de cerca de 15% aos 6 anos de idade, podendo envolver qualquer local, do nervo óptico ao corpo geniculado late-

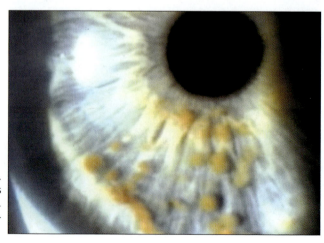

Figura 27.3 Nódulos de Lisch. Lesões arredondadas, amareladas e múltipas, na superfície da íris. São pequenos hamartomas formados por melanócitos.

ral. O envolvimento do quiasma pode causar graves anormalidades hormonais, pelo comprometimento hipofisário[30,34,35,39]. As alterações orbitofaciais podem incluir neurofibroma plexiforme palpebral, resultando numa curvatura em forma de S da pálpebra superior; ptose; proptose; edema palpebral; e estrabismo[40,41]. Neurofibromas da conjuntiva, córnea e órbita. Espessamento neural (nervos ciliares, corneanos e conjuntivais). Glaucoma congênito[26] e tumor vasoproliferativo da retina[33,37,42].

As lesões mais comuns da neurofibromatose do tipo II são catarata (subcapsular posterior prematura, em 40%) e hamartoma retiniano. Pode haver meningeoma e glioma do nervo óptico. Não há nódulos de Lisch[17,18,31].

O diagnóstico da neurofibromatose do tipo I requer dois ou mais dos seguintes critérios:

1. Manchas "café com leite": seis ou mais, ≥ 5 mm em crianças, ≥ 15 mm em adultos.
2. Dois ou mais neurofibromas ou um neurofibroma plexiforme.
3. Sardas axilares ou inguinais.
4. Glioma do nervo ou do trato óptico.
5. Dois ou mais nódulos de Lisch na íris.
6. Lesão óssea característica (displasia do esfenoide).
7. Parente de primeiro grau com a síndrome, diagnosticada por esses critérios[17,43].

Os critérios diagnósticos da neurofibromatose do tipo II incluem:

1. Neuromas bilaterais acústicos.
2. Parente de primeiro grau afetado e neuroma acústico único.
3. Ou dois dos seguintes itens: glioma, neurilenoma, meningeoma, neurofibroma ou catarata subcapsular posterior prematura[17,43].

O papel do pediatra no acompanhamento desses pacientes consiste no aconselhamento genético e na indicação de exames oculares de rotina para monitorar glaucoma, catarata e neoplasias oculares.

Em geral, as lesões oculares presentes na síndrome não necessitam de tratamento, com exceção de:

1. Catarata: operada por facectomia e implante de lente intraocular, com bom prognóstico.
2. Glaucoma congênito: indicação de tratamento clínico com drogas anti-hipertensivas tópicas ou cirurgia.
3. Melanoma de coroide: tratado com placa de braquiterapia ou com enucleação.
4. Remoção cirúrgica dos fibromas palpebrais, embora com alta taxa de recorrência[17,18].

TUMORES PIGMENTADOS

Nevo

O nevo pode afetar a pele periocular, a pálpebra, a conjuntiva, a íris e a coroide. Acredita-se ser um tumor congênito com aumento de produção de melanina ou proliferação de melanócitos locais, sem atipia celular, ou seja, um tumor benigno, que pode estar presente no nascimento ou tornar-se pigmentado na puberdade por provável fator hormonal, sendo o seu potencial de transformação maligno na vida adulta, tornando preocupante a sua presença. Quando ocorre na conjuntiva, o que é raro, sua localização extraocular e a pigmentação congênita ou precoce da lesão facilita sua identificação. Classicamente, é plano ou pouco elevado, possui margens pouco marcadas e não é vascularizado, exceto nas crianças, nas quais é frequente a presença de vaso nutridor (Figura 27.4). Na puberdade, a possibilidade de mudança da pigmentação e o crescimento de cistos intraepiteliais sugerem erroneamente o crescimento do tumor[44]. Os principais diagnósticos diferenciais são alterações pigmentares sem espessamento tecidual: a melanose conjuntival congênita ou melanose racial observada em adolescentes ou adultos jovens e a melanocitose congênita subconjuntival, na realidade uma facomatose, com aumento do número de melanócitos não atípicos na esclera, episclera, úvea e até na região cutânea periocular, denominado melanose oculodérmica ou nevo de Ota (Figura 27.5). Este último é um fator de risco para o desenvolvimento do melanoma maligno intraocular em caucasianos (1 em cada 400), inclusive abaixo de 20 anos, portanto as crianças afetadas devem ser encaminhadas para exame e seguimento oftalmológico precoce[45,46].

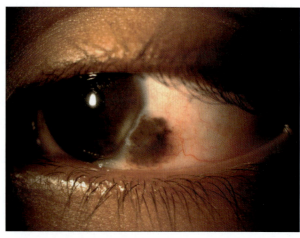

Figura 27.4 Nevo de conjuntiva em criança de 10 anos.

Figura 27.5 Melanose oculodérmica (nevo de Ota).

Na forma intraocular, o nevo da úvea afeta a coroide e, raramente, a íris, sendo assintomático e não pigmentado ao nascimento. Seu diagnóstico é feito após os 15 anos no exame oftalmológico de rotina, destacando-se na sua avaliação a documentação fotográfica e ultrassonográfica.

Melanoma Maligno

São os melanócitos da pele periocular, conjuntiva ou da úvea, compreendendo a íris, o corpo ciliar e a coroide, que dão origem ao melanoma maligno ocular. O melanoma da coroide é o tumor maligno primário mais prevalente no adulto (5 a 6 casos/milhão), sendo que na infância seu diagnóstico é considerado excepcional[47,48].

CONCLUSÕES

- O retinoblastoma é um tumor que afeta crianças abaixo dos 3 anos de idade, apresentando-se com leucocoria e estrabismo, sendo unilateral de 60 a 70% das vezes. Tem bom prognóstico visual para o tratamento precoce, cabendo ao pediatra o encaminhamento imediato ao retinólogo em casos de suspeita diagnóstica.
- As facomatoses são anomalias congênitas com herança autossômica dominante, com comprometimento neuroectodérmico (sistema nervoso, pele e olhos) e mesodérmico (vasos, ossos e cartilagem), formando várias síndromes multissistêmicas.
- O hemangioma da coroide é um tumor benigno com duas apresentações clínicas, a forma circunscrita (em adultos, sem associações sistêmicas) e a forma difusa que faz parte da síndrome de Sturge-Weber.
- O hemangioblastoma ou angioma capilar da retina tem crescimento progressivo e faz parte da doença de von Hippel-Lindau.

Oftalmologia

- A neurofibromatose apresenta duas formas clínicas: tipo I ou síndrome de von Recklinghausen, mais prevalente e com maior número de manifestações oculares e sistêmicas e tipo II ou neurofibromatose central ou acústica bilateral.

- O nevo é uma lesão tumoral congênita e benigna, que pode afetar a pele periocular, a pálpebra, a conjuntiva, a íris e a coroide. As lesões costumam aumentar a pigmentação ou tornar-se pigmentada após a adolescência. A documentação fotográfica é importante para o seguimento clínico dos pacientes afetados.

- A conjuntiva ocular pode apresentar alterações de pigmentação como a melanose congênita ou melanose racial. Já a pigmentação subconjuntival ou escleral é uma facomatose, que pode até afetar a úvea e a região cutânea periocular, a melanose oculodérmica ou nevo de Ota, um fator de risco para o desenvolvimento do melanoma maligno intraocular em caucasianos, inclusive em crianças que normalmente não são afetadas por esse tumor.

REFERÊNCIAS BIBLIOGRÁFICAS

1. Bonanomi MTBC, Almeida MTA, Cristofani LM, Odone Fo V. Retinoblastoma: a three-year-study at a brazilian medical school Hospital Clinics (Sao Paulo). 2009;64(5):427-34.
2. Sanders BM, Draper GJ, Kingston JE. Retinoblastoma in Great Britain 1969-80: incidence, treatment, and survival. Br J Ophthalmol. 1988;72(8):576-83.
3. Tamboli A, Podgor MJ, Horm JW. The incidence of retinoblastoma in the United States: 1974 through 1985. Arch Ophthalmol. 1990;108(1):128-32.
4. Antoneli CBG, Steinhorst F, Ribeiro KCB, Chojniak MMM, Novaes PE, Arias V, et al. O papel do pediatra no diagnóstico precoce do retinoblastoma. Rev Assoc Med Bras. 2004;50(4):400-2.
5. Smith BJ, O'Brien JM. The genetics of retinoblastoma and current diagnostic testing. J Pediatr Ophthalmol Strabismus. 1996;33(2):120-3.
6. Bonanomi MTBC, Cresta FB, Tokunaga CC, Santo RM, Maia OO, Takahashi WY. Ki-67 cell proliferation in familial and in esporadic unilateral retinoblastoma: case report. Arq Bras Oftalmol. 2007;70(2):347-9.
7. Shields J. Differential diagnosis of retinoblastoma in diagnosis and manegement of intraocular tumors. St Louis: Mosby; 1983. p.437-96.
8. Antoneli CB, Steinhorst F, de Cássia Braga Ribeiro K, Novaes PE, Chojniak MM, Arias V, et al. Extraocular retinoblastoma: a 13-year experience. Cancer. 2003;98(6):1292-8.
9. Paulino AC. Trilateral retinoblastoma: is the location of the intracranial tumor important? Cancer. 1999;86(1):135-41.
10. Abramson DH, Beaverson KL, Chang ST, Dunkel IJ, McCormick B. Outcome following initial external beam radiotherapy in patients with Reese-Ellsworth group Vb retinoblastoma. Arch Ophthalmol. 2004;122(9):1316-23.
11. Abramson DH, Frank CM. Second nonocular tumors in survivors of bilateral retinoblastoma: a possible age effect on radiation-related risk. Ophthalmology. 1998;105(4):573-9.
12. Murphree AL, Villablanca JG, Deegan WF 3rd, Sato JK, Malogolowkin M, Fisher A, et al. Chemotherapy plus local treatment in the management of intraocular retinoblastoma. Arch Ophthalmol. 1996;114(11):1348-56.
13. Erwenne CM, Antonelli CBG, Marback EF, Novaes PE. Tratamento conservador em retinoblastoma intraocular/conservative treatment for intraocular retinoblastoma. Arq Bras Oftalmol. 2003;66(6):791-5.

Tumores oculares na infância 317

14. Abramson DH, Dunkel IJ, Brodie SE, Marr B, Gobin YP. Superselective ophthalmic artery chemotherapy as primary treatment for retinoblastoma (chemosurgery). Ophthalmology. 2010;117(8):1623-9.
15. Shields CL, Kaliki S, Rojanaporn D, Al-Dahmash S, Bianciotto CG, Shields JA. Intravenous and intra-arterial chemotherapy for retinoblastoma: what have we learned? Curr Opin Ophthalmol. 2012;23(3):202-9.
16. Jubran RF, Erdreich-Epstein A, Butturini A, Murphree AL, Villablanca JG. Approaches to treatment for extraocular retinoblastoma: Children's Hospital Los Angeles experience. J Pediatr Hematol Oncol. 2004;26(1):31-4.
17. Shields JA, Shields CL. Systemic hamartomatoses ("phakomatoses"). In: Shields JA, Shields CL. Intraocular tumors. A text and atlas. Philadelphia: WB Saunders; 1992. p.513-39.
18. Shields JA, Shields CL. The systemic hamartomatoses ("phakomatoses"). In: Mannis MJ, Macsai MS, Huntley AC. Eye and skin disease. Nova York: Lippincott-Raven; 1996. p.367-80.
19. Damato B. Ocular tumors: diagnosis and treatment. Oxford: Butterworth-Heinemann; 2000. p.94-101: Choroidal haemangioma.
20. Figueiredo LRC, Silva Filho FJ, Rehder JR CL. Síndrome de Sturge-Weber e suas repercussões oculares: revisão da literatura. Revista Brasileira de Oftalmologia. 2011;70(3):194-9.
21. Shields CL, Honavar SH, Shiels JA, Cater J Demirci H. Circunscribed choroidal hemangioma: Clinical manifestations and factors predictive of visual outcome in 200 consecutive cases. Ophthalmology. 2001;108:2237-48.
22. Madreperla SA, Hungerford JL, Plowman PN, Laganowski HC, Gregory PT. Choroidal hemangioma: Visual and anatomic results of treatment by photocoagulation or radiation theraphy. Ophthalmology. 1997;104:1773-8.
23. Gunduz K. Transpupillary thermotherapy in the management of circunscribed choroidal hemangioma. Surv Ophthalmol. 2004;49:316-27.
24. Madreperla SA. Choroidal hemangioma treated with photodynamic therapy using verteporfin. Arch Ophthalmol. 2001;119:1606-10.
25. Figueiredo LRC, Silva Filho FJ, Rehder JRCL. Síndrome de Sturge-Weber e suas repercussões oculares: revisão da literatura. Rev Bras Oftalmol. 2011;70(3):194-9.
26. Damato B. Ocular tumors: diagnosis and treatment. Oxford: Butterworth-Heinemann; 2000. p.118-126: Retinal vascular tumors.
27. Sullivan TJ, Clarke MP, Morin JD. The ocular manisfestations of the Sturge-Weber syndrome. J Pediatr Ophthalmol Strabismus 1992;29:349-56.
28. Rocha JCC, Silva RLA, Mendonça BB, Marui S, Simpson AJG, Camargo AA. High frequency of novel germline mutations in the VHL gene in the heterogeneous population of Brazil. J Med Genet. 2003;40(3):31.
29. Maher ER, Yates JR, Harries R. Clinical features and natural history of von Hippel-Lindau disease. Q J Med. 1990;77:1151-63.
30. Brasfield RD, Das Gupta TK. Von Recklinghausen's disease: a clinicopathological study. Ann Surg. 1972;175(1):86-104.
31. Kaiser-Kupfer MI, Freidlin V, Datiles MB, Edwards PA, Sherman JL, Parry D, et al. The association of posterior capsular lens opacities with bilateral acoustic neuromas in patients with neurofibromatosis type 2. Arch Ophthalmol. 1989;107(4):541-4.
32. Lewis RA, Riccardi VM. Von Recklinghausen neurofibromatosis. Incidence of iris hamartoma. Ophthalmology. 1981;88(4):348-54.
33. Grant WM, Walton DS. Distinctive gonioscopic findings in glaucoma due to neurofibromatosis. Arch Ophthalmol. 1968;79(2):127-34.
34. Lewis RA, Gerson LP, Axelson KA, Riccardi VM, Whitford RP. Von Recklinghausen neurofibromatosis II. Incidence of optic gliomata. Ophthalmology. 1984;91(8):929-35.
35. Shields JA, Sanborn GE, Kurz GH, Augsburger JJ. Benign peripheral nerve tumor of the choroid: a clinicopathologic correlation and review of the literature. Ophthalmology. 1981;88(12):1322-9.

36. Wiznia RA, Freedman JE, Mancini AD, Shields JA. Malignant melanoma of the choroid in neurofibromatosis. Am J Ophthalmol. 1978;86(5):684-7.
37. Shields CL, Shields JA, Barrett J, De Potter P. Vasoproliferative tumors of the ocular fundus. Classification and clinical manifestations in 103 patients. Arch Ophthalmol. 1995;113(5):615-23.
38. Toteberg-Harms M, Sturm V, Sel S, Sasse A, Landau K. Retinal astrocytomas: long-term follow-up. Klin Monbl Augenheilkd. 2011;228(4):337-9.
39. Chang L, El-Dairi MA, Frempong TA, Burber EL, Bhatti MT, Young TL, et al. Optical coherence tomography in the evaluation of neurofibromatosis type-1 subjects with optic pathway gliomas. J AAPOS. 2010;14(6):511-7.
40. Shields JA. Optic nerve and meningeal tumors. In: Shields JA. Diagnosis and management of orbital tumors. Philadelphia: WB Saunders; 1989. p.170-81.
41. Chaudhry IA, Morales J, Shamsi FA, Al-Rashed W, Elzaridi E, Arat YO, et al. Orbitofacial neurofibromatosis: clinical characteristics and treatment outcome. Eye. 2012;26(4):583-92.
42. Shields JA, Reichstein D, Mashayekhi A, Shields CL. Retinal vasoproliferative tumors in ocular conditions of childhood. JAAPOS. 2012;16(1):6-9.
43. National Institute of Health Consensus Development Conference: Neurofibromatosis: Conference Statement. Arch Neurol. 1988;45:575-8.
44. Damato B. Ocular tumors: diagnosis and treatment. Oxford: Butterworth-Heinemann; 2000. p.21-29: Melanotic conjunctival lesions.
45. Singh AD, De Potter P, Fijal BA, Shields CL, Shields, JA, Elston RC. Lifetime prevalence of uveal melanoma in White patients with oculo(dermal) melanocytosis. Ophthalmology. 1998;105(1):195-8.
46. Cronemberger S, Calixto N, Freitas HL. Nevo de Ota: achados clínicos e oftalmológicos. Rev Bras Oftalmol. 2011;70(5):194-9.
47. Shields CL, Kaliki S, Shah SU, Luo W, Furuta M, Shields JA. Iris melanoma: features and prognosis in 317 children and adults. J AAPOS. 2012;16(1):10-6.
48. Grumann Júnior A, Adam Neto A, Lima GC, Vergini F, Souza TAB. Estudo de melanoma da coroide no Hospital Regional de São José - Santa Catarina. Arq Bras Oftalmol. 2006;69(4):551-5.

Ultrassonografia nas doenças oculares pediátricas

28

José Carlos Eudes Carani

> **Após ler este capítulo, você estará apto a:**
> 1. Considerar a importância da ultrassonografia nos casos de leucocoria.

INTRODUÇÃO

O exame ultrassonográfico é um valioso auxílio diagnóstico nas doenças oculares infantis que afetam a retina e o vítreo. O presente capítulo tem o objetivo de mostrar os achados ultrassonográficos principais e tentar correlacioná-los com os quadros clínicos que serão apresentados[1-3].

HEMORRAGIA VÍTREA

Já ao nascimento, um eventual trauma durante o parto pode causar hemorragia vítrea com possíveis complicações, entre elas o descolamento da retina. Depois, no desenrolar da infância, as crianças estão sujeitas a muitas situações traumáticas oculares que provocam hemorragia vítrea. A presença de sangue por tempo prolongado dá ao vítreo uma coloração amarelada, que, à iluminação da pupila, pode causar uma leucocoria.

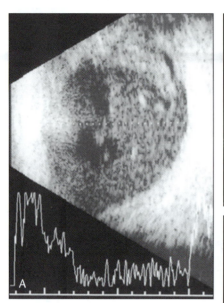
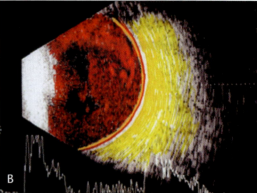
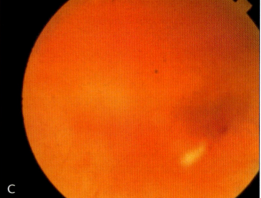

Figura 28.1 A: ecograma de um olho vítima de trauma com bola de futebol. Há hemorragia maciça na cavidade vítrea. O sangue apresenta-se à ultrassonografia com modo-B como pontos brancos que preenchem toda a cavidade; B: ilustra, em cores, o ecograma de A; C: aspecto fundoscópico de um olho com hemorragia vítrea.

LEUCOCORIAS

As leucocorias (do grego: *leukós*, branco, e *kóre*, menina, pupila) constituem um grupo de doenças importantes e bastante temidas na prática oftálmica, uma vez que entre elas encontra-se o retinoblastoma. Ao exame ocular, o denominador comum dessas doenças é a observação de um reflexo esbranquiçado ou branco-amarelado na pupila quando esta é iluminada por uma lanterna ou fotografada em eventos, geralmente familiares.

Neste capítulo, serão mostrados os achados ultrassonográficos das principais doenças que apresentam leucocoria: retinoblastoma, vasculatura fetal persistente ou persistência do vítreo primário hiperplásico (PVPH), doença de Coats, toxocaríase e retinopatia da prematuridade.

Retinoblastoma

Achados ultrassonográficos

A ultrassonografia com o modo-B (o modo-B apresenta uma imagem bidimensional e traduz a estrutura em pontos mais ou menos brilhantes) mostra uma massa sólida, que, às vezes, ocupa grande parte da câmara vítrea. Com o crescimento do tumor, é frequente a presença de áreas calcificadas no seu interior que se apresentam como pontos brancos e brilhantes no ecograma. As áreas calcificadas têm alta refletividade, isto é, picos muito altos, quando avaliadas com modo-A (o modo-A avalia a altura dos picos dos ecos ao atravessar uma lesão). Nem sempre é possível identificar a retina quando a massa tumoral é grande (Figura 28.2).

Vasculatura Fetal Persistente ou Persistência do Vítreo Primário Hiperplásico

A vasculatura fetal persistente ou PVPH é a lesão mais comum entre as que simulam retinoblastoma. O olho acometido geralmente é menor (microftalmia) do que o olho contralateral normal.

Achados ultrassonográficos

A vasculatura fetal persistente pode formar um cordão anteroposterior grosseiro ou se resumir a um fio fino que sai da papila e se dirige para o cristalino. Ge-

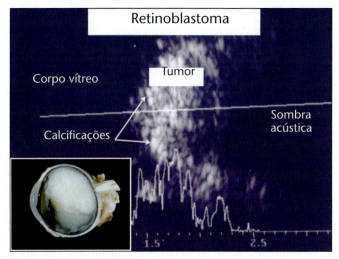

Figura 28.2 No centro da imagem é possível ver um retinoblastoma com inúmeros pontos de calcificação. O cálcio no interior da lesão causa sombra acústica. Abaixo, à esquerda, vê-se um olho enucleado com retinoblastoma ocupando quase toda a cavidade vítrea.

ralmente existe na cabeça do nervo óptico uma imagem cônica semelhante à base da torre Eiffel, em Paris (Figura 28.3). Quando se faz um eco-Doppler desses casos, é frequente a observação de circulação no interior dessa estrutura embriológica. O comprimento axial do olho acometido quase sempre é menor do que o do olho contralateral normal. Há casos leves que não alteram os diâmetros oculares.

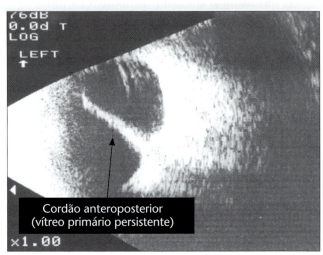

Figura 28.3 Ecograma de um olho com vasculatura fetal persistente. A lesão é mais larga junto à cabeça do nervo óptico.

Doença de Coats

A doença de Coats é a segunda lesão mais comum que simula o retinoblastoma. Na doença de Coats, observa-se um descolamento exsudativo da retina decorrente de teleangiectasias e aneurismas miliares, associado à presença de exsudação amarelada sub-retiniana e intrarretiniana rica em lípides e proteínas.

Achados ultrassonográficos

Os olhos apresentam diâmetros normais. Observa-se geralmente descolamento exsudativo da retina não associado à lesão tumoral. No espaço sub-retiniano, observam-se opacidades finas, ligeiramente espiculadas, que correspondem aos cristais de colesterol. A retina espessada pode mostrar áreas brilhantes que correspondem à exsudação lipídica (Figura 28.4).

Toxocaríase

A endoftalmite por toxocara (do grego: *tóxon*, arco, e *káryon*, "noz"; no grego científico, "núcleo da célula") é a terceira lesão mais comum que simula o retino-

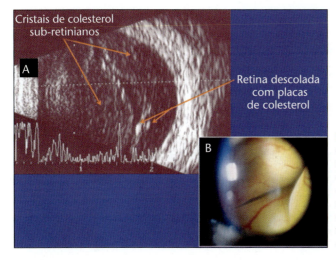

Figura 28.4 A: ecograma de um olho com doença de Coats. A retina está totalmente descolada e apresenta algumas placas de colesterol retinianos. O espaço sub-retiniano apresenta inúmeros cristais de colesterol; B: aspecto fundoscópico de uma criança com doença de Coats.

blastoma. No olho, o toxocara pode situar-se no polo posterior ou na periferia da retina, onde costuma causar uma reação granulomatosa. Quando a larva rompe o granuloma e morre, desencadeia intenso processo inflamatório no vítreo (endoftalmite).

Achados ultrassonográficos

Não há imagens ultrassonográficas patognomônicas da toxocaríase. Ao modo-B, os granulomas podem se apresentar como uma massa justa-retiniana com alto brilho interno, geralmente causado pela presença de calcificação. São comuns os achados de descolamentos tracionais da retina e a presença de traves vítreas estendendo-se da lesão até o polo posterior (Figura 28.5). A inflamação vítrea se traduz por ecos lineares e puntiformes. Ao modo-A, encontram-se ecos de baixa, média e alta refletividade, conforme a ecogenicidade das estruturas atravessadas. Nas endoftalmites, a cavidade vítrea é preenchida por ecos puntiformes entremeados por membranas vítreas e, às vezes, descolamento da retina.

Retinopatia da Prematuridade

É a quarta lesão mais comum que simula o retinoblastoma. A retinopatia da prematuridade é bilateral e não está presente ao nascimento. Os olhos têm diâmetros menores do que o normal. A doença é dividida em estágios ou graus. No estágio III, há tração vítrea e pequeno descolamento tracional da retina na periferia temporal; o estágio IV é dividido em IV-a, em que há um descolamento parcial da retina

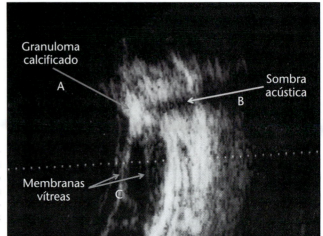

Figura 28.5 Toxocaríase. Observa-se, na periferia do olho, um granuloma periférico calcificado (A). O cálcio causa uma sombra acústica nas estruturas subjacentes (B). Há membranas vítreas aderidas ao granuloma (C).

que não descola a mácula, e IV-b, no qual o descolamento parcial descola a mácula. No estágio V, a retina está toda descolada.

Achados ultrassonográficos

O exame ultrassonográfico não detecta as alterações dos estágios I e II. No estágio III, pode-se observar o descolamento periférico da retina. No modo-B, a retina tracionada e descolada apresenta uma forma espiculada. No estágio IV, a retina descolada pode apresentar uma alça com a concavidade anterior. No estágio V, o descolamento total da retina apresenta comumente uma imagem de funil fechado na metade posterior da cavidade (Figura 28.6).

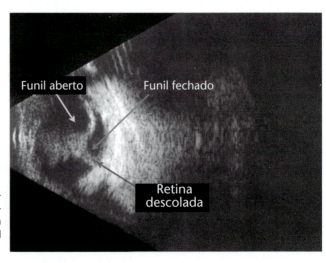

Figura 28.6 Retinopatia da prematuridade estágio V. Há descolamento total da retina, com funil aberto anteriormente e funil fechado posteriormente.

CONCLUSÕES

Este capítulo mostrou de modo resumido os principais achados ultrassonográficos das doenças mais frequentes que cursam com leucocoria. Na Figura 28.7, há um quadro sinóptico que destaca os achados mais frequentes nas doenças apresentadas neste capítulo.

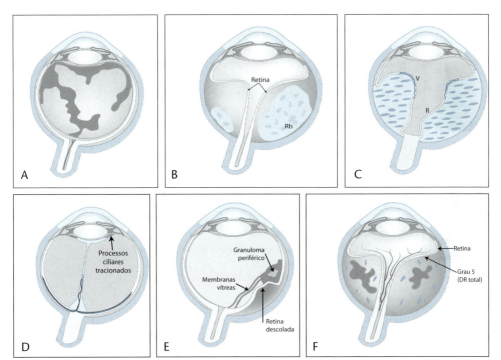

Figura 28.7 A: esquema de um olho com hemorragia vítrea; B: olho com retinoblastoma. Há dois tumores e a retina está totalmente descolada; C: olho com doença de Coats. No espaço sub-retiniano, há cristais de colesterol (pontos amarelos); D: olho com vasculatura fetal persistente. Observar o cordão anteroposterior saindo da papila e dirigindo-se para o cristalino; E: olho com toxocaríase. Há um granuloma periférico associado a traves vítreas e descolamento da retina; F: olho com retinopatia da prematuridade estágio V. Há descolamento total da retina e o espaço sub-retiniano contém sangue e cristais de colesterol.

REFERÊNCIAS BIBLIOGRÁFICAS

1. Carani JCE, Allemann N. Ultrassonografia ocular e orbitária. In: Farah ME, Allemann N, Belfort Jr R. Exames diagnósticos em oftalmologia. Rio de Janeiro: Cultura Médica; 2006. p.121-44.
2. Arana J. Ultrassonografia nas leucocorias. In: Abreu G. Ultrassonografia ocular: atlas e texto. 3ª ed. Rio de Janeiro: Cultura Médica; 2002. p.199-216.
3. Byrne SF, Green RL. Intraocular tumors. In: Byme SF, Green RL (eds.). Ultrasound of the eye and orbit. St. Louis: Mosby-Year Book; 1992. p.96-210.

29 Eletrofisiologia básica nas doenças da retina e da via visual

Maria Kiyoko Oyamada

Após ler este capítulo, você estará apto a:

1. Descrever as bases dos exames eletrofisiológicos, suas indicações e suas limitações em pacientes pediátricos.
2. Relatar os exames que podem quantificar a visão da criança pré-verbal ou com dificuldade de comunicação.
3. Relatar os exames que permitem localizar o local da lesão na via visual em casos de baixa acuidade visual.

INTRODUÇÃO

Diversos métodos eletrofisiológicos têm sido desenvolvidos nas últimas décadas para a obtenção de evidências objetivas da função da retina e da via visual.

Com a compreensão e o conhecimento do mecanismo e das células envolvidas na formação da onda resultante, pode ser utilizado o exame mais adequado para cada condição clínica. O eletro-oculograma (EOG) avalia a camada de epitélio pigmentar da retina. O eletrorretinograma (ERG) mede a integridade das camadas externas e intermediária da retina, particularmente fotorreceptores, células de Müller e bipolares. O eletrorretinograma por padrão (PERG) origina-se das camadas internas da retina, incluindo células ganglionares. O potencial evocado visual (PEV) mede a condução dos estímulos e a integridade da via visual.

Esses exames são de grande auxílio em uma gama variada de pacientes pediátricos, principalmente pré-verbais, tanto os com afecção sensorial de via visual quanto aqueles com risco de desenvolver lesão. Informações importantes na abordagem de crianças com nistagmo, baixa visão ou retardo de maturação visual, assim como o estabelecimento diagnóstico em fase inicial, podem ser obtidos com o ERG combinado ao PEV[1]. A confirmação diagnóstica em idade precoce permite o aconselhamento genético no caso de doenças hereditárias e o preparo educacional para aquelas crianças com prognóstico visual desfavorável.

Alterações no ERG são descritas em condições clínicas que afetam a função dos fotorreceptores nas doenças vitreorretinianas, nas discromatopsias, nas maculopatias, entre outras.

O PEV, teste bastante sensível na detecção subclínica de lesões do sistema nervoso central (SNC), tem o objetivo, em crianças, de detectar ou confirmar a presença de lesões que causem disfunção sensorial, diferenciando portadores de deficiência visual daqueles com inatenção visual; quantificar o grau de comprometimento visual nas diversas afecções de retina e da via visual; monitorar pacientes com risco de complicação visual por doenças do SNC, como hidrocefalia e tumores; monitorar toxicidade de drogas utilizadas para tratamento de afecções sistêmicas e neurológicas, por exemplo, o uso de alguns medicamentos anticonvulsivantes; monitorar complicações de intervenções terapêuticas, como neurocirurgia e quimioterapia; e estabelecer prognóstico visual nas crianças que sofreram anoxia perinatal, cegueira cortical aguda ou coma[2].

Apesar da grande utilidade diagnóstica, alguns fatores podem dificultar a aquisição e a análise das respostas. Parâmetros de estímulos e de registro devem ser criteriosamente escolhidos e controlados, conforme foi estabelecido pela *International Society of Clinical Electrophysiology for Vision* (ISCEV)[3]. Os resultados obtidos devem ser analisados e interpretados em conjunto com os dados da história clínica, do exame ocular, os sinais clínicos e os resultados de outros exames oftalmológicos ou neurológicos. Esses testes dependem da colaboração, da fixação e da aplicação de eletrodos na córnea ou na região peribulbar ou periocular, o que dificulta a sua realização.

ELETRORRETINOGRAMA

O ERG é o registro do potencial de ação transitório consequente à estimulação luminosa dos fotorreceptores retinianos, gerado por células neuronais e não neuronais da retina[4]. O registro, realizado por intermédio de um eletrodo ativo corneano, pode resultar de estimulação difusa ou focal por estímulos luminosos de cor branca ou colorido.

O ERG de campo total é registrado em duas fases, adaptado ao escuro e ao claro, denominados ERG escotópico e ERG fotópico, respectivamente. Complementam o exame a obtenção do potencial oscilatório e o *flicker* (Figura 29.1). O ERG

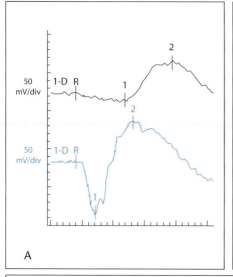
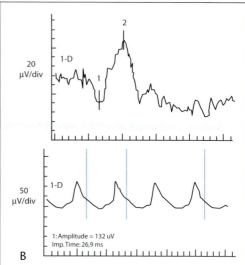
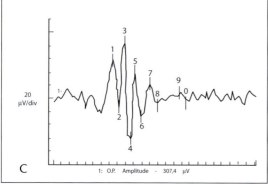

Figura 29.1 Traçados de respostas. A: eletrorretinograma escotópico e escotópico máximo; B: eletrorretinograma fotópico e *flicker*; C: potencial oscilatório.

escotópico estuda a atividade dos bastonetes e das células bipolares e de Müller; o fotópico e o *flicker*, a atividade dos cones; o potencial oscilatório a das células amácrimas e interplexiformes[5].

No ERG clínico, são considerados a latência e a amplitude de duas deflexões de significância (Figura 29.2). A primeira é uma deflexão negativa, denominada tradicionalmente de onda *a*, a qual é gerada nos fotorreceptores, cones e bastonetes; a segunda é positiva, denominada habitualmente de onda *b*, gerada na camada nuclear interna, principalmente nas células bipolares e de Müller[4].

Redução na amplitude da onda *a* e *b* é observada quando da presença de lesões extensas na retina, como nas distrofias retinianas e na amaurose congênita de Leber. Nesta, em que a criança apresenta baixa acuidade visual com fundo de olho normal, o ERG é um exame diagnóstico fundamental na sua diferenciação com retardo de maturação. Na retinose pigmentar, as alterações do ERG precedem alterações de fundo

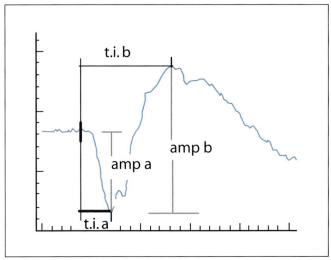

Figura 29.2 Onda eletrorretinograma com demarcação de tempo implícito (t.i.) e amplitude (amp).

de olho (FO). No início do quadro, o ERG fotópico e escotópico apresentam respostas com latência aumentada e amplitude diminuída, sendo predominante a resposta de cones. Com a progressão da lesão de cones e bastonetes, o ERG se torna extinto[6].

A ausência de uma ou das duas ondas do complexo orientam o diagnóstico entre lesão isolada ou mista de fotorreceptores ou de células de associação verticais (células bipolares e de Müller) ou horizontais (células horizontais e amácrinas). A diminuição de amplitude de uma ou de várias ondas traduzem dano quantitativo ou qualitativo dos fotorreceptores. A onda *b* pode ser seletivamente afetada, como observado na retinosquise juvenil.

Do ponto de vista técnico, o ERG de campo total pode ser obtido em crianças com menos de 2 anos com sedação. Nos maiores, depende do grau de colaboração e de compreensão do exame.

Lesões focais não alteram o ERG de campo total. Quando tratam-se de lesões localizadas na área macular, lança-se mão do eletrorretinograma multifocal, uma valiosa ferramenta para o estudo topográfico da função fotópica da retina, isto é, a atividade dos cones e das células bipolares maculares[7]. O estímulo é constituído por um padrão de hexágonos, dispostos de forma escalonada, que reverte entre aceso e apagado de forma independente, em uma sequência pseudorandômica denominada sequência m, gerando um conjunto de pequenas respostas, como representado na Figura 29.3A. Cada onda é composta por um componente inicial negativo N1 seguido por um positivo P1. Latência e amplitude de cada um dos picos são consideradas na análise da resposta. O ERGmf estuda a função de área macular central

(50 a 60°) e permite a detecção de disfunções localizadas, sendo de grande aplicação nos casos de baixa visão com fundo de olho normal (Figura 29.3B). Anormalidades de resposta auxiliam no diagnóstico de distrofia macular oculta, acromatopsia ou disfunção de cones na fase inicial[7].

Crianças colaborativas com visão residual que permita a fixação da tela de estímulos podem ser submetidas ao exame.

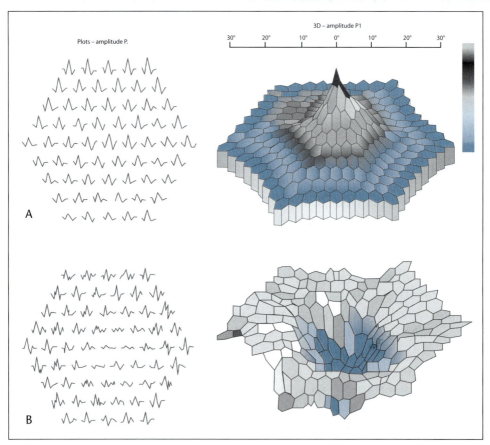

Figura 29.3 Eletrorretinograma multifocal (ERGmf). A: representação de resposta normal; B: respostas de amplitude reduzida em área central por comprometimento de cones maculares.

ELETRO-OCULOGRAMA

O EOG é a tradução indireta da diferença de potencial que existe em repouso entre as camadas retinianas externas eletronegativas e internas eletropositivas. Reflete a diferença de potencial entre a córnea eletropositiva e o polo posterior do olho eletronegativo, de aproximadamente 6 mV[8].

O EOG é exame não agressivo, longo, com duração de cerca de 40 minutos e que necessita da colaboração do paciente, de acuidade visual que lhe permita visualizar as luzes de fixação, assim como da integridade da motilidade ocular extrínseca. É realizado em três etapas[8]:

1. Registro de resposta de base em iluminação ambiente (pré-adaptação da retina).
2. Registro de resposta no escuro, constituindo o componente insensível à luz, dependente da integridade do epitélio pigmentar da retina (EPR). Nessa fase, o potencial diminui lentamente por um período de 8 a 9 minutos, quando o potencial mais baixo é registrado (*dark trough*).
3. Registro de resposta no claro, componente sensível à luz, gerado pela despolarização do complexo formado pela membrana basal do EPR e segmento distal dos fotorreceptores. Após a exposição à luz, o potencial aumenta gradualmente, atingindo o pico (*light peak*) em 10 a 15 minutos, sendo habitualmente duas ou mais vezes maior que o primeiro pico (Figura 29.4).

Na análise da resposta, é considerada a relação entre amplitude máxima à luz, denominada de *light peak*, e a amplitude mínima à obscuridade, denominada de *dark trough*, que é denominada de relação ou índice de Arden, com valores normais de 215% ± 30[8].

Lesões localizadas de EPR não alteram a resposta. Observam-se índices anormais em várias doenças retinianas, principalmente no caso de doenças primárias do EPR ou de envolvimento secundário de forma difusa. Sua principal indicação é nos pacientes com suspeita diagnóstica de doença viteliforme de Best, suas variantes e nos portadores assintomáticos da doença[9,10].

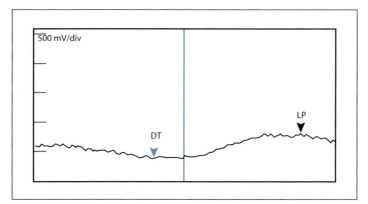

Figura 29.4 Eletro-oculograma, resposta normal com picos *dark trough* (DT) e *light peak* (LP).

POTENCIAL EVOCADO VISUAL

O PEV é o sinal elétrico gerado no córtex occipital em resposta à estimulação retiniana. Pode ser registrado utilizando-se estimulação por *flashes* ou padrões de diferentes formas e tamanhos, constituindo o PEV-*flash* e o PEV-PR, respectivamente. Na onda resultante, são analisadas a latência e a amplitude dos picos.

O registro do PEV-*flash* é constituído por dois complexos de ondas, o primeiro é denominado de componentes precoces, que ocorrem entre 28 e 73 ms, e o segundo, tardios, entre 94 e 134 ms (Figura 29.5). O PEV-*flash* é bastante útil para o estudo da via óptica na presença de opacidades densas de meios, como hemorragia vítrea e catarata[11,12]. Constitui recurso não invasivo e informativo na avaliação clínica de crianças com diagnóstico de cegueira interrogada, na avaliação de prognóstico visual na asfixia perinatal[13]. Tem ainda seu valor no exame de pacientes com trauma do nervo ou via óptica, na monitoração da via visual durante cirurgias neurológicas, na determinação pré-cirúrgica da função visual e no estudo do mecanismo de condução do estímulo visual no sistema nervoso central (SNC).

O PEV, obtido pela estimulação por padrão reverso (PEV-PR), é uma resposta cortical originada nos cones foveais, que permite maior correlação entre amplitude do PEV-PR e acuidade visual. O registro gráfico final é de uma onda trifásica, composta por deflexão negativa em torno de 75 ms (N_{75}), deflexão positiva aos 100 ms (P_{100}) e negativa ao redor de 120 a 140 ms (N_{120})[14] (Figura 29.6).

O PEV-PR pode auxiliar na avaliação da acuidade visual de forma objetiva, em crianças de baixa idade ou em pessoas não verbalizadas, no estudo da ambliopia, na

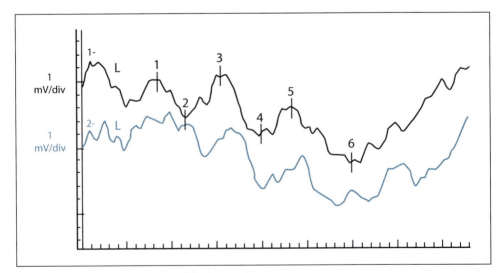

Figura 29.5 Potencial evocado visual *flash* normal.

detecção de lesões subclínicas da via óptica, no diagnóstico da esclerose múltipla[15], nas neurites ópticas[16], nas discromatopsias, na simulação e histeria e no acompanhamento de portadores de afecções tumorais e compressivas do nervo e via óptica, como o glioma.

Limitações do PEV-PR são decorrentes da necessidade de fixação acurada, imagem nítida na retina e cooperação do paciente.

CONCLUSÕES

ERG e PEV são exames aplicáveis em crianças, desde que realizados por profissionais altamente treinados. Em infantes, o exame deve ser realizado sob sedação e necessita de sala com recursos apropriados. A principal indicação desses exames é na suspeita de baixa visão.

De forma geral, o ERG e o EOG apresentam resultados paralelos. A função dos bastonetes pode ser avaliada tanto pelo EOG quanto pelo ERG e a função de cones pelo ERG. O grau de comprometimento do EOG e do ERG depende da gravidade e do estágio da doença. Lesões extensas de retina alteram obviamente o ERG e o EOG. Na presença de ERG normal, alteração do pico à luz do EOG só ocorre na presença de lesão generalizada do epitélio pigmentar da retina, como observado na distrofia macular viteliforme (doença de Best). O ERG é o teste de escolha para quando há suspeita de cegueira estacionária congênita e disfunção de cones.

Lesões restritas à mácula em geral não alteram o ERG ou o EOG. No entanto, as formas de retinose pigmentar confinadas à região macular fornecem respostas do

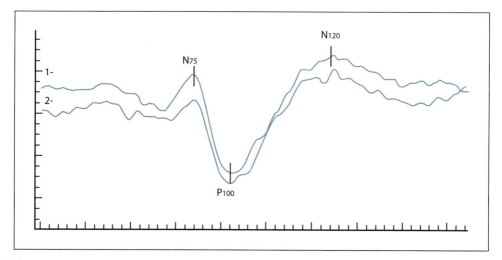

Figura 29.6 PEV-PR, resposta normal com picos N_{75}, P_{100} e N_{120} assinalados.

334 Oftalmologia

ERG semelhantes à forma clássica da doença. Na distrofia de cones ocorre anormalidade importante da resposta do ERG fotópico e *flicker*.

O PEV é de grande valor no estudo de pacientes com distúrbio sensorial da via visual, naqueles com risco de desenvolver lesões da via, na detecção subclínica de doenças do SNC e no acompanhamento de portadores de lesões, como glioma de nervo ou quiasma óptico.

REFERÊNCIAS BIBLIOGRÁFICAS

1. Kriss A, Jeffrey B, Taylor D. The electroretinogram in infants and young children. J Clin Neurophysiol. 1992;9(3):373-93.
2. Taylor MJ, McCulloch DL. Visual evoked potentials in infants and children. J Clin Neurophysiol. 1992;9(3):357-72.
3. ISCEV Committee for Pediatric Clinical Electrophysiology Guidelines, Fulton AB, Brecelj J, Lorenz B, Moskowitz A, Thompson D, Westall CA. Pediatric clinical visual electrophysiology: a survey of actual practice. Doc Ophthalmol. 2006;113(3):193-204.
4. Brown KT, Weisel TN. Localization of the origins of electroretinogram components by intraretinal recording in the intact cat eye. J Physiol. 1961;158(2):257-80.
5. Brown KT. The electroretinogram: its components and their origin. Vision Res. 1968;8(6):633-77.
6. Berson EL, Sandberg MA, Rosner B, Birch DG, Hanson AH. Natural course of retinitis pigmentosa over a three-year interval. Am J Ophthalmol. 1985;99(3):240-51.
7. Hood DC. Assessing retinal function with the multifocal technique. Prog Retin Eye Res. 2000;19(5):607-46.
8. Adams A. The normal electooculogram (EOG). Acta Ophthalmol. 1973;51(4):551-61.
9. François J, de Rouck A, Fernandez-Sasso D. Electro-oculography in viteliform degeneration of the macula. Arch Ophthalmol. 1967;77(6):726-33.
10. Deutman AF. Electro-oculogram in families with viteliform dystrophy of the fovea: detection of the carrier state. Arch Ophthalmol. 1969;81(3):305-16.
11. Odom JV, Hobson R, Coldren JT, Chao GM, Weinstein GW. 10-Hz flash visual evoked potentials predict post-cataract extraction visual acuity. Doc Ophthalmol. 1987;66(4):291-9.
12. Rinkoff J, de Juan E, Landers M, et al. Flash VEP: useful in management of diabetic vitreous hemorrhage. Invest Ophthtalmol Vis Sci. 1985;26(supl):322.
13. Kupersmith MJ, Nelson JI. Preserved visual evoked potential in infant cortical blindnes. Neuro-ophthalmol. 1986;6:85-94.
14. Guidelines for clinical evoked potentials studies. J Clin Neurophysiol. 1986;3(supl):43-92.
15. Halliday AM, McDonald WI, Mushin J. Delayed visual evoked response in optic neuritis. Lancet 1972;1(7758):982-5.
16. Halliday AM, McDonald WI, Mushin J. Visual evoked responses in the diagnosis of multiple sclerosis. Br Med J. 1973;4(5893):661-4.

Seção IX

Emergência ocular
Coordenadora: Rosa Maria Graziano

Trauma ocular 30

Sandra Francischini

> **Após ler este capítulo, você estará apto a:**
> 1. Descrever as principais causas de trauma ocular na infância.
> 2. Realizar a abordagem inicial e conduzir casos suspeitos de lesão ocular traumática.
> 3. Orientar sobre a prevenção de traumas oculares em crianças.

INTRODUÇÃO

Lesões traumáticas do globo ocular são responsáveis por um terço das perdas visuais na primeira década de vida[2].

Na maioria dos casos, os acidentes ocorrem no ambiente doméstico. Trauma com objetos pontiagudos (tesoura, faca, brinquedos, lápis), queimadura química com material de limpeza, fragmentos de vidro, trauma contuso com bolas, acidentes com animais ou plantas, fogos de artifício e queimadura com cigarro estão entre os mais relacionados aos acidentes oculares. Na maioria das vezes, são causados pela própria criança, na ausência de supervisão de um adulto.

Nos casos de trauma ocular por bola, são frequentes hemorragias em câmara anterior (hifema), em cavidade vítrea e em retina. Pode haver descolamento de re-

338 Oftalmologia

tina. A avaliação oftalmológica com dilatação das pupilas e avaliação da retina é de fundamental importância para diagnóstico e tratamento precoces.

As queimaduras químicas devem ser atendidas prontamente com lavagem copiosa com água ou soro fisiológico. O pediatra deve orientar os pais sobre esse tipo de ocorrência em rotina de consultório. O tempo de deslocamento a um serviço de atendimento pode ser decisivo para o prognóstico visual caso essa medida não tenha sido realizada prontamente.

Queimaduras térmicas frequentemente provocam lesão palpebral e retração. É necessário proteção com pomadas e oclusão para evitar lesões em córnea por exposição. Queimaduras por cigarro são relativamente comuns. Nesse caso, deve-se irrigar o olho para retirada de resíduos de cinza e levar ao oftalmologista para avaliação de possíveis lesões.

Os acidentes automobilísticos são causa significativa de ferimentos perfurantes do globo ocular e laceração de pálpebra. Acompanhantes do banco dianteiro são preferencialmente acometidos por lesões em face. Proibir a presença de crianças no banco dianteiro e usar dispositivos de segurança como cinto de segurança e *airbag,* que evitam ou minimizam essas ocorrências.

Na presença de laceração palpebral, é necessário afastar um possível ferimento perfurante ocular. O olho com suspeita de ferimento perfurante não deve ser manuseado. Não tentar remover "corpo estranho". O olho deve ser ocluído sem efetuar pressão. O paciente deve ser encaminhado para avaliação oftalmológica.

A agressão física também está entre as causas de trauma ocular. A cabeça é o alvo mais comum nos espancamentos e frequentemente há acometimento ocular. Em qualquer ocorrência de trauma ocular, a hipótese de violência deve ser cogitada por quem atende a criança. Em casos de agressão diagnosticada ou suspeita, deve-se avaliar a existência de alterações oculares. Na síndrome dos maus-tratos é frequente encontrar hemorragias em retina e vítreo[2,3].

TRAUMA DE PARTO

O trauma ocular em parto pode ocorrer mesmo em partos sem complicações. O processo normal de parto vaginal pode acometer os olhos em razão da elevação da pressão intrauterina que interfere no retorno venoso dos olhos, provocando aumento da pressão intraocular e hemorragias em conjuntiva, pálpebras e retina. Na maioria dos casos, há reabsorção sem outras sequelas[1].

A dificuldade de passagem pelo canal vaginal é a principal causa do trauma de parto. Apresentações de face ou mento podem provocar quemose conjuntival e hemorragia retrobulbar. Outros fatores de risco frequentes são nuliparidade, macrossomia, idade materna e uso de fórcipe.

A hemorragia conjuntival é relativamente comum em partos normais em decorrência da ruptura de pequenos vasos conjuntivais. A resolução espontânea ocorre em 7 a 10 dias. As hemorragias em retina (Figura 30.1) e vítreo são mais frequentes em partos em que o fórcipe é utilizado. Na maioria dos casos há reabsorção sem sequelas. Casos mais graves, com envolvimento macular, podem deixar cicatrizes (atrofia ou mobilização de pigmentos) e comprometimento visual significativo. Hemorragias no vítreo podem predispor ao aparecimento de catarata, sendo necessário o acompanhamento dessas crianças[1].

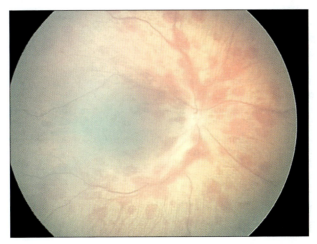

Figura 30.1 Hemorragias em retina por tocotrauma. (Gentilmente cedido por M. Cavalcante.)

Lesões em córnea e lacerações de pálpebras são infrequentes e podem necessitar de sutura. Deslocamento de cristalino é raro e, em geral, é acompanhado de sangramento em câmara anterior (hifema).

Partos difíceis e prolongados podem levar a hematomas intracranianos, sendo mais frequente a hemorragia subaracnoide e subdural. Hemorragias intracranianas provocadas ou não por fraturas podem acometer o córtex visual de forma irreversível, levando à deficiência visual cortical (DVC). Essas ocorrências podem levar à baixa visão por déficit cortical. O diagnóstico é confirmado com o auxílio de testes eletrofisiológicos: eletrorretinograma (ERG) e potencial visual evocado (PVE), que avaliam a integridade da retina e das vias ópticas/córtex visual, respectivamente[3]. A estimulação visual precoce deverá ser indicada em todos os casos em que haja suspeita de déficit visual.

A assistência adequada durante o parto e a avaliação e intervenção precoces do oftalmologista em casos de trauma ocular podem evitar ou diminuir as sequelas oculares provocadas por trauma de parto.

CONCLUSÕES

São várias as causas de trauma ocular na infância e quase sempre são evitáveis. A orientação aos pais sobre os cuidados com materiais pontiagudos, manutenção de produtos químicos fora do alcance e transporte adequado em veículos pode reduzir significativamente as lesões traumáticas oculares em crianças.

Suspeitas de agressões devem ser abordadas pelo oftalmologista para excluir lesão ocular.

Em partos complicados, a criança deve ser submetida à avaliação oftalmológica, pois há risco de lesão ocular.

REFERÊNCIAS BIBLIOGRÁFICAS

1. Martins EN. Trauma ocular. In: Nakanami CR, Zin A, Belfort Jr R (eds.). Oftalmopediatria. São Paulo: Roca; 2010. p.559-76.
2. Webb LA. Manual of eye emergencies diagnosis and management. Butterworth Heinemann; 2004. p.112-31.
3. Kitadai S, Francischini S. Trauma de parto. In: Nakanami CR, Zin A, Belfort Jr R (eds.). Oftalmopediatria. Sao Paulo: Roca; 2010. p. 551-8.

Traumas contusos 31

Vinícius Paganini Nascimento

Após ler este capítulo, você estará apto a:
1. Identificar as principais causas de traumas contusos oculares.
2. Descrever qual é a primeira conduta a ser tomada após identificar um caso de trauma contuso.
3. Orientar os familiares sobre a gravidade de cada doença.

INTRODUÇÃO

O olho é envolvido e protegido pelos ossos da órbita, assim, objetos mais largos, como uma bola de tênis ou uma mão fechada, têm sua força dissipada na borda da órbita[1]. O trauma com esses tipos de objetos em geral causa uma fratura dos ossos da órbita, principalmente o medial e o inferior (assoalho), com pouca ou nenhuma alteração do globo ocular. Já objetos menores, como uma bola de golfe ou uma corda (em alta velocidade), conseguem passar pela rima da órbita e atingem o olho diretamente, causando diversos tipos de lesões, variando de uma leve uveíte (inflamação) até a ruptura do globo. A ruptura do globo ocular ocorre em geral nos seus pontos mais frágeis, que são as inserções dos músculos retos e o limbo córneo--escleral[2,3].

Oftalmologia

Podem ocorrer também lesões menos graves, mas que também requerem diagnóstico rápido e tratamento adequado, quando necessário, como:

- Edema de pálpebra.
- Laceração de pálpebra.
- Hifema (sangramento da câmara anterior).
- Luxação de cristalino.
- Rotura/diálise de retina.

A seguir serão descritos os principais achados em traumas contusos, com suas manifestações clínicas, diagnóstico e conduta/tratamento.

EDEMA E LACERAÇÃO PALPEBRAL

Muitos traumas contusos na região dos olhos causam dano de tecidos moles, provocando pouca ou nenhuma alteração no olho e, consequentemente, na visão. As pálpebras, por serem a primeira barreira durante um trauma ocular, frequentemente estarão afetadas, causando edema e/ou hematoma de toda a região. Essa alteração muitas vezes dificulta o exame detalhado do globo ocular, uma vez que, dependendo do grau de edema (Figura 31.1) e hematoma palpebral, torna-se muito difícil abri-la. Assim, após melhora do edema, o exame oftalmológico é completado. O tratamento nessa situação é a administração de anti-inflamatórios via oral e compressas frias nas primeiras 24 horas, seguidas de compressas mornas, conforme necessário. As lacerações palpebrais, apesar de serem mais comuns com objetos cortantes ou mordidas de animais, também podem ocorrer em traumas contusos graves (Figura 31.2). O tratamento é a sutura por aproximação e antibioticoterapia local e sistêmica.

Nesses tipos de trauma, é essencial um exame oftalmológico detalhado para afastar lesões no globo ocular, pois há uma associação muito frequente.

Raramente pode ocorrer edema palpebral por trauma durante o parto, com ou sem fórceps[4,5].

HIFEMA (SANGRAMENTO NA CÂMARA ANTERIOR)

O hifema ocorre em traumas contusos, envolvendo diretamente o globo ocular. Quando a história de trauma em crianças não está claramente associada, deve-se suspeitar de leucemia, hemofilia, anemia falciforme, doenças de coagulação, retinoblastoma e abuso infantil. Os pacientes se queixam de dor, embaçamento visual e, às vezes, hiperemia ocular e devem ser encaminhados com urgência a um oftalmologista (Figura 31.3). No tratamento aconselham-se repouso, anti-inflamatórios tópicos e, se necessário, cirurgia. A cirurgia está indicada em pacientes em que a pressão intraocular fique muito alta por mais de quatro dias, se há alteração corneana ou se o hifema não se resolve sozinho após dez dias.

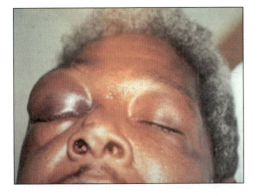

Figura 31.1 Extenso edema bipalpebral secundário a trauma.

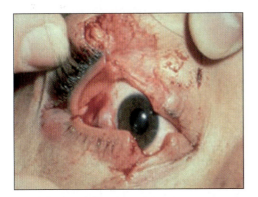

Figura 31.2 Extensas lesões palpebrais.

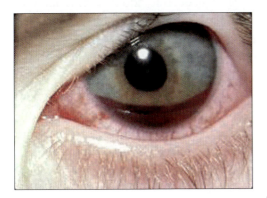

Figura 31.3 Hifema.

LUXAÇÃO DE CRISTALINO

O trauma é a causa mais comum de deslocamento ou luxação do cristalino; outras causas são síndromes sistêmicas (p.ex., síndrome de Marfan e hemocistinúria). Essa luxação pode causar: baixa visual, diplopia monocular, flutuação da visão e, menos frequentemente, aumento da pressão intraocular. O tratamento em geral é cirúrgico, para remoção do cristalino deslocado e colocação de uma lente intraocular para restabelecer a função visual.

ROTURA E DIÁLISE DE RETINA

Se o trauma ocular contuso for suficientemente forte para conseguir comprimir o olho e, em seguida, descomprimir, por exemplo, em um trauma com uma bola de golfe, pode ocorrer a rotura na retina. O que causa essa lesão, então, é a tração no vítreo aderido na retina nesse movimento do globo ocular. Por conta desse risco de rotura de retina, deve-se fazer exame detalhado do fundo de olho após todos os traumas contusos oculares. A pior complicação desses casos é evoluir para descolamento de retina, que pode trazer perda de visão significativa.

Quando a rotura de retina é observada, o tratamento consiste no uso de *laser* ao redor dela, evitando assim que a retina descole, tendo bom prognóstico.

FRATURA DE ÓRBITA

O tipo mais comum de fratura de órbita é a do assoalho da órbita. Os ossos da rima orbitária são mais difíceis de fraturar. O assoalho da órbita é mais comumente afetado em razão da fragilidade do osso que o forma. Sendo assim, um aumento da pressão intraorbitária pelo trauma contuso é suficiente para a sua fratura. O sinal mais comum dessa fratura é a limitação de movimento do olho afetado (de olhar para cima), causando, assim, diplopia. Isso se deve ao fato de o músculo reto inferior ficar encarcerado na fratura do assoalho da órbita, dificultando assim a movimentação do olho, tanto para cima quanto para baixo. Outros sinais adjuvantes são equimose, epistaxe, enfisema orbitário, enoftalmo e parestesia da região da bochecha e da pálpebra superior do mesmo lado[6].

Além do exame clínico, a radiografia de face ou a tomografia são solicitadas para o auxílio diagnóstico. O tratamento, logo após o trauma, consiste em antibioticoterapia profilática para celulite orbitária e compressas frias. O tratamento cirúrgico da fratura de órbita só está indicado se houver restrição da motilidade, causando diplopia ou enoftalmo importante. A cirurgia, quando indicada, é realizada após 10 a 15 dias do trauma, sem necessidade de intervenção urgente. Esse tempo é necessário para melhora do edema da região, podendo-se assim realizar um exame clínico mais apurado.

HEMORRAGIAS SUBCONJUNTIVAIS

As hemorragias subconjuntivais podem ser determinadas por traumas oculares de leve intensidade e têm resolução espontânea, em duas semanas (Figuras 31.4 e 31.5).

Se for resultado de trauma diretamente no olho, muitas vezes devem ser exploradas para afastar possibilidade de perfuração ocular (ferimento aberto)[7].

UVEÍTE TRAUMÁTICA – INFLAMAÇÃO INTRAOCULAR

O diagnóstico é feito pela biomicroscopia ocular (exame na lâmpada de fenda). Seus sintomas são: dor, embaçamento visual, fotofobia e até desconforto quanto à movimentação ocular. Os sinais são: olho vermelho, miose e reação inflamatória na câmara anterior. Nas primeiras 24 a 48 horas após o trauma, deve-se manter o paciente em repouso e encaminhá-lo para exame oftalmológico completo. O tratamento é feito com colírio de corticosteroide tópico e, às vezes, cicloplégico.

Figura 31.4 Hemorragia subconjuntival.

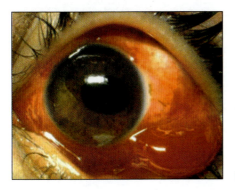

Figura 31.5 Extensa hemorragia conjuntival.

CATARATA TRAUMÁTICA

É necessário um trauma de intensidade moderada a grave para que se desenvolva catarata traumática, podendo haver ou não ruptura do cristalino. O diagnóstico é pela biomicroscopia ocular (exame na lâmpada de fenda). Os sintomas podem ser desde não perceber a baixa de visão inicialmente até desenvolver baixa de visão a longo prazo (pode levar alguns anos para que isso ocorra). A conduta consiste em manter o paciente em repouso e encaminhar para exame oftalmológico completo. O tratamento depende de quanto o cristalino está opacificado, mas geralmente é cirúrgico[8].

HEMORRAGIA VÍTREA

O trauma, para causar a hemorragia vítrea, deve ser grave. O diagnóstico é feito pela oftalmoscopia direta ou indireta, dificultando a boa visualização do fundo do olho. Os sintomas são baixa visão ou embaçamento visual súbito. Deve-se encaminhar para exame oftalmológico completo imediato pela grande possibilidade de descolamento de retina associada e muitas vezes deve-se ainda realizar ultrassonografia do olho afetado. O tratamento inicial é observação e, se não houver melhora, cirúrgico. Se não houver sinais de trauma, deve-se sempre excluir abusos na criança e doenças sanguíneas[9].

TRAUMA DE RETINA

A lesão retiniana mais comum, associada ao trauma contuso, é o edema, geralmente com resolução espontânea. Em traumas de grande intensidade, é fundamental o exame de mapeamento da retina pelo risco de descolamento.

CONCLUSÕES

Nos traumas contusos, deve-se sempre ter em mente que tais lesões podem ter sido causadas por maus-tratos, portanto uma boa anamnese com dados precisos e consistentes deve ser obtida. Outro ponto importante é lembrar que tais traumas podem eventualmente causar perfuração ocular, levando a um prognóstico muito pior. Portanto não se deve manipular muito esse olho e é necessário encaminhar o paciente o mais breve possível a um oftalmologista.

REFERÊNCIAS BIBLIOGRÁFICAS

1. Castro EF, Kara-Jose N, Kara-Jose Jr N. Trauma ocular no esporte. In: Amatuzzi MM, Carazzato JG. Medicina do esporte. São Paulo: Roca; 2004. p.278-83.
2. Moreira CA, Debert-Ribeiro M, Belfort R. Epidemiological study of eye injuries in brazilian children. Arch Ophthalmol. 1988;106(6):781-4.
3. Liu ML, Chang YS, Tseng SH, Cheng HC, Huang FC, Shih MH, et al. Major pediatric ocular trauma in Taiwan. J Pediatr Ophthalmol Strabismus. 2010;47(2):88-95.
4. Regis A, Dureau P, Uteza Y, Roche O, Dufier JL. Ocular injuries and childbirth. J Fr Ophtalmol. 2004;27(9 Pt 1):987-93.
5. Jain IS, Singh YP, Grupta SL, Gupta A. Ocular hazards during birth. J Pediatr Ophthalmol Strabismus. 1980;17(1):14-6.
6. Dutton JJ. Management of blow-out fractures of the orbital floor. Surv Ophthalmol. 1991;35(4):279-80.
7. Nascimento VP, Vessani RM, Alves MR, Jose NK. Aspectos epidemiológicos de 158 casos de traumatismo facial, atendidos no pronto-socorro do Hospital das Clínicas da Faculdade de Medicina da Universidade de São Paulo. Revista de Medicina do Departamento Científico do Centro Acadêmico Oswaldo Cruz da Faculdade de Medicina da USP. 1996;751:31-6.
8. Lim Z, Rubab S, Chan YH, Levin AV. Management and outcome of cataract in children: the Toronto experience. JAAPOS. 2012;16(3):249-54.
9. Agrawal S, Peters MJ, Adams GG, Pierce CM. Prevalence of retinal hemorrhages in critically ill children. Pediatrics. 2012;129(6):1388-96.

32 Ferimentos perfurantes oculares

Emerson Fernandes de Sousa e Castro

> **Após ler este capítulo, você estará apto a:**
> 1. Reconhecer um olho com ferimentos perfurantes ou com suspeita destes.
> 2. Conduzir casos com suspeita de ferimentos perfurantes.
> 3. Orientar a família quanto à prevenção de ferimentos perfurantes.

INTRODUÇÃO

Traumas oculares são importantes causas de morbidade em crianças, sendo a principal causa de cegueira não congênita unilateral nessa faixa etária[1].

A importância do conhecimento das causas de ocorrência dos traumas oculares em crianças está no fato de que 79,1% deles ocorrem em casa e em cerca de 52% um dos pais esteve presente e próximo da criança vitimada[2-6]. Facas, garfos e tesoura são causadores de mais de 50% dos ferimentos oculares perfurantes (abertos) (Figura 32.1) ocorridos em ambiente doméstico, atingindo crianças de 1 a 10 anos de idade[6]. Ainda entre as crianças, os objetos pontiagudos representam o agente causal em cerca de 15,1% dos ferimentos não perfurantes e em 15% dos casos de contusão ocular[6]. Recentemente, tem se observado o aumento do número de acidentes oculares relacionados aos esportes[7,8], correspondendo, em algumas regiões, à maior causa de traumatismos oculares graves em crianças[9]. A contínua identificação de fatores de risco é importante para a prevenção de tais acidentes.

Os traumatismos oculares na infância merecem especial atenção pela gravidade do prognóstico e da ameaça da ambliopia[10]. Nesse contexto, destacou-se a importância da educação para a prevenção de acidentes oculares. Como atuação primária, é fundamental o reconhecimento de sinais de perigo nas situações em que os olhos estejam sofrendo e necessitando de cuidados imediatos.

A rápida integração entre a equipe de trauma e os oftalmologistas determina atendimento mais racional, eficiente e com menor custo.

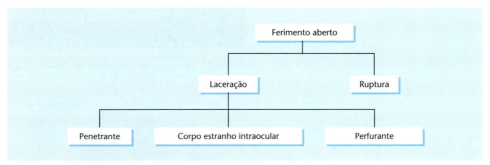

Figura 32.1 Classificação dos ferimentos abertos segundo Khun et al.[11]

MANIFESTAÇÕES CLÍNICAS

Ferimentos Abertos

Os ferimentos abertos, relacionados na Figura 32.1, podem apresentar os aspectos apresentados nos tópicos a seguir.

Lacerações corneoesclerais

Podem ser secundárias a ferimentos penetrantes, isto é, existe apenas orifício de entrada ou perfurante (orifício de entrada e saída).

O diagnóstico inicial baseia-se na história, que é relacionada geralmente a corpos estranhos ou objetos em direção aos olhos em alta velocidade. Os principais sinais de suspeita de perfuração ocular estão descritos nas Figuras 32.2 a 32.8.

Ao se deparar com alguma dessas situações, deve-se seguir os itens listados adiante e o fluxograma da Figura 32.9.

- Interromper o exame oftalmológico.
- Não aplicar pomadas, colírios ou curativos.

- Fazer jejum para a cirurgia.
- Encaminhar ao oftalmologista.

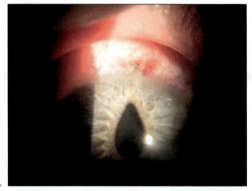

Figura 32.2 Desvio da pupila.

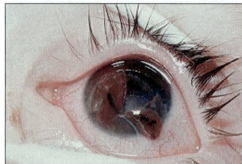

Figura 32.3 Presença de íris na córnea.

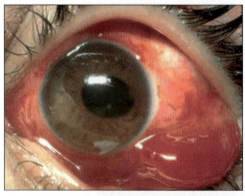

Figura 32.4 Extensa hemorragia conjuntival.

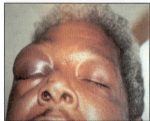

Figura 32.5 Extenso edema bipalpebral secundário a trauma.

Ferimentos perfurantes oculares 351

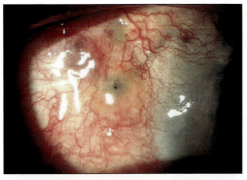

Figura 32.6 Vazamento de fluido intraocular.

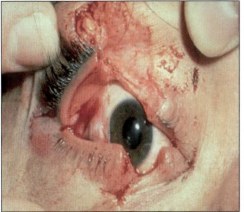

Figura 32.7 Extensas lesões palpebrais.

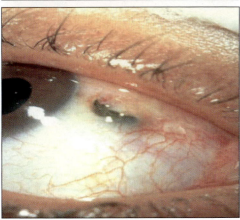

Figura 32.8 Aparentes "corpos estranhos".

Corpo estranho intraocular

É preciso pesquisar qualquer traumatismo ocular em que objetos tenham sido envolvidos, mesmo que a acuidade visual esteja preservada. Diante da suspeita de corpo estranho intraocular (CEIO) é preciso (Figura 32.9):

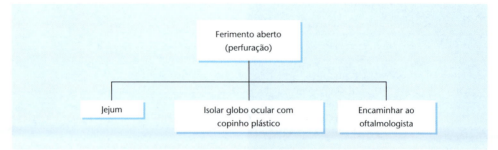

Figura 32.9 Conduta nos ferimentos abertos.

- Fazer jejum para a cirurgia.
- Questionar imunização antitetânica.
- Considerar tomografia computadorizada de órbitas.
- Utilizar antibióticos (via endovenosa – EV).

Materiais relativamente inertes (pedra, vidro, porcelana, plástico) podem ser tolerados e, se não estiverem obstruindo a visão, podem ser deixados no local.

Materiais metálicos (zinco, cobre, ferro, alumínio) e orgânicos devem ser retirados pelos riscos de inflamação intensa, toxicidade e infecção[12].

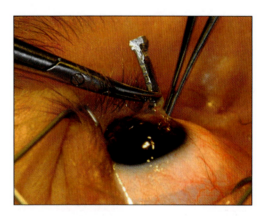

Figura 32.10 Retirada de corpo estranho.

CONCLUSÕES

O trauma doméstico e na presença de adultos é uma ocorrência frequente.

O trauma ocular é uma causa de prejuízo visual evitável. Na criança, pelo fato desta apresentar maior reação inflamatória e pela ambliopia decorrente do período com privação da visão, torna-se mais grave. O pediatra tem papel importante na prevenção dos acidentes domésticos com a orientação aos pais.

REFERÊNCIAS BIBLIOGRÁFICAS

1. Parver LM. Eye trauma: the neglected disorder. Arch Ophthalmol. 1986;104(10):1452-3.
2. Diniz MC, Tzelikis PFM, Alvin HS, Gonçalves RM, Rodrigues A Jr., Trindade FC. Trauma ocular em criança abaixo de 15 anos: prevenção baseada em estatísticas. Rev Bras Oftalmol. 2003;62(2):96-101.
3. Cardoso GCL, Lima D, Escarião PHG, Reinaldo RE, Cavalcanti R. Trauma ocular na infância e adolescência. Rev Bras Oftalmol. 2002;61(2):131-5.
4. Luff AJ, Hodgkins PR, Baxter RJ, Morrell AJ, Calder I. Aetiology of perforating eye injury. Arch Dis Child. 1993;68(5):682-3.
5. MacEwen CJ, Baines P, Desai P. Eye injuries in children: the current picture. Br J Ophthalmol. 1999;83(8):933-6.
6. Kara Jose N, Alves MR, Oliveira PR. Como educar a população para a prevenção do trauma ocular. Arq Bras Oftal. 1992;55:160-2.
7. Castro EFS, Kara-Jose N, Kara-Jose Jr. N. Trauma ocular no esporte. In: Amatuzzi MM, Carazzato JG. Medicina do esporte. São Paulo: Roca; 2004. p.278-83.
8. Kara-Jose N, Castro EFS, Kara-Jose Jr. N. Trauma ocular. In: Moraes IN. Tratado de clínica cirúrgica. v.1. São Paulo: Roca; 2005. p.604-6.
9. Rapaport I, Romem M, Kinek M, Koval R, Teller J, Belkin M, et al. Eye injuries in children in Israel: a nationwide collaborative study. Arch Ophthalmol. 1990;108(3):376-9.
10. León FA, Taboada JF, Borches V. Traumatismos oculares graves en España: factores epidemiológicos, estudio de lesiones y medidas de prevención. Barcelona: Editorial León F; 1994.
11. Kuhn F, Morris R, Witherspoon CD, Mester V. The Birmingham Eye Trauma Terminology system (BETT). J Fr Ophtalmol. 2004;27(2):206-10.
12. De Souza S, Howcraft MJ. Management of posterior segment intraocular foreign bodies: 14 years' experience. Can J Ophthalmol. 1999;34:23-9.

33 Queimaduras químicas, térmicas e elétricas

José Américo Bonatti
Aron B. C. Guimarães

Após ler este capítulo, você estará apto a:
1. Descrever a importância epidemiológica das queimaduras oculares.
2. Reconhecer os principais aspectos clínicos apresentados pelo paciente.
3. Identificar os principais agentes causadores das queimaduras oculares.
4. Descrever os meios de tratamento e a importância da intervenção imediata.
5. Orientar pais e crianças, visando evitar novos acidentes.

INTRODUÇÃO

As queimaduras oculares ocorridas em crianças representam um capítulo importante dentro do trauma ocular, uma vez que medidas imediatas tomadas por quem presta o primeiro atendimento são muitas vezes determinantes no prognóstico visual. Além disso, queimaduras faciais, frequentemente associadas, podem causar cicatrizes físicas e psicológicas que permanecem por muitos anos.

As queimaduras oculares podem ser divididas em térmicas, químicas ou elétricas. O reflexo de fechamento palpebral impede que o globo ocular seja atingido em parte dos casos, porém, lesões conjuntivais, corneanas e até mesmo retinianas não são incomuns[1].

EPIDEMIOLOGIA

As queimaduras químicas devem ser consideradas urgências oftalmológicas em razão de sua alta morbidade. São frequentemente bilaterais (cerca de 40% dos casos) e potencialmente devastadoras, representando 7 a 10% dos casos relatados de traumas oculares. Em geral, crianças do sexo masculino são mais acometidas, sendo o local mais comum da ocorrência sua própria casa[2,3].

A maior parte das queimaduras químicas oculares em crianças ocorre com substâncias facilmente encontradas em casa, como detergentes, limpadores de forno, desinfetantes, limpadores de vidro, cosméticos, amônia, cola, tintas e solventes.

De modo geral, as queimaduras químicas por álcalis são mais comuns, uma vez que são mais usados em compostos encontrados em casa. Os álcalis mais comumente envolvidos são a amônia (NH_3), soda cáustica ($NaOH$), hidróxido de potássio (KOH) e cal [$Ca(OH)_2$]. Queimaduras causadas por amônia são, em geral, as mais graves. Os ácidos mais comumente associados às queimaduras oculares são o sulfúrico (H_2SO_4), o sulfuroso (H_2SO_3) e o acético (CH_3COOH)[4].

As queimaduras térmicas têm, em geral, um prognóstico melhor do que as queimaduras de origem química e/ou elétrica. Apresentam uma incidência de cerca de 35%, contra 65% das químicas (a incidência das queimaduras elétricas é muito baixa)[5,6].

Em geral, as lesões térmicas em crianças ocorrem com água e/ou alimentos quentes que entram em contato com a sua face representando 79% dos casos[7].

Outros tipos de lesões são aquelas causadas por fogos de artifícios, cigarros acessos e queimaduras solares. Foram relatados alguns casos de queimadura retiniana em jovens e crianças após observação de eclipse solar sem proteção adequada[8,9].

Queimaduras causadas por fonte elétrica (raios e choques em tomadas, principalmente), embora mais raras, podem causar lesões graves, sendo a mais comum o desenvolvimento de catarata[10].

PATOGÊNESE

A gravidade da queimadura depende de alguns fatores:

1. Tipo de agente: as queimaduras por álcalis tendem a penetrar mais do que as causadas por ácidos, uma vez que as últimas coagulam proteínas da superfície corneana, resultando em uma barreira protetora. Já os álcalis promovem uma reação de saponificação nesses tecidos, facilitando sua penetração[11].
2. Tempo de exposição: quanto maior o tempo de exposição da superfície ocular ao agente químico, maior será o dano causado pelo mesmo. Dessa forma, torna-se muito importante o diagnóstico rápido seguido de tratamento eficaz.

356 Oftalmologia

3. Superfície de contato: quanto maior a área ocular exposta ao agente, maior será o dano final resultante.

4. Agravantes associados: lesão térmica associada ou alta velocidade de impacto do agente (p.ex., em uma explosão).

Dependendo do grau de penetração, pode haver lesão do epitélio conjuntival e corneano, da membrana basal, do estroma corneano, endotélio corneano, íris, corpo ciliar e cristalino[12].

A penetração na câmara anterior pode ser vista quase imediatamente após a lesão por amônia e cerca de 3 a 5 minutos após a lesão por hidróxido de sódio[13].

Após a lesão do epitélio corneano, ocorre um movimento centrípeto de migração do mais próximo e viável epitélio. Um defeito completo do epitélio corneano requer epitélio limbar. No caso de lesão limbar associada, é o epitélio conjuntival que irá prover a regeneração. Independentemente da origem da regeneração epitelial, a velocidade de migração celular após uma lesão química pode ser reduzida por inflamação persistente, dano na membrana basal do epitélio e degradação da membrana basal por fator ativador de plasminogênio[14-16].

Um estudo realizado em Curitiba envolvendo portadores de lesão ocular por cal mostrou que 17% destes foram vítimas de uma brincadeira denominada "bomba de cal", na qual são colocadas cal virgem e água em uma garrafa de plástico descartável. A interação entre esses elementos gera uma reação química com aumento da pressão interna e explosão da garrafa, podendo atingir as pessoas dentro do raio de ação[17].

Outra substância que deve ser comentada é o cianoacrilato (Super Bonder®), que, quando em contato com os olhos, pode levar a uma forte aderência entre as pálpebras e à inflamação conjuntival e corneana. Deve-se irrigar copiosamente no intuito de separar as pálpebras, porém, não é recomendado tentar separá-las usando grande força mecânica, uma vez que se pode levar a outras lesões secundárias. Em geral, a separação se dá espontaneamente em até uma semana[18,19].

MANIFESTAÇÕES CLÍNICAS

O curso clínico das queimaduras químicas pode ser dividido em quatro fases[20]:

1. Imediata: o paciente pode queixar-se de dor ocular significativa e dificuldade de abertura palpebral. No exame, é comum encontrar resíduos nos fórnices conjuntivais. A visão já pode estar comprometida em um rápido teste de acuidade. Uma das principais classificações existentes divide as lesões em quatro graus (Tabela 33.1).

Tabela 33.1 – Gravidade das lesões oculares em queimaduras químicas[26]

	Opacidade corneana	Isquemia limbar	Prognóstico
Grau 1	Inexistente	Inexistente	Ótimo
Grau 2	Leve (visualiza-se a íris)	Menos de um terço do limbo	Bom
Grau 3	Moderada (difícil ver detalhes da íris)	De um terço a metade do limbo	Ruim
Grau 4	Importante (não se visualiza íris nem pupila)	Mais da metade do limbo	Péssimo

2. Fase aguda (dias 0 a 7): em geral, o grau 1 tem recuperação total durante essa fase. O grau 2 já apresenta reepitelização e recuperação incompleta da transparência estromal. Os graus 3 e 4 têm pouca ou nenhuma reepitelização.
3. Fase de reparo precoce (dias 7 a 21): a migração epitelial continua no grau 2 e lentamente no grau 3. Lesões de grau 4 apresentam pouca ou nenhuma alteração do aspecto clínico.
4. Fase de reparo tardia (após 21 dias): nessa fase, o processo de regeneração se encerra, com possível formação de *pannus* fibrovascular nas lesões mais graves.

Nas queimaduras térmicas, frequentemente se observa queimadura associada de pálpebras e cílios, além de queimaduras faciais. Foram relatados casos de queimaduras corneanas isoladas, oriundas de água fervendo (p.ex., chá). O diagnóstico deve ser feito o mais rápido possível e alguns casos necessitam de cirurgia[21].

As queimaduras elétricas, dependendo principalmente da fonte causadora e do local de entrada (quanto mais próximo dos olhos, maior o risco), podem provocar desde simples queimaduras dos cílios até lesões intraoculares, como catarata, que necessitam de correção cirúrgica. Em casos mais graves, pode haver lesão do sistema nervoso central (SNC), levando à possível cegueira bilateral[22].

DIAGNÓSTICOS/EXAMES COMPLEMENTARES

O profissional responsável pelo primeiro atendimento deve ser capaz de identificar as principais lesões oculares e instituir tratamento imediato. Saber o tempo de exposição e identificar o agente causador é muito importante e ajuda no tratamento adequado.

Por meio de um exame oftalmológico detalhado com uso de magnificação (lâmpada de fenda), corante de fluoresceína sódica e exploração dos fórnices conjuntivais, pode-se avaliar os principais sinais apresentados após uma queimadura ocular.

Algumas vezes, o diagnóstico da lesão ocular é deixado em segundo plano em virtude da existência de lesões faciais e de vias respiratórias que podem comprome-

358 Oftalmologia

ter a vida. Nesses casos, em que o diagnóstico e consequentemente o tratamento não são feitos em tempo adequado, as sequelas visuais são mais prováveis[23].

TRATAMENTO

O tratamento pode ser dividido em três etapas[11]:

- Emergencial: lavagem copiosa e remoção de detritos.
- Inicial: promoção da reepitelização e transdiferenciação corneanas e controle da inflamação.
- Tardio: reabilitação visual em casos de sequela.

O passo mais importante é a irrigação copiosa com água corrente ou solução salina, já no local do acidente ou pelo menos no local de primeiro atendimento. Uma revisão sistemática recente mostrou que, quando a irrigação com água corrente ocorria imediatamente (no local do acidente), o prognóstico visual era melhor do que naqueles casos em que a irrigação se iniciava em ambiente hospitalar. É recomendado que essa etapa inicial dure no mínimo de 5 a 10 minutos[24].

Um estudo realizado em um grande hospital de São Paulo mostrou que o tempo médio de chegada do paciente vítima de queimadura ocular até o hospital era de 6,35 horas. Já o tempo até a avaliação do oftalmologista era de 9 horas[25].

Deve-se tentar abrir as pálpebras e remover quaisquer partículas ou resíduos do fundo do saco. A irrigação pode ser realizada com água corrente ou, se disponível, com um equipo de soro fisiológico, e deve ser mantida até a normalização do pH do saco conjuntival (podem-se utilizar fitas para medida de pH urinário). Se esse teste não estiver disponível, irrigar abundantemente com, no mínimo, três litros de soro fisiológico, preferencialmente do tipo Ringer lactato. As partículas químicas, principalmente de álcalis, devem ser removidas com cotonete tanto no fórnice superior quanto no inferior[25].

O encaminhamento para o oftalmologista só deve ocorrer após esses cuidados iniciais, para não prolongar o contato das substâncias com a superfície ocular, minimizando-se, assim, os danos.

CONCLUSÕES

A educação é um instrumento fundamental para que se diminuam os índices de acidentes por queimaduras químicas. Todos os materiais potencialmente danosos devem ser guardados longe do alcance das crianças. A proteção adequada para se visualizar eclipses solares deve ser ensinada às crianças, além de se evitar um tempo de exposição prolongado.

Deve-se evitar deixar as crianças na cozinha enquanto se preparam alimentos ou bebidas em alta temperatura. Protetores de plástico podem ser colocados nas tomadas, evitando o contato direto com as crianças.

Além de todos os esforços preventivos, não se pode esquecer de que o tratamento imediato é o meio mais eficaz de se evitar sequelas oculares e, assim que possível, deve-se encaminhar o paciente a um oftalmologista.

REFERÊNCIAS BIBLIOGRÁFICAS

1. Schrage NF, Langefeld S, Zschocke J, Kuckelkorn R, Redbrake C, Reim M. Eye burns: an emergency and continuing problem. Burns. 2000;26(8):689-99.
2. Saini JS, Sharma A. Ocular chemical burns-clinical and demographic profile. Burns. 1993;19(1):67-9.
3. Beare JD. Eye injuries from assault with chemicals. Br J Ophthalmol. 1990;74(9):514-8.
4. Morgan SJ. Chemical burns of the eye: causes and management. Br J Ophthalmol. 1987;71(11):854-7.
5. Fish R, Davidson RS. Management of ocular thermal and chemical injuries, including amniotic membrane therapy. Curr Opin Ophthalmol. 2010;21(4):317-21.
6. Lee C, Su WY, Lee L, Yang ML. Pediatric ocular trauma in Taiwan. Chang Gung Med J. 2008;31(1):59-65.
7. Ratnapalan S, Das L. Causes of eye burns in children. Pediatr Emerg Care. 2011;27(2):151-6.
8. Boone KD, Boone DE, Lewis RW 2nd, Kealey GP. A retrospective study of the incidence and prevalence of thermal corneal injury in patients with burns. J Burn Care Rehabil. 1998;19(3):216-8.
9. Doyle E, Sahu D, Ong G. Solar retinopathy after the 1999 solar eclipse in East Sussex. Eye. 2002;16(2):203-6.
10. Reddy SC. Electric cataract: a case report and review of the literature. Eur J Ophthalmol. 1999;9(2):134-8.
11. Wagoner MD. Chemical injuries of the eye: current concepts in pathophysiology and therapy. Surv Ophthalmol. 1997;41(4):275-313.
12. Awan KJ. Delayed cataract formation after alkali burn. Can J Ophthalmol. 1975;10(3):423-6.
13. Paterson CA, Pfister RR, Levinson RA. Aqueous humor pH changes after experimental alkali burns. Am J Ophthalmol. 1975;79(3):414-9.
14. Friedenwald JS. Growth pressure and metaplasia of conjunctival and corneal epithelium. Doc Ophthalmol. 1951;5-6:184-92.
15. Friedenwald JS, Buschke W. Some factors concerned in the mitotic and wound-healing activities of the corneal epithelium. Trans Am Ophthalmol Sot. 1944;42:371-83.
16. Berman MB, Hayashi K, Young E. Urokinase-like plasminogen activator, corneal epithelial migration, and defect formation. Invest Ophthalmol Vis Sci SO. 1989;(Suppl):Z.
17. Castellano AGD, Moraes H, Zago RJ, Milicovsky FS. Avaliação epidemiológica dos pacientes vítimas de queimadura ocular pelo agente químico cal no Serviço de Oftalmologia do Hospital Universitário Evangélico de Curitiba. Arq Bras Oftalmol. 2002;65(3):311-4.
18. Derespinis PA. Cyanoacrylate nail glue mistaken for eye drops. JAMA. 1990;263(17):2301.
19. McClean CJ. Ocular superglue injury. J Accid Emerg Med. 1997;14(1):40-1.
20. McCulley JP. Chemical injuries. In: Smolin G, Thoft RA (eds.). The cornea: scientific foundation and clinical practice. 2nd ed. Boston: Little, Brown and Co; 1987. p.527-42.

21. Vajpayee RB, Gupta NK, Angra SK, Chhabra VK, Sandramouli S, Kishore K. Contact thermal burns of the cornea. Can J Ophthalmol. 1991;26(4):215-8.
22. Al Rabiah SM, Archer DB, Millar R, Collins AD, Shepherd WF. Electrical injury of the eye. Int Ophthalmol. 1987;11(1):31-40.
23. Unsold AS, Rizzo JF, Lessell S. Optic neuropathy after burns. Arch Ophthalmol. 2000;118(12):1696-8.
24. Terzidou C, Georgiadis N. A simple ocular irrigation system for alkaline burns of the eye. Ophthalmic Surg Lasers. 1997;28(3):255-7.
25. Noia LC, Araujo AHG, Moraes NSB. Queimaduras oculares químicas: epidemiologia e terapêutica. Arq Bras Oftalmol. 2000;63(5):369-73.
26. Hughes WF Jr. Alkali burns of the eye; review of the literature and summary of present knowledge. Arch Ophthal. 1946;35:123-426.

Maus-tratos e síndrome da criança sacudida

34

Leandro Cabral Zacharias

Após ler este capítulo, você estará apto a:
1. Suspeitar de casos de maus-tratos, baseando-se no aspecto oftalmoscópico da criança.
2. Realizar o diagnóstico diferencial com outras doenças que podem levar a lesões hemorrágicas de retina.
3. Reconhecer as principais alterações oculares decorrentes de maus-tratos e sua fisiopatologia.
4. Conduzir casos com suporte de maus-tratos.

INTRODUÇÃO

A síndrome da criança sacudida (SCS) é uma forma de trauma cranioencefálico abusivo, caracterizado por forças repetidas de aceleração-desaceleração, com ou sem evidências de traumatismo contuso. A síndrome é composta pela seguinte tríade de sinais: hematoma subdural, hemorragias retinianas e edema cerebral, sendo que a presença desses sinais leva à inferência de abuso infantil por sacudidas bruscas e intencionais[1]. Os casos são muitas vezes fatais ou levam a lesões cerebrais irreversíveis, resultando em limitações permanentes. Taxas de mortalidade estimadas em crianças vítimas de SCS variam de 15 a 38%, e cerca de 50% dos óbitos relacionados a abuso infantil estão relacionados a essa síndrome[2].

362 Oftalmologia

A SCS ocorre geralmente em crianças menores de 2 anos, mas pode ocorrer até os 5 anos. Os pais biológicos são os principais agressores; namorados das mães, babás, mães e padrastos (nessa ordem) também podem ser os responsáveis pelos maus-tratos[8].

MECANISMO DE APARECIMENTO DAS LESÕES

O mecanismo das anormalidades oculares parece estar relacionado à tração vitreorretiniana, visto que o humor vítreo é extremamente aderido à retina nos primeiros anos de vida. A associação de hemorragias retinianas (HR) graves com as forças repetidas de aceleração-desaceleração, adicionado aos achados de HR nos sítios de maior adesão vitreorretiniana, suportam fortemente a teoria da adesão vitreorretiniana como fator causal[3].

Várias outras hipóteses já foram criadas como explicações alternativas para o surgimento das HR, como trauma encefálico contuso, aumento da pressão intracraniana, aumento da pressão intratorácica ou hipóxia, mas essas teorias já foram descartadas.

ALTERAÇÕES SISTÊMICAS

A síndrome da criança maltratada (ou síndrome de Caffey) se refere a crianças vítimas de violência física e mental e engloba outras síndromes, como a SCS, a síndrome da criança espancada, a síndrome de Silverman e a síndrome da criança negligenciada.

As vítimas da SCS podem apresentar irritabilidade, desenvolvimento neurológico retardado, alteração nos padrões alimentares, letargia, vômitos, convulsões, fontanelas tensas ou abauladas, aumento do perímetro cefálico, alterações respiratórias e midríase pupilar[2,4].

Outras alterações sistêmicas características incluem: evidências de fratura epifisária (frequentemente múltiplas) dos ossos longos ou fraturas do tipo espiral, resultado de torções; volume dos membros superiores diferentes (indicativo de hemorragia subperióstea, com formação subsequente de formação neo-óssea); costelas fraturadas em diferentes fases de consolidação, indicativas de espancamento; evidências de fratura de crânio; hematoma subdural sem explicação plausível; e qualquer fratura em um bebê jovem demais para engatinhar[2,4,5].

ACHADOS OFTALMOLÓGICOS

As HR são o achado preponderante do ponto de vista oftalmológico na SCS, presente em 85% dos casos (Figura 34.1A). Existe relação entre a gravidade das alterações cerebrais e das HR. Dois terços dos pacientes com SCS apresentam HR numerosas e em diferentes níveis retinianos. Essas HR se estendem até a periferia retiniana, sem padrão anatômico característico. Apenas 15% dos pacientes com SCS não apresentam HR, de modo que a ausência de HR não exclui totalmente abuso infantil[6].

Quando consideradas outras causas externas, a incidência de HR é muito maior na SCS que em outras formas de traumatismos cranioencefálicos, mesmo considerando-se acidentes automobilísticos letais. As HR são muito mais graves na SCS quando comparadas a lesões com impacto único, nas quais as hemorragias são menos graves e confinadas no polo posterior[6,7].

A retinosquise traumática (ou seja, separação das camadas retinianas) é uma lesão particularmente característica da síndrome, relacionada à forte tração imposta pelo vítreo à retina no momento das acelerações e desacelerações repetidas. Nesses casos, a retina se cliva, gerando uma cavidade cística preenchida por hemácias (Figura 34.1B). O sangue geralmente se acumula entre a membrana limitante interna e a camada de fibras nervosas, podendo romper para a cavidade vítrea. Esse tipo de lesão não é encontrado em outras condições, exceto raros relatos de traumatismos cranianos muito graves[3]. O acompanhamento é essencial, uma vez que hemorragias vítreas no eixo visual podem comprometer o desenvolvimento visual, caso não absorvam. A não ser por uma ambliopia decorrente de deprivação visual, as HR e as isquises, mesmo maculares, não costumam afetar a visão final.

Hemorragias superficiais, em chama de vela ou puntiformes, podem ser bastante efêmeras, resolvendo-se em intervalo de dias, o que reforça a necessidade de pronto exame oftalmológico, idealmente em menos de 24 horas da admissão ou da suspeita[6]. A documentação com fotografias da retina não é essencial para o diagnóstico, mas é útil para registro e aspectos legais.

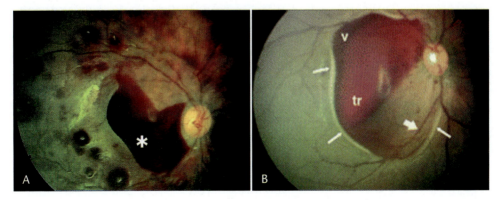

Figura 34.1 A: numerosas hemorragias retinianas, tanto intra quanto pré-retinianas, envolvendo o polo posterior e a retina periférica; B: retinosquise macular traumática. A seta indica dobra retiniana na borda da isquise, com hipopigmentação associada. Retinografias gentilmente cedidas pelo dr. Alex Levin, chefe do setor de Oftalmologia Pediátrica e Genética Ocular do Wills Eye Institute[7].

DIAGNÓSTICO

A SCS é fequentemente subdiagnosticada, uma vez que os cuidadores da criança podem mentir ou desconhecer o potencial de letalidade das sacudidas. O exame de retina com oftalmoscopia binocular indireta por oftalmologista experiente é crítico para o estabelecimento do diagnóstico, uma vez que poucas condições apresentam achados semelhantes. Achados sistêmicos associados, como os descritos anteriormente, podem contribuir para a suspeita. Exames de imagem, como a ressonância magnética, podem se prestar para uma investigação mais completa e como documentação objetiva, para fins legais[2]. Nos casos pertinentes, devem-se considerar exames hematológicos, a fim de se excluir linfoproliferações ou alterações da cascata de coagulação.

Diagnóstico Diferencial

Existe ampla gama de doenças oculares e sistêmicas associadas à presença de HR. Destacam-se como entidades oftalmológicas na faixa pediátrica: hemangioma de coroide, infecção por citomegalovírus e retinosquise ligada ao X, todas facilmente diferenciadas com base em outras características oculares. As alterações sistêmicas associadas a HR quase sempre resultam em um número limitado de hemorragias pré ou intrarretinianas no polo posterior. Exceções incluem o parto normal ou leucemias: as leucemias podem ser diagnosticadas por meio de exames hematológicos objetivos; as HR superficiais associadas ao parto geralmente desaparecem após uma semana, e as profundas em no máximo seis semanas. Dessa forma, HR após seis semanas não podem mais ser relacionadas ao parto. HR associadas a ressuscitação cardiopulmonar são muito raras e, quando ocorrem, são poucas e restritas ao polo posterior. Casos muito raros de deficiência grave de vitamina K, deficiência congênita de proteína C ou S ou coagulação intravascular disseminada em neonatos foram relatados a HR extensas[4].

As HR associadas a quedas da própria altura ou traumas mais graves, como acidentes automobilísticos, ocorrem em menor número, sendo restritas ao polo posterior, ao contrário da SCS. HR extensas, que não são relacionadas a SCS, somente ocorrem em casos de coagulopatia grave, facilmente diagnosticáveis em exames hematológicos.

TRATAMENTO E PROGNÓSTICO

Deve-se monitorar a pressão intracraniana e drenar hematomas em casos pertinentes. O tratamento ocular é geralmente expectante, a não ser em casos de hemorragias pré-retinianas persistentes, nas quais a vitrectomia pode ser considerada pelo risco de desenvolvimento de ampliopia por deprivação visual. O prognóstico depende da gravidade das lesões, podendo variar de recuperação total sem sequelas a óbito. Levantamentos indicam que um terço desses pacientes vai a óbito, um terço sobrevive com alterações neurológicas graves e apenas um terço se recupera sem grandes sequelas[4]. Entre as sequelas neurológicas mais frequentes, destacam-se dificuldades de aprendizado e de fala, hidrocefalia, paralisia cerebral e alterações visuais, causadas por lesão aos lobos occipitais ou lesão direta ao nervo óptico.

CONCLUSÕES

Existe forte evidência baseada em literatura de que a retinopatia hemorrágica grave em criança previamente sadia, sem história de trauma de grandes proporções (p.ex., acidente automobilístico fatal), está relacionada a traumas abusivos por acelerações-desacelerações repetidas, com ou sem impacto direto no segmento encefálico. Desse modo, profissionais médicos devem manter-se atentos a essa possibilidade diagnóstica, apropriadamente descartando explicações alternativas, mas valorizando ao mesmo tempo as evidências disponíveis, de modo a assegurar a proteção e o bem-estar da criança.

REFERÊNCIAS BIBLIOGRÁFICAS

1. Caffey J. On the theory and practice of shaking infants: its potential residual effects of permanent brain damage and mental retardation. Am J Dis Child. 1972;124(2):161-9.
2. Ewing-Cobbs L, Kramer L, Prasad M, Canales DN, Louis PT, Fletcher JM, et al. Neuroimaging, physical and developmental findings after inflicted and noninflicted traumatic brain injury in young children. Pediatrics. 1998;102(2 Pt 1):300-7.
3. Massicotte SJ, Folberg R, Torczynski E, Gilliland MG, Luckenbach MW. Vitreoretinal traction and perimacular retinal folds in the eyes of deliberately traumatized children. Ophthalmology. 1991;98(7):1124-7.
4. Bruce DA, Zimmermnan RA. Shaken impact syndrome (review). Pediatr Ann. 1989;18(8):482-4.
5. Duhaime AC, Chlristian CW, Rorke LB, Zimmerman RA. Nonaccidental head injury in infants: the "shaken-baby syndrome". N Engl J Med.1998;338(25):1822-9.
6. Togioka BM, Arnold MA, Bathurst MA, Ziegfeld SM, Nabaweesi R, Colombani PM, et al. Retinal hemorrhages and shaken baby syndrome: an evidence-based review. J Emerg Med. 2009;37(1):98-106.
7. Levin AV. Retinal hemorrhages in abusive head trauma. Pediatrics. 2010;126(5):961-70.
8. Pascolat G, dos Santos CFL, Campos ECR, Valdez LCO, Busato D, Marinho D. Abuso físico: o perfil do agressor e da criança vitimizada. J Pediatr. 2001;77:35-40.

35 Trauma orbitário e ao nervo óptico

Mário Luiz Ribeiro Monteiro

> **Após ler este capítulo, você estará apto a:**
> 1. Reconhecer um olho com trauma que possa ter comprometimento da região orbitária e do nervo óptico.
> 2. Orientar casos com fraturas orbitárias, hematomas e enfisema orbitário.
> 3. Identificar as principais causas do trauma orbitário e ao nervo óptico.
> 4. Orientar as famílias na prevenção do trauma orbitário e ao nervo óptico.

INTRODUÇÃO

Os traumatismos na região orbitária são situações importantes e potencialmente graves que necessitam de diagnóstico e orientação terapêutica adequados. Podem acometer qualquer estrutura da órbita, sendo que as ocorrências mais importantes são as fraturas, os hematomas, o enfisema orbital e os traumatismos do nervo óptico. Neste capítulo serão discutidos o diagnóstico e a conduta frente a essas doenças.

FRATURAS ORBITÁRIAS

As fraturas orbitárias são lesões relativamente comuns em razão da posição anterior da órbita e do globo ocular. Podem ser limitadas aos ossos da órbita ou se associar a fraturas de outros ossos da face e do crânio[1]. Qualquer uma das paredes da órbita pode ser acometida, sendo a mais importante a fratura do assoalho da órbita. As fraturas isoladas incluem aquelas com acometimento da rima orbitária e aquelas nas quais ocorre apenas o comprometimento do assoalho da órbita. Esse último tipo de fratura é chamado de fratura *blow out* do assoalho. Nesse caso, a pressão aumentada na órbita em decorrência do trauma é transmitida posteriormente aos ossos mais finos da órbita situados na parede inferior e medial, enquanto o rebordo orbitário, mais resistente, permanece intacto. Tais fraturas geralmente resultam de socos, boladas ou qualquer tipo de agente contuso que cause impacto nas pálpebras e globo ocular, aumentando a pressão do conteúdo da órbita. O quadro clínico se caracteriza por dor, hemorragia subconjuntival, hematoma e edema nas pálpebras, diplopia e adormecimento da face. Podem levar a duas complicações principais: o estrabismo vertical e a enoftalmia, decorrente da herniação dos tecidos orbitários para dentro do seio maxilar[1-3]. O estrabismo pode ser decorrente do traumatismo muscular ou do encarceramento do músculo reto inferior, causando dificuldade na elevação do olho pela impossibilidade de o músculo relaxar quando da contração do músculo reto superior (Figura 35.1). Na grande maioria desses casos, o olho do lado acometido se mostra desviado para baixo[1,2].

Fraturas da parede medial da órbita são partes de fraturas naso-orbitárias mais complexas ou de fraturas do tipo *blow out*. Estas últimas têm menor significado clínico quando comparadas com as fraturas do assoalho orbitário. Podem passar despercebidas, uma vez que suas manifestações clínicas são menos relevantes. Embora seja possível, o encarceramento do músculo reto medial é bastante incomum. Quando há limitação na movimentação horizontal do globo ocular, deve-se considerar a possibilidade de encarceramento do músculo, embora a limitação possa ocorrer também por hematoma no músculo ou paresia neurogênica, por lesão das terminações nervosas do nervo oculomotor[1,2,4].

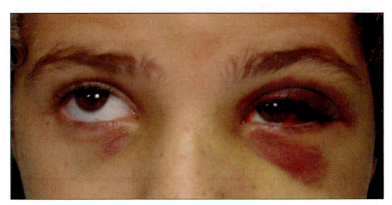

Figura 35.1 Hemorragia subconjuntival e palpebral e limitação da elevação do olho em paciente com fratura do assoalho orbitário.

As fraturas do teto orbitário são encontradas com ainda menor frequência. Raramente são fraturas isoladas, estando geralmente associadas à fratura do rebordo orbitário, do osso frontal e da região do seio frontal. Frequentemente, ocorrem no contexto de traumatismos graves e generalizados e são associadas a lesões no sistema nervoso central e em outros órgãos[1,5]. Esse tipo de traumatismo geralmente resulta de um trauma direto sobre a região supraorbital do osso frontal, sendo a energia transmitida para a lâmina óssea desse osso que leva ao deslocamento para baixo dos fragmentos ósseos do teto orbitário. Muitas vezes não necessitam de correção cirúrgica, sendo o acometimento da motilidade ocular incomum nessas fraturas.

O diagnóstico das fraturas de órbita pode ser feito pela radiografia simples, mas a tomografia computadorizada (TC) é o método diagnóstico mais eficaz, pois permite demonstrar tanto a fratura quanto o acometimento dos tecidos orbitários (Figuras 35.2 e 35.3)[6]. A reconstrução de uma fratura orbitária é feita de diversas formas, mas o fator principal é a manutenção da funcionalidade do olho e, secundariamente, a estética[7,8]. As fraturas necessitam de correção cirúrgica quando acarretam estrabismo restritivo ou enoftalmia clinicamente relevante. Quando o tratamento é necessário, deve ser feito nas primeiras quatro semanas após o traumatismo para evitar a ocorrência de fibrose do músculo acometido. Muitas vezes, é necessário aguardar alguns dias para a redução do edema no sentido de se definir se existe ou não restrição muscular na fratura de forma a confirmar a necessidade de correção cirúrgica. A correção pode ser feita com enxerto de osso da crista ilíaca ou com o uso de materiais exógenos, como placas de titânio ou de polietireno poroso[2,8]. A abordagem cirúrgica das fraturas de assoalho ou parede medial é geralmente feita por meio de incisão palpebral ou conjuntival junto ao rebordo orbitário, sendo a via conjuntival a mais utilizada e que resulta em menor morbidade[1,4]. Por outro lado, as fraturas de teto, quando necessitam de cirurgia, devem ser abordadas por craniotomia[5].

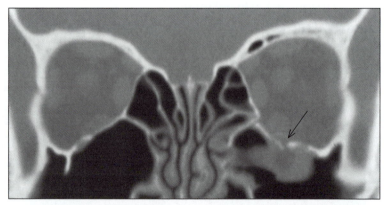

Figura 35.2 Tomografia computadorizada em corte coronal evidenciando fratura de assoalho orbitário (seta) e herniação da gordura orbitária para o seio maxilar.

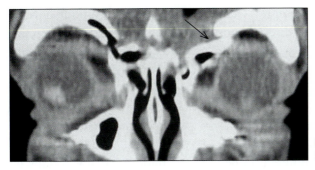

Figura 35.3 Fratura do teto orbitário à esquerda (seta).

HEMORRAGIA E HEMATOMA ORBITÁRIO

Hemorragias representam complicações relativamente frequentes dos traumatismos orbitários, em especial os traumatismos contusos da órbita[1]. O sangramento pode ocorrer dentro dos tecidos da órbita ou se situar no espaço subperiostal. A hemorragia orbitária na maioria das vezes é decorrente de fraturas dos ossos da órbita, mas pode também ser causada pela simples ruptura de vasos orbitários decorrentes do traumatismo e ocasionalmente após manobra de Valsalva ou até mesmo espontaneamente em indivíduos portadores de discrasias sanguíneas. O quadro clínico se caracteriza por proptose dolorosa de intensidade variável, extravasamento de sangue sob a conjuntiva e nas pálpebras, limitação da movimentação ocular, muitas vezes com diplopia associada, e ocasionalmente perda visual por comprometimento do nervo óptico ou da artéria central da retina.

O diagnóstico é feito pelo quadro clínico auxiliado pela TC, que demonstra a hemorragia, além de eventual fratura das paredes da órbita. A imagem por ressonância magnética (RM) pode ser útil na demonstração do hematoma, mas não permite visualizar eventuais fraturas, pela incapacidade de evidenciar o tecido ósseo. Quando a hemorragia se situa entre o osso e o periósteo (Figura 35.4), o hematoma fica restrito pelo periósteo e os sinais externos de hematoma palpebral e

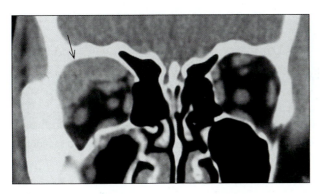

Figura 35.4 Hematoma subperiostal no teto orbitário (seta).

conjuntival podem não estar presentes. Geralmente há proptose e pode haver o deslocamento do globo ocular na direção oposta ao hematoma. Em casos discretos, pode haver reabsorção espontânea, no entanto, quando a coleção sanguínea é significativa e, especialmente quando há perda visual, pode ser necessária a drenagem cirúrgica[1,9].

ENFISEMA ORBITÁRIO

Enfisema orbitário é a denominação dada ao acúmulo de ar nos tecidos da órbita e das pálpebras. Sua ocorrência indica uma comunicação entre os seios paranasais e a órbita, que decorre de uma solução de continuidade (geralmente por fratura) de uma das paredes da órbita e da mucosa que reveste o seio paranasal. Tipicamente, os pacientes foram vítimas de traumatismos na região periorbitária, que pode não ter sido muito violento. O seio etmoidal é o mais comumente implicado na gênese do enfisema orbitário, com fraturas na parede medial da órbita[1,10]. O enfisema raramente se restringe às pálpebras e mais comumente se limita à órbita ou acomete tanto a pálpebra quanto a órbita. O quadro clínico se caracteriza por proptose, que pode ser reduzida pela pressão sobre o globo ocular de forma a reduzir a quantidade de ar na órbita e pode aumentar pela manobra de Valsalva. À palpação, tem-se a sensação de crepitação dos tecidos, especialmente quando o enfisema se estende para as pálpebras. A conjuntiva pode apresentar aspecto edematoso e balonizado com a observação de bolhas de ar sob ela, embora mais usualmente o aspecto seja de quemose conjuntival. O diagnóstico pode ser confirmado à radiografia simples ou de preferência à TC, que identifica a presença de ar na órbita, além de possibilitar a identificação de fraturas (Figura 35.5) e de eventuais outras complicações delas decorrentes. Geralmente não é necessário tratamento, uma vez que o enfisema reabsorve em alguns dias. Deve-se orientar o paciente para evitar manobra de Valsalva (especialmente assoar o nariz) até que a solução de continuidade da mucosa sinusal se restabeleça[1,10].

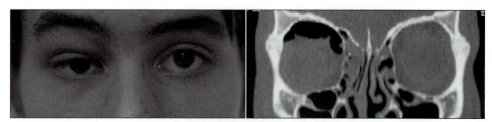

Figura 35.5 Proptose e edema palpebral (à esquerda) decorrente de enfisema na porção superior da órbita em paciente com fratura da parede medial da órbita.

TRAUMATISMOS AO NERVO ÓPTICO

Os traumatismos do nervo óptico podem ser diretos e indiretos[1,11]. O trauma direto decorre de lesões incisionais ou perfurantes da órbita, como pode ocorrer com objetos pontiagudos ou lesões lacerantes causadas por objetos de ponta romba forçados para dentro da órbita ou ainda em ferimentos por arma de fogo. Frequentemente há também lesões do globo ocular e anexos associados. Os traumatismos diretos podem também ser causados por diferentes objetos pontiagudos, como faca, estiletes, caneta, pedaço de madeira pontiaguda, chave de fenda, etc. O prognóstico visual é ruim.

Quanto aos traumatismos indiretos do nervo óptico, são lesões decorrentes de traumas contusos, em que o nervo óptico não é atingido diretamente, mas tem sua lesão causada pela transmissão da onda de choque determinada pelo trauma. O trauma indireto costuma ocorrer no nível do canal óptico, usualmente em traumas cranianos graves e com outras lesões sistêmicas ou neurológicas associadas. A gravidade da perda de acuidade visual inicial nesses casos varia desde a ausência de percepção luminosa até a visão normal (com perda de campo visual). O trauma indireto do nervo óptico geralmente é causado por uma desaceleração brusca do nervo decorrente de um impacto tipicamente na testa, do lado ipsilateral ao nervo. Acidentes automobilísticos são a causa mais frequente, mas também podem ocorrer em acidentes com motocicleta ou bicicleta ou ainda no caso de qualquer tipo de trauma na região periorbitária. Geralmente, o trauma indireto posterior do nervo óptico ocorre quando a cabeça desacelera rapidamente em razão de um impacto na testa, região dos supercílios ou na região temporal. A onda de choque é transmitida até a região do ápice orbitário e canal óptico, provocando lesão do nervo óptico intracanalicular. Embora o trauma craniano que ocasiona traumatismo do nervo óptico seja usualmente grave, levando a perda da consciência, alguns pacientes podem apresentar tal lesão após traumas triviais na região frontal[11].

Ao exame radiológico, preferentemente a TC de alta resolução, pode-se observar em alguns casos fratura nas paredes orbitárias ou no canal óptico. Por vezes, uma espícula óssea pode ser observada, mas em grande número de pacientes o exame radiológico é inteiramente normal, a despeito da perda acentuada da função visual.

O mecanismo pelo qual o traumatismo leva à lesão indireta posterior do nervo óptico envolve múltiplos fatores, incluindo a lesão mecânica com estiramento, ruptura e torção do nervo no nível do canal óptico. Esse tipo de lesão ocorre principalmente pelo fato de o nervo óptico ser imóvel dentro do canal e possuir liberdade de movimentos tanto na região intracraniana quanto na órbita. Além disso, a deformação pode provocar fraturas das estruturas ósseas em torno do canal, que podem provocar compressão ou laceração do nervo. Sabe-se também que grande deformação do canal óptico pode ocorrer mesmo sem fratura, quando a onda de choque é transmitida após um trauma frontal. Outro mecanismo importante para a perda visual é a insuficiência vascular. Fatores anatômicos tornam o suprimento vascular do nervo óptico intracanalicular muito vulnerável ao trauma, especialmente pelo fato de o nervo ser firmemente aderido ao periósteo do canal óptico. A ruptura de pequenos vasos penetrantes em decorrência de movimento do nervo óptico pode ser um dos fatores responsáveis pela insuficiência vascular do nervo. Hemorragia dentro do nervo pode também ser um fator importante e esta pode ser intradural, subdural e subaracnóidea[11].

No trauma indireto posterior do nervo óptico, o paciente caracteristicamente apresenta perda da visão no olho afetado, defeito pupilar aferente e exame oftalmoscópico normal na fase aguda. Quatro a oito semanas depois começa a desenvolver palidez de papila em graus variáveis, dependendo da gravidade da lesão. A perda da acuidade pode variar desde déficits discretos até a ausência de percepção luminosa. Ao exame, observa-se um defeito nas reações pupilares à luz no olho acometido. O exame de campo visual deve ser feito sempre que possível, e os defeitos apresentam uma grande variação. Quando a avaliação da função visual se mostra prejudicada em razão da perda de consciência do paciente, pode-se utilizar o potencial visual evocado para auxiliar na avaliação da função do nervo óptico. Esse exame pode, portanto, documentar a presença de alteração na transmissão do impulso nervoso e, juntamente com a avaliação pupilar, pode ser utilizado no paciente com rebaixamento do nível de consciência. O exame complementar mais importante é a TC de alta resolução, que pode mostrar fraturas nas proximidades ou mesmo no canal óptico e ocasionalmente espículas ósseas nessa região. Quanto à imagem por RM, embora possa ser útil na demonstração de hematomas e espessamentos do nervo, apresenta a desvantagem de não evidenciar adequadamente a parte óssea. Deve-se, no entanto, enfatizar que o indivíduo pode ter perda completa da visão sem que haja qualquer fratura na região do canal óptico mesmo após estudo cuidadoso com a TC[11].

O tratamento do trauma indireto posterior do nervo óptico é bastante controverso. Dois tipos de tratamento têm sido propostos: a descompressão do nervo óptico no seu canal e o uso de corticosteroides sistêmicos. A porcentagem de pacientes que melhora varia conforme o estudo, dependendo não só do tratamento utilizado, mas também do tipo e da gravidade da lesão[2,11]. Apesar da controvérsia a respeito, sempre que não existe contraindicação para o seu uso, a maioria dos autores[11] sugere o uso inicial de corticosteroide em doses altas, seja por via oral ou endovenosa, na fase aguda do trauma. Se não houver recuperação visual em 24 a 48 horas, a cirurgia pode ser considerada, desde que o risco cirúrgico não seja significativo. A via que oferece menor morbidade para a descompressão do nervo parece ser a via transetmoidal, seja por via externa ou, de preferência, por via endonasal. Se o traumatismo tiver ocorrido há mais de uma semana, especialmente quando a perda visual tiver sido imediata e completa ou muito importante, a cirurgia não deve ser recomendada. O prognóstico visual de maneira geral é ruim[11].

CONCLUSÕES

O trauma orbitário e ao nervo óptico pode ocorrer por acidentes automobilísticos, quedas de motos ou bicicletas e outros traumas frontais, como nas agressões.

Saber reconhecer essa grave situação e recomendar o tratamento adequado é tão importante quanto orientar as famílias na sua prevenção.

REFERÊNCIAS BIBLIOGRÁFICAS

1. Monteiro MLR. Traumatismos orbitais. In: Dantas AM, Monteiro MLR (eds.). Doenças da órbita. Rio de Janeiro: Cultura Médica; 2002. p.249-72.
2. Joseph JM, Glavas IP. Orbital fractures: a review. Clin Ophthalmol. 2011;5:95-100.
3. Grant JH 3rd, Patrinely JR, Weiss AH, Kierney PC, Gruss JS. Trapdoor fracture of the orbit in a pediatric population. Plast Reconstr Surg. 2002;109(2):482-9.
4. Choi M, Flores RL. Medial orbital wall fractures and the transcaruncular approach. J Craniofac Surg. 2012;23(3):696-701.
5. Kim JW, Bae TH, Kim WS, Kim HK. Early reconstruction of orbital roof fractures: clinical features and treatment outcomes. Arch Plast Surg. 2012;39(1):31-5.
6. Caranci F, Cicala D, Cappabianca S, Briganti F, Brunese L, Fonio P. Orbital fractures: role of imaging. Semin Ultrasound CT MR. 2012;33(5):385-91.
7. Cruz AA, Eichenberger GC. Epidemiology and management of orbital fractures. Curr Opin Ophthalmol. 2004;15(5):416-21.
8. Kontio R, Lindqvist C. Management of orbital fractures. Oral Maxillofac Surg Clin North Am. 2009;21(2):209-20, vi.
9. Brucoli M, Arcuri F, Giarda M, Benech R, Benech A. Surgical management of posttraumatic intraorbital hematoma. J Craniofac Surg. 2012;23(1):e58-61.
10. Hunts JH, Patrinely JR, Holds JB, Anderson RL. Orbital emphysema. Staging and acute management. Ophthalmology. 1994;101(5):960-6.
11. Monteiro MLR. Neuropatia óptica traumática. In: Dantas AM, Monteiro MLR (eds.). Neuro-oftalmologia. Rio de Janeiro: Cultura Médica; 2011. p.327-35.

36 A criança com olho doloroso

Pedro C. Carricondo
Maria Fernanda Abalem

Após ler este capítulo, você estará apto a:

1. Diferenciar causas oculares e não oculares de dor ocular.
2. Identificar as apresentações clínicas da dor ocular que podem ameaçar a visão e até a vida.
3. Estabelecer avaliação e tratamento adequados.
4. Saber quando referenciar a criança com olho doloroso e assegurar aos pais quando o exame for normal e não relacionado a outras complicações.

INTRODUÇÃO

Entre as causas oculares que levam os pais a procurarem um pediatra, uma das mais recorrentes é a dor ocular. Essa queixa costuma ser menos definida se comparada à de um adulto, não só pelas particularidades das doenças pediátricas, mas também porque as crianças usam suas próprias palavras e não conseguem explicar aos pais e ao médico o que exatamente estão sentindo. Determinar o diagnóstico e a etiologia da dor pode ser desafiador para o pediatra[1].

Em virtude da abundante inervação do olho, diversos estímulos também são interpretados como dor. Prurido, fotofobia, sensação de corpo estranho, desconforto e irritação ocular podem ser referidos como dor. Além disso, como a inervação sensitiva do olho é feita pelo V nervo craniano (nervo trigêmeo), que inerva a maior

A criança com olho doloroso 375

parte da face, dores por causa de cefaleia, enxaqueca, sinusite e mesmo dores dentárias mais profundas podem ser interpretadas como dor ocular ou irradiação dela[2-4].

Quando a queixa de dor for acompanhada por baixa da acuidade visual, é necessário ter atenção especial, pela possibilidade de evoluir para quadros mais graves[5]. Quando o exame físico é normal, é importante também considerar o comportamento e o estado emocional para decidir por uma avaliação mais profunda: a criança está realmente incomodada ou desejando atenção?

EPIDEMIOLOGIA

Provavelmente, por se tratar de um sintoma e não de uma doença, não se encontram na literatura dados disponíveis especificamente sobre dor ocular, exceto nos casos em que há olho vermelho ou alguma outra alteração aparente do globo ocular. Nesses casos, a incidência de dor está relacionada à epidemiologia própria das diversas entidades. Na ausência de alterações específicas, em que não se pode identificar nenhum fator causal para a dor, na maioria dos casos o diagnóstico é de uma queixa funcional[3].

PATOGÊNESE

Seis dos 12 pares de nervos cranianos (II-VII) inervam diretamente os olhos e tecidos perioculares. Entre estes, o V par é responsável pela inervação sensitiva do olho e também do couro cabeludo, da fronte, da face, das pálpebras, das glândulas lacrimais, dos músculos extraoculares, da orelha, da dura-máter e da língua. O nervo trigeminal tem origem no mesencéfalo e possui três divisões: oftálmica, maxilar e mandibular[2,4].

A divisão oftálmica entra pela órbita através da fissura orbital superior e se divide nos ramos frontal, lacrimal e nasociliar. O nervo frontal também se divide em supraorbital e supratroclear, inervando a porção medial da pálpebra superior e da conjuntiva, fronte, couro cabeludo, seios frontais e parte do nariz. Já o nervo lacrimal promove sensibilidade da glândula lacrimal, conjuntiva e pele adjacentes. O nervo nasociliar, através do ramo nasal, supre a porção lateral do nariz, o septo, os meatos médio e inferior e a ponta do nariz; e pelo ramo infratroclear, serve o sistema de drenagem lacrimal, a conjuntiva e a pele da região medial. Os nervos ciliares longos possuem fibras sensitivas do corpo ciliar, da íris e da córnea, além de promover inervação simpática do músculo dilatador da íris; e os nervos ciliares curtos são responsáveis pela sensibilidade do globo ocular. A córnea é um dos tecidos mais densamente inervados do corpo humano. Pequenos estímulos produzem intensa sintomatologia[2,4].

A divisão maxilar, por sua vez, passa pela fissura orbitária inferior e inerva a pálpebra inferior, parte do nariz, o lábio superior, os dentes, o seio maxilar, o palato mole e duro. Por último, a divisão mandibular fornece sensibilidade à mucosa e pele da mandíbula, ao lábio inferior, à língua, à orelha externa e ao tímpano[2,4].

O Quadro 36.1 resume a inervação da face pelos ramos do trigêmeo, que pode ser visualizada na Figura 36.1.

Quadro 36.1 – Inervação da face pelos ramos do nervo trigêmeo[8]

Ramo oftálmico	Ramo maxilar	Ramo mandibular
Pálpebra superior	Pálpebra inferior	Lábio inferior
Conjuntiva	Nariz	Língua
Glândula lacrimal	Lábio superior	Mandíbula
Canalículo e saco lacrimais	Dentes	Orelha externa
Córnea	Seios maxilares	Tímpano
Corpo ciliar	Palato mole	
Íris	Palato duro	
Esclera		
Fronte		
Couro cabeludo		
Seios frontais		
Nariz		

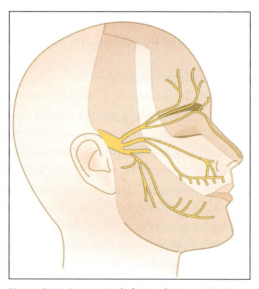

Figura 36.1 Inervação da face pelo nervo trigêmeo.

MANIFESTAÇÕES CLÍNICAS

As crianças, frequentemente, queixam-se de dor no olho ou ao redor dele. Apesar de as queixas serem, muitas vezes, inespecíficas, intermitentes e até inexplicáveis, geralmente benignas e autolimitadas, é de responsabilidade do pediatra avaliar a queixa e procurar sinais e sintomas associados para distinguir os problemas mais graves que requeiram encaminhamento[5-7]. Proptose, córnea opaca e hiperemia pericerática são algumas das alterações aparentes do olho ou da região ao seu redor que indicam a necessidade de uma avaliação mais aprofundada[5-7]. Alguns sinais no exame físico também devem ser considerados críticos, por exemplo, baixa da acuidade visual, alterações pupilares e alterações da motilidade ocular extrínseca[5].

Dor localizada nas pálpebras ou na superfície ocular pode ser causada por blefarite, hordéolo, calázio, conjuntivite, pingueculite, corpo estranho, triquíase, abrasão corneana, ceratites, episclerite, esclerite anterior e celulite pré-septal. Geralmente nessas condições podem ser observadas lesões oculares, com sinais como edema e hiperemia das pálpebras e conjuntiva, difusos ou localizados, presença de secreção e até mesmo de corpo estranho. Além da dor, aparecem sinais e sintomas como lacrimejamento, aumento do piscar, fotofobia, sensação de corpo estranho, prurido e queimação. Em geral, não há perda visual nem alteração da motilidade ocular extrínseca. Podem aparecer também sinais e sintomas sistêmicos semelhantes a infecções leves, como febre e adenomegalia localizada. A observação do olho com a ajuda de uma boa fonte de iluminação é muito útil, procurando especialmente por alterações da transparência da córnea. Pode-se utilizar colírio de fluoresceína e luz azul (com filtro de cobalto) para detectar possíveis lesões corneanas. Com base na história e inspeção adequadas, o pediatra costuma ser capaz de estabelecer o diagnóstico[5,7].

A avaliação de dor intraocular é mais difícil para o pediatra. Em geral, a dor é mais intensa, acompanhada de diminuição da acuidade visual. Normalmente requer avaliação pelo oftalmologista, pois pode ser desencadeada por irite, esclerite posterior, infecção intraocular, neurite ou glaucoma agudo. Essas condições normalmente não podem ser diagnosticadas sem um exame oftalmológico com lâmpada de fenda e pupila dilatada, uma vez que as lesões oculares não são tão aparentes à inspeção. Essas etiologias podem ser inferidas com base na diminuição da visão e outros sinais e sintomas associados, como fotofobia, cefaleia, injeção ciliar (hiperemia pericerática) ou alteração pupilar. A ausência de secreção e de lacrimejamento indicam que provavelmente não se trata de um processo superficial[5].

Dor orbitária é frequentemente confundida com cefaleia tensional, enxaqueca ou dor de cabeça de origem sinusal. Quando causada por doença orbital, muitas vezes é também acompanhada de outros sinais e sintomas, como dor à movimentação dos olhos, diplopia, sensibilidade orbitária, proptose, deslocamento do globo e estrabismo restritivo. Nesses casos, é importante considerar entidades como celulite pós-septal, pseudotumor da órbita, orbitopatia distireoidiana, dacriocistite aguda e tumores orbitais, sendo necessária uma avaliação do especialista.

É importante destacar ainda processos álgicos em que o olho se apresenta calmo, porém associados a alterações neurológicas. Nesses casos, deve-se considerar paralisias de III e VI pares cranianos, neuralgia do V par, herpes-zóster, neoplasias e inflamação intracranianas e meningites. A avaliação deverá ser, então, multidisciplinar, com auxílio do pediatra, neurologista e oftalmologista[2].

Uma causa de desconforto ocular que pode aparecer em crianças em idade escolar e gerar queixa de dor é a astenopia, decorrente de erros refracionais não corrigidos (hipermetropia e astigmatismo, especificamente). Esse sintoma aparece no final do dia, ao término do período escolar ou após períodos prolongados de uso do computador, e melhora com o descanso ou em atividades que não exijam o uso da visão para perto. Quase sempre o olho é calmo, e a acuidade visual, muito próxima do normal. Apesar de exigir uma avaliação oftalmológica, não é motivo para preocupação[5].

DIAGNÓSTICO

Na avaliação inicial da criança com queixa álgica, deve-se identificar corretamente as características, a duração, a intensidade e a localização da dor, bem como a presença de outros sintomas locais, como lacrimejamento, prurido, sensação de corpo estranho, piscagem excessiva e até mesmo manifestações sistêmicas[5,7]. A presença de diminuição aguda da acuidade visual é indicativo de uma urgência oftalmológica, devendo ser ativamente interrogado. Deve-se perguntar sobre a presença de diplopia, de alterações da posição do globo ocular e da pálpebra. Na história, é importante o interrogatório sobre cirurgias oculares prévias e sobre o passado de uveítes e infecções. Merece uma investigação detalhada a possibilidade de trauma.

O pediatra deve observar alterações na pele, no olho e nos tecidos adjacentes, reflexos pupilares, reflexo vermelho e acuidade visual. A primeira parte do exame é a observação da criança no intuito de investigar a presença de sinais, como hiperemia e/ou edema de pálpebra, hiperemia e/ou edema da conjuntiva, opacidade de córnea, mobilização do olho e presença de secreção[5,7]. Para avaliação da superfície ocular, o pediatra pode instilar uma gota de colírio de fluoresceína e iluminar com lanterna com filtro de cobalto (luz azul). A medida da acuidade visual dependerá da idade, da verbalização e da cooperação da criança. De maneira geral, pode ser feita com cartazes apropriados ou mesmo auxílios eletrônicos, como aplicativos para celulares. A criança, exceto quando realizou cirurgia para remoção do cristalino,

A criança com olho doloroso   379

possui a acomodação perfeita, e a visão pode ser testada para perto. A motilidade ocular deve ser pesquisada observando o alinhamento dos olhos e estimulando a movimentação dos olhos para os lados, para os lados e para cima e para os lados e para baixo. A retina e o nervo óptico podem ser avaliados por meio da oftalmoscopia direta; porém, com as pupilas não dilatadas e a criança estressada pela dor, esse exame pode ser dificultado. Nesse caso, é interessante pelo menos a pesquisa do reflexo vermelho, para afastar causas tumorais, por exemplo. O reflexo vermelho deve ser pesquisado com o oftalmoscópio direto, com o feixe de luz direcionado para a região da glabela do paciente[7].

TRATAMENTO

O tratamento pode ser iniciado no consultório do pediatra com analgesia. Analgésicos orais podem ser utilizados a critério do pediatra. Em doenças das pálpebras, como blefarite, hordéolo e calázio, está indicada higiene das pálpebras com xampu neutro, compressas mornas e uso de colírios lubrificantes. Normalmente essas condições não necessitam de avaliação do especialista. Os casos de triquíase podem ser tratados com epilação com pinça; no entanto, por ser uma doença recorrente e com potenciais complicações corneanas, devem ser encaminhados para tratamento definitivo e acompanhamento. Em doenças de superfície ocular, como conjuntivites, episclerites, esclerites, pingueculite, abrasão corneana, ceratites e corpo estranho, o uso de colírios lubrificantes e compressas de água fria estão indicados. Na vigência de corpo estranho conjuntival, este pode ser removido com auxílio de colírio anestésico e cotonete. Sendo o corpo estranho corneano, a criança deverá ser imediatamente referenciada ao especialista. Se houver suspeita de ceratite, pela possibilidade de infecção associada, é recomendado encaminhar para melhor avaliação[5,7].

Os casos de dor intraocular, como uveítes, neurite e glaucoma agudo, requerem tratamento específico e, portanto, devem ser referenciados. Além disso, em virtude da possibilidade de associação com doença sistêmica, haverá a necessidade de acompanhamento em conjunto para busca do diagnóstico[5,7].

Doenças orbitárias, como celulite e dacriocistite aguda, são tratadas com antibióticos sistêmicos, podendo haver necessidade de internação. Casos de suspeita de orbitopatia distireoidiana, pseudotumor e tumores orbitários devem ser prontamente encaminhados pelo risco de complicações[5,7].

Quaisquer casos que não melhorem em poucos dias com o tratamento sistêmico, que tenham sinais de piora ou que apresentem sintomas persistentes devem ser encaminhados para uma avaliação mais aprofundada com especialista[5,7].

O Quadro 36.2 resume os achados de exame mais frequentes e as condutas sugeridas.

380 Oftalmologia

Quadro 36.2 – Achados de exame em pacientes pediátricos e sugestão de encaminhamento ao oftalmologista[5]

Achado ocular	Sugestão de encaminhamento
Alteração pupilar	Encaminhar imediatamente
Alteração do reflexo vermelho	Encaminhar o mais rapidamente possível (dias)
Baixa acuidade visual	Encaminhar imediatamente
Blefarite	Encaminhar se persistente e/ou resistente ao tratamento local com higiene e antibióticos tópicos
Celulite pré-septal	Encaminhar se persistente ou se houver suspeita de celulite orbitária (pós--septal)
Celulite orbitária (pós-septal)	Internação urgente, exames de imagem, avaliação
Calázio	Encaminhar se persistente e/ou resistente ao tratamento local com compressas mornas, antibióticos e corticosteroides tópicos
Conjuntivite alérgica	Encaminhar se persistente, grave e/ou resistente ao tratamento com anti--histamínicos e inibidores de mastócitos
Conjuntivite infecciosa	Encaminhar se persistente ou se apresentar sinais de complicações
Corpo estranho de córnea	Encaminhar se não removido com lavagem e uso de anestésico e cotonete
Esclerite/episclerite	Encaminhar se persistente, sem melhora com analgesia ou se apresentar alteração de acuidade visual
Glaucoma (agudo)	Encaminhar com urgência
Irite/iridociclite	Encaminhar para avaliação o mais rapidamente possível (no máximo no dia seguinte)
Proptose	Encaminhar para avaliação (dentro de dias)
Trauma ocular	Encaminhar se qualquer sinal de possível lesão ocular ou baixa acuidade visual
Úlcera de córnea/ceratite	Encaminhamento urgente
Uveíte intermediária ou posterior	Encaminhar para avaliação o mais rapidamente possível (no máximo no dia seguinte)

CONCLUSÕES

Em virtude da abundante inervação do olho, estímulos como fotofobia, sensação de corpo estranho, desconforto e irritação ocular podem ser referidos como dor pela criança.

Cefaleia, enxaqueca, sinusite e processos dentários podem ser referidos como dor ocular, e erros refrativos não corrigidos podem levar à cefaleia relacionada ao uso prolongado da visão.

A avaliação da criança com dor ocular deve levar em conta a história clínica, as características da dor, a presença de sinais e sintomas oculares e até mesmo o comprometimento sistêmico. A diminuição da visão e a restrição aos movimentos oculares são indicativos de urgência oftalmológica.

REFERÊNCIAS BIBLIOGRÁFICAS

1. Kimberlee M, Curnyn CL. Why do kids do that? In: Kivlin JD (ed.). Focal points. American Academy of Ophthalmology; 2006.
2. Lee AG, Beaver HA, Brazis PW. Painful ophthalmologic disorders and eye pain for the neurologist. Neurol Clin. 2004;22(1):75-97.
3. Richards AL, Patel VS, Simon JW, Zobal-Ratner J. Eye pain in preschool children: diagnostic and prognostic significance. J AAPOS. 2010;14(5):383-5.
4. Ringeisen AL, Harrison AR, Lee MS. Ocular and orbital pain for the headache specialist. Curr Neurol Neurosci Rep. 2011;11(2):156-63.
5. Friedman LS, Kaufman LM. Guidelines for pediatrician referrals to the ophthalmologist. Pediatr Clin North Am. 2003;50(1):41-53.
6. Greenberg MF, Pollard ZF. The red eye in childhood. Pediatr Clin North Am. 2003;50(1):105-24.
7. Prentiss KA, Dorfman DH. Pediatric ophthalmology in the emergency department. Emerg Med Clin North Am. 2008;26(1):181-98, vii.
8. Chalam KV (ed.). Fundamentals and principles of ophthalmology. San Francisco: AAO; 2010-2011.

Seção X

A criança com baixa acuidade visual
Coordenadora: Ana Beatriz S. Ungaro Crestana

Causas de deficiência visual na infância   37

Maria Aparecida Onuki Haddad
Marcos Wilson Sampaio

Após ler este capítulo, você estará apto a:
1. Reconhecer as definições atuais dos conceitos de cegueira e baixa visão.
2. Compreender o panorama nacional e mundial de distribuição dessas condições.
3. Identificar as principais causas das deficiências visuais e cegueira infantil.

INTRODUÇÃO

O Relatório Mundial sobre a Deficiência, desenvolvido pela Organização Mundial da Saúde (OMS) e pelo Banco Mundial em 2011, tem como objetivo prover aos governos e à sociedade civil uma análise abrangente sobre a importância da deficiência e as respostas oferecidas com base nas evidências científicas disponíveis, além de recomendar ações nacionais e internacionais. Segundo o Relatório Mundial, a deficiência é complexa, dinâmica, multidimensional e questionada. A transição de uma perspectiva individual e médica para uma perspectiva estrutural e social foi descrita como uma mudança do modelo médico para um modelo social; porém as condições de deficiência podem não ser explicadas por um modelo de forma exclusiva e, dessa forma, o emprego equilibrado de ambos os modelos deve ser considerado (modelo biológico-psíquico-social). A Classificação Internacional de Funcionalidade, Incapacidade e Saúde (CIF) é adotada como parâmetro conceitual pelo Relatório Mundial, em que a incapacidade é um termo abrangente para deficiências, limitações para realização e restrições para participação de determinadas atividades (aspectos negativos da interação entre um indivíduo com um problema de saúde e os fatores contextuais – pessoais e ambientais). A deficiência, ao ser definida como uma interação de diversos fatores, não pode ser considerada um atributo do indivíduo[1].

De acordo com a 10ª revisão da Classificação Estatística Internacional das Doenças e Problemas Relacionados à Saúde (CID-10), considera-se visão subnormal, ou baixa visão, quando o valor da acuidade visual corrigida no melhor olho é menor do que 0,3 e maior ou igual a 0,05, ou seu campo visual é menor do que 20 graus no melhor olho com a melhor correção óptica (categorias 1 e 2 de graus de comprometimento visual), e considera-se cegueira quando esses valores encontram-se abaixo de 0,05 ou o campo visual é menor do que 10 graus (categorias 3, 4 e 5). A presente categorização baseia-se nas recomendações feitas no ano de 1972 pelo Grupo de Estudo para a Prevenção da Cegueira da OMS e foi incluída na 9ª revisão da Classificação Estatística das Doenças e Problemas Relacionados à Saúde de 1975[2].

A OMS (1992) propôs uma definição que considera aspectos funcionais, ratificada em Oslo (2004):

> A pessoa com baixa visão é aquela que apresenta, após tratamentos e/ou correção óptica, diminuição de sua função visual e tem valores de acuidade visual menor do que 0,3 a percepção de luz ou um campo visual menor do que 10 graus de seu ponto de fixação; porém usa ou é potencialmente capaz de usar a visão para o planejamento e/ou execução de uma tarefa.

Justifica-se o uso dessa definição pelo fato de que a maior parte da população considerada cega (por alguma definição legal) tem, na verdade, baixa visão e é, a princípio, capaz de usar sua visão para realização de tarefas[3,4].

A CIF proporciona instrumentos para a compreensão e o estudo da saúde e das condições de bem-estar relacionadas à saúde em um indivíduo. São descritos domínios da saúde e relacionados à saúde com base na perspectiva do corpo, do indivíduo e da sociedade em duas listas básicas: (1) funções e estruturas do corpo e (2) atividades e participação. A funcionalidade indica os aspectos positivos da interação entre o indivíduo e seus fatores contextuais, enquanto a incapacidade indica os aspectos negativos (deficiências, limitação de atividades ou restrição na participação). A CIF integra conceitos do modelo médico e social de funcionalidade e incapacidade; sua abordagem é biopsicossocial. O significado da condição visual para o indivíduo depende da sua interação com fatores sociais, ambientais, psíquicos, familiares e laborativos. A versão atual da CIF difere substancialmente da versão de 1980 – que estudava o impacto da doença na condição de saúde da pessoa – na representação das inter-relações entre funcionalidade e incapacidade e transformou-se numa classificação de componentes da saúde e suas múltiplas interações[5].

Na legislação brasileira, o Decreto n. 5.296, de 2 de dezembro de 2004, estabelece normas gerais e critérios básicos para a promoção da acessibilidade das pessoas portadoras de deficiência ou com mobilidade reduzida[6]. De acordo com seu art. 70, que altera o art. 4º do Decreto n. 3.298, de 20 de dezembro de 1999, passam a vigorar as seguintes definições relativas à deficiência visual:

- Cegueira, na qual a acuidade visual é igual ou menor do que 0,05 no melhor olho, com a melhor correção óptica.
- A baixa visão, que significa acuidade visual entre 0,3 e 0,05 no melhor olho, com a melhor correção óptica.
- Os casos nos quais o somatório da medida do campo visual em ambos os olhos for igual ou menor do que 60º.
- A ocorrência simultânea de quaisquer das condições anteriores.

Baixa visão, ou visão subnormal, descreve uma condição da função visual, intermediária entre a visão normal e a cegueira e secundária a um acometimento irreversível do sistema visual, na qual o uso da correção óptica para erros refracionais não é suficiente para a melhor resolução visual, com prejuízo na realização de determinadas atividades e impacto negativo sobre a funcionalidade[7-9].

O oftalmologista, na sua prática médica diária, lida com uma variedade de situações de saúde que afetam a vida de seus pacientes. O foco de sua atuação é a intervenção imediata para a cura dessas afecções. No entanto, apesar do pronto atendimento e dos recursos terapêuticos existentes, condições crônicas e deficiências permanentes podem existir, e lidar com as suas consequências constitui-se em uma parte da atuação médica denominada de medicina da reabilitação, na qual está incluída a oftalmologia[10].

A atuação do oftalmologista na área da baixa visão não é uma ação isolada; é parte de um trabalho conjunto de profissionais de diferentes áreas, com o objetivo da inclusão social do indivíduo com a deficiência visual[7-9,11].

EPIDEMIOLOGIA

A OMS estima, com base na população mundial do ano de 2008, que haja 285 milhões de pessoas com deficiência visual, sendo 39 milhões de pessoas cegas (categorias 3, 4 e 5 da CID-10) e 246 milhões de pessoas com baixa visão (categorias

1 e 2 da CID-10). As principais causas de deficiência visual no mundo são: erros refrativos não corrigidos (43%), catarata não operada (33%), glaucoma (2%), degeneração macular relacionada à idade (1%), retinopatia diabética (1%), opacificações de córnea (1%), tracoma (1%) e causas indeterminadas (18%). As causas de cegueira são: catarata (51%), glaucoma (8%), degeneração macular relacionada à idade (5%), cegueira infantil (4%), opacidades de córnea (4%), erros refrativos não corrigidos (3%), tracoma (3%), retinopatia diabética (1%) e indeterminadas (21%). Noventa por cento da população mundial com deficiência visual vive nos países em desenvolvimento; mais de 80% dos casos mundiais de cegueira poderiam ser evitados (prevenidos ou tratados); 63% da população tem baixa visão; e 82% da população cega tem mais de 50 anos de idade[12].

No Brasil, de acordo com o Censo 2010, o total de pessoas que declararam possuir pelo menos uma deficiência grave no país foi de 12.777.207, o que representa 6,7% da população total. O Censo investigou, no questionário da amostra, as deficiências visual, auditiva, motora e mental. Para as três primeiras, foram verificados ainda os graus de severidade: alguma dificuldade, grande dificuldade e impossibilidade. As pessoas agrupadas na categoria deficiência grave são as que declararam, para um tipo ou mais de deficiência, as opções "grande dificuldade" ou "impossibilidade", além daquelas que declararam possuir deficiência mental[13].

A deficiência visual grave foi a que mais incidiu sobre a população: em 2010, 3,5% das pessoas declararam possuir grande dificuldade ou nenhuma capacidade de enxergar. Em seguida, foi observada a deficiência motora grave, atingindo, em 2010, 2,3% das pessoas. O percentual de pessoas que declararam possuir deficiência auditiva grave foi de 1,1% e o das que declararam ter deficiência mental foi de 1,4%[13].

Estimativas da cegueira na infância mostram prevalência entre 0,3/1.000 e 1/1.000, de acordo com taxas de mortalidade infantil abaixo de 5 anos de idade, o que leva a valores entre 80 e 100 crianças cegas a 400 crianças cegas por milhão nos países economicamente desenvolvidos e nas regiões mais pobres do mundo, respectivamente. Assim, estimam-se 1,5 milhão de crianças cegas, sendo que 75% dessa população vive na Ásia e na África[14-16].

Estima-se um número de 1,5 milhão de crianças cegas no mundo, levando em conta a expectativa de vida, pode-se chegar a calcular 75 milhões de anos de cegueira nessas crianças, equivalente à cegueira mundial por catarata, se considerado o tempo de vida com a incapacidade (*disability adjusted life year* – DALY)[14-16].

Causas de Baixa Visão

Nos países em desenvolvimento, a deficiência visual na infância ocorre, principalmente, em decorrência de fatores nutricionais, infecciosos e falta de tecnologia apropriada. Nos países com renda *per capita* intermediária, as causas são variadas e observa-se a retinopatia da prematuridade como causa emergente de cegueira, com maior prevalência nos países da América Latina e Leste Europeu. Causas não evitáveis como doenças degenerativas retinianas, doenças do sistema nervoso central e anomalias congênitas são observadas nos países desenvolvidos[15,17].

Haddad et al.[18-20] observaram a retinocoroidite macular por toxoplasmose, as distrofias retinianas, a retinopatia da prematuridade, as malformações oculares, o glaucoma congênito, a atrofia óptica e a catarata congênita como principais causas de deficiência visual em uma população infantil atendida no Serviço de Visão Subnormal (SVSN) do HC-FMUSP e na Associação Brasileira de Assistência ao Deficiente Visual (Laramara), na cidade de São Paulo.

A deficiência múltipla – presença de duas ou mais deficiências no mesmo indivíduo – tem importância crescente na população infantil cega ou com baixa visão e é mais prevalente nos países em desenvolvimento[3]. As afecções associadas podem ser: motoras, sensoriais, cognitivas, distúrbios emocionais, distúrbios de comportamento, dificuldades de comunicação, problemas neurológicos e doenças crônicas que afetam o desenvolvimento, a educação e a vida independente. A sobreposição e a gravidade dessas afecções serão variáveis para cada criança, de acordo com seu diagnóstico, idade de acometimento da afecção e acesso a oportunidades disponíveis no seu ambiente para promoção de seu desenvolvimento[21]. A interação de duas ou mais afecções na criança poderá comprometer sua comunicação, sua mobilidade e seu desempenho nas atividades diárias. Akhil[21] considera os seguintes aspectos comuns entre as crianças com deficiência múltipla: comprometimento do desenvolvimento global, da comunicação e da interação com o meio; e necessidade de suporte para a realização de atividades simples e de um programa de reabilitação estruturado.

As causas da deficiência visual associada a outros comprometimentos podem ser:

- Pré-natais: infecções (rubéola, herpes, sífilis, toxoplasmose), síndromes (Down, Lawrence Moon Biedl, Noorie, Usher, Charge), traumas e exposição a agentes externos (drogas e radiação).
- Perinatais: condições de anóxia neonatal, prematuridade.
- Pós-natais: traumatismos cranioencefálicos, infecções (meningites, encefalites).

Crianças com deficiência múltipla apresentam incidência alta de quase todos os tipos de afecções do sistema visual (erros refrativos, estrabismo, nistagmo, catarata, atrofia óptica, hipoplasia do nervo óptico e deficiência visual cortical)[22-29]. A prevalência dos problemas oculares varia de acordo com o tipo de estudo desenvolvido e da população avaliada[29,30]. Dessa forma, crianças com deficiência múltipla requerem atendimento oftalmológico, além de acompanhamento multidisciplinar de longa duração[31].

Cerca de 30 a 70% da população infantil com deficiência visual grave apresenta outras deficiências associadas, que podem não ser detectadas[32]. No Reino Unido, 78% das crianças diagnosticadas com perda visual irreversível tinham, após um ano de observação, outras deficiências associadas à visual[29].

Haddad et al.[18] estudaram uma população de 3.210 crianças e adolescentes quanto às causas da deficiência visual, associada ou não a outras deficiências, encaminhados à Laramara ou ao SVSN HC-FMUSP, ambos localizados na cidade de São Paulo (SP). As principais causas de deficiência visual observadas na população com deficiência múltipla foram: atrofia óptica (37,7%), deficiência visual cortical (19,7%), retinocoroidite macular por toxoplasmose (8,6%), retinopatia da prematuridade (7,6%), malformações oculares (6,8%), catarata congênita (6,1%) e doenças degenerativas da retina e mácula (4,8%). O nervo óptico foi a estrutura ocular mais acometida (39%), seguido pela retina (23,3%) e por lesões das vias ópticas posteriores (19,7%). Quanto à etiologia da atrofia óptica, observaram-se fatores hereditários (3,8%), fatores intrauterinos (21%), fatores perinatais (50,5%), fatores pós-natais (15,7%) e desconhecidos (8,2%). Destacaram-se os fatores hipóxico-isquêmicos perinatais (47,1%) e malformações do sistema nervoso central (14,4%). A deficiência visual cortical foi secundária a distúrbios hipóxico-isquêmicos perinatais (46,2%), malformações do sistema nervoso central (12,8%) e meningites (10,1%).

A falta da correção óptica para erros refracionais afeta uma representativa parcela da população mundial, independente de idade, sexo ou grupo étnico. Vícios de refração não corrigidos acarretam dificuldades educacionais e laborativas, com prejuízo na qualidade de vida do indivíduo e um custo econômico alto para a sociedade. Os principais fatores para a dificuldade de correção óptica de ametropias são: falta de conhecimento do problema por parte da comunidade e das agências de saúde pública, dificuldade de acesso a serviços de saúde, custo final alto para aquisição da correção óptica e dificuldades culturais[17,33].

O emprego dos valores de "acuidade visual com a melhor correção óptica", ao ser substituído pelo estudo de valores da "acuidade visual apresentada", nas pesquisas epidemiológicas, revela a participação dos erros refracionais não corrigidos como uma das principais causas de deficiência visual no mundo. Segundo Resnikoff et al.[33], estima-se que 153 milhões de pessoas acima de 5 anos de idade apresentam deficiência visual secundária à falta da correção óptica de seus vícios de refração, sendo 8 milhões consideradas cegas, de acordo com a definição de cegueira preconizada pela CID-10.

Os erros refracionais não corrigidos são a segunda causa mundial de cegueira e a principal causa de baixa visão. A prevalência de cegueira mundial por ametropia não corrigida nas faixas etárias de 5 a 15 anos, 16 a 39 anos, 40 a 49 anos e a partir de 50 anos são de, respectivamente, 0,97%, 1,11%, 2,43% e 7,83%. Há demanda para que ações de detecção sejam desenvolvidas, uma vez que os vícios de refração são passíveis de tratamento, e, quando corrigidos, o impacto social e o econômico gerados são positivos.

CONCLUSÕES

O pediatra, antes do oftalmologista, também é agente catalisador do processo de habilitação e reabilitação visual. As orientações de ambos os profissionais quanto ao quadro ocular, ao tratamento e ao prognóstico são fundamentais, porém mais importantes são as perspectivas que eles podem oferecer frente a um quadro de deficiência visual[7,9].

A avaliação oftalmológica da pessoa com baixa visão deve ser realizada, e os dados obtidos devem ser usados para o direcionamento do caso, desde a adaptação de auxílios ópticos até o encaminhamento aos profissionais de outras áreas e seus esclarecimentos.

REFERÊNCIAS BIBLIOGRÁFICAS

1. Organização Mundial da Saúde. Relatório Mundial sobre a Deficiência. Tradução em língua portuguesa pela Secretaria dos Direitos da Pessoa com Deficiência do Estado de São Paulo. São Paulo: SDPcD; 2011. 334p.
2. Organização Mundial da Saúde. Classificação Internacional de Doenças e Problemas Relacionadas à Saúde. Décima Revisão. São Paulo: Edusp; 1993.
3. World Health Organization. Programme for the Prevention of Blindness. Management of low vision in children – report of a WHO Consultation. Bangkok: WHO/PBL/93.27; 1992.
4. International Society for Low-vision Research and Rehabilitation. Toward a reduction in the global impact of low vision. Oslo: ISLVRR; 2005.
5. Organização Mundial da Saúde. Classificação Internacional de funcionalidade, incapacidade e saúde. São Paulo: Edusp; 2003.
6. Decreto n. 5.296, de 2 de dezembro de 2004. DOU 3/12/2004. Disponível em: http://www3.dataprev.gov.br/SISLEX/paginas/42/2000/10048.htm. (Acesso 8 jul 2012.)
7. Haddad MAO, Sampaio MW, Kara-José N. Baixa visão na infância. Manual básico para oftalmologistas. São Paulo: Laramara; 2001.
8. Haddad MAO. Habilitação e reabilitação de escolares com baixa visão: aspectos médico-sociais. [Tese]. São Paulo: Faculdade de Medicina da Universidade de São Paulo; 2006. (Acesso 8 jul 2012.)
9. Sampaio MW, Haddad MAO. Baixa visão: manual para o oftalmologista. Rio de Janeiro: Guanabara Koogan; 2009. 176p.
10. Colenbrander A, Fletcher DC. Low vision rehabilitation. A study guide and outline for ophthalmologists, residents and allied health personnel. Anaheim: JCAHPO; 2003.

Oftalmologia

11. Sampaio MW, Haddad MAO, Costa Filho HA, Siaulys MOC. Baixa visão e cegueira. Os caminhos para a reabilitação, a educação e a inclusão. Rio de Janeiro: Cultura Médica Guanabara Koogan; 2010.

12. Pascolini D, Mariotti SP. Global estimates on visual impairment: 2010. Br J Ophthalmol. 2012;96(5):614-8.

13. Brasil. Instituto Brasileiro de Geografia e Estatística (IBGE). Censo demográfico. Disponível em: http://www.ibge.gov.br (acesso 20 maio 2012).

14. Gilbert CE, Foster A. Childhood blindness in the context of VISION 2020 – the right to sight. Bull World Health Organ. 2001;79(3):227-32.

15. Gilbert C, Awan H. Blindness in children. BMJ. 2003;327(7418):760-1.

16. Gilbert C, Foster A. Blindness in children: control priorities and research opportunities. Br J Ophthalmol. 2001;85(9):1025-7.

17. Foster A, Gilbert C, Johnson G. Changing patterns in global blindness. Community Eye Health Journal 20th Anniversary Edition. 2008;21(67): 37-9.

18. Haddad MAO, Sei M, Sampaio MW, Kara-José N. Causes of visual impairment in children: study of 3,210 cases. J Pediatr Ophthalmol Strabismus. 2007;44(4):232-40.

19. Haddad MAO, Lobato FJC, Sampaio MWS, Kara-José N. Pediatric and adolescent population with visual impairment: study of 385 cases. Clinics. 2006;61(3):239-46.

20. Haddad MAO, Sei M, Braga AP, Sampaio MW, Kara-José N. Causes of visual impairment in childhood and adolescence: a retrospective study of 1,917 cases. In: Stuen C, Arditi A, Horowitz A, Lang MA, et al. Vision rehabilitation – assessment, intervention and outcomes. New York: Swets & Zeitlinger; 2000. p.371-5.

21. Akhil P. Understanding needs of children who are multi-disabled visually impaired (MDVI). 2008. Disponível em: http://www.senseintindia.org. (Acesso 5 jan 2009.)

22. Orel-Bixler D, Haegerstrom-Portnoy G, Hall A. Visual assessment of the multiply handicapped patient. Optom Vis Sci. 1989;66(8):530-6.

23. Jacobson L. Ophthalmology in mentally retarded adults. Acta Ophthalmol. 1988;66(4):457-62.

24. Scheimann M. Optometric findings in children with cerebral palsy. Am J Optom Physiol Opt. 1984;61(5):321-3.

25. Kennerly Bankes JL. Eye defects of mentally handicapped children. BMJ. 1974;2(5918):533-5.

26. Lyle W, Woodruff ME, Zuccaro VS. A review of the literature on Down's syndrome and an optometrical survey of 44 patients with the syndrome. Am J Optom Arch Am Acad Optom. 1972;49(9):715-27.

27. Roizen NJ, Mets MB, Blondis TA. Ophthalmic disorders in children with Down syndrome. Dev Med Child Neurol. 1994;36(7):594-600.

28. Woodruff ME, Cleary TE, Bader D. The prevalence of refractive and ocular anomalies among 1,242 institutionalized mentally retarded persons. Am J Optom Physiol Opt. 1980;57(2):70-84.

29. Black P. Visual disorders associated with cerebral palsy. Br J Ophthalmol. 1982;66(1):46-52.

30. LoCascio GP. A study of vision in cerebral palsy. Am J Optom Physiol Opt. 1977;54(5):332-7.

31. Keeffe J. Childhood vision impairment. Br J Ophthalmol. 2004;88(6):728-9.

32. Teplin SU. Visual impairment in infants and young children. Inf Young Children. 1995;8:18-51.

33. Resnikoff S, Pascolini D, Mariottti SP, Pokharel GP. Global magnitude of visual impairment caused by uncorrected refractive errors in 2004. Bull World Health Organ. 2008;86(1):63-70.

Orientação aos pais de crianças com baixa visão 38

Hsu Yun Min Chou

Após ler este capítulo, você estará apto a:

1. Dar orientações básicas a pais de crianças com baixa visão, explicando a importância de encaminhamento para profissionais especializados e para escola regular.
2. Sugerir atividades adequadas para diferentes fases de desenvolvimento, favorecendo um ambiente saudável, rico em interações sociais e experiências variadas, visando a sua independência e inclusão na família, escola e sociedade.

INTRODUÇÃO

A família tem papel fundamental no crescimento e no desenvolvimento de crianças com baixa visão. Os pais precisam saber que eles não estão sozinhos: médicos e profissionais especializados na reabilitação e na educação podem ajudá-los a compreender a dimensão do problema e planejarem juntos a intervenção precoce e a educação, vencendo passo a passo cada dificuldade[1].

É importante entender que em baixa visão não há padrão visual igual; cada criança tem seu jeito de enxergar, seu comportamento e suas necessidades, por isso, é fundamental buscar ajuda de profissionais especializados para avaliação funcional e acompanhamento em diferentes fases do seu desenvolvimento[2].

Os primeiros anos da criança são fundamentais. O bebê nasce com as estruturas anatômicas do sistema nervoso formadas, porém as conexões funcionais entre

394 Oftalmologia

os neurônios não estão estabelecidas e dependem de estímulos do meio ambiente, das interações afetivas e sociais e de experiências[3]. Assim, é importante favorecer um ambiente saudável no contexto familiar, rico em oportunidades variadas.

ORIENTAÇÕES GERAIS AOS PAIS

Desde bebê, deve-se estimular bastante o contato visual da criança, o reconhecimento de rostos e, aos poucos, a imitação de expressões faciais – aproximar o bebê a poucos centímetros do rosto do adulto e deixá-lo olhar rostos com batom nos lábios e delineador nos olhos pode ser mais interessante. Apresentar objetos simples que tenham alto contraste próximos a sua visão e tato, como mamadeiras, luvas e meias com linhas pretas e amarelas, móbiles, bolas e objetos de cores fortes em fundo contrastante, favorece a fixação, a atenção visual e o seguimento de luz e de objetos.

O conhecimento do próprio corpo e de seus movimentos, como engatinhar, andar, pular, balançar, subir e descer escadas, dançar, ir à feira, a parquinhos e a supermercados, ter contato com animais de fazenda, fazer passeios ao zoológico, explorar um ambiente visualmente e nominar tudo que está ao redor, amplia conhecimentos do mundo real, favorece boa orientação espacial e mobilidade em ambientes diferentes. Às vezes é necessário realizar adaptações na casa, mas qualquer mudança de móveis deve ser avisada à criança.

Uma rotina ajuda na aquisição de noção temporal e na compreensão e memorização das atividades do seu cotidiano. É necessário desenvolver independência na alimentação, no vestir e despir e na higiene pessoal. Participar de todas as atividades da família e realizar tarefas simples de casa, como varrer o chão, lavar a louça, arrumar a cama e resgatar objetos caídos, desenvolve habilidades e também responsabilidades. Incentivar a criança a ser organizada evita que ela perca seus pertences e estimular a classificação de objetos pelos seus atributos (cor, forma, tamanho, peso, textura, etc.) por meio da prática de guardar objetos em caixas ou gavetas desenvolve o raciocínio lógico-matemático.

Brincar é fundamental para o desenvolvimento de qualquer criança; mas para a criança com deficiência é ainda mais importante, pois torna o aprendizado mais significativo e alegre e ajuda na aquisição de conceitos e valores, a integrar os sentidos e a explorar o mundo[4]. Ter oportunidade de brincar com crianças da mesma faixa etária ensina o respeito e a necessidade de compartilhar e seguir regras. Brincar com bonecos que representam pessoas conhecidas e seus papéis ou brincar de faz de conta é muito importante para a criança expressar de forma espontânea os seus sentimentos. Brinquedos feitos com sucatas ou comercializados devem privilegiar estimulação da coordenação visuomotora, atenção-concentração, percepção visual, desenvolvimento da linguagem, memória e análise-síntese visual; brincar com jogos de passatempos, caça-palavras, jogo dos sete erros, palavras cruzadas e charadas favorece o processo de alfabetização.

A criança com baixa visão deve frequentar a escola regular desde a educação infantil. Os pais devem falar bem da escola, acompanhar suas lições, manter bom vínculo com a professora e, em casa, contar histórias, incentivar o filho a ler livros e identificar figuras e fotos. Os maiores devem ler jornais e assistir a notícias na televisão para ampliar conhecimentos do mundo.

Família, parentes, vizinhos e escola têm papel fundamental na formação da personalidade da criança. A escola é um espaço de troca de experiências e conhecimentos e a heterogeneidade e a diversidade são fundamentais na construção do conhecimento.

CONCLUSÕES

Crianças com baixa visão têm necessidades específicas e precisam de adaptações para facilitar seu desempenho em diferentes situações do cotidiano, mas os pais podem, de forma natural, proporcionar um ambiente rico em interações e experiências variadas desde seu nascimento. A criança deve ser respeitada, amada e disciplinada sem superproteção ou isolamento, e é importante sempre passar atitudes positivas e ensiná-la a ser persistente e otimista na vida. Com o tempo, os pais verão que seus filhos têm condições de se desenvolver de forma integral, de vencer obstáculos na vida, ser independentes e participar de praticamente tudo como outras crianças, estando incluídos na família, na escola e na sociedade.

REFERÊNCIAS BIBLIOGRÁFICAS

1. Gondo SMF. Intervenção precoce na baixa visão e na cegueira. In: Sampaio MW, Onuki-Haddad MA, Costa Filho HA, Siaulys MOC (eds.). Baixa visão e cegueira – os caminhos para a reabilitação, a educação e a inclusão. Rio de Janeiro: Guanabara Koogan; 2010. p.271-6.
2. Min HY, Onuki-Haddad MA, Sampaio MW. Baixa visão: conhecendo mais para ajudar melhor. Orientações para pais. São Paulo: Laramara; 2001. p.13.
3. Rodrigues MRC. Criança com deficiência visual e sua família. In: Sampaio MW, Onuki-Haddad MA, Costa Filho HA, Siaulys MOC (eds.). Baixa visão e cegueira – os caminhos para a reabilitação, a educação e a inclusão. Rio de Janeiro: Guanabara Koogan; 2010. p.286.
4. Siaulys MOC. Brincar para todos. São Paulo: Laramara; 2005.

39 | Escola especial ou escola regular? Da exclusão à inclusão

Hsu Yun Min Chou

> **Após ler este capítulo, você estará apto a:**
> 1. Relatar uma breve história da atenção educacional da pessoa com deficiência, passando da exclusão à inclusão, nos dias de hoje.
> 2. Compreender o porquê da tendência brasileira de priorizar a inclusão do deficiente visual no ensino regular.
> 3. Reconhecer as necessidades específicas dos alunos com baixa visão no cotidiano escolar.

INTRODUÇÃO

A história da educação da pessoa com deficiência teve diferentes momentos, mudando conforme os valores culturais, conhecimentos e transformações sociais. Conhecer esse processo de transformações ajuda a compreender a realidade educacional dos alunos com baixa visão nos dias de hoje.

ABORDAGEM HISTÓRICA DA ATENÇÃO EDUCACIONAL DA PESSOA COM DEFICIÊNCIA VISUAL

Na Antiguidade, houve abandono e diferentes formas de exclusão social às pessoas deficientes. Na Idade Média, a pessoa deficiente foi alvo de caridade e compai-

Escola especial ou escola regular? Da exclusão à inclusão

xão, que se iniciou sob a proteção da Igreja e mais tarde passou para as autoridades civis, surgindo as instituições asilares; porém, mesmo nessas situações os deficientes eram segregados. Na Idade Moderna, com a filosofia humanista e a evolução das ciências, surgiram tentativas de educação para pessoas deficientes. Em 1784, foi fundada na França a primeira escola para cegos, o Instituto Real dos Jovens Cegos. Foi nessa escola que, em 1825, o aluno Louis Braille apresentou seu sistema de leitura e escrita em relevo, utilizado até os dias de hoje. Na Idade Contemporânea, com os ideais de Revolução Francesa – igualdade, liberdade e fraternidade – iniciou-se a busca de assegurar o exercício da cidadania das minorias[1].

No Brasil, em 1854, D. Pedro II fundou o Imperial Instituto dos Meninos Cegos, atual Instituto Benjamim Constant, no Rio de Janeiro. Depois foram surgindo outras escolas especiais, como a Escola Profissional para os Cegos, em 1928, atual Instituto Padre Chico, em São Paulo, uma escola especial que tinha como objetivo a educação básica, a formação profissional e a integração do cego na sociedade[2].

É importante lembrar que, até meados do século XX, a maioria das crianças com deficiência visual estudava em escolas residenciais e os professores ensinavam o Braille, mesmo quando os alunos possuíam visão residual[3].

A partir das décadas de 1960 e 1970, a educadora americana Natalie Barraga apresentou muitos estudos e trabalhos demostrando que a visão residual pode ser desenvolvida. Esses trabalhos influenciaram a educação da criança deficiente visual, mostrando que há necessidades educacionais diferentes entre crianças cegas e as de baixa visão[4,5].

Em 1980, na Carta para a Década de 80, a Organização das Nações Unidas (ONU) estabeleceu metas para garantir igualdade de direitos e oportunidades para pessoas com deficiência. Em 1990, aconteceu a Conferência Mundial sobre Educação para Todos e, em 1994, a Declaração de Salamanca. Todos esses encontros lançaram bases para a discussão de uma educação democrática e inclusiva[6].

INCLUSÃO DO ALUNO COM BAIXA VISÃO NO ENSINO REGULAR

No Brasil, a Lei das Diretrizes e Bases da Educação Nacional (LDBEN 9.394/1996) define a educação especial como "modalidade de educação escolar, oferecida preferencialmente na rede regular de ensino, para educandos portadores de necessidades especiais". Para atender às necessidades da educação inclusiva, o MEC lançou o documento Saberes e Práticas da Inclusão, no qual fala das adaptações e adequações curriculares para favorecer o acesso de todos os alunos, inclusive deficientes visuais, dentro da proposta do ensino regular. Planos de ação, projetos e programas visam contemplar adaptações curriculares e de materiais didáticos, ajustes nos espaços físicos, capacitações de profissionais e programas de conscientização na sociedade[7].

Hoje, famílias são orientadas a levarem seus filhos com baixa visão à educação infantil, para que sejam estimulados a usarem sua visão residual desde pequenos. Eles devem frequentar uma escola regular; os professores necessitam de informações e orientações sobre o problema visual do aluno, suas dificuldades, necessidades específicas e seu potencial. Antes do primeiro dia de aula, a família deve levar a criança para conhecer e ficar familiarizada com o ambiente escolar. É importante que todos os funcionários da escola conheçam o aluno com baixa visão, caso ele necessite de apoio em diferentes atividades dentro da escola. Ele deve sentir segurança e aceitação, pois esses fatores favorecem oportunidades para sua aprendizagem.

Há muitos recursos de que alunos com baixa visão podem necessitar, como os auxílios ópticos: lentes montadas em armações de óculos, lupas manuais, lupas de apoio, sistemas telescópicos e os auxílios ópticos para o controle da iluminação; há auxílios eletrônicos para ampliação da imagem e recursos especializados da informática; e também existem auxílios não ópticos para ampliação do tamanho real dos objetos (como letras ampliadas), para melhorar postura e posicionamento (como as pranchas inclinadas), os auxílios para a escrita (folhas com pauta ampliada e reforçada, guias para escrita, canetas de ponta porosa e lápis mais macios, como o 3B e 6B) e auxílios para controle da iluminação (diferentes tipos de lâmpada, tiposcópio, acetato amarelo, viseiras, chapéus, bonés)[8]. Todos esses recursos visam à maior funcionalidade visual, facilitando o desempenho no cotidiano. Quando a visão é muito baixa ou o campo visual está comprometido, esses alunos também podem necessitar de bengala na sua orientação e mobilidade.

Há Centros de Apoio Pedagógico para Atendimento às Pessoas com Deficiência Visual (CAP) em todos os estados brasileiros, salas de recursos para atendimento aos alunos com deficiência visual em diversas regiões, além de instituições especializadas nas cidades grandes[9].

Em São Paulo, além dos serviços que o estado e a prefeitura dispõem na área, há instituições como a Fundação Dorina Nowill, a Laramara – Associação de Assistência ao Deficiente Visual – e o Setor de Visão Subnormal da Clínica Oftalmológica do HC-FMUSP. Este último, além do atendimento oftalmológico, possui área educacional com avaliação funcional de crianças e jovens com baixa visão, orientação à família e à escola, incluindo cursos gratuitos e orientação à distância, por meio de cartas e e-mails para seus professores[10].

CONCLUSÕES

A atenção educacional da pessoa com deficiência visual passou por um longo processo de transformações, da exclusão desde os tempos da Antiguidade à inclusão nos tempos contemporâneos. Apesar de ainda existirem muitas dificuldades, na prática, o Brasil, acompanhando tendências mundiais, tem buscado uma escola inclusiva de qualidade, dentro do sistema regular de ensino, e enfatizado a educação na diversidade. Crianças com baixa visão têm suas necessidades educacionais específicas contempladas gradativamente e, para que haja maior sucesso, é importante um trabalho conjunto de suas famílias com as escolas e os profissionais especializados. A inclusão é um processo muito importante em um país democrático que tem em sua legislação o princípio da igualdade de direitos e de oportunidades educacionais para todos.

REFERÊNCIAS BIBLIOGRÁFICAS

1. Costa Filho HA. Histórico da atenção à pessoa com deficiência visual. In: Sampaio MW, Haddad MAO, Costa Filho HA, Siaulys MOC (eds.). Baixa visão e cegueira. Os caminhos para a reabilitação, a educação e a inclusão. Rio de Janeiro: Guanabara Koogan; 2010. p.3-4.
2. Bruno MMG. Deficiência visual. Reflexão sobre a prática pedagógica. São Paulo: Laramara; 1997. p.14.
3. World Health Organization – Programme for the Prevention of Blindness – Management of low vision in children – Report of a WHO Consultation. Bangkok; 1992.
4. Chou HYM. Avaliação funcional da visão do escolar com baixa visão. In: Sampaio MW, Haddad MAO, Costa Filho HA, Siaulys MOC (eds.). Baixa visão e cegueira. Os caminhos para a reabilitação, a educação e a inclusão. Rio de Janeiro: Guanabara Koogan; 2010. p.327.
5. Barraga NC. Programa para desenvolver a eficiência no funcionamento visual: livro de informações sobre visão subnormal. São Paulo: Fundação para o Livro do Cego no Brasil; 1985.
6. Gil M (coord.). Educação inclusiva: o que o professor tem a ver com isso? Rede SACI. Imprensa Oficial. São Paulo; 2005. p.17-8.
7. Brasil. Ministério da Educação. Secretaria de Educação Especial. Saberes e práticas da inclusão: desenvolvendo competências para o atendimento às necessidades educacionais especiais de alunos cegos e de alunos com baixa visão. Brasília: MEC; 2005.
8. Haddad MAO, Sampaio MW. Auxílios para baixa visão. In: Haddad MAO, Siaulys MOC, Sampaio MW. Baixa visão na infância. Guia prático de atenção oftalmológica. São Paulo: Laramara; 2011.
9. Brasil. Ministério da Educação, Secretaria de Educação Especial. A inclusão do aluno com baixa visão no ensino regular com DVD. Autora do Projeto Mara Olimpia de Campos Siaulys. Brasília; 2006. p.63-6.
10. Chou HYM. Avaliação funcional da visão do escolar com baixa visão. In: Sampaio MW, Haddad MAO, Costa Filho HA, Siaulys MOC (eds.). Baixa visão e cegueira. Os caminhos para a reabilitação, a educação e a inclusão. Rio de Janeiro: Guanabara Koogan; 2010. p.327-45.

40 Atenção à criança com deficiência visual e auxílios ópticos disponíveis para baixa visão

Maria Aparecida Onuki Haddad
Marcos Wilson Sampaio

Após ler este capítulo, você estará apto a:

1. Definir a baixa visão e reconhecer as atitudes a serem tomadas em relação às crianças portadoras.
2. Compreender os objetivos da avaliação oftalmológica.
3. Alertar a família de uma criança portadora de baixa visão sobre os possíveis auxílios ópticos disponíveis para os diversos casos.

INTRODUÇÃO

A visão é o sentido que fornece mais dados sobre o meio ambiente e é o único capaz de organizar outras informações sensoriais[1,2]. A deficiência visual na infância, ao limitar o número de experiências e informações, interfere no desenvolvimento motor, cognitivo e emocional[2,3].

Fatores etiológicos, idade de acometimento, presença de outras deficiências, aspectos ambientais e suas interações determinam dificuldades e defasagens no desenvolvimento da criança[1]. Os resultados da detecção de doenças oculares e intervenções precoces são melhores do que quando realizadas tardiamente, após o período de desenvolvimento visual[4,5].

De acordo com Brohier, a visão não se desenvolve isoladamente; a criança necessita de habilidades motoras e táteis para alcançar e examinar o que vê, habilida-

Atenção à criança com deficiência visual e auxílios ópticos disponíveis para baixa visão   401

des cognitivas para organizar e interpretar os vários tipos de informações sensoriais recebidas, e da linguagem para fortalecer associações cognitivas, portanto a ênfase isolada na função visual em detrimento do desenvolvimento global da criança deve ser evitada[2]. Dessa forma, o desenvolvimento de um trabalho interdisciplinar, com envolvimento das áreas clínica e educacional, permite a compreensão das necessidades individuais de cada criança[6]. O atendimento oftalmológico deve ser coordenado com ações educacionais e de reabilitação[7].

A baixa visão na infância é cerca de 3 a 10 vezes mais prevalente do que a cegueira[8,9]. A maior parte da população mundial classificada como cega tem, na verdade, baixa visão e é capaz de usar a sua visão para a realização de tarefas[8].

A criança com baixa visão tem necessidades especiais para desenvolver o uso funcional da visão. A baixa visão pode limitar as experiências de vida, a velocidade na realização de tarefas, o desenvolvimento motor, as habilidades, a educação e o desenvolvimento emocional e social, com comprometimento de sua qualidade de vida[6,10].

As crianças com baixa visão devem ser encorajadas a fazer uso eficiente de sua resposta visual por meio de um programa com abordagem interdisciplinar. Os serviços de habilitação/reabilitação visual têm a finalidade de prevenir sequelas da deficiência visual no indivíduo, evitando a incapacidade e promovendo o desenvolvimento global[6].

Os objetivos da atenção à baixa visão são: minimizar as restrições na participação em atividades; realizar, por meio de testes compatíveis com o desenvolvimento da criança e aspectos culturais, a avaliação da função visual; avaliar o impacto da deficiência visual nas atividades diárias da criança; disponibilizar auxílios ópticos de alta qualidade e custo acessível e que atendam às necessidades diferenciadas da população infantil e assegurar que toda criança com baixa visão seja encaminhada a serviços especializados e receba orientação educacional adequada dentro de um programa integrado[11].

O reconhecimento das necessidades específicas da criança com deficiência visual grave ocorreu nos últimos 50 anos nos países desenvolvidos. A prática prévia era da "economia da visão" e do uso do braile e de materiais táteis para o aprendizado de alunos que ainda apresentavam alguma visão[6].

Barraga[6], na década de 1960, demonstrou, com base em estudos experimentais, que muitas crianças classificadas como legalmente cegas poderiam perceber e organizar seu ambiente e também aprender por meio do uso de sua visão[6]. Os postulados de Barraga se deram concomitantes ao desenvolvimento nas áreas médica e tecnológica da atenção à baixa visão (em especial os avanços na área de recursos para baixa visão).

Estudos desenvolvidos por oftalmologistas, como Gerald Fonda, Richard Hoover, Eleanor Faye e August Colenbrander, e por educadores, como Sam Ascroft,

Oftalmologia

Katie Sibert, Eric Searle e Bengt Linquist, colaboraram para o reconhecimento, a aceitação e o uso do conceito de baixa visão[12].

AVALIAÇÃO OFTALMOLÓGICA DA CRIANÇA COM BAIXA VISÃO

A avaliação oftalmológica da criança com baixa visão fornece aos profissionais da área da saúde e da área educacional subsídios fundamentais para o trabalho de habilitação visual. Baseado no conhecimento das características da resposta visual, as ações tornam-se eficientes.

Segundo Sterns e Hyvarinen (1999)[13], a avaliação oftalmológica da criança com baixa visão deve responder aos seguintes questionamentos:

- A criança tem, realmente, deficiência visual?
- Qual é a causa da deficiência visual?
- Qual é o prognóstico visual da criança?
- Como é a funcionalidade visual da criança?

A avaliação inicia-se no primeiro contato com a criança e a família. Deve-se observar a postura, o comportamento, a atenção a estímulos externos e sua exploração, o domínio da mobilidade dentro do ambiente desconhecido e a interação com os pais, familiares ou acompanhantes.

A história deve conter dados do início da deficiência, da história familiar quanto à deficiência visual, do desenvolvimento, dos tratamentos realizados, da condição clínica geral e do desempenho escolar. Deve-se também observar a receptividade dos pais quanto às orientações que possam ser dadas e a compreensão do quadro real de seu filho.

A avaliação oftalmológica do paciente com baixa visão, além dos procedimentos usuais da consulta, engloba uma série de pesquisas das funções visuais. São avaliadas prioritariamente: a acuidade visual, a velocidade de leitura, a sensibilidade ao contraste, o ofuscamento, o campo visual e a visão de cores, de acordo com o desenvolvimento global da criança. Por meio dos dados obtidos, é possível reconhecer o perfil da resposta visual.

Para o bebê com baixa visão, a possibilidade da correção óptica para sua ametropia poderá ser considerada, assim como orientações básicas para tornar objetos, brinquedos e o ambiente doméstico adequados às suas necessidades visuais.

Para a criança em idade escolar, podem-se indicar auxílios ópticos e não ópticos adequados que irão promover a melhor resolução visual e a melhora do seu desempenho.

Para a família e para os profissionais da área educacional e da saúde, envolvidos com a habilitação ou reabilitação visual, os dados da avaliação oftalmológica

AUXÍLIOS PARA BAIXA VISÃO

A maior funcionalidade visual é um dos principais objetivos do atendimento oftalmológico do paciente com baixa visão. Por meio da modificação da imagem retiniana, de materiais e das condições ambientais, a maior resolução visual é obtida[14-17].

Os auxílios utilizados podem ser:

- Ópticos: utilizam uma lente ou um sistema óptico posicionado entre o observador e o objeto a ser observado. De acordo com suas características ópticas, proporcionam filtração seletiva do espectro visível da luz, ampliação, condensação ou reposicionamento da imagem retiniana.
- Não ópticos: também denominados de funcionais adaptativos, que modificam as características ambientais e o material a ser observado por meio não óptico.
- Eletrônicos (videoampliação): integram sistemas ópticos para ampliação da imagem em monitores.
- Recursos especializados da informática: podem ser na forma de *hardware* (p.ex., teclado ampliado, monitores maiores) ou de *software* (p.ex., programas para maior resolução visual, de acordo com a necessidade do indivíduo; controle da ampliação/contraste/brilho/cor/luminância/reflexão; programas com recursos audíveis).
- Associação de auxílios eletrônicos de ampliação da imagem com recursos de informática.

A adaptação de auxílios para baixa visão não é empírica nem aleatória: todo um protocolo de atendimento deve ser seguido a fim de que exista efetividade no uso do recurso indicado. A avaliação oftalmológica permite o diagnóstico e tratamento de doenças oculares, que podem, muitas vezes, ser subestimadas e ignoradas quando somente a ampliação é testada, de forma a comprometer ainda mais a saúde ocular do paciente. A avaliação especializada fornece subsídios para a indicação dos auxílios mais adequados[14-16,18-23]. Nesse processo, são importantes dados referentes a:

- Avaliação oftalmológica específica para baixa visão, com pesquisa das diversas funções visuais. O valor da acuidade visual auxilia na indicação da magnificação necessária; a pesquisa de campo visual dá indícios da dificuldade que poderá ser observada para determinados níveis de ampliação, na dinâmica da leitura e na orientação no ambiente; a avaliação da resposta aos diversos níveis de contraste pode mostrar a necessidade da modificação da iluminação empregada, do uso de maior ampliação e do emprego de auxílios não ópticos.

- Necessidades do paciente. O perfil do paciente deve ser considerado: sua idade, escolaridade, profissão, estilo de vida, atividades que almeja desempenhar, estado emocional quanto à deficiência.
- Possibilidade de aumentar as áreas de interesse e atividades, conservando as habilidades já existentes.
- Estabilidade do quadro ocular.

Faye define, de forma didática, três grupos de perfil de resposta visual, de acordo com a interação da doença ocular e a funcionalidade visual (correlação clínico-funcional) e propõe os recursos mais indicados, a saber[20,21]:

1. Diminuição da transparência dos meios ópticos do globo ocular:
   a. Principais causas: cataratas, opacidades vítreas, lesões e opacidades corneais, ceratocone, irregularidades no filme lacrimal.
   b. Alterações funcionais: acuidade visual reduzida de acordo com a intensidade de opacificação dos meios; *glare* importante; redução da sensibilidade ao contraste.
   c. Auxílios possíveis: correção óptica adequada, controle da iluminação e aumento do contraste (por meio de auxílios ópticos e não ópticos). A ampliação da imagem muitas vezes não é eficiente para maior resolução visual, uma vez que a imagem ampliada não será nítida.
2. Defeito de campo visual central:
   a. Principais causas: lesões maculares, distrofias de cones, doença de Stargardt e lesões das vias ópticas.
   b. Alterações funcionais: variam de acordo com a extensão e intensidade do envolvimento macular, desde leve distorção da imagem até um escotoma central denso. A acuidade visual pode estar diminuída para valores de 20/40 a 20/1.000, e defeitos da visão de cores podem ser observados. Redução na sensibilidade ao contraste para altas e médias frequências é esperada. A dificuldade para reconhecimento de faces e expressões faciais e a leitura ineficiente são as principais queixas. Quadros insidiosos de acometimento visual permitem maiores ajustes funcionais compensatórios, por parte do paciente, do que quadros agudos.
   c. Auxílios possíveis: uso da correção óptica e da adição (se necessária), ampliação da imagem retiniana (uso da retina periférica e da região perimacular), aumento do contraste e adequação das condições ambientais de iluminação. O

Atenção à criança com deficiência visual e auxílios ópticos disponíveis para baixa visão

paciente aprende a utilizar a retina funcionante por meio de posições do olhar e/ou da cabeça. A presença de escotomas à direita do campo de fixação dificultará a dinâmica de leitura e a adaptação de auxílios ópticos.

3. Defeitos de campo visual periférico:

   a. Principais causas: casos avançados de glaucoma, retinose pigmentar e doenças neurológicas.

   b. Alterações funcionais: dificuldade de reconhecimento e de orientação no ambiente; dificuldade de localização de objetos; diminuição da resposta visual sob condições de baixa luminosidade e redução da sensibilidade ao contraste. Os defeitos de campo visual periférico podem ser classificados em duas categorias: defeitos setoriais ou hemianopsias (lesões nas vias ópticas retroquiasmáticas) e contração generalizada do campo visual (como no glaucoma avançado). Nos casos em que a contração do campo ocorre de forma paulatina, o indivíduo desenvolverá mecanismos inconscientes de compensação para varredura do ambiente por meios de movimentos dos olhos e da cabeça, e a percepção da perda visual ocorrerá somente quando esta estiver muito avançada.

   c. Auxílios possíveis: uso da correção óptica para melhora da acuidade visual (maior resolução do campo visual central remanescente), recursos para condensação e reposicionamento da imagem (para aumento da informação visual dentro do campo visual viável), melhora das condições de iluminação do ambiente, aumento do contraste. A ampliação da imagem retiniana fica restrita a recursos de pequeno poder de ampliação quando há necessidade de melhora da acuidade visual para realização de tarefas. Se o campo visual for menor do que 10 graus no maior meridiano e a acuidade visual for menor do que 20/60, a ampliação da imagem retiniana não terá bons resultados (a imagem ampliada terá extensão maior do que o campo remanescente). O uso de sistemas telescópicos é raro, uma vez que há dificuldade de alinhamento do campo visual reduzido com a pupila de saída do sistema de ampliação. Há maior aceitação de pequenas ampliações por meio do emprego de lupas manuais e de apoio (principalmente as lupas plano-convexas). Os auxílios de videoampliação terão resultados mais significativos por permitirem a ampliação associada a distâncias maiores de trabalho (há facilidade para realizar a varredura da informação ampliada na tela), em razão do maior controle do contraste e da possibilidade de contraste reverso (nos casos de *glare*). Os auxílios da área de informática poderão fornecer a videoampliação e também a informação sonora para maior velocidade de trabalho. Nos casos de contração generalizada do campo visual, sistemas telescópicos reversos, lentes negativas (auxílios de condensação da imagem) e prismas dispostos circularmente nas lentes dos óculos com a base posicionada na periferia (relocação da imagem para diminuir os movimentos oculares de

Oftalmologia

rastreamento necessários para obtenção da informação do campo visual periférico ao campo visual central remanescente) podem ser empregados.

CONCLUSÕES

O conhecimento da abordagem correta de uma criança com deficiência visual ou baixa visão e das possibilidades de utilização dos auxílios especiais disponíveis para seu pleno desenvolvimento pode auxiliar o pediatra a lidar com a família dessa criança, mostrando as possibilidades e esperanças, muitas vezes desconhecidas, para seu máximo desenvolvimento, dentro de suas limitações. O correto encaminhamento da criança deficiente visual já na primeira infância possibilitará o desenvolvimento de habilidades importantes para o futuro ingresso nas atividades escolares, podendo abrir portas para a vida profissional e independência desses indivíduos.

REFERÊNCIAS BIBLIOGRÁFICAS

1. Teplin SU. Visual impairment in infants and young children. Inf Young Children. 1995;8:18-51.
2. Brohier W. Low vision: four perspectives. A professional viewpoint. The Educator; 1990.
3. Scholl GT. Growth and development. In: Holbrook MC, Koeneg AJ. Foundations of education for blind and visually handicapped children and youth. New York: American Foundation for the Blind; 1986. p.65-81.
4. Gilbert CE, Foster A. Childhood blindness in the context of VISION 2020 – the right to sight. Bull World Health Organ. 2001;79(3):227-32.
5. Catalano RA, Nelson LB. Pediatric ophthalmology. Norwalk: Appleton & Lange; 1994.
6. World Health Organization. Programme for the prevention of blindness. Management of low vision in children – report of a WHO Consultation. Bangkok: WHO/PBL/93.27; 1992.
7. International Society for Low-vision Research and Rehabilitation. Toward a reduction in the global impact of low vision. Oslo: ISLVRR; 2005.
8. Foster A, Gilbert C. Epidemiology of childhood blindness. Eye. 1992;6(Pt 2):173-6.
9. Thylefors B, Negrel AD, Pararajasegaram R, Dadzie KY. Global data on blindness. Bull World Health Organ. 1995;73(1):115-21.
10. Gieser JP. When treatment fails. Caring for patients with visual disability. Arch Ophthalmol. 2004;122(8):1208-9.
11. World Health Organization. Preventing blindness in children. Report of a WHO/IAPB scientific meeting. Hyderabad: WHO/PBL/00.77; 1999.
12. Barraga NC. Rehabiltation of low vision. In: V International Conference on Low Vision Proceedings. Madrid: ONCE; 1996. v.2. p.93-9.
13. Stern G, Hyvarinen L. Addressing pediatric issues. In: Fletcher DC. Low vision rehabilitation. Caring for the hole person. San Francisco: American Academy of Ophthalmology, Ophthalmology monographs; 2000. v.12. p.107-19.
14. Haddad MAO, Sampaio MW, Kara-José N. Baixa visão na infância. Manual básico para oftalmologistas. São Paulo: Laramara; 2001.
15. Haddad MAO. Habilitação e reabilitação de escolares com baixa visão: aspectos médico-sociais. [Tese]. São Paulo: Faculdade de Medicina da Universidade de São Paulo; 2006. Disponível em: http://www.teses.usp.br/teses/disponiveis/5/5149/tde-23112006-133322/. (Acesso 8 jul 2012.)

Atenção à criança com deficiência visual e auxílios ópticos disponíveis para baixa visão

16. Sampaio MW, Haddad MAO. Baixa visão: manual para o oftalmologista. Rio de Janeiro: Guanabara Koogan; 2009.
17. Sampaio MW, Haddad MAO, Costa Filho HA, Siaulys MOC. Baixa visão e cegueira. Os caminhos para a reabilitação, a educação e a inclusão. Rio de Janeiro: Cultura Médica/Guanabara Koogan; 2010.
18. Colenbrander A, Fletcher DC. Low vision rehabilitation. A study guide and outline for ophthalmologists, residents and allied health personnel. Anaheim: JCAHPO; 2003.
19. Fonda G. Most useful visual aids for the partially sight. In: Woo G. Low vision – principles and applications. Waterloo: Springer-Verlag; 1986. p.232-42.
20. Faye EF, Albert DL, Freed B, Seidman K, Fischer M. A new look at low vision care. The lighthouse ophthalmology resident training manual. New York: Lighthouse International; 2000.
21. Faye EE. Clinical low vision. 2nd ed. New York: Little, Brown and Company; 1984.
22. Kraut J. Vision rehabilitation. In: Tasman W, Jaeger EA. Duane's ophtalmology. Philadelphia: Lippincott Williams & Wilkins; 2008. v.1. Chapter 46.
23. Haddad MAO, Siaulys MOC, Sampaio MW. Baixa visão na infância. Guia prático de atenção oftalmológica. São Paulo: Secretaria de Estado dos Direitos da Pessoa com Deficiência; 2012.

Seção XI

Quadros de diagnóstico diferencial
Coordenadoras: Rosa Maria Graziano,
Mariza Polati e Ana Beatriz S. Ungaro Crestana

Diagnóstico diferencial do olho vermelho

41

Ruth Miyuki Santo

> **Após ler este capítulo, você estará apto a:**
> 1. Avaliar características distintas existentes entre os diversos quadros de olho vermelho.
> 2. Inferir sobre a gravidade do quadro apresentado pelo paciente.

INTRODUÇÃO

A síndrome do olho vermelho é uma condição observada com relativa frequência e ocorre por uma congestão dos vasos conjuntivais, episclerais ou esclerais. É o reflexo da reação do olho a agentes infecciosos, trauma, inflamação, alergia ou doença sistêmica. Nas crianças, a causa mais comum de olho vermelho é a conjuntivite, mas existem outras condições muito mais graves que podem, inclusive, colocar em risco a visão[1].

DIAGNÓSTICO DIFERENCIAL

Na presença de olho vermelho, a história clínica e o exame ocular minuciosos auxiliam a direção para o diagnóstico etiológico. A história inclui perguntas

412 Oftalmologia

a respeito do envolvimento ocular uni ou bilateral, duração dos sintomas, tipo e quantidade da secreção, comprometimento da visão, presença de dor, fotofobia, tratamentos prévios, presença de alergias ou doenças sistêmicas e uso de lente de contato. O exame ocular deve incluir a inspeção das pálpebras, tamanho da pupila e reação à luz, envolvimento da córnea e o padrão da hiperemia. A acuidade visual e a presença de linfadenopatia pré-auricular devem ser avaliadas[2]. Nas conjuntivites, a vermelhidão ocular (hiperemia) é difusa, enquanto em quadros mais graves, com inflamação intraocular (como as uveítes ou úlceras de córnea), costuma-se observar uma congestão mais localizada na região do limbo corneoconjuntival, a chamada injeção ciliar. A presença de secreção purulenta favorece o diagnóstico de infecção bacteriana (conjuntivite ou úlcera de córnea), secreção aquosa sugere conjuntivite viral, enquanto a aquosa/mucoide sugere alergia (ver Capítulo 14 – Afecções da conjuntiva e Capítulo 43 – Conjuntivite neonatal).

Visão comprometida indica enfermidade de maior gravidade. Não ocorre nas conjuntivites, a menos que haja acometimento concomitante da córnea (ceratoconjuntivite adenoviral epidêmica). A presença de dor também sugere condição grave. Dor ocular é comum na presença de corpos estranhos, abrasão de córnea, úlcera de córnea, infecção herpética e trauma[3]. Nas conjuntivites, a queixa é de ardor e não dor, mas deve-se levar em conta que na população pediátrica esse sintoma pode ser de difícil avaliação. Nas conjuntivites alérgicas, predomina o prurido ocular. A presença de reação de câmara anterior, sinal de inflamação intraocular, só pode ser avaliada com precisão ao exame à lâmpada de fenda e sugere quadro mais grave, com potencial para comprometimento visual.

Conjuntivites de causa sistêmica nas crianças incluem a síndrome de Kawasaki, a síndrome de Stevens-Johnson (eritema multiforme), artrite reumatoide juvenil, sarampo e deficiência de vitamina A (xeroftamia)[4].

A Tabela 41.1 resume os sinais e sintomas no diagnóstico diferencial das causas mais comuns de olho vermelho na criança.

Tabela 41.1 – Diagnóstico diferencial do olho vermelho[5]

Sinais e sintomas	Conjuntivite	Uveíte	Esclerite	Episclerite	Úlcera de córnea
Hiperemia	Difusa	Injeção ciliar	Difusa ou localizada	Difusa ou localizada	Injeção ciliar
Secreção	Presente	Ausente	Ausente	Ausente	Presente
Visão	Preservada	Preservada ou diminuída	Preservada ou diminuída	Preservada	Diminuída
Dor	Ausente	Presente	Presente	Ausente	Presente
Reação de CA	Ausente	Presente	Ausente	Ausente	Ausente ou presente
Pupila	Normal	Miose	Normal	Normal	Normal

CA: câmara anterior.

CONCLUSÕES

O olho reage com hiperemia a praticamente todos os tipos de agressão, incluindo algumas enfermidades graves. Algumas características particulares em cada caso de olho vermelho podem ajudar a desvendar o diagnóstico correto desse quadro tão comum e direcionar o tratamento.

REFERÊNCIAS BIBLIOGRÁFICAS

1. Smith G. Differential diagnosis of red eye. Pediatr Nurs. 2010;36(4):213-5.
2. Cronau H, Kankanala RR, Mauger T. Diagnosis and management of red eye in primary care. Am Fam Physician. 2010;81:137-44.
3. Sethurman U, Kamat D. The red eye: evaluation and management. Clin Pediatr. 2009;48:588-600.
4. Ruppert SD. Differential diagnosis of pediatric conjunctivitis (red eye). Nurs Pract. 1996;21:12-26.
5. Riordan-Eva P, Cunningham E, Vaughan D. Vaughan & Asbury's general ophthalmology. 18th ed. New York: McGraw-Hill; 2011.

42 Lacrimejamento em recém-nascidos

Sandra Francischini
Suzana Matayoshi

Após ler este capítulo, você estará apto a:
1. Identificar as causas de lacrimejamento por excesso de produção ou dificuldade de drenagem.
2. Reconhecer as características clínicas de cada doença e o motivo do lacrimejamento.
3. Descrever a conduta nas diferentes formas de lacrimejamento.

INTRODUÇÃO

O lacrimejamento em recém-nascidos é relativamente frequente (cerca de 5%). As causas podem ser divididas em dois grupos: lacrimejamento por dificuldade de drenagem (por anormalidades da via lacrimal), denominada epífora, e lacrimejamento por excesso de produção (processos irritativos, glaucoma congênito).

As principais causas e quadro clínico estão relacionadas conforme a etiologia a seguir[2]:

1. Anomalias da via lacrimal (obstrução ou atresia).
2. Anomalias palpebrais (posição de pálpebra e/ou cílios).
3. Conjuntivites (infecciosas, química).
4. Glaucoma congênito.
5. Alterações em superfície corneana (corpo estranho, abrasão, exposição).

Os diagnósticos diferenciais estão listados no Quadro 42.1[2-4].

Quadro 42.1 – Diagnóstico diferencial do lacrimejamento em recém-nascidos[2-4]

Causa	Lacrimejamento	Fotofobia	Secreção	Hiperemia
Via lacrimal	++	-	+	-
Anomalia palpebral	+	-	Ocasional	Ocasional
Conjuntivite	++	+	++	++
Glaucoma congênito	+	++	-	-
Lesão corneana	++	+	-	++

-: ausente; +: presente; ++: presente e intenso.

ANOMALIAS DAS VIAS LACRIMAIS

A epífora ocorre por deficiência na drenagem. A principal causa é a persistência de uma membrana na região da válvula de Hasner (abertura do duto nasolacrimal na cavidade nasal, no meato inferior). O estreitamento do ducto e as alterações no desenvolvimento dos pontos e canalículos, além de malformações ósseas, também podem estar associados[1].

O quadro clínico típico é a epífora com ou sem secreção mucosa ou mucopurulenta, uni ou bilateral. Geralmente não há hiperemia conjuntival ou ela é discreta. A lágrima e a secreção, aliadas ao esfregar constante, podem levar a quadros de dermatite palpebral[1,3] (Figura 42.1).

A compressão do canto medial das pálpebras mostra refluxo de lágrima ou secreção, se houver dilatação do saco lacrimal[1].

Anormalidades dos pontos lacrimais e canalículos (ausência ou estenose) apresentam-se com epífora sem secreção ou hiperemia.

O tratamento clínico inclui massagens, compressas mornas e antibiótico tópico. Se não houver melhora, pode ser necessária a intervenção cirúrgica[2]. O prazo

Figura 42.1 A retenção do corante de fluoresceína a 2% no olho esquerdo é um sinal que indica que a via lacrimal de drenagem está comprometida em relação ao lado direito.

Oftalmologia

para intervenção é controverso, sendo proposto entre 6 e 14 meses[2], pois até 90% dos casos resolvem espontaneamente.

ANOMALIAS PALPEBRAIS

A posição inadequada dos cílios e margem palpebral ocasiona irritação da superfície ocular, levando ao lacrimejamento. O deslocamento dos pontos lacrimais, por sua vez, leva à epífora[1].

Epibléfaro

O epibléfaro é frequente em orientais. Há uma prega anormal de pele ao longo da pálpebra inferior (geralmente terço medial) que empurra os cílios em direção ao globo ocular. Pode regredir nos primeiros anos de vida ou necessitar de correção cirúrgica.

Distiquíase Congênita

Caracteriza-se por uma fileira de cílios anômalos que, em contato com a córnea, pode causar lacrimejamento, hiperemia, ceratite e, eventualmente, úlcera corneana.

A epilação tem efeito temporário e deve ser evitada. O tratamento definitivo pode ser feito com eletrólise por radiofrequência, termoablação com *laser* ou cirurgia[2].

Entrópio

O entrópio ou inversão da margem da pálpebra inferior é causado por hipertrofia do músculo orbicular pré-tarsal e desinserção dos músculos retratores[1,3]. Raramente ocorre em pálpebras superiores. Os cílios tocam a conjuntiva e provocam o lacrimejamento. Dificilmente ocorre no recém-nascido.

Ectrópio

O ectrópio pode ser congênito ou causado pelo choro e espasmo do músculo orbicular em casos nos quais há flacidez palpebral associada ao encurtamento da lamela anterior da pálpebra (pele). Pode estar associado às síndromes de Down e de Treacher-Collins. É frequente na ictiose congênita. Há eversão da margem palpebral. A posição do ponto lacrimal dificulta a drenagem, levando à epífora. O tratamento é cirúrgico[1,3,4].

CAUSAS INFECCIOSAS DE LACRIMEJAMENTO

Conjuntivite

A conjuntivite neonatal é definida pela Organização Mundial de Saúde como qualquer conjuntivite nas primeiras 4 semanas de vida com sinais clínicos de edema e eritema em pálpebras e conjuntiva, presença de secreção purulenta com uma ou mais células polimorfonucleares por campo de imersão em esfregaço conjuntival corado pelo Gram. É a infecção mais comum registrada nesse período da vida, podendo ser causada por bactérias e vírus[4].

Na maioria dos casos, a conjuntivite neonatal é contraída ao atravessar o canal do parto, e os agentes são os presentes na flora vaginal. A *Chlamydia*, o *Streptococcus pneumoniae*, o *Hemophilus influenzae* e a *Neisseria gonorrhoeae* são bactérias frequentemente relacionadas a conjuntivites neonatais. O diagnóstico é realizado por coleta do material e coloração por Gram e Giemsa, citologia e cultura.

A conjuntivite causada pela *Neisseria gonorrhoeae* aparece entre 2 e 5 dias após o nascimento. Eventualmente pode ocorrer antes do rompimento da membrana amniótica e a infecção se instala antes do parto. Felizmente é rara atualmente, mas quando ocorre pode levar à perfuração corneana, causando cegueira. A prevenção é realizada pela instilação de colírio de nitrato de prata a 1% (método de Credé), eritromicina a 0,5% ou tetraciclina a 1%. O tratamento é realizado com penicilina sistêmica[1,2,4].

Deve-se alertar ainda que o nitrato de prata pode provocar conjuntivite química, que desaparece em 24 a 48 horas sem necessidade de tratamento.

A maioria dos casos de conjuntivite neonatal infecciosa é decorrente da *Chlamydia tracomatis*. A conjuntivite desenvolve-se entre 5 e 14 dias do nascimento. Pode produzir secreção purulenta abundante. É importante ressaltar que o nitrato de prata, a eritromicina e a tetraciclina não são capazes de prevenir a infecção por *Chlamydia*. Quando comprovada, o tratamento deve ser realizado sistemicamente com ceftriaxone ou eritromicina[1,3].

A conjuntivite viral herpética do recém-nascido é rara e grave. O aparecimento ocorre nas primeiras duas semanas após o parto e pode haver acometimento sistêmico, como meningite, pneumonia e sepse. O tratamento é realizado com antiviral sistêmico[1,3].

Molusco Contagioso

É causado por um poxvírus. O comprometimento ocular ocorre quando uma lesão está presente na margem palpebral ou próximo a ela. Uma lesão na margem

Oftalmologia

palpebral pode levar à disseminação de partículas virais no saco conjuntival, levando a uma conjuntivite folicular secundária. Pode haver conjuntivite folicular contralateral por reação imune. O tratamento consiste na remoção da lesão.

Glaucoma Congênito

O glaucoma congênito ocorre pela falha no desenvolvimento das células da crista neural da qual a malha trabecular é derivada. Há dificuldade do fluxo do humor aquoso e aumento da pressão intraocular (PIO). Como o colágeno corneano é plástico nessa época da vida, há um aumento em seu tamanho (megalocórnea). Os sinais clássicos do glaucoma congênito incluem megalocórnea (diâmetro corneano superior a 12 mm deve ser investigado no primeiro ano de vida), fotofobia, lacrimejamento e ausência de hiperemia. O brilho corneano pode estar alterado por causa do edema. A confirmação diagnóstica depende de exame sob sedação e medida da PIO. Em lâmpada de fenda, observam-se estrias na membrana de Descemet (estrias de Haab) em razão do estiramento da córnea[2]. Na sedação, deve-se evitar o uso de halotano, pois provoca diminuição da PIO. A quetamina intramuscular é a substância mais indicada.

O tratamento do glaucoma congênito é cirúrgico. A goniotomia é o tratamento de escolha, mas não é possível quando existe opacidade estromal da córnea. Nesses casos, realiza-se a trabeculotomia[5].

ALTERAÇÕES DA SUPERFÍCIE CORNEANA

O reflexo do lacrimejamento pode ser desencadeado por qualquer processo em que exista irritação da conjuntiva ou da córnea.

A presença de corpo estranho deve ser descartada em casos de lacrimejamento de aparecimento súbito sem aspecto infeccioso ou sem remissão após tratamento com colírios antibióticos. Deve-se everter as pálpebras e avaliar, se possível em lâmpada de fenda. A instilação de colírio de fluoresceína e avaliação com luz de cobalto permite identificação de lesão corneana[2].

As ceratites podem ocorrer por blefarites, estafilococcia, distrofias corneanas, exposição ou traumas. O defeito epitelial corneano provoca lacrimejamento reflexo. O tratamento consiste na instilação de colírios lubrificantes e antibióticos tópicos em casos de infecção. Em alguns casos, há necessidade de colírios anti-inflamatórios e uso de lente de contato terapêutica.

Em crianças maiores, a ceratite também pode estar relacionada a processos alérgicos. A conjuntivite alérgica provoca lacrimejamento, hiperemia leve a moderada, prurido e secreção mucosa. O principal patógeno é a poeira doméstica[2].

CONCLUSÕES

O lacrimejamento em recém-nascidos é relativamente frequente e as causas são diversas. A mais frequente é a associada à impermeabilidade da via de drenagem lacrimal. Quando a causa é o aumento de produção, deve-se descartar causas infecciosas (secreção e hiperemia associadas). Nos casos sem secreção, deve-se observar o posicionamento de pálpebras e cílios. Se não houver alteração palpebral, deve-se considerar a avaliação sob sedação para medida da PIO, principalmente se houver alguns sinais como fotofobia e aumento do diâmetro corneano, que podem ser sinais de glaucoma congênito.

REFERÊNCIAS BIBLIOGRÁFICAS

1. Kashiwabuchi RT, Vieira LA. Diagnostico diferencial de lacrimejamento. In: Nakanami CR, Zin A, Belfort Jr R (eds.). Oftalmopediatria. São Paulo: Roca; 2010. p.341-6.
2. Mukherjee PK. Disorders of lacrimal system in children. In: Pediatric Ophthalmology. New Delhi: New Age International; 2005. p.99-110.
3. Sa LCF, Plut M. Doenças das vias lacrimais. In: Dantas AM, Moreira ATR (eds.). Oftalmologia Pediátrica. 2a ed. Rio de Janeiro: Cultura Médica; 2006. p.163-8.
4. Holds JB, Chang WJ, Durairaj VD, Foster JA, Gausas RE, Harrison AR, et al. Orbit, eyelids and lacrimal system. Rev American Academy of Ophthalmology. 2011-2012;7(13):249-66.
5. Cele R, Tavares IM. Glaucoma congênito e glaucoma juvenil. In: Nakanami CR, Zin A, Belfort Jr R. Oftalmopediatria. São Paulo: Roca, 2010. Cap. 28, p. 333-40.

43 Conjuntivite neonatal

Francisco Penteado Crestana

> **Após ler este capítulo, você estará apto a:**
> 1. Identificar a conjuntivite neonatal e seus possíveis agentes.
> 2. Tratar corretamente a conjuntivite neonatal quando houver indicação.

INTRODUÇÃO

Apesar da ampla profilaxia instituída nas maternidades, a conjuntivite neonatal ainda representa uma grave ameaça à visão. O Quadro 43.1 auxilia no diagnóstico dessa enfermidade. Entre os agentes listados, a *Neisseria gonorrhoea* merece especial atenção por sua rápida evolução e capacidade de deixar sequelas permanentes, como cegueira, após uma perfuração ocular ou ocorrência de opacidades cornenas.

A identificação do agente causador da conjuntivite muitas vezes é difícil, especialmente em locais com acesso restrito aos exames laboratoriais. Quando o quadro clínico é muito sugestivo de infecção por *Neisseria gonorrhoea* ou *Chlamydia*, deve-se instituir o tratamento mesmo antes da confirmação laboratorial[1].

Conjuntivite neonatal 421

Quadro 43.1 – Quadro clínico da conjuntivite neonatal[2-4]

	Início dos sintomas	Tipo de secreção	Diagnóstico	Complicações	Tratamento
Conjuntivite tóxica	Primeiras 24 horas	Secreção aquosa	História (uso de colírio de nitrato de prata) e exame clínico	Raras	Não indicado
Neisseria gonorrhea	2 a 4 dias	Purulenta, intensa, edema palpebral, bilateral	Gram e cultura: diplococos G-intracelulares	Pode perfurar a córnea e causar endoftalmite e cegueira se não tratada	Pomada de eritromicina no local e cefotaxime ou ceftriaxone[2] IV. É preciso tratar os pais
Chlamydia	4 a 10 dias	Moderada, com edema palpebral, pode formar pseudomembrana em conjuntiva tarsal	PCR[3], imunofluorescência indireta e cultura (crescimento muito difícil)	Vascularização corneana, opacidades corneanas, cicatriz conjuntival Pneumonia entre 30 e 90 dias	Eritromicina 50 mg/kg/dia por 14 dias. É preciso tratar os pais
Haemophilus	5 a 10 dias	Secreção serossanguinolenta, hemorragias conjuntivais, edema palpebral	PCR, Gram e cultura: *Coccobacillus* G		Polimixina b trimetropim/ cefotaxima
Outras bactérias	4 dias ou mais	Variável, raramente pode ser tão intensa quanto a conjuntivite gonocócica	Gram e cultura		Colírio de tobramicina 0,3%, a cada 4 horas
Herpes simples tipo 2	6 a 12 dias	Secreção serosa, geralmente unilateral. Pode estar associada a encefalite e doença sistêmica	PCR Gram: células gigantes multinucleares (sugestivo do vírus)	Vascularização e opacidades corneanas, opacidades corneanas, ceratite intersticial, cerato uveíte	Aciclovir pomada e IV

CONCLUSÕES

Dependendo do agente causador, a conjuntivite neonatal pode ser curada de maneira espontânea ou exigir tratamento imediato. Mesmo os agentes mais agressivos podem ser controlados se o diagnóstico e o tratamento forem precoces.

REFERÊNCIAS BIBLIOGRÁFICAS

1. Wright KW. Pediatric ophthalmology for primary care. 3rd ed. American Academy of Pediatrics; 2007.
2. Hoosen AA Kharsany AB, Ison CA. Single low-dose ceftriaxone for the treatment of gonococcal ophthalmia – implications for the national programme for the syndromic management of sexually transmitted diseases. Afr Med J. 2002;92(3):238-40.
3. Rafiei Tabatabaei S, Afjeiee SA, Fallah F, Tahami Zanjani N, Shiva F, Tavakkoly Fard A, et al. The use of polymerase chain reaction assay versus cell culture in detecting neonatal chlamydial conjunctivitis. Arch Iran Med. 2012;15(3):171-5.
4. Salpietro CD, Bisignano G, Fulia F, Marino A, Barberi I. Chlamydia trachomatis conjunctivitis in the newborn. Arch Pediatr. 1999;6(3):317-20.

Diagnóstico diferencial de leucocoria ou área pupilar branca

44

Maria Teresa Brizzi Chizzotti Bonanomi

> **Após ler este capítulo, você estará apto a:**
> 1. Diagnosticar a leucocoria.
> 2. Identificar seus possíveis diagnósticos diferenciais.
> 3. Realizar a avaliação do reflexo vermelho em seus pacientes.

INTRODUÇÃO

O termo leucocoria é de origem grega e significa pupila branca (*leukos*: branca; *kore*: pupila). Esse sinal pode ocorrer em decorrência do reflexo branco na região anterior do olho, como é o caso da catarata, ou ter origem em estruturas situadas posteriormente, no vítreo ou na retina. Algumas vezes o reflexo da cor branca da papila do nervo óptico pode causar leucocoria, mas o exame de fundoscopia é normal. A associação desse sinal com tumores ou com doenças sistêmicas torna mandatório o diagnóstico oftalmológico preciso. A catarata, detalhada no Capítulo 16 – Anormalidades do cristalino, tem o diagnóstico mais evidente pela localização do tecido branco logo atrás da íris. Porém, uma criança com catarata deve ser submetida obrigatoriamente a exame de fundo de olho ou ultrassonografia, se os meios oculares

424 Oftalmologia

não forem transparentes, para exclusão de doenças associadas e escondidas pela catarata. Quando se trata de leucocoria, o objetivo é fazer o diagnóstico diferencial do retinoblastoma. Em seu livro de tumores intraoculares, Shields[1] cita a frequência relativa de 136 crianças encaminhadas com leucocoria entre 1974 e 1978, sendo que 60 (44%) possuíam retinoblastoma e o diagnóstico dos outros 76 pacientes está no Quadro 44.1. O mesmo serviço, revendo 500 casos consecutivos de pacientes com possível retinoblastoma, cita 23 diagnósticos diferentes em 212 pacientes[2].

Quadro 44.1 – Diagnóstico diferencial de 76 crianças com leucocoria (excluídos casos de retinoblastoma)

Doença	Número
Toxocara presumido	20 (26%)
Persistência de vítreo primário hiperplástico	15 (20%)
Doença de Coats	12 (16%)
Coloboma	6 (8%)
Catarata	5 (7%)
Descolamento de retina	4 (5%)
Retinopatia da prematuridade	3 (4%)
Hemorragia vítrea	3 (4%)
Miscelânea (um paciente com cada diagnóstico): retinosquise congênita, fibras de mielina, *morning glory*, uveíte anterior, uveíte periférica, hemangioma, astrocitoma, celulite orbitária	8 (10%)

Neste capítulo serão discutidas as doenças mais frequentes que cursam com leucocoria e, no final, será feita uma breve descrição da pesquisa do reflexo vermelho.

TOXOCARÍASE OCULAR

Atualmente reconhece-se a presença da larva de terceiro estágio do *Toxocara canis* como causadora de cegueira em crianças, em geral com história negativa para *larva migrans*. O quadro sistêmico compreende febre, hepatoesplenomegalia, pneumonite, raramente encefalite, acompanhadas de eosinofilia, tendo sido inicialmente demonstrada a larva em granulomas eosinofílicos no fígado em 1952[3]. O *T. canis* pode infectar até 80% dos cães até os 2 meses de idade e a transmissão a seres humanos dá-se pela ingestão de ovos embrionados, frequentemente encontrados no solo e areia da praia[4]. A prevalência dos testes sorológicos para os parasitas variam dependendo da população estudada, sendo positivo em aproximadamente 30% em crianças na idade escolar, sistematicamente associada a contato com cães ou solo[5,6]. O quadro clínico da toxocaríase ocular consiste em crianças com diminuição da visão, leucocoria, estrabismo e inflamação ocular, quase sempre unilateral. Em um estudo de onze pacientes com idade média de 7,9 anos, foram encontrados sete casos (63,6%) de granuloma posterior, um (9,1%) de endoftalmite crônica, dois (18,2%) de granuloma periférico e um (9,1%) de granuloma posterior associado a endoftalmite crônica[7]. O diagnóstico sorológico é feito pelo teste de ELISA (*enzyme-linked immunosorbent assay*), podendo haver produção intraocular de anticorpos[8].

Diagnóstico Diferencial com Retinoblastoma

1. Lateralidade: nunca é bilateral, o que ocorre em pelo menos 30% dos pacientes com retinoblastoma.
2. Inflamação: células ou traves vítreas, placa fibrosa branca com tração, associada ou não ao descolamento de retina.
3. Teste de ELISA positivo.
4. Ultrassonografia: muito útil quando o fundo de olho não é totalmente visível, mostra a presença de massa retiniana de alta refletividade que pode ser calcificada, com aderência de membranas vítreas[7].
5. Anatomopatológico com granuloma eosinófilo com ou sem a larva se o olho for enucleado. Quanto ao tratamento, anti-helmínticos sistêmicos podem exacerbar a inflamação ocular, devendo ser usados associados a corticosteroides (0,5 a 1 mg/kg). Albendazol pode ser usado na dose de 400 mg, 2 vezes/dia (BID) para crianças[9].

PERSISTÊNCIA DE VÍTREO PRIMÁRIO HIPERPLÁSTICO

A persistência de vítreo primário hiperplástico (PVPH), também chamada de persistência da vasculatura fetal, consiste na falha da involução do sistema de vasos sanguíneos que nutre o cristalino durante o desenvolvimento fetal e estende-se da sua face posterior até a papila do nervo óptico. Existe um espectro de localização dessa persistência de tecidos fetais, sendo os anteriores menos graves e mais suscetíveis a correção cirúrgica que os posteriores[10]. É uma condição congênita acompanhada de microftalmia (olho pequeno) e, invariavelmente, unilateral. Com a contração do tecido, há tração dos processos ciliares que podem ser visíveis na área pupilar quando a pupila é dilatada, e pode estar associado a catarata.

Diagnóstico Diferencial com Retinoblastoma

1. Lateralidade: unilateral, sendo que o retinoblastoma é bilateral em 30% ou mais dos pacientes.
2. Idade: sempre congênita, sendo que a idade média do retinoblastoma unilateral é de 36 meses.

3. Tamanho do olho: sempre pequeno. O retinoblastoma pode ocorrer em olhos microftálmicos associados a alterações no cromosssomo 13[11].
4. Ultrassonografia: muito útil, pois demonstra o tecido persistente no meio do vítreo, a microftalmia e a ausência de massa tumoral ou cálcio (Capítulo 28 – Ultrassonografia nas doenças oculares pediátricas).
5. Anatomopatológico: olho pequeno, câmara anterior rasa e tecido vascularizado atrás da provável catarata, associado ou não a descolamento tracional da retina. O tratamento pode ser cirúrgico, com resultado visual precário em razão da ambliopia superveniente (condição unilateral).

DOENÇA DE COATS

É uma doença congênita idiopática que afeta meninos durante a primeira década de vida, com idade média ao diagnóstico de 43,9 meses (de 11 a 108 meses)[12]. No quadro oftalmológico, quase sempre unilateral, há vasos retinianos telangiectásicos, dilatados e incompetentes que exsudam líquido e lípide para os espaços intrarretiniano, sub-retiniano e vítreo. O acúmulo de lípide dá-se em geral na mácula, mesmo que a telangiectasia seja na periferia da retina. Com o crescente aumento da exsudação, há formação de descolamento de retina seroso de cor amarelada (Figura 44.1). Na superfície da retina, pode-se ver a telangiectasia.

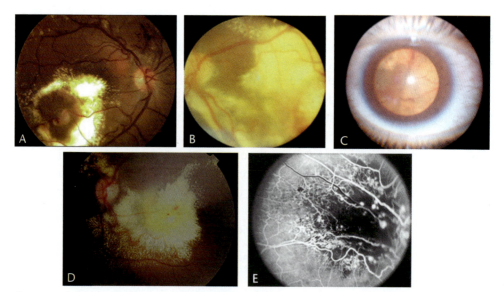

Figura 44.1 Doença de Coats com leucocoria pela presença de lípide na retina, causando o reflexo anômalo. A: exsudação na mácula inferior; B: lípide sub-retiniano descolando a retina; C: descolamento total da retina com líquido sub-retiniano amarelo e telangiectasias visíveis na superfície; D e E: exsudação na mácula causada por telangiectasia na periferia da retina demonstrada pelo exame de angiofluoresceinografia.

Diagnóstico Diferencial com Retinoblastoma

1. Idade, sexo e lateralidade: ampla faixa etária, 90% em meninos, raramente é bilateral.
2. Exame da retina: descolamento de retina com aspecto amarelado, telangiectasias visíveis.
3. Ultrassonografia: muito útil, pois demonstra o descolamento da retina sem massa tumoral ou cálcio.
4. Anatomopatológico: mostra descolamento de retina exsudativo com partículas brilhantes que correspondem a cristais de colesterol.

O tratamento consiste em destruir os vasos anômalos com *laser* transpupilar, crioterapia transescleral ou cirurgia, se a retina estiver descolada. A recuperação da visão depende da idade em que ocorreu o acometimento macular (ambliopia) e de quanto tempo os exsudatos lipídicos ficaram na mácula (alteração anatômica).

OUTRAS DOENÇAS HEREDITÁRIAS E DO DESENVOLVIMENTO

Doença de Norrie

A doença de Norrie tem herança recessiva ligada ao sexo – afeta meninos. As alterações oculares são evidentes já ao nascimento e são de massa branca retrocristaliniana com tração dos processos ciliares, simulando a PVPH e o descolamento total da retina. O aspecto fundoscópico pode simular também a retinopatia da prematuridade.

Retinosquise Juvenil

A retinosquise juvenil tem herança recessiva ligada ao sexo – afeta meninos. Apresenta o aspecto característico estrelado na mácula. Retinosquise é na verdade um "esgarçamento" da retina que se delamina em folheto interno e externo. O folheto interno, muito fino, pode distanciar-se do polo posterior e ficar em situação retrocristaliniana, causando a leucocoria.

Incontinentia Pigmenti

A *incontinentia pigmenti* tem herança dominante ligada ao sexo – afeta meninas (sendo incompatível com a vida para os meninos). Cursa com alterações cutâneas e bolhosas perto do nascimento e torna-se pigmentada posteriormente. Há uma imaturidade dos vasos sanguíneos retinianos que proliferam na periferia da retina, causando descolamento de retina, como na retinopatia da prematuridade, cursando com catarata e podendo estar associada a hiperplasia do epitélio pigmentado da retina[1].

Vitreorretinopatia Exsudativa Familiar

A vitreorretinopatia exsudativa familiar também é uma alteração hereditária que envolve a maturação do vítreo e dos vasos sanguíneos retinianos, de herança autossômica dominante. O quadro é bilateral e normalmente assimétrico. Ocorre em ambos os sexos, em geral na primeira década de vida, sendo que os casos mais graves são os mais precoces. Pode cursar com leucocoria causada pela exsudação e descolamento de retina tracional[13].

As alterações do desenvolvimento que causam leucocoria incluem a catarata, os colobomas de coroide (Figura 44.2), as fibras de mielina, a *morning glory*, a prega retiniana congênita e a displasia retiniana. Enquanto as três primeiras são de fácil diagnóstico oftalmoscópico, os olhos que contêm a prega ou a displasia podem ser enucleados como sendo retinoblastoma[1].

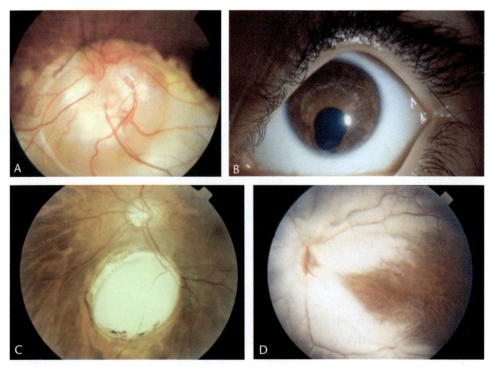

Figura 44.2 Alterações do desenvolvimento que causam leucocoria A: coloboma de coroide e nervo óptico; B: coloboma de íris deixando a pupila piriforme associado a coloboma de coroide inferior à papila (C); D: fibras de mielina abundante radiada da papila.

DOENÇAS INFLAMATÓRIAS

Toxoplasmose Congênita

A toxoplasmose congênita é bastante prevalente no Brasil, principalmente nas regiões sul e sudeste, e praticamente 50% das crianças cursam com lesão macular, o que pode causar a leucocoria. Além da cicatriz macular, se a infecção for ativa na criança, a presença de células vítreas pode simular o retinoblastoma[14]. O quadro clínico sistêmico e a sorologia com IgM positiva ajudam no diagnóstico.

Outros quadros inflamatórios, como a retinite por citomegalovírus (CMV) e a uveíte intermediária podem causar o aparecimento de "bolas" de células inflamatórias no vítreo e simular o retinoblastoma endofítico. As infecções no recém-nascido, especialmente naqueles internados em unidade de terapia intensiva (UTI) neonatal, podem causar endoftalmite, com consequente leucocoria, e devem ser suspeitadas em crianças com bacteremia ou candidemia[15].

TUMORES

Em uma criança com leucocoria pode-se encontrar massa tumoral intraocular que não seja retinoblastoma, como o astrocitoma e meduloepitelioma. O astrocitoma de retina pode ser bem parecido com o retinoblastoma, pois é um tumor que nasce nas camadas internas da retina e apresenta calcificações, porém as margens do tumor são mais bem definidas e a calcificação é mais amarela, enquanto no retinoblastoma as células são discoesivas e a calcificação é branca como giz. Deve-se procurar associação com esclerose tuberosa e neurofibromatose. O meduloepitelioma é um tumor raro que se origina do epitélio medular indiferenciado e mais comumente está no corpo ciliar. Apresenta-se como uma massa intraocular anterior, amarelo-rósea, que pode se tornar maligna em aproximadamente 10% dos casos[16]. Há detalhes de outros tumores no Capítulo 27 – Tumores oculares na infância.

TESTE DO REFLEXO VERMELHO

O teste do reflexo vermelho é usado para a detecção de doenças que podem comprometer potencialmente a visão ou a vida da criança, como catarata, glaucoma, retinoblastoma e doenças retinianas e sistêmicas. A Academia Americana de Pediatria recomenda que esse teste faça parte da avaliação perinatal de todo recém--nascido[17]. O teste é realizado com o oftalmoscópio direto, em uma sala escura, quando o médico, colocando o "zero" na lente do aparelho, ilumina a pupila do paciente a aproximadamente 60 cm de distância e analisa a luz emitida da pupila, que

Oftalmologia

deve ser vermelho-alaranjada e simétrica, variando de acordo com a etnia. Qualquer estrutura que estiver no meio do caminho causará manchas escuras, como catarata, hemorragia ou opacidade de córnea. Se houver no fundo do olho alguma estrutura branca, como é o caso dos colobomas e do retinoblastoma, o reflexo será mais claro. O reflexo pode ser anormal em crianças estrábicas, quando se ilumina o nervo óptico de um dos olhos (cor branca) ou em erros de refração. Apesar de o reflexo ser útil, especialmente se positivo, a sua normalidade não exclui doenças graves, incluindo o retinoblastoma[18]. O teste pode ser realizado com dilatação da pupila com colírios diluídos (ciclopentolato a 0,25% combinado com fenilefrina a 2,5%) em crianças de 2 semanas de vida ou mais. Em crianças com mais de 9 meses de idade pode ser usada a tropicamida a 1%, que existe no comércio. Não é recomendado o uso de atropina. Os pacientes com exame alterado devem ser encaminhados ao oftalmologista com urgência, de preferência com detalhamento do exame encontrado (por escrito ou por contato via telefone)[17].

CONCLUSÕES

- Toda criança com leucocoria deve ser examinada por um oftalmologista experiente para pesquisar a presença de retinoblastoma.
- Toxocaríase presumida é unilateral com travas tracionais ao ultrassom.
- Persistência de vítreo primário hiperplástico é congênita, unilateral e com olho pequeno ao exame clínico e ultrassom.
- Doença de Coats acomete mais meninos, com ampla faixa etária de incidência e mostra descolamento de retina ao ultrassom.

REFERÊNCIAS BIBLIOGRÁFICAS

1. Shields J. Differential diagnosis of retinoblastoma in diagnosis and management of intraocular tumors. St. Louis: Mosby; 1983. p.497-533.
2. Shields JA, Parsons HM, Shields CL, Shah P. Lesions simulating retinoblastoma. J Pediatr Ophthalmol Strabismus. 1991;28(6):338-40.
3. Beaver PC, Snyder CH, Carrera GM, Dent JH, Lafferty JW. Chronic eosinophilia due to visceral larva migrans; report of three cases. Pediatrics. 1952;9(1):7-19.
4. Rocha S, Pinto RMF, Floriano AP, Teixeira LH, Bassili B, Martinez A, et al. Análise ambiental do perfil de estruturas parasitárias encontradas no solo arenoso das praias do município de Santos, SP. Rev Inst Med Trop S Paulo. 2011;53(5):277-81.
5. Santarém VA, Leli FNC, Rubinsky-Elefant G, Giuffrida R. Fatores de risco e protetores para toxocaríase em crianças de duas diferentes classes socioeconômicas do Brasil. Rev Inst Med Trop S Paulo. 2011;53(2):66-72.
6. Teixeira CR, Chieffi PP, Lescano SAZ, Silva EOM, Fux B, Cury MC. Frequência e fatores de risco associados à toxocaríase em crianças de ambulatório pediátrico na região Sudeste do Brasil. Rev Inst Med Trop S Paulo. 2006;48(5):251-5.

7. Morais FB, Maciel AL, Arantes TEF, Muccioli C, Allemann NA. Achados ultrassonográficos em toxocaríase ocular/Ultrasonographic findings in ocular toxocariasis. Arq Bras Oftalmol. 2012;75(1):43-7.

8. de Visser L, Rothova A, de Boer JH, van Loon AM, Kerkhoff FT, Canninga-van Dijk MR, et al. Diagnosis of ocular toxocariasis by establishing intraocular antibody production. Am J Ophthalmol. 2008;145(2):369-74.

9. Barisani-Asenbauer T, Maca SM, Hauff W, Kaminski SL, Domanovits H, Theyer I, et al. Treatment of ocular toxocariasis with albendazole. J Ocul Pharmacol Ther. 2001;17(3):287-94.

10. Pollard ZF. Persistent hyperplastic primary vitreous: diagnosis, treatment and results. Trans Am Ophthalmol Soc. 1997;95:487-549.

11. Wilson GA, Devaux A, Aroichane M. Retinoblastoma, microphthalmia and the chromosome 13q deletion syndrome. Clin Experiment Ophthalmol. 2004;32(1):101-3.

12. Marback EF, Andrade IF, Oliveira HMC, Gazineu Jr. A, Marback RL. Doença de Coats: perfil de casos encaminhados para serviço referência em oncologia ocular. Rev Bras Oftalmol. 2007;66(6):394-8.

13. Piñero AM, Sempere J, Nadal J, Elizalde-Montagut J. Familial exudative vitreoretinopathy: our experience. Arch Soc Esp Oftalmol. 2008;83(12):703-7.

14. Soares JAS, Násser LS, Carvalho SFG, Caldeira AP. Achados oculares em crianças com toxoplasmose congênita. Arq Bras Oftalmol. 2011;74(4):255-7.

15. Moshfeghi AA, Charalel RA, Hernandez-Boussard T, Morton JM, Moshfeghi DM. Declining incidence of neonatal endophthalmitis in the United States. Am J Ophthalmol. 2011;151(1):59-65.

16. Ghanem RC, Lopes JF, Malerbi FK, Santo RM, Takahashi W. Meduloepitelioma teratoide da retina: relato de caso. Arq Bras Oftalmol. 2004;67:535-9.

17. Buckley EJ, Ellis GS Jr, Glaser S, Granet D, Kivlin JD, Lueder GT, et al. Red reflex examination in neonates, infants, and children. Pediatrics. 2008;122(6):1401-4.

18. Khan AO, Al-Mesfer S. Lack of efficacy of dilated screening for retinoblastoma. J Pediatr Ophthalmol Strabismus. 2005;42(4):205-10.

45 Diagnóstico diferencial do edema de papila na infância

Mário Luiz Ribeiro Monteiro

> **Após ler este capítulo, você estará apto a:**
> 1. Distinguir as causas de edema de papila na infância.
> 2. Reconhecer o quadro clínico e laboratorial das diferentes afecções.
> 3. Descrever o tratamento do edema de papila.

INTRODUÇÃO

Edema de papila ou edema do disco óptico é o termo utilizado para designar a alteração oftalmoscópica caracterizada pelo velamento e elevação das margens da papila ou disco do nervo óptico (Figura 45.1), que pode ser causada por várias afecções do nervo[1,2]. O diagnóstico diferencial das causas de edema de papila na infância é extenso e deve ser conhecido, já que inclui situações potencialmente sérias para a visão e que também podem ser graves do ponto de vista neurológico.

É importante lembrar que várias condições podem simular edema de papila, causando grande confusão, particularmente na criança. Portanto, a primeira consideração frente a um paciente com velamento das bordas da papila óptica é verificar se é um edema de papila verdadeiro ou um pseudoedema de papila.

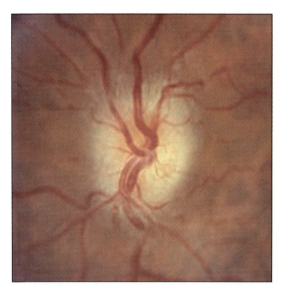

Figura 45.1 Edema de disco óptico em paciente com neurite óptica.

PSEUDOEDEMA DE PAPILA

A Tabela 45.1 lista as principais causas de pseudoedema, bem como de edema verdadeiro de papila. A principal condição a ser considerada como causa de pseudoedema de papila é a drusa de papila[1,3]. São concreções de material amorfo, laminado, extracelular, de causa desconhecida, na região pré-laminar do nervo óptico. Quando são superficiais no disco, apresentam-se como excrescências refráteis arredondadas, irregulares, branco-amareladas, na superfície do disco ou em sua periferia. Às vezes, podem ocupar toda a superfície da papila, mas são mais frequentes na periferia do disco, principalmente em sua borda nasal (Figura 45.2). As drusas ocultas são as que simulam papiledema, já que se situam abaixo das fibras nervosas que formam o nervo óptico causando elevação das fibras, simulando o edema de papila (Figura 45.3)[2]. Algumas características auxiliam a diferenciação entre drusas e edema de papila. Nas drusas, as margens do disco são elevadas, mas os vasos nas margens da papila se mostram bem definidos (Figuras 45.2 e 45.3), visíveis em todo o seu trajeto, o que geralmente não ocorre no edema verdadeiro. Ocasionalmente, podem ser parcialmente visíveis em um determinado setor, facilitando seu diagnóstico (Figura 45.3). O diagnóstico das drusas pode ser auxiliado também por exames complementares, em especial a angiofluoresceinografia, a ultrassonografia (USG), a tomografia computadorizada (TC) e a tomografia de coerência óptica. A USG e a TC ajudam no diagnóstico, quando demonstram calcificação no disco óptico[1-4].

Outras anomalias que podem simular edema de papila são a hipoplasia do disco, a papila inclinada, a persistência de fibras de mielina e o disco óptico pequeno, congenitamente cheio (Tabela 45.1)[1,2]. A Tabela 45.1 lista também as principais causas de edema de papila e suas características, que serão discutidas a seguir.

Tabela 45.1 – Diagnóstico diferencial de edema de papila na infância

Afecção	Quadro clínico	Exames complementares
Pseudoedema de papila	Anomalias variáveis, incluindo drusas, hipoplasia do nervo, papila inclinada, disco óptico congenitamente cheio, remanescentes gliais na papila, fibras de mielina	Ausência de edema verdadeiro à oftalmoscopia. Angiofluoresceinografia, ultrassonografia, tomografia computadorizada e tomografia de coerência óptica podem auxiliar o diagnóstico
Neurite óptica	Edema de disco geralmente discreto e sem hemorragias. Perda de acuidade visual de evolução rápida. Dor ocular. Geralmente unilateral, mas pode ser bilateral. Defeito pupilar aferente	Escotoma central no campo visual. Imagem por ressonância magnética evidencia aumento do sinal do nervo óptico. Pode demonstrar sinais de doença desmielinizante
Papiledema	Edema bilateral e pode ser acentuado. Obscurecimentos transitórios da visão. Pode haver paralisia abducente associada	Aumento da mancha cega e constrição do campo visual. Defeitos de campos nasais inferiores. Exames de imagem evidenciando sinais ou causas de hipertensão intracraniana. Liquor mostra elevação da pressão intracraniana
Neuropatias compressivas ou infiltrativas	Perda visual lentamente progressiva. Proptose. Geralmente unilateral. Pode haver dobras de coroide no fundo de olho	Aos métodos de imagem, lesão compressiva na órbita nos pacientes com edema de papila. Defeitos de campo variáveis
Causas oculares de edema de papila	Achado de hipotonia, oclusão de veia ou processo inflamatório ocular. Células na câmara anterior nos casos inflamatórios	Angiofluoresceinografia demonstra oclusão venosa, vasculite retiniana e coroidite.

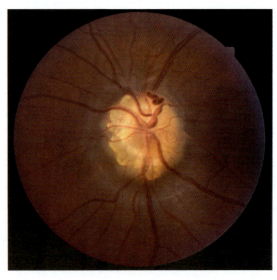

Figura 45.2 Drusas superficiais do disco óptico.

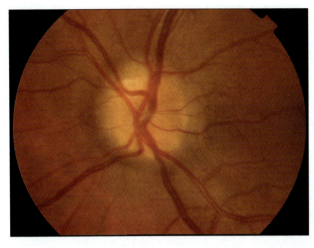

Figura 45.3 Drusas de papila simulando papiledema, mas com pequena parte exposta no setor superior do disco.

EDEMA DE PAPILA DA HIPERTENSÃO INTRACRANIANA

Uma das causas mais importantes de edema de papila é a hipertensão intracraniana, também chamada papiledema. A denominação papiledema deve ser usada apenas para descrever o edema de disco óptico decorrente da hipertensão intracraniana e não para outras causas de edema, que serão discutidas a seguir[1]. A hipertensão intracraniana se transmite ao longo da bainha do nervo óptico (que se comunica com o espaço subaracnóideo intracraniano) e causa bloqueio do fluxo axoplasmático das células ganglionares da retina, levando ao desenvolvimento do papiledema. Se não houver transmissão da pressão e se houver atrofia das fibras do nervo óptico, o papiledema pode não se desenvolver. Clinicamente, o papiledema pode ser inicial, bem desenvolvido (Figura 45.4), crônico ou atrófico. Além dessas características clínicas, o papiledema pode ser diferenciado de outras formas de edema de papila pelo fato de ser bilateral e preservar a visão quando comparado com outras afecções do nervo óptico causadoras de edema de papila. No entanto, mais raramente, o papiledema pode ser unilateral ou muito assimétrico. Auxiliam também no diagnóstico os sintomas de hipertensão intracraniana, como cefaleia, náuseas, vômitos e diplopia por acometimento do nervo abducente[1,2].

O diagnóstico de papiledema deve ser estabelecido com urgência, dada a gravidade potencial das causas de hipertensão intracraniana, incluindo tumores, hidrocefalia e processos infecciosos intracranianos. Pode também ser decorrente de oclusão de seios venosos durais ou mesmo ser de causa idiopática, como na síndrome do pseudotumor cerebral[1,5]. A avaliação da função visual também é um elemento importante na diferenciação do papiledema e outras formas de edema de papila. Em uma fase inicial, o papiledema se caracteriza por acuidade visual preservada,

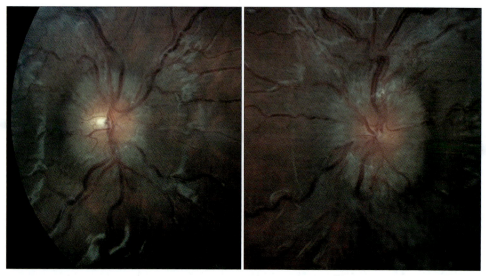

Figura 45.4 Papiledema bilateral, mais acentuado no olho esquerdo em criança com hipertensão intracraniana de causa idiopática.

observando-se apenas aumento da mancha cega ao exame campimétrico. A queixa principal é de obscurecimentos transitórios da visão com duração de alguns segundos. Quando o papiledema persiste por tempo prolongado ou ainda quando a elevação da pressão intracraniana é muito acentuada, pode haver perda visual significativa. Isso ocorre especialmente no pseudotumor cerebral, quando a hipertensão intracraniana é bem tolerada por períodos prolongados. O diagnóstico e o tratamento devem ser rápidos para evitar complicações neurológicas e perda visual[1].

EDEMA DE PAPILA NAS NEURITES ÓPTICAS

Edema de papila pode ocorrer nas neurites ópticas, denominação utilizada para designar um grupo de neuropatias ópticas nas quais ocorre inflamação, infecção ou desmielinização envolvendo o nervo óptico. A neurite óptica pode ser o resultado de processos infecciosos e inflamatórios, como sífilis e sarcoidose, mas geralmente é de causa idiopática, resultante de evento desmielinizante do nervo óptico. A forma idiopática da neurite óptica é um fator de risco bem conhecido para esclerose múltipla. Mais de 50% desses casos evoluirão para esclerose múltipla e a ressonância magnética (RM) pode ter um papel importante na identificação dos pacientes mais suscetíveis[1,2].

De acordo com os achados oftalmoscópicos, a neurite óptica pode ser subdividida em papilite (Figura 45.1), neurorretinite (Figura 45.5) e neurite retrobulbar (quando o fundo de olho é normal). O edema de papila da neurite óptica geralmen-

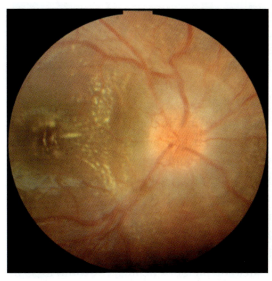

Figura 45.5 Neurorretinite. Edema de disco óptico e exsudatos retinianos peripapilares.

te varia de discreto a moderado e usualmente não é acompanhado de hemorragias peripapilares. Embainhamento das veias peripapilares também pode ocorrer nas papilites e neurorretinites. Estas últimas se caracterizam por edema de disco e exsudatos retinianos especialmente na região macular.

A neurite óptica geralmente é unilateral, embora possa acometer o olho contralateral em uma segunda crise, algum tempo depois. Pode também ser bilateral simultâneo, particularmente na criança. A perda visual é precedida ou acompanhada de dor em mais de 90% dos indivíduos, além de ser rápida, evoluindo ao longo de horas ou alguns dias, e de variar desde a perda discreta até a ausência de percepção luminosa. O campo visual mostra defeitos que predominam nessa região, com escotomas centrais e paracentrais, com ou sem extensão para a periferia. Quase todos os pacientes apresentam alterações da visão de cores e redução da sensibilidade ao contraste. Todas essas alterações persistem por algumas semanas, sendo seguidas, na grande maioria dos casos, de melhora visual gradativa que pode se prolongar por vários meses. O uso de corticosteroide em altas doses por via endovenosa acelera a recuperação da função visual. Os pacientes devem ser investigados quanto à causa, particularmente pela associação de neurite óptica com a esclerose múltipla, embora possa também estar associada a doenças virais e ser de causa idiopática. Neurorretinite, embora tenha quadro clínico semelhante, não tem relação com esclerose múltipla. Muitos casos podem ser decorrentes de processos infecciosos, como infecções virais, doença da arranhadura do gato, sífilis e doença de Lyme, mas pode também ser idiopática. O prognóstico visual nas neurites ópticas geralmente é bom, com melhora visual na grande maioria dos casos[1,6].

EDEMA DE PAPILA EM DOENÇAS COMPRESSIVAS OU INFILTRATIVAS DO NERVO ÓPTICO

Lesões orbitárias podem comprimir o nervo óptico, resultando em edema de papila. As principais lesões orbitárias incluem os gliomas e meningiomas do nervo óptico, assim como os hemangiomas e linfangiomas e tumores malignos, como o rabdomiossarcoma. Na maioria dos casos, o edema de papila é acompanhado de perda visual e proptose, limitação da motilidade ocular, aumento da resistência orbitária à retropulsão e sinais congestivos na órbita, como quemose e hiperemia conjuntival. No entanto, em alguns casos, em especial hemangiomas localizados muito anteriormente na órbita e adjacentes à papila óptica, os sinais externos podem ser muito discretos. O edema de papila nas neuropatias compressivas geralmente é discreto ou moderado e pode se acompanhar de engurgitamento venoso e dobras de coroide (Figura 45.6). A alteração visual varia bastante dependendo da afecção orbitária. A confirmação é obtida por meio de métodos de imagem como a TC ou a RM[1].

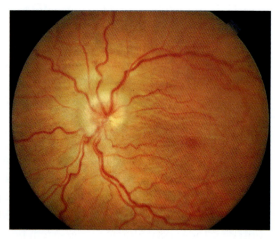

Figura 45.6 Edema de papila e dobras de coroide decorrentes de lesão compressiva na órbita.

EDEMA DE PAPILA EM AFECÇÕES OCULARES

As principais afecções oculares que podem ser acompanhadas de edema de papila são as uveítes, as oclusões vasculares retinianas e a hipotonia ocular. Edema de papila juntamente com uveíte pode ocorrer em vários tipos de uveíte, nas predominantemente anteriores ou, mais comumente, nas uveítes difusas. O edema de papila geralmente é discreto e o diagnóstico deve ser suspeitado pela presença de fotofobia, hiperemia conjuntival, injeção ciliar, células no vítreo e na câmara anterior do olho observadas à biomicroscopia, turvação vítrea, edema cistoide de mácula, vasculite retiniana e descolamento seroso de retina[1]. São, portanto, sinais indicativos de que a inflamação se estende para além do nervo óptico propriamente dito. A angiofluoresceinografia pode ser útil na demonstração de sinais inflamatórios retinianos e de vasculite. Uma forma de uveíte que por ser muito frequente é extremamente importante no diagnóstico diferencial dos edemas de papila é a coriorretinite justapapilar (Figura 45.7). O agente etiológico geralmente é o *Toxoplasma gondii* e a afecção se caracteriza por embaçamento visual com acuidade relativamente preservada, podendo haver dor, fotofobia e hiperemia conjuntival. Existem células inflamatórias na câmara anterior e no vítreo e edema de papila, que pode ser acentuado. O campo visual mostra um defeito em feixe de fibras que continua com a mancha cega. Na maioria das vezes, observa-se, no fundo de olho, área esbranquiçada na retina, de limites imprecisos, próximo ao disco óptico edemaciado, e turvação vítrea importante, além de sinais de vasculite próximos à lesão e exsudatos na retina adjacente. Em alguns casos, o foco de coriorretinite é extremamente pequeno (Figura 45.7) e a confusão diagnóstica com neurite óptica pode ocorrer. Deve-se fazer o diagnóstico prontamente para se orientar o tratamento específico da doença. O campo visual e a angiofluoresceinografia podem ser úteis para estabelecer o diagnóstico[1].

Papiloflebite é uma outra causa de edema de papila. Trata-se de uma variante de oclusão de veia central da retina, na qual existe um edema importante da papila e os sinais hemorrágicos retinianos são pouco expressivos. Observa-se congestão venosa retiniana, retardo no enchimento das veias retinianas à angiofluoresceinografia, exsudatos algodonosos peripapilares e hemorragias no polo posterior do olho. A afecção ocorre geralmente em adultos jovens, com queixas de embaçamento visual e fotopsias, mas com acuidade visual relativamente preservada. Observa-se geralmente aumento da mancha cega no campo visual e ocasionalmente pequenos escotomas paracentrais. A resolução do quadro, embora espontânea, pode levar vários meses para ocorrer. Quando o edema é muito importante e existe comprometimen-

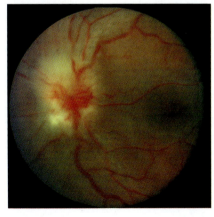

Figura 45.7 Edema de papila na coriorretinite justapapilar. Observar pequeno foco de coriorretinite no setor nasal do disco óptico.

to da função macular, os corticosteroides podem ser utilizados, bem como os agentes antifator de crescimento endotelial vascular[1,7]. Edema de papila pode também se desenvolver quando há hipotonia ocular, que pode ocorrer após trauma contuso no globo ocular ou após cirurgias filtrantes oculares. O edema de papila na hipotonia ocular geralmente é discreto e acompanhado de edema cistoide da mácula[1].

CONCLUSÕES

As alterações súbitas da acuidade visual têm entre as principais suspeitas afecções do nervo óptico, sendo portanto importante o diagnóstico rápido para prevenir eventual perda visual permanente nas alterações episódicas da acuidade visual. Também precisa ser investigado o comprometimento do nervo óptico, pois a manifestação ocular pode refletir problema neurológico grave.

O conhecimento do pediatra sobre este assunto é fundamental para que os casos sejam prontamente encaminhados para tratamento.

REFERÊNCIAS BIBLIOGRÁFICAS

1. Monteiro MLR. Edema do disco óptico. In: Dantas AM, Monteiro MLR (eds.). Neuro-oftalmologia. Rio de Janeiro: Cultura Médica; 2010. p.211-35.
2. Miller N. Papilledema. In: Miller N, Newman N (eds.). Walsh and Hoyt's clinical neuro-ophthalmology. Baltimore: Williams & Wilkins; 1998. p.487-548.
3. Lee KM, Woo SJ, Hwang JM. Differentiation of optic nerve head drusen and optic disc edema with spectral-domain optical coherence tomography. Ophthalmology. 2011;118(5):971-7.
4. Kurz-Levin MM, Landau K. A comparison of imaging techniques for diagnosing drusen of the optic nerve head. Arch Ophthalmol. 1999:117(8):1045-9.
5. Youroukos S, Psychou F, Fryssiras S, Paikos P, Nicolaidou P. Idiopathic intracranial hypertension in children. J Child Neurol. 2000;15(7):453-7.
6. Beck RW, Cleary PA, Optic neuritis treatment trial. One-year follow-up results. Arch Ophthalmol. 1993;111(6):773-5.
7. Algvere PV, Epstein D, von Wendt G, Seregard S, Kvanta A. Intravitreal bevacizumab in central retinal vein occlusion: 18-month results of a prospective clinical trial. Eur J Ophthalmol. 2011;21(6):789-95.

Deficiência nutricional e suas manifestações oculares 46

Andrea Greco Müller

> **Após ler este capítulo, você estará apto a:**
> 1. Reconhecer as principais manifestações oculares das deficiências nutricionais.
> 2. Classificar os sinais na xenoftalmia.
> 3. Reconhecer os sinais oculares do beribéri.
> 4. Descrever as consequências da desnutrição energético-proteica para o desenvolvimento visual.

INTRODUÇÃO

Deficiências nutricionais são doenças que decorrem da ingestão alimentar insuficiente em energia e/ou nutrientes ou, ainda, do inadequado aproveitamento biológico dos alimentos em razão da presença de doenças, particularmente doenças infecciosas e síndromes de má absorção[1].

EPIDEMIOLOGIA

Nas últimas décadas, transformações significativas ocorreram nos padrões dietéticos e nutricionais da população, o que vem sendo designado como um processo de transição nutricional caracterizado pela redução na prevalência das deficiências nutricionais e ocorrência mais expressiva de obesidade/sobrepeso[2,3].

No Brasil, a desnutrição na infância continua sendo um problema de saúde pública significativo, principalmente no Norte e Nordeste do país e em bolsões de pobreza em todas as demais regiões.

Não se dispõe de informações recentes, de representatividade nacional, sobre carências nutricionais, mas estudos com abrangência local mostram que a carência de vitamina A e a anemia por carência de ferro são as principais deficiências nutricionais brasileiras[4,5].

DEFICIÊNCIA DE VITAMINAS

Deficiências isoladas de vitaminas são muito menos frequentes do que deficiências múltiplas. Além da desnutrição, erros inatos do metabolismo, síndromes de má absorção, alcoolismo e algumas medicações também são causas de hipovitaminoses.

As hipovitaminoses causam distúrbios oculares típicos e, a menos que quadros irreversíveis tenham ocorrido, a reposição vitamínica restaura a função (Tabela 46.1).

Tabela 46.1 – Efeitos oftalmológicos de algumas deficiências de vitaminas[18,19]

Deficiência de vitamina	Efeitos no segmento anterior	Efeitos no segmento posterior
A	Xerose de córnea e conjuntiva Manchas de Bitot Ceratopatia punctata Úlcera de córnea Ceratomalácia	Nictalopia *Fundus xeroftalmicus*
B1	Ceratoconjuntivite sicca	Atrofia temporal do nervo óptico com alteração em campo visual
B6	Neovascularização corneana	Atrofia temporal do nervo óptico com alteração no campo visual Atrofia circinata da retina
B12		Atrofia temporal do nervo óptico com alteração no campo visual
C	Hiposfagma Hifema	Hemorragia vítrea Hemorragia retiniana

Deficiência de Vitamina A

A deficiência de vitamina A (DVA) é a causa mais comum de cegueira reversível na faixa etária pediátrica em países pobres[6]. Estima-se que a cada ano 250.000 crianças no mundo desenvolvam cegueira irreversível em decorrência da xeroftalmia[4].

A vitamina A (retinol) é encontrada em alimentos de origem animal, como leite integral e seus derivados, gema de ovos, carnes e vísceras (principalmente fígado). A principal fonte de vitamina A para o lactente é o leite humano. Os vegetais são fontes de vitamina A sob a forma de provitamina A (carotenoides), entre eles verduras escuras (espinafre, couve, chicória, acelga, entre outros), frutas e legumes amarelos e alaranjados (cenoura, manga, abóbora, mamão, pessêgo, caju, entre outros), além de óleos e frutas oleaginosas (buriti, pupunha, dendê e pequi).

A vitamina A é um micronutriente essencial à manutenção das funções fisiológicas normais. Suas principais funções são ligadas ao ciclo visual, à integridade das membranas biológicas, à manutenção e diferenciação epitelial, à formação de glicoproteínas e à ação moduladora da resposta imune.

No ciclo visual, o retinal, uma forma oxidada do retinol, está ligado às opsinas para formar os pigmentos visuais de cones e bastonetes (células fotorreceptoras situados na retina). Nos bastonetes, encontra-se a rodopsina. Quando a energia luminosa é absorvida pela rodopsina, esta imediatamente começa a se decompor, excitando as fibras nervosas condutoras. A DVA leva à lentidão na regeneração da rodopsina após estímulo luminoso[19].

Xeroftalmia é o resultado da deficiência progressiva e grave da vitamina A com alterações retinianas, conjuntivais e corneanas. A Organização Mundial da Saúde (OMS) elaborou uma classificação dos sinais oculares da xeroftalmia, apresentadas na Tabela 46.2[5,6].

Tabela 46.2 – Classificação dos sinais oculares da xeroftalmia[5,6]

Classificação	Sinais
XN	Cegueira noturna
X1A	Xerose conjuntival
X1B	Mancha de Bitot
X2	Xerose corneal
X3A	Úlcera corneana ou ceratomalacia ocupando menos que 1/3 da córnea
X3B	Úlcera corneana ou ceratomalacia ocupando mais que 2/3 da córnea
XS	Cicatrizes corneanas
XF	*Fundus xeroftalmicus*

A cegueira noturna (nictalopia) é, na maioria dos casos, a primeira manifestação da deficiência de vitamina A, e reflete a regeneração lenta e inadequada da rodopsina na retina por escassez de retinol. A função da retina pode ser avaliada pelo eletrorretinograma de adaptação ao escuro. Outras manifestações oculares, não relacionadas a deficiências nutricionais, podem cursar com nictalopia, como retinose pigmentar e atrofia óptica, fazendo-se necessário o diagnóstico diferencial[16].

A xerose conjuntival é uma metaplasia ceratinizante do epitélio da conjuntiva. A superfície ocular perde o brilho e a transparência, sofrendo um processo de espessamento. É um sinal clínico bastante subjetivo e, isoladamente, não tem valor diagnóstico[6].

As manchas de Bitot são manchas branco-acinzentadas de forma ovalada ou triangular adjacentes ao limbo córneo escleral nas regiões temporal e nasal da conjuntiva e correspondem a depósitos de material resultante do acúmulo de células epiteliais descamadas, fosfolipídeos das glândulas de Meibômio e bacilos saprófitas. São assintomáticas.

Na xerose corneal observa-se a córnea com aspecto áspero, seco e sem brilho. Esse epitélio ceratinizado é extremamente frágil e pode sofrer um processo erosivo, originando uma úlcera corneana. Nessa fase, há risco de perda visual irreversível em razão do comprometimento do estroma subjacente, levando desde a cicatrizes corneanas de gravidade variável até perfurações corneanas com perda do globo ocular[13].

Fundus xeroftalmicus corresponde a pequenas lesões brancas disseminadas ao longo de vasos retinianos[16].

O tratamento deve ser realizado imediatamente com 200.000 UI de vitamina A (110 mg de palmiato de retinol ou 69 mg de acetato de retinol), repetindo-se 24 horas depois. Nas crianças menores de 1 ano ou com peso inferior a 8 kg, administra-se metade da droga; nas menores de 6 meses, um quarto da dose. O tratamento deve continuar com um planejamento alimentar rico em fontes de vitamina A[10]. A administração tópica sob a forma de ácido retinoico pode ser usado como tratamento adjunto, assim como lágrimas artificiais e colírios de antibióticos.

O Governo Federal, por meio do Ministério da Saúde, desenvolve algumas políticas públicas para a prevenção da deficiência de vitamina A, como a Política Nacional de Alimentação e Nutrição – PNAN. O Programa Nacional de Suplementação de Vitamina A consiste na administração de megadoses de vitamina em intervalos periódicos para crianças e puérperas de algumas regiões do país[7].

O excesso de vitamina A é tóxico para o organismo e tem como manifestação inicial a coloração amarela/alaranjada da pele. Manifestações oculares dessa toxicidade variam entre diplopia, atrofia óptica, nistagmo, papiledema, exoftalmo e síndrome do pseudotumor orbitário[19,21].

Deficiência de Vitamina B

As vitaminas do complexo B são vitaminas hidrossolúveis quimicamente distintas, mas que frequentemente coexistem no mesmo alimento. São em número de oito: tiamina, riboflavina, niacina, ácido pantotênico, piridoxina, biotina, ácido fólico e cianocobalamina.

Vitamina B1 (tiamina)

A vitamina B1 é uma coenzima importante nas reações bioquímicas para oxidação de carboidratos. É encontrada em cereais, grãos, legumes, leveduras, nozes e carnes (especialmente vísceras, carne de porco e de vaca).

Sua deficiência causa o beribéri, doença carencial que, apesar de ser facilmente tratável, pode levar a óbito. O beribéri ainda é encontrado no Brasil, e segundo dados do Ministério da Saúde, os casos mais recentemente notificados ocorreram a partir de 2006 nos estados do Maranhão, Tocantins e Roraima, acometendo majoritariamente adultos jovens do sexo masculino[8].

A carência da tiamina pode levar dois a três meses para manifestar sinais e sintomas, que inicialmente são leves, como insônia, nervosismo, irritação, fadiga, perda de apetite e energia, e evoluem para quadros mais graves, como parestesia, edema de membros inferiores, dificuldade respiratória e cardiopatia.

Alterações epiteliais na conjuntiva e na córnea levam a ceratoconjuntivite *sicca*, a manifestação ocular mais comum. Escotomas centrais, cecocentrais e paracentrais podem ocorrer em razão da atrofia óptica. Nistagmo também pode surgir por causa de alterações neurológicas, assim como oftalmoplegia. O tratamento deve ser feito com a administração de 50 a 200 mg de tiamina parenteral por aproximadamente 7 a 14 dias e, depois, por via oral até a normalização dos níveis de tiamina. Não são conhecidos efeitos tóxicos causados pela tiamina[9].

Vitamina B2 (riboflavina)

Apresenta papel importante em suas funções coenzimáticas no metabolismo de macronutrientes, em especial de carboidratos. Encontra-se distribuída em gêneros alimentícios animais e vegetais, porém em pequenas quantidades. É encontrada no fígado, no leite, no rim, em carnes, ovos, ostras, germe de trigo, nabo, beterraba, levedo de cerveja e farelo de arroz. As leguminosas em geral constituem boas fontes dessa vitamina.

As manifestações de deficiência de vitamina B2 incluem glossite, estomatite angular, queratose e dermatite. As manifestações oculares são caracterizadas por ceratite rosácea, neovascularização corneana e blefarite. Em geral, a queixa principal dos pacientes é de fotofobia e sensação de corpo estranho. O tratamento é realizado com reposição alimentar[19].

Vitamina B6 (piridoxina)

Atua como coenzima essencial a numerosas reações de metabolismo de ácidos graxos e aminoácidos. A deficiência primária é rara, uma vez que a maioria dos alimentos contém vitamina B6 e pode causar alterações hematológicas, além de alterações na pele e no sistema nervoso central. As manifestações oculares incluem blefarite, congestão vascular conjuntival e perda de cílios. O tratamento é feito normalmente com doses entre 10 e 20 mg/dia, no entanto em alguns casos a dose administrada pode ser maior. Neuropatia sensorial pode ocorrer como efeito tóxico da piridoxina[18,19].

Vitamina B12 (cobalamina)

A vitamina B12 é essencial à síntese de bases nucleicas e de mielina dos nervos periféricos e posterolaterais da medula espinal. É encontrada em alimentos de origem animal: carnes, fígado, rim, ovos, pescados, leite e derivados. Alimentos de origem vegetal não têm cobalamina. As manifestações clínicas da deficiência de vitamina B12 possuem um amplo espectro, variando de estados mais brandos até condições muito graves. O quadro clássico é caracterizado por anemia megaloblástica associada a sintomas neurológicos com frequente aparecimento da tríade fraqueza, glossite e parestesias. No entanto, danos neurológicos podem ocorrer mesmo na ausência de anemia em uma parcela considerável de pacientes. Os danos neurológicos causados pela deficiência de vitamina B12, quando ocorrem desde o nascimento e em crianças menores, são frequentemente mais acentuados do que em crianças maiores ou adultos[10]. A manifestação ocular mais comum é a neuropatia óptica, apresentando-se com perda visual central e simétrica, progressiva em ambos os olhos, associada a redução de visão de cores, escotomas e palidez temporal de papila. O tratamento é feito com reposição de cobalamina intramuscular ou via oral[20].

Niacina

Pelagra é a deficiência de ácido nicotínico caracterizada por dermatite, diarreia e demência. Manifestações oculares são raras, podendo ocorrer neurite óptica e retinite.

Deficiência de Vitamina C

A vitamina C participa da formação dos tecidos e é coenzima no metabolismo dos aminoácidos e outros elementos. Sua deficiência leva ao escorbuto.

As manifestações oculares são caracterizadas por hemorragia nas pálpebras, conjuntiva (hiposfagma), câmara anterior (hifema), cavidade vítrea, retina e órbitas[18,19].

O tratamento consiste na suplementação de vitamina C via oral.

DESNUTRIÇÃO ENERGÉTICO-PROTEICA

A desnutrição energético-proteica (DEP) é definida como uma gama de condições patológicas com deficiência simultânea de proteínas e calorias.

A visão desenvolve-se nos primeiros seis anos de vida, com sua maior plasticidade sensorial nos dois primeiros anos. Acredita-se que o sistema visual pode ser prejudicado em seu desenvolvimento em casos de DEP nos primeiros anos de vida, visto que o funcionamento do ciclo visual depende da integridade das membranas oculares, manutenção e diferenciação epitelial ocular e resistência contra infecções oculares, os quais dependem da ingestão adequada de nutrientes. Alguns estudos mostram que há maior incidência de astigmatismo e alterações do nervo óptico em crianças com DEP nos primeiros seis meses de vida[11].

CONCLUSÕES

A prevenção da deficiência nutricional deve ser realizada por meio de uma dieta balanceada ou da ingestão de vitaminas artificiais.

O reconhecimento do sinais oculares auxilia no diagnóstico das carências nutricionais e seu tratamento precoce impede danos visuais permanentes.

REFERÊNCIAS BIBLIOGRÁFICAS

1. Monteiro CA. A dimensão da pobreza, da desnutrição e da fome no Brasil. Estud. av. [online]. 2003;17(48):7-20 [cited 2012-07-16]. Disponível em: http://www.scielo.br/scielo.php?script=sci_arttext&pid=S0103-40142003000200002&lng=en&nrm=iso (acesso 10 jul 2012).
2. Lenir VG, Barros BAB. As diferenças de estado nutricional pré-escolares de rede pública e a transição nutricional. J Pedriat (Rio J). 2001;77(5):381-6.
3. Malaquias BF, Anete R. A transição nutricional no Brasil: tendências regionais e temporais. Cad Saúde Pública, Rio de Janeiro. 2003;19(Sup 1):S181-91.
4. Souza WA, Boas OMGC. A deficiência de vitamina A no Brasil: um panorama. Rev Panam Salud Publica. 2002;12(3)173-9.
5. Vicente LM, Rodrigues MLV. Problemas oculares associados a problemas nutricionais. In: Kara-José N, Rodrigues MLV. Saúde ocular e prevenção da cegueira. Tema Oficial do XXXV Congresso Brasileiro de Oftalmologia. Rio de Janeiro: Cultura Médica; 2009 Disponível em: http://publico.soblec.com.br/?system=news&action=read&id=641&eid=Artigos.
6. Brian G, Tousignant B, Venn BJ, McKay R, Gould C. Serum retinol and xerophthalmia among a prision population in Papua New Guinea. Ophtalmic Epidemiol. 2011;18(6):288-94.
7. Diniz AS, Santos LMP. Hipovitaminose e e xeroftalmia. J Pediatr (Rio J). 2007;76(supl3):s311-22.
8. Politica Nacional de Suplementação de Vitamina A (PNAM). Programa Nacional de Suplentação de Vitamina A. Disponível em: http://nutricao.saude.gov.br/vita.php.
9. Guia de Consulta para a Vigilância Epidemiológica, Assistência e Atenção Nutricional dos Casos de Beribéri. Ministério da Saúde. Secrataria de atenção à Saúde. Secretaria Especial de Saúde Indígena. Secrataria de Vigilância em Saúde. Brasília: Ministério da Saúde; 2012.

Oftalmologia

10. Alves LFA, Gonçalves RM, Cordeiro GV, Lauria MW, Ramos AV. Beribéri após bypass gástrico: uma complição não tão rara. Relato de dois casos e revisão da literatura. Arq Bras Endocrinol Metab. 2006;50(3):564-8.
11. Paniz C, Grotto D, Schimitt GC, Valentini J, Shott KL, Pomblum VJ, et al. Fisiopatologia da deficiência de vitamina B12 e seu diagnóstico laboratorial. Bras Patol Med Lab. 2005;41(5):323-34.
12. Dantas AP, Brandt CT, Leal DNB. Manifestações oculares em pacientes que tiveram desnutrição nos primeiros seis meses de vida. Arq Bras Oftalmol. 2005:68(6):753-6.
13. Martins EN, Alvarenga LS, Lopes FA, Gomes JAP, Freitas D. Deficiência de vitamina A: relato de caso. Arq Bras oftalmol. 1999;62(6):99.
14. Laxmaiah A, Nair MK, Arlappa N, Raghu P, Balakrishna N, Rao KM, et al. Prevalence of ocular signs and subclinical vitamin A deficiency and its derterminants among rural pre-school children in India. Public Health Nutri. 2011;15(4):568-77.
15. Gilchrist H, Taranath DA, Gole GA. Ocular malformation in a newborn secondary to maternal hypovitaminosis A. J AAPOS. 2010;14(3):274-6.
16. Genead MA, Fishman GA, Lindeman M. Fundus white spots acquired night blindness due to vitamin A deficiency. Doc Ophthalmol. 2009;119(3):229-33.
17. Lawrence MTJ, Stephen JM, Maxine AP. Current Medical Diagnosis & Treatment. 42nd ed. McGraw Hill; 2003.
18. Vaughan D, Asbury T, Riordan-Eva P. Oftalmologia geral. 15ª ed. São Paulo: Atheneu; 2003.
19. Putz C, Vilela M (orgs.). Oftalmologia – ciências básicas. Rio de Janeiro: Cultura Médica; 2001.
20. Alves CAR. Atualidades Oftalmologia USP. Neuroftalmologia. São Paulo: Roca; 2000.
21. Departamento Científico de Nutrologia da Sociedade Brasileira de Pediatria. Deficência de Vitamina A. Disponível em: http://www.sbp.com.br/img/documentos/doc_deficiencia_vitamina_A.pdf.

Doenças sistêmicas com comprometimento ocular

47

Vivian Onoda Tomikawa
Iara Debert

Após ler este capítulo, você estará apto a:

1. Reconhecer as principais doenças sistêmicas na infância que podem apresentar comprometimento ocular.
2. Diagnosticar as doenças sistêmicas com comprometimento ocular e tratar o paciente.

INTRODUÇÃO

Existem várias doenças sistêmicas que apresentam comprometimento ocular. Elas serão abordadas neste capítulo por meio de tabelas que incluem a incidência, a herança, o quadro geral e o quadro ocular de cada uma delas.

ANOMALIAS CROMOSSÔMICAS

As anomalias cromossômicas manifestam-se como anormalidades de número (aneuploidias, monossomias, trissomias) e de estrutura (deleções, duplicações, translocações, inversões, inserções, cromossomos em anel).

As anomalias cromossômicas mais comuns, que apresentam comprometimento ocular, encontram-se no Quadro 47.1.

Oftalmologia

Quadro 47.1 – Anomalias cromossômicas[2,10,13,15,16,18]

Nome	Incidência	Herança	Quadro geral	Quadro ocular
Trissomia do 8 (síndrome de Warkany)	Mais de cem casos descritos	Trissomia do cromossomo 8, a maioria dos pacientes é mosaico	Retardo mental, fácies dismórfica, mandíbula inferior proeminente, contratura de articulações, defeitos vertebrais, anomalias urinárias, hálux flexionado e em direção da linha média do pé, sulcos profundos nas palmas e solas	Estrabismo, pseudo-hipertelorismo ou hipertelorismo, anormalidades palpe-brais, microftalmia, opacidade corneana, catarata, heterocromia da íris
Trissomia do 9	É rara em nascidos vivos, a maioria dos casos é mosaico	Trissomia do cromossomo 9	Retardo de crescimento intrauterino, microcefalia, deficiência mental, anormalidades ósseas, cardiopatia congênita, nefropatia congênita, malformações geniturinárias, contratura das articulações, dedos extranumerários, unhas hipoplásicas, orelhas malformadas, fenda palatina, micrognatia, assimetria facial	Microftalmia, obliqui-dade antimongoloide das fendas palpebrais, olhos situados profun-damente, corectopia, estrabismo, catarata, opacidade corneana, ausência de trato óptico, anomalia de Peters
Trissomia do 10	É rara e ocorre apenas em mosaicos nos nascidos vivos	Trissomia do cromossomo 10	Déficit do desenvolvimento e morte nos primeiros dias de vida, orelhas displásicas, retrognatia, sulcos profundos nas palmas e solas, cardiopatia, tronco longo	Hipertelorismo, obli-quidade mongoloide das pálpebras e blefarofimose
Trissomia do 13 (síndrome de Patau)	1:20.000 nascidos vivos	Trissomia do cromossomo 13 completa ou quase completa	Holoprosencefalia, polidactilia, nariz bulboso, lábio leporino, fenda palatina, unhas estreitas e côncavas, defeitos no couro cabeludo, malformações cardiovasculares e do SNC	Microftalmia ou anoftalmia, coloboma de íris, corpo ciliar, retina, coroide e nervo óptico. Alterações do segmento ante-rior (hipoplasia da íris, aderências da íris, anormalidades do ângulo da câmara), opacidades de córnea, glaucoma congênito, catarata, persistên-cia do humor vítreo primário hiperplásico. Presença de cartilagem no corpo ciliar ou intraocular. Hipoplasia do nervo óptico e displasia retiniana
Trissomia do 14	18 casos descritos	Trissomia do cromossomo 14, ocorre em mosaicos nos nascidos vivos	Atraso no desenvolvimento, fronte proeminente, orelhas de implantação baixa, fenda palatina, micrognatia, malformação cardíaca	Hipo e hipertelorismo, blefaroptose, olhos situados profunda-mente, microftalmia, alterações da fenda palpebral

(continua)

Doenças sistêmicas com comprometimento ocular 451

Quadro 47.1 – Anomalias cromossômicas[2,10,13,15,16,18] (continuação)

Nome	Incidência	Herança	Quadro geral	Quadro ocular
Trissomia do 18 (síndrome de Edwards)	1:6.000 nascidos vivos, com prevalência de 3 meninas : 1 menino	Trissomia do cromossomo 18 ou da sua maior parte	Atividade fetal fraca, poli--hidrâmnio, retardo mental e do crescimento, microcefalia, micrognatia, defeito do septo ventricular, criptorquidia, hirsutismo, alterações nos dedos e pés, anomalias renais	Ptose, fendas palpebrais curtas, epicanto, hipertelorismo, hipoplasia das cristas supraorbitárias, microftalmia, anoftalmia, nistagmo, estrabismo, opacidades da córnea, catarata, colobomas da úvea, retina e nervo óptico, hipopigmentação da retina, miopia, glaucoma congênito
Trissomia do 21 (síndrome de Down)	1:660 nascidos vivos	Trissomia total ou parcial do cromossomo 21. MIM #190685	Hipotonia, retardo mental, braquicefalia, microcefalia, nariz curto com glabela achatada, macroglossia, orelhas pequenas, pescoço curto e grosso, fácies plana, anomalias cardíacas, deficiência gonadal primária, malformações cardíacas, prega simiesca, mãos curtas e largas, hipoplasia da falange intermédia do quinto dedo, atresia intestinal e palato em ogiva	Obliquidade mongoloide das fendas palpebrais, epicanto, seringomas, dacrioestenose, blefarite, manchas de Brushfield da íris, adelgaçamento periférico do estroma da íris, ceratocone e hidropsia da córnea, catarata, elevados erros de refração (geralmente miopia), estrabismo, nistagmo, aumento dos vasos na papila, subluxação bilateral do cristalino
Trissomia do 22	Rara em nascidos vivos, casos de mosaico ou trissomias parciais são bem documentados	Trissomia do cromossomo 22	Retardo de crescimento e desenvolvimento, microcefalia, ausência de bulbos olfatórios, achatamento da glabela e do nariz, apêndices cutâneos pré-auriculares, displasia auricular, fenda palatina, micrognatia, malformações cardíacas, pulmonares e gastrointestinais	Epicanto, hipertelorismo, blefaroptose, obliquidade mongoloide ou antimongoloide das fendas palpebrais, catarata, luxação do cristalino, hipoplasia do nervo óptico, microftalmia, persistência do vítreo primário hiperplásico
Monossomia do 21	Dez casos descritos	Monossomia do cromossomo 21	Retardo do crescimento fetal e anomalias craniofaciais, microcefalia, nariz proeminente, micrognatia, lábio leporino e fenda palatina	Epicanto, obliquidade antimongoloide das fendas palpebrais, anomalia de Peters, catarata, microftalmia
Monossomia do 22	Sete casos descritos	Monossomia do cromossomo 22	Retardo do crescimento, microcefalia, hipotonia e convulsões, úvula bífida, orelhas grandes de implantação inferior, anomalias cardíacas; deleções da região pericêntrica podem ocorrer na síndrome DiGeorge	Epicanto, hipertelorismo, fissura palpebral mongoloide, blefaroptose

(continua)

452 Oftalmologia

Quadro 47.1 – Anomalias cromossômicas[2,10,13,15,16,18] (continuação)

Nome	Incidência	Herança	Quadro geral	Quadro ocular
Síndrome 45X (Turner e variantes mosaicos)	1:8.000 nascidos vivos	Perda parcial ou total de um dos cromossomos sexuais; 50% têm 45X, o restante apresenta várias anormalidades e podem ter mosaicismo	Mulheres de baixa estatura, gônadas subdesenvolvidas, déficit neuropsicológico, tronco largo, linfedema congênito, maxila estreita, pescoço curto e alado, deficiência auditiva, anomalias cardíacas e renais	Ptose, epicanto, escleras azuis, deficiência da visão de cores, catarata, estrabismo, nistagmo
Síndromes 47,XXY; 48,XXXY; 49,XXXXY (síndrome de Klinefelter)	1:850 meninos	Cariótipo masculino com cromossomo X extra	Alta estatura, ginecomastia, desenvolvimento sexual secundário tardio, azoospermia e testículos pequenos e inférteis	Miopia, luxação do cristalino, descolamento de retina, hipertelorismo, epicanto, manchas de Brushfield da íris, estrabismo
Deleção parcial do braço longo do cromossomo 2 (2q-)	Mais de 50 casos descritos	Quando associada com a síndrome Seckel, a herança é autossômica recessiva	Retardo mental, atraso do desenvolvimento, microcefalia, nariz largo e proeminente, micrognatia, clinodactilia, ausência de lóbulos da orelha	Obliquidade antimongoloide das fendas palpebrais, epicanto, estreitamento da fissura palpebral, cílios e supercílios espessos, ptose, blefarofimose, opacidade corneana, catarata, hipoplasia do nervo óptico, nistagmo, hipertelorismo, microftalmia
Deleção parcial do braço curto do cromossomo 3 (3p-)	Quinze casos descritos	Herança: mutação de novo; deleção parcial do braço curto do cromossomo 3 del (3p25-pter)	Deficiência mental e do crescimento, microcefalia com região occipital achatada, polidactilia, orelhas malformadas, micrognatia	Atrofia óptica, epicanto, blefaroptose, fissura palpebral mongoloide, hipertelorismo, coloboma de íris
Deleção parcial do braço curto do cromossomo 4 (4p-) Síndrome Wolf-Hirschhorn	1:50.000 nascidos vivos	Herança: mutação de novo; deleção parcial do braço curto do cromossomo 4. MIM #194190	Atraso no desenvolvimento e crescimento, microcefalia, assimetria craniana, glabela proeminente, fronte olímpica, fenda labial e palatina, micrognatismo, orelhas de implantação baixa com apêndices pré-auriculares, anomalias genitais e cardíaca	Ptose, hipertelorismo, epicanto, coloboma, corectopia, microftalmia, catarata, estrabismo, nistagmo, proptose, esclera azul, heterocromia de íris, obstrução do ducto nasolacrimal

(continua)

Doenças sistêmicas com comprometimento ocular 453

Quadro 47.1 – Anomalias cromossômicas[2,10,13,15,16,18] (continuação)

Nome	Incidência	Herança	Quadro geral	Quadro ocular
Deleção parcial do braço curto do cromossomo 5 (5p-) Síndrome do miado de gato – Cri du Chat	1:20.000 a 1:50.000	Herança: mutação de novo; deleção parcial do braço curto do cromossomo 5. *Locus* gênico: 5p15.2. MIM #123450	Hipotonia, baixa estatura, choro típico em "miado de gato" por anormalidade na laringe, microcefalia com sutura metópica saliente, face em "lua cheia", palato em ogiva, ponte nasal larga e plana, retardo mental, micrognatia	Obliquidade antimongoloide das fendas palpebrais, hipertelorismo, epicanto, estrabismo (geralmente divergente)
Deleção parcial do braço curto do cromossomo 9 (9p-)	Mais de 40 casos descritos	Herança: mutação de novo; deleção da porção distal do braço curto do cromossomo 9. MIM #158170	Cranioestenose com trigonocefalia, retardo mental, déficit do desenvolvimento motor, ponte nasal larga e plana, pescoço curto e alado, anomalias genitais, dedos das mãos e dos pés longos, malformações cardíacas	Obliquidade mongoloide das fendas palpebrais, epicanto, supercílios arqueados, exoftalmo
Deleção parcial do braço curto do cromossomo 11 (11p-) Síndrome WAGR	Mais de 50 casos descritos	Herança: mutação de novo; deleção parcial do braço curto do cromossomo 11, envolvendo a banda 11p13 MIM #194072	Síndrome WAGR: tumor de Wilms, aniridia, anomalias geniturinárias, retardo mental; hipotonia, trigonocefalia, deficiência auditiva, anomalias menores nos dedos	Aniridia, catarata congênita, hipoplasia macular, ptose, glaucoma, ceratopatia, nistagmo, anomalia de Peters
Deleção parcial do braço longo do cromossomo 11 (11q-) Síndrome de Jacobsen	Menor do que 1:100.000	Herança: mutação de novo; deleção terminal 11q MIM #147791	Retardo mental, trigonocefalia, microcefalia, ponte nasal plana com nariz proeminente, contratura de articulações, malformações cardíacas e renais	Estrabismo, hipertelorismo, ptose, epicanto, colobomas, microftalmia, corectopia, catarata, persistência da membrana pupilar, atrofia óptica, glaucoma juvenil, coloboma palpebral, ectrópio, vasculopatia retiniana, displasia retiniana

(continua)

454 Oftalmologia

Quadro 47.1 – Anomalias cromossômicas[2,10,13,15,16,18] (continuação)

Nome	Incidência	Herança	Quadro geral	Quadro ocular
Deleção parcial do braço longo do cromossomo 13 (l3q-)	Mais de 100 casos descritos	Grupo 1: deleção proximal, não se estendendo para região q32. Grupo 2: 13q32. Grupo 3: 13q322-q34. MIM *180200, *603073, 602553	Grupo 1: retardo mental leve a moderado, retardo do crescimento, hipotonia, microcefalia. Grupo 2: microcefalia, malformações cerebrais (anencefalia ou encefalocele), malformações cardíacas, doença de Hirschprung. Grupo 3: retardo mental grave	Grupo 1: os pacientes com deleção envolvendo a região q14 têm alto risco de desenvolver retinoblastoma geralmente bilateral. Hipertelorismo, heterocromia de íris, calcificação da retina, displasia do nervo óptico e da retina. Grupo 2: ptose, epicanto, obliquidade antimongoloide das fendas palpebrais, microftalmia, coloboma. Grupo 3: hipertelorismo, heterocromia de íris
Deleção do braço longo do cromossomo 15 (15q-) Síndrome de Angelman ou Prader-Willi	Síndrome de Angelman: mais de 80 casos descritos; Síndrome de Prader-Willi: 1:15.000	Herança: esporádica. Síndrome de Angelman: deleção do segmento 15q11-13 do cromossomo materno. Síndrome de Prader-Willi: deleção do segmento 15q11-13 do cromossomo paterno	Angelman: retardo mental, hipotonia, cabelos claros, hipoplasia mesofacial, prognatia, ausência de fala, convulsões, marcha atáxica, acessos incontroláveis de risada. Prader-Willi: hipotonia intensa ao nascimento, hiperfagia, obesidade, baixa estatura, mãos e pés pequenos, hipogonadismo, retardo mental	Angelman: hipopigmentação da íris e coroide, com olhos azuis, estrabismo, miopia, hipermetropia, nistagmo, albinismo oculocutâneo. Prader-Willi: fissuras palpebrais "amendoadas", estrabismo, olhos azuis, miopia, albinismo
Deleção parcial do braço curto do cromossomo 18 (18p-)	Mais de 100 casos descritos	Herança: esporádica; deleção do braço curto do cromossomo 18	Retardo do crescimento leve a moderado, deficiência mental, microcefalia, ponte nasal baixa, mãos e pés pequenos, face em "lua cheia", fenda labial e palatina	Hipertelorismo, epicanto, ptose, estrabismo, catarata, *ulerythema ophryogenes* (doença cutânea rara, com pequenas pápulas, eritema e perda de pelos nos supercílios)
Deleção parcial do braço longo do cromossomo 18 (18q-) Síndrome De Grouchy	Mais de 100 casos descritos	Herança: esporádica; deleção terminal do braço longo do cromossomo 18. MIM #601808	Retardo mental e motor grave, hipotonia com posição em "rã" das pernas, protrusão aparente das mandíbulas, olhos "encovados" (situados profundamente), lábio superior curto, lábio inferior evertido (boca "de carpa"), hélice e anti-hélice das orelhas proeminentes, convulsões, baixa estatura, surdez, deficiência de IgA, deficiência de hormônio de crescimento	Olhos "encovados", nistagmo, atrofia óptica, anormalidades retinianas, epicanto, hipertelorismo, fendas palpebrais inclinadas, microftalmia, opacificação corneana, catarata, hipoplasia de íris, descolamento de retina, estrabismo, exoftalmo, miopia

(continua)

Doenças sistêmicas com comprometimento ocular 455

Quadro 47.1 – Anomalias cromossômicas[2,10,13,15,16,18] (continuação)

Nome	Incidência	Herança	Quadro geral	Quadro ocular
Deleção parcial do braço longo do cromossomo 22 (22q -) Síndrome DiGeorge	1:80.000	Herança autossômica dominante. Microdeleção do 22q11.2. MIM *188400, *600594	Hipoplasia ou agenesia de timo e glândulas paratireoides, hipocalcemia, malformações cardíacas, micrognatia, orelhas de implantação baixa, artrite reumatoide juvenil, fenda palatina, baixa estatura	Fissura palpebral curta com deslocamento do canto externo, ptose, epicanto, uveíte
Duplicação parcial do braço longo do cromossomo 3 (3q+)	Mais de 40 casos descritos	Duplicação do 3q21-qter	Retardo mental e do crescimento, craniossinostose, micrognatia, ponte nasal larga, pescoço curto, orelhas malformadas, hipertricose, anormalidade de membros, defeitos cardíacos, anomalias do trato renal e urinário, deformidades peitorais	Hipertelorismo, epicanto, obliquidade mongoloide das fendas palpebrais, sínofre (supercílios confluentes), microftalmia, glaucoma, catarata, coloboma, estrabismo
Duplicação parcial do braço curto do cromossomo 4 (4p+)	Mais de 85 casos descritos	Trissomia de parte ou da maior parte do braço curto do cromossomo 4	Microcefalia, ponte nasal plana com nariz bulboso, macroglossia, dentes irregulares, retardo mental grave, retardo do crescimento	Confluência dos supercílios, microftalmia, coloboma de úvea
Duplicação parcial do braço curto do cromossomo 9p (9p+)	Aproximadamente 100 casos descritos	Trissomia parcial do 9p	Retardo mental grave, retardo no fechamento da fontanela anterior, microcefalia, retardo do crescimento intrauterino, fenda labial e palatina, micrognatia, defeitos cardíacos e deslocamento congênito de quadril, dedos das mãos e dos pés pequenos com unhas pequenas e falanges terminais curtas	Microftalmia, obliquidade antimongoloide das fendas palpebrais, hipertelorismo, olhos situados profundamente, epicanto, catarata, opacidade corneana
Duplicação parcial do braço longo do cromossomo 10q (10q+)	Mais de 35 casos descritos	Trissomia 10q11-q22	Retardo do crescimento, atraso do desenvolvimento leve a moderado, microcefalia, fronte proeminente, micrognatia, deficiência auditiva, membros longos	Olhos pequenos e situados profundamente, epicanto, obliquidade antimongoloide das fissuras palpebrais, blefarofimose, coloboma de íris, displasia retiniana
Duplicação parcial do braço longo do cromossomo 15q (15q+)	Mais de 30 casos descritos	Duplicação do 15q distal	Nariz proeminente com ponte nasal larga, camptodactilia, defeitos cardíacos, retardo do crescimento, retardo mental severo, microcefalia, micrognatia	Fendas palpebrais curtas, ptose, obliquidade antimongoloide das fissuras palpebrais

Iga: imunoglobulina A; SNC: sistema nervoso central.

456 Oftalmologia

As três mais comuns[2] são:

- A trissomia do cromossomo 21, ou síndrome de Down, ocorre em 1:660 nascidos vivos, e é a anomalia cromossômica com comprometimento ocular de maior incidência. Os portadores apresentam obliquidade mongoloide das fendas palpebrais, epicanto, dacioestenose, blefarite, ceratocone, catarata, erros elevados de refração (geralmente miopia), estrabismo e nistagmo[2,13,15,18].
- A trissomia do cromossomo 18, ou síndrome de Edwards, ocorre em 1:6.000 nascidos vivos, com prevalência de 3 meninas para 1 menino. Os portadores podem apresentar ptose, fenda palpebral curta, epicanto, hipertelorismo, microftalmia, anoftalmia, nistagmo, estrabismo, opacidade de córnea, catarata, colobomas, miopia e glaucoma congênito[2,13,15,18].
- Na síndrome de Turner (45X), que ocorre em 1:8.000 nascidos vivos, observa-se estrabismo, ptose, epicanto, escleras azuis, deficiência da visão de cores e catarata[2,13,15,18].

SÍNDROMES GENÉTICAS

Na síndrome de Alport, a presença de lenticone anterior bilateral é muito sugestiva da doença, embora não seja patognomônica. O achado de alterações oculares não é essencial para o diagnóstico, porém o exame oftalmológico simples e pouco invasivo pode fornecer dados importantes, além de auxiliar o paciente na recuperação visual[17].

A síndrome de Aicardi é mais rara que a de Alport, porém o achado de lesões lacunares coriorretinianas é essencial para o diagnóstico, mais do que a agenesia de corpo caloso[7,9].

No Quadro 47.2 encontram-se as síndromes genéticas que apresentam comprometimento ocular com maior frequência.

Quadro 47.2 – Síndromes genéticas[2,4,7,9,11,13-18]

Nome	Incidência	Herança	Quadro geral	Quadro ocular
Síndrome de Aicardi	Mais de 200 casos descritos	Herança dominante ligada ao X (letal no hemizigoto masculino). *Locus* gênico: Xp22. MIM *304050	Convulsões, ausência de corpo caloso e lesões lacunares coriorretinianas	Lesões coriorretinianas lacunares: amarelo-esbranquiçadas, redondas, bem definidas, escavadas, com bordas pouco pigmentadas, bilaterais e ao redor do nervo óptico e no polo posterior. Microftalmia, cistos retrobulbares, diminuição do nervo óptico e quiasma, gliose da papila, persistência de membrana pupilar, colobomas coriorretinianos, descolamento de retina

(continua)

Doenças sistêmicas com comprometimento ocular 457

Quadro 47.2 – Síndromes genéticas[2,4,7,9,11,13-18] (continuação)

Nome	Incidência	Herança	Quadro geral	Quadro ocular
Síndrome de Alport	1:5.000 indivíduos	75% dominante ligada ao X, 15% autossômica dominante e 10% autossômica recessiva. Mutação do gene COL4A5 no cromossomo Xq22.3 (herança ligada ao X)	Hematúria que progride para insuficiência renal, perda auditiva neurossensorial	Lenticone anterior bilateral, lesões retinianas amareladas perimaculares, catarata, nistagmo, alterações corneanas
Síndrome de Cornelia de Lange (ou Brachmann-De Lange)	1:10.000 nascidos vivos	A maioria dos casos é esporádica. *Locus* gênico: 3q26.3. MIM 122470	Retardo mental, microcefalia, narinas antevertidas, micrognatia, implantação baixa das orelhas, defeitos dos membros, anomalias cardíacas e urogenitais	Hipertricose de supercílios e sínofre (supercílios confluentes), hipertelorismo, ptose, nistagmo, miopia, estrabismo, cílios longos e muito curvos, epicanto, microftalmia, opacidades da córnea, atrofia óptica
Síndrome brânquio-oculofacial	Mais de 30 casos descritos	Herança autossômica dominante. MIM *113620	Defeitos cutâneos na região cervical e infra-auricular, anomalias do lábio superior e dentárias, micrognatia, deficiência auditiva, malformações renais, atraso do desenvolvimento, hipotonia	Obstrução do ducto nasolacrimal com dacriocistite de repetição, telecanto, coloboma, microftalmia, anoftalmia, obliquidade mongoloide das fendas palpebrais, miopia, ptose, hemangiomas orbitários, catarata, estrabismo
Síndrome Charge	Mais de 50 casos descritos	A maioria dos casos é esporádica. MIM 214800	Coloboma do olho, cardiopatia, atresia de coanas, retardo do crescimento e desenvolvimento com ou sem anomalias do SNC	Microftalmia, coloboma uni ou bilateral da íris, coroide, retina ou nervo óptico, déficit visual, descolamento de retina, estrabismo, paralisia do VII nervo, anoftalmia, persistência do vítreo primário hiperplásico, catarata congênita
Síndrome de Cockayne	Mais de 60 casos descritos	Herança autossômica recessiva. *Locus* gênico no cromossomo 5. MIM *216400	Aparência senil precoce, nanismo, surdez, retardo mental, dermatite fotossensível, orelhas grandes e protuberantes, membros longos	Degeneração pigmentar retiniana em "sal e pimenta", catarata, atrofia óptica, estrabismo, opacidades corneanas, diminuição do lacrimejamento, nistagmo, hipoplasia do músculo dilatador da pupila, transiluminação da íris

(continua)

458 Oftalmologia

Quadro 47.2 – Síndromes genéticas[2,4,7,9,11,13-18] (continuação)

Nome	Incidência	Herança	Quadro geral	Quadro ocular
Síndrome de Optiz G/BBB (síndrome Optiz-Frias e síndrome BBB)	Mais de 30 casos descritos	Herança recessiva ligada ao X e autossômica dominante. *Locus* gênico: Xp22 e 22q11.2. MIM *300000, *145410	Retardo mental, hipotonia, hipospádia, anomalias laringotraqueais, dificuldade na deglutição, ponte nasal larga, narinas antevertidas, fenda palatina, micrognatia, defeitos cardíacos congênitos	Hipertelorismo, obliquidade mongoloide ou antimongoloide das fissuras palpebrais, epicanto, estrabismo
Síndrome de Proteus	Mais de 30 casos descritos	Herança esporádica. MIM 176920	Crescimento exagerado que pode envolver o corpo inteiro ou ser unilateral, envolver um membro ou um dígito de linfangiomas, lipomas, hemangiomas, anormalidades das vértebras, escoliose, cifose, macrodactilia, anomalias cardíacas e renais	Ptose, estrabismo, microftalmia, catarata, miopia, nistagmo, alteração pigmentar retiniana, glaucoma, drusas de nervo óptico, atrofia de nervo óptico
Síndrome otopalatodigital (síndrome de Rubinstein-Taybi)	Mais de 500 casos descritos	Herança autossômica dominante. Microdeleções ou mutações no cromossomo 16p13.3. MIM #180849	Retardo mental e do crescimento, dificuldade na fala, polegares e háluces largos, hipoplasia maxilar e mandibular com palato estreito, nariz proeminente ("em bico")	Hipertelorismo, epicanto, ptose e obliquidade antimongoloide das fendas palpebrais, catarata, colobomas, estrabismo, cílios longos, supercílios arqueados, estenose do ducto nasolacrimal, ptose, enoftalmo, glaucoma
Síndrome de Walker-Warburg	Mais de 60 casos descritos	Herança autossômica recessiva. *Locus* gênico: 19q13.3, 14q24.3, 9q34.1, 9q31. MIM #236670	Síndrome Harde: hidrocefalia, agiria, displasia retiniana, com ou sem encefalocele, malformação cerebelar, distrofia muscular congênita	Displasia retiniana (retina pálida ou elevada), persistência do vítreo primário hiperplásico, anomalia de Peter, microftalmia, coloboma de coroide
Síndrome de Freeman-Sheldon	Mais de 60 casos descritos	Herança autossômica dominante e recessiva. MIM *193700, 277720	"Face de assobio", *talipes equinovarus* (pé torto congênito), desvio ulnar das mãos, estatura normal	Olhos "encovados", epicanto, blefarofimose, ptose, estrabismo, hipertelorismo, telecanto

(continua)

Doenças sistêmicas com comprometimento ocular   459

Quadro 47.2 – Síndromes genéticas[2,4,7,9,11,13-18] (continuação)

Nome	Incidência	Herança	Quadro geral	Quadro ocular
Síndrome de Fraser	Mais de 200 casos descritos	Herança autossômica recessiva. *Locus* gênico: 4q21. MIM *219000	Anomalias faciais, geniturinárias e esqueléticas, sindactilia, meningoencefalocele, retardo mental, estenose ou atresia da laringe	Criptoftalmia geralmente bilateral, simbléfaro, hipertelorismo, defeito do ducto lacrimal
Síndrome de Rieger	1:200.000	Herança autossômica dominante. *Locus* gênico: 4q25-q26, 13q14. MIM #180500, *601499	Várias anomalias dentárias e dos membros, retardo mental, distrofia muscular e distrofia miotônica	Displasia do segmento anterior do olho, embriotoxon posterior, com faixas de tecido da íris aderidas (síndrome de Axenfeld), hipoplasia da íris, glaucoma, catarata, ectopia do cristalino, colobomas, microcórnea, hipertelorismo
Anomalia de Peters	Desconhecida	Herança autossômica recessiva. Mutação do gene PAX6. MIM #604229	Não há	Defeito central da membrana de Descemet, opacidade corneana central, câmara anterior rasa, sinéquias anteriores periféricas, glaucoma
Síndrome de Lenz	Sete casos descritos	Herança autossômica dominante. MIM 151050	Baixa estatura, retardo mental, microcefalia, anomalias digitais e dentárias	Microftalmia colobomatosa, ptose, nistagmo, estrabismo, hipertelorismo, estenose do ducto nasolacrimal
Síndrome de Seckel	1:10.000	Herança autossômica recessiva. *Locus* gênico: 3q22.1-q24. MIM *210600, 210700	Estatura baixa, retardo mental, microcefalia, micrognatia, nariz estreito e semelhante a um bico ("cabeça de pássaro"), orelhas malformadas, anomalias musculoesqueléticas e geniturinárias	Hipertelorismo, obliquidade antimongoloide das fendas palpebrais, olhos proeminentes, estrabismo, ptose
Síndrome de Wildervanck (síndrome cérvico-oculo-acústica)	Desconhecida	Herança desconhecida. MIM 314600	Malformação de Klippel-Feil (fusão de duas ou mais vértebras cervicais), surdez congênita, cistos dermoides epibulbares	Síndrome de Duane uni ou bilateral (retração do globo ocular na tentativa de adução)
Síndrome de Meckel (síndrome de Meckel-Gruber)	Varia conforme a população, na Finlândia 1:9.000	Herança autossômica recessiva. *Locus* gênico: 17q21-24. MIM #249000	Microcefalia, encefalocele occipital, rins policísticos, polidactilia, cardiopatia congênita, anomalias genitais	Microftalmia, esclerocórnea, aniridia parcial, catarata, displasia da retina

(continua)

Quadro 47.2 – Síndromes genéticas[2,4,7,9,11,13-18] (continuação)

Nome	Incidência	Herança	Quadro geral	Quadro ocular
Síndrome de Noonan (Turner-like)	1:1.000 a 2.500 nascidos vivos	Herança autossômica dominante. *Locus* genético: cromossomo 12q24. MIM *163950	Baixa estatura, pescoço alado, *pectus carinatum* ou *excavatum*, cardiopatia congênita, fáscies típicas, retardo mental	Hipertelorismo, epicanto, inclinação antimongoloide das pálpebras, ptose, miopia, ceratocone, estrabismo, nistagmo, ceratopatia de exposição, tumores intra e extraorbitários

SNC: sistema nervoso central.

DOENÇAS NEUROCUTÂNEAS

São doenças que apresentam anormalidades do tegumento e do sistema nervoso central (SNC).

O diagnóstico da neurofibromatose baseia-se na presença de várias manifestações clínicas, inclusive oculares. Na neurofibromatose do tipo I, pode-se encontrar nódulos de Lisch (hamartomas melanocíticos da íris), glioma do nervo óptico (estes dois são importantes no diagnóstico), glaucoma, hamartomas da papila e da retina, neurofibroma da coroide, proptose, neurofibroma orbitário, displasia da asa maior do osso esfenoide, neuromas plexiformes das pálpebras, ptose, neurofibromas episclerais e conjuntivais, alterações pigmentares do fundo do olho comparadas a manchas café com leite. Já na neurofibromatose do tipo II, observam-se catarata subcapsular posterior, catarata cortical, hamartomas retinianos, meningioma de nervo óptico, papiledema, atrofia óptica, estrabismo e ceratopatia[2,3,13,15,18].

Na esclerose tuberosa, observam-se hamartomas retinianos (podem ser pequenas lesões planas, brancas ou amareladas, ou grandes massas elevadas amareladas multinodulares ou císticas, "em amora"), fibroangioma das pálpebras, papiledema ou atrofia óptica, alterações pupilares ou motoras relacionadas a lesões do sistema nervoso central (SNC), alterações da íris (coloboma, hipopigmentação, raramente hamartomas) e poliose dos cílios[2,13,15,18].

No Quadro 47.3 estão listadas as doenças neurocutâneas mais comuns e seus quadros oculares.

Doenças sistêmicas com comprometimento ocular 461

Quadro 47.3 – Doenças neurocutâneas[2,3,12,13,15,16,18]

Nome	Incidência	Herança	Quadro geral	Quadro ocular
Neurofibromatose	Tipo I: 1:2.000 a 1:4.000. Tipo II: 1:33.000 a 1:40.000	Herança autossômica dominante. Tipo I (doença de von Recklinghausen): MIM *162200. *Locus* genético: 17q11.2. Tipo II: *locus* gênico: 22q12.2. MIM *101000	Tipo I: manchas café com leite, neurofibromas, sardas axilares ou inguinais, lesões ósseas, como displasia esfenoidal ou adelgaçamento cortical dos ossos longos. Tipo II (10% dos casos): neuromas acústicos, neurofibroma, meningioma, glioma, schwannoma	Tipo I: nódulos de Lisch (hamartomas melanocíticos da íris), glaucoma, hamartomas da papila e da retina, neurofibroma da coroide, proptose, neurofibroma orbitário, glioma do nervo óptico, displasia da asa maior do osso esfenoide, neuromas plexiformes das pálpebras, ptose, neurofibromas episclerais e conjuntivais, alterações pigmentares do fundo do olho comparadas a manchas café com leite. Tipo II: catarata subcapsular posterior, catarata cortical, hamartomas retinianos, meningioma de nervo óptico, papiledema, atrofia óptica, estrabismo, ceratopatia
Esclerose tuberosa (doença de Bourneville)	1:10.000	Herança autossômica dominante. *Locus* gênico: 9q34 e 16p13. MIM #191100	Lesões cutâneas hipopigmentadas ("folha de freixo"), lesões cerebrais (túberes) calcificadas na área periventricular, convulsões generalizadas e retardo mental, adenomas sebáceos na face, fibromas subungueais, rabdomioma cardíaco, distúrbios renais (hamartomas, doenças policística) e pulmonares (cistos, fibrose)	Hamartomas retinianos (podem ser pequenas lesões planas, brancas ou amareladas, ou grandes massas elevadas amareladas multinodulares ou císticas, "em amora"), fibroangioma das pálpebras, papiledema ou atrofia óptica, alterações pupilares ou motoras relacionadas a lesões do SNC, alterações da íris (coloboma, hipopigmentação), poliose dos cílios
Angiomatose da retina e do cerebelo (doença de von Hippel--Lindau)	1:33.0000	Herança autossômica dominante. *Locus* gênico: 3p26-p25. MIM *193300	Hemangioblastomas cerebelares, angiomas da retina, hemangioblastoma da medula espinal, carcinoma renal, feocromocitoma, cistos renais, pancreáticos e do epidídimo	Hemangioblastoma retiniano geralmente periférico, hemorragias, exsudatos e descolamento da retina

(continua)

462 Oftalmologia

Quadro 47.3 Doenças neurocutâneas[2,3,12,13,15,16,18] (continuação)

Nome	Incidência	Herança	Quadro geral	Quadro ocular
Ataxia-telangiectasia (síndrome de Louis-Bar)	1:30.000 a 1:100.000 nascidos vivos	Herança autossômica recessiva. *Locus* gênico: 11q22.3. MIM *208900	Ataxia cerebelar, perda da deambulação, telangiectasias nas orelhas e superfícies expostas dos membros, insuficiência de IgA, tumores linforreticulares (linfoma, leucemia e doença de Hodgkin) e tumores cerebrais. Intolerância à glicose, hipogonadismo, retardo do crescimento	Apraxia oculomotora, estrabismo, nistagmo, telangiectasias na conjuntiva bulbar bilaterais
Angiomatose encefalofacial (síndrome de Sturge-Weber)	1:50.000	Herança esporádica. MIM 185300	Malformações hamartomatosas congênitas que afetam olhos, pele e SNC. Nevo facial (nevo flâmeo ou mancha em vinho do porto), convulsões, hemiparesia, calcificações intracranianas e retardo mental	Comprometimento da pálpebra e conjuntiva pelo nevo flâmeo facial, hemangioma da coroide, glaucoma e buftalmo unilateral e ipsilateral ao nevo facial, defeitos do campo visual associados a lesões do SNC, hemianopsia, vasos retinianos dilatados e tortuosos, heterocromia de íris, estrabismo, descolamento de retina
Síndrome de Klippel-Trenaunay--Weber	Mais de 800 casos descritos	Herança esporádica. MIM 185300	Malformação vascular cutânea (mancha em vinho do porto), hipertrofia de ossos e partes moles e varicosidades venosas. Linfedema, fístulas arteriovenosas, angiomas do trato urinário, trato intestinal, mesentério e pleura	Nevo flâmeo facial na distribuição do primeiro e segundo ramos do nervo trigêmeo, varizes orbitárias, glaucoma, catarata
Angiomatose do mesencéfalo e da retina (síndrome de Wyburn--Mason)	Mais de 80 casos descritos	Doença esporádica rara, sem componentes hereditários	Cefaleia, convulsões e hemorragia intracraniana pelas malformações vasculares do mesencéfalo	Malformações arteriovenosas retinianas (arteríolas muito tortuosas e dilatadas, com veias de aparência similar), também denominadas hemangioma racemoso

SNC: sistema nervoso central.

DOENÇAS METABÓLICAS

O diagnóstico das doenças metabólicas deve ser realizado o mais rápido possível, pois muitas das complicações são evitadas com o tratamento adequado. Pacientes com tirosinemia oculocutânea, por exemplo, beneficiam-se de uma dieta pobre em tirosina e fenilanina, com resolução das lesões cutâneas e oculares[1,2,13,15,18].

As mucopolissacaridoses são doenças genéticas raras causadas pela deficiência de enzimas lisossômicas específicas que afetam o catabolismo de glicosaminoglicanos (GAG). O acúmulo de GAG em vários órgãos e tecidos resulta em uma série de sinais e sintomas, causando um quadro clínico multissistêmico que compromete ossos e articulações, vias respiratórias, sistema cardiovascular e muitos outros órgãos e tecidos, incluindo os olhos. Existem vários tipos de mucopolissacaridoses, e os pacientes podem apresentar alterações oculares nas fases mais precoces da doença, contribuindo para o diagnóstico. Observa-se, com maior ou menor frequência, opacificação da córnea, glaucoma, degeneração retiniana e atrofia óptica[2,13,15,18].

Nas gangliosidoses, causadas pela deficiência de enzimas que degradam gangliosídios, em geral observam-se mancha vermelho-cereja macular e perda progressiva da visão[2,13,15,18].

As lipofuscinoses são um grupo de doenças causadas pelo acúmulo de lipopigmentos nos neurônios e em outras células. Os pacientes podem apresentar alterações retinianas e atrofia óptica.

Nas lipidoses, doenças nas quais há acúmulo anormal de lipídios nas células, pode haver opacidade corneana, catarata e alterações retinianas.

Na doença de Wilson, causada pelo acúmulo de cobre nos tecidos, há o clássico anel de Kayser-Fleischer (depósito de cobre na membrana de Descemet), presente em mais de 95% dos pacientes com sintomas neurológicos, sendo assim essencial para o diagnóstico da doença; catarata "em girassol" e alteração na motilidade ocular extrínseca[2,6,13,15,18].

A galactosemia é causada pela inabilidade de metabolizar galactose em glicose. Os pacientes podem apresentar catarata, estrabismo e nistagmo.

O diabete melito do tipo 1, causado pela deficiência de insulina, apresenta como manifestações oculares retinopatia diabética (neovascularização retiniana, edema macular, hemorragia vítrea, descolamento de retina) e glaucoma neovascular[2,13,15,18].

As alterações oculares das doenças metabólicas são apresentadas no Quadro 47.4.

464 Oftalmologia

Quadro 47.4 – Doenças metabólicas[2,6,13,15,16,18]

Nome	Incidência	Herança	Quadro geral	Quadro ocular
Mucopolissacaridoses				
Síndrome de Hurler (mucopolissacaridose I H, deficiência de a-L-iduronidase)	1:100.000 nascidos vivos	Herança autossômica recessiva. *Locus* genético: 4p16.3. MIM *252800, #607014	Retardo mental, retardo de desenvolvimento, hidrocefalia, macrocefalia, fronte proeminente, feições grosseiras, ponte nasal baixa, hepatoesplenomegalia, deformidade esquelética, macroglossia, rigidez articular, baixa estatura, perda auditiva, hirsutismo, doença obstrutiva das vias aéreas	Opacificação progressiva e difusa da córnea, fotofobia, degeneração retiniana progressiva (vasoconstrição arteriolar, diminuição do reflexo foveal, alterações pigmentares, eletrorretinograma anormal), atrofia óptica e perda da visão, glaucoma, proptose e órbitas rasas, hipertelorismo, epicanto
Síndrome de Scheie (mucopolissacaridose I S; deficiência de a-L-iduronidase)	1:500.000	Herança autossômica recessiva. *Locus* genético: 4p16.3. MIM *252800, #607016	Inteligência e estaturas normais, prognatismo, rigidez articular, perda auditiva, defeito da valva aórtica	Turvação progressiva e difusa da córnea, degeneração pigmentar progressiva da retina; sintomas visuais, perda do campo e cegueira noturna, glaucoma, atrofia óptica
Complexo Hurler-Scheie (MPS I H/S; deficiência de a-L-iduronidase)	1:115.000	Herança autossômica recessiva. *Locus* genético: 4p16.3. MIM *252800, #607015	Ausência de retardo mental, há retardo do crescimento, disostose múltipla, hepatoesplenomegalia, macrocefalia, micrognatia, limitação articular moderada, obstrução de vias aéreas superiores, alterações cardíacas	Turvação da córnea difusa e progressiva, glaucoma, atrofia do nervo óptico
Síndrome de Hunter (MPS II; deficiência de iduronato-sulfatase)	1:100.000 nascidos vivos	Herança recessiva ligada ao X. *Locus* genético: Xq28. MIM *309900	Baixa estatura, retardo mental, feições grosseiras, deformidade esquelética, rigidez articular, hidrocefalia, envolvimento neurológico progressivo, macroglossia, macrocefalia, doença valvular cardíaca, doença obstrutiva das vias aéreas, deficiência auditiva	Córnea macroscopicamente sem alterações, degeneração progressiva da retina com alterações pigmentares, adelgaçamento arteriolar, atrofia óptica, perda da visão, papiledema secundário a hidrocefalia, glaucoma, ptose
Síndrome de Sanfilippo (MPS III). Deficiência de tipo A (heparan N-sulfatase), tipo B (N-acetil-alfaglicosaminidase), tipo C (acetilCoA: alfaglicosaminidase-acetiltransferase), tipo D (N-acetilglicosamina-6-sulfatase)	1:25.000	Herança autossômica recessiva. *Locus* genético: tipo A, 17q25.3, tipo B, 17q21, tipo C, cromossomo 14, tipo D, 12q14. MIM #252900, *252920, *252930, *252940	Atraso do desenvolvimento, hiperatividade com comportamento agressivo, hirsutismo, distúrbio do sono, hepatoesplenomegalia	Retinopatia pigmentar que pode se assemelhar à retinose pigmentar, córneas macroscopicamente sem alterações

(continua)

Doenças sistêmicas com comprometimento ocular   465

Quadro 47.4 – Doenças metabólicas[2,6,13,15,16,18] (continuação)

Nome	Incidência	Herança	Quadro geral	Quadro ocular
Mucopolissacaridoses				
Síndrome de Morquio (MPS IV). Deficiência de galactosamina-6-sulfatase no tipo A (mais grave); e deficiência de betagalactosidase no tipo B (mais leve)	Menor que 1:100.000	Herança autossômica recessiva. *Locus* genético: 16q24.3 (tipo A). MIM *253000, #253010	Displasia esquelética, retardo do crescimento acentuado, defeitos odontoides, inteligência normal, perda auditiva, hepatomegalia	Turvação fina da córnea lentamente progressiva; anomalia pigmentar da retina, glaucoma e atrofia óptica são raros
Síndrome de Maroteaux-Lamy (MPS VI; deficiência de arilsulfatase-B)	1:320.000	Herança autossômica recessiva. *Locus* genético 5q11-q13. MIM *253200	Deficiência do crescimento, fácies com feições grosseiras, rigidez das articulações leves, hepatoesplenomegalia, perda auditiva, inteligência normal	Turvação difusa da córnea, pode haver glaucoma, atrofia óptica ou papiledema
Síndrome de Sly (MPS VII; deficiência de beta-glicuronidase)	Menor que 1:250.000	*Locus* genético 7q21.11. MIM *253220	Baixa estatura, disostose múltipla, hepatoesplenomegalia, anomalias cardiovasculares e respiratórias, retardo mental, espectro clínico amplo	Córneas geralmente transparentes, mas pode ocorrer embaçamento fino ou grosseiro
Gangliosidoses				
Gangliosidose generalizada (gangliosidose GM1 tipo 1; deficiência de betagalactosidase)	Mais de 30 casos descritos	Herança autossômica recessiva. *Locus* genético: 3p21.33. MIM *230500	Miotonia, rigidez articular, baixa estatura, retardo psicomotor progressivo, fácies com orelhas de implantação baixa, fronte olímpica, ponte nasal deprimida, hepatoesplenomegalia, deficiência auditiva	Mancha vermelho-cereja macular, córnea geralmente transparente, atrofia óptica, perda da visão, nistagmo, estrabismo, alta miopia
Gangliosidose juvenil GM1 (gangliosidose GM1 tipo 2; deficiência de betagalactosidase)	Desconhecida	Herança autossômica recessiva. *Locus* genético: 3p21.33. MIM #230600	Ataxia, convulsões, deterioração psicomotora, retardo mental	Córneas clinicamente transparentes, alteração pigmentar da retina, atrofia óptica e perda da visão, nistagmo e estrabismo
Doença de Tay-Sachs (gangliosidose GM2 tipo I; deficiência de hexosaminidase A)	1:300 em não judeus, 1:30 a 40 em judeus europeus	Herança autossômica recessiva. *Locus* genético: 15q23-q24. MIM *272800	Perda das habilidades motoras, aumento da reação de sobressalto, convulsões, deterioração neurológica	Mancha vermelho-cereja macular, atrofia óptica, perda progressiva da visão, deterioração sequencial dos movimentos oculares, nistagmo
Variante de Sandhoff (gangliosidose GM2 tipo 2; deficiência de hexosaminidase A e B)	Mais de 50 casos descritos	Herança autossômica recessiva. *Locus* genético: 5q13. MIM *268800	Deterioração psicomotora progressiva, semelhante à doença de Tay-Sachs	Mancha vermelho-cereja macular, perda progressiva da visão, córneas turvas, estrabismo

(continua)

Oftalmologia

Quadro 47.4 – Doenças metabólicas[2,6,13,15,16,18] (continuação)

Nome	Incidência	Herança	Quadro geral	Quadro ocular
Gangliosidoses				
Gangliosidose juvenil GM2 (gangliosidose GM2 tipo 3; doença de Bernheimer--Seiteberger, deficiência parcial de hexosaminidase)	Seis casos descritos	Herança autossômica recessiva. MIM *230700	Retardo psicomotor progressivo, ataxia, perda da fala, espasticidade	Degeneração pigmentar da retina, geralmente não há alterações da mácula tipo mancha vermelho-cereja, atrofia óptica e perda visual
Lipofuscinoses				
Lipofuscinose ceroide do lactente (variante finlandesa, lipidose de ácidos graxos insaturados)	1:12 a 15.000 nascidos vivos	Herança autossômica recessiva. Locus genético: 1p32. MIM #256730	Microcefalia, atrofia acentuada do cérebro, ataxia, mioclono, demência profunda, estado de decorticação	Alteração pigmentar da retina, atenuação dos vasos retinianos, atrofia óptica
Lipofuscinose ceroide do lactente tardia (de Jansky-Bielschowsky)	1:12 a 15.000 nascidos vivos	Herança autossômica recessiva. Locus genético: 11p15. MIM #204500	Deterioração intelectual e motora, convulsões, ataxia	Alteração pigmentar da retina, atenuação dos vasos retinianos, atrofia óptica
Lipofuscinose ceroide juvenil (de Batten--Mayou-Spielmeyer--Vogt)	1:12 a 15.000 nascidos vivos	Herança autossômica recessiva. Locus genético: 16p12. MIM #204200	Deterioração intelectual, convulsões, ataxia, perda progressiva da função motora	Alteração pigmentar da retina, maculopatia do tipo bull's eye, atrofia óptica
Leucodistrofias				
Leucodistrofia metacromática (deficiência de arilsulfatase A)	1:40.000	Herança autossômica recessiva. Locus genético: 22q13.31-qter. MIM #250100	Ataxia, fraqueza progressiva, espasticidade, demência, convulsões	Degeneração da retina seme-lhante à retinite pigmentosa, alteração cinzenta da mácula com acentuação da mancha vermelha central, atrofia óptica, perda da visão, estra-bismo e nistagmo
Síndrome de Pelizaeus--Merzbacher	Menor que 1:100.000	Herança recessiva ligada ao X. Locus genético: Xq22. MIM #312080	Hipotonia seguida de espasticidade e hiper--reflexia, ataxia, demência, sintomas parkinsonianos	Nistagmo logo após o nasci-mento, às vezes com movi-mentos rotatórios da cabeça, atrofia óptica, estrabismo
Doença de Canavan	1:38 dos judeus asquenazis é portador	Herança autossômica recessiva. Locus genético: 17pter-p13. MIM #271900	Hipotonia seguida de espasticidade, convulsões, macrocefalia com desmielinização e leucodistrofia	Atrofia óptica, nistagmo, ce-gueira, alterações pigmen-tares da retina
Distúrbios dos aminoácidos				
Tirosinemia oculocutânea (síndrome de Richner--Hanhart)	Menos de 100 casos descritos	Herança autossômica recessiva. Locus genético: 16q22.1-q22.3. MIM *276600	Ceratose palmoplantar, retardo mental, convulsões, microcefalia	Fotofobia, opacidade cornea-na dendrítica ou pseudoden-drítica bilateral, úlcera de córnea, conjuntivite, catarata, estrabismo, nistagmo

(continua)

Doenças sistêmicas com comprometimento ocular 467

Quadro 47.4 – Doenças metabólicas[2,6,13,15,16,18] (continuação)

Nome	Incidência	Herança	Quadro geral	Quadro ocular
Distúrbios dos aminoácidos				
Cistinose	1:100.000 a 1:200.000	Herança autossômica recessiva. *Locus* genético: cromossomo 17p13. MIM #219750, #219800	Pode haver comprometimento renal (insuficiência renal) ou não, hipotireoidismo, diabete melito, hiperesplenismo, fraqueza muscular	Ceratopatia cristalina, opacidade corneana, fotofobia, blefaroespasmo, retinopatia pigmentar
Homocistinúria, tipo I	1:344.000	Herança autossômica recessiva. *Locus* genético: 21q22.3. MIM *236200	Retardo mental, distúrbios psiquiátricos, alterações esqueléticas, tromboembolismo, convulsões	Ectopia do cristalino, catarata, glaucoma secundário, degeneração cística periférica da retina, miopia
Lipidoses				
Doença de Gaucher (lipidose de glicosilceramídio, deficiência de glicosilceramídio-betaglicosidase)	Estimativas variam muito, mas é mais comum em judeus asquenazis	Herança autossômica recessiva. *Locus* genético: 1q21-q31. MIM #230800, #230900, #231000	Depósito de material na medula óssea, hepatoesplenomegalia e complicações esqueléticas, trombocitopenia (sangramentos, equimose), anemia, dor óssea ou fraturas patológicas, retardo do crescimento. Inteligência pode ser normal	Lesões na conjuntiva bulbar semelhante a pinguéculas, estrabismo paralítico causado por acometimento do tronco encefálico e dos nervos cranianos, região macular acinzentada, múltiplas manchas brancas na retina e opacidade leve da córnea
Doença de Niemann-Pick (lipidoses de esfingomielina; deficiência de esfingomielinase)	Tipo A é mais frequente em judeus asquenazis (1:40.000). Tipo B: quase 400 casos descritos	Herança autossômica recessiva. *Locus* genético: 11p15.1-p15.4. MIM #257200, #607616, #257220, #607625	Hepatoesplenomegalia, linfadenopatia, espasticidade e rigidez, comprometimento pulmonar, cirrose, hiperesplenismo com pancitopenia, icterícia neonatal, evolução neurodegenerativa e inteligência variáveis	Mancha vermelho-cereja macular e opacidade corneana leve, opacidade granular ao redor da mácula, paralisia do olhar vertical
Doença de Fabry (lipidose de glicoesfingolipídios; deficiência de alfagalactosidase A)	1:117.000 nascidos vivos do sexo masculino	Herança recessiva ligada ao X. Gene afetado localiza-se no braço longo do cromossomo X (Xq22). MIM *301500	Angioceratomas (lesões cutâneas telangiectásicas), hipoidrose, acroparestesias dolorosas e doença vascular do rim e/ou coração e/ou cérebro	Opacidade da córnea, catarata, dilatação e tortuosidade dos vasos conjuntivais e retinianos, sinais renovasculares de hipertensão renal, papiledema, edema orbitário e palpebral
Doença de Farber (lipidose de ceramídios; deficiência de ceramidase)	Não determinada	Herança autossômica recessiva. *Locus* genético: 8p22-p21.3. MIM *228000	Tumefação articular dolorosa e formação de nódulos subcutâneos, rouquidão, dificuldade respiratória, retardo do crescimento, miopatia, hepatoesplenomegalia	Opacidade corneana, opacidade de cristalino, alterações retinianas (mancha do tipo vermelho-cereja, polo posterior cinzento) granulomas dentro e ao redor do olho

(continua)

468 Oftalmologia

Quadro 47.4 – Doenças metabólicas[2,6,13,15,16,18] (continuação)

Nome	Incidência	Herança	Quadro geral	Quadro ocular
Lipidoses				
Leucodistrofia de células globoides de Krabbe (lipidose de galactosilceramídios; deficiência de galactosilceramídio-betagalactosidase)	6:1.000 nascidos vivos em um grupo populacional em Israel	Herança autossômica recessiva. *Locus* genético: 14q24.3-q32.1. MIM #245200	Irritabilidade e choro excessivo nos primeiros meses de vida, atraso do crescimento, convulsões, rigidez e opistótono, surdez, espasticidade e ataxia	Cegueira cortical e atrofia óptica causada por alterações degenerativas no cérebro e vias visuais, nistagmo, estrabismo, perda do reflexo foveal
Distúrbio do cobre				
Doença de Wilson	1:30.000	Herança autossômica recessiva. *Locus* genético: 13q14.3-q21.1. MIM #277900	Insuficiência hepática, hipertensão, esplenomegalia, ascite, varizes gastroesofágicas, disartria, alteração renal, cardiopatia	Anel de Kayser-Fleischer (depósito de cobre na membrana de Descemet), catarata "em girassol", alteração na motilidade ocular extrínseca.
Doença de Menkes	1:250.000 nascidos vivos	Herança recessiva ligada ao X. *Locus* genético: Xq13.2-13.3	Deterioração neurológica progressiva, alterações no cabelo, pele e ossos, divertículo no trato urinário, hipotermia	Olhos profundamente situados, íris azul ou acizentada, fotofobia, hipopigmentação da retina, palidez do nervo óptico
Outras				
Galactosemia	1:47.000 na população caucasiana	Herança autossômica recessiva. *Locus* genético: 9p13. MIM #230400	Vômitos e diarreia, perda de peso, disfunção hepática, retardo do desenvolvimento	Catarata, estrabismo, nistagmo
Diabete melito insulino-dependente	Varia conforme a população	*Locus* genético: Xp11.23-q13.3, 12q24.2, 1p13, 6p21.3. MIM *222100	Hiperglicemia, cetose, neuropatia, nefropatia, vasculopatia	Retinopatia diabética (neovascularização retiniana, edema macular, hemorragia vítrea, descolamento de retina), glaucoma neovascular

MALFORMAÇÕES CRANIOFACIAIS

As malformações craniofaciais constituem um grupo diverso e complexo de anomalias isoladas ou múltiplas que, em geral, tem etiologia genética. São afecções que impõem impacto significativo sobre a aparência, influenciando de modo adverso a integração social do portador. São caracterizadas por alteração do contorno dos arcabouços craniano e/ou facial, podendo levar a anormalidades no tamanho e na posição das órbitas, associadas a achados oculares. Podem estar associadas a craniossinostose, definida como o fechamento prematuro de uma ou mais suturas cranianas durante o período embrionário ou na infância. As síndromes mais comuns associadas à presença de craniossinostose são síndrome de Apert, síndrome

Doenças sistêmicas com comprometimento ocular   469

de Crouzon e síndrome de Pfeiffer. Suas manifestações oculares incluem proptose e exposição corneana secundária ao fechamento palpebral inadequado dos olhos proptóticos. É frequente também o aparecimento de estrabismo, sendo o desvio divergente o mais comum. As principais malformações craniofaciais que não envolvem a craniossinostose são displasia frontonasal, síndrome de Goldenhar, síndrome de Treacher Collins e síndrome álcool-fetal[2,13,15,18]. As principais malformações craniofaciais com acometimento ocular são apresentadas no Quadro 47.5.

Quadro 47.5 – Malformações craniofaciais[2,13,15,16,18]

Nome	Incidência	Herança	Quadro geral	Quadro ocular
Síndrome de Apert (acrocefalossindactilia)	1:100.000 a 160.000	Autossômica dominante, *locus* 10q26. MIM #101200	Craniossinostose, crânio acrocefálico, cérebro megalocefálico, assimetria facial, mandíbula proeminente, sindactilia, braquidactilia, atraso do desenvolvimento neuropsicomotor, alterações cardiovasculares e geniturinárias	Órbitas rasas, olhos protuberantes (proptose) e muito espaçados, fissuras palpebrais de implantação baixa, estrabismo, oftalmoplegia parcial, nistagmo, papiledema, atrofia óptica, catarata, luxação do cristalino, coloboma de íris e coroide
Síndrome de Pfeiffer	1:100.000	Autossômica dominante, *locus* 10q26. MIM #101600	Craniossinostose, nariz pequeno com ponte nasal baixa, prognatismo relativo, polegares largos e desviados radialmente, háluces grandes	Órbitas rasas, proptose, hipertelorismo, fissuras palpebrais de implantação baixa, estrabismo
Síndrome de Carpenter (acrocefalopolissindactilia)	Mais de 40 casos descritos	Autossômica recessiva. MIM *201000	Craniossinostose, retardo mental, obesidade, acrocefalia, dedos curtos, sindactilia, hipogenitalismo, malformações esqueléticas e cardíacas	Órbitas rasas, deslocamento lateral dos ângulos mediais, epicanto, obliquidade das fendas palpebrais, atrofia óptica, microcórnea, opacidades corneanas
Síndrome de Crouzon (disostose craniofacial)	1:25.000	Autossômica dominante, *locus* 10q26. MIM #123500	Craniossinostose, surdez, maxila hipoplásica, hipoplasia facial, alterações dentárias, anomalias da coluna cervical, pode haver retardo mental	Proptose, hipertelorismo, pode haver luxação do globo ocular, estrabismo, ceratite de exposição, papiledema, atrofia óptica, catarata

(continua)

470 Oftalmologia

Quadro 47.5 – Malformações craniofaciais[2,13,15,16,18] (continuação)

Nome	Incidência	Herança	Quadro geral	Quadro ocular
Displasia frontonasal (síndrome da fenda facial mediana)	Não determinada	Esporádica, dominante ligada ao X, autossômica recessiva e autossômica dominante. MIM 136760	Defeito no desenvolvimento da linha média facial, defeitos no osso frontal e no nariz, tetralogia de Fallot, surdez, agenesia de corpo caloso, retardo mental	Hipertelorismo, anoftalmia, microftalmia, cisto dermoide epibulbar, coloboma de pálpebra, catarata congênita
Síndrome de Opitz	Mais de 30 casos descritos	Recessiva ligada ao X ou autossômica dominante, locus Xp22 e 22q11.2. MIM *300000	Micrognatia, anormalidades laringotraqueais, fenda palatina, deficiência mental, hipotonia, hipospádia, alterações cardíacas	Hipertelorismo, epicanto, estrabismo
Síndrome de Waardenburg	1:20.000 a 40.000	Autossômica dominante ou recessiva, locus 2q35, 3p14.1-p12.3, 1p21-p13.3, 2q35, 22q13, 20q13.2-q13.3, MIM *193500, #193510, *600193, #148820, #277580	Raiz nasal proeminente e alargada, albinismo parcial, mecha branca frontal, lesões hipopigmentadas de pele, surdez, espinha bífida, mielomeningocele	Deslocamento lateral dos ângulos mediais e pontos lacrimais inferiores, poliose, heterocromia de íris, hipoplasia do estroma iriano, retina hipopigmentada, ptose, esotropia
Síndrome de Hallermann-Streiff (discefalia oculomandibulofacial)	Mais de 100 casos descritos	A maioria é esporádica. MIM 234100	Baixa estatura, braquicefalia, atraso da ossificação das suturas cranianas, hipoplasia malar, micrognatia, hipoplasia da cartilagem nasal, hipoplasia dos dentes, pele atrófica, traqueomalácea	Microftalmia, catarata, cílios e supercílios escassos, escleras azuis, nistagmo
Síndrome de Pierre Robin	1:8.000	Alguns casos ligados ao X. MIM 261800	Micrognatia, glossoptose, fenda palatina	Glaucoma congênito, descolamento de retina, estrabismo
Síndrome de Treacher Collins (disostose mandibulofacial ou síndrome de Franceschetti-Klein)	1:25.000 a 50.000	Autossômica dominante, locus 5q32-q33.1, MIM *154500	Hipoplasia do osso malar, mandíbula e processo zigomático, micrognatia, surdez, fenda palatina, anormalidades dos dentes	Obliquidade das fendas palpebrais, subdesenvolvimento das cristas supraorbitárias, coloboma da pálpebra inferior, íris ou coroide, ptose, triquíase, microftalmia

(continua)

Doenças sistêmicas com comprometimento ocular · 471

Quadro 47.5 – Malformações craniofaciais[2,13,15,16,18] (continuação)

Nome	Incidência	Herança	Quadro geral	Quadro ocular
Síndrome de Goldenhar (displasia oculoauriculo-vertebral)	1:5.000 a 45.000	A maioria é esporádica. MIM 164210	Deformidade da orelha externa, surdez, assimetria facial, apêndice cutâneo pré-auricular, hipoplasia mandibular, paralisia facial, anormalidades da coluna vertebral, alterações cardíacas e geniturinárias	Coloboma de pálpebra, sendo a pálpebra superior acometida com maior frequência que a inferior, hipoplasia ou coloboma de íris, hipertelorismo, dermoide epipulbar de conjuntiva e córnea, microftalmia, estrabismo, síndrome de Duane
Síndrome de Nager	Mais de 75 casos descritos	Autossômica dominante, locus 9q32. MIM 154400	Alterações craniofaciais semelhantes a síndrome de Treacher Collins, hipoplasia do osso malar, mandíbula e processo zigomático, micrognatia, polegares ausentes ou hipoplásicos	Obliquidade das fendas palpebrais, subdesenvolvimento das cristas supraorbitárias, coloboma de pálpebra inferior, íris e coroide
Síndrome do álcool fetal	1:1.000	–	Anormalidade facial, holoprosencefalia, retardo mental, baixo peso, alterações cardiovasculares	Telecanto, epicanto, ptose, estrabismo, hipoplasia de nervo óptico
Síndrome de Moebius	Não determinada	Autossômica dominante, locus 13q12.2-q13, 3q21-q22, 10q21.3-q22.1. MIM *157900, *601471, *604185,	Paralisia facial, paralisia do abducente, surdez, sindactilia, polidactilia, ausência de dedos, fraqueza da musculatura da nuca e língua	Estrabismo, contratura do músculo reto medial, ceratopatia de exposição
Síndrome de Wildervanck	Não determinada	Esporádica. MIM 314600	Assimetria facial, fusão de vértebras cervicais, malformação vestíbulo-labiríntica, surdez, aplasia de nervo facial	Síndrome de Duane bilateral, dermoide epibulbar, pseudopapiledema

DOENÇAS INFECCIOSAS

Muitas doenças infecciosas, congênitas ou adquiridas, têm manifestações oculares significativas e estão entre as principais causas de deficiência visual na infância nos países em desenvolvimento.

472 Oftalmologia

A principal infecção congênita com acometimento ocular é a toxoplasmose. A transmissão ocorre pela via transplacentária, da mãe infectada para o feto, causando hepatomegalia, esplenomegalia, calcificações intracranianas e microcefalia. As manifestações oculares incluem retinite, coroidite e sinais de uveíte anterior. A área ativa de inflamação da retina é, em geral, associada a vitreíte. Outras importantes doenças congênitas com acometimento ocular são a rubéola e o citomegalovírus. Suas manifestações clínicas, na maioria das vezes, são semelhantes e incluem hepatomegalia, esplenomegalia, icterícia, manifestações hematológicas, alterações do SNC e de fundo de olho. O exame oftalmológico pode, frequentemente, auxiliar no esclarecimento diagnóstico[2,13,15,18].

As principais doenças infecciosas com acometimento ocular são apresentadas no Quadro 47.6.

Quadro 47.6 – Doenças infecciosas[2,13,15,18]

Nome	Incidência	Quadro geral	Quadro ocular
Toxoplasmose congênita	2:1.000	Calcificações intracranianas, hidrocefalia, microcefalia, hepatoesplenomegalia	Retinocoroidite, lesões maculares, vitreíte, papilite, descolamento de retina, atrofia óptica, microftalmo, estrabismo, nistagmo
Sífilis congênita	0,1 a 1,7:1.000	Prematuridade, baixo peso, hepatoesplenomegalia, linfadenopatia, lesões mucocutâneas, anormalidades esqueléticas	Ceratite estromal, catarata, iridociclite, glaucoma, coriorretinite em "sal e pimenta", oclusão vascular, neurorretinite, atrofia óptica, microftalmo
Rubéola congênita	2 a 25:100.000	Surdez, malformações cardíacas, trombocitopenia, hepatite, anemia hemolítica	Ceratite epitelial, catarata, uveíte anterior, glaucoma, microftalmo, hipoplasia iriana, retinite em "sal e pimenta", membrana neovascular sub-retiniana, atrofia óptica, nistagmo, estrabismo
Citomega-lovírus congênito	0,9:1.000	Hepatoesplenomegalia, icterícia, anemia, plaquetopenia, microcefalia, calcificações intracranianas, crises convulsivas	Palidez e hemorragias retinianas, vasculite, papilite, microftalmo, uveíte anterior, conjuntivite, opacidade corneana, estrabismo, nistagmo
Sarampo	Variável	*Rash* maculopapular, linfadenopatia, esplenomegalia, raramente acometimento neurológico	Conjuntivite, ceratite, coriorretinite, papilite

(continua)

Doenças sistêmicas com comprometimento ocular   473

Quadro 47.6 – Doenças infecciosas[2,13,15,18] (continuação)

Nome	Incidência	Quadro geral	Quadro ocular
Varicela-zóster	Variável	Exantema maculopapulovesicular, febre, anorexia	Blefaroconjuntivite, ceratite, uveíte anterior, coriorretinite, neurite, paralisia oculomotora
Herpes simples	Desconhecida	Tipo 1: estomatite, febre, adenopatia cervical; tipo 2: febre, linfadenopatia inguinal, vesículas genitais	Blefaroconjuntivite, ceratite, uveíte, coriorretinite, atrofia óptica, microftalmia
Toxocaríase	Desconhecida	Eosinofilia, febre, hepatomegalia	Granuloma de polo posterior ou periférico, vitreíte, endoftalmite, leucocoria, estrabismo
Doença de Lyme	20 a 105:100.000	Eritema migrans, febre, artralgia, mialgia, linfadenopatia, paralisia de nervos cranianos, meningite, radiculoneurite, artrite, miocardite	Conjuntivite folicular, ceratite, episclerite, neurite óptica, uveíte
Doença da arranhadura do gato	0,8:100.000	Pápula ou pústula no local de inoculação, cefaleia, vômitos, anorexia, linfadenopatia	Nódulos granulomatosos na pálpebra, conjuntivite granulomatosa unilateral, neurorretinite, coroidite

As doenças do tecido conjuntivo, da pele e dos ossos são abordadas no Quadro 47.7 e as doenças vasculares e hematológicas, no Quadro 47.8.

Quadro 47.7 – Doenças do tecido conjuntivo, da pele e dos ossos[2,5,8,13,15,16,18]

Nome	Incidência	Herança	Quadro geral	Quadro ocular
Doenças do tecido conjuntivo				
Pseudoxantoma elástico	1:70.000 a 100.000	Autossômica dominante e recessiva, *locus* 16p13.1. MIM #177850	Lesões cutâneas coalescentes formando placas *peau d'orange* nas regiões de dobras (pescoço, axila, região genital, poplítea e periumbilical), prolapso mitral, hemorragias gastrointestinais, insuficiência coronariana, insuficiência renal, hipertensão arterial, doença vascular periférica	Estrias angioides (rupturas da membrana de Bruch que se apresentam como linhas escuras no fundo do olho, irradiando-se a partir da papila), aspecto *peau d'orange* do fundo de olho, hemorragia retiniana

(continua)

474 Oftalmologia

Quadro 47.7 – Doenças do tecido conjuntivo, da pele e dos ossos[2,5,8,13,15,16,18] (continuação)

Nome	Incidência	Herança	Quadro geral	Quadro ocular
Doenças do tecido conjuntivo				
Síndrome de Ehlers-Danlos	Não determinada	Apresentam acometimento ocular: tipo I: autossômica dominante, *locus* 2q31, 17q21.31-q22, 9q34.2-q34.3. MIM #130000; tipo VI: autossômica recessiva, *locus* 1p36.3-p36.2. MIM #225400; tipo VII: autossômica recessiva, *locus* 5q23. MIM #225410	Baixa estatura, frouxidão articular, hiperestensibilidade da pele, cicatrização deficiente, aneurisma intracraniano	Epicanto, escleras azuis, miopia, microcórnea, ceratocone, subluxação do cristalino, descolamento de retina, glaucoma
Síndrome de Marfan	1:10.000	Autossômica dominante, *locus* 15q21.1. MIM #154700	Estatura elevada, escoliose, braços e mãos alongados, aracnodactilia, deformidade torácica, aneurisma de aorta, prolapso mitral, pneumotórax	Ectopia do cristalino (luxação do cristalino, geralmente para cima) e iridodonese (íris trêmula), microfaquia, esferofaquia, catarata, miopia, glaucoma, descolamento de retina
Osteogênese imperfeita	3,5:100.000	Autossômica dominante, *locus* 17q21.31-q22, 7q22.1. MIM 166200	Fragilidade óssea, surdez, alterações dentárias, hiperflexibilidade dos ligamentos, escoliose, deficiência de crescimento	Escleras azuis, olhos proeminentes, megalocómea, ceratocone, opacidades corneanas
Síndrome de Weil-Marchesani	1:100.000	Autossômica recessiva. MIM 277600	Baixa estatura, braquicefalia, limitação da flexibilidade articular, braquidactilia, malformações dentárias, estenose aórtica, inteligência normal	Ectopia do cristalino, microesferofacia, miopia, glaucoma
Síndrome de Cohen	Mais de 80 casos descritos	Autossômica recessiva, *locus* 8q22-q23. MIM *216550	Obesidade, hipotonia, baixa estatura, microcefalia, orelhas grandes, micrognatia, retardo mental	Estrabismo, coloboma de retina, cegueira noturna, alteração pigmentar macular, atrofia de disco óptico, microftalmia, miopia
Síndrome de Stickler	1:20.000	Autossômica dominante: tipo I: *locus* 12q13.11-q13.2. MIM #108300; tipo II: *locus* 1p21 MIM #604841	Hipotonia, escoliose, cifose, aracnodactilia, surdez, micrognatia, fenda palatina, prolapso mitral, artropatia com hiperextensibilidade articular	Miopia progressiva, degeneração vítrea, atrofia coriorretiniana, descolamento de retina, glaucoma, catarata, epicanto

(continua)

Doenças sistêmicas com comprometimento ocular   475

Quadro 47.7 – Doenças do tecido conjuntivo, da pele e dos ossos[2,5,8,13,15,16,18] (continuação)

Nome	Incidência	Herança	Quadro geral	Quadro ocular
Doenças do tecido conjuntivo				
Displasia de Kniest	15 casos descritos	Autossômica dominante, *locus* 12q13.11-q13.2. MIM #156550	Baixa estatura com tronco e membros curtos, face plana, pés tortos, limitação da flexibilidade articular, fenda palatina, surdez	Alta miopia, degeneração vitreorretiniana, descolamento de retina
Condrodistrofia calcificante congênita (síndrome de Conradi)	Mais de 50 casos descritos	Dominante ligada ao X, *locus* Xp11.23-p11.22. MIM #302960	Baixa estatura, membros curtos, escoliose, face plana, surdez, alopécia	Catarata, atrofia óptica, hipertelorismo
Homocistinúria	1:60.000 a 146.000	Autossômica recessiva, *locus* 21q22.3. MIM *236200	Osteoporose, fraturas, alta estatura, escoliose, aracnodactilia, hipopigmentação, cabelos finos loiros, tromboembolismo, retardo mental	Ectopia do cristalino, catarata, glaucoma, degeneração cística da retina periférica
Doenças da pele				
Albinismo oculocutâneo	4:10.000	Autossômica recessiva, *locus* 11q14-q21. MIM 203100	Defeito na melanogênese leva a pele, cabelos e cílios muito claros, neoplasia cutânea	Íris translucente, retina pouco pigmentada, visualização dos grandes vasos da coroide, hipoplasia da fóvea e do nervo óptico, miopia, astigmatismo, estrabismo, nistagmo, fotofobia
Ocronose (Alcaptonúria)	1:250.000	Autossômica recessiva, *locus* 3q21-q23. MIM #203500	Osteoartrite, pigmentação cutânea, urina escura e valvulopatia	Pigmentação escleral, principalmente na inserção dos músculos retos
Ictiose	1:5.000	Autossômica dominante, autossômica recessiva, recessiva ligada ao X. Vulgar: *locus* 1q21. MIM #146700	Ressecamento e descamação da pele	Ressecamento e descamação das pálpebras, ceratite puntata, erosão corneana, ectrópio, nas formas congênita e vulgar pode haver catarata

(continua)

Oftalmologia

Quadro 47.7 – Doenças do tecido conjuntivo, da pele e dos ossos[2,5,8,13,15,16,18] (continuação)

Nome	Incidência	Herança	Quadro geral	Quadro ocular
Doenças do tecido conjuntivo				
Doenças da pele				
Síndrome de Bloch-Sulzberger (incontinência pigmentar)	700 casos descritos	Dominante ligada ao X, *locus* Xq28. MIM #308300	Displasia ectodérmica com lesões de pele pigmentadas, lineares e irregulares localizadas no tronco e membros, alopecia, eosinofilia, anomalias dentárias, retardo mental	Membranas e massas intraoculares retrolenticulares, hemorragia e inflamação intraocular, microftalmia, opacidades corneanas, catarata, atrofia óptica, estrabismo
Síndrome de Goltz-Gorlin	Mais de 175 casos descritos	Dominante ligada ao X. MIM *305600	Lesões de pele lineares, atróficas e com alteração da pigmentação, alopecia, nódulos angiofibromatosos, unhas distróficas, sindactilia, hipoplasia dentária, anomalias renais	Estrabismo, coloboma de íris e coroide, microftalmo, aniridia, nódulos angiofibromatosos ao redor dos olhos
Síndrome de Cockayne	Mais de 60 casos descritos	Autossômica recessiva, cromossomo 5. MIM *216400	Surdez, retardo mental, aparência senil precoce, deficiência de crescimento, dermatite fotossensível	Catarata, atrofia óptica, retina em "sal e pimenta", estrabismo, nistagmo, opacidade corneana, íris translucente
Nevo sebáceo linear de Jadassohn	Mais de 450 casos descritos	Esporádica. MIM 163200	Nevo sebáceo linear hiperpigmentado e com hiperqueratose, pode haver transformação maligna, convulsões	O nevo pode acometer a pálpebra, colobomas das pálpebras, íris e coroide, corectopia, cistos lipodermoides epibulbares, teratomas orbitários, proptose, vascularização da córnea, paralisias motoras oculares, nistagmo, estrabismo, ptose, atrofia óptica
Xantogranuloma juvenil	Não determinada	Desconhecida	Nódulos cutâneos localizados principalmente na cabeça e no pescoço, que regridem deixando cicatriz hipo ou hiperpigmentada	Xantogranuloma em tecidos oculares, como infiltrados na órbita, íris, episclera e corpo ciliar, proptose, heterocromia, hifema espontâneo, uveíte, glaucoma

(continua)

Doenças sistêmicas com comprometimento ocular 477

Quadro 47.7 – Doenças do tecido conjuntivo, da pele e dos ossos[2,5,8,13,15,16,18] (continuação)

Nome	Incidência	Herança	Quadro geral	Quadro ocular
Doenças do tecido conjuntivo				
Doenças da pele				
Xeroderma pigmentoso	1:250.000	Autossômica recessiva, *locus* 19q13.2-q13.3. MIM #278730	Atrofia progressiva da pele, com pigmentação irregular e teleangectasias, hipersensibilidade ao sol, queratose actínica, carcinoma basocelular e espinocelular, melanoma, sarcoma, pode haver atrofia cerebral, ataxia, surdez	Atrofia progressiva da pálpebra inferior, simbléfaro, ceratite, neoplasia de pálpebra, conjuntiva, córnea e limbo
Síndrome de Stevens-Johnson	1 a 6:1.000.000	–	Lesões mucocutâneas ulceradas desencadeadas por reação de hipersensibilidade tipo III	Conjuntivite membranosa e cicatricial, simbléfaro, ceratopatia
Displasia ectodérmica hipoidrótica	Não determinada	Recessiva ligada ao X. MIM 225050	Hipoplasia de glândulas sudoríparas, hipoidrose, distrofia das unhas	Olho seco, ceratite, cílios escassos, fotofobia, catarata
Ossos				
Osteopetrose	0,5 a 1:100.000	Autossômica dominante: *locus* 11q13.4. MIM #607634; Autossômica recessiva: *locus* 16p13, 11q13.4-q13.5, 6q21. MIM #259700	Aumento da densidade óssea, macrocefalia, fraturas ósseas, anemia, trombocitopenia, paralisia de nervos cranianos, surdez	Atrofia óptica, degeneração pigmentar da retina, estrabismo, nistagmo
Displasia óculo--dento-óssea	85 casos descritos	Autossômica dominante	Microdontia, sindactilia, hipoplasia de dedos, osteoporose, surdez, nariz pequeno, cabelos secos	Microftalmia, microcórnea, glaucoma congênito, telecanto, epicanto, hipotelorismo, estrabismo

Oftalmologia

Quadro 47.8 – Doenças vasculares e hematológicas[2,13,15,16,18]

Nome	Incidência	Herança	Quadro geral	Quadro ocular
Anemia falciforme	1:1.000 a 10.000	Autossômica recessiva. MIM #603903	Astenia, icterícia, úlcera nos membros inferiores, crise álgica, infecções, síndrome torácica aguda, acidente vascular encefálico, insuficiência renal, sequestro esplênico	Oclusão arteriolar e tortuosidade das vênulas retinianas, hemorragias intrarretinianas (*salmon patch*), hipertrofia do epitélio pigmentar da retina (*black sunburst*), neovascularização, hemorragia vítrea, descolamento de retina, atrofia iriana
Hipertensão arterial sistêmica	Prevalência de 1% nas crianças	–	Aumento da pressão arterial (na criança, em geral, por causas secundárias), risco de insuficiência coronariana, cerebral e renal	Estreitamento arteriolar, esclerose vascular, cruzamento arteriovenoso patológico, coroidopatia, hemorragia em "chama de vela", oclusão venosa e arterial
Anemia	Desconhecida	–	Diminuição da hemoglobina, palidez, astenia, taquicardia	Retinopatia caracterizada por hemorragias, exsudatos algodonosos, manchas de Roth e tortuosidade venosa, neuropatia óptica
Leucemia	1 a 10:100.000	–	Proliferação anormal de célula brancas, anemia, trombocitopenia, infecções	Retinopatia caracterizada por hemorragias em "chama de vela", exsudatos algodonosos, manchas de Roth; neovascularização periférica; epiteliopatia pigmentar por infiltração da coroide
Síndrome de hiperviscosidade	Desconhecida	–	Aumento da viscosidade sanguínea decorrente de macroglobulinemia de Waldenstrom, policitemia e mieloma múltiplo	Retinopatia caracterizada por dilatação e tortuosidade venosa, hemorragias retinianas, edema de papila
Fístula carótido-cavernosa	Desconhecida	–	Proptose pulsátil, zumbido, frêmito orbitário, paralisia de nervos cranianos	Quemose, exoftalmo, ptose, glaucoma, isquemia de segmento anterior, edema de disco óptico, hemorragias retinianas, oclusões vasculares, ingurgitamento de veias orbitárias, conjuntivais e palpebrais

CONCLUSÕES

Há grande importância em se conhecer as doenças sistêmicas que podem apresentar comprometimento ocular, tanto para o auxílio do diagnóstico quanto para o tratamento oftalmológico precoce, ou, se não for possível, para encaminhar a criança para adaptação de auxílio óptico apropriado.

A intenção das autoras não é fazer com que o leitor memorize cada doença e sua manifestação ocular, e sim que ele possa consultar os quadros nos quais elas estão citadas sempre que julgar necessário.

REFERÊNCIAS BIBLIOGRÁFICAS

1. Al-Hemidan AI, al-Hazzaa SA. Richner-Hanhart syndrome (tyrosinemia type II). Case report and literature review. Ophthalmic Genet. 1995;16(1):21-6.
2. Behrman RE, Kliegman RM, Jenson HB. Nelson: tratado de pediatria. 16ª ed. Rio de Janeiro: Guanabara Koogan; 2002.
3. Bosch MM, Boltshauser E, Harpes P, Landau K. Ophthalmologic findings and long-term course in patients with neurofibromatosis type 2. Am J Ophthalmol. 2006;141(6):1068-77.
4. Chestler RJ, France TD. Ocular findings in CHARGE syndrome. Six case reports and a review. Ophthalmology. 1988;95(12):1613-9.
5. Cross HE, Jensen AD. Ocular manifestations in the Marfan syndrome and homocystinuria. Am J Ophthalmol. 1973;75(3):405-20.
6. Ingster-Moati I, Bui Quoc E, Pless M, Djomby R, Orssaud C, Guichard JP, et al. Ocular motility and Wilson's disease: a study on 34 patients. J Neurol Neurosurg Psychiatry. 2007;78(11):1199-201.
7. Iturralde D, Meyerle CB, Yannuzzi LA. Aicardi syndrome: chorioretinal lacunae without corpus callosum agenesis. Retina. 2006;26(8):977-8.
8. Laube S, Moss C. Pseudoxanthoma elasticum (review). Arch Dis Child. 2005;90(7):754-6.
9. Martel JN, Rutar T, Lujan BJ, de Alba Campomanes A. Chorioretinal architecture in Aicardi syndrome: an optical coherence tomography and fluorescein angiography study. JAAPOS. 2011;15(3):308-10.
10. Pinto-Escalante D, Ceballos-Quintal JM, Castillo-Zapata I, Canto-Herrera J. Full mosaic monosomy 22 in a child with DiGeorge syndrome facial appearance. Am J Med Genet. 1998;76(2):150-3.
11. Randolph JC, Sokol JA, Lee HB, Nunery WR. Orbital manifestations of Noonan syndrome. Ophthal Plast Reconstr Surg. 2011;27(6):e160-3.
12. Sthephen DR, Zacks DN, Eibschitz-Tsimhoni M. Retinal and intracranial arteriovenous malformation: Wyburn-Mason syndrome. J Neuro-Ophthalmol. 2005;25(3):205-8.
13. Taylor DC, Hoyt CS. Practical paediatric ophthalmology. 4th ed. Cambridge: Blackwell Science; 1997.
14. Van Genderen MM, Kinds GF, Riemslag FCC, Hennekam RCM. Ocular features in Rubinstein-Taybi: investigation of 24 patientes and review of the literature. Br J Opthalmol. 2000;84(10):1177-84.
15. Wright KW, Spiegel PH. Pediatric Ophthalmology and strabismus. 2nd ed. Nova York: Springer--Verlag; 2003.
16. Online Mendelian Inheritance in Man (OMIM). http://www.ncbi.nlm.nih.gov/omim/.
17. Xu JM, Zhang SS, Zhang Q, Zhou YM, Zhu CH, Ge J, et al. Ocular manifestations of Alport syndrome. Int J Ophthalmol. 2010;3(2):149-51.
18. Graziano RM, Zin A, Nakanami CR, Debert I, Verçosa IMC, Sá LCF, et al. (coords.). Oftalmologia para o pediatra. São Paulo: Atheneu; 2009.

48 Efeitos sistêmicos e adversos das medicações tópicas oculares

Jeane Chiang
Mariza Polati

> **Após ler este capítulo, você estará apto a:**
> 1. Orientar de forma correta a aplicação das medicações oculares.
> 2. Identificar as principais complicações sistêmicas do uso de colírios usados em diversas doenças oculares.

INTRODUÇÃO

As afecções oculares são, em sua grande parte, passíveis de serem tratadas com medicações tópicas. O uso tópico pode ser feito na forma de colírio, pomada ou gel oftálmico. A via tópica é a mais usada por ser de fácil aplicação, pouco invasiva e proporcionar ação direta do medicamento nos tecidos da superfície ocular.

As medicações tópicas podem provocar em alguns casos reações adversas locais como: hiperemia conjuntival, ceratite, prurido, ardor e lacrimejanto. Há risco também de provocar efeitos colaterais sistêmicos, porém de maneira menos frequente. E essa absorção sistêmica ocorre por meio da drenagem do medicamento pelo canal lacrimal e posterior absorção pela mucosa nasal.

Há de se considerar, entretanto, que as medicações tópicas podem exigir uma maior frequência de aplicação. E com o menor peso relativo dos pacientes pediátricos, a atenção deve ser maior para o risco dos efeitos colaterais sistêmicos.

Efeitos sistêmicos e adversos das medicações tópicas oculares   481

A forma correta de aplicar as medicações oculares tópicas também é importante para que a dosagem não seja inferior ou superior ao recomendado.

O volume de uma gota liberada por um conta-gotas não necessita ser maior do que 20 µL, pois a capacidade de retenção do saco conjuntival é de 25 a 30 µL. A mistura fármaco-lágrima é removida totalmente em 5 a 6 minutos. Portanto, para atingir o efeito terapêutico máximo, uma segunda gota não deve ser instilada antes de 5 minutos, evitando com isso a irritação seguida por lacrimejamento excessivo, diluindo o fármaco. Dessa forma, não há vantagem em prescrever mais de 1 gota a cada vez[1].

As pomadas apresentam algumas vantagens sobre as soluções: permanecem mais tempo em contato com a córnea, ocorre menor perda por canais lacrimais e, particularmente nos casos de antibióticos, são mais estáveis do que as soluções.

O tempo de remoção é em torno de 3 a 4 horas, propiciando uma posologia mais confortável. Porém, em casos mais graves, em que se necessita de uma concentração maior de fármaco no tecido, os colírios têm um efeito melhor. As desvantagens são o embaçamento da visão e o potencial irritativo da lanolina na composição[1].

Como retardam a entrada de colírios, já que funcionam como uma barreira, devem sempre ser usados por último, no mínimo 5 minutos após a instilação do colírio.

Quadro 48.1 – Cuidados e recomendações para o uso de colírios e pomadas[2]

Cuidados e recomendações para o uso de colírios

Agitar bem o frasco e lavar as mãos antes de usar

Durante a aplicação, tomar cuidado para não tocar a ponta do frasco no olho, mão ou outra superfície, para evitar a contaminação

Pingar uma gota de colírio na conjuntiva da pálpebra inferior

Após a instilação, evitar piscar e esfregar o olho; recomenda-se comprimir o canto interno do olho, com ele fechado, por 3 a 5 minutos, pois, comprimindo-se o saco lacrimal, diminui-se a passagem do fármaco para o duto nasolacrimal, com consequente retardo da drenagem e diminuição da absorção sistêmica

Cuidados e recomendações para uso da pomada

Lavar as mãos antes de usar

Descartar o primeiro 0,5 cm do conteúdo inicial, que frequentemente resseca e perde a eficácia

Baixar a pálpebra inferior e aplicar cerca de 1 cm de pomada

Fechar os olhos e olhar para todas as direções a fim de distribuir bem o fármaco

---

Os géis são formulações que vêm tendo mais espaço no arsenal terapêutico das afecções oculares. Possuem um tempo de contato maior que o colírio, com um efeito estético melhor do que o da pomada.

As medicações tópicas não permitem penetração em concentrações úteis aos tecidos oculares posteriores e, portanto, não são utilizadas para doenças da retina, nervo óptico e vítreo. Já a órbita e as pálpebras são estruturas altamente vasculari-

482 Oftalmologia

zadas, o que faz com que as drogas administradas sistemicamente cheguem a esses tecidos em concentrações terapêuticas.

Outras vias possíveis para tratamento ocular incluem via subconjuntival, via subtenoniana, via retrobulbar e peribulbar, via intracameral, via intravítrea e via sistêmica (medicações orais ou endovenosas).

Neste capítulo, serão abordados alguns dos efeitos adversos e sistêmicos provocados por medicações tópicas de uso mais frequente em diagnóstico e tratamento de doenças oculares.

AGENTES ANTIALÉRGICOS

São drogas utilizadas nos tratamentos das conjuntivites alérgicas sazonais, primaveril, atópica, papilas gigantes e dermatite de contato.

Podem atuar como antagonistas dos receptores H1 da histamina, apresentando ação mais rápida no alívio do prurido e da hiperemia ocular e também como estabilizadores da membrana dos mastócitos por inibir o influxo de cálcio, evitando a liberação dos mediadores como a histamina. Este último apresenta início de ação por volta do 7º ao 15º dia de tratamento, porém é mais eficaz no tratamento e na profilaxia das alergias oculares[1].

Quadro 48.2 – Agentes antialérgicos[2]
Anti-histamínicos H1
Levocabastina 0,05% (Livostin®)
Difumarato de emedastine 0,05% (Emadine®)
Alcaftadina 0,25% (Lastacaft®) – também age inibindo a quimiotaxia dos eosinófilos
Estabilizadores de membrana de mastócitos
Cromoglicato dissódico (Maxicron® e Cromolerg® 2% e 4%)
Lodoxamina 0,1% (Alomide®)
Olopatadina 0,2% (Patanol® S)
Cetotifeno 0,025% (Zaditen®)
Epinastina 0,05% (Relestat®)

De maneira geral, os efeitos adversos encontrados envolvem mais sintomas locais, como ardência transitória, injeção conjuntival, lacrimejamento, prurido ocular, ressecamento ao redor dos olhos, ceratite, blefarite e edema palpebral. Outros efeitos sistêmicos encontrados no uso da epinastina foram alterações do paladar, asma, prurido cutâneo, irritação nasal, boca seca e cefaleia[1].

Não há estudos adequados e bem controlados em gestantes, devendo ser prescritos somente se o uso for considerado indispensável.

A levocabastina pode ser utilizada com segurança em lactantes[1], já as demais medicações devem ser usadas de forma cautelosa, pois não se sabe se a administração tópica ocular poderia resultar em absorção sistêmica suficiente para produzir quantidades indesejáveis no leite humano.

O uso em crianças é recomendado apenas para idades acima de 3 anos, pois não foram estabelecidas a segurança e a eficácia da substância abaixo dessa faixa etária. A alcaftadina pode ser utilizada em crianças maiores de 2 anos de idade[1].

AGENTES ANTI-INFLAMATÓRIOS NÃO ESTEROIDES

As indicações para o uso de anti-inflamatórios não esteroides são manutenção da midríase durante a cirurgia intraocular, controle da inflamação intraocular após cirurgia de catarata e trabeculoplastia a *laser*, tratamento coadjuvante na iridociclite crônica em crianças relacionadas com cirurgias oculares, conjuntivite alérgica sazonal, controle da dor após procedimentos fotorrefrativos, tratamento de pequenos defeitos epiteliais corneanos de origem traumática e prevenção da oclusão e do edema macular cistoide pós-cirurgia de catarata[1].

Os colírios de anti-inflamatórios não esteroides (AINE) não devem ser usados em pacientes durante o uso de lentes de contato e devem ser empregados com precaução em pacientes com tendências hemorrágicas ou que estejam recebendo outras medicações que podem prolongar o tempo de sangramento; não usar em pacientes com crises de asma, urticária ou rinite precipitadas por ácido acetilsalicílico ou outros agentes anti-inflamatórios não esteroides. O uso durante a gestação só deve ser feito se o benefício materno superar o risco potencial para o feto, já que são conhecidos os efeitos de fármacos AINH sobre o sistema cardiovascular do feto[3].

Quadro 48.3 – Anti-inflamatórios não esteroides disponíveis no mercado nacional[4]

Diclofenaco de sódio 1 mg (Diclogenon®, Maxilerg®, Still® e Voltaren®)

Flubirformeno 0,3 mg (Ocufen®)

Pranoprofeno (Difen®)

Cetorolaco de trometamina (Acular®, Acular LS®, Cetrolac® e genérico)

AGENTES ANTI-INFLAMATÓRIOS ESTEROIDES

São utilizados no tratamento de processos inflamatórios de pálpebras, conjuntiva, córnea e íris. Em afecções de estruturas mais posteriores, como corpo ciliar, coroide, retina e nervo óptico, indica-se o uso de corticosteroides por outras vias, como subconjuntival ou sistêmica.

Quadro 48.4 – Agentes anti-inflamatórios esteroides[4]

Fosfato de dexametasona 0,05 mg (Dexaminor®, Minidex®)

Fosfato de dexametasona 1 mg (Maxidex®)

Acetato de fluormetolona 1 mg (Florate®, Flumex®)

Acetato de fluormetolona 2,5 mg (Flumex®)

Acetato de prednisolona 1,2 mg (Pred Mild®)

Acetato de prednisolona 10 mg (Pred Fort®)

A maior preocupação dos efeitos adversos do uso de colírios anti-inflamatórios esteroides é o uso prolongado e inadvertido, podendo levar a um quadro de glaucoma secundário cortisônico e catarata subcapsular. Além disso, seu uso em infecções oculares sem a associação de antimicrobianos pode exacerbar o quadro infeccioso e provocar também afilamentos corneoesclerais[1].

AGENTES ANTIMICROBIANOS

Atuam como bacteriostáticos ou bactericidas, dependendo da classe a que pertencem. De maneira geral, são aplicados para tratamento de blefarites, conjuntivites infecciosas ou úlcera de córnea. Os efeitos colaterais, embora extremamente raros, também são específicos para a classe de antibiótico utilizada.

Aminoglicosídeos: Gentamicina (Gentamicina®), Tobramicina (Tobrex®)

Efeitos colaterais: extremamente tóxicos. Incluem comprometimento do VIII par craniano e do IV (troclear), rins e, também, possíveis causadores de ceratite puntiforme quando utilizado topicamente por longos períodos em concentrações elevadas[1].

Tetraciclina (Tetraciclina Oftálmica®)

Efeitos colaterais: desconforto gástrico, disfunção hepática, infecções oral e genital por *Candida*. Pode ligar-se ao cálcio dentário e ósseo e, portanto, não deve ser administrada a crianças menores de 12 anos de idade e a gestantes[1].

Cloranfenicol (Clofernil®)

Efeitos colaterais: tóxicos (depleção da medula óssea) ou alérgicos. Em razão desse risco potencial de mielossupressão, mesmo após administração tópica deve ser reservado àquelas infecções resistentes a outros antibióticos[1].

Quinolonas: Ciprofloxacino (Ciloxan®, Biamotil®), Ofloxacino (Oflox®), Gatifloxacino (Zymar®), Monofloxacino (Vigamox®)

Efeitos colaterais: precipitados ceráticos com o uso prolongado de ciprofloxacino; gosto metálico.

Bacitracina (Nebacetin®, Cicatrene®)

Efeitos colaterais: extremamente nefrotóxica, não podendo ser administrada por via sistêmica.

Polimixina B: em Associação com Neomicina (Conjuntin®), com Corticosteroide (Maxitrol®), e com Trimetoprim (Pertrim®)

Efeitos colaterais: pode causar necrose conjuntival quando administrada por via subconjuntival; efeitos nefrotóxicos.

AGENTES ANTIVIRAIS

O tratamento de quadros oculares de herpes simples 1 e 2 e herpes-zóster são bastante responsivos ao uso do aciclovir tópico. É indicado nas diferentes formas oftalmológicas de infecção herpética: blefarite, ceratite dendrítica, ceratite intersticial e irite.

Aciclovir – Pomada Oftálmica a 3% (Clovir®, Zovirax®)

Efeitos colaterais: os do tratamento tópicos são discretos e reversíveis, podendo manisfestar um quadro de ceratite puntata ou conjuntivite. Pela via oral, as manifestações se relacionam com a dose e incluem anemia, leucopenia, cefaleia, diarreia, anorexia, dores pelo corpo e erupções cutâneas[3].

AGENTES MIDRIÁTICOS E CICLOPLÉGICOS

São drogas que estimulam a produção adrenérgica do sistema nervoso autônomo, também conhecidas como simpaticomiméticas ou agonistas adrenérgicos.

Na prática clínica, esses agentes são usados para dilatação pupilar, testes farmacológicos para lesões simpáticas oculares (síndrome de Claude-Bernard-Horner), tratamento de ptoses de pequena magnitude e também no tratamento das uveítes anteriores para evitar as sinéquias posteriores[1].

Cloridrato de Fenilefrina (Fenilefrina® a 2,5% ou 10%)

A administração ocular da fenilefrina pode induzir hipertensão aguda. A droga é contraindicada em pacientes portadores de cardiopatia ou naqueles que fazem uso de inibidores de MAO, antidepressivos tricíclicos, reserpina, guanitidina ou metildopa. Não deve ser usada em neonatos, pois esses respondem com significante aumento da pressão sanguínea quando se utiliza uma concentração de 10%. Apenas fenilefrina a 2,5% está indicada para crianças.

As drogas parassimpaticolíticas agem competindo pelos receptores da acetilcolina. Elas também provocam a midríase, mas atuam de forma mais efetiva na cicloplegia, ou seja, promovem a paralisia do músculo ciliar.

Essa ação é útil na eliminação da acomodação para a realização de exames refracionais. Em casos de trauma ocular ou inflamação, a cicloplegia também diminui a sensação de dor e fotofobia[1].

Quadro 48.5 – Outros agentes midriáticos e ciclopégicos[8]

Tropicamida (Mydriacyl®, Tropinom®, Ciclomidrin®)

Cloridrato de ciclopentolato (Ciclolato®, Cicloplégico®)

Sulfato de atropina (Atropina® a 0,5% ou 1%)

Bromidrato de escopolamina (apenas sob manipulação)

Bromidrato de homatropina (apenas sob manipulação)

As reações sistêmicas são principalmente aquelas de bloqueio colinérgico: boca seca, rubor facial, taquicardia, febre, distensão da bexiga, diminuição da motilidade gastrointestinal, diminuição da salivação e sudorese, perda da coordenação neuromuscular. As crianças podem apresentar reações psicóticas e distúrbios de conduta, além de ataxia, sonolência, fala incoerente, hiperatividade, alucinações visuais, desorientação quanto a tempo e lugar e convulsões. Existem na literatura seis casos de óbito atribuídos ao uso tópico de atropina em crianças com menos de 3 anos, sendo que todas apresentavam previamente um quadro de retardo motor ou mental associado. Portanto, é necessário cuidado adicional em crianças portadoras de síndrome de Down e outros tipos de retardo neuropsicomotor[1].

As crianças que apresentarem quadro de convulsão após a aplicação de cicloplégico não devem ser medicadas com barbitúricos para o tratamento da crise, pois há o risco de depressão respiratória grave.

AGENTES ANTIGLAUCOMATOSOS

Os casos de glaucoma na infância são decorrentes geralmente de malformações na câmara anterior, inflamações oculares ou traumas.

Quadro 48.6 – Agentes antiglaucomatosos[3]

Betabloqueadores: cardiosseletivos (Betoptic®) e não seletivos (Timolol®, Timoptol®, Glautimol®, Betagan®)

Inibidores da anidrase carbônica: dorzolamida (Trusopt®), brinzolamida (Azopt®)

Análogos de prostaglandinas (Xalatan®, Drenatan®, Lumigan®, Glamigan®, Travantan®, Rescula®)

O uso de colírios antagonistas beta-adrenérgicos pode provocar broncoespasmo pulmonar (pelo bloqueio B2-adrenérgico), bradicardia e hipotensão (pelo bloqueio B1-adrenérgico), dispneia, insuficiência cadíaca congestiva, apneia (em crianças) e retardo na recuperação da hipoglicemia. É preconizado o uso de betaxolol na infância por ser cardiosseletivo.

Os inibidores de anidrase carbônica também são de uso seguro nas crianças. As reações adversas descritas são queimação ocular, sensação de pontadas e desconforto logo após a instilação. Gosto amargo na boca, parestesia, reações alérgicas, borramento visual (miopia), fotofobia, cefaleia, acidose, fadiga, náuseas, vômitos, sonolência, confusão e depressão também podem ocorrer.

Iopidina e bimonidina possuem a mesma eficácia na diminuição da pressão intraocular. Entretanto, a brimonidina pode provocar alergia e apresenta menor taquifilaxia. A brimonidina não deve ser usada em crianças menores ou com comprometimento neurológico pelo risco de depressão do sistema nervoso central.

Gestantes que recebem tratamento com pilocarpina podem dar à luz recém-nascidos com sinais que mimetizam um quadro de meningite neonatal (hipertermia, convulsões, diaforese, irritabilidade).

CONCLUSÕES

O uso de medicações tópicas apresenta de maneira geral baixa absorção sistêmica, principalmente se for respeitada a posologia recomendada para a instilação. Considerando que os pacientes pediátricos apresentam baixo peso relativo, comparando-se com pacientes adultos, alguns cuidados são importantes para evitar superdosagem como número de gotas por instilação, intervalo da aplicação e compressão do ponto lacrimal para evitar drenagem e absorção pela mucosa nasal.

REFERÊNCIAS BIBLIOGRÁFICAS

1. Putz C, Tavares VN, Nemann ABF. Farmacologia. In: Putz C. Oftalmologia: ciências básicas. 2ª ed. Rio de Janeiro: Cultura Médica/Guanabara Koogan; 2011. p. 485-534.
2. Fraunfelder FT. Drugs used primarily in ophthalmology. In: Fraundelfer FT. Drug-induced ocular side effects. 4th ed. Oregon: Williams & Wilkins; 1996. p.420-83.
3. Moroi SE, Lichter PR. Ophthalmology. In: Goodman & Gilman's. The pharmacological basis of therapeutics. 9th ed. New York: MaGraw-Hill; 1996. p.1619-43.

4. Abelson MB, Sloan J. Nonsteroidal anti-inflammatory drugs. Current ophthalmic therapy. J Fla Med Assoc. 1994;81:261-3.
5. Brunton LB, Lazo JS, Parker KL. Goodman & Gilman's – the pharmacological basis of therapeutics. 11th ed. New York: McGraw-Hill; 2006.
6. Conselho Brasileiro de Oftalmologia. São Paulo: CBO – Série Oftalmologia Brasileira. Rio de Janeiro: Cultura Médica/Guanabara Koogan; 2008.
7. Duvall B, Kershner R. Ophthalmic medications and pharmacology. 2nd ed. Thorofare: Slack; 2006.
8. Ferreti R, Silva FC, Grupenmacher F. Fármacos em oftalmologia. Rio de Janeiro: Medsi; 1997.
9. Fuchs FD, Wannmacher L. Farmacologia clínica. Fundamentos da terapêutica racional. 2ª ed. Rio de Janeiro: Guanabara Koogan; 1998.

Drogas de uso sistêmico com comprometimento ocular

49

Rony Carlos Preti
Valdenise Martins Laurindo Tuma Calil
Cleide Harue Maluvayshi

Após ler este capítulo, você estará apto a:

1. Enumerar os principais efeitos colaterais oculares dos medicamentos mais utilizados em pacientes pediátricos.
2. Reconhecer, dentro do arsenal terapêutico disponível, os medicamentos com menor toxicidade para o globo ocular, respeitando sempre a relação risco-benefício para o paciente.

INTRODUÇÃO

No dia a dia do oftalmologista surgem diversas queixas de crianças que procuram o consultório, sendo muitas delas inespecíficas. Contudo, se tais pacientes estiverem utilizando algum medicamento, é imperativo avaliar a relação deste com o sintoma ou sinal clínico apresentado. Mais atentos a esses efeitos devem estar os oftalmologistas que avaliam crianças internadas, as quais geralmente fazem uso de maior número de medicações sistêmicas. Muitas dessas drogas resultam em efeitos colaterais oculares de gravidade variável, desde leves e temporários a graves e irreversíveis, relacionados especialmente ao tempo de uso e à quantidade utilizada.

490 Oftalmologia

Foi realizado por Cleide Harue Maluvayshi, no Instituto da Criança do HC-FMUSP, um levantamento das drogas mais prescritas no período de 01/01/2012 a 30/06/2012, de acordo com a especialidade pediátrica.

A seguir, estão listados, sob a forma de tabelas, os efeitos colaterais oculares dos principais grupos farmacológicos utilizados sistemicamente em pediatria. Seu conhecimento é de grande importância para a monitoração de efeitos colaterais indesejáveis, evitando-se, assim, sequelas graves e irreparáveis. Antes de cada tabela, há um breve comentário sobre os principais fármacos prescritos.

EFEITOS COLATERAIS OCULARES DOS PRINCIPAIS GRUPOS FARMACOLÓGICOS DE USO SISTÊMICO EM PEDIATRIA

A dipirona, citada na Tabela 49.1, foi a medicação mais prescrita pela via oral nos pacientes que ficaram internados no Instituto da Criança do HC-FMUSP, com 1.115 prescrições no período mencionado anteriormente.

Tabela 49.1 – Drogas analgésicas, antiartríticas, anestésicas e anti-histamínicas com seus efeitos colaterais[1-5]

	Acetaminofeno (paracetamol), fenacetina e dipirona	Narcóticos e antagonistas narcóticos (morfina)	Antigota (alopurinol e colchicina)	Clorofórmio, éter, cetamina, metoxiflurano, óxido nítrico, tricloroetileno	Feniramina, triproli-dina, difenidramina (Benadryl®), antazolina, pirilamina, análogos fenotiazínicos loratadina
Redução da visão	•	•	•	•	•
Defeito da visão de cores	•			•	
Visão amarelada	•	•			
Perda de cílios e sobrancelhas			•		
Pálpebras e conjuntivas					
– Ptose					
– Alergia	•		•		
– Vermelhidão	•		•		•
– Edema	•	•	•		
– Hemorragias					•
Córnea					
– Ceratite			•		•
– Úlcera			•		
– Cicatrizes			•		
– Erosão recorrente			•		

(continua)

Tabela 49.1 – Drogas analgésicas, antiartríticas, anestésicas e anti-histamínicas com seus efeitos colaterais[1-5] (continuação)

	Acetaminofeno (paracetamol), fenacetina e dipirona	Narcóticos e antagonistas narcóticos (morfina)	Antigota (alopurinol e colchicina)	Clorofórmio, éter, cetamina, metoxiflurano, óxido nítrico, tricloroetileno	Feniramina, triprolidina, difenidramina (Benadryl®), antazolina, pirilamina, análogos fenotiazínicos loratadina
– Dellen			•		
Olho seco		•			•
Lacrimejamento					
Fotossensibilidade		•	•		•
Esclerite			•		
Redução do reflexo fotomotor	•				•
Anisocoria		Retirada			•
Paralisia da acomodação		•			•
Miose		•		•	
Midríase	•	•		•	•
Estrabismo				•	
Paralisia da musculatura extraocular		•	Paresia	•	
Hemorragias retinianas			•		
Edema retiniano			•		
Papiledema			•		
Atrofia óptica		•			
Nistagmo		•		•	•
Pressão intraocular				•	
Alucinação visual	•	•			•
Escotoma		•			
Alteração de campo visual		•		•	
Diplopia		•	•	•	•

Felizmente, as drogas mencionadas na Tabela 49.2 não apresentaram alta frequência de prescrições no instituto pesquisado. No entanto, segundo a OPAS/OMS, o Brasil ainda está situado entre os 22 países com maior frequência de tuberculose, razão pela qual é importante conhecer bem os efeitos colaterais das drogas utilizadas para combatê-la.

Oftalmologia

Tabela 49.2 – Drogas antituberculose e seus efeitos colaterais[1,2]

	Fenazina (clofazimina)	Etambutol	Para-aminosalicilatos	Etionamida e izoniazida	Rifampicina, capreomicina
Redução da visão	•	•	•	•	•
Defeito da visão de cores		•	•	•	•
Pálpebras e conjuntivas					
– Alergia			•	•	•
– Vermelhidão	•				•
– Edema	•			•	•
– Hemorragias			Subconjuntival	Subconjuntival	Subconjuntival
– Hiperpigmentação	•				
Córnea					
– Depósito de cristais policromáticos	•				
– Ceratite				•	
Lacrimejamento					•
Fotossensibilidade		•	•	•	
Redução do reflexo fotomotor				•	
Paralisia da acomodação			Interrogado	•	
Midríase				•	
Paralisia da musculatura extraocular		•		Paresia	
Hemorragias retinianas		•	•	•	
Edema retiniano		•			
Neurite óptica ou retrobulbar		•	Interrogado para óptica	•	
Ambliopia tóxica		•		•	
Atrofia óptica		•	Interrogado	•	
Alucinação visual				•	Interrogado
Escotoma		•			
Alteração de campo visual		•		•	
Papiledema				•	
Nistagmo				•	
Diplopia				•	

Entre os agentes antineoplásicos e imunossupressores mencionados na Tabela 49.3, a azatioprina e o metotrexato foram os mais prescritos no Instituto da Criança do HC-FMUSP.

Tabela 49.3 – Drogas antineoplásicas e imunossupressoras e seus efeitos colaterais[1-4]

	Inibidores mitóticos: vimblastina e vincristina	Alquilantes (ciclofosfamida, ifosfamida, bussulfan, cisplatina, carboplatina)	Antimetabólitos (metotrexato, azatioprina, citarabina, gencitabina, 5-fluoruracila, mercaptopurina, tioguanina)	Ciclosporina	L-asparaginase	Interferon
Redução da visão	•		•	•		•
Dor ocular				•		
Defeito da visão de cores			•			
Perda de cílios e sobrancelhas	•		•			•
Pálpebras e conjuntivas						
– Alergia	•					
– Sensação de corpo estranho				•		
– Queimação				•		
– Vermelhidão		•	•	•		•
– Edema			•			
– Hemorragias		Subconjuntival	Subconjuntival			
– Hiperpigmentação	•		•			
Córnea:						
– Úlcera	•					
Olho seco		•				
Lacrimejamento		•	•	•		
Fotossensibilidade		•	•			
Esclerite	•					
Paralisia da acomodação			•			
Paralisia da musculatura extraocular	•					
Hemorragias retinianas		•	•			•
Edema retiniano						Cistoide
Redução da adaptação ao escuro	•					
Papiledema		•		•		•

(continua)

Tabela 49.3 – Drogas antineoplásicas e imunossupressoras e seus efeitos colaterais[1-4] (continuação)

	Inibidores mitóticos: vimblastina e vincristina	Alquilantes (ciclofosfamida, ifosfamida, busulfan, cisplatina, carboplatina)	Antimetabólitos (metotrexato, azatioprina, citarabina, gencitabina, 5-fluorouracil, mercaptopurina, tioguanina)	Ciclosporina	L asparaginase	Interferon
Neurite óptica ou retrobulbar		Óptica	Óptica			
Atrofia óptica		•				
Nistagmo	Interrogado		•			
Pseudotumor cerebral		•				
Alucinação visual		•		•		•
Escotoma	•					
Alteração de campo visual	•					
Diplopia			•			

Dos medicamentos apresentados na Tabela 49.4, a vancomicina teve papel de destaque nas prescrições.

Tabela 49.4 – Antimicrobianos e seus efeitos colaterais[1,2,4]

	Penicilina G	Cefalosporinas	Aminoglicosídeos	Clindamicina, eritromicina, vancomicina	Colistina	Linezolida	Ácido nalidíxico, nitrofurantoína
Redução da visão			•			•	
Pós-imagem			•				
Defeito da visão de cores		•	•	•		•	•
Visão amarelada			•	•			
Perda de cílios e sobrancelhas			•				
Pálpebras e conjuntivas							
– Ptose			•	•			
– Alergia	•	•	•	•			
– Vermelhidão	•	•	•	•			
– Edema	•	•	•				
– Hemorragias	•	•	•	•			
– Hiperpigmentação	•						

(continua)

Drogas de uso sistêmico com comprometimento ocular

Tabela 49.4 – Antimicrobianos e seus efeitos colaterais[1,2,4] (continuação)

	Penicilina G	Cefalosporinas	Aminoglicosídeos	Clindamicina, eritromicina, vancomicina	Colistina	Linezolida	Ácido nalidíxico, nitrofurantoína
Fotossensibilidade	•			•			•
Edema corneano periférico		•					
Redução do reflexo fotomotor			•				
Paralisia da acomodação							•
Midríase					•		•
Paralisia da musculatura extraocular			•	•	•		•
Hemorragias retinianas		•	•	•			•
Escotoma cintilante							•
Glare							•
Distúrbio do epitélio pigmentado retiniano		Interrogado					
Papiledema		Interrogado	•				•
Neurite óptica ou retrobulbar			•				
Ambliopia tóxica			•			•	
Atrofia óptica							•
Nistagmo		Interrogado	•				•
Pseudotumor cerebral			•				
Alucinação visual		•	•				
Escotoma			•				
Alteração de campo visual							
Neuropatia óptica						•	
Diplopia	•	•	•	•			

As sulfonamidas e as quinolonas foram as medicações antimicrobianas mais prescritas entre as listadas na Tabela 49.5. Os anti-inflamatórios não esteroides também mereceram destaque no período estudado.

496 Oftalmologia

Tabela 49.5 – Antibióticos, quimioterápicos, antifúngicos, anti-helmínticos, anti-inflamatórios não esteroides (AINES) e seus efeitos colaterais[1,2,6]

	Quinolonas	Sulfonamidas	Anfotericina B e nistatina	Itraconazol (1) voriconazol (2)	Anti-helmínticos e anti-protozoários (antimoniais, quinacrina, ivermectina, tiabendazol, mebendazol, albendazol)	AINES (AAS, indometacina, diclofenaco, piroxicam, fenilbutazona, naproxeno, ibuprofeno, nimesulida)
Redução da visão		•	•	1 e 2	•	•
Redução da visão de profundidade		•				
Defeito da visão de cores		•		2	•	•
Visão azulada						•
Visão amarelada		•				•
Olho seco					•	•
Pálpebras e conjuntivas						
– Blefarite				2		
– Olho seco				2		
– Ptose			•			
– Alergia	•	•				
– Vermelhidão	•	•		2		•
– Edema	•				•	•
– Hemorragias			•	2	•	•
– Lacrimejamento	•	•		2		
– Hiperpigmentação	•					
Esclerite				2		
Fotossensibilidade	•	•		2	•	•
Córnea						
– Erosão						•
– Depósito					•	•
– Úlcera						•
– Vasos						•
– Ceratite			•	2	•	
Redução do reflexo fotomotor					•	
Paralisia da acomodação				2	•	•

(continua)

Tabela 49.5 – Antibióticos, quimioterápicos, antifúngicos, anti-helmínticos, anti-inflamatórios não esteroides (AINES) e seus efeitos colaterais[1,2,6] (continuação)

	Quinolonas	Sulfonamidas	Anfotericina B e nistatina	Itraconazol (1) voriconazol (2)	Anti-helmínticos e antiprotozoários (antimoniais, quinacrina, ivermectina, tiabendazol, mebendazol, albendazol)	AINES (AAS, indometacina, diclofenaco, piroxicam, fenilbutazona, naproxeno, ibuprofeno, nimesulida)
Miose				2	•	
Midríase					•	•
Paralisia da musculatura extraocular	•	•	•		•	
Redução da adaptação ao escuro						•
Retinopatia serosa						•
Degeneração e edema macular						•
Eletrorretinograma anormal						•
Hemorragias retinianas	•	•	•		•	•
Escotoma cintilante						•
Distúrbio do epitélio pigmentado retiniano						•
Papiledema	•	•		2		•
Neuropatia óptica tóxica	•					
Neurite óptica ou retrobulbar		Óptica	Óptica	2	Óptica	•
Ambliopia tóxica		Interrogado			•	•
Atrofia óptica		•		2		•
Nistagmo	•				•	•
Alucinação visual	•	•			•	•
Escotoma		•			•	
Alteração de campo visual		•		2		
Diplopia	•	•		1 e 2		•

Oftalmologia

O ácido fólico e a hidroxicloroquina foram as medicações mais prescritas no Instituto da Criança do HC-FMUSP, no período mencionado, entre aquelas listadas na Tabela 49.6.

Tabela 49.6 – Antimaláricos, vacinas, vitaminas e seus efeitos colaterais[1,2]

	Antimaláricos (cloroquina e hidroxicloroquina)	Vacinas: tuberculose, difteria--coqueluche-tétano-HiB (tetravalente), influenza, rubéola, caxumba, sarampo, pólio, raiva, varicela, tétano	Ácido fólico	Vitamina A	Vitamina D (em crianças menores)
Redução da visão	•	•			
Cegueira noturna	•				
Defeito da visão de cores		Influenza		•	
Visão amarelada				•	
Perda de cílios e sobrancelhas	•			•	
Olho seco	•				
Pálpebras e conjuntivas					
– Alergia		•			
– Vermelhidão		•		•	
– Edema		•	•		
– Hemorragias	•	•		•	•
Ceratite					
Linhas de ferro corneanas	•				
Cegueira noturna	•				
Catarata	•				Interrogado
Fotossensibilidade	•	•			
Redução do reflexo fotomotor					•
Paralisia da acomodação	•	Interrogado	Interrogado		
Miose				•	
Midríase	•				
Paralisia da musculatura extraocular	•	Paresia		•	Interrogado Paresia
Retinopatia em "olho de boi"	•				
Hemorragias retinianas	•	•		•	•

(continua)

Drogas de uso sistêmico com comprometimento ocular   499

Tabela 49.6 – Antimaláricos, vacinas, vitaminas e seus efeitos colaterais[1,2] (continuação)

	Antimaláricos (cloroquina e hidroxicloroquina)	Vacinas: tuberculose, difteria-coqueluche-tétano-HiB (tetravalente), influenza, rubéola, caxumba, sarampo, pólio, raiva, varicela, tétano	Ácido fólico	Vitamina A	Vitamina D (em crianças menores)
Papiledema		•		•	•
Neurite óptica ou retrobulbar	Óptica	Óptica			Interrogado para óptica
Visão de *flashs* ou ondas	•				
Estrabismo				•	•
Ambliopia tóxica	•				
Atrofia óptica	•			•	•
Crises oculogíricas					
Nistagmo	•	•		•	•
Pseudotumor cerebral		DPT		•	
Alucinação visual	•	•			•
Escotoma	•	Rubéola		•	
Alteração de campo visual		DPT			Interrogado
Pressão intraocular				Redução	
Exoftalmo				•	
Diplopia		•		•	•

Entre os medicamentos apresentados na Tabela 49.7, a lamivudina e o lopinavir foram os antivirais mais prescritos no Instituto da Criança do HC-FMUSP.

Tabela 49.7 – Antivirais e drogas com atuação no sistema nervoso central e seus efeitos colaterais[2-4,6]

	Aciclovir, ganciclovir	Anti-HIV (didanosina, zidovudina, didanosina, lamivudina, lopinavir, ritonavir, tenofovir, efavirenz)	Ácido valproico, fenitoína	Haloperidol, fentanil	Barbitúricos
Redução da visão	•			•	•
Cegueira noturna			•		
Catarata			•		
Defeito da visão de cores		•	•	•	
Olho seco					•

(continua)

Oftalmologia

Tabela 49.7 – Antivirais e drogas com atuação no sistema nervoso central e seus efeitos colaterais[2-4,6] (continuação)

	Aciclovir, ganciclovir	Anti-HIV (didanosina, zidovudina, didanosina, lamivudina, lopinavir, ritonavir, tenofovir, efavirenz)	Ácido valproico, fenitoína	Haloperidol, fentanil	Barbitúricos
Pálpebras e conjuntivas					
– Ptose					•
– Vermelhidão	•	•			
– Hemorragias	•				
Lacrimejamento				•	
Hiperpigmentação		•			
Fotossensibilidade			•	•	•
Redução do reflexo fotomotor				•	•
Paralisia da acomodação					•
Miose				•	•
Midríase				•	•
Paralisia da musculatura extraocular			•	•	Paresia
Hemorragias retinianas	•		•	•	•
Distúrbio do epitélio pigmentado retiniano		•		•	
Papiledema				•	•
Neurite óptica ou retrobulbar		Óptica			Óptica
Ambliopia tóxica		•		•	•
Atrofia óptica				•	•
Crises oculogíricas				•	
Nistagmo		•	•	•	•
Alucinação visual	•	•		•	•
Escotoma			•	•	•
Alteração de campo visual		•		•	•
Atrofia da coriocapilar		•			
Cegueira noturna		•			
Diplopia		•		•	•

O carvedilol foi a medicação cardiovascular mais utilizada (64 prescrições) no período mencionado, destacando-se ainda o propranolol entre as dez drogas mais prescritas desse grupo no Instituto da Criança do HC-FMUSP (Tabela 49.8).

Drogas de uso sistêmico com comprometimento ocular   501

Tabela 49.8 – Agentes cardiovasculares e seus efeitos colaterais[2-4,7]

	Agentes antiarrítmicos e anti-hipertensivos: amiodarona, análogos de lidocaína, análogos de nitrato e nitrito, bloqueadores de canais de cálcio (nifedipina, verapamil)	Bloqueadores beta-adrenérgicos (carvedilol, propranolol)
Redução da visão	•	•
Defeito da visão de cores	•	
Perda de cílios e sobrancelhas	•	
Pálpebras e conjuntivas		
– Ptose		•
– Alergia		•
– Vermelhidão	•	•
– Edema	•	•
– Hemorragias		
– Hiperpigmentação		•
Córnea		
– Úlcera	•	
Pressão intraocular	Aumento ou redução	Redução
Olho seco	•	Severo
Lacrimejamento		
Fotossensibilidade	•	•
Redução do reflexo fotomotor		
Paralisia da acomodação		•
Miose		
Midríase	•	
Paralisia da musculatura extraocular		Paresia
Hemorragias retinianas	•	
Papiledema	•	
Neurite óptica ou retrobulbar	Interrogado para óptica	
Ambliopia tóxica		
Nistagmo	•	
Pseudotumor cerebral	•	•
Alucinação visual	•	•
Alteração de campo visual	•	
Dor ocular		•
Pseudotumor ocular		•
Cegueira noturna		•
Diplopia	•	

Depois do carvedilol, os inibidores da enzima conversora de angiotensina e a digoxina foram as medicações cardiovasculares mais prescritas (Tabela 49.9).

Tabela 49.9 – Agentes cardiovasculares e seus efeitos colaterais[1-4]

	Inibidores da enzima conversora de angiotensina (captopril e enalapril)	Digoxina	Aminas simpatomiméticas, epinefrina, norepinefrina, fenilefrina
Redução da visão	•	•	•
Defeito da visão de cores		•	•
Visão amarelada			
Pálpebras e conjuntivas			
– Ptose		•	
– Alergia		•	
– Vermelhidão	•		•
– Edema	•	•	•
– Hemorragias	Subconjuntival		
Lacrimejamento			•
Fotossensibilidade	•	•	Norepinefrina
Paralisia da acomodação	Interrogado		
Miose			
Midríase		•	•
Paralisia da musculatura extraocular		•	
Hemorragias retinianas	•		
Neurite óptica ou retrobulbar		•	
Ambliopia tóxica		•	
Nistagmo			•
Espasmo acomodativo		•	
Alucinação visual	•		•
Escotoma		•	
Pressão intraocular			Redução
Redução da adaptação ao escuro			
Alteração de campo visual		•	•
Diplopia		•	Norepinefrina

Entre as medicações com ação no sistema nervoso central mais prescritas no Instituto da Criança do HC-FMUSP, os benzodiazepínicos destacaram-se em relação ao maior acometimento de retina e coroide (Tabela 49.10).

Drogas de uso sistêmico com comprometimento ocular 503

Tabela 49.10 – Drogas com ação no sistema nervoso central e seus efeitos colaterais[1-4]

	Álcoois (hidrato de cloral)	Benzodiazepínicos	Topiramato	Carbamazepina
Redução da visão		•	Por miopia aguda	•
Defeito da visão de cores	•	•		•
Perda de cílios e sobrancelhas		Cílios		
Pálpebras e conjuntivas				
– Ptose	•			
– Vermelhidão	•			
Olho seco				•
Lacrimejamento	•			•
Fotossensibilidade		•		
Redução do reflexo fotomotor				
Paralisia da acomodação	•			•
Miose	•			
Midríase	•			•
Estrabismo	•			
Paralisia da musculatura extraocular	•	•		•
Edema de corpo ciliar		•	•	
Descolamento de coroide		•	•	
Efusão da coroide		•	•	
Hemorragias retinianas		•		
Glaucoma			Bilateral de ângulo fechado	
Neurite óptica ou retrobulbar				
Ambliopia tóxica	•			•
Nistagmo	•	•		•
Alucinação visual		•		•
Escotoma	•			
Alteração de campo visual	•			
Diplopia	•	•		•

Quanto aos diuréticos, a espironolactona foi o que resultou em menores efeitos colaterais oculares (Tabela 49.11).

Oftalmologia

Tabela 49.11 – Medicação diurética e seus efeitos colaterais[2-4]

	Espironolactona	Sulfonamidas (furosemida)	Tiazídicos (hidroclorotiazida)
Redução da visão	•	•	•
Defeito da visão de cores		•	•
Pálpebras e conjuntivas			
– Alergia		•	•
– Vermelhidão	•		•
– Edema			
– Hemorragias		•	•
Olho seco			•
Fotossensibilidade		Interrogado	•
Pressão intraocular	Redução	Redução	Redução
Paralisia da acomodação		Interrogado	•
Hemorragias retinianas		•	•
Nistagmo		•	•
Alucinação visual		•	•

A somatropina foi a medicação hormonal mais prescrita da Tabela 49.12 no Instituto da Criança do HC-FMUSP, com 1.211 prescrições no período mencionado. A prednisona também mereceu destaque entre as drogas mais utilizadas na mesma época.

Tabela 49.12 – Medicação hormonal e seus efeitos colaterais[2-5]

	Corticosteroides: glicocorticoides e mineralocorticoides (aldosterona, betametasona, dexametasona, fluprednisolona, hidrocortisona, prednisona, triancinolona)	Insulina	Somatropina	Tiroxina
Redução da visão	•	•		•
Defeito da visão de cores	•			
Perda de cílios e sobrancelhas				
Pálpebras e conjuntivas				
– Ptose	•			•
– Alergia		•		

(continua)

Drogas de uso sistêmico com comprometimento ocular

Tabela 49.12 – Medicação hormonal e seus efeitos colaterais[2-5] (continuação)

	Corticosteroides: glicocorticoides e mineralocorticoides (aldosterona, betametasona, dexametasona, fluprednisolona, hidrocortisona, prednisona, triancinolona)	Insulina	Somatropina	Tiroxina
– Vermelhidão	•	•		•
– Edema	•			•
– Hemorragias	•			
Córnea				
– Ceratite				
– Depósitos				
Olho seco				
Lacrimejamento				
Fotossensibilidade				•
Catarata	•			Interrogado
Hipópio				
Moscas volantes				
Pressão intraocular	Aumento	Aumento ou redução		
Redução do reflexo fotomotor		•		
Estrabismo		•		
Paralisia da acomodação				
Midríase	•	•		
Paralisia da musculatura extraocular	•	Paresia		•
Hemorragias retinianas	•			
Edema retiniano	•			
Degeneração retiniana				
Papiledema	•		•	•
Neurite óptica ou retrobulbar				Interrogado para óptica
Exoftalmia	•			
Ambliopia tóxica	•			
Atrofia óptica				•
Nistagmo		•		
Pseudotumor cerebral	•			•
Alucinação visual	•			•
Escotoma				•

(continua)

506 Oftalmologia

Tabela 49.12 – Medicação hormonal e seus efeitos colaterais[2-5] (continuação)				
	Corticosteroides: glicocorticoides e mineralocorticoides (aldosterona, betametasona, dexametasona, fluprednisolona, hidrocortisona, prednisona, triancinolona)	Insulina	Somatropina	Tiroxina
Alteração de campo visual	•			•
Diplopia		•	•	

Para finalizar, deve-se ressaltar que algumas das medicações mais prescritas no Instituto da Criança do HC-FMUSP, como omeprazol, ondansetrona, carbonato de cálcio, lactulose em solução oral e citrato de cafeína, não resultam em efeitos colaterais oculares relevantes.

CONCLUSÕES

A avaliação cuidadosa das tabelas expostas possibilita ao pediatra a escolha de medicamentos com menor potencial tóxico ocular para a terapêutica de seu jovem paciente. A análise da relação risco-benefício de qualquer droga utilizada em pediatria deve levar em conta os efeitos colaterais sobre o globo ocular, que muitas vezes podem ser graves e irreversíveis.

REFERÊNCIAS BIBLIOGRÁFICAS

1. Pavan-Langston D. Manual of ocular diagnosis and therapy. 5th ed. Philadelphia: Lippincott Willians &Wilkins; 2002.
2. Graziano RM, Zin A, Nakanami CR, Debert I, Verçosa IMC, Sá LCF, et al. (coords.). Oftalmologia para o pediatra. São Paulo: Atheneu; 2009.
3. Bartlett JD, Jaanus SD. Ocular effects of systemic drugs. In: Bartlett JD, Jaanus SD (eds.). Clinical ocular pharmacology. 4th ed. Woburn, Mass: Butterworth Heinemann; 2001. p.903-41.
4. Fraunfelder FT, Fraunfelder FW. Drug-induced ocular side effects. 5th ed. Woburn, Mass: Butterworth Heinemann; 2001.
5. Fraunfelder FW, Fraunfelder FT. Adverse ocular drug reactions recently identified by the National Registry of Drug-Induced Ocular Side Effects. Ophthalmology. 2004;111(7):1275-9.
6. Fraunfelder FT, Fraunfelder FW, Chambers WA. Clinical ocular toxicology drugs, chemicals and herbs. Philadelphia: Elsevier; 2008.
7. Fraunfelder FW. Ocular side effects from herbal medicines and nutritional supplements. Am J Ophthalmol. 2004;138(4):639-47.

Dislexia 50

Cristiane de Almeida Leite
Mariza Polati

Após ler este capítulo, você estará apto a:
1. Definir dislexia.
2. Compreender o papel do pediatra e do oftalmologista no diagnóstico precoce da dislexia.
3. Descrever a forma de tratamento aceita atualmente e aquelas cuja eficácia é discutível.
4. Orientar os pais ou responsáveis do paciente na busca do melhor tratamento.

INTRODUÇÃO

Os distúrbios do aprendizado constituem um grupo de enfermidades que afetam crianças com inteligência normal ou acima da média e que apresentam problemas no processamento ou expressão da informação. Podem se manifestar como inabilidades para escutar, falar, ler, soletrar, escrever, raciocinar, concentrar-se, resolver problemas matemáticos ou organizar informação[1]. Esses distúrbios podem estar associados a má coordenação motora, déficit de atenção/distúrbio de hiperatividade, transtorno obsessivo-compulsivo, ansiedade, depressão, alterações comportamentais e dificuldade de interação social. Influências extrínsecas (diferenças culturais, instrução insuficiente ou inapropriada) podem coexistir com os distúrbios do aprendizado, mas não são a sua causa[2].

Os distúrbios do aprendizado podem impedir que a criança alcance o máximo do seu potencial intelectual. Entre esses distúrbios, a dislexia, que consiste na inabilidade para a leitura e compreensão do texto lido, é o maior obstáculo para o aprendizado, com implicações educacionais, sociais e econômicas a longo prazo.

HISTÓRIA

A primeira descrição de um caso de incapacidade de leitura adquirida (alexia) foi feita em 1877 por Kussmal, em um adulto com uma lesão no lobo parietal. O termo dislexia surgiu em 1887 e é atribuído a Berlin[3], que a descreveu como um tipo de "cegueira" para a leitura. A partir de 1895, Hinshelwood começou e estudar e descrever casos de dislexia adquirida e congênita, atentando para o aspecto potencialmente hereditário dos casos. Na década de 1920, Orton confirmou o componente hereditário da dislexia em crianças. A partir da década de 1960 iniciaram-se inúmeros tipos de tratamento com base em estimulação visual, que se mostraram ineficazes e caíram em desuso na década de 1980.

EPIDEMIOLOGIA

Os distúrbios do aprendizado afetam 20% da população geral[4], sendo observados em 5,5% dos estudantes[5].

A dislexia é o distúrbio de aprendizado mais frequente, correspondendo a 80% dos casos[6-13].

A prevalência de dislexia em crianças com idade escolar nos Estados Unidos é de 5 a 20%[4,6,10,12], e parece afetar duas vezes mais homens do que mulheres. Por se apresentar com diferentes graus de gravidade, alguns autores defendem que o termo dislexia deveria ser reservado somente aos casos mais graves (2 a 5% de todos os casos de dificuldade para a leitura)[14].

GENÉTICA

A dislexia parece ter origem genética significativa. Aproximadamente 40% dos irmãos, filhos ou pais de um paciente com dislexia também terão o mesmo diagnóstico[5,7,9,10,14,16-18].

Estudos genéticos identificaram quatro genes que podem estar implicados na migração neuronal, no crescimento axonal e no desenvolvimento cerebral de áreas do processamento fonológico e auditivo[19].

PATOGÊNESE

Embora os primeiros estudos associassem a dislexia a disfunções do sistema visual, atualmente o modelo mais aceito para explicar a aquisição da habilidade de leitura é o modelo fonológico[20].

A percepção fonológica é a sensibilidade à estrutura sonora da fala e é a base para a decodificação da linguagem escrita para a falada. Percepção fonêmica é o entendimento de que a fala pode ser segmentada em sons individuais que assinalam diferenças no significado. Essas unidades segmentadas da fala podem, então, ser representadas por formas escritas.

O desenvolvimento da linguagem oral é fundamental no aprendizado da leitura[13]. A expressão por meio de vocalizações organizadas é pré-programada, inata ao desenvolvimento humano. Já a escrita, ou seja, o uso de símbolos abstratos artificialmente desenhados para representar a linguagem, é uma habilidade a ser adquirida. Ler e escrever são processos complexos que requerem aprendizado ativo. Quanto maior a complexidade fonêmica de uma determinada língua, maior a prevalência de dislexia[15,21].

O fundamento da leitura é a decodificação. A habilidade para decodificar a palavra impressa é determinada primariamente pela percepção fonológica, facilidade de mapear o alfabeto, busca e recuperação de nomes e memória visual. Os pacientes com dislexia possuem um déficit neurobiológico no processamento da estrutura sonora da linguagem, chamado déficit fonêmico, no qual há alteração da representação neural, armazenamento, recuperação e codificação dos fonemas. Em razão do déficit fonêmico, esses pacientes não conseguem decodificar e, portanto, não conseguem identificar a palavra escrita. Além disso, o déficit fonêmico bloqueia o acesso às áreas corticais (geralmente intactas, normais) especializadas na função cognitiva e linguística, dificultando a compreensão do texto lido.

Estudos envolvendo a realização de exames de imagem (RNM, RNM funcional, PET *scan*) em pacientes com dislexia demonstraram alterações anatômicas nas áreas corticais relacionadas à linguagem[6-13,15,16]. Enquanto em pacientes normais há predomínio da atividade da área da linguagem do hemisfério cerebral esquerdo, nos pacientes com dislexia ocorre o uso de áreas diferentes do cérebro, em ambos os hemisférios cerebrais.

MANIFESTAÇÕES CLÍNICAS

A dislexia é o distúrbio do aprendizado que se manifesta como a inabilidade para a leitura, depois de excluídas causas secundárias (baixa audição, baixa de acuidade visual, deficiência intelectual, instrução insuficiente). Caracteriza-se por dificuldade para decodificar, reconhecer palavras com fluência e compreender o texto lido. É um distúrbio que persiste durante toda a vida, mas que se apresenta com diferentes graus de gravidade.

Consequências secundárias da dislexia são vocabulário e expressão escrita pobres, já que a experiência obtida com a leitura é reduzida, e a velocidade de leitura, diminuída.

Oftalmologia

A dislexia não é definida por inversão de letras e palavras ou escrita "em espelho". Esses achados são considerados normais e comuns em crianças no começo da alfabetização.

Formas mais graves de dislexia podem cursar com dificuldade para nomear letras, números e figuras, déficits de atenção e de compreensão, de memória de curto prazo e ortografia pobre[15,22,23].

Embora o pediatra e o oftalmologista não sejam os profissionais que farão o diagnóstico de dislexia, têm papel importante na avaliação inicial de pacientes com déficits no aprendizado da leitura.

Papel do Pediatra

O pediatra sempre deve excluir problemas médicos (genéticos, congênitos, doenças crônicas) que possam estar dificultando o aproveitamento escolar da criança. Também deve estar atento à história familiar do paciente, em razão do padrão hereditário do quadro. Além disso, outros fatores que podem ser preditivos de dislexia são problemas precoces de linguagem ou fala.

Pacientes prematuros, de baixo peso ao nascimento, com exposição intraútero a drogas e/ou álcool, com infecções do sistema nervoso central, traumatismos cranianos e atraso de desenvolvimento neuropsicomotor também têm mais risco de serem disléxicos.

Papel do Oftalmologista

Pacientes com suspeita de dislexia devem ser sempre encaminhados ao oftalmologista, já que problemas visuais podem interferir no processo da leitura. Entretanto, é importante salientar que déficits visuais não são a causa da dislexia. Em pacientes não disléxicos, a correção do problema visual melhora o aproveitamento escolar, o que não ocorre na dislexia.

O oftalmologista fará o exame ocular completo, com especial atenção para a acuidade visual da criança para longe e perto (presença de erros refracionais, ambliopia), a avaliação da motilidade ocular extrínseca (presença de estrabismo, nistagmo, insuficiência de acomodação e/ou convergência e visão binocular) e exames do segmento anterior do olho (presença de alterações de transparência de meios, como catarata) e do fundo de olho (presença de doenças da retina e nervo óptico). Após essa avaliação, quaisquer problemas visuais encontrados devem ser devidamente corrigidos e tratados. Porém, essas alterações não têm correlação causal com a dislexia. Mesmo crianças com baixa visão são capazes de aprender a ler.

DIAGNÓSTICO

O diagnóstico da dislexia é basicamente clínico e deve ser feito o mais precocemente possível. Não se baseia em um único teste padronizado, mas em uma série de avaliações que envolvem a criança, os pais e os educadores. Pode ser realizado por um psicólogo, neuropsicólogo ou pediatra com formação comportamental. Deve-se sempre descartar doenças secundárias que poderiam dificultar o aprendizado da leitura.

TRATAMENTO/PROGNÓSTICO

Com intervenções multidisciplinares precoces, visando ao treinamento fonológico, pacientes com dislexia podem aprender a ler corretamente, mas terão um problema persistente com fluência e lerão com menor velocidade durante a vida[25].

Estimular os pais a lerem em voz alta para os filhos a partir de seis meses de vida parece ser a atividade que, individualmente, tem maior impacto para preparar a criança para o aprendizado da leitura[11,13].

Existem inúmeras terapias que objetivam o tratamento da dislexia por meio de estimulação visual. Entretanto, não há evidência científica de fontes confiáveis que corroborem a eficácia desses tratamentos. Uso de lentes com filtros coloridos, óculos de treinamento, exercícios oculares, terapia visual (visando melhorar o processamento visual)[24-30] não demonstraram resposta efetiva no tratamento da dislexia.

O prognóstico depende da gravidade do quadro e do momento e da qualidade da intervenção.

CONCLUSÕES

Ler é o processo complexo de extrair significado de símbolos abstratos escritos. É uma maneira muito importante de acesso à informação e, portanto, todos os esforços devem ser realizados durante o ensino fundamental para a adequada alfabetização de crianças nos primeiros anos escolares.

O desafio de conseguir ensinar adequadamente crianças com dificuldades na leitura envolve um esforço conjunto do estudante, do educador e dos pais e, para isso, o diagnóstico precoce e o treinamento fonológico têm sido as melhores opções de tratamento.

REFERÊNCIAS BIBLIOGRÁFICAS

1. Handler SM, Fierson WM, Section on Ophthalmology; Council on Children with Disabilities; American Academy of Ophthalmology; American Association for Pediatric Ophthalmology and

Strabismus; American Association of Certified Orthoptists. Learning disabilities, dyslexia and vision. Pediatrics. 2011;127(3):e818-56. Disponível em: http://pediatrics.aappublications.org/content/127/3/e818.full.html (acesso 14 jul 2012).

2. National Joint Committee for Learning Disabilities. Learning disabilities issues and definitions. ASHA Suppl. 1991;33(5):18-20.

3. Berlin R. A special kind of blindness (Dyslexia) [in German]. Wiesbaden, Germany: Bergmann; 1887.

4. Shaywitz SE, Escobar MD, Shaywitz BA, Fletcher JM, Makuch R. Evidence that dyslexia may represent the lower tail of a normal distribution of reading ability. N Engl J Med. 1992;326(3):145-50.

5. National Center for Learning Disabilities. The state of learning disabilities. Disponível em: www.ncld.org/images/stories/OnCapitolHill/PolicyRelatedPublications/stateofld/StateofLD2009-final.pdf (acesso 14 jul 2012).

6. Shaywitz SE. Dyslexia. N Engl J Med. 1998;338(5):307-12.

7. Shaywitz SE, Shaywitz BA. The science of reading and dyslexia. J AAPOS. 2003;7(3):158-66.

8. Lyon GR. Learning disabilities. Future Child. 1996;6(1):54-76.

9. Shaywitz SE, Shaywitz BA. The neurobiology of reading and dyslexia. Disponível em: http://www.ncsall.net/?id=278 (acesso 17 jun 2012).

10. Lyon GR. Report on learning disabilities research. Disponível em: http://www.ldonline.org/article/6339 (acesso 17 jun 2012).

11. Lyon GR. Statement of Dr. G. Reid Lyon. Disponível em: http://www.dys-add.com/ReidLyonJeffords.pdf (acesso 17 jun 2012).

12. Shaywitz SE. Overcoming dyslexia: a new and complete science-based program for overcoming reading problems at any level. Nova York: Knopf; 2003.

13. Torgesen JK. Catch them before they fail: identification and assessment to prevent reading failure in young children. Am Educ. 1998; Spring/Summer. Disponível em: http://www.aft.org/pdfs/americaneducator/springsummer1998/torgesen.pdf (acesso 14 jul 2012).

14. Lyon GR, Fletcher JM, Shaywitz SE, Shaywitz BA, Wood FB, Schulte A, et al. Rethinking learning disabilities. In: Finn CE Jr., Rotherham AJ, Hokanson CR Jr. (eds.). Rethinking special education for a new century. Washington, DC: Thomas B. Fordham Foundation and the Progressive Policy Institute; 2001. p.259-87.

15. Vellutino FR, Fletcher JM, Snowling MJ, Scanlon DM. Specific reading disability (dyslexia): what have we learned in the past four decades? J Child Psychol Psychiatry. 2004;45(1):2-40.

16. Council on Scientific Affairs. Dyslexia. JAMA. 1989;261(15):2236-9.

17. Pennington BF. Toward an integrated understanding of dyslexia: genetic, neurological, and cognitive mechanisms. Dev Psychopathol. 1999;11(3):629-54.

18. DeFries JC, Alarcon M. Genetics of specific reading disability. Ment Retard Dev Disabil Res Rev. 1996;2(1):39-47.

19. Galaburda AM, LoTurco J, Ramus F, Fitch RH, Rosen GD. From genes to behavior in developmental dyslexia. Nat Neurosci. 2006;9(10):1213-17.

20. Fletcher JM. Reading: a research-based approach. In: Evers WM (ed.). What's gone wrong in America's classrooms. Stanford, CA: Hoover Institution Press, Stanford University; 1998. p.49-90.

21. Granet DB, Castro EF, Gomi CF. Reading: do the eyes have it? Am Orthopt J. 2006;56(1):44-9.

22. Badian NA. Does a visual-orthographic deficit contribute to reading disability? Ann Dyslexia. 2005;55(1):28-52.

23. Shaywitz SE. Dyslexia. Sci Am. 1996;275(5):98-104.

24. American Academy of Ophthalmology, Complementary Therapy Task Force. Complementary Therapy Assessment. Vision therapy for learning disabilities. San Francisco, CA: American Academy of Ophthalmology; 2001. Disponível em: http://one.aao.org/CE/PracticeGuidelines/Therapy.aspx (acesso 17 jun 2012).

25. Beauchamp GR, Kosmorsky G. Learning disabilities: update comment on the visual system. Pediatr Clin North Am. 1987;34(6):1439-46.
26. Metzger RL, Werner DB. Use of visual training for reading disabilities: a review. Pediatrics. 1984;73(6):824-9.
27. Keogh BK, Pelland M. Vision training revisited. J Learn Disabil. 1985;18(4):228-36.
28. Keogh BK. Optometric vision training programs for children with learning disabilities. J Learn Disabil. 1974;7(4):219-31.
29. Rawstron JA, Burley CD, Elder MJ. A systematic review of the applicability and efficacy of eye exercises. J Pediatr Ophthalmol Strabismus. 2005;42(2):82-8.
30. Granet DB. To the editor: treatment of convergence insufficiency in childhood: a current perspective. Optom Vis Sci. 2009;86(8):1015.

51 Atrofia óptica na infância

Mário Luiz Ribeiro Monteiro

Após ler este capítulo, você estará apto a:
1. Entender o significado da atrofia da papila do nervo óptico.
2. Reconhecer a atrofia óptica ao exame físico.
3. Conhecer as causas da atrofia óptica na infância.

INTRODUÇÃO

Atrofia óptica é um sinal importante de afecção da via óptica anterior. Representa o achado oftalmoscópico indicativo de lesão dos axônios das células ganglionares da retina, que tem seu corpo celular na retina e cujo axônio forma o nervo óptico, o quiasma e o trato óptico até estabelecer sinapse com o neurônio seguinte, situado no corpo geniculado lateral[1].

A atrofia óptica pode ser ascendente, na qual lesões iniciais na retina levam à atrofia das células ganglionares e, consequentemente, de suas fibras, produzindo assim uma degeneração do nervo óptico a partir das células ganglionares em direção ao quiasma óptico, ou descendente, o resultado de uma lesão localizada no nervo óptico, quiasma, trato óptico e corpo geniculado lateral, com lesão inicial do axônio que resulta em morte da célula ganglionar da retina. Inúmeras são as causas de atrofia óptica na infância, e seu diagnóstico diferencial é extremamente importante pela gravidade potencial das causas de atrofia óptica.

CARACTERÍSTICAS CLÍNICAS DA ATROFIA ÓPTICA

Na atrofia óptica, o disco do nervo óptico perde sua cor rosada e se torna branco (Figura 51.1). A descoloração é mais acentuada do lado temporal que, normalmente, já é menos corado do que os demais setores. Os vasos retinianos geralmente têm aparência normal, embora possa existir ligeiro estreitamento arteriolar em casos muito antigos. Quando a atrofia óptica é decorrente de afecção retiniana, podem ser observadas alterações também na retina ao exame fundoscópico. Quando a atrofia é decorrente de afecção do nervo óptico que cursa com edema de disco óptico (como papilite, neurorretinite ou papiledema), pode haver sinais em torno do disco como gliose e alterações pigmentares peripapilares (Figura 51.2). Já nos casos de atrofia óptica hereditária, por lesão retrobulbar do nervo óptico, lesão do quiasma ou do trato óptico, a atrofia não se acompanha de outros sinais a não ser a palidez do nervo óptico. É a chamada atrofia óptica simples (Figura 51.1).

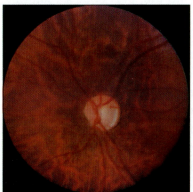

Figura 51.1 Atrofia óptica difusa.

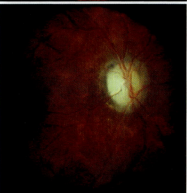

Figura 51.2 Atrofia óptica após papiledema crônico. Alterações pigmentares peripapilares indicativas de edema prévio do disco óptico.

A atrofia óptica usualmente se manifesta por redução da função visual, que pode ser desde muito discreta até a perda total. A visão de cores pode estar alterada e o exame do campo visual pode revelar vários tipos de defeito. Nas lesões do nervo óptico ocorrem escotomas centrais ou pericentrais, bem como defeitos setoriais do campo visual. Nas afecções do quiasma óptico tipicamente têm-se defeitos de campo bitemporais, enquanto nas lesões dos tratos ópticos e do corpo geniculado lateral ocorrem defeitos de campo hemianópicos contralaterais à lesão. Além do déficit da função visual, existe alteração nos reflexos pupilares à luz. Quando a perda visual é completa ou muito grave, a reação pupilar direta à luz é muito reduzida ou ausente. Nos casos de perda parcial da visão, o defeito na contração pupilar à luz é mais difícil de perceber. Esse defeito pupilar aferente discreto pode ser mais bem percebido se for comparado ao olho contralateral, ou seja, observando-se alternadamente a reação pupilar à luz de um e do outro olho. Esse teste pode ser difícil na criança, já que a movimentação da cabeça ou o fechamento dos olhos pode dificultar sua realização. Apesar disso, deve ser pesquisado, pois a observação de um defeito pupilar aferente parcial ou completo representa um achado extremamente importante na avaliação da criança com suspeita de atrofia óptica.

Testes eletrofisiológicos também são importantes no diagnóstico diferencial de atrofia óptica. O eletrorretinograma pode ser muito útil, pois pode ser anormal nas lesões primariamente retinianas. O potencial evocado visual (PEV) é o exame eletrofisiológico mais importante, e poderá mostrar o aumento do tempo de latência das respostas. O ideal é que o exame possa ser feito com estímulo em padrão reverso, mas este exige certa atenção para sua realização. Por outro lado, o potencial visual com estimulação por *flash* branco ou vermelho é de realização mais fácil, mesmo em crianças pequenas, mas não tem a mesma sensibilidade que o PEV de padrão reverso. Exames de neuroimagem, como a tomografia computadorizada (TC) e a imagem por ressonância magnética (RM), também são importantes para diagnosticar várias afecções causais da atrofia óptica.

ETIOLOGIA DA ATROFIA ÓPTICA NA INFÂNCIA

Qualquer afecção que acometa as células ganglionares desde a retina até o corpo geniculado lateral pode levar a atrofia óptica. Estas incluem afecções hereditárias, inflamatórias, isquêmicas, compressivas e traumáticas. A Tabela 51.1 lista as causas de atrofia óptica na infância. As principais condições são as afecções hereditárias, inflamatórias e compressivas, que serão discutidas a seguir.

Atrofia óptica na infância **517**

Tabela 51.1 – Causas de atrofia óptica na infância

Origem	Causas
Congênita	Secundária a doença intrauterina (anoxia, hemorragia, malformações) Autossômica recessiva
Neonatal	Anoxia perinatal, trauma de parto, hemorragia intracraniana
Adquirida hereditária	Atrofia óptica dominante, doença de Leber, síndrome de Wolfram Associada a ataxias hereditárias: Friedrich, Charcot-Marie-Tooth, síndrome de Behr
Origem traumática	Traumatismos do nervo óptico e da via óptica anterior
Processos inflamatórios	Secundária a neurite óptica, doenças desmielinizantes, meningoencefalites, doença de Devic, doença de Schilder
Neurodegenerativas	Lipofuscinose ceroide, gangliosidose generalizada, doença de Krabbe, doença de Leigh
Secundária a hipertensão intracraniana	Atrofia pós-papiledema agudo ou crônico (hidrocefalia, pseudotumor cerebral, tumores levando a hipertensão, etc.)
Por lesões compressivas	Tumores orbitários, tumores do nervo óptico (glioma), tumores quiasmáticos (adenoma, craniofaringioma), malformações vasculares acometendo a via óptica

Atrofias Ópticas Hereditárias

A atrofia óptica dominante (AOD) é a forma mais comum de neuropatia hereditária, com incidência entre 1:10.000 e 1:50.000 nascimentos. Caracteriza-se por início insidioso, ocorrendo na maioria dos casos antes dos 10 anos de idade. A doença é bilateral, caracterizada por redução da acuidade visual leve a moderada (em torno de 20/60). A história típica é a de uma visão apenas discretamente reduzida, observada na infância, não suficiente para impedir as atividades escolares, mas que geralmente é causa, mais tarde, de reprovação no exame para carteira de habilitação. A perda visual geralmente é reduzida de forma semelhante nos dois olhos, sendo que a grande maioria permanece com acuidade visual melhor que 20/200. Existe, no entanto, grande variabilidade no grau de perda visual entre famílias diferentes e até mesmo entre os membros de uma mesma família. Além da redução da acuidade visual há também redução na visão de cores, a presença de escotomas no campo visual e a palidez temporal ou difusa do nervo óptico (Figura 51.3). A AOD se associa a mutações no cromossomo 3, denominado gene OPA-1. Posteriormente, outras mutações variantes foram identificadas. Em razão do grande número de mutações causais da AOD, um teste de DNA rápido ainda não é possível nas famílias dos indivíduos afetados pela doença.

Ainda não existe tratamento para essa afecção, no entanto, a perda da função visual normalmente não é muito acentuada[2].

Em 1871, Leber descreveu uma forma distinta de neuropatia óptica caracterizada por perda visual grave, bilateral e de evolução rápida, acompanhada de escotomas centrais densos. A afecção é conhecida como neuropatia óptica hereditária de Leber (NOHL) e ocorre geralmente em indivíduos do sexo masculino, principal-

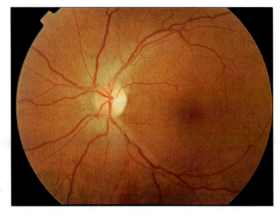

Figura 51.3 Atrofia óptica no setor temporal do disco em paciente com atrofia óptica dominante.

mente entre a segunda e a quarta décadas de vida e que pode levar à perda da visão central de ambos os olhos. A afecção é de transmissão exclusivamente materna, com penetrância incompleta[2].

Os homens são acometidos com maior frequência (80 a 90%) que as mulheres. O início da perda visual ocorre tipicamente entre as idades de 15 e 35 anos e se inicia de forma indolor em um dos olhos. O segundo olho é afetado semanas ou meses depois. Geralmente, a progressão da perda visual é subaguda, com deterioração da função visual ao longo de semanas ou meses, até sua estabilização. A acuidade visual é variável, mas geralmente pior que 20/200. A visão de cores também é afetada e os defeitos de campo visual geralmente são do tipo escotoma central ou cecocentral. Na fase aguda, o exame fundoscópico pode mostrar certo edema na camada de fibras nervosas, hiperemia do disco óptico e vasos telangiectásicos na retina peripapilar. Depois de semanas ou meses de evolução, ocorre perda progressiva da camada de fibras nervosas e desenvolvimento da atrofia óptica, geralmente, acentuado (Figura 51.4).

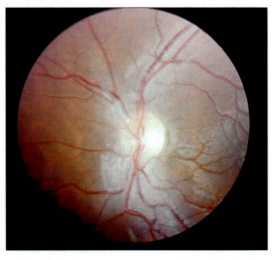

Figura 51.4 Atrofia óptica em paciente com doença de Leber.

Na maioria dos pacientes com NOHL, a perda visual permanece grave e fica permanente. No entanto, alguns indivíduos podem apresentar alguma recuperação visual, mesmo meses ou anos após a perda visual. A recuperação pode ser na forma de uma melhora muito gradual da visão central, às vezes restrita a uma pequena ilha central de recuperação da visão. O tipo de mutação é importante nesse contexto, uma vez que a recuperação visual ocorre com maior frequência em algumas mutações mitocondriais do que em outras.

A NOHL é uma doença de herança materna, causada por mutações pontuais no DNA mitocondrial. Tanto homens quanto mulheres podem herdar a anomalia, mas apenas a mulher a transmite para as gerações subsequentes. A doença se manifesta com frequência muito maior nos homens do que nas mulheres portadoras da anomalia. A razão para essa propensão é desconhecida. Pelo menos quatro mutações já foram identificadas, nas posições de número 3.460, 11.778, 14.484 e 15.257 do DNA mitocondrial, que é importante para a formação de diversas enzimas do sistema produtor de energia da célula, a fosforilação oxidativa. Três delas são denominadas mutações primárias e respondem por pelo menos 90% dos casos de NOHL. Essas são localizadas nas posições 11.778 (69% dos casos), 3.460 (13% dos casos) e 14.484 (14% dos casos). Outras mutações também já foram implicadas, mas com número menor de pacientes descritos[2].

Não há terapêutica claramente efetiva para a NOHL, embora estudos recentes sugiram que o uso de idebenona melhora o prognóstico da afecção[3]. Em razão da ocorrência de melhora espontânea em alguns pacientes com NOHL, os relatos ocasionais de tratamento seguido de melhora visual devem ser analisados com cuidado. Melhora espontânea pode ocorrer mais frequentemente nos portadores da mutação 14.484 que apresentam perda visual antes da idade de 20 anos.

A neuropatia óptica hereditária pode também ser associada a outras manifestações neurológicas ou sistêmicas. Isso ocorre, por exemplo, na síndrome de Wolfram, caracterizada pela associação de diabete melito juvenil e perda progressiva da visão com atrofia óptica, com início habitual na infância. Quase sempre existe também diabete insípido e surdez neurossensorial. A herança é autossômica recessiva, embora existam casos esporádicos[2]. O diagnóstico do diabete insípido geralmente é feito entre 5 e 10 anos depois do diabete melito. A perda auditiva só é detectada por audiometria antes dos 20 anos, sendo, portanto, mais tardia. Nas fases mais avançadas, a perda visual se torna grave, geralmente pior que 20/200. O campo visual mostra constrição generalizada e escotomas centrais. O prognóstico da afecção é ruim.

Na atrofia óptica hereditária complicada, também denominada síndrome de Behr, ocorre atrofia óptica, que começa na infância e se associa a sinais de acometimento dos tratos piramidais em grau variável, ataxia, retardo mental, incontinência urinária e pés *cavus*. O início ocorre na primeira década de vida e progride por alguns anos até a estabilização. A palidez do disco óptico tende a ser temporal, o nistagmo está presente em metade dos casos e o estrabismo em dois terços deles. A doença é de herança autossômica recessiva. Considera-se que a atrofia óptica recessiva complicada de Behr possa representar uma forma de transição entre a atrofia óptica hereditária simples e a ataxia cerebelar hereditária do tipo Marie. A atrofia óptica é associada com alterações neurológicas, incluindo nistagmo, espasticidade, ataxia e retardo mental[1].

Outras doenças hereditárias com envolvimento neurológico primário ou com manifestações sistêmicas podem também cursar com atrofia óptica, tipicamente como uma manifestação secundária. Essas afecções incluem as ataxias hereditárias, paraplegias espásticas hereditárias, distrofias musculares hereditárias, doenças de depósito e outras degenerações cerebrais da infância. Muitas dessas afecções, mesmo com herança mendeliana, apresentam uma via final comum de disfunção mitocondrial e talvez isso explique o acometimento do nervo óptico. Por exemplo, no caso da ataxia de Friedrich, a evidência de neuropatia óptica está presente em dois terços dos casos, embora a perda visual grave seja incomum. Essa é uma alteração autossômica recessiva ligada ao braço longo do cromossomo 9, envolvendo um gene que codifica uma proteína que regula o nível sérico na mitocôndria. De forma similar, muitos pacientes com ataxia espinocerebelar e doença de Charcot-Marie--Tooth também podem cursar com atrofia óptica[1].

Neuropatias Ópticas Compressivas

A atrofia do disco óptico pode resultar da compressão do nervo óptico, do quiasma ou do trato óptico. Na órbita, o nervo pode sofrer compressão por tumores (gliomas e meningiomas), displasia óssea, osteopetrose, infecções orbitárias, mucocele ou por outros tumores orbitários. No crânio, o nervo pode sofrer compressão por meningiomas, aneurismas, tumores da hipófise, glioma do quiasma, craniofaringioma, além de outros tumores[1,4].

Atrofias ópticas unilaterais devem levar à suspeita de uma lesão compressiva na órbita. Nas lesões compressivas do quiasma ou trato óptico, a atrofia óptica tipicamente é bilateral, mas pode também ser unilateral no início. A evolução da perda visual associada a lesões compressivas da via óptica anterior varia de rápida a lenta, mas em pacientes que apresentam atrofia óptica associada, a perda visual geralmente é gradual e progressiva, e pode até não ser notada. O defeito pupilar aferente e a discromatopsia estão quase sempre presentes, com neuropatia óptica compressiva unilateral. Uma variedade de diferentes lesões pode comprimir o nervo óptico, o quiasma e o trato óptico.

O glioma do nervo óptico em crianças pode se apresentar com perda visual e atrofia óptica. Gliomas ópticos são tumores incomuns de astrócitos localizados ao longo das vias ópticas. Representam de 1,5 a 3,5% dos tumores orbitais e 66% dos tumores primários do nervo óptico[5]. Os gliomas são vistos mais comumente em crianças; a idade média em que se apresentam é aos 9 anos. Homens e mulheres são igualmente afetados. O nervo óptico está envolvido em 24% dos casos, o quiasma, em 76%. Esse tumor está frequentemente associado à neurofibromatose. O diagnóstico é feito com TC ou a imagem por RM. A maioria das crianças acometidas tem deficiência visual lentamente progressiva. A proptose ocorre frequentemente com gliomas que envolvem o nervo óptico e não ocorre quando a lesão envolve o quiasma. A atrofia óptica é um achado típico, porém um terço dos casos apresentam edema do disco óptico. Os tumores quiasmáticos podem estar associados com aumento da pressão intracraniana e com sinais hipotalâmicos, incluindo puberdade precoce, diabete insípido e pan-hipopituitarismo.

Na TC, o glioma orbitário aparece como uma dilatação bem delineada do nervo óptico, que geralmente é fusiforme, mas pode ser arredondado ou multilobulado em alguns casos. À imagem por RM, os gliomas são isodensos ou ligeiramente hipodensos em T1, quando comparados à substância cinzenta cortical[5,6]. O espaço subaracnoide dilatado, contendo liquor, pode produzir imagem de uma zona hipodensa circundando o tumor. Áreas hipodensas com baixo sinal dentro da lesão representam cistos de degeneração mucinosa e necrose. Nas imagens T2, o sinal pode ser mais variável. O quadro histológico é de astrocitoma pilocítico benigno. Astrócitos alongados, em forma de eixo com núcleos ovais uniformes formam feixes de interseção que distendem os septos piais fibrosos do nervo óptico. Os astrócitos são citologicamente benignos, e as figuras mitóticas não são aparentes[5,6].

O meningioma pode afetar qualquer parte da via óptica anterior, mas em geral surge da asa do esfenoide, no tubérculo da sela, no plano esfenoidal ou na bainha do nervo óptico, mas é uma lesão incomum na infância, embora possa ocorrer nessa fase da vida[7].

Tumores na região suprasselar que acometem o nervo óptico intracraniano, o quiasma óptico ou mesmo os tratos ópticos são importante causas de atrofia óptica, inclusive na infância. O diagnóstico diferencial inclui o craniofaringioma, o adenoma hipofisário e mesmo o meningioma da região parasselar. Nas lesões quiasmáticas, o defeito de campo visual é tipicamente bitemporal. Já nas lesões do trato óptico, ocorre uma hemianopsia homônima, usualmente incongruente e contralateral à lesão. A distinção entre eles geralmente é evidente, com estudos neurorradiológicos. Quando um craniofaringioma existente há muito tempo ou, ocasionalmente, um adenoma pituitário comprime o trato óptico, resulta em hemianopsia homônima e em atrofia em faixa do disco óptico contralateral[4].

Atrofia Óptica nas Neuropatias Inflamatórias

As neuropatias inflamatórias ou desmielinizantes podem acometer a via óptica anterior, incluindo os nervos ópticos e, menos frequentemente, o quiasma óptico.

As neurites ópticas se apresentam como afecção aguda na criança, com perda visual de evolução rápida muitas vezes acompanhada de dor à movimentação ocular. Causam redução da acuidade visual e escotomas no campo visual.

A neurite óptica na infância geralmente é relacionada a processos infecciosos virais. A associação com doenças desmielinizantes é menos frequente do que no adulto, mas pode existir[8,9]. A neurite óptica pode ainda ser decorrente de neuromielite óptica ou em outras doenças desmielinizantes, como a doença de Schilder[9]. A afecção geralmente é unilateral, embora possa acometer o olho contralateral em uma segunda crise, algum tempo depois. Pode também ser bilateral simultânea, particularmente na criança. A perda visual é precedida ou acompanhada de dor em mais de 90% dos indivíduos[9]. A perda visual é rápida, evoluindo ao longo de horas ou alguns dias e varia desde a perda discreta até a ausência de percepção luminosa. O campo visual mostra defeitos que predominam nessa região com escotomas centrais e paracentrais, com ou sem extensão para a periferia. Todas essas alterações persistem por algumas semanas, sendo seguidas, na grande maioria dos casos, de melhora visual. O uso de corticosteroide em altas doses por via endovenosa acelera a recuperação da função visual. O prognóstico visual nas neurites ópticas geralmente é bom, com melhora visual na grande maioria dos casos, apesar disso, é comum a ocorrência de algum grau de atrofia óptica. Nos casos em que há recuperação visual significativa, a atrofia óptica é geralmente discreta. Nos casos graves, a atrofia óptica pode ser acentuada (ver Figura 51.1).

CONCLUSÕES

A atrofia óptica apresenta-se na infância com quadros clínicos variáveis e etiologias diversas. A identificação precoce da doença pode ajudar no prognóstico visual, e o pediatra familiarizado com o exame de fundo de olho e da papila poderá suspeitar do caso e trabalhar junto ao neuroftalmologista em sua elucidação e seu tratamento, além de orientar a família do indivíduo portador.

REFERÊNCIAS BIBLIOGRÁFICAS

1. Dantas A. Atrofia óptica. In: Dantas AM, Monteiro MLR (eds.). Neuro-oftalmologia. Rio de Janeiro: Cultura Médica; 2010. p.337-70.
2. Monteiro MLR. Neuropatias ópticas hereditárias. In: Monteiro MLR, Zangalli AL (eds.). Neuroftalmologia. Rio de Janeiro: Cultura Médica; 2008.
3. Klopstock T, Yu-Wai-Man P, Dimitriadis K, Rouleau J, Heck S, Bailie M, et al. A randomized placebo-controlled trial of idebenone in Leber's hereditary optic neuropathy. Brain. 2011;134(Pt 9):2677-86.
4. Monteiro MLR, Imamura PM. Afecções do quiasma óptico. In: Monteiro MLR, Zangalli AL (eds.). Neuroftalmologia. Rio de Janeiro: Cultura Médica; 2008.

Atrofia óptica na infância

5. Dutton JJ. Gliomas of the anterior visual pathway. Surv Ophthalmol. 1994;38(5):427-52.
6. Chan JW. Compressive and infiltrative optic neuropathies. In: Chan JW. Optic nerve disorders: diagnosis and managemente. New York: Springer; 2007. p.88-129.
7. Harold Lee HB, Garrity JA, Cameron JD, Strianese D, Bonavolontà G, Patrinely JR. Primary optic nerve sheath meningioma in children. Surv Ophthalmol. 2008;53(6):543-58.
8. Beck RW. Optic neuritis. In: Miller NR, Newman NJ. Walsh & Hoyt's clinical neuro-ophthalmology. 5th ed. Baltimore: Williams & Wilkins; 1998. p.632-4.
9. Monteiro MLR. Neuropatias ópticas inflamatórias (neurites ópticas). In: Monteiro MLR, Zangalli AL (eds.). Neuroftalmologia. Rio de Janeiro: Cultura Médica; 2008. p.45-69.

Índice remissivo

A

AAS 496
Abuso infantil 361
Acetaminofeno 490
Aciclovir 499
Ácidos 355
    fólico 498
    nalidíxico 494
    valproico 499
Acomodação 181
Acuidade visual 26
Afácicos 184
Afecções
    da órbita 89
    neuroftalmológicas 111
Agenesia 81
Agentes
    antialérgicos 482
    antiglaucomatosos 486
    anti-inflamatórios não esteroides 483
    antimicrobianos 484
    antivirais 485
    midriáticos e cicloplégicos 485
Agressão física 338
Albendazol 496

Albinismo oculocutâneo 475
Aldosterona 504
Alergia ocular 140
Alopurinol 490
Amaurose congênita de Leber 17
Ambliopia 25, 53, 184
Ametropias 50
Aminoglicosídeos 494
Anatomia do olho 5
Anemia 268
Angioma capilar da retina 311
Anoftalmia 30
Anomalias
    de Peters 204
    de Rieger 203
    da malha trabecular 190
Antiangiogênico 256
Anti-inflamatórios 495
Antimoniais 496
Aprendizagem 398
Artrite idiopática juvenil 220
Astenopia 61
Astigmatismo 51
Atrofia óptica 22, 114, 514
Auxílios ópticos 398
Avaliação funcional 393
Azatioprina 493

B

Baixa visão 387
    na infância 401
Baixo peso ao nascer 253
Barbitúricos 499
Benzodiazepínicos 502
Berçário
    exame do pediatra 27
Beribéri 445
Betametasona 504
Biomicroscopia 192
Blefarites 75
Blefaroespasmo 166
Blefarofimose 69
Braille 397
Brinquedos 394

C

Calázio 77
Canalículos 415
Captopril 502
Carbamazepina 503
Carbonato de cálcio 506
Carvedilol 501
Catarata 339
    congênita 22, 175
    traumática 346

526 Oftalmologia

Cefaleia 58
    tensional 59
Cefalocele 90
Cefalosporinas 494
Cegueira 251
    infantil 20
    infantil por localização anatômica 21
    noturna 443
    tratável 176
Celulite orbitária 92
Centros de apoio pedagógico 398
Ceratites 418
Ceratocone posterior 168
Ceratoconjuntivite sicca, 445
Chlamydia 145, 420
Cicatriz macular por toxoplasmose 22
Ciclofosfamida 493
Ciclosporina 493
Cirurgia refrativa 54
Cisplatina 493
Cisto dermoide 86, 93
Citarabina 493
Citrato de cafeína 506
Clindamicina 494
Cloroquina 498
Cohen 474
Colchicina 490
Colírio 480
Colistina 494
Coloboma 69
    de Fuchs 112
Comprometimento visual central 22
Condrodistrofia calcificante congênita 475
Conjuntivite 135, 414, 420
    neonatal 144
Córnea
  Cegueira infantil 21
Corpo estranho 162
    intraocular 351
Credé 144
Criança no consultório exame 29
Criptoftalmia 32

Cristalino
  cegueira infantil 21

D

Dacriocistocele 85
Deficiência
    de vitamina A 442
    de vitamina B 444
    visual 21
    visual cortical 339
Déficit
    fonêmico 509
    visual 20
Descolamento da retina 281
Descolamento regmatogênico ou primário da retina 281
Desenvolvimento visual 25
Deslocamento de
    cristalino 186, 339
    bulbo ocular 89
Desvio vertical dissociado 44
Dexametasona 504
Diabete melito 272
Diclofenaco 496
Didanosina 499, 500
Difenidramina 490
Digoxina 502
Dipirona 490
Dislexia 507
Displasia de Kniest 475
Distiquíase 69, 416
Distrofias retinianas 22
Distúrbios do aprendizado 507
Doenças de
    arranhadura do gato 117, 473
    Bourneville 202
    Coats 260, 322, 426
    Devic 117
    Lyme 473
    Norrie 427
    Vogt-Koyanagi-Harada 281
    do desenvolvimento do olho 33

Dor ocular 374
Drogas 489
Ducto 415

E

Ectrópio 69, 416
Edema de disco 515
Edema de papila 118, 432
Educação 393
    democrática e inclusiva 397
Efavirenz 499
Efeitos colaterais oculares 506
Ehlers-Danlos 474
Eletro-oculograma 330
Eletrorretinograma 327, 339
    de campo total 327
    multifocal 329
Embriologia do olho 4
Enalapril 502
Encefalocele 86
Enfisema orbitário 370
Ensino regular 397
Entrópio 69, 416
Enxaqueca 59, 375
Epibléfaro 69, 416
Epífora 82, 83
Epinefrina 502
Eritromicina 494
Erro refrativo 22, 25
Escolas 395
    especiais 397
Esodesvio 43
Esotropia adquirida 43
Espasmo de acomodação 62
Espironolactona 504
Estimulação visual 508
Estímulos do meio ambiente 394
Estrabismo 25, 260
    latentes 61
Estrias de Haab 418
Etambutol 492
Etinopatia da prematuridade 251
Etionamida 492

Índice remissivo **527**

Exame
  com midríase
  medicamentosa 29
  do fundo de olho 193
  oftalmológico 26
  oftalmológico de
  triagem 26
Exodesvios 43
Exoftalmia 99

F

Facomatoses 309
Família 393
Fenazina 492
Fenilbutazona 496
Fenilefrina 502
Fenitoína 499
Fenotiazínicos 490
Fentanil 499
Ferimentos
    oculares 349
    perfurantes 338
Filme lacrimal 83
Fístula 82
Fluprednisolona 504
Fórceps 166
Fotocoagulação 254
Fotofobia 163, 166, 377
Fratura de órbita 344, 366
Fundus xeroftalmicus 443
Furosemida 504

G

Ganciclovir 499
Glândula lacrimal 6
Glaucoma
    cegueira infantil 21
    congênito 16, 22, 418
    cortisônico 209
    da afacia 209
    infantil 189
    juvenil 197
    traumáticos 207
Glioma 517
    óptico 94

Globo ocular
  desenvolvimento 30
Globo ocular
  cegueira infantil 21
Gonioscopia 192
Goniotomia 418

H

Haloperidol 499
Hemangioblastoma 311
Hemangioma 86
    capilar 94
    de coroide 310
    infantil 72
Hematoma orbitário 369
Hemoglobinopatias 264, 270
Hemophilus influenzae 417
Hemorragias
    intracranianas 339
    retinianas 268
    retrobulbar 338
    subconjuntivais 345
    vítrea 319, 346
Heredograma 13
Herpes simples 473
Hidrato de cloral 503
Hidrocefalia 9
Hidroclorotiazida 504
Hidrocortisona 504
Hidroxicloroquina 498
Hifema 342
Hiperfunção primária do
    músculo oblíquo
    inferior 44
Hiperglicemia 273
Hipermetropia 50
Hipoplasia da papila 111
Homocistinúria 475
Hordéolo 78

I

Ibuprofeno 496
Ictiose 416, 475
Incontinência pigmentar
    427, 476

Independência 394
Indometacina 496
Inervação sensitiva do olho
    375
Inflamação
    intraocular 217
    orbitária 91
Insuficiência de convergên-
    cia 62
Insulina 504
Interferon 493
Irritação ocular 374
Itraconazol 496
Ivermectina 496
Izoniazida 492

L

Laceração de pálpebra 338
Lacrimejamento 82, 166, 414
Lactulose 506
Lamivudina 499
Lentes
    de contato 54
    intraoculares 182
Lesões
    conjuntivais 126
    orbitária 89
Leucemias 267
Leucocorias 179, 259, 320,
    423
Linezolida 494
Linfangioma 94
Linfomas 269
Lopinavir 499
Loratadina 490
Luxação do cristalino 185, 344

M

Malformações
    oculares 22
    vasculares da retina
    281
Mancha de bitot 443
Marfan 474
Massagem 84

528 Oftalmologia

Mebendazol 496
Medicações tópicas 480
Megalocórnea 418
Melanoma maligno 315
Membrana de Hasner 83
Métodos eletrofisiológicos 326
Metotrexato 493
Microftalmia 30
Microftalmo 262
Miopia 51
Molusco contagioso 71
Morfina 490
Músculos extraoculares 6

N

Nanoftalmia 32
Naproxeno 496
Neisseria 145
Neisseria gonorrhoea 420
Nervo óptico
  cegueira infantil 21
Neurites ópticas 522
Neurofibromatose 14, 312
Neuromielite óptica 117
Neuropatia óptica 116, 446
  de Leber 17, 115, 517
Nevo 127, 314
    comum 70
    de Ota 70
    de Sptiz 70
    palpebral dividido 70
Nictalopia 443
Nifedipina 501
Nimesulida 496
Nistatina 496
Nitrato de prata 417
Nitrofurantoína 494
Nódulos de lisch 15
Norepinefrina 502

O

Obstrução de via lacrimal 82
Ocronose 475
Óculos 54

Oftalmoscopia 193
Olho vermelho 411
Omeprazol 506
Ondansetrona 506
Opacidades corneanas 164
Orbitopatia 378
    de Graves 103
Orbitopatia distireoidiana ou orbitopatia de Graves 91
Osteogênese imperfeita 474
Óxido nítrico 490

P

Pálpebras 67
  desenvolvimento 30
Papila inclinada 112
Papiledema 119, 434
Para-aminosalicilatos 492
Paralisia congênita do músculo oblíquo superior 44
Pares de nervos cranianos 375
Pars planite 220
Penicilina G 494
Perda visual 518
Persistência de vítreo primário hiperplásico 425
Piroxicam 496
Ponto lacrimal 82, 83
Potencial evocado visual 332, 339
    flash 332
    padrão reverso 332
Prednisona 504
Prematuridade 253
Pressão intraocular 189
Prevenção à cegueira infantil 20
  participação do pediatra 22
Processo de alfabetização 395
Projeto "olho no olho" 25
Projeto "visão do futuro" 25

Propranolol 501
Proptose 99
Pseudoedema de papila 118, 433, 434
Pseudotumor inflamatório da órbita 91
Pseudoxantoma elástico 473
Ptose palpebral 68

Q

Queimaduras
    elétricas 355
    oculares 354
    por ácidos 355
    por álcalis 355
    químicas 355
    térmicas 355
Quemose 338
Quinolonas 496

R

Rabdomiossarcoma 94
Radiofrequência 416
Recém-nascido no berçário exame 27
Reflexo corneano à luz 27
Reflexo vermelho 180, 260
Retina 279
  cegueira infantil 21
Retinoblastoma 307, 321
Retinopatia
    da prematuridade 22
    diabética 272
    falciforme 265
Retinose pigmentar 16
Retinosquise juvenil 427
Rifampicina 492
Ritonavir 499
Rotura e diálise de retina 344
Rubéola 472

S

Sarampo 472
Secreção ocular 83

Índice remissivo **529**

Sífilis 472
Síndromes
    da criança maltratada 362
    da criança sacudida 361
    de Aicardi 114
    de Axenfeld 203
    de Down 16, 83
    de Goldenhar 114
    de Klippel-Trenau-nay-Weber 202, 310
    de Louis Bar 310
    de Marcus Gunn 69
    de Marfan 14, 15
    de Morsier 112
    de Rieger 16
    de Stevens-Johnson 477
    de Sturge-Weber 202
    de Treacher-Collins 416
    de Walker-Warburg 114
    do nevus linear 114
Sinusite 375
Somatropina 504
Sondagem lacrimal 85
Stevens-johnsons 150
Stickler 474
Sulfonamidas 496

T

Tenofovir 499
Terapia genética 17
Teratomas orbitários 90
Testes de
    Bruckner 27
    Hirschberg 27
    reflexo vermelho 26, 27, 429

Tiabendazol 496
Tiroxina 504
Topiramato 503
Toxocaríase 473
    ocular 424
Toxoplasmose 22, 472
    congênita 429
Trabeculotomia 418
Tracoma 147
Trauma
    contusos oculares 341
    de parto 338
    de retina 346
    do nervo óptico 366
    oculares 348
    orbitário 366
Traumatismos ao nervo óptico 371
Treinamento fonológico 511
Triancinolona 504
Triquíase 69
Tumores da órbita 93
Tumores pigmentados 314

U

Úlceras corneanas 159
Úvea
  cegueira infantil 21
Uveítes 217, 242
    posteriores não infec-ciosas 243
    posteriores infeccio-sas 228
Uveíte traumática 345

V

Válvula de Hasner 415
Vancomicina 494

Varicela-Zóster 473
Vasculatura fetal persistente 321
Verapamil 501
Vias
    lacrimal 414
    ópticas 3
Vimblastina 493
Vincristina 493
Visão 19
    subnormal 387
Vitaminas A e D 498
Vitreorretinopatia exsudativa familiar 428
V nervo craniano 374
Voriconazol 496
V par 375

W

Weil-Marchesani 474

X

Xantogranuloma juvenil 71, 476
Xeroderma pigmentoso 477
Xeroftalmia 442
Xerose
    conjuntival 443
    corneal 443

Z

Zidovudina 499